노자의 道 성경의 道

聖經

老子의 道

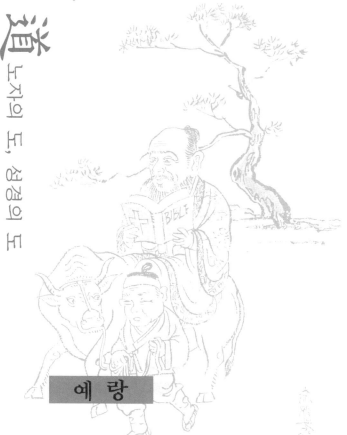

노자의 도, 성경의 도

예 랑

老子의 道, 聖經의 道

지은이_ 이강석

초판 1쇄 인쇄_ 2022.2.25
발행처_ 도서출판 예랑
발행인_ 김창호
등록번호_ 제 11-390호 1994년 7월 22일

주소_ 경기도 의왕시 왕곡로 55, 103-1102(인스빌1단지)
전화_ 010-2211-4111
팩스_ 031-696-6366

Youtube:엔테비블로 tv
http://cafe.daum.net/entebiblo

ISBN 978-89-88137-20-8 03230
정가_ 28,000원   © 이강석 2022

노자의 도, 성경의 도

聖
經
老子의 道
道

목 차

德 經 ●259

추천의 글

글쓴이가 목사인 까닭에 오랫동안 성서를 통해 세계를 이해해왔다. 성서의 시각으로 사물을 바라보고 세상을 바라보고 고전을 바라본다. 그러면서 노자 도덕경을 읽으며 과연 성서의 본질과 도덕경은 어떻게 다를까를 묻게 되고, 도 덕경과 성서의 관점이 서로 다르지 않다는 생각에 이르게 된다. 물론 이는 저 자의 세계관이 반영되었고, 그에 따른 성서 해석과 도덕경 해설서라고 할 수 있겠다.

이 책은 도덕경 81장에 관한 여러 견해를 참고하였거니와 이전의 해설에 얽 매이지 않는다. 저자가 이해하는 바를 따라 기존의 주석서를 소개도 하지만, 성서의 관점과 비교하면서 찬찬히 풀어가는 저자만의 해석이 깊이 담겨 있다.

특별히 이 책의 부록은 도덕경 815 字에 대한 한문 풀이와 함께 도덕경 안 에서의 사용례를 일일이 구별해놓았다는 점에서 도덕경 연구자를 위해서는 매 우 소중한 자료가 될 것이다. 성경 독자들을 위해 성구 사전이 있다면, 도덕경 독자들을 위해서는 도덕경 구절 사전이 꼭 필요하다고 하겠다. 저자 자신이 도 덕경 한 문장 한 문장을 풀이할 때도 도덕경 안에서 한자의 사용례를 일일이 살펴보고 해석을 하고 있다. 아울러 이같은 방식을 독자들과 나누기 위해 道 德經 事典을 만들었다. 도덕경 사용 한자의 빅데이터를 한눈에 볼 수 있도록 하였다. 한문의 음과 뜻을 풀어놓았고, 그것에 대한 사용 구절을 일일이 배열 해놓고 있어서, 도덕경을 깊이 읽고자 하는 이들에게는 매우 중요한 안내서와 길잡이가 될 것이다. 하나의 한자에 대해, 그것의 다양한 뜻풀이와 함께 실제 로 도덕경의 사용 맥락을 통해 한자를 이해하는 것이 무엇보다 중요하다고 할 것이다. 물론 도덕경을 이해하고 해석하는 데도 이는 매우 중요한 자료가 될 것이다.

모름지기 경전의 해석과 풀이는 각자가 서 있는 위치와 세계관에 따라 서로 달리할 수 있을 테지만, 이를 위해 필요한 자료를 충분히 검토하는 것은 무엇 보다도 중요하다. 도덕경 색인 사전(Tae Te Ching Concordance)을 만들었다는 점에서 저자의 열정이 돋보이고 도덕경 독자들에게는 희소식이 아닐 수 없다.

김창호

老子의 道, 聖經의 道

序 言

　　노자(老子)의 도덕경(道德經) 제81장까지 나름대로 해석을 붙여보았다. 도경(道經)인 제37장까지 마무리했을 때의 느낌은 '참 좋구나'였다. Corona19 덕분에 제81장까지 마무리한 느낌은 노자께 '참 감사합니다'이다. 도덕경의 진수는 제81장까지 다 느껴보아야만 조금이라도 더 알 수 있다는 것을 새삼 깨닫게 된다. 도덕경은 성경이나 불경과 같이 제자들이 "나는 이렇게 들었다"(如是我聞)라고 하면서 써진 경전이 아니고 본인이 직접 쓴 경이라는 것이 독특하다. 도덕경은 아름다운 시(詩)로서 성인 노자가 느끼는 하나님을 표현한 격조 있는 경(經)이다. 예수, 싯달타, 노자가 본 하나님은 같았겠지만, 다른 언어로 기록되었기 때문에 다르게 보이고, 듣는 사람마다 다르게 해석되었다. 고로 제각각의 하나님이 될 수밖에 없는지라 자신의 느낌만 옳다고 주장할 수 없다. 하나님은 인간의 욕망의 대상이 아니다. 노자의 표현을 빌리자면, 모든 생명을 낳고 키우되, 모두에게 인자하지 않기 때문에, 모두를 사랑하는 스스로 그러한 하나님이다.

　　사람이 없으면 도(道)를 道라고 부르고, 명(名)을 名이라고 부를 존재가 없듯 하나님, 부처님도 사람이 없으면 존재할 수 없다. 사람이 곧 하나님이고 부처님이 될 수밖에 없는 원리다. 그러므로 절대적 유일신(唯一神)을 욕망의 대상으로 믿는다고 해도 틀렸다고 비난하기 전에 그들의 하나님을 이해하는 것이 오히려 중요하다. 인간이 하나님, 부처님이라고 부르는 신은 상대적 물질세계에서의 비상신(非常神)이므로 절대적 하나님, 부처님이 아니다. 절대와 상대가 둘이 아니므로(不二), 그 과정을 겪지 아니하고 알 수 있는 것이 아니다. 상도(常道)와 비상도(非常道)를 구별하려고 하는 인간의 지혜가 얼마나 어리석은지 새삼 느끼게 한다. 상도와 비상도도 둘이 아니고 하나(此兩者同)일 수밖에 없기 때문이다. 상도를 늘 변화하는 항상성(恒常性)으로만 설명한다면, 중묘지문(衆妙之門)을 언급할 이유가 없다. 중묘지문의 안쪽은 언어로 설명할 수 없기 때문인지, 노자, 예수, 싯달타도 3차원을 사는 사람들에게 언급을 회피(不言之敎)했다.

어린아이들과 같이 되지 아니하면 결단코 천국에 들어가지 못하리라.(마태복음18:3)

어린아이와 같이 엄마의 얼굴을 보고 방글거리면 가장 쉬운 것을, 인간의 속성은 그것을 하지 못하고 가르치려 하고, 배우려고 하면서 유무식(有無識)을 구별하니, 제아무리 뛰어난 석학들이라 하더라도 도덕경의 해석이 제각각일 수밖에 없다. 책을 내야 할 필요가 있을까? 하면서도, 필자 역시 그 어리석음을 반복하고 있음을 고백한다. 필자의 본문 제36장 주석 일부를 머리글에 대신한다.

"老子 道德經은 사람들에게 이렇게 하라 저렇게 하라고 하지 않는다. 멍석은 깔아 놓았으니 너희들이 알아서 놀라는 것이다. 老子는 만나면 인사하고 헤어지면 되는 이웃 할아버지같이 편하다. 老子는 예수처럼 피할 수 있었던 십자가를 지고 인류를 구하고자 하지도 않았다. 천국이나 지옥을 멍석에 깔지도 않았다. 老子는 싯달타처럼 거처(居處)를 알 수 없는 구름 속에 있는 것도 아니다. 명상이나 위빠사나 같은 것도 멍석 위에 깔지 않았다."

종교의 멍에를 질 필요가 없으니, 참 놀라운 경전이라 아니할 수 없다. 도가(道家)의 신선도 역시 老子의 의도와는 먼 종교적 메트릭스(Metrics)일 뿐이다. 道는 사람과 사람(人間), 사람과 만물의 관계를 통하여 완성 되어질 수 있는 것이다. 그러므로 편안하게 자기 때의 자기 일을 하면서 살면 되는 것이다. 왜냐하면 삶과 죽음은 둘이 아니기(不二) 때문이다.

부유불거, 시이불거.(夫唯弗居, 是以不去) - 제2장 참조

하나님은 누구에게나 죽음의 자리를 주지 않았지만, 성인은 알고, 중생은 모른다.

이기무사지.(以其無死地) - 제50장 참조

자유의지로 인하여 카르마가 생긴 이유는 뺑뺑이를(輪廻) 돌려, 자기 때에 이르면 불이(不二)를 터득하게 하여 근원으로 돌아가게 하기 위함이다. 성경은 이를 윤회(輪廻)라 하지 않고 새로운 시작(復活)이라 한다. 억겁(億劫)과 찰나(刹那)도 역시 불이(不二)임을 생각하면 종교적 하나님과 부처님의 메트릭스(Metrics)에서 벗어나 살 수 있다. 히브리 원어로 써진 구약성경은 히브리인들이, 헬라어로 써진 신약성경은 그리스인들이 가장 잘 알아야 마땅하나 그렇지 않았음을 이해할 것이다. 그러므로 중국 사람의 문자를 중국 사람이 해석했다고 정확하다고 할 수 없는 것이다. 왕필과 하상공의 해석이 나와 다를 수도 있음을 이해할 수 있을 것이다. 그러므로 한학(漢學)을 깊이 알아야만 老子를

이해할 수 있는 것이 아니라는 것이다. 나름대로 영성(靈性)과 지식에 의하여 쓸 수 있는 것이다.

절학무우.(絶學無憂) - 제20장 참조

"(세상 지식과 경험을) 본받는 것을(學-效) 끊으면(絶-斷) 욕됨이(憂-辱) 없다(無)"

배우기를 끊으라는 의미가 아니고 배웠으면 어느 시기부터 남의 학문이나 생각을 본받지 말고 스스로 찾아서 무소의 뿔처럼 혼자서 간다면 욕됨이 없다는 의미로 해석하였으며, 그러므로 쓸 수 있었음을 고백한다. 어쩌면 안(眼), 이(耳), 비(鼻), 설(舌), 신(身), 의(意)에 의한 3차원 물질세계의 육식(六識-學)을 차단(絶)하지 않으면 더 높은 차원(次元)을 알 수 없다는 의미일 것이다. 그러함에도 배우는(學) 것을 끊으면(絶) 욕됨이(憂) 없어진다고(無) 생각하는 인류는 거의 없을 것이다. 아마도 한국의 어머니들은 자기 자식들을 도덕경 근처에도 가지 못하도록 할 것이다. 도덕경은 절대 어려운 신선도(神仙道)가 아니고 삶을 통하여 누구나 해석할 수 있다. 뜻 있는 분들의 도덕경에 대한 특색 있는 해설서가 연이어 나오기를 기대하여 본다. 필자는 노자의 도덕경은 절대 경세치국서(經世治國書)가 될 수 없음을 전제하였다.

제81장까지 왕(王) 字가 19회 나온다.

公乃王(16) 王乃天(16) 王亦大.(25) 而王居其一焉.(25) 侯王若能守之(32) 侯王若能守之(37) 王侯得一以爲天下貞(39) 王侯無以正而貴高(39) 是以王候自謂孤寡不穀.(39) 而王公以爲稱.(42) 江海所以能爲百谷王者(66) 故能爲百谷王(66) 是謂天下王(78)

권력은 하늘이 내리는 것이라는 속설도 있지만, 역대 왕들이 성인의 다스림을 했다고 주장하는 것은 어불성설(語不成說)이다. 송양지인(宋襄之仁)을 비웃자는 것이 아니라 사람들을 다스리는 정치는 인(仁)으로만 할 수 있는 것도 아니고, 역대 왕들이 불이(不二)를 시행하였다고 보기는 절대 무리임을 안다. 그것이 정치이고, 권력임을 새삼 설명할 필요가 있을까? 그러므로 노자의 도덕경 81장까지의 19회 나오는 왕(王)이나 후왕(侯王)들을 "사람"으로 번역하였고 그 이유도 본문에 기술하였다.

'老子 속의 聖經'이라는 제목으로 18년 전에 이미 10장까지는 완성하였다.

도덕경을 읽으면 성경의 구절이 계속 떠오르기 때문에 붙여진 제목이다. 컴퓨터 바이러스로 인하여 지워져서 안타까웠던, 18년 전의 한문 관주(貫珠)를 더욱 보강하여 6개월에 걸쳐 재생한 후(2018. 12) 제11장부터 제37장까지는 2020년 9월에 탈고하였다. 그런 후 Corona19의 장기화로 인해 제38장부터 제81장까지 해석을 하면서 놀라운 발견을 하게 되었다. 덕경(德經)이 새로운 도경(道經)이라는 사실을 알았다. 도덕경(道德經)이냐, 덕도경(德道經)이냐는 논쟁은 학자들의 연구에 맡기겠지만, 제81장까지 공부하지 않으면 도덕경을 완전히 이해할 수 없다는 사실을 알았다.

- 道德經을 펴기 전에 -

此兩者同, 出而異名.(차양자동, 출이이명) - 제1장 참조
"이 둘은 같은 것인데, 나오고 나서 이름이 달라졌다."

필자가 도덕경의 핵심 구절이라고 생각하는 이유는 도덕경이 전하고자 하는 道의 실체는 "둘이 아니고(不二) 하나"이기 때문이다. 왕필의 주석을 본다.
此兩者 ,同出而異名.(차양자, 동출이이명)
"위의 두 가지는(此兩者), 나온 곳은 같은데 이름을 다르게 붙였다(同出而異名)"

이 두 가지가 나온 곳(出)만 같다면(同), 그곳에서 나오기 전에는 하나로 존재했는지, 둘로 존재했는지 모호한 상태다. 道의 원리인 "다르지만 둘이 아니고(異而不二) 하나"임을 증명할 수 없다. 많은 국내의 학자들은 왕필의 견해를 따랐지만, 서로의 견해를 두루뭉술하게 보면 그게 그거다. 그러나 마음의 세계로 이해하기를 원하는 필자에게는 자꾸 다르게 보이려고 한다. 여기에서의 차양(此兩)은 엄밀히 무엇을 논하는 것이며, 此兩者同, 出而異名.(차양자동, 출이이명)과 此兩者, 同出而異名.(차양자, 동출이이명)은 어떤 면이 다르게 되는지 알고 싶어졌다.
"兩者, 始於母也. 同出者, 同出於玄也. 異名所施不可同也."
"두 가지는 시작(始)과 어미(母)이다. 나온 곳이 같다는 것은 아득함에서 함께 나왔다는 의미이고, 다른 이름으로 펼쳐진바 같을 수가 전혀 없다는 말이다."

왕필은 시작(始)과 어미(母)가 아득함이라는 같은 곳에서 나왔다고 주석하였으나, 같을 수가 전혀 없다고 했다. 왕필은 두 가지(此兩)를 시작(始)과 어미(母)로 해석했다.
무명, 천지지시.(無名, 天地之始)
유명, 만물지모.(有名, 萬物之母)

老子 道德經 제42장은 아래와 같이 기록하고 있다.
도생일, 일생이, 이생삼, 삼생만물.(道生一, 一生二, 二生三, 三生萬物)
"道가 하나를 낳고, 하나는 둘을 낳고, 둘은 셋을 나으니, 셋은 만물을 낳는다."

만물부음이포양, 충기이위화.(萬物負陰而抱陽, 沖氣以爲和)

만물은 음(陰)을 등에 지고(負), 양(陽)을 가슴에 안고(抱),

비어(沖-虛) 있는 기(氣)로 인하여(以-因) 조화(和-諧)를 이룬다(爲).

제42장에 대한 왕필의 주석을 살펴본다.

萬物萬形, 其歸一也.(만물만형, 기귀일야)

만물은 만 가지 형태로 드러나지만, 그 종착점은 하나이다.

복귀어무물.(復歸於無物) - 제14장 참조

"사물(物) 비움(無-空虛)으로(於) 다시(復-返) 돌아간다(歸-還)"

 항상 변하는(非常) 만물만형(萬物萬形)의 名의 종착점은 하나이기 때문에 "도는 즉 하나이다" 도즉일(道則一)이다. 道란 생명을 키우기 위한 보이지 않는 스스로 그러함(自然)의 세계를 말하며, 태극(太極-1)과 천지(天地-兩極-2)와 인간(人間-三太極-3)을 포함한다. 왕필은 1, 2, 3에서 벗어나면 비도지류(非道之流)라 하였다.

何由致一?, 由於無也.(하유치일?, 유어무야)

무슨 연유로 하나에 이르는가?, 이유인즉 없음이다.

 이 없음(無-0)에 대한 설명이 없다. 무극(無極), 그 누구도 이것을 설명할 수 없기 때문이다. 이 절대적 無인 상도(常道)에 대하여 설명할 수 있다는 사람은 옳게 깨달은 분이 정녕 아닐 것이다. 노자도 그 없음의 지역인 衆妙之門(제1장) 玄牝之門(제6장) 門 속을 설명하지 않았다. 아니 설명할 수 없었을 것이다. 만약 무극까지도 변한다면, 절대적 無인 상도(常道)는 존재하지 않을 뿐만 아니라 논할 필요조차 없다.

由無乃一, 一可謂無.(유무내일, 일가위무)

없음으로 말미암아 하나가 되니, 하나를 없음이라고 이르는 것이 가하다.

 없음(無)으로 인하여 생긴 하나(一), 태극(太極)을 또 하나의 무(無)라고 불러도 된다는 뜻이므로 태극과 무극은 같다(太極而無極)가 성립한다. 그러므로 태극과 무극은 다르지만 둘이 아니라는(異而不二) 송대(宋代) 주돈이(周敦頤:1017~1073)의 해석은 왕필의 도덕경 제42장의 주석을 따랐음을 알 수 있다. 그러나 태극은 둘이 되고 셋으로 변화한다, 그러므로 태극은 상대적 무(無)인 비상도(非常道)이면서도, 절대적 무(無)인 무극인 상도(常道)의 용(用)이 된다. 그러므로 상도와 비상도도 둘이 아니고(不二) 하나다.

己謂之一, 豈得無言乎?.(이위지일, 기득무언호?)
하나라고 말해 버리고 나면, 어찌 그 말로서 얻는 것이 없겠는가?
有言一有, 非二如何?(유언일유, 비이여하?)
말이 있음으로써 하나를 얻었으면, 둘이라 아니할 수 있겠는가?

有一有二, 遂生乎三.(유언일유, 수생호삼)
하나가 있고 둘이 생겨나니, 이윽고 태어나는 것을 셋이라 부른다.
從無之有, 數盡乎斯.(종무지유, 수진호사)
없음과 있음의 다다름의 셈(數)은 여기에서 다한다.
過此以往, 非道之流.(과차이왕, 비도지류)
이것을 넘어간다면(이후는) 도의 흐름이 아니다.
故萬物之生, 吾知其主.(고만물지생, 오지기주)
고로 만물의 생김에 그 주관자를 나는 안다.
雖有萬形, 沖氣一焉.(수유만형, 충기일언)
비록 만 가지 형태이나, 비어 있는 기가 어찌, 하나가 아니겠는가?

무명, 천지지시.(無名, 天地之始) -제1장 참조.
"이름(名-號稱) 없음은(無) 천지(天地-兩極)의(之) 처음이고(始-初-太極)."
도상무명.(道常無名) - 32장 참조.
"도는(道) 늘(常-恒久) 이름이(名) 없다(無)."

이름이 없다고 하였으므로 천지지시(天地之始)는 태극의 해석이다. 음양(陰陽-兩極-2)으로 나타난 세계가 천지고 그 음양의 시작이 태극(太極-1)이다. 천지는 나타났지만, 아직 볼 수 있는 생명이 존재하지 않은 양극(兩極-2)의 상태를 이른다. 道를 道라고 부를 수 있는 존재가 형성된 것은 天地(兩極-2) + 人 =삼태극(三太極-3)에서의 사람뿐이다. 이 사람의 인식과 경험으로 道를 道라고 이름 지어 부르는 가도(可道)는 비상도(非常道)다.

유명, 만물지모.(有名, 萬物之母) - 제1장 참조.
"이름(名-號稱) 있음은(有) 만물(萬物-三太極)의(之) 어미라(母-天地-兩極) 한다."
만물부음이포양, 충기이위화.(萬物負陰而抱陽, 沖氣以爲和) - 제42장 참조.
"만물은 음(陰-地)을 등에 지고(負), 양(陽-天)을 가슴에 안고(抱),

비어(沖-虛) 있는 기(氣)로 인하여(以-因) 조화(和-諧)를 이룬다(爲)."

나타난 세계인 천지(天地-陰陽-兩極)에서 만물이 생겼으며, 그 만물의 으뜸이며 왕(王-長)인 사람에 의하여 이름이 생긴(有名) 세계를 삼태극(三太極)이라 이른다. 그러므로 만물(萬物-三太極)을 낳은 어미(母)를 천지라 이르는 것이다. 왕필의 주석 "兩者, 始於母也."는 태극(始)과 천지(母)를 지칭하는 것이다. 그러나 사람(生命)이 없다면 始와 母의 관계를 알아야 할 필요도 없다. 도덕경뿐만이 아니라 세상의 모든 경전은 시종일관 사람과 우주의 관계를, 사람 중심으로 풀어나가고 있다. 그러므로 道는 보이지 않는 세계 즉 마음의 세계를 이르고, 名은 보이는 세계 즉 물질의 세계를 이른다. 그러므로 "兩者, 道於名也"로 변경함이 타당하다고 생각한다. 도덕경 제1장의 주어(主語)는 道와 名이고 道와 名을 설명하기 위하여 始와 母를 표현했을 뿐이다. 군이 설명하자면 무즉도(無則道)요, 유즉명(有則名)일 뿐이다. 왕필의 주석 42장을 숙고해 본 결과다.

차양자동, 출이이명.(此兩者同, 出而異名) - 제1장 참조.
此兩者, 同出而異名.(차양자, 동출이이명)
"위의 두 가지는(此兩者), 나온 곳은 같은데 이름을 다르게 붙였다(同出而異名)"
왕필의 주석이다. 道와 名이 같은 문(門)에서 나올 때부터 이름을 달리하고 나왔다는 의미다. 시(始)와 모(母)로 한다고 해도 마찬가지 결과다. 즉 문에서 나오기 전에도 다른 이름으로 이미 존재하고 있었다는 의미가 강하다. 그렇다면 왕필은 절대적 무(無)인 상도(常道)와 상대적 무(無)인 비상도(非常道)를 논할 수 없다. 도덕경에서 왕필의 無에 대한 해석은 상대적 無로 해석되어야 한다. 그 이유는 此兩者, 同而異名.(차양자, 동출이이명)으로 해석했기 때문이다. 그렇다면 왕필의 주석에서 절대적 無인 상도(常道)를 논하지 않는 것이 옳다. 아마도 상도(常道) 없이는 도덕경을 온전히 해석할 수 없다. 도덕경 제42장의 왕필의 주석을 읽어보면 상도(常道)가 있음을 암시하였다.

노자 제40장의 無를 상대적으로 해석한 왕필의 주석이다.
反者, 道之動(반자, 도지동)
高以下爲基, 貴以賤爲本, 有以無爲用, 此其反也.
高는 下를 기초로 했고, 貴는 賤함을 본으로 했으며, 有는 無의 쓰임이며, 이것 등을 反이라 한다.

動皆知其所無, 則物通矣, 故曰反者, 道之動.

(道의) 움직임 모두가 원래 없는 연고임을 안다면 사물을 꿰뚫어 보는 것이며, 이를 순환(反-되돌아감)이라 이르며 이것이 도의 움직임이다.

弱者, 道之用.(약자, 도지용)

柔弱同通, 不可窮極

부드러움과 약함은 같으면서 통하니 없어질 수 없다.

天下之物生於有, 有生於無.(천하만물생어유, 유생어무)

天下之物, 皆以有爲生, 有之所始, 以無爲本, 將欲全有, 必反於無也

천하지물은 낳음으로 있게 되었고, 있음의 시작하는 바는 없음을 본으로 삼으니, 있음의 온전함을 만약 바란다면, 필히 없음으로 되돌아가야 한다.

위는 노자 40장에 대한 왕필의 주석에 대한 필자의 견해다. 결론부터 서술하자면 왕필은 相對的 無를 그의 해석에서 적용했다고 본다.

반자, 도지동(反者, 道之動. - 제40장 참조)

"되돌아오는(反) 것이(者) 도(道)의(之) 움직임이다(動)."

즉 道의 움직임은 상대적인 것을 되돌리는 일을 반복하게 한다는 뜻이다. 이 항상성(恒常性)을 상(常)이라고 표현하는 해석도 있지만, 무엇 하나가 빠진 것이 허전한 마음을 지울 수 없다. 상대적인 것들을 제2장에서 잘 표현하고 있다. 天地, 有無, 難易, 長短, 高下, 音聲, 前後와 같이 반(反)하는 것끼리 서로를 이루게 한다(相反相成)는 의미이다. 그러므로 인간의 지식과 경험으로 표현되는 가도(可道)는 절대적인 것이 될 수 없으므로 비상도(非常道)일 수밖에 없는 것이다.

약자, 도지용.(弱者, 道之用) - 제40장 참조.

"연약한(弱-柔) 것이(者) 도(道)의(之) 쓰임이다(用)."

가장 약한 물을 일컬어 上善若水 (상선약수)라고 노자는 갈파하였다. 모든 만물의 시작은 약한 것으로부터 비롯되었기 때문이다.

천하만물생어유, 유생어무.(天下萬物生於有, 有生於無) - 제40장 참조.

"천하(天下)의(之) 만물은(萬物-三太極), 있음(有-天地-兩極)에서(於) 나오고(生), 있음은(有-天地-兩極) 없음(無-太極)에서(於) 나온다(生)."

땅이 혼돈하고 공허하며 흑암이 깊음 위에 있고 하나님의 신은 수면에 운행하니라. (창세기 1:2)

빛이 있기 전의 흑암은 보이지 않는 빛을(有) 이미 함유하고 있었을 것이며, 이를 일컬어 마음의 세계인 道의 시작이라고 하는 것이다. 보이지 않는 道는 보이는 名보다 먼저 형성되었다.

하나님이 가라사대 빛이 있으라 하시매 빛이 있었고..(창세기 1:2)

이 빛이 있음은 물리학적으로도 만물의 생성 원인(有)이다. 빛이 있음은 핵융합(核融合)으로 생명의 근본인 각종 물질이 생성된다는 뜻이기 때문이다. 이것이 보이는 물질의 세계인 名의 시작이다. 그러므로 마음의 세계(道)와 물질의 세계(名)는 개벽(開闢) 후에 나타난 현상이다. 현대의 양자물리학은 빛도 물질도 입자와 파동의 현상으로 이루어진 것이라고 증명하고 있다. 그러나 입자와 파동의 중첩된 결과를 이루어 낸 제1 원인은 아직 밝혀내지 못하고 있음을 안다.

태초에 하나님이 천지를 창조하시니라.(창세기1:1)

그 근원 안에서(In The Beginning - 베레쉬트 : בְּרֵאשִׁית) 나온 道(太極)와 名(兩極-天,地) 이 둘, 보이지 않는 마음의 세계(道)와 나타난 물질의 세계(名)가 원래 태극 이전의 근원 안에서는 같았지만 나오면서 둘이 된 것이 신비하고 현묘한 것이지, 같은 문에서 나온 것이 신비하고 현묘한 것이 아니라고 생각한다. 道와 名이 나온 문(衆妙之門 - 베레쉬트 : בְּרֵאשִׁית)이 있다는 것은 자명하다. 중묘지문(衆妙之門) 안에서는 내보내지도 않았고 아무 역할도 하지 않았지만, 무엇이 스스로 나왔는지 묻기도 따지기도 할 수 없다. 문 안의 작용을 알 수 없으므로 동위지현(同謂之玄)하고 현지우현(玄之又玄-제1장 참조)이라고 하는 것이다. 각종 문헌에서 표현하듯 道는 태극으로서 名(天地)의 근원인 비상도(非常道)이면서 상도(常道)가 된다. 太極은 중묘지문(衆妙之門) 안의 설명할 수 없는 무극(無極)의 용(用)이기 때문이다.

유생어무.(有生於無) - 제40장 참조.

"있음은(有-天地-兩極) 없음(無-太極)에서(於) 나온다(生)."

이때의 無도 상대적인 無인 비상도(非常道)여야 한다. 有는 陰陽(二)과 三太極(三) 즉 삼생만물(三生萬物)의 名을 말하는 것이고, 無는 중묘지문(衆妙之門)을 나온(出) 후의 太極(一)의 상태를 말하는 것이다. 제2장에 나오는 有無相生(유무상생)은 물론이고 難易, 長短, 高下, 音聲, 前後. 등 모두가 상대적 관계인 것이다. 만약 중묘지문 안에서도 하나가 아니고 둘로 존재했다면, 그곳 안에서도 유무상생(有無相生)하고, 상극(相剋)하였을 것이므로 상도(常道)가 존재할 수 없다. 어차피 근원 안에서도 변화를 할 수 있으므로 나오지 않아도 되는 것을 헛수고 한 것이다. 그러므로 원래 이 둘은 같은 것인데(此兩者同) 나오면서 다른 이름이 되었다는(出而異名) 것으로 해석하는 것이 타당하다. 道와 名이 비상(非常)인 이유는 그 문(衆妙之門)에서 나온 후에 인간에 의하여 도라 부르게 되고(可道), 이름 지어 부르게(可名) 되었기 때문이다. 그러므로 보이는 물질세계의 대표주자를 名이라 하고, 보이지 않는 마음 세계의 대표주자를 道라고 했다. 道를 상대적 無인 비상도(非常道)로 표현할 수 있다는 것은 유무상생(有無相生)하고 있는 명(名)의 상대됨을 의미하는 것이다.

삼태극(三太極)의 원리(原理)

무극(無極-常道-根源의 根源-0)

(不變하는지조차 모르는 근원)

↕

태극(太極-常道or非常道-根源-空-1)

道大

兩極(天,地)

천(天-陽-2) 혼(魂-하늘의 넋)　　　　지(地-陰-2) 백(魄-땅의 넋)

天大　　　　　　　　　　　　　　　　　　　　地大

三太極(天,地,人)

王(人)大

인(人-靈-色-3)

王(人)大(人法地)⇒地大(地法天)⇒天大(天法道)⇒道大(道法自然)

(도덕경 제25장 참조)

17

천부경(天符經)을 예로 들어본다.

一 始 無 始 一 일시무시일

"하나(太極)의 시작은 시작 없는 하나(無極)이다"

一 終 無 終 一 일종무종일

"하나(太極)의 끝은 끝없는 하나(無極)이다"

人 中 天 地 一 인중천지일

"사람은 천지와 하나의 중심이다."

사람(人-三太極-3)은 천지(天地-兩極-2)와 태극(太極-1)의 중심(中)이다(포함한다). 1에서 시작하여 2에 이르고 3이 생성되었지만, 우주의 중심은 사람이라는 결론이다. 사람이 없다면 천지와 태극과 무극을 논할 것(者)이 있을 수 없으니 사람들이 우주의 중심이 될 수밖에 없기 때문이다.

고로 사람을 소우주(小宇宙)라고 이르는 것임을 증명하는 것이다. 사람은 영(靈), 혼(魂), 백(魄)으로 이루어지는데, 魂과 魄은 귀신 귀(鬼) 字를 포함하고 있음을 본다. 혼비백산(魂飛魄散)이라는 말이 있듯이 혼(魂)은 겉 사람을 의미하며 사는 동안 갖은 욕심으로 분탕질을 하면서 백(魄-肉身)의 소욕(所欲)대로 살게 한다.

靈은 하나님의 속성이 사람 안에 존재하는 것으로 변하지 않는 속사람을 의미하는 것이다. 사람 안에서의 靈은 하나님(神)의 속성이므로 태극과 짝을 이루고, 魂은 하늘(天)의 넋으로 양(陽)과 짝을 이루며, 魄은 땅(地)의 넋으로 음(陰)과 짝을 이룬다. 아마도 하나님 홀로 무극(無極)에 있어 보았자 알아주는 것(者)들이 없으니 시작(始)도 아니고 끝(終)도 아닌 세계에서 사람들을 만들었을 것이다. 하나(우주 만물로 계승된 宇宙心 : 三太極)는 끝나지 않는 하나(無極)로 돌아간다.

복귀어무극(復歸於無極. 제28장 참조) 복귀어무물.(復歸於無物. 제14장 참조)

道經

공성이불거.(功成而不居) - 제2장
"(태어난) 공을 이루었으니 이로써 살지 않는다."
"가라사대 다 이루었다 하시고 머리를 숙이시고 영혼이 돌아가시니라"
(요한복음 19:30)

제 1장

道可道, 非常道.(도가도, 비상도)

(사람들이) 도라고(道) 여기는(可-肯) 도는(道)

(이미) 변하지 않는(常-不變-庸) (떳떳한) 도가(道) 아니다(非-不是).

名可名, 非常名.(명가명, 비상명)

(사람들이) 이름이라고(名) 여기는(可-肯) 이름은(名-號稱),

(이미) 변하지 않는 (常-不變-庸) (떳떳한) 이름이(名-號稱) 아니다(非-不是).

無名, 天地之始.(무명, 천지지시)

이름(名-號稱) 없음은(無), 천지(天地-兩極)의(之) 처음이고(始-初-太極),

有名, 萬物之母.(유명, 만물지모)

이름(名-號稱) 있음은(有), 만물(萬物-三太極)의(之) 어미라(母-天地) 한다.

故常無欲以觀其妙,(고상무욕이관기묘)

그러므로(故) 늘(常-恒) 하고자 함이(欲-祈願) 없으면(無)

그(其-천지지시의) 신비함이(妙-神秘) 보이는(觀-示) 까닭이고(以-因),

常有欲以觀其徼.(상유욕이관기요)

늘(常-恒) 하고자 함이(欲-祈願) 있으면(有)

그(其-만물의) 변방만이(徼-邊) 보이는(觀-示) 까닭이다(以-因).

此兩者同, 出而異名.(차양자동, 출이이명)

이(此) 둘은(兩-道와 名) 같은(同-共) 것인데(者),

나오고(出-進) 나서(而) 이름이(名-號稱) 달라졌다(異-不同).

同謂之玄,(동위지현)

(道와 名을) 같다고(同-共) 일컬으니(謂-稱) 현묘하고(玄-理之妙),

玄之又玄.(현지우현)

현묘함(玄-理之妙)이(之) 또(又) 현묘하다(玄).

衆妙之門.(중묘지문)

많은(衆-多) 신비함(妙-神秘)의(之) 문이다(門-出入口).

- 제1장 풀이 -

此兩者同, 出而異名.(차양자동, 출이이명)
"이 둘은 같은 것인데, 나오고 나서 이름이 달라졌다."

　제1장의 중심(中心)일 뿐만 아니라 도덕경 전체의 으뜸 문장은 차양자동 출이이명(此兩者同 出而異名)이다. 앞에 열거된 문장들은 이 둘(此兩:차양)이 무엇인지 설명하기 위한 문장이다. 도(道)와 명(名)이 변하는 것이라든지, 보이고, 보이지 않는 것이라든지 그들의 정체를 밝히려는 것이 아니다. 존재하되 보이지 않는 道와, 보이는 名으로 나뉘어 있지만, 원래는 둘이 아니라는(異而不二) 설명이다. 모든 존재는 상대되는 다른 것이 있다는 것을 설명하고자 하는 것이 老子의 정신이다. 왜 상대되는 존재를 세워 상생상극(相生相剋)을 하도록 하여, 변할 수밖에 없이 하는가를 설명하는 것이 도덕경이라고 생각한다. 왜 우리가 사는 3차원 물질세계는 불평등하고 불공정한가?

　왜 불평등, 불공정의 변화가 필요한 것인가를 설명하는 것이다. 그러므로 노자의 정신을 '모든 것은 변하는 것이라고'만 이해하는 사람은 변하지 않는 것도 있다는 것을 알지 않으면 노자를 이해하는 것이라고 말할 수 없는 것이다. 변한다는 것은 변하지 않는 것이 있다는 전제하에 변한다고 할 수 있는 것이기 때문이다. 노자의 언어를 빌리면 "늘 변하기 때문에 변하지 않는다고 할 수 있다"라는 것이다.

道可道, 非常道。(도가도, 비상도)

　가도(可道)의 道는 상도(常道)가 아니라는(非) 의미이다. 가도는 인간들의 지식과 경험이 그렇다고 여기는 것이지 스스로 그러함(自然)이 될 수 없는 道이다. 상도는 인간들의 지식과 경험으로는 해체할 수 없는 스스로 그러함이다. 그러므로 인간들의 명상과 기도로 알 수 있는 것이 아니며, 삶에서 상도를 추구하는 어리석음에서 벗어나야 한다.

　1. 상도를 "늘(常) 변하는 道" 즉 道 자체가 늘 변하는 것이라고 한다면, 인간의 지식과 경험이 그렇다고 여기는 가도인 비상도(非常道)는 "늘(常) 변하는 道가 아니다(非)"라고 하는 오류를 범하게 된다.

　2. 반대로 상도를 "늘 그러한(常) 道"라고 한다면, 비상도는 "늘 그러한(常) 道가 아니다(非)"라고 하여야 한다.

우리는 무엇을 택할 것인가? 상(常)의 뜻풀이가 "변화의 항상성"을 의미하는 것이기 때문에 道는 변할 수밖에 없는 것인지, 늘 그러한 상도(常道)도 있는 것인지 판단해야 한다. 택하기 전에 상(常) 字의 뜻풀이부터 해 보는 것이 좋을 것 같다.

(상)常 :

항상 상, 떳떳할 상:부수 巾(수건건, 3획) 획수 총11획:[cháng] Always

1.항상, 늘(恒久), 2. 떳떳할(庸), 3.두 길(數名倍尋), 4.아가위(棣-나무이름), 5.오랠(久), 6.법, 7.불변의 도, 8.벼슬이름(官名-太常) 9.일정하다(一定), 10.범상하다(凡常), 11.숭상하다(崇尙), 12.일찍이(=嘗), 13.평소(平素), 14.길이의 단위(單位), 15.천자(天子)의 기(旗) 16.땅의 이름.

'변화의 항상성'을 의미하는 뜻풀이가 보이지 않는다. 중국의 고문서에 그러한 뜻풀이가 있는지 알 수 없음이 필자의 한계이다. 道를 정의하여 "늘 변하는 道"라고 주장한다면, 도(道)를 한쪽 극(極)으로 제한시키는 결과가 되므로 용납하기 어렵게 된다. 이는 기독교의 유일신을 주장하려는 시도가 아니다.

대상무형(大象無形) - 제41장 참조.

"큰 형상은 형체가 없다."

제16장은 도의 모습을 아래와 같이 정의하였다.

치허극, 수정독.(致虛極, 守靜篤) - 제16장 참조.

(道란) 빔에 이른 궁극이고, 고요함을 잃지 않은 (虛의) 도타움이다.

道의 모습은 빔(虛-無)의 궁극(極-終)이고, 고요함(靜)의 도타움(篤-厚)이다. 道의 근원(極-終)은 고요함이 도타운 빔이다. 여기에 변화가 있을 수 없는 이유는 내가 있지 않기(無我) 때문이다. 우주가 아무리 넓어도 그것은 名일 뿐이므로 그 근원(道)인 없음(無-虛)으로 되돌아간다고 함은, 보이는 것(名) 모두가 허상(虛像)에 불과하다는 설명이다. 상도(常道)란

"빔에 이른 궁극이고, 고요함을 잃지 않은 도타움이다."(致虛極, 守靜篤)

고요함이 도타운(靜篤) 허극(虛極)이고, 무극(無極)이 근원이다. 차원이 다르므로 관찰자인 나도 없어(無我) 설명할 방법이 없다. 비상도(非常道)란

"이미 가득 차서 궁극이 아니며, 고요함을 잃은 가벼움이다."(已盈不極, 失靜薄)

인간의 바람(欲)으로 가득 차 있고, 고요함을 잃어 가벼움으로 뒤척이는 현상이다. 그러므로 필자는 2번을 택하였다. 물론 상도(常道)의 상대어를 변도(變道)로 하지 않고 비상도(非常道)로 표현한 이유가 있을 것이다.

천하개지선지위선, 사불선이.(天下皆知善之爲善, 斯不善已) - 제2장 참조.

"세상 모두가 선의 선함 됨만을 안다면, 이것은 이미 선이 아니다."

선(善)의 상대어인 악(惡)으로 하지 않고 불선(不善)으로 표현한 제2장을 참조한다면, 선(善)이 모자란 것이 불선(不善)이라고 표현되듯이 상도(常道)의 용(用)이 비상도(非常道)일 뿐이라고 이해할 수 있다. 상도의 상대어인 변도(變道)로 하지 않고 비상도라고 표현한 것을 이해할 수 있지만, 老子의 의중은 가도와 상도를 구분하고 싶은 것이 아니라 상도와 비상도를 설명하고 싶은 것이다. 도덕경을 따르면 아래와 같이 할 수 있다.

신가신 비상신.(神可神 非常神)

"(사람이)하나님이라고 여기는(神) 하나님은, 변하지 않는 (떳떳한)하나님이 아니다."

인간의 지식과 경험으로 道라 부를 수 있는 가도는 늘 그러한, 떳떳한 상도(常道-無極-0)가 아닌 비상도(非常道-太極-1) 즉 늘 변하는 道일 뿐이다. 고로 인간의 지식과 경험으로 논하는 道는 근원이 될 수 없다는 것이다. 인간들에 의하여 이름 지어진 야훼, 부처, 알라, 크리슈나, 등의 신들은 이미 항상 그대로일 수 없는 신들이다. 세상의 모든 신들은 삼태극(三太極) 이후에 인간들의 지식에 의하여 만들어진 신들이기 때문이다. 道의 시작을 태극(太極-1)이라 한다면, 중묘지문(衆妙之門)은 태극의 출처(出處)이다. 이 태극(太極)의 출처를 노자는 무극(無極-0)이라고 하였지만, 이 무극에 대하여 설명을 하지 않는다.

위천하식, 상덕불특, 복귀어무극.(爲天下式, 常德不忒, 復歸於無極) - 제28장 참조.

"천하의 본보기가 되면, 늘 덕이 변하지 않으니, 근원(無極)으로 되돌아간다."

태극(太極-1)의 이전은 근원(根源-0)이 되면서 출처이기도 하나 역시 둘이 아니고(不二) 하나일 수밖에 없고 이름도 붙일 수도 없다. 하나님이라 하고 싶지만 이름을 붙이는 순간 근원이 되지 못하는 안타까움이 있다. 모든 생명의 본향이 태극(太極)이며 무극(無極)일 수밖에 없고, 삶의 목적은 본향을 향한 나그네의 순례길인 것을 깨달아 가는 영혼의 과정이 道이다. 이것이 스스로 그러함(하나님)의 진정한 사랑이다. 道를 주어(主語)로 표현한 도덕경의 시구(詩句)이므로 아래의 각장(各章)을 미리 참고하면 道를 이해하기 쉬워진다.

도충이용지, 혹불영.(道冲而用之, 或不盈) - 제4장 참조.

"도는 비어 있어서 이를 쓰려고 하면 언제나 남아 있지 않다."

치허극, 수정독.(致虛極, 守靜篤) - 제16장 참조.

"(道란) 빔에 이른 궁극이고, 고요함을 잃지 않은 (虛의) 도타움이다."

도상무명.(道常無名) - 제32장 참조.

"도는 늘 이름이 없다."

도상무위, 이무불위.(道常無爲, 而無不爲) - 제37장 참조.

"도는 늘 함이 없되, 그러나 하지 않음도 없다."

도은무명.(道隱無名) - 제41장 참조.

"도는 숨어있어 이름이 없다."

名可名, 非常名.(명가명, 비상명)

역시 가도(可道)의 예를 따라서 가명(可名)의 名은 상명(常名)이 아니라는 (非) 의미이며, 인간들의 지식과 경험이 그렇다고 여기는 이름일 뿐이다. 상명 역시 인간들의 지식과 경험으로는 붙일 수 있는 이름이 아니다.

"도는 늘 이름이 없다(道常無名)." "도는 숨어있어 이름이 없다(道隱無名)."

이렇게 이름이 없는 道의 정체를 상명(常名)이라고 할 수 있다. 즉 이름이 없으므로 이름(名)이 늘(常) 있다고 할 수 있는 것이다. 숨어있어 보이지 않는 道와 숨을 수 없어 보이는 名이 도덕경 상대어의 시작이다. 마음의 세계와 물질세계의 비롯함이다.

빛이 있으라 하시매(창세기 1:3)

이 말씀이 도(道)이고 이 도(道)로 말미암아 전 우주의 보이는 명(名)이 비롯되었음을 부정할 수 없는 것이다. 천하 만물도 이 빛으로 인하여 생성되었음을 현대 우주물리학이 증명하고 있으며, 이를 삼태극(三太極)이라 하며 3차원 물질세계인 명(名)의 시작인 것이다.

만물병작, 오이관복.(萬物竝作, 吾以觀復) - 제16장 참조.

"만물이 함께 일어나기에, 나는 함께 되돌아감을 헤아린다."

반자, 도지동(反者, 道之動) - 제40장 참조.

"되돌아오는 것이 도의 움직임이다."

제16, 40장을 참조하면, 되돌아오는 것은 천하 만물(名)이다. 있음(名)은 없음(無-虛)에서 나오므로, 있음(名)이 나온 곳 즉 근원(無-虛)으로 되돌아오는 것이 도의 움직임이라고 설명했다. 도(道)와 명(名)이 따로 존재한다 해도 본시 하나일 수밖에 없는 것이다. 그 순례의 과정에 명(名)의 혹독한 경험과 불공정, 차별, 욕심, 분노, 희열, 등을 겪게 하면서 보이지 않는 道를 알 수 있도록 배려하는 것이 하나님의 사랑임을 감사해야 한다. 정신세계의 도(道-太極-靈)를 통하여 물질세계의 명(名-三太極-魂魄)의 본성을 알게 하면서 견제하고, 물질세계의 名을 통하여 정신세계의 道의 본성을 알게 하고, 견제하면서 본향을 알게 하는 상생상극(相生相剋)의 기능을 하는 것이다.

無名, 天地之始.(무명, 천지지시)

이는 앞의 설명처럼 무명(無名)과 유명(有名) 또한 삼태극 이후에 나타난 사람들의 지식에 의하여 구분된 것들이다. 이름이 없다는(無名) 것은 사람들이 아직 나타나지 않았기 때문이고 이를 일러서 천지지시(天地之始) 즉 양극(兩極 -天地)의 시작인 태극(太極)의 상태인 道를 이르는 것이다.

"도는 늘 이름이 없다.(道常無名)" "도는 숨어있어 이름이 없다.(道隱無名)"

有名, 萬物之母。(유명, 만물지모)

시제유명(始制有名) - 제32장 참조.

"(질박한) 처음은 마름질로 이름을 얻게 되지만."

무명(無名)의 처음은(始-初-太極) 마름질하여 천지라는 이름을 있게 하였다. 삼생만물(三生萬物)은 나타난 세계인 천지가 사람들에 의하여 이름이 있는(有名) 상태로 변한 삼태극(三太極)의 세상을 말한다. 그러므로 名을 낳은 母는 천지(天地)를 이르는 것이다. 천지지시와 만물지모가 도덕경에 글로 구분되었다는 것은 이미 인간의 촉수 안에 있다는 것을 의미한다. 그러므로 道德經, 聖經, 佛經 구분 없이 사람의 지식에 의하여 나타난 것이므로 이 또한 비상경(非常經-변하는 경전)일 수밖에 없는 것이다. 천지지시와 만물지모는 둘이 아니고(不二) 하나이면서도 둘로 존재하면서 상생상극(相生相剋)을 한다. 그러나 천지지시와 만물지모는 인간들과 무관하게 일어난 우주의 큰 사건임을 잊지 않아야 한다.

故常無欲以觀其妙,(고상무욕이관기묘)
常有欲以觀其徼。(상유욕이관기요)

현상계(現象界)를 보니 눈에 보이지는 않아, 이름을 붙이려니 道라고 했지만, 道 역시 처음 있는 대로 있지 아니하고 名과 함께 변하는 것이다. 이렇게 이름을 붙일 수 있는 현상계가 근원(레쉬트:רֵאשִׁית) 속에서 모습이 드러난 것이다. 태극 즉 현상계는 드러난 후에야 이름을 지어 부를 수 있게 되었고 태극이 모습을 드러내기 전에는 근원이 있는지조차도 알 수 없는 것이다.

"그러므로 늘 하고자 함이 없으면, 그 신비함이 보이는 까닭이고,"

욕(欲:하고자 할 욕)이 없는 속사람의 눈으로 보면 천지의 시작인 태극(太極) 즉 道의 오묘함을 볼 수 있다는 것이다.

"늘 하고자 함이 있으면, 그 변방만이 보이는 까닭이다."

욕(欲:하고자 할 욕)이 있는, 겉 사람의 눈으로 보면 현상계의 변방(徼:名)이며, 내 욕심의 대상으로 나타나는 하나님, 즉 옛 뱀이 작용하는 허상(虛像)의 물질세계만 보게 된다는 것이다. 즉 인간의 마음에 지식이라는 분별심(分別心-欲)의 때가 끼지 않은 순수한 마음이 되어야만 태극인 道의 오묘함을 볼 수 있다는 의미다.

무욕(無欲-속사람)과 유욕(有欲-겉 사람)의 상태는 성경이 말하는 선악을 알게 하는 나무의 열매를 먹은 상태이냐? 먹지 않은 순수한 상태이냐를 말하는 것이다. 무욕의 상태에서는 변하는 道의 신비함을 볼 수 있지만, 유욕의 상태로는 현상계의 변방인 변하는 물질세계인 名만 보인다는 평가인 것이다. 욕(欲)은 육체의 소욕(所慾)을 따라서 마음이 일으키는 천변만화의 생각이다. 그 보이지 않는 마음은 보이는 육체와 동시에 나타난 현상이다. 그렇다고 유욕은 그르고, 무욕은 옳다고 하는 것이 아니다. 천변만화를 일으키는 마음이 없다면 우리들의 영혼 여행 또한 있을 수 없기 때문이다.

급오무신, 오유하환?(及吾無身, 吾有何患?) - 제13장 참조.

"우리에게 몸이 없기에 이르면(죽으면), 우리에게 어찌 괴로움이 있겠는가?"

우리의 육체가 우주 중력(重力)에 의하여 발을 땅에 딛고 살 수밖에 없지만, 언젠가는 중력의 영향을 받지 않고 새털 같은 가벼움으로 살 수 있을 것이다. 육체와 마음이 갈등을 끝내는 날 괴로움도 함께 없어질 것이다. 이것이 도덕경이 하고자 하는 말이다. 보이지 않는 것도 自然(스스로 그러함)의 일부인 것이요, 보이는 것도 자연의 일부인 것이다. 자연, 즉 하나님은 다른 것에 이름을 지어 부르지도 아니하고 좋다, 나쁘다, 옳다, 그르다고 하지 않는다. 사람만이 이름을 지을 수 있는 능력이 있다. 그 능력이 지식인 동시에 선악을 알게 하는 나무의 열매다. 성경 창세기는 당신의 모양을 따라 형상대로 사람을 지었다고 기록하고 있다. 자연과 같이 순수했던 사람이 지식이 생기고 그 지식 때문에 생긴 욕심으로 인하여 근원인 하나님과 멀어지게 되어 볼 수 없게 된 것이다. 즉 상유욕 이관기요(常有欲 以觀其徼) 현상계의 변방만 볼 수 있게 된 것이다.

하나님께서 아담에게 불어넣어 준 생기(生氣)(네샤마트 하이:הַיִּים נִשְׁמַת)가 생각의 때가 끼지 않은 무욕의 마음이다. 무욕과 유욕을 상대적 개념으로 대비시켜, 보이지 않는 것이든, 보이는 것이든 모든 존재는 이중성을 띠고 있으면서

도 그 근원은 둘이 아니라는(不二) 것을 지적하는 것이다. 바라는(欲) 것이 없으면 본향(本鄕)의 깊음 즉 묘(妙)를 볼 수 있는데 인생들이 쉽게 할 수 있는 것이 아니라고 생각한다. 인생들은 지금은 바랄(欲) 수밖에 없다. "깨달음, 천국, 영생"을 "건강, 돈, 명예"를!

道와 名도 순환의 우주 법칙을 따를 수밖에 없으므로 욕(欲)도 없어질 때가 있을 것이다. 그렇게 보이지 않는 道와 보이는 名을 명확히 구분한 후에 도덕경 전체에서 노자가 가르치고자 하는 핵심 문장이 나온다.

此兩者同, 出而異名。(차양자동, 출이이명)
도덕경의 핵심 정신을 기록한 것이다. 道와 名은 같다.
"이 둘은 같다". "다르되 둘이 아니다.(異而不二)"
노자는 도(道:정신세계, 영혼)와 명(名:물질세계, 물질)을 차양(此兩)이라 했으니 분명히 별개로 인식하면서도 같다고(者同:자동) 한 것이다.
고혼이위일.(故混而爲一) - 제14장 참조.
"(이것들은) 처음부터 뒤섞였을 뿐 하나에서 만들어졌다."
너희는 여호와의 책을 자세히 읽어보라 이것들이 하나도 빠진 것이 없고 하나도 그 짝이 없는 것이 없으리니 이는 여호와의 입이 이를 명(命)하셨고 그의 신(神)이 이것들을 모으셨음이라(이사야 34:16)
성경도 불경도 이 한마디에 축약되어 진다. 성경이 가르치는 사랑은 서로 다르게 보이는 존재가 둘이 아니고(不二) 하나임을 깨닫는 현상이다. 성경이 가르치는 사랑이라는 한 마디로 도덕경과 불경을 아우를 수 있다. 육체가 바라는 것이 욕(欲)을 일으키지만, 그 생각은 과거의 경험에서 나오는 것이니 지식인 것이다. 그 지식을 일컬어 성경은 선악을 알게 하는 나무의 열매라고 하였으며, 그 지식이야말로 인간을 타락시키는 근본 원인이라고 성경은 가르치는 것이다. 불가(佛家)에서의 일체유심조(一切唯心造)란 모든 것은 생각이 일으키는 마음(魂)의 조화인 것이라고 가르친다. 본래의 마음(靈)은 무염청정(無鹽淸淨)한 것이나 생각의 있고 없음에 따라 마음(魂)은 천변만화를 일으키는 것이다. 천변만화를 일으키는 마음도 본래는 없다(無無明)는 것이 세상에 존재하는 옳은 경전의 가르침인 것이다.
태극인 보이지 않는 도(道:영혼)와 삼태극인 보이는 명(名:물질)은 원래 같은 것(者)인데 근원(根源-衆妙之門)에서 나온 후 이름만 달라졌다는 老子의 주장이다. 그 근원을 우리말 성경은 태초라고 표현하였고, 원문(原文)은 근원(레쉬트:רֵאשִׁית)이라고 표현하는 것이다. 그 근원인 중묘지문(衆妙之門) 안에서(In The Beginning - 베레쉬트:בְּרֵאשִׁית) 나온 하나의 시작(一始)인 태극은 상대성을 가진 음양으로 변화하여 보이는 세계의 대표주자를(天地-名) 생성한다. 이 둘이 상생상극 하면서 드디어 땅 위에 3차원 물질세계인 天, 地, 人의 삼태극을 이루는 것이다.

근원(태초)으로부터 나온 현상계를 도(道:영혼)와 명(名:물질)이라고 구분하여 부르게 된다. 그 道를 천지지시라 부르고, 천지를 만물지모라고 했다. 불가에서 道는 공(空)이요, 名을 색(色)이라 이름 지었고, 성경 속의 최초의 색은 천지가 될 것이다. 중요한 것은 근원에서 나온, 보이는 물질계인 만물과 보이지 않는 정신세계인 道가 원래 하나라는 것이다. 공즉시색(空卽是色)이고 색즉시공(色卽是空)이 된다. 창조와 진화 역시 둘이 아니고 하나일 수밖에 없는 것이다. 진화론은 보이는 물질계의 변화만 설명하고, 창조론은 근원으로부터 나오는 변화만 설명하고 있을 뿐이다. 즉 창조가 없으면 진화도 없으며 진화 없는 창조도 역시 있을 수 없기 때문이다. 물질계(名)는 끊임없이 변한다. 그러므로 둘이 아니고 하나인 정신세계(道)도 변할 수밖에 없는 것이다.

그러나 노자의 정신으로 보면 변한다는 것은 변하지 않는 것이 있다는 전제하에 가능하다고 전술하였다. 변하지 않는 것은 무엇인가? 이 변하지 않는 현상이 하나 있는데 이것이 근원이고, 중묘지문(衆妙之門)이다. 이 문(門) 안이 질서가 있던지, 무질서하던지, 무엇이 있던지, 없던지 논할 수 없지만 변하지 않는 존재(?)를 부정할 수 없다. 도덕경에서 논하는 자연은 스스로 그러한 하나님을 이른다. 왜냐하면 자연은 스스로 그러하기 때문이다. 모세에게 나타난 야훼 하나님에게 조상의 하나님의 이름을 무엇이라고 설명해야 하느냐고 떼를 쓴다. 야훼 하나님은 스스로 누구인지를 설명하여 준다.

하나님이 모세에게 이르시되 나는 스스로 있는 자(者)니라 또 이르시되 너는 이스라엘 자손에게 이같이 이르기를 스스로 있는 자가 나를 너희에게 보내셨다 하라(출애굽기 3:14)

나는 나, 혹은 스스로 있는 자(I am that I am, or I am who I am)라고 한다. 자연(自然 - 스스로 그러함)이라는 동양의 언어와 흡사하다. 이름 붙여진 야훼 하나님은 신가신 비상신(神可神 非常神)이라 할 수 있다. 변하는 이 하나님은 인간의 의식이 만들어 낸 하나님일 뿐이다.

인간 겉 사람이 하나님을 욕망의 대상으로 삼으면 큰 용(龍)이 되는 것이며, 겉 사람을 죽인 속사람으로 믿는다면 어디서든지 만날 수 있는 하나님이다. 예수님의 십자가 사건은 겉 사람, 즉 옛 뱀을 처단하고 하나님과 하나 되는 거룩한 속사람의 행보이다. 그러나 어찌하랴 용(龍) 즉 옛 뱀의 분탕질이 사람 안에서 일어나지 않으면 하나님과 하나 되는 길을 찾을 수 없다는 것과 용과 하나님이 둘이 아니라는(不二) 사실을 깨달아야 한다. 너 자신이 바라는 것(欲)이 있는 유심(有心)이면 용(龍-徼)을 보는 것이요, 바라는 것이 없는 무심(無心)이면 하나님(妙)을 본다는 것이다. 우리가 하나님을 욕망의 대상으로 믿는 종교 생활은 에덴의 동산에서 아담과 하와를 유혹했던 옛 뱀을 찬양하는 것임을 잊지 말아야 한다. 어찌 되었든 우리는 하나님의 섭리에서 한 치도 벗어날 방법이 없음을 반드시 기억해야 한다. 부처님 손바닥 안에 손오공일 뿐이다.

천망회회, 소이불실.(天網恢恢, 疏而不失) - 제73장 참조.
"하늘 법망은 얼기설기하게, 트였지만 빠트리지 않는다."
태초에 말씀이 계시니라 이 말씀이 하나님과 함께 계셨으니 이 말씀은 곧 하나님이시니라 그가 태초에 하나님과 함께 계셨고 만물이 그로 말미암아 지은 바 되었으니 지은 것이 하나도 그가 없이는 된 것이 없느니라."(요한복음 1:1-3)

그(Logos-太極)가 없이는 된 것도 없지만 된 것이 없으면 그도 있을 수 없다. 그러므로 하나님과 지은 것을 도저히 둘로 나눌 수 없는 것이다. 조물주와 피조물의 관계인 것 같지만, 수직 수평 관계가 아니라 원(圓)의 관계인 것이다. 알파는 일시 무시일(一始 無始一)이고 오메가는 일종 무종일(一終 無終一)이다. 모든 조물의 현상은 하나님으로부터 시작되어 하나님으로 끝나지만, 시작과 끝이 일회성이 아니라는 의미다.

차양자동, 출이이명.(此兩者同, 出而異名).

그러나 도(道)와 명(名)이 원래 같다는 것을 누가 알 수 있겠는가? 그리스도를 만난 사람, 도에 깨친 사람, 깨달은 사람만이 이를 볼 수 있으나 어떻게 설명할 방법이 마땅치 않으므로 말할 수 없는 가르침(不言之敎:불언지교)이니, 글로 쓸 수 없다(不立文字:불립문자)느니 하였고, 예수님도 비유(比喩)로 말씀하실 수밖에 없었다. 노자나 싯달타나 예수 등 위대(偉大)한 인류(人類)의 조상들은 이 두 현상을 함께 보고 그를 설명했지만, 예수의 경우처럼 십자가 위에서 "다 이루었다"를 선언하기까지는 그들이 본 것도 다는 아니었을 것이다.

그러나 현실은 종교적인 의식으로만 흘렀을 뿐, 道를 이야기하면 사람들이 웃을 것이라고 했던 장자(莊子)의 말대로 되었으며, 한술 더 떠 종교 지도자들은 예수의 경우처럼 죽이기까지 하는 것이다.

同謂之玄,(동위지현)
玄之又玄.(현지우현)
衆妙之門。(중묘지문)

그 둘이 분명히 다른데 실제는 하나라는 현상이 신비롭다는 것이다. 이를 일컬어 현(玄)이라고 표현하였는데 이를 신비롭다고 해석하든, 검다고 해석하든, 같다는 것에는 이의(異意)가 없다. 이 다름과 같음의 경계를 중묘지문(衆妙之門)이라고 노자는 설명하고 있다. 이 문으로 드나드는 것, 모든 것이 둘이 아니고(不二) 하나이니 어찌 묘(妙)하다 아니 하겠는가? 예수는 이 현상을 알았기 때문에 나와 아버지는 하나라고 설명하는 것이다. 그 문 안에서는 아버지와 일체였는데 그 문을 나오니 아들로 사는 것이고 나온 곳을 알기에 당연히 갈 곳도 알고 있다는 것이다. 그러므로 절대적 無(無極)와 상대적 無(太極)도 둘이 아닌(不二) 하나(一)일 수밖에 없는 것이다.

예수께서 성전에서 가르치시며 외쳐 가라사대 너희가 나를 알고 내가 어디서 온 것도 알거니와 내가 스스로 온 것이 아니로라 나를 보내신 이는 참이시니 너희는 그를 알지 못하나 나는 아노니 이는 내가 그에게서 났고 그가 나를 보내셨음이니라 하신대 (요한복음 7:28-29)

예수께서 대답하여 가라사대 내가 나를 위하여 증거 하여도 내 증거가 참되니 나는 내가 어디서 오며 어디로 가는 것을 앎이어니와 너희는 내가 어디서 오며 어디로 가는 것을 알지 못하느니라.(요한복음 8:14)

어디에서 왔는지를 모르는 자는 어디로 갈지도 당연히 모른다. 그것을 아는 자가 가르치려 해도 예수의 경우를 보아도 종교 지도자들은 죽이려 하고 일반인들은 잘해야 웃어넘길 뿐이다.

중묘지문.(衆妙之門)

좁은 문으로 들어가라 멸망으로 인도하는 문은 크고 그 길이 넓어 그리로 들어가는 자가 많고 생명으로 인도하는 문은 좁고 길이 협착하여 찾는 이가 적음이니라.(마태복음 7:13--4)

妙 :묘할 묘는 육담(肉談)의 소재로도 쓰이지만, 이 妙 字는 근원의 근원을 소재로 하는 중요한 글자이다. 좁은 문의 모양을, 묘(妙)할 묘 자로 설명하는 것이다. 중묘지문(衆妙之門)은 성경이 들어가기를 가르치는 좁은 문임을 알 수 있는 것이다. 아무것도 없는 것같이 보이는 그 좁은 문에서 모든 것이 나오니 어찌 신비하다 하지 않을 수 있겠는가? 도(道)와 명(名), 무명(無名)과 유명(有名), 무욕(無欲)과 유욕(有欲) 등으로 열거된 보이지 않는 道와 보이는 名의 관계는 모두 이 문을 경계로 한다. 그 문은 모든 생명이 나오는 문인 것이다. 제6장에 나오는 현빈지문(玄牝之門)을 가리킨다. 생명은 어머니의 자궁을 거치지 않으면 생성될 수 없다. 그 자궁을 문으로 비유한 것이다. 천지를 나오게 한 문인 우주의 자궁을 중묘지문, 혹은 현빈지문이라고 이름(名)한 것이다. 어머니의 좁은 자궁을 나오기가 그리도 어려웠듯이 진리의 좁은 문으로 다시 귀향하기도 어려울 것이다.

道는 보이지 않으므로 본 사람들이 보지 못한 사람들에게 설명한들 알아듣지 못한다. 당초(當初) 그것에 대한 지식이 없으므로 감도 잡을 수 없다. 그래서 노자는 모든 사람의 눈에 보이는 명(名)을 들먹이는 것이다. 보이지 않는 것들의 대표인 道를 설명하기 위하여 보이는 것들의 대표로 名을 지명한 것이다. 道와 名, 이들은 분명히 둘로 존재하지만, 그 뿌리는 둘이 아니다(不二). 성경이 근원을 설명하기 위하여 천지창조를 들먹이고, 그 천지를 매개로 하여 영(靈)의 세계를 설명하고 있는 것과 맥락(脈絡)을 같이 하는 것이다.

제 2장

天下皆知美之爲美, 斯惡已.(천하개지미지위미, 사오이)
세상(天下) 모두가(皆-總) 아름다움(美-嘉)의(之) 아름다움(美-嘉) 됨만을(爲-造) 안다면(知-識), 이것은(斯-此) 이미(已) 더러움이다(惡-醜陋).

天下皆知善之爲善, 斯不善已.(천하개지선지위선, 사불선이)
세상(天下) 모두가(皆-總) 선(善-良)의(之) 선함(善-良) 됨만을(爲-造) 안다면(知-識), 이것은(斯-此) 이미(已) 선이(善-良) 아니다(不).

故有無相生,(고유무상생)
왜냐하면(故-理由) 있음과(有) 없음은(無) 서로를(相-共) 낳고(生-産),

難易相成,(난이상성)
어려움과(難-艱) 쉬움은(易-忽) 서로를(相-共) 만들고(成-就),

長短相交,(장단상교)
길음과(長) 짧음은(短) 서로가(相-共) 주고받으며(交-相合),

高下相傾,(고하상경)
높음과(高) 낮음은(底) 서로에게(相-共) 기울고(傾-側),

音聲相和,(음성상화)
(내는) 소리와(音) (들리는) 소리는(聲) 서로(相-共) 화하며(和-諧),

前後相隨.(전후상수)
앞과(前) 뒤는(後) 서로(相-共) 따르기(隨-從) 때문이다(故).

是以聖人處無爲之事,(시이성인처무위지사)
이런(是-此) 까닭에(以-因) 성인은(聖人) 무위를(無爲) 일삼아(事) 살고(處-居),

行不言之教.(행불언지교) - 제43장 참조
말로(言-語) 하지 않음(不)의(之) 가르침을(教-訓) 행한다(行-所行).

萬物作焉而不辭,(만물작언이불사)
(道는) 만물이(萬物) 어떻게(焉-何) 만들어져(作-成)도(而) 물리치지(辭-不應) 않고(不),

生而不有,(생이불유) - 제10, 51장 참조
(道는) 낳았을(生-産) 뿐(而) 소유하지(有-所有) 않으며(不),

爲而不恃。(위이불시) - 제10, 51, 77장 참조

(道는) 할(爲-造) 뿐(而) 주장하지(恃-主張) 않는다(不).

功成而不居。(공성이불거) - 제77장 참조

(聖人은 태어난) 공을(功-事) 이루었으니(成-就) 이로써(而-乃) 살지(居) 않는다
(不).

夫唯弗居,(부유불거)

대저(夫) 살지(居) 않을(弗) 뿐이니(唯),

是以不去。(시이불거)

이런(是-此) 까닭에(以-因) 죽는 것도(去-離) 아니다(不).

- 제 2장 풀이 -

　노자는 제1장에서 道와 名을 빌어 모든 실체는 이중성을 띠고 있음을 가르
쳤다,
**　너희는 여호와의 책을 자세히 읽어보라 이것들이 하나도 빠진 것이 없고 하나도 그
짝이 없는 것이 없으리니 이는 여호와의 입이 이를 명하셨고 그의 신이 이것들을 모으
셨음이라 (이사야 34:16)**
　노자는 제2장을 통하여 그 이중성의 한쪽 면만 택하는 것을 경계한다. 제2
장은 道와 名을 택하여 그 이중성의 일면만 부각하는 것이 더러움(惡-醜陋)이
고 불선(不善)이라고 한다. 名과 道의 상대성을 설명하기 시작했다.

**　天下皆知美之爲美, 斯惡已。**(천하개지미지위미, 사오이)
　천하 사람들이 다 아름답다고 알고 있는 것이 아름다움의 한쪽 면만 보고
아름답다고 한다면 그것이 더러움(惡-醜陋)이라는 것이다. 천하 사람이 다 아
름답다고 보는 그것의 이면은 반드시 더러움(醜)이 존재한다는 것이다. 아름다
움은 더러움이 존재하지 않으면, 존재할 수 없는 동전의 양면과 같은 존재기
때문이다. 그런데 사람들이 아름다움이 있기까지의 보이지 않는 이면의 더러움
의 존재를 잊는다면 그것은 더러움(오:惡)을 잉태할 것이 너무나 자명하므로
(斯惡已:사오이) 그것이 더러움이 되는 것이다. 아름다움은 더러움의 눈물을

먹지 아니하면 아름다움이라고 이름 지을 수 없다는 것이다. 아름다움(美)의 양면성을 표현한 시구(詩句)이다.

신언불미, 미언불신.(信言不美, 美言不信) - 제81장 참조.

"참된 말은 아름답지 않고, 아름다운 말은 참되지 않다."

제1장의 차양자동, 출이이명.(此兩者同, 出而異名)을 설명하는 것이다. 그 양자는 같은 자인데 근원에서 나오면서 아름다움과 더러움이라는 다른 이름으로 되었을 뿐인데 사람들이 아름다움만 좋아하고 더러움을 싫어한다는 것이다. 그런 연고로 미(美) 대신에 더러움(醜)을 대입하여, 천하개지, 추지위추.(天下皆知, 醜之爲醜)도 역시 사오이(斯惡已)가 될 수밖에 없는 것이다. 노자는 제2장에서 미(美), 선(善)과 같이, 이름이 붙은, 명(名)을 통하여 도를 설명하기 시작했다.

차양자동, 출이이명(此兩者同, 出而異名)을 한 시라도 잊는다면 우리는 노자를 깨달을 수 없다. 道도 名이라는 상대가 있는데 미(美)나 선(善)도 당연히 상대가 있어야 한다. 道의 길을 간다는 사람들, 또는 하나님을 찾는다는 신앙의 순례자들이 빠지기 쉬운 함정이 극단적 美나 善이다. 미만 추구하고 선만 추구하므로 추(醜)와 불선(不善)을 용납하지 못하는 지식은 하나(太極)를 보지 못하는 것이다. 왜냐하면 이 둘은 본래 같은 것인데 이름만 달리하고 있는 것이기 때문이다. 그러므로 이 둘이 같은 것임을 보지 못하면 결국 道와 名을 볼 수 없으므로 오(惡)가 되고 불선(不善)이 된다는 설명이다.

선악을 알게 하는 나무의 열매를 먹은 후에 아담과 하와는 미추(美醜)를 나누게 되었다. 부끄러움(恥:치)과 뽐내는 것(驕:교)을 구분하게 된 것이다. 그래서 나뭇잎으로 옷을 만들어 앞을 가린다. 치(恥)와 교(驕)를 나누지 않던 그들이 한쪽 극단을 선택하게 된 것이다. 마음이란 인간이 육체를 가지면서 동시에 나타난 것이다. 처음의 순수한 마음을 무심(無心=無欲)의 상태라고 하는 것이다. 이 마음이 선악을 알게 하는 나무의 열매를 먹으면서 지식이 쌓여, 道와 名의 한쪽 면만 바라보게 된 마음, 즉 때가 끼어버린 마음을 유심(有心=有欲)의 상태라고 하는 것이다.

상유욕이관기요.(常有欲以觀其徼) - 제1장 참조.

하고자 하는 것을 가지고 보는 물질계의 현상(徼:요)인 생노병사, 희노애락이 모두 생각으로 인한 마음의 조화일 뿐(一切唯心造-일체유심조)이라고 불가에서 설명하고 있다. 유심(有心)은 道와 名의 한쪽만 보는 마음이요, 무심(無

心)은 名과 道의 양면을 보는 마음인 고로 묘(妙)함을 함께 본다고 하는 것이다. 欲(욕-지식)을 가진 마음을 유심(有心)이라 하고 욕(欲)이 없는 마음을 무심(無心)이라고 하는 것이다.

그러므로 우리가 마음을 없애려고 한다면 그 시도는 언제나 실패할 것이다. 육체(名)가 있는 한, 마음(道)도 함께하여야 하므로 없어질 수 없는 것이다. 육체가 사라지면 마음도 사라진다. 생각으로 말미암아 천변만화를 일으켰던 순수한 무심은 본래의 자리로 복귀할 것이다. 그러므로 없애야 할 것은 마음에 덕지덕지 붙어 있는 찌꺼기이며, 화려한 과거의 경험이며, 지식으로부터 나온 생각이다. 이 생각은 육체의 일부인 오관(五官)의 경험으로부터 나오는 것이다. 이 육체의 외부에 있는 오관의 경험으로 사는 사람을 성경은 겉 사람이라고 하며 속사람인 그리스도보다 먼저 온 자로서 죽이고 멸망시키려 한다고 가르치고 있다.

나보다 먼저 온 자는 다 절도요 강도니, 양들이 듣지 아니하였느니라.(요한복음 10:8)

육체가 죽기 전에 생각의 때를 벗어버린 사람들이 예수, 싯달타 등의 성인들이다. 우리가 몸의 구속(救贖)을 기다리는 이유를 성경은 다음과 같이 기록하고 있다.

이뿐 아니라 또한 우리 곧 성령의 처음 익은 열매를 받은 우리까지도 속으로 탄식하여 양자 될 것 곧 우리 몸의 구속을 기다리느니라.(로마서 8:23)

그들은 몸을 구속(救贖)받은 사람들이다. 아담의 초심으로 돌아간 사람들이기 때문에 나누어졌던 육체와 마음이 하나임을 깨달았으므로 몸도 구속을 이룬 것이다. 차양자동, 출이이명.(此兩者同, 出而異名)의 원리를 깨달은 사람들에게 나타나는 몸의 구속이다. 불가에서 말하는 질기고 질긴 업장이 과거 경험의 허깨비 지식인 것이다. 불가의 업장을 선업(善業)과 악업(惡業)으로 구분 지으려는 시도는 그래서 실패해야만 하는 것이다. 선업이야말로 떨어지지 않는 업장이 되어 수만 겁(劫)을 돌릴 수 있음을 불가에서 가르치고 있는 이유가 선에 매이지 말라는 뜻이 아닌가?

고상무욕, 이관기묘.(故常無欲, 以觀其妙) - 제1장 참조.

온 곳으로 돌아가야 하는 나그네 여정에서 모든 것을 경험하는 은혜를 감사하며 아버지께로 간다. 공수래(空手來)하였으니 공수거(空手去)할 수밖에 없다. 본시(本始) 나올 때 가지고 오지 않은 마음의 찌꺼기를 털어낸 사람들은 죽지 않아도 아버지를 볼 수 있지 않을까?

　천지가 내 마음이요 콘크리트 회색빛 아파트 벽이 내 마음인 것을, 치켜세운 엄지손가락 안에 부처님이 있고 똥 막대기가 부처님이라는 가르침을 이제야 이해할 것 같다. 현상계만 보는 것을 죄라 하는 것이 아니라 나타난 것으로 우열을 가리고, 선악을 분별하여 한 면만 보고 있는 상태를 성경은 죄라고 하는 것이고, 도덕경은 오(惡)라고 이름 지었지만, 궁극에는 그것마저도 하나님 생명작용의 일부일 뿐이라는 것이다. 이 우주에 생명이 존재하지 않는다면 하나님, 부처님이 존재할 이유가 무엇인가?

　이러한 다름(兩極)이 우리에게 차별과 불평등을 알게 하고, 다른 사람을 원망하고, 미워하게도 하지만, 이를 통하여 삼차원 물질세계에 사는 부조리를 알게 하며, 영혼의 성장을 유도하는 하나님의 사랑이라는 것이다. 이 우주는 사랑으로 태어났으며 사랑이 아닌 것이 하나도 없으므로 우리 인생들은 불평할 수 없으며 오직 감사해야만 하는 것이다. 차별과 불평등, 카르마를 감사할 수 있다면 차원이 없는 아버지와 하나를 이룰 수 있을 것이다. 이를 깨닫게 하고 단련시키기 위한 예수, 싯달타, 노자의 가르침이 성경이요, 불경이요, 도덕경이다. 그러나 이들 경(經)마저도 집착하지 말아야 하는 까닭은 인간들이 지어낸 經이므로 손가락의 방향을 정하는 일은 무소의 뿔처럼 혼자서 해야 한다.

　모든 지식은 과거의 경험으로부터 나온다. 그 경험의 지식이 마음을 조종하는 허깨비이다. 그 과거의 경험으로 축적된 지식은 미래의 망상도 함께 만들어낸다. 아담과 하와는 선악을 아는 일에 하나님과 같이 되었으나, 하나님은 선악이 본시 하나임을 알고 계시기 때문에 분별하지 아니하나 아담과 하와는 선과 악을 분별하여 자기들 편리한 대로 어떤 것은 받아들이고 어떤 것은 배척하게 되는 것이다. 그래서 하나님은 에덴의 동산에서 그들을 내어 보내 그들의 밭을 갈게 하신 것이다. 그 밭을 가는 동안 그들은 극단(極端)과 극단을 왕래하며 살 것이다. 그러면서 둘이 아닌(不二) 하나를 경험할 것이고 그 하나의 편안함을 깨닫게 될 날이 있을 것이다. 하나님이 간섭하지 않아도 되는 이유가 여기에 있는 것이다. 제자리를 찾을 수 있도록 멍석을 이미 깔아 놓았기 때문이다. 꾸민 아름다움이 오(惡)이고 꾸민 선(善)이 불선(不善)이라는 율법적, 도덕적인 지적이 아니다. 구약성경의 문자의 이면에 숨겨진 묘(妙)를 보지 못하고 요(徼)만 보고 율법적 신앙에서 헤맨다면 선과 불선에 매어 그 중심을 보지 못할 것이다. 보이지 않는 것과 보이는 것, 이들은 둘이 아니고 하나(不二)이며, 근본이 같다는 것을 알아야 한다는 것이다.

"차양자동.(此兩者同)"

道와 名이 같거늘 거의 모든 사람은 名에만 매어 살고 그나마 道를 찾는 사람마저 名을 더러움(惡)으로 규정하고 있으니 어떻게 하나님을 알며 무슨 도를 깨달을 수 있을 것인가? 노자는 노파심에서 한 가지 예를 더 기록하고 있다.

天下皆知善之爲善, 斯不善已.(천하개지선지위선, 사불선이)

세상 모두가 선의 선함 됨만을 안다면, 이것은 이미 선이 아니라고 같은 말을 반복하고 있다. 이는 불선이란 선의 추구를 위한 방편일 뿐이기 때문이다.

선지여오, 상거약하? (善之與惡, 相去若何?). - 제20장 참조.

"좋은 것과 더불어 싫은 것은, 서로의 차이가 얼마나 되느뇨?"

옳고 그름은 다르되 둘이 아니므로(異而不二) 차이가 없다.

불선인자, 선인지자.(不善人者, 善人之資.) - 제27장 참조.

"옳지 않은 사람의 일은, 옳은 사람의 바탕이다."

옳지 않은 사람의 행동은 옳은 사람의 거울일 뿐이다.

인지불선, 하기지유? (人之不善, 何棄之有?). - 제62장 참조.

"사람이 비록 선하지 않더라도(아랫목 근원에서) 어찌 내버릴 수 있으랴?"

인간들이 분별하면서 꺼리어 멀리하고(棄), 집착할(執) 뿐이지, 착하지 않은 사람도 버리지 않는 것이 스스로 그러한 하나님의 사랑이다. 선의 상대어를 악(惡)이라 하지 않고 불선이라고 한 이유이다. 선을 사랑이라고 정의한다면 불선이란 사랑이 아닌 모든 것을 일컫는 것이 된다. 즉 하나님을 선이라 한다면 마귀도 악(惡)이 아니고 불선이라는 것이다. 아마도 하나님의 사랑 즉 선을 이루기 위해서 피치 못하게 존재해야 하는 것은 불선으로 표기해야 한다는 것이다. 그러므로 우리의 영(靈)이 지금은 不善(사랑이 아닌-兩極)에 거할지라도 하나님 善(사랑-不二.)의 범주에서 벗어날 수 없음을 깨닫게 되는 것이다. 즉 하나님은 모든 생명을 사랑(善)으로 키운다는 것을 일깨우는 노자의 영성(靈性)이다.

하나님이 우리를 사랑하시는 사랑을 우리가 알고 믿었노니 하나님은 사랑이시라 사랑 안에 거하는 자는 하나님 안에 거하고 하나님도 그 안에 거하시느니라.(요한일서 4:16)

반대로 오(惡)만 추구한다면 상상할 수 없는 일이 되겠지만 선함 됨 만 추구한다면 특히 名은 숨을 못 쉬고 질식하게 될 것이다.

故有無相生,(고유무상생) **難易相成,**(난이상성)
長短相交,(장단상교) **高下相傾,**(고하상경)
高下相傾,(고하상경) **前後相隨。**(전후상수)

모든 해석서가 고(故)를 "그러므로"라고 설명하고 있다. 이는 앞의 문장을
받아서 뒤의 문장을 설명하려는 의도다. 그러므로 오(惡)와 불선(不善)은 이러
이러한 결과가 되었다든지 이러이러한 원인으로 된 것이라는 보충 설명이 되
어야 문장의 순리이다. 그런데 시중의 노자 해석서들은 앞뒤 문장의 연결이 되
지 않는다. 오(惡)와 불선(不善)의 이유나 결과를 말하고 있지 않다. 아예 별개
의 문장으로 다루고 있으므로 설명이 주위를 맴돌고 있다. 즉 예수 그리스도의
말씀을 깨닫지 못한 채, 구약성경을 아는 사람이 율법신앙 안에서 벗어날 수
없는 이치와 같다.

노자는 왜 아름다움의 아름다움 됨만 추구하고 선함의 선함 됨만 추구하는
것이 더러움이고 불선인지 설명하려고 고(故) 자(字)로 시작한 것이다. 그러므
로 故 字는 '그러므로'로 해석하면 안 된다. '왜냐하면'으로 해석하여야 한다.
즉 무슨 연고로 그것이 오(惡)가 되고, 불선이 되는지 그 이유를 설명하려는
의도기 때문이다. 왜냐하면(故-理由), 이유인즉.

(有無相生) 있음과(有) 없음은(無) 서로를(相-共) 낳고(生-產),
(難易相成) 어려움과(難-艱) 쉬움은(易-忽) 서로를(相-共) 만들고(成-就),
(長短相交) 길음과(長) 짧음은(短) 서로가(相-共) 주고받으며(交-相合),
(高下相傾) 높음과(高) 낮음은(底) 서로에게(相-共) 기울고(傾-側),
(音聲相和) (내는) 소리와(音) (들리는) 소리는(聲) 서로(相-共) 화하며(和-諧),
(前後相隨) 앞과(前) 뒤는(後) 서로(相-共) 따르기(隨-從) 때문이다(故).

즉 道와 名의 이치가 혼자서 되는 일이 하나도 없기 때문이라는 긍정적인
이유로 설명하고 있다.

천지상합이강감로(天地相合以降甘露) - 제32장 참조.
"천지가 서로 만남으로써 단 이슬이 내리듯."

단비(甘露) 역시 천지가 서로 화합하지 않으면 내릴 수 없듯이 천하 만물의
생명 작용은 서로(相)가 없으면 한치도 나갈 수 없다. 유무(有無), 난이(難易),
장단(長短), 고하(高下), 음성(音聲), 전후(前後) 등이 서로가 없으면 홀로 서지

못한다는 것을 설명하면서 아름다움의 아름다움 됨만 아는 것이 오(惡)이고 선함의 선함 됨만 아는 것이 불선(不善)이 됨의 이유를 설명하고 있다. 이는 제1장에서 道와 名의 세계도 다르면서 하나이듯이 천하의 모든 지식도(天下皆知) 자동(者同-異而不二)의 섭리와 같아서 둘이면서 하나임을 설명하고 있다.

제1장에서 보이지 않는 마음의 세계(道)와 보이는 물질의 세계(名)를 대비시켰듯이 제2장에서도 모든 현상이 이중성을 가지고 있음을 설명하고, 그 대비되는 것이 서로 분명히 다르지만, 한쪽이 없으면 한쪽마저 존재할 수 없는 하나임을 강조하고 있다. 아버지와 아들이 하나임을 가르치고 내가 너희 안에 너희가 내 안에 있음을 가르친 예수의 설명과 무엇이 다른 것일까? 아버지는 아들이 있으므로 아버지가 될 수 있듯이, 아버지 없는 아들이 존재할 수 없는 것과 같은 논리. 그리고 아들은 아버지가 되기 위하여 지금 존재하고 있다. 전체와 부분은 분명히 다르지만 둘은 아니라는 진리를 설명하고 있다. 그것은 중묘지문(衆妙之門)을 경계로 하여 이루어지는 보이지 않는 묘(妙)의 섭리나, 보이는 요(徼)의 섭리가 다르지 않다는 것을 가르치는 것이다.

우리는 지금까지 미추(美醜), 선악(善惡), 유무(有無), 난이(難易), 장단(長短), 고하(高下), 음성(音聲), 전후(前後) 등 상대적 개념들을 부정적 의미로 생각하고 있었다. 그러나 이것들이 없으면 생(生), 성(成), 교(交), 경(傾), 화(和), 수(隨)를 이룰 방법이 없다. 生, 成, 交, 傾, 和, 隨를 깨닫지 못하면 有無, 難易, 長短, 高下, 音聲, 前後를 초월하지 못할 것이고 근원(根源-太極) 또한 알지 못할 것이다. 그러므로 묘(妙)와 요(徼)가 서로에게 生, 成, 交, 傾, 和, 隨로 작용하고 있음을 알 수 있다.

성경은 이 진리를 알파와 오메가요, 시작과 끝이며, 아버지와 아들의 관계라고 설명하고 있다. 일시무시일(一始無始一), 일종무종일(一終無終一), 공즉시색(空卽是色), 색즉시공(色卽是空). 이 또한 같은 진리를 다른 말로 표현하고 있을 뿐이라는 것을 알 수 있는 것이다. 노자는 그 모든 이중적 개념이나 사물들은 한쪽이 없으면 다른 한쪽 역시 존재할 수 없다는 것을 명확하게 설명하고 있다. 그러므로 선함 됨만 추구하는 것은 불선이 되는 것이고 아름다움 됨만 추구하는 것은 오(惡)가 된다는 하나님의 섭리를 설명하고 있다. 아름다움과 영화로움만 추구했던 자(루시퍼-사탄)를 성경은 이렇게 설명하고 있다.

네가 옛적에 하나님의 동산 에덴에 있어서 각종 보석 곧 홍보석과 황보석과 금강석과 황옥과 홍마노와 창옥과 청보석과 남보석과 홍옥과 황금으로 단장하였었음이여 네

가 지음을 받던 날에 너를 위하여 소고와 비파가 예비되었었도다. 너는 기름 부음을 받은 덮는 그룹임이여 내가 너를 세우매 네가 하나님의 성산에 있어서 화광석 사이에 왕래하였었도다. 네가 지음을 받던 날로부터 네 모든 길에 완전하더니 마침내 불의가 드러났도다. 네 무역이 풍성하므로 네 가운데 강포가 가득하여 네가 범죄하였도다. 너 덮는 그룹아 그러므로 내가 너를 더럽게 여겨 하나님의 산에서 쫓아내었고 화광석 사이에서 멸하였도다. 네가 아름다우므로 마음이 교만하였으며 네가 영화로우므로 네 지혜를 더럽혔음이여 내가 너를 땅에 던져 열왕 앞에 두어 그들의 구경거리가 되게 하였도다.(에스겔 28:13-17).

이런 이유로 인하여 하나님은 인간들에게 선악을 알게 하는 나무의 열매를 허락하지 않았지만 먹고 싶은 유혹에 빠졌다. 그리하여 유무, 난이, 장단, 고하, 음성, 전후의 세계에서, 신앙의 나그네를 시작하는 것이다. 우리는 그 세계의 양극단을 왕래하면서 산다. 有無, 難易, 長短, 高下, 音聲, 前後를 초월한다는 것은 그 양극단을 시계추처럼 왔다 갔다만 하는 것이 아니고 왔다, 갔다 하다가 그들이 둘이 아님(不二)을 알게 되는 것이다. 이윽고 태극의 모습을 보는 것이다. 묘(妙)의 세계로 들어갈 수 있는 에너지를 축적하게 되는 것이다. 그 에너지는 묘의 세계를 만드는 것이다.

대답하여 가라사대 좋은 씨를 뿌리는 이는 인자요 밭은 세상이요 좋은 씨는 천국의 아들들이요 가라지는 악한 자의 아들들이요.(마태복음 13:37-38)

추수하여 하늘 창고에 쌓아 둔 하나님의 아들들인, 씨를 다시 세상에 뿌리는 것이 보이지 않는 하나님의 섭리이다. 그 에너지의 실체가 그리스도임을 잊지 말아야 한다. 양극이 하나임을 깨닫는 방법을 기록한 말씀이 성경이고 불경이다. 그 하나님의 말씀이 노자의 도덕경 속에 먼저 고스란히 녹아 스며들어 있는 것이다. 빛과 어두움은 서로 다르지만 둘이 아니다. 진리의 세계에서는 서로를 죽이는 법이 없다. 유무상생(有無相生)의 원리가 적용되는 것이다. 빛과 어두움은 본래 근원 안에서 하나였지만 그것이 근원을 나오고 보이는 형상으로 바뀌매 빛이라 이름 지어졌고 어두움이라 이름 지어졌을 뿐이다. 빛과 어두움이 본시 하나였음을 알았던 붓다는 무무명(無無明)이라고 반야심경에서 마지막 설교를 하고 있다. 어두움이라는 것도 빛이라는 것도 본시 없다는 것이다.

우리의 돌아보는 것은 보이는 것이 아니요 보이지 않는 것이니 보이는 것은 잠깐이요 보이지 않는 것은 영원함이니라.(고린도후서 4:18)

만물이 그에게 창조되되 하늘과 땅에서 보이는 것들과 보이지 않는 것들과 혹은 보

좌들이나 주관들이나 정사들이나 권세들이나 만물이 다 그로 말미암고 그를 위하여 창조되었고 또한 그가 만물보다 먼저 계시고 만물이 그 안에 함께 섰느니라.(골로새서 1:16-17)

믿음으로 모든 세계가 하나님의 말씀으로 지어진 줄을 우리가 아나니 보이는 것은 나타난 것으로 말미암아 된 것이 아니니라.(히브리서 11:3)

성경 역시 모든 보이는 것은 나타난 것으로부터 된 것이 아니고 따로 근원이 있다는 것을 가르치고 있다. 만물이 하나님으로부터 비롯되었음을 선언하고 있다. 하나님의 모양을 따라 형상대로 지어진 사람은 그 나온 곳으로 돌아가는 것이 진리다. 이 道와 名은 서로를 만들어가면서 끝없이 맞물려 돌아간다. 이것이 노자가 말하는 유무상생(有無相生)의 원리이다. 無에서 有가 생겨나고 무는 유로 말미암아 변화를 하게 되는 것이다. 만물이 없는 하나님을 상상해 보라, 표현할 방법이 전혀 없다. 하나님께서 스스로 그러함(自然-道)으로 천지를 창조하신 이유를 알 것 같기도 하지만, 이 하나님은 종교적인 내 욕망의 대상이 아니라 스스로 그러함(自然)이다.

是以聖人處無爲之事,(시이성인처무위지사)

行不言之敎。(행불언지교)

그러므로 성인, 깨달은 자, 그리스도의 영을 받은 자는 이렇게 사는 것이라고 시작한다. 생(生), 성(成), 교(交), 경(傾), 화(和), 수(隨)를 이루는 방법을 깨달아 미추, 선악, 유무, 난이, 장단, 고하, 음성, 전후를 초월한 사람들의 삶의 모습을 설명하기 시작하는 것이다. '그래서 성인은 무위를(無爲) 일삼아(事) 산다고(處-居),' 하였다. 왜 성인은 작위(作爲)하지 않고 있는 그대로의 모습대로 모든 일을 처리하게 되는가? 유무, 난이, 장단, 고하, 음성, 전후가 본시 한 어머니에게서 나온 한 뿌리임을 알았기 때문이다. '누가 더 크냐'는 경쟁이 부질없음을 깨달았기 때문이다. 긴 것과 높은 것이 짧은 것과 낮은 것보다 아름답지도 아니하고 선하지도 않다는 것을 깨달은 사람이 저것은 짧아서 못 쓰고 이것은 높아서 좋다고 판단하지 않는다. 짧으면 짧은 대로 소용처가 있고 길면 긴 대로 소용처가 있는 법이다. 생명을 기르기 위한 미추, 선악, 유무, 난이, 장단, 고하, 음성, 전후의 가름일 뿐이다.

옛글에 이르기를 쭉쭉 뻗은 낙락장송은 목수의 톱에 잘리어 짧은 생명을 마치지만 말라비틀어지고 구부러진 나무가 조상 묘를 지킨다고 하였다. 누구에게

도 소용 가치가 없으므로 그 수명을 다한다고 하였다. 그렇다고 구부러진 소나무가 더 좋은가? 어떤 생명이라고 해서 다른 생명보다 나을 수 없는 것이다. 예수나 싯달타의 생명도 하나님의 눈으로 보면 나보다 클 수 없는 것이다. 누구나 천상천하 유아독존(天上天下 唯我獨尊)임을 붓다는 가르친 것이다. 누구나 부활이요, 생명이며, 길이요, 진리임을 예수 그리스도는 선포한 것이다. 하나님의 눈으로 보면 나나 그들이나 모두 같은 뿌리에서 나와서 이름만 달리했을 뿐이다. 노자는 이를 차양자동, 출이이명(此兩者同, 出而異名)이라고 기록했을 뿐이다.

그것을 깨달은 사람에게 귀한 손님과 천한 손님의 구분이 있을 수 있겠는가? 대통령에게는 굽히고 서울역 노숙자에게는 뻣뻣하겠는가? 알렉산더 대왕에게 "좀 비켜주시오, 햇볕을 가리지 말고" 했던 디오게네스의 행동이 바로 처무위지사(處無爲之事)이다. 이런 자유자 디오게네스는 다른 거지가 왔더라도 똑같은 말을 했을 것이다. 길고 짧음을 초월하고 높고 낮음을 상관하지 않고 있는 그대로를 본다는 것이다. "산은 산으로 보고 물은 물로 본다"라고 하는 것이다. 이런 사람이 다른 사람을 입으로 가르치겠는가? 가르칠 수 없다. 너와 내가 다르지 않은데 무얼 가르칠 것이 있겠는가?

"行不言之敎"
불언지교, 무위지익 (不言之敎, 無爲之益) - 제43장 참조.
"말로 하지 않음의 가르침, 함이 없음의 이로움은,"

그래서 성인은 말로 하지 않음의 가르침을 행한다. 그는 행함으로도 누구를 가르치려고 하지 않는다. 다만 다른 사람들이 그의 행동을 보고 가르침을 받을 뿐이다. 예수 그리스도의 십자가 사건은 행불언지교(行不言之敎)의 백미(白眉)라고 할 수 있는 것이다. 누구를 가르치려고 십자가에 달린 것이 아니다. 다만 하나님이 주신 잔(盞)을 마다하지 않았을 따름이다. 그러나 예수 그리스도의 행동은 모든 인류(人類)의 가르침이 되었다.

萬物作焉而不辭,(만물작언이불사)
生而不有,(생이불유). - 제10, 51장 참조.
爲而不恃。(위이불시), - 제10, 51, 77장 참조.
제34장에서 더 깊게 설명하고 있음을 본다. 만물은 스스로 된 것이지 성인이 만들 수 있는 것이 아니며, 성인 역시 만물의 일부일 뿐이다. 그러므로 이

시구(詩句)의 주어는 제34장의 설명과 같이 성인이 아닌 道가 되어야 "만물작언이불사" 다음의 문장들을 설명할 수 있게 된다. "만물작언이불사"를 제34장에 살짝 삽입하여도 훌륭한 시구가 된다.

대도범혜, 기가좌우.(大道氾兮, 其可左右) - 제34장 참조.

"큰 도는 넘치는 물과 같구나! 그래서 능히 왼쪽으로도 오른쪽으로도 간다."

만물시지이생, 이불사.(萬物恃之而生, 而不辭)

"만물이 도를 의지하여 생기지만, 그런데도 물리치지 않으며,"

공성불명유.(功成不名有)

"공을 이루어도 (만든) 외형을 갖지 않는다."

의양만물이불위주. 상무욕, 가명어소.(衣養萬物而不爲主, 常無欲, 可名於小)

"(도는) 만물을 입히고 기르지만 주인 노릇을 하지 않고, 늘 바라는 것이 없으니,"

"(만든) 외형보다 작다고 여길 수 있다."

만물귀언이불위주, 가명위대.(萬物歸焉而不爲主, 可名爲大)

"(도는) 만물이 다시 돌아와도 주인 노릇을 하지 않으니,"

"(만든) 외형보다 큰 것을 이루었다고 여길 수 있다."

그러므로 道는 늘 바라는 것이 없으므로 만물보다 작다고 여길 수도 있고, 주인 노릇을 하지 않으니 만물보다 크다고 여길 수도 있다

生而不有. - 제10, 51장 참조.

爲而不恃. - 제10, 51, 77장 참조.

제10, 51장은 주어가 道로 표현되어 있으며, 생이불유(生而不有)를 포함하고 있다. 제77장의 주어는 성인으로 표현되어 있으며, 생이불유(生而不有)를 제외하였다. 이는 성인이 만물을 낳았을 수 없기 때문이다.

"(道는) 낳았을 뿐 소유하지 않으며(生而不有), 할 뿐 주장하지 않는다(爲而不恃)."

만물을 낳아서 입히고 기르지만 주인 노릇을 하지 않는다. 道는 늘 바라는 것이 없으므로(不欲) 스스로 행동이 옳다고 주장하지 않는다.

功成而不居。(공성이불거) - 제77장 참조

제77장을 참조하면 해석이 저절로 이루어진다.

시이성인(是以聖人). - 제77장 참조.

"이런 까닭에 성인은,"

위이불시, 공성이불처(爲而不恃, 功成而不處)

"할 뿐 주장하지 않으며(태어난) 공을 이루었으니 이로써 살지 않으니,"

기불욕현현.(其不欲見賢)

"그 현명함이 드러남을 바라지도 않는다."

제77장에서 성인(聖人)은 "할 뿐 주장하지 않으나" 위이불시(爲而不恃)는 삽입하였으나, 생이불유(生而不有)는 제외하였음을 본다. 다시 공성이불거(功成而不居)의 주어가 성인이 되어야 다음 문장의 해석을 할 수 있다.

"공(功)을 이룬 후에 그곳에 머물지 않는다"로 해석하면 노자의 정신과 맞지 않는다. 물론 범인들이 공을 이룬 후에 공치사하지 않고 그곳에 머물지 않는다면 의인이 될 것이다. 공자도 젊은 시절에는 경세를 하려고 열국을 돌아다녔지만, 그 공(功)을 이룰 수가 없었다. 기득권 정치인들이 그를 용납하지 않았기 때문이다. 이 문장을 해석할 수 있는 구절이 제9장에 있다.

공수신퇴, 천지도.(功遂身退, 天地道) - 제9장 참조.

"(태어난) 일을 다 하고 몸은 죽는 것이, 천지의 도이다."

즉 생자필멸(生者必滅)은 천지(天地)의 도(道)이다. 공성(功成)과 공수(功遂)는 같은 의미이다. 죽음은 삶의 완성이므로 태어나서(生) 죽을(滅) 때까지의 삶이 공성(功成)이고 공수(功遂)이다. 그런 연후에 몸은(身) 죽는(退-衰) 것이, 천지의 道다. 예수가 십자가 위에서 "다 이루었다"라고 했을 때가 공성과 공수의 완료를 선언한 것이고, 그런 연후 숨을 거두고 살지 않았다(不居). 노자는 호랑이가 가죽을 남기고 사람이 이름을 남기는 것을 공(功)이라 하지 않았다. 그러나 세상의 모든 사람은 그 가죽과 이름(名譽)을 공(功)이라 착각하기 때문에 온 힘을 다하여 그것을 남기고 쟁취하려고 안간힘을 쓴다. 그러므로 인류는 스스로 그러함의 순리를 따르지 아니한다. 인류의 어리석음은 천지가 주는 보복(?)이라고 생각되는 고통을 자초한다. 그 고통이야말로 천지(天地-萬物之母)가 인류에게 주는 사랑일 뿐이지만.!

오소이유대환자, 위오유신.(吾所以有大患者, 爲吾有身) - 제13장 참조.

"우리가 크게 괴로운 것이 있는 까닭은, 우리에게 내 몸이 있는 인연이다."

급오무신, 오유하환? (及吾無身, 吾有何患?)

"우리에게 몸이 없기에 이르면(죽으면) 우리에게 어찌 괴로움이 있겠는가?"

몸이 살아있는 동안에 겪는 괴로움(功成)은 몸이 사라지면(不居) 괴로움도 함께 사라지지만, 이는 새로운 시작일 뿐, 끝이 아니다. 그러므로 몸이 겪는 괴로움을 견디어 공을 이룬다는(功成) 것은 영혼의 차원 상승을 위한 교육과정 속에서 연속적으로 일어난다. 이 땅에 사는 것으로 공을 다 이루었으니(功成) 이 땅을 떠나는 것, 즉 죽음이 천지의 道다. 그러므로 살지 않음의 불거(不居)와 몸이 쇠함의 신퇴(身退)는 같은 의미임을 알 수 있다. 이 외에도 성인의 공성이불거(功成而不居)와 관계된 도덕경의 문장은 아래와 같다.

공성사수(功成事遂) - 제17장 참조.

"(태어난) 공을 이루고 (스스로의) 경영을 이루었으나."

夫唯弗居,(부유불거) **是以不去。**(시이불거)

위는 왜 공을 이룬 후에 즉 열심히 이 세상을 살은 후에 떠나야 하는지의 설명이다.

내 나라는 이 세상에 속한 것이 아니라 만일 내 나라가 이 세상에 속한 것이었다면 내 종들이 싸워 나로 유대인들에게 넘기지 않게 하였으리라 이제 내 나라는 여기에 속한 것이 아니니라.(요한복음 18-36)

공(功)을 이루었으니 이 세상에서 살지 않겠다고 단호하게 말씀하신다. 삶과 죽음이 둘이 아님(不二)을 늘 떳떳하게 알고 있기 때문이다. 예수가 이 땅에 나라를 세우고 임금이 되셨다면 우려할 일들이 생겼을 것이다. 그 권력에 빌붙어 이익을 보려는 베드로의 형제와 요한의 형제들 그리고 그 제자들의 어머니들까지의 광기는 십자가 사건으로 인하여 잠잠해진다. 가르치려고 한 것이 아니라 행동으로 보여준 것이다. 오순절 다락방 성령의 역사를 이미 보았을 것이다. 본향을 보는 예수가 이 땅에 왕국(王國)을 세울 일이 없었다. 그러므로 더 살아야 할 까닭도 없고 이 땅에 왕국도 세울 일이 없다. 그러므로 예수는 이런(是-此) 까닭에(以-因) 죽는 것이(去-離) 아니다(不). 이런 까닭이 무엇일까?

부하고? (夫何故)? 이기무사지언.(以其無死地) - 제50장 참조.

"대저 무슨 이유인가? (善攝生者) 그에게는 죽음의 자리가 없기 때문이다."

몰신불태.(沒身不殆) - 제16, 52장 참조.

"(늘 떳떳하므로) 몸이 없어져도 두렵지 않다."

누구에게나 죽음의 자리는 없으므로 두려워할 필요가 없다. 예수와 같은 성인은 죽음의 자리가 없다는 것을 이미 알았으나, 나와 같은 일반인은 죽음의 자리가 애초에 없다는 것을 깨닫지 못하기 때문에 죽음이 두려운 것이다. 위와 같이 죽음의 자리가 없으므로 죽어서 아주 가는(去-離) 것이 아니고 다시 살아서(復活) 돌아온다. 평생을 삶에 찌들어 살았던지, 금옥만당에서 부귀영화를 누리고 살았던지 따지지 않고, 태어나서 삶을 경험한 것 자체가 공(功)이고, 공을 이룬 후에 죽지만, 그것으로 아주 가는 것이 아니라(是以不去) 또 다른 삶을 경험하고 공을 세우기 위하여 태어날 것이다.(反者, 道之動 - 제40장 참조) 그러므로 금강경에도 이와 같은 가르침이 있다.

응무소주이생기심.(應無所住 而生其心)
"그 마음이 생기되 응당(이 세상 것에) 머무는 바 없이 하라."
그 본래의 가르침은 "그 마음을 이 세상에 두지 마라"
노자의 도덕경이 율법서가 아님을 새삼 느끼게 하는 제2장이다.

제 3장

不尙賢, 使民不爭。(불상현, 사민부쟁)

현명함을(賢-有德) 받들지(尙-尊) 아니하면(不), (어리석어도 멸시(蔑視)받지 아니하면) 부리는 자와(使-役) 백성들이(民-衆) 다투지(爭) 않는다(不).

不貴難得之貨, 使民不爲盜。(불귀난득지화, 사민불위도).-제12, 64장 참조

얻기(得-獲) 어려운(難-艱) 재물(貨-財)이(之) 귀하지(貴-存) 아니하면(不),
부리는 자와(使-役) 백성들이(民-衆) 도둑질(盜-賊)하지(爲) 않는다(不).

不見可欲, 使民心不亂。(불견가욕, 사민심불란)

(서로에게) 바라는(欲-祈願) 바가(可-所) 보이지(見-視) 아니하면(不), 부리는 자와(使-役) 백성들(民-衆) 마음이(心) 어지러워지지(亂-不治) 않는다(不).

是以聖人之治,(시이성인지치)

이런(是-此) 까닭에(以-因) 성인(聖人)의(之) (자신을) 다스림은(治-修養),

虛其心,(허기심)

그(其) 마음을(心) 비우고(虛-空),

實其腹,(실기복)

그(其) 중심을(腹-中心) 든든하게 하고(實),

弱其志,(약기지)

그(其) 사사로움을(志-私心) 약하게 하고(弱-懦),

强其骨。(강기골)

그(其) 됨됨이를(骨-人品) 굳세게 한다(强-不屈).

常使民無知無欲,(상사민무지무욕)

언제나(常-恒) 부리는 자와(使-役) 백성들이(民-衆)
앎도(知) 없고(無) 바람도(欲-祈願) 없다면(無),

使夫智者不敢爲也。(사부지자불감위야)

무릇(夫) 슬기로운(智-才) 사람은(者) 부리는 짓을(使-役)
구태여(敢-忍爲) 하지(爲) 않을(不) 것이리라(也)

爲無爲, 則無不治。(위무위, 즉무불치)

함이(爲-造) 없음을(無) 함으로 삼은(爲-造) 즉(則), - 제63장 참조
(자신을) 다스리지(治-修養) 못함이(不) 없다(無).

- 제 3장 풀이 -

제3장을 열어 놓고 처음에는 난감했다. 내가 제1, 2장을 다시 갈아엎어야 하는 것이 아닌가? '잘난 사람을 떠받들지 않음으로써 백성으로 하여 다투지 않게 하라' 가장 마음에 드는 시중의 해석 놓고 생각에 잠겼다. 내용을 완전히 이해할 수 없었다.

공성이불거.(功成而不居) - 제2, 77장 참조.

"(聖人은 태어난) 공을 이루었으니 이로써 살지 않는다."

부유불거, 시이불거.(夫唯弗居, 是以不去)

"대저 살지 않을 뿐이니, "이런 까닭에 죽는 것도 아니다."

성인이 태어나서 삶의 경험을 쌓고 공(功)을 이루면, 몸은 죽어 이 땅에서 살지 않는다고 했는데, 무슨 연유로 성인은 백성을 또 다스리려고 하는가? 성인은 변덕쟁이인가? 노자 할아버지가 노망들었나? 성인이 백성을 다스린다면 잘해야 유위(有爲)요, 십중팔구 작위(作爲)인데 노자의 중심사상인 무위자연은 어디에서 찾을 것인지 난감하지 않을 수 없었다. 수수께끼는 사(使) 字에서 풀렸다. 하여금 使로 읽지 않고 부릴 使로 읽었다. 가장 좋은 단어 노사관계(勞使關係)가 떠올랐다. '귀(貴)한 자와 천(賤)한 자를 구별(區別)하지 않는다면 다스리는(있는) 자와 백성(없는 자)이 다투지 아니한다.' 인류사는 있는 자와 없는 자의 뺏고, 뺏기는 영원한 투쟁으로 이어졌음은 누구나 아는 사실이다.

不尙賢, 使民不爭。(불상현, 사민부쟁)

바꾸어 말하면 못나도 멸시받지 않으면, 다스리는 자와 백성이 다투지 않는다는 뜻이다. 아기는 태어나서 낯가림을 할 때부터 자기에게 생명을 준 엄마로부터 가장 '귀(賢)한 자가 되어 숭상받기를 원하며(尙)' 그것을 느끼면서, 배우면서 성장한다. 내 아들, 딸은 모두 훌륭하게 자라는 것이 세상 어머니들의 소망이다. 남의 아들, 딸이야 상관하지 않는다. 상관있는 사람의 아들, 딸이라도 내 아들, 딸보다 더 귀하게 되는 것을 원하지 않는다. 이 어머니의 원함(尙) 때문에 세상의 아기들은 조금씩 영적으로 죽어간다. 성경의 가르침을 빌면 '선악을 알게 하는 나무의 열매'를 어머니의 유혹으로 먹게 된다는 의미다. 어머니가 에덴의 동산을 거니는 아기에게 뱀의 역할을 자임하고 나서는 것이다. 뱀이 아기에게 말하되 "하나님이 참으로 섬기라고만 하시더냐" 아기가 뱀에게 말하되 "모든 것을 할 수 있으나 섬기지 아니하면 생명이 없다 하더이다" 뱀이 아기에게 말하되 "결코 섬겨서는 아니 되느니라 닭 머리는 될지언정 소꼬리는 되지 말아야 하느니라 네가 비참할까? 하노라"

그때부터 아기와 어머니는 혼연일체가 되어 소머리(賢) 되기 위하여 불철주야 노력한다. '누가 크냐'는 싸움은 관 속에 누워서도 계속할 것이다. 누구의 묘(墓)가 큰가? 공부로 안 되면 운동, 특기로도 안 되면 완력, 사기, 등등 무엇으로라도 그 방면의 '큰 자'가 되어야 직성이 풀린다.

그 때에 제자들이 예수께 나아와 가로되 천국에서는 누가 크니이까?(마태복음 18:1)

선생님이여 율법 중에 어느 계명이 크니이까?(마태복음 22:36)

우리 조상 야곱이 이 우물을 우리에게 주었고 또 여기서 자기와 자기 아들들과 짐승이 다 먹었으니 당신이 야곱보다 더 크니이까?(요한복음 4:12)

성경도 온통 "누가 크냐."로 도배를 해 놓았다. 도덕경 제2장에서 이르기를

장단상교(長短相交) "길음과 짧음은 서로가 주고받으며,"

고하상경(高下相傾) "높음과 낮음은 서로에게 기울고,"

길고 짧음과 높고 낮음은 서로를 사귀고, 서로의 의지함을 위하여 필요하다고 하였다. 그것을 깨달은 사람은 장단, 고하가 경쟁으로 인식되지 않는다.

여호와 하나님이 가라사대 보라 이 사람이 선악을 아는 일에 우리 중 하나같이 되었으니 그가 그 손을 들어 생명나무 실과도 따먹고 영생할까 하노라 하시고 여호와 하나님이 에덴 동산에서 그 사람을 내어 보내어 그의 근본된 토지를 갈게 하시니라.(창세기 3:22-23)

노자의 깨달음을 아담과 하와가 알았다면 선악과를 먹었다 해도 에덴의 동산에서 쫓겨나지 않았을 것이다. 그러나 매일 '선악을 알게 하는 나무의 열매'를 먹고 사는 인간은 너보다 길고, 높아야 직성이 풀린다. 이것이 마음대로 되지 않으니까 가인은 동생 아벨을 죽인 것이다. '네가 왜 나보다 하나님의 사랑을 더 받아야 하는지 이해가 안 된다. 너는 사라져라' 사민쟁(使民爭)이 벌어지게 되는 것이다. 이것이 인간 세상에서 갈등의 원인이다. 힘센 분(使)과 힘없는 놈(民)들의 투쟁은 인류사에 니므롯 이후 한 번도 그침이 없이 계속되었다.

구스가 또 니므롯을 낳았으니 그는 세상에 처음 영걸이라 그가 여호와 앞에서 특이한 사냥군이 되었으므로 속담에 이르기를 아무는 여호와 앞에 니므롯 같은 특이한 사냥군이로다 하더라 그의 나라는 시날땅의 바벨과 에렉과 악갓과 갈레에서 시작되었으며 그가 그 땅에서 앗수르로 나아가 니느웨와 르호보딜과 갈라아 및 니느웨와 갈라 사

이의 레센(이는 큰 성이라)을 건축하였으며(창세기 10:8-12)

무리 중에 한 사람이 이르되 선생님 내 형을 명하여 유업을 나와 나누게 하소서 하니 이르시되 이 사람아 누가 나를 너희의 재판장이나 물건 나누는 자로 세웠느냐 하시고 저희에게 이르시되 삼가 모든 탐심을 물리치라 사람의 생명이 그 소유의 넉넉한데 있지 아니하니라.(누가복음 12:13-15)

생명은 그 소유의 넉넉함에 있지 아니하건만, 사민이 투쟁하는 것은 크고, 높고, 많이 가지기 위해서다. 사(使)도 민(民)도 그 점에서 조금도 양보하지 않는다. 대표적인 싸움이 전쟁이며 그나마 죽이지는 않으니까 심하지 않은 것이 노사관계. 尙(높일 상), 賢(뛰어날 사람 현), 잘난 사람은 높임을 받고 우매한 사람은 멸시받는 세상이 아니라면 사민(使民)이 투쟁하지 않는다(不爭). 세상이 그 잘 난 자들을 숭상하니 모두 그렇게 되려고 발버둥을 친다. 소유는 이미 한정되어 있는데 그게 어디 마음대로 되는 일이며, 모두가 할 수 있는 일인가? 세상이 잘 난 자를 숭상하는 이유는 단 한 가지다. 그가 잘 나지 못한 사람보다 소유가 많기 때문이다. 그것이 돈이면 돈, 지식)이면 지식, 권력이면 권력 등 모든 것을 잘 난 자들이 독차지하기 때문이다. 고쟁이를 팔아서라도 자식을 공부시키려는 대한민국의 부모들은 소유하지 못함으로 인하여 받은 설움이 뼈에 사무치기 때문이 아닌가? 잘난 자나 못난 자나 그 마음이 소유에 가 있으므로, 욕심에서는 일란성 쌍둥이일 뿐이지만, 잘난 자는 소유를 지키려 하고, 못난 자는 빼앗으려고 하니 다툼이 일어나는 것이다.

노자를 이해하는데 차양자동, 출이이명(此兩者同, 出而異名)을 잊어서는 풀이를 할 수 없음을 명심해야 한다.

"이 둘은 같은 것인데 그 문을 나오게 되니 이름이 달라졌을 뿐이다"

이 말을 기억한다면 현(賢)의 상대어는 우(愚)이고 상(尙)의 상대어는 멸(蔑), 사(使)의 상대어는 민(民)을 설정했다는 것을 염두에 두어야 한다. 현자라고 숭상받지 않을 수 있는 사람은 어리석은 자를 멸시하지 않는 사람이다. 4장에서도 다시 강조하는 화광동진(和光同塵)과 맥락을 같이한다.

화기광, 동기진 (和其光, 同其塵) - 제4, 56장 참조.

"그 위엄과도 사이좋고, 그 티끌과도 같이한다."

없는 사람을 멸시하는 사람치고 권력 앞에서 떳떳하게 제 소신을 굽히지 않을 사람이 없다는 말이다. 결국 세상이 귀천을 가리지 않는다면 다스리는 자와 백성이 다툴 까닭이 없다. 대통령이나 나나, 성인이나 나나 무엇이 다르단 말인가? 그러나 현실은 대통령이나 성인은 현자로 구분되고 나는 우민으로 구분

되니 현자가 되려는 자와 지키려는 자들 사이에서 분쟁이 있게 마련이 아닌가? 노자는 제3장의 첫머리에 성인이 해야 할 일을 먼저 기록한 것이 아니고 성인이라면 하지 말아야 할 일들을 먼저 열거하고, 그런 다음에 성인이라면 앞서 열거한 일들을 피하여 이렇게 저렇게 살아야 한다고 가르치고 있다. 잘 난 자를 떠받들지 말라고 가르치는 노자를 누가 신봉하겠는가? 보암직하고, 먹음직하고, 지혜롭게 할 만큼 탐스러운 것이 없는 생명 나무의 열매를 먼저 따먹는 자는 바보일 뿐이다.

　　불상현, 사민부쟁.(不尚賢, 使民不爭)

　"현명함을 받들지 아니하면, 부리는 자와 백성들이 다투지 않는다."

　이것은 생명의 말씀이지만 이것을 원하는 바보는 없다. 그래서 그 바보는 가뭄에 콩 나기보다도 귀한 것이다. 그래서 잘 난 자들의 해석은 모든 백성을 어리석게 만들어서 배나 채워주면 되는 개, 돼지로 취급하고 있다. 적당히 먹여주고 자기들이 계속 차지하겠다는 심보다.

　도덕경 제2, 3장은 다시 번역되어야 한다. 노자의 정신을 이해하고 있는 성경의 정신으로 다시 번역되어야 한다. 윤리와 도덕을 가르치는 시구(詩句)가 아니다. 기존의 가르침대로 아무러면 어떠하랴마는! 성경을 보는 눈은 도덕경 제2, 3장의 해석을 그리할 수 없었다. 한문을 잘 알지 못해도 성경을 통하여 노자를 볼 수 있는 것이다. 잘난 사람이 숭상을 받고 못난 사람은 멸시받는 일을 세상을 지극히 당연하게 여긴다. 그러면서도 그것 때문에 다툰다. 그래서 노자는 가정법으로 말하고 있다. 잘난 사람이라고 숭상을 받고, 못난 사람이라고 멸시를 받지 않는 세상이라면 있는 자와 없는 자가 서로 다툴 이유가 없다.

不貴難得之貨,(불귀난득지화) - 제12, 64장 참조.
使民不爲盜。(사민불위도)

　난득지화영인행방.(難得之貨令人行妨) - 제12장 참조.

　"얻기 어려운 재물은, 사람으로 하여 행실을 해롭게 한다."

　인생을 살면서 무엇이 가장 구하기 어려운 난득지화(難得之貨)일까?

　욕불욕, 불귀난득지화.(欲不欲, 不貴難得之貨) - 제64장 참조.

　"(일반인들이) 바라지 않는 것을 (道) 바라므로, 얻기 어려운 재물도 귀하다 않는다."

　바로 둘이 아니고 하나임(不二)을 아는 道이다. 道를 깨친 현자는 얻기 어려운 재물이라도 귀하다고 하지 않으니 도둑질할 일이 전혀 없다. 성경은 가장

구하기 어려운 것을 구하는 장면을 묘사해 놓고 있다. 하늘의 보물을 너희에게 쌓으라고 가르친다.

천국은 마치 밭에 감추인 보화와 같으니 사람이 이를 발견한 후 숨겨 두고 기뻐하여 돌아가서 자기의 소유를 다 팔아 그 밭을 샀느니라.(마태복음 13:44)

땅의 보물을 너희 안에 쌓아 두지 말라 거기는 좀과 동록이 해하며 도적이 구멍을 뚫고 도적질하느니라 오직 하늘의 보물을 너희 안에 쌓아 두라 저기는 좀이나 동록이 해하지 못하며 도적이 구멍을 뚫지도 못하고 도적질도 못하느니라 네 보물 있는 그곳에는 네 마음도 있느니라.(마태복음 6:19-21)

세상 사람들에게는 돈 가지고도 하기 어려운 일도 꽤 있을 것이다. 그것이 무엇인지 난득지화가 될 것이다. 영생에 마음을 쓰는 사람들은 천국이 난득지화가 될 수 있을 것이다. 밭에 감추어진 보물은 생명이다. 밭에 뿌려져 생명이 싹 터지기를 기다리는, 감추어진 하나님 말씀이다. 이 생명보다 더 귀한 보화는 있을 수 없다.

얻기 어려운 보화(難得之貨)를 값없이 구하는 방법을 제시하신 분이 예수다. 싯달타, 노장, 등도 난득지화를 값없이 구하는 방법을 제시하신 분들이다. 만약에 이들의 말씀대로 살아서, 난득지화인 생명을 값없이(不貴) 얻을 수 있다면, 가진 자(使)와 못 가진 자(民)들이 영적 도둑질하려고 않을 것이다(不爲盜). 이는 내 안에 쌓인 하늘의 보화로 인하여 가능한 것이며, 훔쳐서 얻어질 수 있는 것이 아니므로 도둑질하려고 생각조차 아니 할 것이다. 반대로 좀이나 동록(銅綠)이 해 할 수 있는 땅의 보화를 내 안에 쌓아 두려고 하지 않는다면 훔칠 일이 저절로 없어진다. 그러나 땅의 난득지화는 소수의 부리는 자들이 차지하고 있으므로 대다수의 어리석은 자들에게는 구하기 어려운 것이 될 수밖에 없다. 그러므로 어리석은 자들은 갖기 위하여 도둑질하고, 뛰어난 자들은 더 갖기 위하여 도둑질하는 것이다.

절교기리, 도적무유.(絕巧棄利, 盜賊無有) - 제19장 참조.

"(부리는 자가) 기교함을 끊고 이로움을 버리면, 도적의 존재함이 없다."

부리는 자(使)들이 기교를 부리고 사리사욕을 채우는 도적이 되지 않으면 백성들이 도둑질하지 않는다. 노자는 이들 탐관오리의 가렴주구(苛斂誅求)를 향하여 하늘이 무섭지 않으냐고 부르짖는다.

시위도과. 비도야재!(是謂盜夸。非道也哉!) - 제53장 참조.

"이를 일컬어 도적들의 사치라 한다. 도에 어긋나는 것이라 아니하겠느냐!"

저희에게 이르시되 삼가 모든 탐심을 물리치라 사람의 생명이 그 소유의 넉넉한데

있지 아니하니라 하시고 또 비유로 저희에게 일러 가라사대 한 부자가 그 밭에 소출이 풍성하매 심중에 생각하여 가로되 내가 곡식 쌓아 둘 곳이 없으니 어찌할꼬 하고 또 가로되 내가 이렇게 하리라 내 곡간을 헐고 더 크게 짓고 내 모든 곡식과 물건을 거기 쌓아 두리라 또 내가 내 영혼에게 이르되 영혼아 여러 해 쓸 물건을 많이 쌓아 두었으니 평안히 쉬고 먹고 마시고 즐거워하자 하리라 하되 하나님은 이르시되 어리석은 자여 오늘 밤에 네 영혼을 도로 찾으리니 그러면 네 예비한 것이 뉘 것이 되겠느냐 하셨으니 자기를 위하여 재물을 쌓아 두고 하나님께 대하여 부요치 못한 자가 이와 같으니라.(누가복음 12:15-21)

교회에다가 재물을 바쳐서 하나님에 대하여 부요한 자가 되라고 공갈치는 가르침이 아니다. 생명을 위하여 필요한 양 이상은 하나님에 대하여 부요치 못한 것이다. 내가 창고에 쌓아 두지 않는다면 다른 생명의 먹거리로 남을 수 있거늘 결국 다른 생명의 목줄을 조이는 것이기 때문에 하나님에 대하여 부요치 못하다고 가르치시는 것이다. 자본주의에 역행하는 좌파적 성경 말씀이다. 즉 창고에 쌓아 두는 것은 하나님의 섭리에 역리로 사는 것이라는 예수의 가르침인 것이다. 현재 지구상의 곡물 생산량은 지구인 모두가 먹을 수 있는 양이란다. 그런데 현실은 굶어 죽는 사람들이 부지기라는 것이다. 무엇이 문제인가?

오늘 있다가 내일 아궁이에 들어갈 들풀도 아버지께서 저렇게 귀하게 입히시거늘 하물며 너희일까 보냐 (마태복음 6:30)

하나님의 가르침에 반기를 드는 존재는 나를 포함한 인간들뿐이다. 자연의 섭리를 보라! 사자는 배가 부르면 옆에 지나가는 임팔라에게 곁눈도 주지 않는다. 그러나 사람은 배가 불러도 쌓아 두지 못하면 불안해한다. 그래서 부리는 자들 역시 도둑질에 참여할 수밖에 없는 것이다. 그 도둑질의 형태가 어리석은 자들의 도둑질과 달리 매끄러울 뿐이다. 하나님의 섭리를 역천(逆天)하면서 사는 존재는 사람밖에 없는 것이다. 어찌 난득지화(難得之貨)가 귀하지 않을 수 있으며, 부리는 자와 백성들이 서로 도둑질하지 않을 수 있겠는가? 노자도 이것을 가르치고 있는 것이다. 노자가 생각하는 난득지화 역시 생명(無爲自然)이라는 것을 미루어 알 수 있다. 자연과 함께 자유인이 되려면 땅의 난득지화를 내 안에 쌓지 말아야 한다. 쌓지 않을 사람은 처음부터 난득지화를 만들지 않는다. 노자의 가르침대로 어떤 것도 귀하게 여기지 않고, 어떤 것도 천하게 여기지 않으면 난득지화는 사라진다. 난득지화가 사라졌는데 있는 자나 없는 자가 도둑질을 할 필요가 있을까? 귀하다는 것은 천하다는 상대어를 이미 만들고 있다. 인간이 귀한 것에만 집착하는 그 자체가 오(惡)이고 불선(不善)이 된다. 노자는 2장에서 이미 그것을 가르쳤다.

천하개지미지위미, 사오이.(天下皆知美之爲美, 斯惡已)

"세상 모두가 아름다움의 아름다움 됨만을 안다면, 이것은 이미 더러움이다."

천하개지선지위선, 사불선이.(天下皆知善之爲善, 斯不善已)

"세상 모두가 선의 선함 됨만을 안다면, 이것은 이미 선이 아니다."

옛글에 사람 구제는 임금님도 할 수 없다고 하였다. 누가 얼마나 큰 부자가 있어서 없는 자의 욕심을 채워줄 수 있단 말인가? 성인이 무슨 능력으로 그들의 욕심을 채워 줄 수 있단 말인가? 성인이 하는 일이 난득지화(難得之貨)를 흔하게 구할 수 있도록 해서 서로 도둑질을 하지 않도록 해주는 것이라면, 노자와 공자, 석가, 예수 중에서 한 명도 성인이 될 수 있는 분이 없다. 노자 이후에 노자를 해석했던 식자(賢)들의 해석이 일사불란하게 그렇게 해석한 이유가 여기에 있다. 제대로 해석하는 사람 중에서는 한 명도 성인 칭호를 받을 수 없기 때문이다. 이 천하의 욕심쟁이들은 세상의 모든 것을 다 소유했으면서도 성인의 칭호까지 놓치고 싶지 않은 것이다. 그래서 그들은 불상현, 불귀난득지화, 불견가욕(不尙賢, 不貴難得之貨, 不見可欲) 등의 일을 성인이 하는 것이라고 주장하는 것이다. 무위하겠다는 성인을 억지로 유위로 하는 성인(?)으로 만들고 있다. 자기들도 성인 축에 낄 수 있는 길을 열어 놓기 위하여 그런 해석이 필요한 것이다.

수고하고 무거운 짐 진 자들아 다 내게로 오라 내가 너희를 쉬게 하리라 나는 마음이 온유하고 겸손하니 나의 멍에를 메고 내게 배우라 그러면 너희 마음이 쉼을 얻으리니 이는 내 멍에는 쉽고 내 짐은 가벼움이라 하시니라 .(마태복음 11:28-30)

쉽고 가볍다고 하시는데 보암직하고, 먹음직하고, 지혜롭게 할 만큼 탐스럽지 않아 아무도 에덴의 동산 중앙에 즐겨 가기를 원하지 않는다. 먹지 말라는 것은 어찌 그리 아름다운지 모든 사람이 다투어 먹고 있으니 수요가 많아서 사민쟁(使民爭)을 일으키고 있음을 알 수 있다. 행불언지교(行不言之敎), 말이 아닌 행실로 보여준다고 했거늘 난득지화(難得之貨)를 각 가정의 문지방에 몰래 옮겨 놓으면 된다는 것인가? 왜 하기 싫다는 성인을 자꾸만 끌어내어 일을 시키려 하는지 알다가도 모를 일이다. 불상현사민부쟁(不尙賢使民不爭)은 그래도 말로 하면 되는 것 같으니까 해 볼 수 있는데 불귀난득지화(不貴難得之貨)는 사민(使民)이 풍족하게 쓸 수 있도록 성인이 어디서 어떻게 만들 수 있겠는가? 예수처럼 오병이어(五餠二魚)의 기적을 베풀면 되지 않느냐고 한다면 할 말이 없다. 예수는 이적 좋아하는 사람은 천국 근처에도 못 간다고 했으니 그런 사람은 성인이 아닐 터이다. 물방울 다이아몬드를 보고 '이것은 생명이 아닙니다. 귀(貴)한 것이 될 수 없습니다'라고 예수께서 외친다 해도 미친놈 소리 들을 것이다. 귀한 것은 귀한 것이다. 화성이 다이아몬드로 이루어졌다면 그곳에서는 귀한 물건 대접을 받지 못할 것이나, 지구에서는 귀한 물건임을 부정할 수 없다. 성인의 할아버지가 오셔도 이 문제를 지구상에서 풀 수 있는 문제가 아니다. 그래서 노자는 가정해서 말하고 있다. 구하기 어려운 다이아몬드도 귀(貴)하다고 여기지 않고, 강가의 자갈도 천(賤)하다고 여기지 않으면 없는 자와 있는 자가 서로 도둑질하려 하지 않을 것이다. 왜냐하면, 부리는 자(賢)들의 귀(貴)한 것들에 대한 싹쓸이가 사라질 것이기 때문이다.

不見可欲, 使民心不亂。(불견가욕, 사민심불란)
상대방에게 바라는 마음을 가지고 만나지 않으면 다스리는 자와 백성들 사이의 마음이 나누어지지 않는다. 우리는 상대방에게 먼저 주려고 하지 않고 바라는 것을 가지고 만난다. 네가 나에게 무엇을 해주었는가에 따라서 나도 그에게 그만큼만 해주려고 한다. 다스리는 자는 백성들이 순종하기만 바라고 백성들은 다스리는 자가 편히 살게 해주기만을 바란다. 상대방에게 바랄 것이 없으면 상대방에게 서운한 감정을 가질 필요가 없어진다.

마르다가 예수께 여짜오되 주께서 여기 계셨더라면 내 오라비가 죽지 아니하였겠나이다.(요한복음 11:21)
죽은 나사로와 마르다의 형제는 예수와 3년 이상 교분이 있다. 그런데 사람의 목숨을 여러 번 살린 줄 아는 예수에게 나사로의 임종 전에 알렸으나 오지 않았다. 누이 마르다는 예수를 만나자마자 서운한 감정을 드러낸다. 자기의 마음을 알지 못하는 마르다의 자매들 때문에 예수는 십자가 위에서도 흘리지 않던 눈물을 성경 속에서 처음으로 흘린다. 예수께서 그들 자매의 말이 서운해서 운 것이 아니라 견고하게 굳어버린 인간들의 마음이 안타까워 눈물을 흘렸지만, 그 자매들까지도 최소한 삶과 죽음이 하나임을 누구도 이해하지 못하는 현실이 안타까웠다. 이같이 원하는 것을 받지 못하면 인간은 곧 서운한 감정을 드러낸다. 다스리는 사람과 백성들이 자기의 자리에서 자기의 일만 열심히 하고 서로에게 바라는 마음이 없다면 사민(使民)의 마음이 서운해질 일이 없어지므로 마음 상하여 서로를 배척할 일도 없어진다. 제2장 말미에서 성인이라면 하지 않을 일을 열거했다.

위이불시(爲而不恃) 공성이불거.(功成而不居)

"(성인은)할 뿐 주장하지 않고,(聖人은 태어난) 공을 이루었으니 이로써 살지 않는다."

성인은 자기가 옳다고 주장하지 않고, 태어나 살았으니 공은 이루어졌고, 이제 몸은 죽는 것이 마땅하다고 생각한다. 이런 성인의 삶은 무엇을 상대방에게 원하여 마음을 상하게 하지 않는다. 노자는 제3장 첫머리에서 세 가지 경우를 들어가며 다스리는 자와 백성들 사이의 문제점을 제시한다. 분쟁, 도둑질, 이간 등이 다스리는 자와 백성들 사이에서 일어나는 이유를 열거하고 있다.

첫째 : 서로 잘난 척하려고 하니 있는 자와 없는 자들이 다투게 된다.

둘째 : 재물(財物)을 좋아하되 소수(少數)의 있는 자들이 독차지하므로 구(求)하기 어려운 자들이 생기기 마련이니 있는 자와 없는 자 사이에 서로 도둑질이 생긴다.

셋째 : 서로에게 바라는 것을 가지고 만나니 마음이 나누어진다.

제2장을 마무리하면서 노자는 말했다. 성인이란

시이성인처무위지사, 행불언지교.(是以聖人處無爲之事, 行不言之敎) - 제2장 참조.

"이런 까닭에 성인은 무위를 일삼아 살고, 말로 하지 않음의 가르침을 행한다."

부유불거, 시이불거.(夫唯弗居, 是以不去) - 제2장 참조.

"대저 살지 않을 뿐이니, 이런 까닭에 죽는 것도 아니다."

이런 삶을 사는 성인은 삶과 죽음이 둘이 아님(不二)을 알기 때문에 이 땅에서의 삶에 연연하지 않으며, 죽음을 숨 쉬듯 받아들인다. 죽는 것이 죽는 것이 아니고 새로운 삶의 시작이라고 깨닫고 있기 때문이다.

是以聖人之治,(시이성인지치)
虛其心,(허기심)
實其腹,(실기복)
弱其志,(약기지)
强其骨.(강기골)

첫째 현명함을 받들지 말고(不尙賢), 둘째 재물을 귀하다고 하지 말고(不貴難得之貨), 바라는 바를 없애면(不見可欲) 부리는 자와 백성들이 다투지 않고, 도둑질하지 않고, 마음이 어지러워지지 않는다는 것을 아는 사람이 바로 성인이다. 성인이 되려면 스스로 마음 안에서 전쟁을 일으켜야 한다는 뜻이다. 허기심, 실기복, 약기지, 강기골(虛其心, 實其腹, 弱其志, 强其骨) 하면서 스스로 다스리는 자기와의 처절한 싸움이 있어야 행불언지교(行不言之敎)가 되므로 제2장에 이어서 제3장에서도 성인의 불언지교(不言之敎)를 표현하고 있다. 누구든지 이렇게 스스로 다스리지 아니하면 분쟁, 도둑질, 시기의 현장을 가지 않을 수 없을 것이다.

행불언지교.(行不言之敎) - 제2장 참조.
"말로 하지 않음의 가르침을 행한다"

노하기를 더디하는 자는 용사보다 낫고 자기의 마음을 다스리는 자는 성(城)을 빼앗는 자보다 나으니라.(잠언 16:32)

자기 마음을 다스리지 못하는 성인은 있을 수 없다. 성인지치(聖人之治), 자기를 다스리는 성인의 모습으로 해석되지 않으면 노자는 누더기가 되고 우스운 꼴이 되고 말 것이다. 치(治) 字의 뜻풀이를 보면 "다스릴(治-理), 수양하다(治-修養)"라는 의미가 있다. 장자(莊子) 내편(內篇) 소요유(逍遙遊) 제5장

"지인무기(至人無己)(道에) 이른 사람은 자아(自我)가 없고,"
"신인무공(神人無功) 거룩한 사람은 애쓰는(勞之積) 것도 없으니,"
"성인무명.(聖人無名) 깨달은 사람은 이름도 없다."

자아(自我)도 없고, 애쓰지도 않으며, 이름도 숨기는 성인이 정치를 할 수 있겠는가? 기존 해석서들처럼 성인이 제 마음을 위와 같이 다스렸다고 해도 백성에게 성인의 마음을 갖도록 말로 가르쳐야 하는 것이라면 아마 성인도 미쳐나갈 것이다. 무엇 때문에 성인이 말로 수많은 인류를 다 성인으로 만들어야 하는가? 영(靈)의 세계에도 장단상교(長短相交), 고하상경(高下相傾) 등, 하나님의 섭리가 적용되는 것인데, 모든 사람이 다 성인이면 성인은 누구를 비롯하여 변화하고 생성한단 말인가? 다 사자들만 있으면 그 사자들은 태반이 먼저 굶어 죽을 것이다. 백성으로 하여 그 마음을 비우게(虛其心) 하는 것은 그렇다 하더라도 백성의 배를 채워(實其腹) 줄 방법이 성인에게 있다고 생각하는가? 싯달타, 노자, 예수 등은 백성을 굶지 않도록 하는데 아무런 공로도 세우지 않았으므로 세계 성인의 반열에서 제외시켜야 한다. 시이성인지치(是以聖人之治)를 "이러함으로 성인의 다스림(백성을)은"이라고 해석한다면 싯달타, 노자, 예수 같은 분들은 그저 불쌍한 사람들이 되고 만다. 그들은 성인이 절대로 될 수 없는 사람들이다.

시이성인위복불위목.(是以聖人爲腹不爲目) - 제12장 참조.
"이런 까닭에 성인은 중심을(腹-中) 위하지, 눈 치레를 하지 않는다."

성인은 눈에 보이는 욕구대로 살지 않고 마음의 중심을 든든히 한다는(實其腹) 의미이다.

황하일청 성인부생.(黃河一淸 聖人復生)

"황하가 한번 맑아지면 성인이 다시 온다."

황하가 몇백 번 맑아져도 성인이 국가를 다스려야 하는 일이 발생하지 않을 것이다. 대저 정치하는 사람 중에는 단언하건대 성인이란 있을 수 없다.

예수께서 대답하시되 내 나라는 이 세상에 속한 것이 아니라, 내 나라가 이 세상에 속한 것이었다면 내 종들이 싸워 나로 유대인들에게 넘기지 않게 하였으리라 이제 내 나라는 여기에 속한 것이 아니니라.(요한복음 18:36)

常使民無知無欲,(상사민무지무욕)

使夫智者不敢爲也。(사부지자불감위야)

부리는 자와 백성들이 불상현(不尙賢)하고, 불귀난득지화(不貴難得之貨)를 바라지 않고, 불견가욕(不見可欲) 하므로 아는 것도 없고, 바라는 것도 없어진다면(無知無欲), 지혜로운 사람은 백성들을 다스리려고 감히 나서지 않을 것이다.

爲無爲, 則無不治。(위무위, 즉무불치) - 제63장 참조

부리는 자와 백성들도 성인의 "말로 하지 않음의 가르침"(不言之敎)인 허기심(虛其心), 실기복(實其腹), 약기지(弱其志), 강기골(强其骨) 함을 스스로 좇을 것이다. 그러므로 함이 없음을 함으로 하는 즉(자신을) 다스리지 못함이 없으니 다투지 않고, 도둑질하지 않고, 마음이 어지러워지지 않게 된다. 노자, 예수, 싯달타의 가르침이 이천 년 이상을 보냈으나, 사람들이 오히려 더 다투고(爭), 도적질(盜)하고, 마음이 어지러운(心亂) 이유는 무엇일까? 들을 귀가 있는 자, 즉 하나님의 십일조가 귀하기 때문이리라.

제 4장

道沖而用之,(도충이용지)
도는(道) 비어 있어서(沖-虛) 이를(之-此) 쓰려고(用-施行) 하면(而),
或不盈。(혹불영)
언제나(或) 남아있지(盈-盈縮) 않다(不).
淵兮! 似萬物之宗。(연혜! 사만물지종)
깊음(淵-深)이여(兮)! 만물(萬物)의(之) 시조(宗-始祖) 같도다(似-肖).
挫其銳, 解其紛,(좌기예, 해기분) - 제56장 참조
(도는 만물의) 그(其) 날카로움을(銳) 무디게 하고(挫),
그(其) 얽힘을(紛) 풀어주고(解-釋),
和其光, 同其塵。(화기광, 동기진) - 제56장 참조
그(其) 위엄과도(光-威) 잘 어울리고(和-諧),
그(其) 티끌과도(塵-埃) 같이한다(同-等).
湛兮! 似或存。(담혜! 사혹존)
맑음(湛-澹)이여(兮)! 언제나(或) 있는 것(存-在) 같도다(似-肖).
吾不知誰之子, 象帝之先。(오부지수지자, 상제지선)
나는(吾)(道가) 누구(誰-孰)의(之) 자식인지(子-嗣) 알지(知-識) 못한다(不), 하나님(上帝天)의(之) 징후보다(象-徵候) 앞서(先-前) 있었는지!

- 제 4장 풀이 -

제3장 말미, 순리에 따라 일을 처리함으로 자기를 다스리지 못함이 없는 성인의 삶과 道의 순리를 비유하며 제4장에서 설명한다. 즉 제3장에서 언급된 성인의 허기심(虛其心) 실기복(實其腹) 약기지(弱其志) 강기골(强其骨)과 제4장에서 道의 좌기예(挫其銳) 해기분(解其紛) 화기광(和其光) 동기진(同其塵)을 대비시키고 있다.

성인의 허(虛) 실(實) 약(弱) 강(强)과 道의 좌(挫) 해(解) 화(和) 동(同)을 상대로 비유하였으며, 성인의 심(心) 복(腹) 지(志) 골(骨)과 道의 예(銳) 분(紛)

광(光) 진(塵)을 상대로 비유하고 있다.

이렇게 도덕경은 엉뚱한 문장으로 이어지는 것이 아니고 앞장과 뒷장이 서로를 설명하면서 계속 이어가고 있는 형태를 취하고 있다. 노자의 가르침대로 전후상수(前後相隨)의 형태를 버리지 않고 있다. 결국 제1장을 이해하지 못하면 그 뒷장을 이해할 수 없는 구조로 되어 있다.

道沖而用之,(도충이용지) 或不盈。(혹불영)

道는 인간의 의식을 초월한 존재다. 따라서 도는 없는 듯이 공허하고(道沖), 깊어서(淵兮) 보이지도 않고, 또 투명하여(湛兮) 보이지 않으니 어떻게 되어서 있게 되었는지 인간으로서는 알 수가 없다. 그러나 인간이 도가 존재한다는 것을 알 수 있음은 눈에 보이는 세계가 끊임없이 존재하며, 끊임없이 변화하고 있다는 엄연한 사실로 미루어 느낄 수 있을 뿐이다.

만물병작, 오이관복.(萬物竝作, 吾以觀復) - 제16장 참조.
"만물이 함께 일어나기에, 나는 (만물이 虛와 靜으로) 함께 되돌아감을 헤아린다."

노자는 도의 체(體)를 충(沖)으로 보고 있다. 즉 쓰려고(用) 하면 남아 있지 않아 없는 것이 도의 체(體)인 것이다. 道는 천지의 운행과 만물의 생육화성(生肉和成)을 위하여 빔(沖-虛)을 쓰려고 하는(而用之) 것이다.

대영약충, 기용무궁.(大盈若沖, 其用無窮) - 제45장 참조.
"큰 채움은 빈 것(沖-虛)처럼 보이지만, 그 쓰임이 다하지 않는다."

세상 모든 이치는 쓰고 나면 쓰레기라도 남아 천지를 채운다(盈). 석유를 태우면 탄산가스가 남아, 지구 온난화의 주범이 된다. $E=MC^2$ 에너지 불변의 법칙이 적용되어 찌꺼기라도 남는다. 그러나 도의 체는 비움(沖-虛)이므로 오히려 쓰임이 많아 영원히 채울 수 없는(大盈) 것이라고 표현한 것이다. $E=\Sigma(0 \times X,Y,1234\cdots\cdots)$. 道는 그 작용이 크기 때문에 꽉 차 있는 것 같아도 오히려 비움을 유지하면서도 하지 못함이 없다. 노자의 설명을 보건대 도의 실체는 사랑이 되어야 설명이 된다. 왜냐하면 아무리 사용하려고 해도 잡히지 않아 앙금이 남지 않고 비워지는 것이 하나님 사랑의 속성이기 때문이다.

만물부음이포양, 충기이위화.(萬物負陰而抱陽, 沖氣以爲和) - 제42장 참조.
"만물은 음을 등에 지면서 양을 가슴에 안고, 비어 있는 기로 인하여 조화를 이룬다."

음을 등에 지고 양을 가슴으로 안은 만물이 道의 비어 있는(沖) 기(氣)로 조화를 이룬 생명은 사랑의 작용 이외의 어떤 것으로도 설명이 되지 않는다. 사랑의 비워짐(沖)이 유지되지 않는다면 道는 고갈되어 그 작용을 멈출 것이다. 그렇다면 만물의 생육화성이 중단될 것이다. 노자는 제1장에서 모든 것은 양자 (兩者)로 구성되어 있음을 설명한 후, 제4장은 사랑의 속성인 충(沖)을 들어서 도를 설명하고 있다. 타고르의 기탄잘리를 싣는 것으로 도충이용지(道沖而用 之), 혹불영(或不盈)을 마무리 지으려 한다.

기탄잘리

임이 나를 영원케 하셨으니
그것은 임의 기쁨입니다.
이 연약한 그릇을 임은 비우시고 또 비우시고
끊임없이 이 그릇을 신선한 생명으로 채우십니다.
이 가냘픈 갈대 피리를 임은 언덕과 골짜기 너머로 지니고 다니셨고
이 피리로 영원히 새로운 노래를 부르십니다.
임의 불멸의 손길에 내 작은 가슴은 한없는 즐거움에 젖고
형언할 수 없는 소리를 발합니다.
임의 무궁한 선물은
이처럼 작은 내 손으로만 옵니다.
세월은 지나고 임은 여전히 채우시고
그러나 아직도 채울 자리는 남아 있습니다.

淵兮! 似萬物之宗。(연혜! 사만물지종)

비어 있으므로 깊고 깊어서 도의 실체는 알 수 없으나 만물이 존재하는 것을 보면 그 보이지 않는 도가 만물의 근원 같지(似) 않냐고 설명하고 있다. 노자는 만물의 생명현상을 어머니가 생명을 잉태하고 출산하듯이 한다고 설명하고 있다. 보이는 名의 세계는 보이지 않는 道가 잉태하고 때가 이르면 출산하는 것이라고 설명해야 사람들이 이해할 수 있기 때문이다. 道를 만물의 종(宗)이라고 한 것은 모든 생명의 뿌리라는 것이다. 노자가 사(似)를 써서 도가 만물의 뿌리와 닮았다고 한 것은 그 역시 도의 깊고 깊음을 모두 알고 시구(詩句)를 읊은 것이 아님을 느낄 수 있다. 이것은 노자의 겸손이 아니라 도의 깊음은 누구라도 알 수 없는 것이기 때문이다.

지자불언, 언자부지.(知者不言, 言者不知) - 제56장 참조.
"깨달은(知-覺) 자는 말하지 않고, 말하는 자는 깨닫지(知-覺) 않은 것이다."

깨달음의 경지에 한계가 없음을 이르는 가르침이다. 사도 바울이 말하기를

그런즉 선 줄로 생각하는 자는 넘어질까 조심하라.(고린도전서 10:12)

선 줄로 생각하는 자에게서 옛 뱀이요 용인 적그리스도가 나오는 법이므로 바울은 그것을 경계한 것이다. 예수 그리스도처럼 십자가 위에서 "다 이루었다." 할 때까지 선 줄로 착각하지 말아야 한다. 생명현상은 어떤 경우에도 생명이 지속되는 한 완성된 것이 아니다. 왜냐하면 생명이 지속되는 한 변화가 따르기 마련이기 때문이다. 아침 다르고 저녁이 다른 것이 생명현상이기 때문에 완성되었다고 말할 수 없다. 장자(莊子) 내편(內篇) 제2장 재물론(財物論)에 자기의 뜻에 따라 좋아하고, 화내는 원숭이들의 일화가 있다. 도토리를 아침에 세 개, 저녁에 네 개를 준다고 하는 주인에게 화를 내는 원숭이에게 아침에 네 개, 저녁에 세 개 준다고 하니 좋아하였다는 조삼모사(朝三暮四)의 고사성어를 생각하면서 결국은 하루에 일곱 개를 받지만, 저녁에 생명이 없어질지도 모른다는 것을 원숭이들은 알고 있었기 때문에 조사모삼(朝四暮三)을 원했던 것이 아닌가? 이것이 삶과 죽음이 같은 것임을 모르는 인간들의 모습이기도 하겠구나, 하는 생각도 해 보았다. 황제는 아침에 도토리 여섯 개 받은 원숭이와 같을 뿐이다. 네 개 받고 선 줄로 생각하는 원숭이들은 네 개 받는 아침은 얼마 되지 않고 세 개 받는 아침이 오히려 많은 줄을 깨달아야 할 것이다. 사도 바울은 우리 모두 사랑에 빚을 진 자라고 하였다.

그러므로 형제들아 우리가 빚진 자로되 육신에게 져서 육신대로 살 것이 아니니라. (로마서 8:12).

모든 살아있는 생명은 살아있는 생명을 먹이로 취하지 않으면 살 수 없다. 그러므로 모든 생명현상은 다른 생명에게 빚진 자로 사는 것이다. 예수께서 이 떡은 나의 몸이요 이 잔은 나의 피라고 하셨다. 그리고 이것을 먹고 마시라고 가르치셨다. 영적인 의미에서도 예수는 자신을 우리들의 먹이로 내놓은 것이다. 우리는 예수의 몸과 피를 먹이로 삼아 우리의 생명을 살려야 한다. 그리고 살려진 나의 몸과 피는 다른 생명의 먹이가 되어야 한다는 것을 비유로 가르치신 것이다. 사랑은 생명 그 자체이다. 그래서 우리는 다른 생명 모두에게 빚진 자로 살아야 한다. 생명에는 하찮은 것이 없다. 하물며 동물은 말할 것 없고, 식물이나 돌멩이 하나에도 우리는 그들의 희생(?) 속에서 살고 있으므로 빚진 자인 것이다.

옳도다 저희는 믿지 아니하므로 꺾이우고 너는 믿으므로 섰느니라 높은 마음을 품

지 말고 도리어 두려워하라.(로마서 11:20)

예수 그리스도를 믿고 구원에 이르렀다고 우쭐대는 사람들에게 일침을 가한다. 이스라엘의 선민의식은 하나님을 믿지 아니하므로 생긴 것이기 때문에 꺾이었으나, 너희는 믿음으로 섰지만, 오히려 넘어질까 두려워하라는 경계인 것이다. 어찌 너희가 하나님 경륜을 다 알 수 있겠느냐는 가르침이다.

하늘이 땅보다 높음같이 내 길은 너희 길보다 높으며 내 생각은 너희 생각보다 높으니라.(이사야 55:9)

그러므로 사도 바울은 나도 알지 못하기 때문에 앞만 보고 달린다고 하였다.

내가 이미 얻었다 함도 아니요 온전히 이루었다 함도 아니라 오직 내가 그리스도 예수께 잡힌바 된 그것을 잡으려고 좇아가노라 형제들아 나는 아직 내가 잡은 줄로 여기지 아니하고 오직 한 일 즉 뒤에 있는 것은 잊어버리고 앞에 있는 것을 잡으려고 푯대를 향하여 그리스도 예수 안에서 하나님이 위에서 부르신 부름의 상을 위하여 좇아가노라 그러므로 누구든지 우리 온전히 이룬 자들은 이렇게 생각할지니 만일 무슨 일에 너희가 달리 생각하면 하나님이 이것도 너희에게 나타내시리라 .(빌립보서 3:12-15)

노자도 사도 바울과 같이 도덕경을 쓰면서 도의 실체를 모두 알 수 없음을 인정하고 있다.

挫其銳, 解其紛,(좌기예, 해기분) - 제56장 참조

이 글 역시 보이지 않는 현상으로는 풀 수 없는 것이다. 보이는 명의 세계인 천지 만물의 변화를 보고 설명되어야 한다. 노자는 계속 설명한다. 천지 만물을 보라! 천지 만물의 현상은 날카로운 것이 무뎌지지 않은 것이 없고 얽힌 것이 풀어지지 않을 수 없다. 천지의 자연은 둥근 모습으로 시시각각 변하고 있다. 악산도 세월이 흐르면 둥근 산이 된다. 우리네 인생살이도 늙어가면서 예기가 둔해진다. 그런 의미에서 나이가 양반 만든다는 옛말 그른 것이 없다. 예기가 둔해진다는 의미는 아래로 내려온다는 비유이다. 상류의 돌은 예각을 이루지만 하류의 자갈에는 각이 없어진 부드러운 모습을 하고 있음을 통하여 느껴볼 수 있는 것이 아닌가? 그 돌의 각이 깎여진 것이 부드러운 모래로 변하여 온갖 물속의 생명의 터전이 되어 해기분(解其紛)의 역할을 톡톡히 해내고 있다. 각자에게 좌기예(挫其銳)의 현상이 나타나야 하며, 생명이 있는 한, 그 현상은 멈추지 말아야 한다. 하고 싶지 않아도, 강제적인 좌기예의 현상이 인간에게 예외 없이 나타나는 것이 있으니, 나이를 먹는 일이다. 이순, 귀도 순해진단다, 어찌 나이 먹는 일이 즐거움이 아니란 말인가? 나이 먹는 즐거움에 도끼가 자루 썩는 줄 모르니 세월이 살 같이 흘러간다고 너나없이 느끼는 것이 아닌가? 청춘들이 어찌 이 즐거움의 맛을 알 수 있으랴.

날카롭고 강한 것은 생명을 살리지 못한다. 부드럽고 연한 것만이 생명을 키운다. 모든 생명은 부드럽고 연한 것으로부터 태어난다. 생명을 키우는 먹을거리 역시 연한 것이다. 그래서 자연은 스스로 날카로움과 억센 것을 다스려 부드럽게 하는 것이다. 예수 그리스도의 모양이 볼품없고 연한 순 같은 이유가 여기에 있는 것이다. 누구의 먹을거리도 될 수 있다는 의미다.

그는 주 앞에서 자라나기를 연한 순 같고 마른 땅에서 나온 줄기 같아서 고운 모양도 없고 풍채도 없은즉 우리의 보기에 흠모할만한 아름다운 것이 없도다. 그는 멸시를 받아서 사람에게 싫어버린 바 되었으며 간고를 많이 겪었으며 질고를 아는 자라 마치 사람들에게 얼굴을 가리우고 보지 않음을 받는 자 같아서 멸시를 당하였고 우리도 그를 귀히 여기지 아니하였도다. 그는 실로 우리의 질고를 지고 우리의 슬픔을 당하였거늘 우리는 생각하기를 그는 징벌을 받아서 하나님에게 맞으며 고난을 당한다 하였노라 그가 찔림은 우리의 허물을 인함이요 그가 상함은 우리의 죄악을 인함이라 그가 징계를 받음으로 우리가 평화를 누리고 그가 채찍에 맞음으로 우리가 나음을 입었도다.(이사야 53:2-5)

그러나 우리는 모두 양 같아서 모두 제 갈 길로만 간다. 더욱 예리하게 하고 더욱 강하게 하여 다른 생명이 먹을거리로 보지 못하도록 할 뿐만 아니라 살아있는 모든 생명을 나의 먹을거리로 취한다. 창고를 크게 지어 먹을거리들을 쌓아놓고 "내 영혼아 이제는 함포고복(含哺鼓腹)해 보자"라고 할 뿐이다. 이것이 99마리의 양 무리의 생각이다. 길 잃은 한 마리의 양이 바로 "연한 순 같고 마른 땅에서 나온 줄기 같아서 고운 모양도 없고 풍채도 없은즉 우리의 보기에 흠모할만한 아름다운 것이 없는" 그리스도의 모습이다. 더불어 살되 없는 듯이 살며, 언제든지 다른 생명의 먹을거리 모양을 취하고 사는 것이다. 道에서 덜떨어진 어린아이와 같으니 어찌 99마리의 양들이 즐겁게 가는 길에서 멀어지지 않을 수 있겠는가? 그래서 예수 그리스도가 길 잃어버린 한 마리 양인 것이다. 예수 믿지 않거나, 믿다가 팽개친 사람을 지칭하는 것이 아니니 한 마리 길 잃은 양을 찾는답시고 헤매지 말아야 할 것이다.

그가 징계(懲戒)를 받음으로 우리가 평화(平和)를 누리고 그가 채찍에 맞음으로 우리가 나음을 입었도다.(이사야 53:5)

그가 나에게 먹을거리로 바친 그의 생명 때문에 나는 나음을 얻은 것이다.

나의 날카로움을 무디게 하여 내가 먹을거리가 되어야 한다. 인간 사회의 으뜸이 되려고 머리를 흔들면서 안간힘을 쓰지 말고 그 머리를 무디게 하여 다른 생명의 먹을거리로 살아야 생명에게 빚진 것을 갚을 수 있는 것이다. 사랑에 빚진 것을 갚는 유일한 길이라고 성경과 노자는 가르치고 있다. 그러하거늘 공(功)을 이룬 후에도 그 공(功) 속에 거(居)하지 않는 것이 성인의 삶이라고 우길 것인가? 노자는 좌기예(挫其銳)로 도의 실체를 설명하고 있다.

해기분(解其紛)

풀 수 없는 실타래는 없다. 지독하게 꼬였다던 고디안 노트도 알렉산더의 단칼에 풀렸다고 한다. 꼬인 인생살이라 할지라도 세월이 가면 모두 풀리게 되어 있다. 왜냐하면 그것이 생명현상이기 때문이다. 그래서 생명은 모진 것이라고 했던가? 항생제에 죽어가던 세균이 내성을 가진 변화체로 거듭난다. 그들 입장으로 보면 해기분 하는 것이다. 道의 입장으로 보면 페니실린을 발견한 플레밍은 오히려 자연을 해쳤다고 할 수 있는 것이다. 그를 시원으로 하여 강력한 항생제는 급기야 어떤 약에도 죽지 않는 슈퍼 박테리아를 탄생시켰다. 생명현상을 가혹하게 하면 할수록 더욱 가혹한 상황 속에서도 살 수 있는 생명으로 이어질 것이다. 그리고 그것은 인간뿐 아니라 다른 생명에게 영향을 줄 것이고 다른 생명도 함께 변화한다. 그래서 노자는 무위자연(無爲自然)이 보이지 않는 도의 실체라고 설명하고 있다. 그러므로 인간이 조작하는 모든 유위(有爲)나 작위(作爲)가 심각한 결과를 초래할 수 있음을 알아야 할 것이다. 그것을 천지자연의 도수(度數)에 맡기면 인간과 다른 생명이 함께 존재하기에 부족함이 없는 것이다. 자연이 꼬이면 홍수를 내어 풀고, 지진을 내어서 풀어나간다. 그러므로 천지자연의 활동은 그것이 인간들에게 불리하게 작용할지라도 생명 작용임이 틀림없다. 그러나 인간들은 편히 살기 위하여 다른 생명의 보금자리인 자연을 해치고 있다. 그러한 현실은 슈퍼 박테리아의 출현과 같은 방법으로 인간들에게 치명적인 자연이 되어 되돌아올 것이다. 인류의 인구수가 늘어난 원인은 다른 생명의 죽음에서 비롯된 것이다. 사람 살기 좋은 환경은 다른 생명이 살아가기에 적당치 않기 때문에 도태된다. 2,600년 전의 노자는 말한다. 자연을 인간이 작위(作爲)로 다스리지 말라고!

나의 날카로움을 무디게 하여 다른 생명의 활동에 일조할 수 있다면 모든 문제는 풀어진다. 생명같이 복잡하게 얽혀 있는 것이 없기 때문이다. 특별히 먹이사슬의 가장 윗자리에 있는 인간들이 살아 있는 동안 자연의 생명을 욕심으로 해치지 않는다면 풀어지지 않는 생명 작용은 없다. 어차피 사람도 죽으면 화장을 하던, 매장을 하던 박테리아의 먹을거리가 아닌가? 보이는 자연이 스스로 막힌 것을 뚫을 수 있고 얽힌 것을 풀 수 있는 능력이 있다는 것을 통하여 도의 실체를 설명하고 있다. 역설적으로 사람만이 생명현상을 더 꼬이게 하므로, 역천을 중지하고 순천(順天)으로 살라는 의미다. 순천 한다면 예수, 싯달타, 노자의 말씀이 나에게 아무런 영향을 줄 수 없다. 그러므로 그들의 말씀은 나에게 더 필요 없으므로 사라지게 된다. 부처를 만나면 부처를 죽이고 예수를 만나면 예수를 죽이고 노자를 만나면 노자를 죽여야 하는 이유가 되는 것이다. 좌기예(挫其銳)하고, 해기분(解其紛) 되어 노자라는 뗏목이 필요 없어지면 道의 실체를 알 수 있으리라.

和其光, 同其塵。(화기광, 동기진). - 제56장 참조.
우리나라 가정이나 사무실에 액자나 현판으로 가장 많이 걸려있는 글이 상선약수(上善若水)와 함께 화광동진(和光同塵)이다. 그러나 그 뜻은 다분히 왜곡되어 있다고 할 수 있다. 국어사전을 보자.
1. 자기의 재능을 감추고 세속을 좇는 일.
2. 부처나 보살이 중생을 제도하기 위하여 본색을 감추고 속세에 나타나는 일.
이는 노자의 정신을 왜곡하는 해석일 뿐이다. 불가에서 차별하지 않는 경계로 화광동진(和光同塵)을 해석한다면 그것은 수긍이 간다. 노자는 이러한 깨달음의 허깨비를 설명하려고 화기광(和其光), 동기진(同其塵)을 설명하고 있는 것이 아니다. 생명을 가진 자연이 햇빛으로 인하여 살지만, 그 햇빛의 거룩함에 고개 숙여 경배하는 법이 없다. 햇빛도 자연의 부분으로 존재하는 것이기 때문이다. 천지자연에 없어서는 안 될 광(光)이지만 그 광에 대하여 복종하지 않는다. 그 햇빛과 화합하여 살 뿐이다. 그가 없어져서 살지 못한다면 도태되는 것으로 그만이다. 할 뿐 내가 옳다고 주장하지 않기 때문에(爲而不恃:위이불시) 무엇에게도 엎드려 경배하지 않는 것이다. 내가 옳다고 주장하는 순간 자연은 나의 주장이 틀렸음을 보이므로, 신에게 혹은 이웃에게까지 엎드린다. 그래야 원하는 것을 얻을 수 있기 때문이다.
만일 내게 엎드려 경배하면 이 모든 것을 네게 주리라 이에 예수께서 말씀하시되 사단아 물러가라 주 너의 하나님께 경배하고 다만 그를 섬기라.(마태복음 4:9~10)

얼마나 명쾌한 화기광(和其光) 동기진(同其塵)에 대한 설명인가? 천하만국의 영광도 초개와 같거늘 그것을 얻으려고 네게 엎드려 절을 하겠느냐? 쓸데없는 짓 하지 말고 생명 그 자체인 네 안에 있는 주, 너의 하나님께 경배하라는 것이다. 즉 네 생명이 곧 하나님이라는 예수의 가르침인 것이다. 천하만국의 영광에는 생명을 살리는 사랑이 없다. 오직 죽이는 분별만이 작용할 뿐이다. 그것 앞에 엎드려 경배한다면 얼마나 우스운 일이겠는가? 그래서 우상일 뿐이다. 道의 세계는 상생과 상극의 원리가 작용해야 한다. 일방적인 생과 극의 현상은 존재하지 않는다. 하나님이라는 이름으로 할지라도 구걸하기 위하여 엎드린다면 우상숭배와 다름이 아니다. 빛과 티끌은 같은 존재이며, 빛과 티끌도 상생할 수밖에 없기 때문이다.

　엎드림은 복종(服從)의 표시다. 그러나 사랑은 엎드리는 것이 아니라 생명을 지닌 대상 그 자체를 경외하는 것이다. 그러므로 더불어 살 수 있는 것이다. 빛이 있으니까 더불어 살 뿐이다. 그러므로 한낱 티끌과 더불어 살 수도 있는 것이다. 빛이라고 두려워하지도 않지만, 티끌이라고 업신여기지 않는다. 그 티끌이 없으면 비가 올 수 없다고 하는 것이 과학적 정설이다. 습기가 티끌에 붙어서 하늘로 올라가서 비가 되어 내린다고 한다. 광(光)과 진(塵)의 우열이 어디에 존재한단 말인가? 노자는 거룩한 광(光)과 티끌인 진(塵)을 대비시켜서 차양자동 출이이명(此兩者同 出而異名)의 道를 다시 한번 설명하고 있다. 광(光)도 생명작용의 일부분일 뿐이요 진(塵)도 역시 그러하다는 진리를 설명하고 있다. 세리와 창녀의 친구였던(동기진:同其塵) 예수는 빌라도나 혜롯 앞에서도 당당할 수 있었다(화기광:和其光). 진(塵)을 생각건대 히브리어로 아파르(티끌, 흙, 땅, 진흙, 먼지, 반죽, 가루)라 했다. 하나님은 이 티끌을 재료로 하여 사람을 만드셨다. 사람과 티끌이 차양자동(此兩者同)임을 알게 된다. 하나님 영광의 빛인 사람과 티끌이 출이이명(出而異名) 했을 뿐이다. 성경과 불경과 도덕경은 모든 존재의 분별을 없애고 있다. 그들은 사랑(근원) 안에서 나누어질 수 없는 존재들이라는 것이다.

湛兮! 似或存。(담혜! 사혹존)

　맑기가 투명(湛兮)해서 하나도 숨길 수 없고 꾸밀 수 없는 것이 道의 존재이다. 그래서 영원히 존재하는 것 같다고 설명하고 있다. 노자의 정신은 그것이 생명을 살리는 일이라 할지라도 꾸미는 것을 경계하고 있다. 꾸미는 일은 맑음(湛)이 흐려진다. 모든 일이 투명하지 않은 이면에서 생명을 죽이는 일들이 발생한다. 자연의 생명작용은 담(湛) 그 자체일 때에만 영원히 지속될 수 있다. 천지 만물이 다 자기 스스로 거기에 그렇게 존재하고 있는데 성인이 간섭할 필요가 없듯이 (만물작언이불사:萬物作焉而不辭), 지장보살이라도 중생의 구제를 위하여 신분을 숨긴다는 국어사전의 해석은 유위(有爲)이며, 담혜(湛兮)의 정신과 거리가 있다고 하겠다. 이 점에서 예수 그리스도는 명백하게 자신의 소신을 밝혔다.

인자의 온 것은 섬김을 받으려 함이 아니라 도리어 섬기려 하고 자기 목숨을 많은 사람의 대속물로 주려 함이니라.(마가복음 10:45)

사랑에 빚진 것을 갚으러 왔다고 선언하고 있다. 이는 오만이 아니라 실제로 깨달은 생명작용의 원리를 표현한 것일 뿐이다. 노자는 이 글에도 사(似)를 사용한다. 노자는 보이는 名의 세계에서 예(銳), 분(粉), 광(光), 진(塵)을 비유로 들면서 그러므로 도가 언제나 있는 것 같지 않겠느냐고 묻는 것이다.

吾不知誰之子, 象帝之先。(오부지수지자, 상제지선)

제1장 첫 시구(詩句)가 道인데 누구의 자식인지 알지 못한다고 한다. 지극히 당연한 말씀이다. 사람들이 道라 여기는 도는 변하지 않는 떳떳한 道가 아니다. 떳떳하지 못한 道는 사람들의 지식과 경험으로 인식되어서 나타난 것이기 때문이다.

도가도, 비상도.(道可道,非常道) - 제1장 참조.

"(사람들이) 도라고 여기는 도는(이미) 변하지 않는 (떳떳한) 도가 아니다."

차양자동, 출이이명.(此兩者同, 出而異名) - 제1장 참조.

"이 둘은(道와 名) 같은 것인데, 나오고 나서 이름이 달라졌다."

이 나온 곳(衆妙之門)을 설명할 수 없으니 道가 누구의 자식인지 알 수 없는 것이다. 만약 안다고 말하는 사람은 모르기(言者不知) 때문이다. 노자가 중묘지문(衆妙之門)의 안쪽에 대하여 언급하지 않는 이유다. 道可道,非常道를 아래와 같이도 말할 수 있다.

신가신, 비상신.(神可神, 非常神)

(사람들이) "하나님이라고(神) 여기는 하나님은(神), 변하지 않는 하나님이 아니다."

서문-道德經을 펴기 전에-에서 언급하였듯이 천부경에 의하면 사람이 없으면 道도 상제도 있을 이유가 없다. 사람 안에 천지와 하나(太極)가 포함되어 있기 때문이다.

일시무시일. 일종무종일.(一始無始一, 一終無終一)

"하나의 시작은 시작 없는 하나이다. 하나의 끝은 끝이 없는 하나이다."

하나(太極)의 시작은 시작 없는 하나(無極)이다. 하나의 끝은 끝없는 하나(無極)이다

인중천지일.(人中天地一)

"사람은 천지와 하나의 중심이다."

사람(人-三太極-3)은 천지(天地-兩極-2)와 태극(太極-1)의 중심(中)이다(포함한다). 1에서 시작하여 2에 이르고 3이 생성되었지만, 우주의 중심은 사람이라는 결론이다. 사람이 없다면 천지와 태극과 무극을 논할 것이 있을 수 없으니 사람들이 우주의 중심이 될 수밖에 없기 때문이다. 고로 사람을 소우주라고 이르는 것임을 증명하는 것이다. 그래서 사람이 곧 하늘님(人乃天)이라는 개념 또한 존재하는 것이다. 노자의 정신은 보이는 사람이 생겨난 후, 부득이 하나님이라는 名이 생겼을 뿐, 그 시작은 언제인지 규정하지 못했다. 다만 道가 이름이 없을 때를 천지의 시작이라고만 했다. 이 천지의 시작은 변하지 않는 중묘지문 안쪽의 근원으로 인한 것이다. 또 변하는 것은 변하지 아니하는 상대를 전제하여야 그 존재가 가능하다는 것이 노자의 정신이라면 항상 변하는 道 이전에 어떤 변하지 않는 존재가 있다는 가정을 할 수 있다. 그래서 노자는 도가 누구의 아들인지도 모르지만, 하나님보다 먼저 있었는지도 알 수 없다고 하는 것이다. 결국 내가 알 수 있는 것은 모른다는 것뿐이라는 노자의 설명이다.

노자는 道도 끊임없이 변한다고 하였다. 변하는 것은 혼자서 절대로 변할 수 없다. 어떤 상대가 있지 아니하면 변할 수 없는 것이다. 그래서 필자는 보이지 않는 道와 보이는 名을 대비시켰다. 대비시켜야 道도 변할 수 있고 名도 변할 수 있기 때문이다. 이것이 노자가 道를 논하는 기본 정신이다. 차양자동, 출이이명(此兩者同, 出而異名)을 잊어서는 풀이를 할 수 없음을 명심해야 한다.

"이 둘은 같은 것인데 나오고 나서 이름이 달라졌다"

유무상생.(有無相生) - 제2장 참조.

"있음과 없음은 서로를 낳고"라는 원리에서 벗어날 수 없는 것이 노자의 정신이다. 동양의 사상인 음양의 상생상극의 원리는 노자를 이해할 수 있도록 한다. 음양 사상의 정립은 노자 이후에 되었다 하더라도 노자는 상생과 상극의 원리를 이미 설명하고 있다. 후세의 음양가들에게 이미 영향을 주었다고 할 수

있는 것이다. 필자는 제1장에서 변한다고 하는 것은 변하지 않는 것이 전제되어야 한다고 하였다. 차양자동, 출이이명.(此兩者同, 出而異名)은 도덕경의 핵심 사상이다.

천하만물생어유, 유생어무.(天下萬物生於有, 有生於無) - 제40장 참조.
"천하 만물은 있음에서 나오고, 있음은 없음에서 나온다."

천하 만물은 있음(天地-萬物之母)에서 나오고, 있음(天地)은 없음(太極-天地之始)에서 나온다. -제1장 참조. 이 있음과 없음이 나온 곳, 중묘지문(衆妙之門) 안은 아예 있음과 없음을 분별할 수 없는 빔(虛)의 존재다.

고상무욕이관기묘 (故常無欲以觀其妙) - 제1장 참조.
"그러므로 늘 하고자 함이 없으면 그 (천지지시의) 신비함이 보이는 까닭이고,"

상유욕이관기요.(常有欲以觀其徼)
"늘 하고자 함이 있으면 그 (만물의) 변방만이 보이는 까닭이다."

늘 하고자(欲) 함으로 바라보는 하나님은 나의 욕망의 대상인 옛 뱀이요, 용(龍)으로 나를 그냥 놔두지 않고 억겁에 걸쳐 분탕질한다. 이는 누구의 아들일까? 사람의 출현 이후에 나타난 하나님의 징후(象)이다. 천지 이후에 사람과 함께 나타난 겉사람의 하나님은 지구 위에 사는 사람들이 각자 느끼는 76억의 옛 뱀이요 용이다. 가도(可道)와 가명(可名)과 예를 들었던 가신(可神)은 사람의 마음(겉사람)이 지어낸 것으로 비상도(非常道)이고 비상명(非常名)이요 비상신(非常神)일 뿐, 상도(常道), 상명(常名), 상신(常神)이 아니다.

늘 하고자(欲) 함이 없으면 천지지시의 신비함이 보이지만, 상도(常道)인 하나님은 무(無)와 허(虛)의 존재와 늘 함께하므로 도무지 느낄 수 없고, 만질 수 없고, 찾을 수 없는, 무 징후(無象-無徵候)의 존재이다. 어떻게 아버지와 아들이 하나임을 알 수 있을까? 예수는 당신 안의 속사람과 근원이 하나임을 깨달아, 인중천지일(人中天地一)임을 알게 되어 아버지와 아들이 하나인즉 사람이 하나님임을 깨달은 것이다. 사람이 없으면 사랑의 존재인 스스로 그러함의 하나님도 없다. 보고 들었다는 사람들의 하나님은 모두 옛 뱀과 용의 환시(幻視)요 환청(幻聽)일 뿐이니 조용히 해야 하지만, 아는 척하는 그것도 하나님의 사랑이니 어쩌랴! 겉사람의 하나님은 비상도(非常道)요 속사람의 하나님은 상도(常道)이다. 노자도 道가 누구의 자식인지 알지 못하지만, 사람의 마음이 지어낸 상제(上帝-하늘님)보다는 앞서는 것 같다고 한다. 여기에 우리가 궁극적으로 깨달아야 할 우주의 마음인, "다르되 둘이 아님"(異而不二)이 녹아 있음을 안다. 옛 뱀의 분탕질이 주는 고난을 견뎌보지 않으면 쫓겨난 에덴의 동산으로 되돌아갈 방법이 없으니, 하나님의 사랑이 아닌 것이 없다. 사랑 이외의 다른 것으로 표현할 방법이 없다.

제 5장

天地不仁,(천지불인)
천지는(天地) 어질지(仁-德愛) 않으니(不),
以萬物爲芻狗.(이만물위추구)
만물을(萬物) 풀(芻-草) 강아지(狗-毫犬) 쓰듯(以-用) 한다(爲-治).
聖人不仁,(성인불인)
성인도(聖人) 어질지(仁-德愛) 않으니(不),
以百姓爲芻狗.(이백성위추구)
백성들을(百姓) 풀(芻-草) 강아지(狗-毫犬) 쓰듯(以-用) 한다(爲-治).
天地之間, 其猶橐籥乎?(천지지간, 기유탁약호?)
천지(天地)의(之) 사이는(間-隙),
아마도(其) 풀무나(橐) 피리와(籥) 같지(猶-似) 않을까(乎)?
虛而不屈, 動而愈出.(허이불굴, 동이유출)
(쓰지 않을 때는) 비어 있을(虛-空) 뿐(而) 오그라들지(屈-屈節) 않지만(不),
(이용하려고) 움직일(動) 수록(而) 더욱(愈-益) (소리가) 난다(出-生).
多言數窮, 不如守中.(다언삭궁, 불여수중)
말이(言-語) 많으면(多-衆) 자주(數-頻繁) 막히니(窮-因屈)
마음으로(中-心) 지키느니만(守-護) 같지(如-似) 아니하다(不).

- 제 5장 풀이 -

제4장에서 道의 실체를 좌(挫) → 해(解), 화(和) → 동(同)으로 설명하였다. 자기의 잘난 부분을 꺾고(挫), 뒤틀어진 마음을 풀고(解), 밝음으로 어둠과 화합하고(和), 하찮은 티끌도 분별하지 않는(同) 것이 道라고 한다면 천지가 사람을 보호하고 살려야 마땅할 것 같은데 너무나 많은 생명이 잔인하게 죽어가는 이유에 대하여 의문이 없다면 오히려 이상한 것이다. 왜 천지는 오히려 사람을 핍박하는가? 성인이 있다면 왜 세상이 혼란스러운가? 그 이유를 제5장에서 설명하고 있다.

天地不仁,(천지불인)
以萬物爲芻狗。(이만물위추구)
聖人不仁,(성인불인)
以百姓爲芻狗。(이백성위추구)

　왜 천지가 만물을 풀로 만든 강아지 보듯 하고, 성인이 백성을 풀로 만든 강아지 보듯 하는 것인가? 제사를 다 지내면 버리는 풀 강아지에 백성을 비유하고 있다. 천지가 인자하지 않은 이유는 사사로움이 없기 때문이다.
　상덕부덕, 시이유덕.(上德不德, 是以有德) - 제38장 참조.
　"높은 덕은 덕스럽지 않으니, 이런 까닭에 덕이 있다."
　높은 덕은 사사로움을 내세우지 않음으로 덕이라 할 수 있는 것이다. 제38장의 비유가 천지불인의 해석이 될 수 있다. 천지가 사사로운 사랑을 내세우지 않음으로 사랑이 있다고 할 수 있는 것이다.
　만물작언이불사(萬物作焉而不辭) 생이불유.(生而不有) - 제2장 참조.
　"(道는) 만물이 어떻게 만들어져도, 물리치지 않고, 낳았을 뿐 소유하지 않으며."
　노자는 천지의 돌아가는 원리를 통하여 성인을 설명하고 있다. 천지가 인자하여서 만물이 거기에 만들어져 있는 것이 아니다. 천지와 만물이 동격이거늘 누가 누구에게 일방적으로 인자할 것인가? 서로가 인자하지 않으므로 인자한 것이라는 역설이 나오는 것이다. 만물의 변화가 없다면, 천지의 변화도 없다. 푸른 하늘만 있지 아니하고 검은 구름 낀 하늘이 있으며, 기름진 옥토와 얼어붙은 툰트라가 있는 것은 만물이 살기 위하여 작용한 결과이다. 천지는 만물과 더불어 생성하고 변화한다. 천지가 만물의 생명 터전이지만 만물에 대하여 감 놔라, 배 놔라 하지도 않지만 인자하지도 않다. 천지의 뒤틀림은 생명작용이며, 해기분(解其紛)을 위한 것일 뿐이고, 우순풍조의 평화로움도 인자해서 그런 것이 아니다. 모두가 생명을 키우기 위한 천지와 만물의 교감일 뿐이다. 성경의 하나님이 누구에게는 복(?)을 주고 누구는 저주를 준다고 생각하는 것은 종교적인 발상일 뿐이다. 왜 구약성경은 그런 하나님으로 그려 놓았는가? 인간들이 악해서 그런 것이다. 그러나 예수의 말씀을 통하여 그것이 사랑임을 알게 되었다. 신약이 없다면 구약은 성경이 될 수 없을 것이나, 예수 그리스도의 해석으로 인하여 성경으로 거듭나게 되었을 뿐이다. 이스라엘은 사랑하고 아랍은 저주(詛呪)하는 하나님이라고 믿는다면 하루라도 빨리 그 하나님을 쓰레기통 속으로 던져 버리자. go hell 이라고 소리쳐도 된다.

베드로가 예수를 붙들고 간하여 가로되 주여 그리 마옵소서 이 일이 결코 주에게 미치지 아니하리이다. 예수께서 돌이키시며 베드로에게 이르시되 사단아 내 뒤로 물러 가라 너는 나를 넘어지게 하는 자로다. 네가 하나님의 일을 생각지 아니하고 도리어 사람의 일을 생각하는도다 하시고(마태복음16:22~23)

이는 유명한 베드로의 신앙고백이다. 예수께서 대제사장들과 서기관들에게 고난을 받을 것에 대하여 가르치자 베드로의 사심(私心)은 그리마옵소서다. 예수는 이미 하나님의 불인(不仁)은 피할 수 없는 사랑임을 알므로 베드로의 그 사심에 대하여 사단이라고 꾸짖는 것이다. 하나님은 인자하지 않다. 그래서 모든 생명을 사랑한다고 할 수 있는 것이다. 인격적이라는 말을 우리는 좋아하지만, 하나님이 인격적이라면 이 세상은 혼란에 빠질 것이다. 그 하나님의 변덕을 어찌 감당할 수 있겠는가? 하나님이 인간들의 생활에 일일이 간섭하다 보면 정에 빠지게 된다. 그 정은 오류를 낳고 악을 잉태하게 만든다. 그 정은 한쪽을 선택하게 할 것이기 때문이다. 차양자동 출이이명(此兩者同 出而異名)임을 잊게 하고 유무상생(有無相生), 난이상성(難易相成), 장단상교(長短相交), 고하상경(高下相傾), 음성상화(音聲相和), 전후상수(前後相隨)의 의미를 퇴색되게 할 것이다.

솔로몬의 재판에서 보듯이 가짜 어머니는 아기를 칼로 잘라도 좋다고 하고 친어머니는 차라리 가짜 어머니에게 주라고 한다. 두 어머니는 입장이 서로 바뀌어도 똑같은 소리를 했을 것이다. 그것은 정 때문이며 불가에서 말하는 업 때문이다. 예수께서 어머니 마리아를 향하여 "여자여"라고 부르셨다. 이는 천지 만물의 생명이 하나임을 보신 후에 그렇게 부를 수밖에 없었을 것이다. 차양자동 출이이명(此兩者同 出而異名)이라, 그곳에서 나오고 보니 한 여자는 내 어머니가 되어 있었고, 또 다른 여자는 창녀가 되었을 뿐이다. 예수는 창녀와 세리의 친구라고 손가락질을 받았으나, 차양자동(此兩者同)임을 보고 계시므로 그 비난을 개의치 않았다. 천지가 만물을 풀 강아지처럼 여기고 성인이 백성을 풀 강아지처럼 여기지 않으면 오히려 생명을 죽이는 결과를 초래하기 때문이다. 한 생명을 살리기 위하여 다른 한 생명을 죽이는 일이 일어난다면 그것이 오(惡)이고 불선(不善)이라고 노자는 제2장에서 설명하였다. 하나님이 인자하다면 편애하였을 것이다. 하나님이 인자하지 않은 이유다. 그래서 하나님이 인자하다고 말할 수 있는 것이다. 천지와 성인은 나와 다른 생명과 더불어 살아야 하므로 선택을 버린 것이다. 이것이야말로 지극한 하나님 사랑의 표현이 아니겠는가? 노자의 천지불인이라는 가르침은 인간의 공수신퇴(功遂身退-제9장 참조)를 명쾌하게 설명하고 있다.

또한 성인이 정치를 할 수 없는 이유를 설명했다. 성인은 불인해야 하기 때문이다. 그가 백성을 풀 강아지처럼 여긴다고 하면 아무도 그를 따르지 않고 그 정권을 뒤집으려 할 것이다. 민주주의 꽃이라는 정당정치란 유유상종한 이익집단의 행태일 뿐이다. 천지가 불인한 것처럼 인자를 버리는 순간 그는 그 이익집단에서 버려질 것이다. 그의 행동은 반 이익집단의 유익으로 나타날 수 있기 때문이다. 정치인들의 백성들에 대한 인자란 자기의 권력에 도움을 주는 사람들에게 선택되어 베푸는 것이어서 그 속에서 질식하여 죽는 생명이 있기 마련이다. 성인은 자기의 선택으로 인하여 생명이 죽는 일을 하지 못하기 때문에 정치에 상관할 수 없는 것이다. 성인은 천지 만물의 섭리를 따르는 사람이기에 왕정이 아닌 현대의 민주정치에도 발을 들여놓지 않을 것이다. 그래도 성인지치를 왜곡하여 성인이 정치판에서 놀아야 한다고 주장할 것인가? 그렇다면 누가 정치를 할 것인가? 라고 묻는다면 바보다. 성인이라면 정치를 하지 않는다는 의미일 뿐이다. 어쨌든 그대 정치판에 있다면 성인이 아닐 터, 성인인 척하지 말지어다. 그런 연후에 노자는 천지와 성인이 왜 불인해야 하는지 그 이유를 설명한다.

天地之間, 其猶橐籥乎?(천지지간, 기유탁약호?)
虛而不屈, 動而愈出。(허이불굴, 동이유출)

하늘과 땅 사이가 비어 있는 모습이 풀무나 피리의 속과 같이 비어 있다고 비유한다. 즉 천지간(天地間)과 탁약(橐籥)을 대비(對比)시키고 있다. 재미있는 것은 천지는 자기 스스로 그렇게 그 자리에 있게 된 것이고 풀무나 피리는 목적을 가지고, 인위적으로 만들어 낸 도구라는 것이다. 즉 무위(無爲)와 유위(有爲)를 대비시키고 있다. 똑같이 비어 있으나 그 쓰임새에 따라서 달라지는 결과로써 왜 천지와 성인이 불인해야 하는지를 설명하려고 하는 것이다. 천지간은 허이불굴(虛而不屈)과 짝을 이루고, 탁약(橐籥)은 동이유출(動而愈出)과 짝을 이루었다. 천지간의 공간은 그 비어 있음 자체가 용(用)이다. 그 비어 있음에 아무런 제재나 추가를 하지 않는다. 허이불굴(虛而不屈) 그 공간에 곡식을 쌓으려고도 하지 않고 비행기를 매달려고도 하지 않는다. 쌓지도, 매달지도 못하는 그야말로 공(空) 그 자체이다. 그러므로 구부러지거나 찌그러질 염려가 없다. 있는 그대로의 모습이 유지될 수 있기 때문이다. 천지가 그 공간에다 아무런 수작을 부리지 않기 때문이다. 공간작언이불사(空間作焉而不辭)인데 천지가 그 공간에다 감 놔라, 배 놔라 할 필요가 있겠는가?

그러나 피리는 소리를 내기 위하여 인위적 수작을 가하여야 한다. 손가락으로 이 구멍, 저 구멍을 옮겨가며 막아야 하며, 입술을 떼었다, 붙였다 해야 소리가 난다. 풀무 역식 겨는 날려 보내고 곡식의 낱알만 모으기 위하여 힘 좋은 사람이 돌려서 바람을 내는 기구이다. 동이유출(動而愈出) 그런데 이것들의 공간이 자주 막혀서 소리가 나지 않고, 바람이 일지 않을 때가 자주 있는 것이다. 그러면 뜯고 수리를 하는 번거로움을 맞는다. 인위적으로 하는 모든 유위나 작위의 한계를 보는 것이다. 선택에 의한 인자(仁慈)함의 결과가 이렇게 비참한 것이다. 인류는 찌그러짐이 없던 땅과 하늘 사이에다 무엇을 매달기 시작했다. 인공위성들과 우주정거장, 심지어 핵폭탄까지 우주공간에 달아 놓았다. 지금까지는 허이불굴(虛而不屈) 하여 왔다. 그러나 인류는 그 공간을 동이유출(動而愈出)을 하기 시작한 것이다. 언젠가는 막힐 것이다. 도무지 무위할 수 없는 인류는 비극을 잉태하며 살아가고 있다.

하나님께서 나의 고통을 몰라라 외면하고 계시는 것이 사랑의 증거임을 알 수 있지 아니한가? 겟세마네 동산에서의 예수님의 기도를 이해할 수 있을 것이다. 아들의 고통을 나 몰라라(천지불인:天地不仁) 하시는 아버지의 참사랑을 이해하는 아들의 처절한 기도다. 삶과 죽음의 틈바구니에 있지만, 아버지의 불인(不仁)을 선택하는 아들의 참모습을 보여준다.

내 아버지여 만일 할만하시거든 이 잔을 내게서 지나가에 하옵소서 그러나 나의 원대로 마옵시고 아버지의 원대로 하옵소서.(마태복음 26:39)

제구 시 즈음에 예수께서 크게 소리 질러 가라사대 엘리 엘리 라마 사박다니 하시니 이는 곧 나의 하나님, 나의 하나님, 어찌하여 나를 버리셨나이까 하는 뜻이라.(마태복음 27:46)

불인한 아버지의 참사랑을 선택한 아들은 이윽고 그 아버지의 불인 결과를 보게 되는 것이다. 그 결과를 본 감사의 한 마디이다. 저주를 받았다고 느끼고 있는 것이 아니다. 심연에서 터져 나왔던 아픔을 겟세마네 동산에서 아버지에게 토하기도 했지만, 이 땅에 버려졌던 자신의 모습이야말로 아버지와 하나 되는 유일한 방법이었음을 체험하고 있다. 탕자의 귀환을 반기는 아버지의 품속에서 예수는 "다 이루었다"를 선언하고 영원히 아버지와 하나가 된 것이다.

"**나의 하나님 나의 하나님 어찌하여 나를 버리셨나이까**"라는 아버지를 향한 원망의 절규가 될 수 없음을 "다 이루었다"라는 완료형 말씀 속에서 느낄 수 있지 아니한가? 원망한 후에 "다 이루었다고" 선언한다면 그 원망 자체가 다 이루어짐의 완료인가? 그럴 수는 정녕 없다. 예수의 마음을 조금이라도 이해할 수 있는 사람이라면, 그분이 원망도 기쁨도 초월했음을 이해할 것이다. 그는 "이겼다", "드디어 뱀의 머리를 깼다."라고 하지 않으신다. 오직 당신 육체의 온전한 지상에서의 삶과 그리스도(생명)의 귀향을 "다 이루었다"라고 제자들에게 고하고 있을 뿐이다. "나와 같이 생긴 육체의 부활은 없을 것이다"라고 선언하는 것과 다름없다. 너와 내가 하나이니 그 역할은 이 땅에서 임마누엘을 이룬 자 중에서 계속될 것을 선언하고 계신 것이다. 부처라 할지라도 2600년 전의 싯달타의 육체를 가지고 모든 사람을 피안으로 건너 줄 큰 뗏목이 되어 다시 올 수 없다. 올 수 있다면 천지가 불인한 것이 되지 못한다. 성경의 가르침인 임마누엘의 사상과 불경의 천상천하 유아독존과 도덕경의 천지불인(天地不仁) 사상에 모두 위배되기 때문이다. 다시 그 육체가 올 수 없다는 의미에서는 보살 대승론이 아닌 아라한의 소승론이 맞다. 그러나 시대적으로 이 땅에 있는 사람 중에서 부처님의 말씀을 깨달아 큰 뗏목을 만든 사람들이 있다. 그들이 대승을 이룬 보살이 아니겠는가? 예수께서 십자가 위에서 하신 "다 이루었다"라는 말씀이 대승 보살론의 전면적 부정임과 동시에 긍정이며 수용이라고 할 수 있는 이유다.

多言數窮, 不如守中。(다언삭궁, 불여수중)

그러므로 천지와 성인의 인자함이 많을수록 오히려 막히는 일이 자주 발생하는 것이니 그냥 두고 보는 것이 상책임을 아는 것이 道를 아는 지름길이다. 말썽꾸러기 아들에게 간섭하지 않고 그냥 지켜만 보면 다 제 자리로 돌아온다. 그것이 사랑이라는 것을 아이들이 더 잘 알기 때문이다. 하나님께서 인간들의 생활에 감 놔라, 배 놔라 하게 되면 그의 인자하심으로 인하여 곧 삭궁하게 될 것이다. 장자(莊子) 내편(內篇) 제7장 응제왕(應帝王)에 혼돈(混沌)의 우화(寓話)가 있다.

"남해의 임금 숙과 북해의 임금 홀이 중앙의 임금 혼돈을 만나 대접을 잘 받더니 그 은혜를 갚고자 하여 의논하였다. 사람마다 구멍이 일곱 개 있거늘 혼돈은 그 구멍이 없으니 보답으로 구멍을 뚫어주자고 의논을 한 후, 혼돈에게 구멍을 뚫어주되 하루에 하나씩 칠 일을 하니 혼돈이 죽고 말았다."

칠 일간 다언하였더니 드디어 막히고(삭궁:數窮) 말았다. 신심명(信心銘)은 중국 선종(禪宗)의 제3대 조사(祖師)인 감지선사(鑑智禪師) 승찬(僧璨, ?~606)이 지은 글이다.

다언다려, 전불상응.(多言多慮, 轉不相應).

"말이 많고, 생각이 많으면, 변천하되 서로의 기맥(氣脈)은 통하지 못한다."

기맥이 통하지 못하니 道와는 거리가 멀어지게 된다. 이 5장은 두고두고 논란을 일으킬 것이다. 도가에서 유가의 인을 위선이라 하는 이유가 여기에 있는 것이다. 유가의 중용은 유위의 중심을 지키는 것이고, 노자 5장에서의 수중(守中)은 무위의 중(中)을 말한다. 즉 허이불굴(虛而不屈)의 虛와 같은 것이다. 예수 그리스도의 가르침은 어떠한가?

그 때에 임금이 그 오른편에 있는 자들에게 이르시되 내 아버지께 복 받을 자들이여 나아와 창세로부터 너희를 위하여 예비 된 나라를 상속하라 내가 주릴 때에 너희가 먹을 것을 주었고 목마를 때에 마시게 하였고 나그네 되었을 때에 영접하였고 벗었을 때에 옷을 입혔고 병들었을 때에 돌아보았고 옥에 갇혔을 때에 와서 보았느니라 이에 의인들이 대답하여 가로되 주여 우리가 어느 때에 주의 주리신 것을 보고 공궤하였으며 목마르신 것을 보고 마시게 하였나이까 어느 때에 나그네 되신 것을 보고 영접하였으며 벗으신 것을 보고 옷 입혔나이까 어느 때에 병드신 것이나 옥에 갇히신 것을 보고 가서 뵈었나이까 하리니 임금이 대답하여 가라사대 내가 진실로 너희에게 이르노니 너희가 여기 내 형제 중에 지극히 작은 자 하나에게 한 것이 곧 내게 한 것이니라 하시고(마태복음 25:34-40)

이 오른편에 있는 자들은 하기는 했는데, 무엇을 바라고 하지 않았기 때문에 그들이 했다는 것을 의식하지 못하고 있다. 그들은 그저 살았을 뿐이다. 천지는 모든 것을 생성하면서도 무엇을 위한다는 의식이 없다. 그러므로 그 천지가 비어 있어도 찌그러지는 법이 없는 것이다(허이불굴 : 虛而不屈). 무위(無爲)는 하지 않는 것이 아니다. 끊임없이 변한다는 것은 끊임없이 무엇을 한다는 의미이기 때문이다. 그들은 언제나 한다. 공성이불거(功成而不居).-제2장 참조.

무엇을 이루려고 사는 것이 아니고, 사는 것 자체가 공(功)일 뿐, 이룬다는 의식이 없이, 다만 다른 생명과 더불어 살(相生) 뿐이다. 다른 생명이 없으면 나도 존재할 수 없음을 깨닫고 있을 뿐이다. 너와 나의 분별이 사라진 상태이다. 차양자동, 출이이명.(此兩者同, 出而異名)의 원리에 녹아 있는 삶을 사는 사람이다. 제법무아(諸法無我)의 경지를 말하는 것이다. 하나님은 지극히 작은 생명과 더불어 사는 생명을 귀히 여긴다는 것이다. 이 지극히 작은 자 하나가 어찌 사람에게 국한하겠는가? 천지자연이 하나님이거늘 어찌 풀 한 포기 나무 한 그루의 생명일지라도 귀히 여기지 않을 수 있겠는가? 귀히 여기되 무위(無爲)로써 하는 사람들, 그가 곧 성인이며, 부처이며, 그리스도임을 옛 경전들이 그토록 알리고자 하는 것이다.

예수가 말만 풍성하게 하면서 거룩한 척하는 제사장들과 바리새인들을 향하여 "독사의 자식들"이라고 하신 이유가, 다분히 성인인 척하는 사람들을 향하여 노자가 질타하는 이유와 같을 것이리라.

시위도과. 비도야재! (是謂盜夸, 非道也哉) - 제53장 참조.
"이를 일컬어 도적들의 사치라 한다. 도에 어긋나는 것이라 아니하겠느냐!"

"그러므로 성인(是以聖人)은" 제7장의 문장으로 보면 보통의 사람들이 할 수 있는 경지가 아니다. 노자의 도덕경은 수신자가 절대 道와 담쌓고 사는 사람들이 될 수 없다. 그들을 향하여 그토록 어려운 道를 설명하는 것이라면 노자 할아버지가 맛이 간 사람일 것이다. 그러니까 먹물이요 식자(識字)께나 들었다는 사람들과 인생을 달관한 것처럼 사는 사람들에게 "너도 성인인 척하지 말라"는 가르침과 다름이 아니다.

유혜, 기귀언.(悠兮, 其貴言) - 제17장 참조.
"조심함이여, 그 말 한마디도 귀중하다."

어쩌면 결론은 "아직 죽지 않았구나? 그렇다면 죽어서 무엇이 되려 하지 말고 잘난 척하지 말고 독차지하지 말고 더불어 살다가(功成而) 죽어라(不居)"일 것 같다.

제 6장

谷神不死, 是謂玄牝。(곡신불사, 시위현빈)
골짜기(谷-谿) 신은(神) 죽지(死-終) 않으니(不),
이를(是-此) 일컬어(謂-稱) 현묘한(玄-理之妙) 어미라 한다(牝-陰).
玄牝之門, 是謂天地根。(현빈지문, 시위천지근)
현묘한(玄-理之妙) 어미(牝-陰)의(之) 문(門),
이를(是-此) 일컬어(謂-稱) 천지(天地)의 뿌리라 한다(根-柢).
綿綿若存, 用之不勤。(면면약존, 용지불근)
이어지고(綿-連) 이어지어(綿-連) 존재(存-在)하지만(若-如),
이용(用-使)하려고(之) 노력하지(勤-勞力) 않는다(不).

- 제 6장 풀이 -

제5장에서 천지가 만물을 위하여, 성인이 백성을 위하여 무엇을 한다고 열
심을 내면 오히려 부작용이 나기 때문에 간섭하지 않고 차라리 지켜보고 있는
것만 못하다고 하였다. 어떤 생명에게도 간섭하지 않는 천지근(天地根)은 또한
모든 생명을 만드는 어머니 같은 존재이지만 역시 없는 듯이 한다(用之不勤=
生而不有-제2장 참조)고 재차 강조하고 있다. 제6장과 같이 무슨 말인지 잘 알
수 없는 단어로 형성되면 오히려 해석하기가 용이(容易)하다. 제5장과 같이 성
인이라는 단어가 나온다든지 제3장과 같이 시이성인(是以聖人)이라는 단어가
나오면 모든 기존 해석서들은 필자와 해석을 달리한다. 성인을 정치판으로 끌
어가기 위하여 고군분투가 시작되기 때문이다. 다행인지 불행인지 제6장은 인
간의 삼차원 세계를 설명한 것 같지 않다. 한문의 구성만 보면 무슨 말을 하
고 있는지 난해한 내용으로 이루어졌다.

谷神不死,(곡신불사)

직역하면 골짜기의 신은 죽지 않는다. 무슨 귀신 씨 나락 까먹는 소리를 하
고 있다. 노자는 보이지 않는 道에서 보이는 모든 생명이 나오고 있음을 가르

쳤다. 그 道와 생명이 나오는 그곳을 제1장에서 중묘지문(衆妙之門)이라고 하였다. 그 중묘지문을 골짜기라고 표현한 것이다. 근원의 여성적 역할을 은유한 것이며, 불사하는 것으로 표현하는 것이다. 근원의 작용이 아무리 계속되더라도 사랑의 속성처럼, 더 비워지기 때문에 영원히 생명작용을 계속할 수 있는 것이다. 그래서 그 신은 죽을 수가 없다. 이 넓은 우주에다 아무리 많은 道와 名을 낳아도 근원은 비워진다(沖). 그것이 사랑이기 때문이다. 근원을 여성적으로 표현한 곡신(谷神)은 그러므로 죽지 않는다. 도덕경의 시구(詩句) 중 곡(谷)을 표현한 시구를 골라 보았다.

위천하곡, 상덕내족, 복귀어박.(爲天下谷, 常德乃足, 復歸於樸) - 제28장 참조.
"천하의 계곡이 되면, 늘 덕이 이에 가득하여, 다시(통나무의) 질박함으로 되돌아간다."
비도지재천하, 유천곡지어강해.(譬道之在天下, 猶川谷之於江海) - 제32장 참조.
"도의 존재를 세상 만물에 비유한다면, 마치 골짜기의 시내가 강과 바다로 흘러가는 것과 같다."
곡득일이영, 만물득일이생(谷得一以盈, 萬物得一以生) - 제39장 참조.
"골짜기는 하나(道)를 얻은 까닭에 가득하고, 만물은 하나를 얻은 까닭에 자란다."
이도약뢰, 상덕약곡(夷道若纇, 上德若谷) - 제41장 참조.
"평평한 도는 어그러진 것처럼 보이고, 넓은 덕은 좁은 골짜기처럼 보인다."

是謂玄牝.(시위현빈)
玄牝之門,(현빈지문)

현빈(玄牝)은 근원(根源 : 無極 - In The Beginning - 베레쉬트 : בְּרֵאשִׁית)을 여성적으로 표현한 것이다. 모든 생명(三太極)의 시작은 도(道 : 太極-하나)에서 나오고, 하나는 어미의 자궁(子宮)인 현빈(玄牝 ;無極)으로부터 비롯된다. 근원(根源 : 無極)에서 비롯된 태극(太極-하나)은 천지(天地 : 兩極-둘)를 생성하고, 양극(兩極-陰陽)은 생명을 탄생시켜 삼태극(三太極 : 天,地,人-셋)을 이룬다.

하나(태극)에서 둘(양극), 둘에서 셋(삼태극)으로 변화하지 않으면 새로운 생명의 탄생은 있을 수 없다. 이 변화를 잉태하는 그 여성스러움(근원 : 무극)을 노자는 계곡에 비유한 것이고, 암컷에 비유한 것이다. 위대한 어머니의 자궁과 같은 생명의 문(門)인 중묘지문(衆妙之門)을 다시 한번 설명하고 있지만, 그 속을 표현할 수 있는 사람은 있을 수 없으므로, 현빈지문(玄牝之門-현묘한 어미의 문)으로, 또는 현지우현(玄之又玄-현묘함이 또 현묘하다.-제1장 참조) 표현하고 있다.

玄 : 1.검을(黑) 2.검붉을(黑赤色) 3.하늘(天地) 4.아득할(幽遠) 5.고요할(淸靜) 6.현묘할(理之妙) 7.현손(曾孫之子) 8.깊다 9.아찔하다, 얼떨떨하다 10.짙다 11.크다 12.통달하다(通達) 13.북쪽 14.빛나다 15.매달리다, 걸리다 16.태고(太古)의 혼돈(混沌·渾屯)한 때 17.음력(陰曆) 9월 18.부처의 가르침 19.도교(道敎) 20.성(姓).

牝 : 1. 암 짐승, 암컷(獸之雌) 2.골(虛牝, 谿谷) 3.열쇠구멍(鑰孔) 4.음(陰).

이 빈(牝)은 아무나 와서 사정(射精)하고 갈 수 있는 창기가 아니다. 성막의 앞마당처럼 온갖 잡놈들이 밟고 다닐 수 있는 곳에 거(居)하지 않는다는 말이다. 하늘의 대제사장(大祭司長) 그리스도만이 들어갈 수 있는 순수한 처녀림인 하나님의 언약궤가 있는 지성소 넘어 휘장 안에 거(居)한다. 이 빈(牝)은 성경이 표현하는 순결한 처녀 시온의 딸이며, 어린 양 그리스도의 신부이다. 그리스도만이 순결한 처녀, 시온의 딸을 아내로 맞이하여 씨를 뿌릴 수 있는 것이다. 순결한 시온의 딸은 생명을 잉태시키는 하늘의 어머니다. 이 생명의 출입구, 노자에서 표현하는 중묘지문(衆妙之門)이요 현빈지문(玄牝之門)이다. 이 문을 통하여 귀한 보석 같고, 벽옥과 수정같이 맑은 각종 생명이 비롯되는 것이리라.

이리오라 내가 신부 곧 어린양의 아내를 네게 보이리라 하고 성령으로 나를 데리고 크고 높은 산으로 올라가 하나님께로부터 하늘에서 내려오는 거룩한 성 예루살렘을 보이니(계시록 21:9-10)

是謂天地根。(시위천지근)

무명, 천지지시.(無名, 天地之始) - 제1장 참조.

"이름 없음은 천지의 처음이고."

천하유시, 이위천하모.(天下有始, 以爲天下母) - 제25, 52장 참조.

"세상 만물의 시작이 있어서, 이로써 세상 만물의 어미가(母-道) 생겼다."

제1, 25, 52장은 보이지 않는 근원의 실체를 다시 알게 하는 것이다. 이름이 없을 때가 천지의 시작이며, 세상의 어미라 할 수 있으므로 천지의 뿌리라고 할 수 있는 것이다. 태극이무극(太極而無極)임을 (머리글 도덕경을 펴기 전에 참조) 설명한 글을 이해한다면, "이를 일컬어 천지의 뿌리"라 함도 이해할 것이다.

綿綿若存,(면면약존)

보이지 않는 그곳에서 보이는 모든 현상계가 태어나고 끊임없이 이어져가고 있으니 존재하지 않는 것 같으면서도 존재한다는 것을 확인할 수 있다.

도충이용지, 혹불영.(道沖而用之, 或不盈) - 제4장 참조.

"도는 비어있어서 이를 쓰려고 하면, 언제나 남아 있지 않다."

이런 현상을 누가 볼 수 있는가? 볼 수는 없지만 존재하는 것만은 확실하다. 노자는 근원을 설명하기 위하여 앞에서, 옆에서, 뒤에서, 위에서, 아래에서, 뒤집어서, 까발려서, 할 수 있는 방법을 다 동원하여 모델을 찍고 있는 사진사와 같이 도를 설명하고 있다. 근원을 모든 사람이 볼 수 있는 것이라면 설명할 필요가 없으련만 볼 수 없기에 술 취한 사람처럼 같은 소리 또 하고 또 하는 것이다.

用之不勤。(용지불근)

만물작언이불사.(萬物作焉而不辭) - 제2장 참조.

"(道는) 만물이 어떻게 만들어져도 물리치지 않고,"

생이불유, 위이불시.(生而不有, 爲而不恃) - 제2, 10, 51, 77장 참조.

"(道는) 낳았을 뿐 소유하지 않으며, 할 뿐 주장하지 않는다."

道는 그냥 낳았을 뿐이고, 할 뿐이지, 부리고(使), 이용하려고 부지런한 것이 아니다. 즉 생명을 면면히 이어주는 그 행위 자체가 이용하려고 해서 애쓰는 것이 아니라는 의미다. 道는 만물이 어떻게 만들어져도 간섭하지 않는다. 道는 생이불유(生而不有)하고 위이불시(爲而不恃) 하므로 다른 생명을 부린다(用之不勤)는 것은 있을 수 없다. 모든 생명은 자생(自生)이 아닌 상생(相生)으로 살아간다. 내가 다른 생명을 이용하려 한다면 다른 생명 또한 나를 이용하려고 할 것이기 때문이다.

이기부자생.(以其不自生) - 제7장 참조.

"(天과 地) 그것이 혼자서 사는 것이 아니기 때문이다.(자생이 아닌 상생이므로)"

제7장에 나오는 말씀을 미리 인용하지만, 하늘이 넓고 땅이 영원한(天長地久) 이유는 홀로 존재하지 않기 때문이라고 설명하고 있다. 생명을 면면히 이어주기 때문에 있는 것(若存) 같지만, 道는 쓰임을 받으려고, 또는 쓰려고 모든 것을 낳고 또 낳는 일을 계속하는 것이 아니라는 의미이다. 오직 더불어 존재하기 위하여 존재할 뿐이다.

하나님은 땅에 씨를 뿌릴 적에 그 땅의 기름진 곳만 이용하여 뿌리지 않는다. 성경에 나오는 "씨 뿌리는 자의 비유"(마태복음 13:3~9 참조)를 보면서 이해할 수 없는 부분이 있었다. 농부인 하나님의 직무유기 아닌가? 왜 길가나 자갈밭이나, 가시덤불 속에다 씨를 뿌리는가 말이다. 옥토가 어디 있는지를 몰라서 눈 감고 흩으시는가? "애라 아무 곳이나 떨어져도 복 있는 놈은 열매를 맺겠지, 귀찮게 골라서 할 것이 무에냐?" 하나님은 태평농법(太平農法)을 선호(選好)하고 계시는지 알 수 없다. 하나님은 씨를 뿌릴 마음 밭이 길가이든, 자갈밭이든, 가시밭이든, 옥토이든 가리지 않고 할 일을 할 뿐이다. 그러므로 하나님은 나를 가장 사랑할 것이라는 선민의식의 꿈에서 깨어나야 한다. 그 선민의식 때문에 이스라엘 민족의 자만심이 어떠했는가? 하나님은 용지불근(用之不勤)이므로 모든 생명을 사랑하는 것이다. 제8장에 나오지만, 하나님은 거선지(居善地) 하지 않는 것이다. 좋은 땅만 골라서, 물이 흐르는 옥토만 골라서 씨를 뿌리는 편협한 하나님이 아니라는 것이다. 그래서 노자는 성인의 삶을 통하여 道를 이해하기를 바라고, 반대로 자연을 보고 성인의 삶이 어떤 것인지 이해하기를 바라는 마음에서 재차 설명하고 있다. 성경이나 불경이나 같은 소리 또 하고, 또 같은 내용을 돌려서 또 하는 이유를 알만하다. 도저히 설명이 완벽하게 될 수 없음을 아는 그들이 조금이라도 더 이해할 수 있도록, 하기 위하여 그렇게 할 수밖에 없었을 것이다. 인간 언어의 한계 때문일 것이다. 모두가 근원을 볼 수 있었다면 설명하고 자시고 할 것도 없었으련만!

제 7장

天長地久。(천장지구)

하늘은(天) 넓으며(長-大) 땅은(地) 오래간다(久-待).

天地所以能長且久者,(천지소이능장차구자)

천지가(天地) 능히(能) 넓으며(長-大) 또(且-又) 오랜(久) 것인(者) 까닭은(所以-緣故)

以其不自生。(이기부자생)

(天과 地) 그것이(其) 혼자서(自-己) 사는 것이(生-成長) 아니기(不) 때문이다(以-因).

故能長生。(고능장생)

그러므로(故-緣) 능히(能) 영원히(長-永) 산다(生-成長).

是以聖人, 後其身而身先,(시이성인, 후기신이신선)

(혼자 살 수 없는) 이런(是-此) 까닭에(以-因) 성인은(聖人),

그(其) 몸을(身) 뒤로(後)하되(而) 몸이(身) 앞서고(先),

外其身而身存。(외기신이신존)

그(其) 몸을(身) 밖으로(外) 하되(而) 몸이(身) 보존(保存)된다.

非以其無私耶? (비이기무사야?)

(몸이 보존되는) 그(其) 까닭은(以-因) 사사로운 정이(私-私情) 없음이다(無)

그렇지(耶-疑辭) 아니하겠는가(非)?

故能成其私。(고능성기사)

그러므로(故-緣) 능히(能) 그(其) 사사로움을(私-私情) 이룬다(成-就).

- 제 7장 풀이 -

제6장에서 생명의 문인 현빈지문(玄牝之門)을 통하여 나온 보이지 않는 道가 보이는 현상계와 상생하므로 실제로는 보이지 않지만 있다는 것을 알게 한다. 道는 무엇을 이용하려고 낳지도 아니하고, 이용당하지도 않는다. 할 뿐 주장하지 않고 없는 듯이 존재하기 때문이다. 현상계인 名의 세계에 나타난 대

표주자인 천지는 어떠한가? 노자는 제5장에서 천지와 성인이 불인(不仁)한 이유는 자주 간섭하다 보면, 풀무의 구멍 막히듯, 그 결과가 좋지 않으므로 간섭하지 않고 지켜보느니만 못하다고 하였다. 노자는 제5장에 이어 천지와 성인을 다시 대비시켜 사람의 삶과 자연의 삶이 다르지 않다는 것을 가르치려고 한다.

天長地久。(천장지구)

하늘과 땅은 분명히 두 존재이면서도 하늘을 논할 때 땅을 제(除)하고 하지 않는다. 천지란 단어는 단일명사인 것처럼 착각되어 사용된다. 천지는 보이는 名의 세계에서 가장 큰 음양(陰陽-兩極)으로 대표된다. 천은 양(陽)이고 지는 음(陰)으로 나누어진다. 천지뿐만 아니라 모든 우주 만물은 크게 음양으로 나누어진다. 이 음양은 상생상극으로 서로를 낳고, 서로를 변화시킨다. 5장에서 천지불인(天地不仁)이라고 하였으므로 불인을 하려고 하면, 같이 불인하고 상생하려면 같이 할 수밖에 없다. 하늘은 만물에 대하여 인자하고 땅은 만물에 대하여 불인하면, 천지는 싸우다가 멸망할 수밖에 없을 것이다. 허이불굴(虛而不屈)이 될 수 없으니 천지간은 찌그러질 수밖에 없을 것이다. 어찌 천장지구(天長地久)를 이룰 수 있겠는가?

유국지모, 가이장구.(有國之母, 可以長久) - 제59장 참조.

"세상을 얻게 된 이 어미는(母-天地), 가히 넓으며 오래간다."

시위심근고저, 장생구시지도.(是謂深根固柢, 長生久視之道)

"이를 일컬어 뿌리가 깊고 근본이 떳떳하고, 넓게 살고 오래 보임의 도라 한다."

천지 자체는 보이는 名의 대표주자이지만, 이 천지가 넓고 오래가는 것은 (天長地久) 뿌리가 깊고 근본이 떳떳한 道의 작용이라고 결론을 내린다. 세상의 어미(萬物之母-제1장 참조)가 없어지면 생명도 없어진다. 그러므로 하늘은 넓게, 땅은 오래 유지되어야 그 안에서 생명이 살 수 있으나 사람들이 자연을 훼손하므로 그 보복(?)을 지금 받고 있으나 천지가 어떻게 회복되려는지 인간의 지혜로서는 가늠하기 어려우니 난감할 뿐이다. 문명은 오히려 원시만 못할 것 같음을 느끼게 하지만, 인간들 마음이 차원 상승의 변화가 없다면, 원시반본(原始反本)이 일어난다 해도 다람쥐 쳇바퀴라는 슬픈 생각을 지울 수 없다.

天地所以能長且久者,(천지소이능장차구자)
以其不自生。(이기부자생)

故能長生。(고능장생)

천지는 자생(自生)하지 않고 상생(相生)하기 때문에 장구(長久)할 수 있다는 노자의 설명이다. 쉽게 풀어서 설명하면 천지 만물은 혼자서만 존재할 수 없도록 구성되어 있다. 모든 만물이 서로 도우면서 살되, 어떤 존재가 너무 커져서 이웃의 생명에게 위협적인 존재가 된다면, 그 존재를 관리하는 존재가 필연코 나타나게 된다는 것이다.

불자현고명(不自見故明) 불자시고창(不自是故彰) 불자벌고유공(不自伐故有功) 불자긍고장.(不自矜故長) 부유부쟁, 고천하막능여지쟁.(夫惟不爭, 故天下莫能與之爭) - 제22장 참조.

제22장은 道의 순리를 따르는 성인의 모습을 보여준다. 혼자서 살 수 있는 세상이 아니고(以其不自生) 더불어 살 수밖에 없는 세상은 나를(自-我) 드러내지 않고(不自見), 바르다고 하지 않고(不自是), 자랑하지 않으며(不自伐), 교만하지 않아서(不自矜) 세상과 다투지 않음이(夫惟不爭) 천지도(天地道)다. 천지는 유위(有爲)를 하거나 작위(作爲)를 하는 법이 없다. 있는 그대로 운행하고, 오직 서로의 존재를 위하여 존재하지만, 천지의 사이에다 아무런 수작을 부리지 않기에 찌그러지는 법이 없는 것이다. 그 공간을 이용하여 무엇을 만들어 내는 법도 없다. 동이유출(動而愈出) - 제5장 참조.

노자는 천지가 장구할 수 있는 이유인즉, 천지가 혼자서 살아가지 않고 상생하기 때문이라고 설명하였다. 고능장생(故能長生) "그러므로 능히 영원히 산다."

그러므로 道의 이기부자생(以其不自生)은 고능장생(故能長生)하고, 고능성기대(故能成其大)를 하여 천장지구(天長地久)를 이루어 생명을 살리는 것이다.

이기종불자위대, 고능성기대.(以其終不自爲大, 故能成其大) - 제34장 참조.

"(만물) 그것이 다하도록 (도) 스스로 큰 것을 본뜨지 않는 까닭에, 그러므로 능히 그 큼을 이룬다."

道는 이름 가진 것(名-萬物)들이 다하도록 상생하면서, 그 큼을 능히 이룰 수 있음 역시 이기부자생(以其不自生) 하기 때문이다. 그러므로 성인도 道의 섭리를 따라서 이 세상 무엇 앞에 나서지 않으며, 상생하면서 사는 모습을 제57장에서 보여준다.

고성인운(故聖人云) 아무위이민자화(我無爲而民自化) 아호정이민자정(我好靜而民自正) 아무사이민자부(我無事而民自富) 아무욕이민자박.(我無欲而民自樸) - 제57장 참조.

성인이 이르기를,

나는 함이 없고(我無爲) 나는 고요함을 좋아하고(我好靜) 나는 하는 일이 없고(我無事) 나는 바람도 없을(我無欲) 뿐(而)인데, 사람들이 스스로 변화되고(民自化) 바

르게 되고(民自正) 넉넉해지고(民自富) 순박해진다.(民自樸)

이는 성인이 사람들을 직접 다스리는 행위를 이르는 것이 아니라, 말하지 않고 가르치는 행위를 "들을 귀 있는 쟈"들이 본받는 행위를 이른다.

불언지교(不言之敎) - 제2, 43장 참조. "말로 하지 않음의 가르침"

그러나 상생을 거스르는 생명이 사람들이다. 제24장은 道의 순리를 거스르는 사람들의 모습을 보여준다.

자현자불명(自見者不明) 자시자불창.(自是者不彰) 자벌자무공(自伐者無功) 자긍자부장.(自矜者不長) 기재도야, 왈여식췌행.(其在道也, 曰餘食贅行)- 제24장 참조.

혼자서 살 수 있는 세상이 아니고(以其不自生) 더불어 살(相生) 수밖에 없는 세상임에도, 나만(自-我) 드러내고(自見者), 나만 바르다고 하고(自是者), 나만 자랑하며(自伐者), 나만 높여 교만한(自矜者) 자들이다. 道의 입장에서 이들의 행위를 살펴보니(其在道也) 음식의 찌꺼기요 군더더기 행실이라고 이른다(曰餘食贅行).

들소가 너무 많아지면 사자의 무리도 따라서 늘어나므로 초원은 유지되는 것이다. 코끼리가 너무 많으면 초원이 황폐된다. 자연은 그것을 방지하기 위하여 코끼리 돌림병을 퍼트리는 것이다. 천지 만물의 도수(度數)대로 운행되면 일방적으로 어떤 종이 많아질 수 없지만, 인간이 개입하여 일방적으로 많아진다면, 그 종의 종말이 가까워지고 있다는 의미다. 사람만이 천지의 도수(度數)를 무너트리는 유일한 존재이다. 사람은 무위(無爲)로 살기를 거부한다. 언젠가는 천지가 사람들을 솎아낼 것이지만 사람들이 깨닫기에는 너무 어려운 것이다. 스스로 작위(作爲)를 하든지 유위(有爲)를 해야만, 직성이 풀리는 존재이기 때문이다.

是以聖人, 後其身而身先,(시이성인, 후기신이신선)

시이성인(是以聖人)이라는 단어를 앞세운 이유가 있다. 천지가 넓으며, 오래 가는 것은 천(天)만 존재하는 것이 아니고 지(地)도 함께 존재해야 하므로 좋던지, 싫던지 상관없이 변화하며 존재하듯, 성인도 이 세상에 태어나 살아가면서 좋아도, 싫어도 상생하기 위하여 그 몸을 뒤로하고 그 몸이 앞서는 생활을 늘 견디며 만물과 더불어 사는 것이다. 노자는 천지와 성인을 계속하여 대비시키면서 도를 설명하고 있음을 유의해야 한다. 천지의 생명이 장구(長久)한 것 같이 성인도 부자생(不自生) 해야 한다는 것을 강조하려는 것이다. 즉 천하 만물과 상생해야 한다는 의미다. 그러므로 성인이 상생하려면 후기신이신선(後其身而身先)을 해야만 되는 것이다. 뭇 사람들이 가장 싫어하는, 그 몸을 뒤로하면서도 기꺼이 만물과 상생하며 산다. '그 몸을 뒤로하되 몸이 앞서고'의 의미는 그 몸이 뒤에도 있을 수도 있고 앞선 상태로 있을 수도 있다는 것이다. 사람들은 남보다 앞선 상태를 유지하려고 그토록 몸부림치며 살고 있다. 요람에서 무덤까지 '누가 크냐'는 경쟁으로 날을 새고 있는 것이 인간사다. 왜 성인은 앞서거니 뒤서거니 하는 것인가?

先人而後己者也, 天下敬之, 先以爲長.(선인이후기자야, 천하경지, 선이이장)
"남을 앞세우고 자기를 뒤로하면 결국 천하의 모든 사람이 그를 존경하고 그를 장(長)으로 내 세운다." (하상공).

왕필과 쌍벽을 이루는 노자의 대가라는 하상공의 주석이다. 노자가 가장 경계하는 위선이며 유위이며, 작위를 표현한 주석이다. 또 하나의 예를 더 들어본다.

所謂後其身卽是一種謙讓, 退藏與收斂的精神 (소위후기신즉시일종겸양, 퇴장여수렴적정신)
"자신을 뒤로한다는 뜻은 일종의 겸양이고 스스로 은퇴하고 스스로 몸을 사리고 수렴하는 정신을 말한다."(왕회).

왕회라는 사람의 또 하나의 해석이다. 하상공과 난형난제(難兄難弟)이다.

중국 사람이 노자를 잘 알지 않겠느냐는 상식이 무너지는 순간이다. 한국의 내로라하는 동양학의 대가들께서도 이런 범주를 벗어나지 못하고 있다. 왕회와 하상공의 해석의 범주를 벗어나면 무식하다는 소리를 들을 수 있으니까 몸조심하여 비슷한 해석을 하는 것이다. 식자(識者)들의 한계를 보게 되는 것이다. 무엇이 문제인가?

성인불인(聖人不仁) 이만물위추구.(以萬物爲芻狗) - 제5장 참조.

이 문장을 기억하지 못하고 성인은 인자하고 겸양할 줄 알아야 하고 몸을 사릴 줄 알아야 한다는 생각으로 꽉 막혀 있기 때문이다. 이러한 인자와 겸양이 동이유출(動而愈出)을 하려는 행위이며 다언(多言)하면 삭궁(數窮 : 자주 막힘)하게 되는 원인이 된다는 것을 모르기 때문에 나오는 해석이다. 하상공, 왕회의 주석들이 일사불란한 것은 까딱 잘못 주석하면 자기들은 영원히 성인의 반열에 들 수 없으므로 율법적 해석을 할 수밖에 없었으리라.

노자는 제2장에서 道를 설명하면서 전후상수(前後相隨)에 대하여 설명했다. 앞서고, 뒤서는 것은 서로를 이끌어주는 생명작용을 위하여 있는 것이라고 했다. 선(先)과 후(後)도 이와 같은 道의 생명작용으로 이해하지 않으면 성인을 또다시 위선자로 만들 수밖에 없을 것이다. 성인의 현재 위치가 선(先)이기 때문에 그 몸의 위치를 뒤(後)로하는 것이다. 성인은 전후상수(前後相隨)의 도의 원리를 알기 때문이지, 겸양이나 인자하고는 간극이 있는 행동이다. 오직 천지(天地-兩極)와 상생하기 위함이다. 천지와 사람은(三太極) 다르면서 하나이기 때문이다. 그러므로 깨달은 자는 오히려 만물과 호흡을 같이하는 것이다. 만물의 생명과 더불어 사는 유일한 길은 성인과 만물이 하나 되는 것이다. 상류와 하류로 존재하지 않기 위하여 끊임없이 낮은 곳으로 흐르는 물과 같다.

인자의 온 것은 섬김을 받으려 함이 아니라 도리어 섬기려 하고 자기 목숨을 많은 사람의 대속물로 주려 함이니라 .(마가복음 10:45)

이리와 어린 양이 함께 먹을 것이며 사자가 소처럼 짚을 먹을 것이며 뱀은 흙을 양식으로 삼을 것이니 나의 성산에서는 해함도 없겠고 상함도 없으리라 여호와께서 말씀하시니라 .(이사야 65:25)

제4장에서도 언급했지만, 위의 말씀은 예수의 위선이 아니고, 생명 작용의 원리를 가르치고 있다. 후기신이신선(後其身而身先)의 원리를 보여주시고 있다. 그러므로 예수는 유대 백성의 가장 낮은 세리와 창녀의 친구로서 지낼 수 있었다. 그래서 노자는 이렇게 말했다.

불상현, 사민부쟁.(不尙賢, 使民不爭) - 제3장 참조.

"현명함을 받들지 않으면(어리석어도 멸시받지 아니하면) 부리는 자와 백성들이 다투지 않는다."

예수께서 상현(尙賢) 받기를 원하셨다면 사민부쟁(使民不爭)의 빌미를 주는 것이다. 그러므로 예수께서 그 몸을 낮추신(後其身) 것이다. 이러한 스승의 道를 알지 못했던 제자들 사이에서 사민부쟁(使民不爭)이 일어나지 않았던가? 동기진(同其塵) 그 티끌과 같기 위하여, 후기신(後其身) 그 몸을 뒤로하는 것이다. 그러므로 예수께서 헤롯왕이나 로마 총독 빌라도 앞에서 당당하게 화기광(和其光) 할 수 있었다(제4장 참조). 예수께서 천하만국의 영광도 초개와 같이 여겨 마귀 앞에 엎드려 절하지 않을 수 있었던 생명의 원리다. 그런 예수께서 비유로 말씀하시기를

이와 같이 나중 된 자로서 먼저 되고 먼저 된 자로서 나중 되리라.(마태복음 20:16)

먼저 된 자(선기신:先其身)가 뒤에 온 품꾼과 같은 한 달란트를 받는 것을 인정하지 않는다면 한 시간 일하고 한 달란트 받는 그의 생명을 핍박하는 일

이 될 것이다. 그가 포도원에서만 일하겠는가? 복숭아밭에서 일하면서, 한 시간만 일하고 한 달란트 받았던 풍족한 기억을 잊었기 때문이다. 그를 인정한다면, 자기도 늦었을 때(후기신:後其身) 핍박받지 않고 보상받을 수 있는 것이다. 생명은 한 시간을 살던, 하루를 살던 똑같이 한 달란트가 필요하다. 햇빛과 물과 공기가 같은 양으로 필요하다는 말이다. 그래서 한 달란트를 누구에게나 같이 나누어주는 것이 하나님의 섭리이다. 이러한 상생의 원리가 생명 작용인 것이다.

욕선민, 필이신후지.(欲先民, 必以身後之) - 제66장 참조.

"사람들보다 앞서기를, 바란다면, 반드시 몸을 뒤로해야 한다."

그러므로 성인의 후기신이신선(後其身而身先)이 자연스럽게 이루어지는 것이다. 베드로가 예수께 묻기를 우리가 모든 것을 버리고 주를 좇았으니 그런즉 우리가 무엇을 얻겠느냐고 했을 때 대답하시기를

그러나 먼저 된 자로서 나중 되고 나중 된 자로서 먼저 될 자가 많으니라.(마태복음 19:30)

욕심을 가지고 나를 따른다면 얻을 것이 없고 욕심을 버리면 오히려 얻을 것이 있을 것이라는 의미다. 너희가 먼저(先) 된 자이나 욕심을 버리지 못한다면 오히려 늦을(後) 것이라는 경계인 것이다. 즉 후기신이신선(後其身而身先)을 하라는 가르침과 다름이 아니다.

外其身而身存.(외기신이신존)

외기신(外其身)이란 그 몸이 싫어하는 것을 말한다. 내 육체의 소욕을 따라 살지 아니하는 것을 의미하는 것이다. 성경은 이를 일러 다음과 같이 기록하고 있다.

내가 이르노니 너희는 성령을 좇아 행하라 그리하면 육체의 욕심을 이루지 아니하리라 육체의 소욕은 성령을 거스리고 성령의 소욕은 육체를 거스리나니 이 둘이 서로 대적함으로 너희의 원하는 것을 하지 못하게 하려 함이니라 너희가 만일 성령의 인도하시는 바가 되면 율법 아래 있지 아니하리라.(갈라디아서 5:16-17)

성령의 소욕(所欲:바라는바)을 따르는 것이 외기신(外其身)을 하는 모습이며, 육체의 욕심을 밖으로 하는 현상이다. 성령의 소욕은 전체를 보며 행하는 것이기 때문에 다른 생명을 살릴 수 있으나, 육체의 욕심은 한 면만 보며 행하는 것이므로 생명을 살리는 역할을 할 수 없을 뿐만 아니라 다른 생명을 핍박(逼

迫)하게 되는 것이다. 우리나라 역대 대통령들과 그 측근들을 보면 모두가 신존을 이루지 못하였음을 볼 수 있다. 그들은 외기신(外其身)을 하지 못하고 세상 명리에 깊숙이 간섭하였기에 그 몸이 영고(榮枯)를 겪을 수밖에 없었다. 다른 외기신(外其身)을 하지 못하는 생명들에게 위해를 가하지 않을 수 없었다. 생명을 살리는 道의 원리를 실천하지 못하고 다른 생명에게 위해를 가하였기 때문에 똑같은 종류의 사람들에게서 후일에 위해를 당하는 것이다. 생명작용에는 안(內)과 밖(外)의 분별이 없는 것이니, 육체의 욕심을 내기신(內其身) 하는 것으로 고집하지 않고, 그 육체의 욕심을 외기신(外其身) 했더라면 그 몸을 능히 보존할 수 있었을 것이다. 그러나 외기신(外其身)을 하기 싫어하는 인간의 욕심 때문에 죽어 나간 생명이 수도 없이 많은 것이다.

그러므로 성인은 천지가 생명의 원리를 따라 이기부자생(以其不自生)을 하듯, 후기신(後其身)하고 외기신(外其身)을 하여 상생의 道를 실천한다. 성인이 후기신(後其身)하고 외기신(外其身) 하는 행위가 겸양이나 인자하고는 거리가 멀다고 하는 이유가 여기에 있는 것이다. 천지 만물의 생명이 홀로 살(자생:自生) 수 없도록 하는 것이 道의 원리다. 그러므로 성인은 상생만이 자기의 몸을 앞세우고 보존할 수 있다는 것을 깨달았기에 그 몸을 뒤로하고 그 몸을 밖으로 하는 것이다. 성인은 모든 것을 알고, 취할 수 있는 능력이 있다고 해도 제2장의 언급처럼,

공성이불거.(功成而不居) "聖人은 태어난 공을 이루었으니 이로써 살지 않는다."

부유불거(夫唯弗居) "(聖人은) 대저 살지 않을 뿐이지,"

시이불거.(是以不去) "(聖人은) 이런 까닭에 죽는 것도 아니다."

외기신(外其身) 그 몸을 밖에 머물도록 하여 당연히 생명을 보존한다. 공성이불거(功成而不居)를 할 수 있었기에, 이 세상에서 살지 않더라도 죽는 것이 아니라는 것을 깨닫는 것이 아니었겠는가?

非以其無私耶? (비이기무사야?)

이 문장에서의 사(私)는 개인적인 사사로움을 나타내는 것이지만, 도(道)의 원리 안에서는 개체(個體)의 생명이나 집체(集體)의 생명의 사사로움이 따로 존재하지 않는다. 개체의 생명이 살 수 없다면 집체의 생명도 역시 살 수 없도록 하는 것이야말로 도(道)의 원리라는 것이다. 개인(個人)의 사사로움이 곧 집단(集團)의 사사로움으로 나타난다. 천지 만물은 이미 후기신(後其身)하고

외기신(外其身)을 하면서 살고 있으므로 개체와 집체의 사사로움을 구분하지 않고 하나님의 섭리(攝理) 안에서 존재한다. 인간만이 후기신(後其身)하고 외기신(外其身)을 하면서 살지 못하고 개인의 사사로움만을 취(取)하기 때문에 천지만물(天地萬物)을 훼손(毀損)하고, 다른 사람의 사사로움을 침해(侵害)하고 핍박(逼迫)하는 것이다. 그래서 도덕경의 가르침이 필요한 것이 아니겠는가?

故能成其私。(고능성기사)

왕필은 아래와 같이 옳은 주석을 하였다.

無私者, 無爲於身也.(무사자, 무위어신야)

"사사로움이 없는 사람은, 자신이 아무것도 하는 일이 없음이다."

身先身存, 故曰能成其私也.(신선신존, 고왈능성기사야)

"자신이 앞서게 되고 자신이 보존되므로, 이를 일러 그 사사로움을 능히 이룰 수 있다."

그러므로 성인이 후기신(後其身)하고 외기신(外其身)을 하는 것으로 너와 나의 신선(身先)과 신존(身存)을 이룰 수 있으므로, 위에 머물러도 부담스러워 않으며, 앞에 머물러도 거리끼지 않으니 능히 그 사사로움을 이룰 수 있는 것이다.

처상이민부중, 처전이민불해.(處上而民不重, 處前而民不害) - 제66장 참조.

"위에 머물러도 사람들이 부담스러워 않으며, 앞에 머물러도 사람들이 거리끼지 않는다."

이 문장에서의 사(私)는 너와 나, 곧 집체(集體)의 사사로움을 의미하고 있다. You are my destiny(너는 나의 운명) 이라는 노래도 있고 영화도 있었다. 내가 너를 운명처럼 사랑한다는 것이다. 사사로움의 극치일지도 모른다. 그러나 노자는 모든 생명을 나의 운명으로 보고 있다. 상대 역시 나를 운명으로 느끼고 있다는 것이다. 道를 깨달은 사람, 그리스도가 된 사람, 부처가 된 사람만이 알 수 있는 너와 나의 운명이다. 나의 운명을 어찌 함부로 할 수 있을 수 있단 말인가? 너를 위하여 죽는 것이 곧 나를 위하여 죽는 것일 뿐이다. 예수 그리스도의 십자가 위에서의 죽음 역시 곧 당신을 위하여 죽었을 뿐이다. 그러므로 나를 위하여 죽었다고 할 수 있는 것이다.

제 8장

上善若水。(상선약수)
높은(上) 선은(善-良) 물과(水) 같다(若).
水善利萬物而不爭,(수선리만물이부쟁)
물이(水) 선함은(善-良) 만물을(萬物) 이롭게(利-吉) 하되(而) 다투지(爭-競)
않고(不),
處衆人之所惡。(처중인지소오)
뭇(衆) 사람들이(人) 싫어하는(惡-憎) 곳에도(所-處) 머문다(處-居).
故幾於道。(고기어도)
예부터(故-舊) (上善은) 도(道)에(於-與格) 가깝다(幾-幾微).
居善地,(거선지)
사는 데는(居) 땅이(地) 좋고(善-好),
心善淵,(심선연)
근본이(心-根本) 깊어서(淵-深) 좋고(善-好),
與善仁,(여선인)
더불어(與) 어질어서(仁) 좋고(善-好),
言善信,(언선신)
말에(言-語) 믿음이 있어서(信) 좋고(善-好),
正善治,(정선치)
떳떳하게(正-常) (자신을) 다스림이(治) 좋고(善-好),
事善能,(사선능)
일에(事) 능함이(能) 좋고(善-好),
動善時。(동선시)
감응의(動-感應) 때가(時) 좋다(善-好),
夫唯不爭,(부유부쟁)
무릇(夫-大抵) 다투지(爭-競) 않기(不) 때문에(唯),
故無尤。(고무우)
고로(故) 허물이(尤) 없다(無).

- 제 8장 풀이 -

제8장은 흥미를 유발하는 재미있는 곳이다. 다른 의미로 해석할 수 있는 여지가 가장 큰 장이다. 제8장에서는 천지의 일부인 물을 들어 도를 설명하고 물의 좋은(善) 특성인 부쟁(不爭)을 강조하고 있으나, 제8장의 주체는 물이 아니고 선(善)이다. 물은 한 치의 오차 없이 道의 원리대로 움직이므로 당연히 상선(上善)을 이룬다. 그러나 道와 가깝지만(幾-近), 그 언저리(幾-幾微)이지 道 자체는 아니다. 이는 제18장에 표현된 사람들의 도덕률인 인의와 비교되는 선에 대한 노자의 생각을 전하는 것이다.

대도폐, 유인의.(大道廢, 有仁義) - 제18장 참조.
"큰 도가 그치니(사람들의) 인과 의가 나타난다."

上善若水。(상선약수)

"상선(上善)은 물과 같다"라는 의미이다. 그러므로 상선이 주어(主語)이지 물이 주어가 아니다. 상선(上善)에 대한 많은 해석이 있다. '최상의 선', '가장 좋은', '가장 착한' '최고의 선(처세술)' 등이며, 심지어 '하나님'으로 표현하기도 한다. 상선이 물과 같다면 물의 속성에 대한 도덕경의 설명부터 알아야 한다. 물은 名의 부분이지만 그 움직임은 道와 가깝다는 것이다.

첫째 : 물이 착함은 만물을 이롭게 하되 다투지 않고(水善利萬物而不爭)

둘째 : 뭇 사람들이 싫어하는 곳에도 산다.(處衆人之所惡)

셋째 : 세상에 물보다 부드럽고 약한 것이 없지만, 그런데도 굳고 강한 것을 치는데(물을) 이를 능히 이길 수 없다. - 제78장 참조.

천하막유약어수, 이공견강자, 막지능승(天下莫柔弱於水, 而攻堅强者, 莫之能勝)

넷째 : 도의 존재함을 천하에 비유한다면, 마치 시내와 골짜기의 (물이) 강과 바다로 흘러감과 같다. - 제32장 참조.

비도지재천하, 유천곡지어강해.(譬道之在天下, 猶川谷之於江海)

도덕경 전체에서 물을 직접적으로 언급한 곳은 제8, 78장뿐이다. 천지 만물 중에서 물만큼 부드럽고 연약한 것이 없지만 굳고 강한 것들이 물을 이길 수 없는 이유는 사사로움이 없는 물의 성질이다. 사사로움을 없앴기 때문에 사사로움을 이룰 수 있다고 제7장을 마무리하면서 성인을 비유로 들었다. 이는 제7장에 이어서 사사로움에 대한 설명을 물에 비유하며 다시 하는 것이다.

비이기무사야, 고능성기사.(非以其無私邪, 故能成其私) - 제7장 참조.

"(몸이 보존되는) 그 까닭은 사사로운 정이 없음이다 그렇지 아니하겠는가? 그러므로 능히 그 사사로움을 이룬다."

그러함에도 불구하고 제78장까지 읽으면, 상선은 道라는 수식이 성립되어야 하는데 제38장을 참조하면 상선은 道가 아니고 가까운 언저리에 있다. 道는 태극으로 하나(一)이기 때문이다. 그럼 상선에 대한 정의를 내려야 한다. 상선은 道와 가까운 언저리(幾·幾微)일 뿐이다. 제38장을 참조하면 상선의 의미를 이해할 수 있다.

상덕부덕, 시이유덕.(上德不德, 是以有德) - 제38장 참조.
높은 덕은 덕스럽지 않으니, 이런 까닭에 덕이 있다.

그러므로 이렇게도 풀이할 수 있다.

상선부선, 시이유선.(上善不善, 是以有善)
"높은 선은 선답지 않으니, 이런 까닭에 선이 있다."

그렇지만 제38장에 반전(反轉)이 있다.

고실도이후덕(故失道而後德) - 제38장 참조.
"고로 도(道)를 잃은 후에 덕(德)이고,"

善이란 도를 잃은 후에 나타난 것이지만, 덕(德) 후인지, 인(仁) 후인지, 알수는 없다. 물이 아상(我相)이 없는 것으로 보아 仁과 동급이거나, 德 다음인지 짐작할 뿐이다. 그러므로 고기어도(故幾於道)라는 의미를 제38장을 통하여 알 수 있다. 上善이라도 道와 가까운 언저리라고 한 시구(詩句)를 정확하게 알게 된 것이다. 제7장에서 천지가 장구할 수 있는 것은, 자생하지 않기 때문이다.

이기부자생.(以其不自生) - 제7장 참조.
"(天과 地) 그것이 혼자서 사는 것이 아니기 때문이다."

즉 자생하지 않고 상생했기 때문에 장구한 것이라고 설명했다. 그러므로 성인의 삶도 천지처럼 자생하지 않기 위하여, 후기신이(後其身而) 하여 신선(身先)을 이루고, 외기신이(外其身而) 하여 신존(身存)을 이룰 수 있다고 했다. 몸을 뒤로하여 오히려 몸을 앞세우고, 몸을 밖으로 하여 오히려 몸을 존재하게 할 수 있는 원리가 개인의 사사로운 이익을 버리고 상생하였기 때문이 아니냐? 고 반문하였다. 노자는 늘 하던 식으로 천지와 성인을 대비시킨 후 성인과 자연을 재차 대비시켜 道를 설명하고 있다. 즉 道는 사사로움이 없는 것이라고 한소리 또 하는 것이다.

천지불인.(天地不仁) - 제5장 참조.

면면약존.(綿綿若存) - 제6장 참조.

사사로움이 없는 물의 속성(屬性)이다.

1) 물은 아상(我相)이 없다. 물은 고유의 형태가 없으므로 담기는 그릇의 모양대로 변한다. 뜨거우면 증기(蒸氣)가 되고, 추운 곳에서는 얼음이 된다.

2) 물은 언제나 낮은 자리로 흐른다.

3) 물은 장소(場所)와 청탁(淸濁)을 선택하지 않는다.

4) 물은 모든 작위(作爲)에 대하여 무위(無爲)로 대한다.

5) 물은 모든 것을 씻어낸다.

6) 물은 천지만물(天地萬物)을 좌기예(挫其銳) 한다.

7) 물은 같히면 넘칠 때까지 기다린다. 그러므로 물은 모든 생명의 원천(源泉)이 된다.

水善利萬物而不爭,(수선리만물이부쟁)

물은 물질세계에서 물(水)이라는 名을 가진 물질의 한 부분이다. 태초에 천지와 함께 따로 물을 만들어(太一生水) 생명과 불가분의 관계가 되었다. 물은 뭇 사람들이 제시하는 그릇의 모양대로 담기고, 온도의 차이에 따라 그 형태를 달리하며, 언제나 낮은 곳을 향하여 흐르면서, 폭포를 만나면 떨어지고, 댐을 만나면 넘칠 때까지 기다리며, 거름과 함께 밭에 뿌려질 때도 있으며, 화공약품 속도 싫다고 하지 않으며, 변기의 청소를 도맡아 하면서도 도무지 다투지 않는다. 그러므로 물처럼 다투지 않음(不爭)은 모두 성인과 연관된다는 것을 도덕경 전체에서 읽을 수 있으며, 아래 시구(詩句)를 통하여 물처럼 부쟁하여 생명을 사랑하는 성인의 참모습을 배운다.

시이천하낙추이불염, 이기부쟁.(是以天下樂推而不厭, 以其不爭) - 66장 참조.

"이런 까닭에 세상 만물이 즐거이 기리면서도 싫어하지 않으니, 그것은 다투지 않는 까닭이다."

고천하막능여지쟁.(故天下莫能與之爭) - 제22, 66장 참조.

"고로 세상 만물은 능히 그와 더불어 다투지 못한다."

선승적자불여, 선용인자위지하.(善勝敵者不與, 善用人者爲之下) - 제68장 참조.

"상대를 잘 이기는 자는 간여하지 아니하며, 사람을 잘 다스리는 자는 밑에서 이룬다."

시위부쟁지덕(是謂不爭之德) "이를 일컬어 다투지 않음의 덕이라 한다."

부쟁이선승, 불언이선응(不爭而善勝, 不言而善應) - 제73장 참조.

"다투지 않아도 잘 이기고, 말을 하지 않아도 잘 응하며,"

천지도, 이이불해, 성인지도, 위이부쟁.(天之道, 利而不害, 聖人之道, 爲而不爭) - 제81장 참조. "하늘의 도는, 이로울 뿐 해치지 않고, 성인의 도는, 할 뿐 다투지 않는다."

處衆人之所惡。(처중인지소오)

물은 뭇 사람들이 가장 싫어하는 낮은 곳으로 흐른다. 누구든지 닭의 머리는 될지언정 소의 꼬리는 되기 싫어하는데, 물은 그 꼬랑지를 향하여 쉼 없이 내려간다. 더러운 곳을 만나면 불평하지 아니하고 씻어낸다. 거름더미 속에도 유유히 들어간다. 오직 천지의 모양대로 담긴다. 물이 좋은 자리만 골라서 차지한다면 틀림없이 다른 존재와의 다툼이 발생할 것으로되 진자리 마른자리를 자신의 의지대로 차지하는 법이 없다. 다른 존재들의 요구에 따라 자신의 존재를 맡긴다. 그러므로 도무지 다툴 일이 발생하지 않는다. 뭇 사람들은 도무지 따라 할 수 있는 삶의 방식이 아니다. 성인이라도 가볍게 이룰 수 있는 삶의 형태가 아니다.

조금 나아가사 얼굴을 땅에 대시고 엎드려 기도하여 가라사대 내 아버지여 만일 할 만하시거든 이 잔을 내게서 지나가게 하옵소서. 그러나 나의 원대로 마옵시고 아버지의 원대로 하옵소서. 하시고(마태복음 26:39)

상선약수(上善若水)의 삶의 어려움이 이다지도 극심한 것이다. 내게 오는 잔을 물이 마다하는 법이 없듯이 예수 또한 그 잔을 마다할 수 없었다. 그러나 그 잔을 받기 위하여 땀이 땅에 떨어지는 핏방울같이 되도록 고통이 자심한 것이다. 보기 좋아 상선약수라는 액자를 걸어 놓고 있지만, 나의 삶이 상선약수여야 하는데 상대방의 삶만 상선약수 기대하고 우리는 살아가고 있다. 나는 좋은 자리에 앉기를 바라고 상대방은 낮은 자리를 차지하기를 원하는 것이 뭇 사람들의 욕심이다. 그러나 물은 좋은 자리 낮은 자리를 도무지 가리지 않고, 부딪치는 상황에 따라 순응할 뿐이지만, 사람은 절대로 그리 살 수 없다. 왕필의 주석이다.

인오비야.(人惡卑也)

(물은 사람들이 싫어하는 곳에도 잘 머무르지만) 사람들은 비천한 곳을 꺼린다.

故幾於道。(고기어도)

왕필의 주석이다.

"道無水有, 故曰幾也. 道는 형체가 없고 물은 형체가 있지만, 道에 가깝다."

왕필의 주석을 "道는 형체와 이름이 없고(無名) 물은 형체와 이름이 있다(有名)"라고 해석한다면, "이 둘은 같다"(此兩者同, 出而異名-제1장 참조)라고 함이 옳다. "道에 가까운 것(幾)"은 물이라는 형체가 아니라 물의 속성을 이르는

것이다. 道는 형체가 없으므로 "함이 없음이 함이다."(爲無爲-제3, 63장 참조)
물은 형체가 있으므로 함이 있음이 보인다(有爲). 道와 名은 엄연히 다르게 존
재하지만, 물이라는 물질의 이름(名)이 아닌 속성에는 아상(我相)이 없으므로
사사로움이 없는 道에 가까운 것이며(幾-近), 상선(上善)이라고 표현한 것이다.

문제는 고(故)의 뜻풀이에 있다. 故를 "그러므로"로 풀이하게 되면, 위 문장
을 이어서 아래 문장을 잇게 되어 道에 가까운 것은 물이 되어야만 한다. 위
문장이 수선리만물이부쟁(水善利萬物而不爭), 처중인지소오(處衆人之所惡)이기
때문이다. 故는 "예부터"로 뜻풀이되어야 道에 가까운 것이 상선(上善)이 되어
아래의 문장들인 居善地,心善淵,與善仁,言善信,正善治,事善能,動善時의 설명이
가능해진다. 위의 7가지 선한 행위는 상선(上善)과 비교되는 행위이지 물의 속
성으로 할 수 있는 것이 아니다. 왕필의 주석이다

居善地, 心善淵, 與善仁, 言善信, 正善治, 事善能,動善時. 夫唯不爭, 故無尤.

"言人皆應於此道也. 사람은 모두 이런 도에 순응한다는 말이다"

거선지(居善地)에 대한 시중(市中) 주석서들의 해석이다.

'몸을 최선의 땅, 즉 비천한 곳에 두고', '사는 데는 땅이 좋다.', '머물 때의 선을 땅을 살
피는 것으로 하고', '살 때는 낮은 땅에 처하기를 잘하고'로 해석하고 있다.

居善地,(거선지)

모든 생명은 음인 땅에서 자라지 양인 하늘에서 그 생명을 유지할 수 없다.
각각의 생명, 동물이나 식물을 포함하여 사람들은 늪에서, 산에서, 초원에서,
건조한 사막 등 지구 위에서 살고 있으며 바다 역시 지구 위에 있다. 각각의
생명이 태어나 죽고 다시 태어나면서 땅 위를 풍성하게 한다. 이 모든 생명은
자기의 특성에 따라 가장 살기 좋은 환경을 골라 땅을 선택한다. 이것이 거선
지(居善地)의 참 의미가 아니겠는가?

공성이불거 부유불거, 시이불거.(功成而不居, 夫唯弗居, 是以不去) - 제2, 77장 참조.

"(聖人은 태어난) 공을 이루었으니 이로써 살지 않는다. 대저 살지 않을 뿐이니, 이런 까
닭에 죽는 것도 아니다."

생명이 태어나 땅 위에서 살다(居)가 죽으면, 그 땅에서 살지 않는(不居) 생
명이 이 땅 위에서 공을 이루는(功成) 것이다. 공을 다 이룬 후 잠시 땅을 떠
났(弗居)을 뿐이지, 그 살던 땅으로 다시 돌아오므로 죽는다고(不去) 할 수 없
는 거선지(居善地)의 의미이다. 생명은 꼭 땅에서 살아야 하지만, 좋은 땅에서

만 살지도 않으며 더러운 땅에서만 살지도 않는다. 땅은 만물을 키우는 어미 (牝)다. 만약 성인은 낮은 땅에서 살기를 좋아한다고 해석한다면,

"이것은 이미 선이 아니다."(斯不善已 - 제2장 참조).

心善淵,(심선연)

심선연(心善淵), 제4장을 참조하면 본래 道의 모습을 그대로 읊은 시구(詩句)라는 것을 알 수 있다.

도충이용지, 혹불영, 연혜! 사만물지종.(道沖而用之, 或不盈, 淵兮! 似萬物之宗)

"도는 비어 있어서 이를 쓰려고 하면, 언제나 남아 있지 않다. 깊음이여! 만물의 시조 같도다."

누가 과연 이 道의 못(淵)이며 법망에서 벗어나 살 수 있을 것인가?

어불가탈어연(魚不可脫於淵) - 제36장 참조.

"물고기는 연못에서 가히 벗어나지 못하며,"

천망회회, 소이불실.(天網恢恢, 疏而不失) - 제73장 참조.

"하늘 법망은 얼기설기하게, 트였지만 빠트리지 않는다."

與善仁,(여선인)

대도폐, 유인의.(大道廢, 有仁義) - 제18장 참조.

"큰 도가 그치니(사람들의) 인과 의가 나타난다."

道는 좋고(善) 싫음(惡)을 따지지 않고 모두에게 인(仁)을 베푼다. 사람들은 호불호를 따지므로 그 차이가 백지장 같다고 하는데도 싫은 사람에게 인을 베풀기 어렵다. 그러므로 이 시구(詩句)의 주장은 인이 아니고, 줄(施予), 더불어 (以)의 뜻이 있는 여(與)가 되어야 한다.

선지여오, 상거약하?(善之與惡, 相去若何) - 제20장 참조.

"좋은 것과 더불어 싫은 것은, 서로의 차이가 얼마나 되느뇨?"

道는 모든 것이 제자리로 돌아가 없어질 것을 알기에 처음부터 더불어 가질 수 있도록 반드시 준다. 상대를 가리지 않고 베푸는 이것이 천지의 선이다.

장욕탈지, 필고여지.(將欲奪之, 必固與之) - 제36장 참조.

"(道는) 장차 뺏을 것을 희구하기에, 반드시 처음부터 주면서 쓴다."

현덕, 심의, 원의, 여물반의(玄德, 深矣, 遠矣, 與物反矣) - 제65장 참조.

"현묘한 덕, 심오하여라! 멀어짐이여! 만물과 더불어 돌아감이여!"

이것이 道의 여선인(與善仁)을 정확하게 표현한 것이다. 제3장에 나오는 허

기심(虛其心), 실기복(實其腹), 약기지(弱其志), 강기골(强其骨) 하여, 道와 가깝게 여선인(與善仁)을 하는 사람을 성인이라 한다. 상생하는 방법은 어진 것으로만 이루어지는 것이 아니다. 상극과 같은 어질지 않은 방법으로 우주는 평형을 이룬다. 그래서 천지불인(天地不仁), 성인불인(聖人不仁)이라고 갈파한 것이다. 상대방으로부터 어진 행동만 수렴한다면 그의 생명은 반신불수가 될 것이다. 물은 거의 부드럽지만 급류나 노도를 마다하지 않는다. 급류나 노도가 없으면 생명이 살 수 있는 환경 청소가 되지 않기 때문이다.

言善信,(언선신)

말이란 인간의 지식과 경험으로 나타난 소통의 수단으로서 신(信), 불신(不信)을 자초하여 원래부터 불신이 강하다.

신부족언, 유불신언.(信不足焉, 有不信焉) - 제17장 참조.

(畏之, 侮之 당하는 자) 깨달음이 부족하므로, 어리석음이 존재하도다.

신언불미, 미언불신.(信言不美, 美言不信) - 제81장 참조.

"참된 말은 아름답지 않고, 아름다운 말은 참되지 않다."

道의 소리(音)는 성기고 사이가 뜬다. 들리는 소리(聲)가 없다는 의미이다.

희언자연.(希言自然) - 제23장 참조.

드문 (사이가 뜨는) 한마디는 스스로 그러함이다.

대음희성, 대상무형(大音希聲, 大象無形) - 제41장 참조.

"큰 소리는 성기게(사이가 뜨게) 들리고, 큰 형상은 형체가 없다."

노자는 이미 신뢰(信賴)할 수 있는 말이라 할지라도 말을 많이 하면, 그 말에 대한 행동이 수반되어야 하므로, 말을 많이 하면 자주 막히게 되니 차라리 말을 줄이고 중심을 지키는 것만 같지 못하다고 제5장에서 이미 가르쳤다.

다언삭궁, 불여수중.(多言數窮, 不如守中) - 제5장 참조.

"말이 많으면 자주 막히니, 마음으로 지키느니만 같지 아니하다."

道를 아는 성인은 말을 많이 하지 않고 행동으로 가르친다.

지자불언, 언자부지.(知者不言, 言者不知) - 제56장 참조.

"깨달은 자는 말하지 않고, 말하는 자는 깨닫지 않은 것이다."

물은 말 없이 행동으로 생명을 키우고 있다. 말(言)의 백미는 말하지 않고 보여주는 행동(行不言之敎)이라고 할 수 있다. 예수의 십자가에 매달림이 행불언지교를 보여주는 대표적인 사건이다.

행불언지교(行不言之敎) - 제2, 43장 참조.

"말로 하지 않음의 가르침을 행한다."

正善治,(정선치)

성인은 무슨 일을 하든지 계산하면서 하지 않음으로 자신을 다스리지 못함이 없다. 그러므로 언제나 떳떳하게 자신을 다스림에 소홀함이 없는 것이다.

위무위, 즉무불치.(爲無爲, 則無不治) - 제3, 63장 참조.

"함이 없음을 함으로 삼은 즉(자신을) 다스리지 못함이 없다."

올바름(正)과 속임수(奇), 선함과 재앙(妖)은 서로를 안고 사는 형국이기 때문에 성인은 언제나 중심을 잡고 떳떳함을 유지한다.

기무정, 정복위기, 선복위요(其無正, 正復爲奇, 善復爲妖) - 제58장 참조.

"(근본을 알지 못하므로) 그래서 늘 떳떳하지 않으니, 떳떳함이 다시 기만으로 되고, 길함이 다시 재앙이 된다."

道는 형체도 없고 함도 없으니(無爲) 사람을 다스리되 그 자체가 사랑이고, 이 우주를 다스리되 작은 생선을 삶듯이 온전히 한다.

치인사천, 막약색(治人事天, 莫若嗇) - 제59장 참조.

"사람을 다스리고 하늘을 다스리는데, 아끼는 것과 비교할 것이 없다."

치대국, 약팽소선.(治大國, 若烹小鮮) - 제60장 참조.

"(道가) 큰 세상 다스림이, 작은 생선을 삶는 것 같다."

事善能,(사선능)

道가 이일 저일을 엔지니어처럼 능숙하게 함으로 일에 능하다고 하는 것이 아니다. 道는 일이 없음이 일이고, 세상을 얻고도 늘 할 일이 없는 것을 일러서, 일에 능해서 좋다고 하는 것이다. 사사로움이 없고 함이 없으므로 일을 하지 않는 것 같아도 다 이루면서도, 늘 일이 없다고 할 수 있는 것이다.

위무위, 사무사, 미무미(爲無爲, 事無事, 味無味) - 제3, 63장 참조.

"함이 없음을 함으로 삼고, 일이 없음을 일로 삼고, 맛이 없음을 맛으로 삼는다."

무위이무불위. 취천하상이무사(無爲而無不爲. 取天下常以無事) - 제48장 참조.

"함이 없을 뿐이지 아니함이 없다.(聖人이) 세상 만물을 취함은 늘 (日益하는) 일이 없는 까닭이다."

급기유사, 부족이취천하.(及其有事, 不足以取天下)

"(日益하는) 그 일을 하는데 빠진다는 것은(그들이) 세상 만물을 취하기에 부족하기 때문이다."

이무사취천하(以無事取天下) - 제57장 참조.
"일을 (꾸며서) 하지 않음으로써 세상 만물을 취한다."

動善時。(동선시)

道는 언제나 비어 있는 것 같지만, 모자라면 채우고, 넘치면 치우고, 날카로운 것은 무디게 하며, 봄바람 같으면서도 질풍과 노도와 같으며, 더러우면 뒤집고 너무 크면 쪼개면서도 그 일을 시의적절하게 한다. 이 모든 감응은 생명을 살도록 하기 위한 道의 원리다.

숙능안이구, 동지서생? (孰能安以久, 動之徐生) - 제15장 참조.
"누가 능히 고요하고 오랜 것을, 움직이면서도 한가한 모습으로 살게 하겠는가?"

허이불굴, 동이유출.(虛而不屈, 動而愈出) - 제5장 참조.
"(쓰지 않을 때는) 비어 있을 뿐 오그라들지 않지만(이용하려고) 움직일수록 더욱 (소리가) 난다."

道의 움직임은 본래의 근원으로 되돌리는 것이므로, 때를 놓치지 않고 감응한다. 이 道의 움직임(動)이 생명의 근원이다.

반자, 도지동(反者, 道之動) - 제40장 참조.
"되돌아오는 것이 도의 움직임이다."

道는 居善地, 心善淵, 與善仁, 言善信, 正善治, 事善能, 動善時를 완벽하게 이루지만, 삼차원 물질세계에서 이름(名)을 가진 물(水)은 물론하고, 성인도 이를 완벽하게 이룰 수 없으므로 "도에 가깝다"(故幾於道)라고 한 것이다.

만물작언이불사(萬物作焉而不辭 - 제2장 참조)이거늘 사사롭게 다스릴 일(事善能)도 없을 뿐만 아니라, 사사로운 일을 능숙하게 처리(動善時)할 필요(必要)가 있겠는가? 천지의 도수에 맞추면 되거늘 나의 사사로움에 맞추어 동(動)할 필요가 없다.

천하에 범사가 기한이 있고 모든 목적이 이룰 때가 있나니 날 때가 있고 죽을 때가 있으며 심을 때가 있고 심은 것을 뽑을 때가 있으며 죽일 때가 있고 치료시킬 때가 있으며 헐 때가 있고 세울 때가 있으며 울 때가 있고 웃을 때가 있으며 슬퍼할 때가 있고 춤출 때가 있으며 돌을 던져 버릴 때가 있고 돌을 거둘 때가 있으며 안을 때가 있고 안는 일을 멀리 할 때가 있으며 찾을 때가 있고 잃을 때가 있으며 지킬 때가 있고 버릴 때가 있으며 찢을 때가 있고 꿰맬 때가 있으며 잠잠할 때가 있고 말할 때가 있으며 사랑할 때가 있고 미워할 때가 있으며 전쟁할 때가 있고 평화할 때가 있느니라 일하는 자가 그 수고로 말미암아 무슨 이익이 있으랴 하나님이 인생들에게 노고를 주사

애쓰게 하신 것을 내가 보았노라.(전도서 3:1-10)

전도서의 이 말씀이 물처럼 사는 삶을 의미한다고 하겠다. 하나님의 때에 맞추지 못하면 사사로움으로 일하는 자의 수고에 무슨 이익이 있을 것인가? 모든 천지의 도수는 상대가 있으며 그 상대는 상대의 존재를 위하여 존재하는 것이며, 아상(我相)이 없으므로 사사로움을 버리고 상대와 상생함으로써 장구할 수 있는 것이다. 사사로움을 버렸기 때문에 너와 나의 사사로움이 이루어지는 것이다. 고능성기사.(故能成其私) - 제7장 참조.

夫唯不爭,(부유부쟁)
故無尤。(고무우)

오로지 다투지 않고 일을 처리하는 道임이 분명하고, 이름이 있는(有名) 세계에서 물만큼 사사로움 없이 道에 가까운 물질을 찾을 수 없다. 道를 깨친 성인이 정치를 하면서 이룰 수 있는 경지가 아니다. 그러므로 성인을 정치편에 끌어드리려 하지 말고, 말이 없이 하는 행동(行不言之敎)을 보고 배우면 된다.

부유부쟁, 고천하막능여지쟁.(夫惟不爭, 故天下莫能與之爭) - 제22장 참조.

"무릇 다투지 않기 때문에, 고로 세상 만물은 능히 그와 더불어 다툴 수 없다."

그러므로 너희의 선한 것이 비방을 받지 않게 하라. 하나님의 나라는 먹는 것과 마시는 것이 아니요 오직 성령 안에서 의와 평강과 희락이라 이로써 그리스도를 섬기는 자는 하나님께 기뻐하심을 받으며 사람에게도 칭찬을 받느니라.(로마서 14:16~18)

제 9장

持而盈之, 不如其已。(지이영지, 불여기이)
가졌어(持-執)도(而) 이를(之-此) 채우려 함은(盈),
마땅히(其) 그치는(已-止) 것만(如-似) 못하다(不).
揣而梲之, 不可長保。(취이예지, 불가장보)
단련(揣)하되(而) 이를(之-此) 날카롭게 하면(梲-銳利),
가히(肯) 오래(長-久) 지니지(保-持) 못한다(不).
金玉滿堂, 莫之能守。(금옥만당, 막지능수)
금과(金) 옥이(玉) 집에(堂) 가득하면(滿),
이를(之-此) 능히(能) 지킬 수(守) 없다(莫-無).
富貴而驕, 自遺其咎。(부귀이교, 자유기구)
넉넉하고(富-裕) 지위가 높다(貴-位高存) 하면서(而) 교만하면(驕-自矜),
스스로(自) 허물을(咎-愆) 마땅히(其) 더 한다(遺-加).
功遂身退, 天地道。(공수신퇴, 천지도)
(태어난) 일을(功-事) 다 하고(遂-盡) 몸은(身) 죽는 것이(退-去),
천지의(天地) 도이다(道).

- 제 9장 풀이 -

　제7장에서 개인의 사사로움을 버리면 오히려 너와 나의 사사로움을 이룰 수
있다고 하였고, 제8장은 자연 중에서 사사로움의 속성이 전혀 없는 물을 비유
하여, 다투지 않으면서도 다른 존재를 이롭게 하고, 뭇 사람들이 싫어하는 자
리에도 거리낌 없이 처하므로 허물이 없는 성인의 삶의 모습을 보여준다. 주제
는 한 마디로 성인인 척하지 말라는 반어법적 가르침이었다. 노자는 제9장에서
죽음이라는 명제를 보이면서 말한다. 재물이나 지식을 쌓는 일이나, 집을 크게
짓고, 금은보화를 가득 쌓아놓는 부귀를 자랑한다고 하여도 스스로 허물만 남
길 뿐이다. 왜냐하면, 인생은 필경 죽기 때문이다.

持而盈之, 不如其已。(지이영지, 불여기이)

부유불영, 고능폐불신성.(夫唯不盈, 故能敝不新成) - 제15장 참조.

"대저 채우지 않는 까닭에, 고로 능히 닳도록 새것을 이루지 않는다."

도충이용지, 혹불영.(道沖而用之, 或不盈) - 제4장 참조.

"도는 비어있어서 이를 쓰려고 하면, 언제나 남아 있지 않다."

道는 채우지 않는 까닭에 남아서 닳도록 새로운 것을 만들지 않는다. 그러므로 언제나 비어(沖) 있어서 쓰려고 하면 남아 있는 것이 없다. 사람들은 언제나 채우려(盈) 하지만 죽어야 하므로 남아 있는 것 역시 사라진다. 노자는 조용히 가르치고 있다 "너도 죽고 나도 죽는데 채운다고 지닐 수 있니?", 어쩌면 노욕이 더 무섭다고들 한다. 늙어서도 숭상받기 위하여 재물을 쌓아 둔다. 지금은 자식들에게 괄시받지 않으려고 죽을 때까지 재산을 움켜쥐고 있어야 한다. 도대체 공맹의 가르침이 어디에 살아있단 말인가? 이미 공자께서 충효를 내 세우기 전부터 이미 실종된 것이 충효였다.

그러므로 나이가 들어도 채우기를 그치지 않는다. 채운들 죽어서 가져갈 수 있는 것도 아닌데 아랑곳하지 않는다. 얼마나 채울 수 있는지 확인해 보고 싶은 것일까? 물론 처음부터 채우지 않고 물과 같은 삶을 살았다면 비우기가 쉬울 것이지만, 나이가 들어 죽을 때가 되면 힘들어도 채우기를 중지하여야 한다. 그 많은 것을 남겨두고 죽기가 원통하여 눈을 감지 못하는 것보다 좋다. 예수는 그런 사람에게 다음과 같은 비유를 들었다.

또 비유로 저희에게 일러 가라사대 한 부자가 그 밭에 소출이 풍성하매 심중에 생각하여 가로되 내가 곡식 쌓아 둘 곳이 없으니 어찌 할꼬 하고 또 가로되 내가 이렇게 하리라 내 곡간을 헐고 더 크게 짓고 내 모든 곡식과 물건을 거기 쌓아 두리라. 또 내가 내 영혼에게 이르되 영혼아 여러 해 쓸 물건을 많이 쌓아 두었으니 평안히 쉬고 먹고 마시고 즐거워하자 하리라 하되 하나님은 이르시되 어리석은 자여 오늘 밤에 네 영혼을 도로 찾으리니 그러면 네 예비한 것이 뉘 것이 되겠느냐 하셨으니 자기를 위하여 재물을 쌓아 두고 하나님께 대하여 부요치 못한 자가 이와 같으니라.(누가복음 12:16-21)

내일 네 생명을 거두어 가면 그 쌓아 둔 것이 네 것으로 남아 있겠느냐고 하였다. 예수도 죽음이라는 명제를 내세워 공수래(空手來)하였으니 공수거(空手去) 할 수 있도록 하라고 가르쳤다. 채우는 것을 중지하지 못하는 자를 일러 다음과 같이 말씀하신다.

자기를 위하여 재물을 쌓아 두고 하나님께 대하여 부요치 못한 자가 이와 같으니라.

그러므로 창고를 짓지 아니함만 못하느니라고 가르치는 것이다. 먹을 만큼 지녔으면 쌓지 않는 것이 하나님께 부요한 것이다. 사람들은 이렇게 생각할 것이다 '나는 먹을 만큼이 남보다 크다.' 그러나 하루에 여섯 끼 먹지 않는다면 먹을 만큼의 양은 이미 정하여진 것이다.

천지소이능장차구자, 이기부자생.(天地所以能長且久者, 以其不自生) - 제7장 참조.

"천지가 능히 넓으며 또 오랜 것인 까닭은(天과 地) 그것이 혼자 사는 것이 아니기 때문이다."

자기의 사사로움을 위하여 사는 것은 하나님께 부요치 못한 것이라고 노자도 갈파하고 있다. 이것이 어찌 재물에만 국한되는 것이겠는가? 깨달음을 얻어 천국에 가려는 욕심마저도, 하나님께 부요치 못한 것이며, 비우지 못하고 채우는 행위일 뿐이다.

대영약충, 기용무궁.(大盈若沖, 其用無窮) - 제45장 참조.

"큰 채움은 빈 것처럼 보이지만, 그 쓰임이 다하지 않는다."

현재 생각(念)을 비우는(沖) 것이야말로 큰 채움(大盈)이며, 그 쓰임(其用)은 한계가 없지만(無窮), 생각(念)을 비우는(沖) 것마저도 욕심내지 말고 기다려야 할 사람은 기다릴 줄 알아야 한다. 마음은 요술쟁이, 겉사람의 산물이니, 잡지 못할 과거, 현재, 미래에 매달리거나 얻으려 한다면 언제나 이룰 수 없다. 그러므로 잡지 못할 것을 채우려 하고, 가졌으면서도 채우려 하는 욕심은 그치는 것이 오히려 좋다.

과거심, 현재심, 미래심불가득.(過去心、現在心、未來心不可得)

揣而梲之, 不可長保。(취이예지, 불가장보)

쇠를 두드려서 쓸모 있는 것을 만들 수 있다. 그릇을 만들 수도 있고 절구를 만들 수도 있어 생활에 유익하게 쓸 수 있지만, 이를 두드려서 단련하되 날카로운 칼을 만든다든지 예리한 송곳을 만든다면 오래 갈 수 없다는 의미이다. 그 날카로움으로 상대방을 위해(危害) 할 수도 있지만 스스로 해를 당할 수 있다. 버리고 예리함은 두텁고 후한 것을 이길 수 없으므로 그것보다 오래 버틸 수 없는 것이다. 왜냐하면, 모든 인생은 죽을 수밖에 없기 때문이다. 불가장보(不可長保), 노자는 인생의 유한함을 지적하고 있다.

金玉滿堂, 莫之能守。(금옥만당, 막지능수)

한 마디로 죽을 수밖에 없기 때문이 아니겠느냐고 반문하고 있다. 그 큰 집에 온갖 재물을 쌓았다 해도 죽음은 그것을 지킬 수 없도록 만든다. 사람에게 죽음이 없다면 지구상의 모든 재물은 몇 사람의 수중으로 들어갔을 것이다. 카네기 같은 사람이 있어서 부의 재편성이 그나마 이루어지고 있다는 것이 다행이라고 생각된다. 제3장에서 불귀난득지화(不貴難得之貨), 얻기 어려운 재물을 귀하게 만들지 말라고 하였다. 잘난 사람들이 거의 모든 재물을 차지함으로써 난득지화(難得之貨)가 생긴다고 하였다. 노자는 그 큰 집에 금옥이 가득하다 할지라도 죽음이 그것을 지킬 수 없도록 하는 것이니까 채우고 또 채워서(持而盈之-지이영지) 다른 사람들이 얻기 어렵게 만드는, 어리석은 짓을 하지 않음만 못하다고 하는 것이다. 모든 생명은 상생함으로써 살 수 있는 것이기 때문이다.

땅의 보물을 너희 안에 쌓아 두지 말라 거기는 좀과 동록이 해하며 도적이 구멍을 뚫고 도적질하느니라 오직 하늘의 보물을 너희 안에 쌓아 두라 거기는 좀이나 동록이 해하지 못하며 도적이 구멍을 뚫지도 못하고 도적질도 못하느니라 네 보물 있는 그곳에는 네 마음도 있느니라.(마태복음 6:19-21)

예수도 이미 이 땅의 보물은 지킬 수 없다는 것을 가르쳤다. 어찌 좀이나 동록(銅綠)이나 도적이 구멍을 뚫고 도적질하므로 인하여 보물을 지키지 못한다고 하는 것이랴. 하늘의 보물을 너희 안에 쌓으라는 것으로 미루어 인간의 수명의 유한함과 영(靈)의 영원함을 비유한 것이다. 보이는 세계만 있는 것이 아니고 보이지 않는 세계도 있음을 잊지 말라는 의미다.

富貴而驕, 自遺其咎。(부귀이교, 자유기구)

이 역시 한 마디로 죽을 수밖에 없기 때문이 아니겠느냐고 반문하고 있다. 호랑이는 죽어서 가죽을 남기고 사람은 죽어서 이름을 남긴다고 하였다. 이 속담의 의미는 무엇을 이루겠다는 인간의 욕심을 잘 나타낸 말과 다름이 아니다.

구막대어욕득. 고지족지족, 상족의.(咎莫大於欲得. 故知足之足, 常足矣) - 제46장 참조.

"욕심으로 얻는 것보다 큰 허물이 없다. 고로 족한 줄을 깨닫는 족함이야말로, 떳떳한 족함이로다."

천지 만물 가운데서 이름을 남기고자 하는 존재는 사람뿐이 없다. 호랑이가 가죽을 남긴다는 것도 그 가죽으로 집 안을 치장하려는 인간의 욕심으로 인함일 뿐, 호랑이 자신은 가죽을 남긴다는 개념조차 없다. 삶이 다하여 죽었을 뿐이다. 이 세상에서 보이는 모든 물질은 보이지 않는 것으로부터 비롯된 것이며 생명을 위하여 펼쳐진 연극무대의 소품들일 뿐이다. 부귀를 누리고 교만해야 할 이유가 어디에도 없건만 인간들은 돈이나 권력이 있으면 거들먹거린다. 귀함은 천함이 근본이 되고, 높음(高)은 아래(下)가 바탕이 되는 줄 아는 사람은 무엇이 귀한 줄 안다.

고귀이천위본, 고이하위기(故貴以賤爲本, 高以下爲基) - 제39장 참조.
"고로 귀함은 천함을 뿌리로 삼고, 높음은 낮음을 바탕으로 삼는다."

차양자동(此兩者同) 출이이명(出而異名)을 깨달은 사람이라면 교만할 수 없는 것이다. 어떤 생명도 다른 생명에 대하여 우위에 있을 수 없는 것이 하나님의 섭리이므로 교만을 부린다는 것은 스스로 하나님에게 허물을 드러내는 결과이다. 교만은 자생에서 나온다. 그가 상생의 道를 알지 못함으로 인하여 나오는 행태이기 때문에 천지 만물 앞에 허물을 남길 수밖에 없는 것이다. 세상 사람들이 그가 죽은 후에 그를 욕되게 한다는 세속적인 가르침이 아니다.

공수신퇴, 천지도.(功遂身退, 天地道)
공성이불거.(功成而不居) - 제2장 참조.
"(聖人은 태어난) 공을 이루었으니 이로써 살지 않는다."

취이예지(揣而梲之)하고, 금옥만당(金玉滿堂)을 이룬 후에 교만하지 않고 사는 것을 공을 이룬(공수:功遂) 것으로 생각한다. 어림 반 푼어치도 없는 생각이다. 큰 집을 짓고 금은보화로 그 집을 가득 채우는 것이 천지도라면 노자를 미친 사람으로 만드는 행위다. 금은보화로 가득 채울 정도는 아니더라도 최소한의 성공을 전제로 하고 있다면 오십 보 백 보이다. '이 세상에 태어나서 옷 한 벌은 건졌잖소'라고 했던 가수 김국환의 타타타(如如如)의 노랫말에서 보듯이 이 세상에 태어나서 한평생 산 것 그 자체가 공(功)을 이루었다고 할 수 있는 것이다.

예수께서 십자가 위에서 '다 이루었다'라고 하셨다. 이보다 더 확실한 공수(功遂)의 비유를 들 수 있겠는가? 그리고 그분은 신퇴(身退)를 하셨다. 하나님의 아들인 예수도 신퇴(身退)의 업(業)을 피할 방법이 없다. 불가의 생자필멸을 노자는 공수신퇴(功遂身退)라고 다른 표현을 썼을 뿐이다. 인간의 뿌리 깊은 의식은 공(功)이라는 단어만 들어도 내가 무엇을 이 세상에 남기고 가야 하는 것으로 생각한다. 이 세상에 태어나서 다른 생명과 상생하면서 한평생을 살았다면 공을 이룬 것이로되, 다른 생명을 핍박하고 멸시하는 자생의 삶을 살았다면, 비록 그가 취이예지(揣而梲之)하고, 금옥만당(金玉滿堂)을 이루는 삶을 살았다 할지라도 스스로 허물을 더 하는 것이다. 천지도를 세상의 공을 이룬 후에 몸을 뒤로 빼는 것으로 해석한다면 도적에게 월계관을 씌우는 꼴이며, 천지의 道는 道가 아니라 비즈니스일 뿐이다.

노자가 공수신퇴(功遂身退) 뒤에 천지도(天地道)라는 단어로 마무리 짓지 않았다면 기존 해석서대로 생각할 수 있다. 노자가 그리했을 리 없겠지만 공수신퇴(功遂身退) 인간지미(人間之美)라고 하지 않은 것이 천만다행이다. 앞선 장들의 경험으로 미루어보아, 노자는 제10장을 설명하기 위하여 공수신퇴, 천지도라고 했음이 분명하다. 생자필멸은 천지의 道이니라

불왈이구득, 유죄이면야?(不曰以求得, 有罪以免耶?) - 제62장 참조.

"(道를 알면) 말하지 않아도 구하면 얻기 때문이고, 잘못이 있어도 면하기 때문이 아닌가?"

고위천하귀.(故爲天下貴)

"고로 (道는) 세상 만물에 귀한 것이 된다."

구하라 그러면 너희에게 주실 것이요 찾으라 그러면 찾을 것이요 문을 두드리라 그러면 너희에게 열릴 것이니 구하는 이마다 얻을 것이요 찾는 이가 찾을 것이요 두드리는 이에게 열릴 것이니라.(마태복음 7:7~8)

천지의 道는 평생 공을 이루며(功遂) 살도록 구하면 얻고, 잘못이 있으면 면해준다. 이런 까닭에 道가 천하의 귀한 것이 되는 이유이다. 금옥만당(金玉滿堂)을 구하라는 것이 아니며, 자유기구(自遺其咎)를 면해준다는 것이 아님은 당연하다.

제 10장

載營魄抱一, 能無離乎? (재영백포일, 능무리호?)
하늘의 넋과(營-魂) 땅의 넋을(魄-身) 이고(載-戴) 하나를(1-靈-太極) 품고서
(抱-懷持), 능히(能) 갈라짐이(離-別) 없도록(無-勿) 하겠는가(乎)?

專氣致柔, 能嬰兒乎? (전기치유, 능영아호?)
정기를(氣-精氣) 오로지 하고(專-獨) 부드러움을(柔-順) 일으켜(致-生起),
능히(能) 갓난아이(嬰兒-靈) 같겠는가(乎)?

滌除玄覽, 能無疵乎? (척제현람, 능무자호?)
(마음을) 씻고(滌-洗) 덜어내어(除-損) 두루(覽-周觀) 고요함으로(玄-淸靜),
능히(能) 허물이(疵-缺點) 없도록(無-勿) 하겠는가(乎)?

愛民治國, 能無知乎? (애민치국, 능무지호?)
백성을(民-衆) 사랑하고(愛-惜) 나라(國-邦) 다스림에는(治),
능히(能) 드러나지(知) 않도록(無-勿) 하겠는가(乎)?

天門開闔, 能爲雌乎? (천문개합, 능위자호?)
하늘의(天) 문을(門) 열고(開) 닫음을(闔),
능히(能) 어미(雌-牝)의 소임(爲-所以)으로 하겠는가(乎)?

明白四達, 能無知乎? (명백사달, 능무지호?)
밝고(明-照) 분명함으로(白-明) 사방을(四-四方) 꿰뚫어도(達-通),
능히(能) 드러남이(知) 없도록(無-勿) 하겠는가(乎)?

生之畜之, 生而不有,(생지축지, 생이불유) - 제2, 51장 참조
(道는) 낳게(生-産) 하고(之), 기르게(畜-養) 하고(之-用),
낳았을(生-産) 뿐(而) 소유하지(有-所持) 않으며(不),

爲而不恃, 長而不宰。(위이불시, 장이부재) - 제51장 참조
(道는) 할(爲-造) 뿐(而) 주장하지(恃-主張) 않고(不).
키울(長-養) 뿐(而) 지배하지(宰-治) 않는다(不).

是謂玄德。(시위현덕) - 제65장 참조
이를(是-此) 일러(謂-稱) 현묘한(玄-理之妙) 덕이라 한다(德-惠),

- 제 10장 풀이 -

제9장에서 공수신퇴(功遂身退)가 천지도(天地道)이니 취이절지(揣而梲之)하고, 금옥만당(金玉滿堂) 시키기 위하여 지이영지(持而盈之) 하는 것은 하지 않음만 못하다고 가르쳤다. 세상 사람들이야 이 재미없으면 무슨 낙으로 살아가겠는가? 그러나 천지도를 깨달은 성인이 뭇 사람들과 같은 재미로 살아간다면 말이 되지 않는다. 그렇다면 천지도를 깨달은 성인은 어떤 삶을 살아야 하는가? 제10장은 그것을 설명하는 장이 분명한데 처음부터 재영백포일(載營魄抱一), 전기치유(專氣致柔)와 같은 알쏭달쏭한 문자로 시작한다.

載營魄抱一, 能無離乎? (재영백포일, 능무리호?),

영(營)은 하늘의 넋인 혼(魂)이며 기(氣)를 의미하며 장부(臟腑)로는 폐(肺)이다. 백(魄)은 땅의 넋인 백(魄)이며 정(精)을 의미하며 장부(臟腑)로는 신(腎)이다. 일(一)은 근원(根源)인 영(靈)이며 신(神)을 의미하며 장부(臟腑)로는 심장(心臟)이다. 이 혼백(魂魄)을 머리에 이고(戴) 영(1-靈)을 가슴에 품어서(抱) 이들이 갈라지지 않도록 할 수 있겠느냐?

사람(人-靈-3)이 땅(地-2)의 넋인 백(魄-2)과 하늘(天-2)의 넋인 혼(魂-2)과 영(靈-1-太極)을 머리에 이고(戴) 가슴에 품는다는(抱) 의미는 서문 "도덕경을 펴기 전에"에서 자세히 설명하였으며 제25장이 이를 뒷받침하고 있다.

인법지(人法地-사람들은 땅을 본받고) ⇒ 지법천(地法天-땅은 하늘을 본받으며) ⇒ 천법도(天法道-하늘은 도를 본받고) ⇒ 도법자연.(道法自然-도는 스스로 그러함을 본받는다). 도대, 천대, 지대, 왕역대.(道大, 天大, 地大, 王亦大) - 제25장 참조.

즉 사람은 도(道-太極)와 분리하지 않고 살아야 한다는 의미이다.

인중천지일.(人中天地一)

"사람(靈.魂.魄-3) 안에 천지(天地-名-2)와 태극(太極-道-1)이 있다."

천부경(天符經)의 의미와 같다. 머리에 일 재(載-戴)는 그 대상이 혼백(魂魄)의 정기(精氣)이고, 가슴에 품을 포(抱)는 그 대상이 영(靈)의 신(神)이다. 제42장에는 등에 질, 부(負)의 대상은 음(陰)인 땅이며, 가슴에 안을 포(抱)의 대상은 양(陽)인 하늘을 의미하는 비슷한 시구(詩句)가 있다.

만물부음이포양, 충기이위화.(萬物負陰而抱陽, 沖氣以爲和) - 제42장 참조.

"만물은 음을 등에 지면서, 양을 가슴에 안고, 비어있는 기로 인하여 조화를 이룬다."

왕필의 주석으로 헤아려본다.

載, 猶處也。營魄, 人之常居處也。一, 人之眞也。言人能處常居之宅, 抱一淸神, 能常無離乎, 則萬物自賓也。

"싣는다는 말은 머문다는 말과 같다. 영백(營魄)이란 사람의 늘 그러한 거처이고, 하나(一)란 사람의 참된 바이다.(따라서 땅의 정기를 싣고 하늘의 정기를 품고서 서로 떨어지지 않게 할 수 있는가? 라는 말은) 늘 그러한 집에 머물면서 하나를 품고 그 신령함(神；一)을 맑게 해서 언제나 서로 떨어지지 않게 할 수 있는가? 라는 말이다. 그렇게 한다면 만물은 저절로 그러한 바대로 살아가게 될 것이다."

영(營)을 혼(魂)으로 생각하지 않으면 다음 문장, 능무리호(能無離乎)가 성립이 안 되기 때문이다. 즉 분리되지 않을 수 있겠는가? 라고 물었다. 그러므로 A와 B가 존재하여야 한다. 사람인 A를 혼백(魂魄)으로, B를 영(靈-太極-1-道)으로 설정하기 위함이다. 그러므로 사람이 道와 분리되지 않는 삶을 유지하겠는가? 포(抱)의 뜻을 찾아보니 아래와 같다.

안다, 품다, 품에 안기다, 가슴, 흉부, 알 안을(伏鷄), 낄(挾), 아람(圍：一抱).

재(載)의 의미는 여러 가지로 나타난다.

머리에 이다(戴), 실을(乘), 이길(勝), 비롯할(始), 가득할(滿), 실어서 운반할(運), 일(事), 어조사, 받을(受), 쓸(記), 곧(則), 해(年), 머리에 얹다, 기재하다.

생명이 생명으로 존재하려면 영혼백(靈魂魄)이 하나가 되어야 한다. 차양자동(此兩者同) 출이이명(出而異名)이므로 영(靈-神)과 혼백(魂魄-身)을 따로 분리하여 생각할 수 없는 것이다. 육식(六識-眼, 耳, 鼻, 舌, 身, 意)을 부리는 인간의 생명이 없다면, 도를 논할 존재가 사라지는 것이며, 도가 존재할 이유도 사라진다. 고로 도(道-靈-太極)의 중심은 사람이다.

그러나 인간은 과거의 경험으로 생긴 그 지식의 산물이 구별하고, 차별하고, 옳고, 그름을 정한다. 즉 몸(魄-身)의 소욕(所欲)대로 혼이 망령부려 세상을 구별하는 삶을 살게 되는 것이다. 인간만이 창조의 섭리대로 살지 못하고 과거 경험의 허깨비인 지식으로 판단하며 살게 되어, 전체를 살지 못하고 부분을 살게 된 것이다. 도(道-太極)와 사람이 하나 되지 못하고 분리되어 죽은 자들의 삶을 살아가고 있다. 성경의 가르침대로 거듭나야 살 수 있는 죽은 자로 생활하고 있다는 것이다. '혼백(魂魄)을 머리에 이고 영(靈-道-太極-1)을 가슴에 품어서 분리되지 않도록 할 수 있겠는가?' 성경의 말씀대로라면 속사람(靈)과 겉사람(魂魄)의 화해를 이룰 수 있느냐는 의미다.

저희를 주신 내 아버지는 만유보다 크시매 아무도 아버지 손에서 빼앗을 수 없느니

라 나(靈-三太極)와 아버지(太極)는 하나(一)이니라 하신대(요한복음 10:29~30)

노자는 말한다. 너희가 성인이라면 분별하지 않고 전체적인 생명으로 살 수 있느냐? 묻는 것이다. 취이절지(揣而稅之)하고, 금옥만당(金玉滿堂)만을 위한 반 쪼가리 삶을 살지 않을 수 있겠느냐? 즉 자생(自生)하지 않고 상생(相生)하는 삶을 살 수 있겠느냐? 는 물음이다.

專氣致柔, 能嬰兒乎? (전기치유, 능영아호?)
갓난아이와 같을 수 있겠는가?
예수의 가르침을 즉시 생각나게 하는 문장이다.
그 때에 제자들이 예수께 나아와 가로되 천국에서는 누가 크니이까 예수께서 한 어린 아이를 불러 저희 가운데 세우시고 가라사대 진실로 너희에게 이르노니 너희가 돌이켜 어린 아이들과 같이 되지 아니하면 결단코 천국에 들어가지 못하리라 그러므로 누구든지 이 어린 아이와 같이 자기를 낮추는 그이가 천국에서 큰 자니라.(마태복음 18:1-4)

왜 어린아이와 같아야 하는지 성경의 말씀으로 이해할 수 있다. 어린아이는 누가 크냐는 다툼을 하지 않는다. 피아(彼我)의 구별을 아직 하지 않는다. 누가 크냐는 다툼이 일어난다는 것은 선악을 판단하기 시작했다는 의미다. 전체적인 삶을 살지 못하고 한쪽을 선택하게 되었다는 의미다. 너와 나의 관계에서 너에게 질 수 없다는 오기가 발동하기 시작했다는 것이다. 어린아이는 분별하는 지식을 아직 받아들이지 않은 상태이다. 노자는 어린아이의 속성을 성인이라면 유지 할 수 있어야 한다는 것이다. 제55장을 참조하면 갓난아이에 대한 속성을 자세히 풀이하였다.
골약근유이악고.(骨弱筋柔而握固) - 제55장 참조.
"뼈도 약하고 힘줄도 연약하되 움켜쥐는 힘이 세고."
미지빈모지합이전작, 정지지야.(未知牝牡之合而全作, 精之至也)
"암수의 교합은 아직 알지 못하되 (어린애 자지가-峻) 순전히 발끈 섬은, 정기의 지극함이로구나!"

어린아이처럼 된다는 일은 이해를 하겠는데, 어린아이처럼 되려면 전기치유(專氣致柔)를 해야 한다고 한다. 이해하기 어려운 말이다. 한문대로 직역하면 '정기를 오로지 하고 부드러움을 일으켜'라는 의미는 무엇일까? 우리의 육체를 유연하게 유지하기 위하여 몸을 단련시키는 행위를 이름인가? 명상이나 요가를 통하여 신체와 정신을 단련시킨다는 의미일까? 생명의 속성은 어린아이처럼 부드러워 다른 생명의 걸림이 되지 않는다.

　노자는 그러한 삶을 유지하는 방법을 제8장에서 상선약수(上善若水)를 통하여 가르쳤다. 다투지 않으면서 다른 생명을 이롭도록 유지하는 것, 이것을 전기치유(專氣致柔)라고 할 수 있지 않을까? 물처럼 자연스러운 삶, 있는 그대로 받아들이고 거부하지 않는 삶을 살 수 있는 인간 내면의 정기를 유지하는 것을 일러서 치유라고 표현하였을 것이다. 성경은 이르기를 육체를 단련하면 약간의 유익이 있다고 하였다. 그러나 물처럼 살아야 하는 성인의 삶에 얼마나 보탬이 될 수 있을지 의문이 가지 않을 수 없다. 육체는 필경 신퇴(身退)를 하게 되는 것이 자연의 섭리이기 때문이다. 요가를 한다면 육체의 나이는 어린아이처럼 유지할 수 있을지 모르겠으나, 그 마음을 어린아이처럼 유지할 수 있을지의 여부는 확인할 수 없다. 부패 된 마음은 육체의 소욕을 따라 지배받기 때문이다. 천지도는 능영아호(能嬰兒乎)를 유지시키는 사람만이 이룰 수 있는 것이다. 성인이라면 모름지기 어린아이의 마음을 유지하여야 할 것이나, 자칭 타칭 성인이라고 하는 분들은 윤리와 도덕으로 성인이 되려고 하니 노자도 기가 막힐 것이다. 도가에서 유가의 인(仁)을 위선(僞善)이라 하는 이유가 성인들의 도덕적 인(仁)이라고 보는 까닭이지만, 노자는 인(仁)을 위선이라고 하지 않았다. 인(仁) 또한 깨달음을 위한 배움인 것을 잊는다면 道를 알 수 없게 된다.

滌除玄覽, 能無疵乎? (척제현람, 능무자호?)

　갈수록 첩첩산중이다. 모든 주석서가 각각의 장마다 공통적인 중대한 실수를 하는 것이 있으니 성인이 누구를 말이나 행동으로 가르치고 사랑해야 한다는 의식이다.

　행불언지교(行不言之敎) - 제2, 43장 참조.
　"말로 하지 않음의 가르침을 행한다."

　성인이라면 상대에게 영향을 주기 전에 먼저 스스로 내면을 다스려야 하므로 마음을 닦아서, 바라는(欲) 바를 없애며 두루 고요함을 유지한다면, 능히 허물이 없는 생활을 하지 않겠느냐? 이것이 바로 행불언지교(行不言之敎)이다. 사사로움을 버린 삶을 살 수 없다면 입으로 성인 노릇 하지 말라는 뜻이다.

愛民治國, 能無知乎? (애민치국, 능무지호?)

　도덕경 제1장에서 제10장까지, 가장 난해한 부분이다. 이 문장이 풀어지지 않으면 지금까지의 수고가 허사가 되고 만다. 왜냐하면, 드디어 성인의 애민치국(愛民治國)이 나왔기 때문이다. 필자는 일관되게 성인은 나라를 다스리는 일에 관여하지 않는다고 장광설을 늘어놓았기 때문이다. 참고한 시중의 책 중에서 어느 책은 능무지호(能無知乎), 어느 책은 능무위호(能無爲乎)라고 사이좋게 나누어 썼다. 김용옥 교수의 해설을 보니 백서에는 능무지호(能無知乎)로 되어 있다고 했다. 필자와 서로의 해석은 달라도 김용옥 교수의 학문적 연구는 틀림이 없다고 확신한다. 그래서 필자는 백서본을 따르기로 하였다. 애민치국(愛民治國)은 뜻이 명료하고, 가감할 수 있는 여지가 전혀 없으므로 따로 해석할 필요가 없을 것이다.

상사민무지무욕(常使民無知無欲) - 제3장 참조.
"언제나 부리는 자와 백성들이 앎도 없고 바람도 없다면,"
사부지자불감위야.(使夫智者不敢爲也)
"무릇 슬기로운 사람은 부리는 짓을 구태여 하지 않는 것이리라"

그러므로 슬기로운 사람은 부리는 짓을 구태여 하지 않는다고 필자는 해석하였다. 슬기로운 사람이 성인은 아니지만, 슬기로운(智) 사람도 사람 부리는 짓을 구태여 하지 않는다면 성인은 이를 아예 하지 않을 것이다. 즉 사람 부리는 짓인 정치는 하지 않는 것으로 해석하였다(제3장 참조).

애민치국, 능무지호? (愛民治國, 能無知乎?)
"백성을 사랑하고 나라를 다스림에, 능히 드러남이 없도록 하겠는가?"

알(知) 字는 식(識), 각(覺), 욕(欲), 지혜(知慧), 지식(知識), 생각(生覺), 기억(記憶) 등 무수한 의미를 함유하고 있다. 그중에 눈에 띄는 것이 있는데, 나타내다, 드러내다, 맡다, 주재(主宰)하다 등의 의미도 있다. 필자는 이 문장에서, 지(知)의 의미를 드러내다 라고 선택하였다.

"백성을 사랑하고 나라를 다스림에, 능히 드러남이 없도록 하겠는가?"

老子는 한 마디로 드러내지 않고 백성을 사랑하고 나라를 다스릴 수 있겠느냐? 고 묻는다. 성인의 방법은 다르다. 그 이유를 도덕경 제5장에서 참조를 바란다.

천지불인(天地不仁) 성인불인.(聖人不仁) - 제5장 참조.

성인의 애민치국 하는 방법은 전혀 다르기 때문이다. 노자의 도덕경은 경세치국(經世治國)의 가르침이 아니라고 굳게 믿는다. 즉 애민치국(愛民治國)은 권력을 좋아하는 사람들에게 맡기고 백성들 앞에 드러나지 않는 것이 성인이라는 것이다. 이 엄청난 천하만국과 그 영광의 유혹을 물리칠 수 있는 자 과

연 얼마나 될까? 확인된 사람들이 예수, 싯달타, 공자, 소크라테스 등이다. 그래서 세상은 그들을 4대 성인이라고 부르는 것이 아닌가? 공자는 젊어서 성인의 경세치국을 이루어 보려고 노력했다. 그러나 세상의 정치 프로들에게 철저히 외면을 당하지 않았던가? 공자의 성인 됨은 그 나이 육십이 넘어서였다고 생각한다. 그는 육십이 넘어서야 스스로 행동이 천리에 어긋남이 없다고 하였기 때문이다. 광야 40일 금식 후에 예수가 받았던 마귀의 유혹이 무엇이었던가?

마귀가 또 그를 데리고 지극히 높은 산으로 가서 천하만국과 그 영광을 보여 가로되 만일 내게 엎드려 경배하면 이 모든 것을 네게 주리라.(마태복음 4:8-9)

그 권력 싫다는 사람 있으면 나와 보라고 하고 싶다. 정치하겠다는 사람치고 애민치국(愛民治國)을 입에 달지 않고 사는 사람 보았으면 원이 없겠다. 애민치국이 성인이 할 일이라면 예수나 싯달타는 성인이 아니고 바보들이 아닌가? 능무위호(能無爲乎)라고 해석한 시중 해석서의 고심을 엿 볼 수 있다. 성인이 백성을 사랑하고 나라를 다스리는 것은 옳은데, 무지로서 한다고 하기가 어려웠으므로 무지를 무위로 바꾸어 '함이 없이', 또는 '무위자연(無爲自然)의 道를 따라'라고 해석하였다. 무지로 해석한 경우는 "앎으로써 하지 않을" 또는 "지(知)에 의존하지 않고"로 해석하였지만, 공통으로 성인이 직접 나서서 애민치국 하는 것으로 기정사실로 하였다.

天門開闔, 能爲雌乎? (천문개합, 능위자호?)

載營魄抱一, 能無離乎. 專氣致柔, 能嬰兒乎. 滌除玄覽, 能無疵乎. 愛民治國, 能無知乎.

지금까지의 네 문장만 봐도 성인 되기가 하늘의 별을 따는 것보다 어렵게 느껴진다. 천문이라고 하니 금방 생각나는 것이 있다. 제1장의 중묘지문(衆妙之門)과 제6장의 현빈지문(玄牝之門)이다. 이 문들은 생명의 출입구를 다르게 표현하였을 뿐이다. 천문이란 바로 이 문을 가리키는 것이다. 노자의 서술 형식은 꼭 앞에서 언급한 것들을 되풀이 복습하게 한다는 것이다. 현빈지문(玄牝之門:신비한 어미(陰)의 문)이 열렸다, 닫혔다 하면 무엇이 생기겠는가? 바로 생명이다. 노자는 이 생명을 어머니의 마음으로 위할 수 있느냐고 묻는 것이다. 네가 성인이라면 어떤 생명도 어머니의 마음으로 대할 수 있어야 한다는 것이다. 얼마나 가짜 성인들이 득실거렸으면 노자는 제53장에 "너희가 무슨 성인이냐, 하늘이 무섭지 않나?"라고 했겠는가?

염음식, 재화유여.(厭飮食, 財貨有餘) - 제53장 참조.

"마시고 먹기를 물리도록 하며, 재물과 돈이 남도록 있다."

시위도과. 비도야재! (是謂盜夸. 非道也哉!)

"이를 일컬어 도적들의 사치라 한다. 도에 어긋나는 것이라 아니하겠느냐!"

오죽하면 예수께서 바리새인들과 서기관들을 향하여 '뱀의 새끼들아, 독사의 자식들아'라고 했을까? 제가 낳은 자식만 사랑한다면 능위자호(能爲雌乎)라고 할 수 없다. 제 자식 사랑하는 것이야 당연하지만, 남의 자식까지 제 자식 사랑하듯이 하는 것을 누구나 할 수 없다는 것은 다 아는 사실이다. 이는 "함이 없음이 함"(爲無爲-제3, 63장 참조)이기 때문에 능위자호(能爲雌乎)가 가능한 것이다.

明白四達, 能無知乎? (명백사달, 능무지호?)

천지의 도를 꿰뚫어 사통팔달하고 있으므로, 성인은 오히려 백성들 앞에 나서서 말로써 가르치거나 다스리려 하지 않는다. 모든 만물이 창조의 섭리에 따라 자기 스스로 그 자리에 존재하거늘 성인의 간섭이 필요할 이유가 없는 것이다. 성인은 스스로 만물의 일부임을 알고 만물 속에서, 없는 듯이 살아간다. 이것이 천지도(天地道)라는 것을 익히 알고 있기에 나서지 않는 것이다. 만물을 생육 화성(生肉和成)할 수 있는 능력은 하나님뿐인 줄 알기 때문이다. 하나님은 만물이 자기 스스로 존재하도록 자유의지를 준 것이다. 이 하나님은 기존 기독교의 교리 속에 질식해 있는 인격적 하나님이 아니라는 것을 분명히 해 둔다. 능무위호(能無爲乎)로 해석하고 있는 책도 있다. 위의 세 문장을 보면 해석하는 사람의 소신에 따라 선택하여 쓰고 있음을 알 수 있다.

生之畜之, 生而不有,(생지축지, 생이불유) - 제2, 51장 참조.

생지축지에서 생(生)은 글자 그대로 낳는 것이고 축(畜)은 그 생(生)을 쌓는 모습이니 살게 하는 道의 운행을 비유한 것이라고 할 수 있다. 만물작언이불사(萬物作言而不辭), 생이불유(生而不有), 위이불시(爲而不恃)는 이미 제2장에서 나온 문장이다.

爲而不恃, 長而不宰。(위이불시, 장이부재) - 제2, 51, 77장 참조.

위이불시(爲而不恃)는 위에서 설명했듯이 제2장에서 이미 나온 문장이다. 장이부재(長而不宰)에서 재(宰)는 주관하다, 다스리다 라는 뜻이 있으므로 지배하다는 뜻으로 의역하였다. 성인이라면 道의 속성을 따라 스스로 천지 만물의 일부임을 깨달아 횡포를 부리지도 아니하고 기득권을 주장하지도 않으며, 지배하려고도 않으며, 다른 존재보다 크게 되려고 다투지도 아니한다. 다만 다른 존재의 생존을 위하여 존재하는 것이 스스로 생존을 이룰 수 있다는 것을 깨닫고 있을 뿐이다. 그래서 그의 생명이 긴 것이다.(以其無死地. -제50장 참조)

是謂玄德。(시위현덕) - 제51, 65장 참조

성경도 보여주는 덕을 덕(德)이라고 하지 않았다. 예수의 가르침을 보자.

"그 때에 임금이 그 오른편에 있는 자들에게 이르시되 내 아버지께 복 받을 자들이여 나아와 창세로부터 너희를 위하여 예비 된 나라를 상속하라 내가 주릴 때에 너희가 먹을 것을 주었고 목마를 때에 마시게 하였고 나그네 되었을 때에 영접하였고 벗었을 때에 옷을 입혔고 병들었을 때에 돌아보았고 옥에 갇혔을 때에 와서 보았느니라. ……임금이 대답하여 가라사대 내가 진실로 너희에게 이르노니 너희가 여기 내 형제 중에 지극히 작은 자 하나에게 한 것이 곧 내게 한 것이니라 하시고 ……

이에 임금이 대답하여 가라사대 내가 진실로 너희에게 이르노니 이 지극히 작은 자 하나에게 하지 아니한 것이 곧 내게 하지 아니한 것이니라 하시리니 저희는 영벌에, 의인들은 영생에 들어가리라 하시니라.(마태복음 25:34-46)

오른쪽 양은 보이지 않는 덕을 베푼 자들이고 왼쪽의 염소는 보이는 덕을 베푼 자들이다. 오른쪽의 양들의 삶의 양태는 노자가 가르치는 대로 살아가면서도 없는 듯이 살았던 자들이며, 남을 지배하려고 하지 않았던 자들이다.

선한 사마리아인의 비유에서처럼 강도 맞은 나그네를 전혀 알지 못하나 여관으로 데려가 치료해 주고, 혼수상태에 빠진 그의 추가 치료비마저 여관집 주인에게 전가하지 않는다. 즉 자기가 가진 모든 것으로 강도 맞은 자를 보살핀다. 사마리아인에게는 강도 맞은 자가 자기의 이웃으로 존재하는 것이 아니라 사마리아인 자신이었기 때문이다. 강도 맞은 자가 살지 못하는 세상에서 성인도 살지 못한다는 것을 알고 있는 자이며, 중묘지문(衆妙之門)의 안에서는 강도 맞은 자와 내가 같은 자였음을 알았고 그곳으로 회귀하면 둘이 아니고 하나가 된다는 것을 깨닫고 있는 자이기 때문이다. 노자의 가르침을 이미 알고 있는 자인 것이다.

"차양자동(此兩者同) 출이이명.(出而異名) - 제1장 참조."

사마리아인은 곧 하나님 뜻을 아는 자이다. 성인은 곧 이런 사마리아인과 같은 삶을 살 수 있는 자를 말한다. 사마리아인의 눈은 강도 맞은 자가 하나님으로 보였다는 것이다. 그러나 레위인이나 제사장은 강도 맞은 자가 강도 맞은 이웃으로만 보였으므로 그냥 지나친 것이다. 내 이웃이 이웃으로 존재하는 한, 내 몸처럼 사랑할 수 없다. 그 이웃이 하나님으로 보여질 때, 내 몸처럼 사랑할 수 있게 되는 것이다. 예수는 묻는다.

누가 강도 맞은 자의 이웃이냐.(누가복음 10:36)

오늘도 수많은 사람은 **자비를 베푼 자니이다.** 라고 대답할 것이나 예수의 의중과는 정반대라는 것을 깨달을 수 있었으면 좋겠다. 강도 맞은 자의 이웃은 그냥 지나쳐 간 레위인과 제사장일 뿐이다. 그들은 왼쪽 염소들의 무리에도 끼지 못한다. 최소한 염소들의 무리에라도 낄 수 있으려면 사마리아인과 같이 살려주어야 한다. 그리고 그 선행을 널리 알리고 세상으로부터 존경을 받으면 된다. 예수에게 인정받으려고 나의 이웃은 누구입니까? 라고 물었던 부자 청년은 어려서부터 모세의 율법을 알고 다 실행하였다고 했다.

예수에게 **자비를 베푼자니이다.(눅 10:37)** 라고 대답했던 그 부자 청년은 자기도 자비를 베푼 자라는 자부심이 있기에 당연히 자기도 강도 맞은 자의 이웃이 될 수 있다고 생각했을 것이다. 그러나 예수의 생각은 전혀 다르다. 네가 강도 맞은 자의 이웃으로 남는다면 율법은 너를 악한 자라 할 것이라고 예수는 가르치고 있다. 그리고 말씀을 계속하신다. **너도 가서 그렇게 하라.(눅 10:37)** 강도 맞은 자의 이웃인 레위인과 제사장처럼 하지 말 것은 물론이요, 너와 같이 모세의 율법을 다 지켜 이웃에게 자비를 베푼 자로도 남지 말고, 사마리아인처럼 하라는 가르침이다. 그 부자 청년이 모세의 율법을 지키려고 어려운 사람들을 구제하고 봉사했던 모든 행위는 왼쪽 염소들의 행위였을 뿐이기에 너는 가서 오른쪽 양의 모습인 사마리아인처럼 하라는 것이다. 부자 청년 같은 사람들이 염소라면 그 염소들에게 무슨 잘못이 있다고 말할 수 있을 것인가? 세상살이의 기준으로 보면 없다, 아니 존경받아 마땅하다. 그러나 하나님의 기준으로 보면 그 자체가 불선(不善)이라는 것이다. 왜냐하면, 현덕이 되지 못하기 때문이다. 즉 보이지 않는 덕이 아니고 드러난 덕이기에 덕을 세우고도 왼쪽 염소가 되는 것이다. 성경이나 불경이나 도덕경은 세상살이의 원리를 가르치는 책이 아니다. 그래서 경(經 :길)이라 이름 지은 것이다. 더 말하지 않는 것도 보이지 않는 덕(德)이라고 생각한다.

제 11장

三十輻共一轂,(삼십복공일곡)
서른 개의(三十) 바퀴-살이(輻) 하나의(一) 바퀴통을(轂) 향하는데(共-向),
當其無, 有車之用。(당기무, 유거지용)
(바퀴-살 사이의) 거기(當) 그(其) 빔으로(無-空虛),
수레(車-輅)로서의(之) 쓰임이(用) 생긴다(有).
埏埴以爲器,(선식이위기)
찰흙을(埴-黏土) 이겨서(埏-水和土) 그릇을(器-皿) 만들(爲-生産) 적에(以),
當其無, 有器之用。(당기무, 유기지용)
(누르면 우묵해지는) 거기(當) 그(其) 빔으로(無-空虛),
그릇(器-皿)의(之) 쓰임이(用) 생긴다(有).
鑿戶牖以爲室,(착호유이위실)
출입문과(戶-室口) 창을(牖-壁窓) 뚫어(鑿-穿) 방을(室-房) 만들(爲-生産) 적에(以),
當其無, 有室之用。(당기무, 유실지용)
(문과 창의) 거기(當) 그(其) 빔으로(無-空虛),
방으로서(室-房)의(之) 쓰임이(用-利用) 생긴다(有).
故有之以爲利,(고유지이위리)
고로(故) 나타난(有) 것이(之) 편리하게(利) 된(爲) 까닭은(以-因),
無之以爲用。(무지이위용)
쓰임 없는(無) 것을(之) 이용(用)하였기(爲) 때문이다(以-因).

- 11장 풀이 -

이 장을 제대로 이해하려면 당기무, 유거지용(當其無, 有車之用) 당기무, 유기지용(當其無, 有器之用) 당기무, 유실지용.(當其無, 有室之用) 등의 글귀 중에서 "거기 그 빔(當其無)"에서 거기 비어있는 곳이 무엇을 가리키는 것인가를 알아야 한다. 바퀴통(轂) 안의 공간(空間) 그릇(器)의 오목함, 방(室)의 공간이라고 해석하는 학자들이 많다. 당기무, 유실지용(當其無, 有室之用)의 경우를 먼저 살펴보자. "거기 그 빔으로, 방으로서의 쓰임이 생긴다."라고 한다. 여기에 모순이 있는데 출입구인 문을 뚫을 때는 방으로 쓸 공간이 이미 형성되어 있고, 비어있을 것이다. 방(室-房)에 그 출입문(戶)과 창(牖)을 뚫었기(鑿) 때문에 비로소 방으로의 역할을 할 수 있는 것이다. 故로 방(室)의 공간(無) 때문에 유실지용(有室之用)이 되는 것이 아니고, 출입문(戶)과 창(牖)을 낼 때 벽에 생기는 구멍(無)이 "當其無"이고 유실지용(有室之用)을 만드는 것이다. 혹자는 방에 물건이 차 있지 않기 때문에 방으로의 역할을 한다고도 해석했다. 출입문(戶)과 창(牖)이 없다면 방(室)에 물건을 쌓을 수 있을 것인가?

鑿戶牖以爲室, 當其無, 有室之用.(착호유이위실, 당기무, 유실지용)

"출입문과 창을 뚫어 방을 만들 적에(문과 창의) 그 빔으로, 방으로서의 쓰임이 생긴다."

라고 해석함이 옳다고 하겠다.

三十輻共一轂,(삼십복공일곡)
當其無, 有車之用。(당기무, 유거지용)

수레를 수레답게 이용할 수 있는 것은 바퀴통에 연결된 바퀴-살(輻) 사이의 공간(空間)이 하중(荷重)을 받칠 수 있기 때문이다. 그러므로 바퀴통(轂) 속의 공간 때문에 수레가 운용되는 것이 아니라는 것은 요즈음의 자전거를 보아도 알 수 있다.

埏埴以爲器,(선식이위기)
當其無, 有器之用。(당기무, 유기지용)
鑿戶牖以爲室,(착호유이위실)
當其無, 有室之用。(당기무, 유실지용)

"마땅히 (뚫어진 문과 창의) 그 빔에, 방의 쓰임이 있다."

수레와 방의 경우와 같은 논리대로라면 그릇이 비었으므로 그릇의 효용이 생긴 것이 아니라, 찰흙을 누르면 또는 물레 위에서 돌리면 움푹 들어가 쉽게 공간(無)을 만드는 그 성질(當其) 때문이라고 해야 한다. 옛사람들은 찰흙보다 공간을 쉽게 만들 수 있는 그릇의 재질이 없으므로 질그릇이나 도자기의 용도로 찰흙을 이용하였다. 돌그릇이나 놋그릇도 있다. 그렇지만 먼저 쓰인 그릇은 질그릇임이 틀림없으므로 그 재료인 찰흙을 통하여 그릇의 효용을 설명하였다고 할 수 있다. 왕필의 주석을 바퀴통(轂) 속의 공간을 당기무(當其無)로 풀이한 학자도 있고 바퀴-살 사이의 공간으로 풀이한 학자도 있다.

삼십복공일곡, 당기무, 유거지용.(三十輻共一轂, 當其無, 有車之用)

선식이위기, 당기무, 유기지용.(埏埴以爲器, 當其無, 有器之用)

착호유이위실, 당기무, 유실지용.(鑿戶牖以爲室, 當其無, 有室之用)

바퀴통(轂), 그릇(器)과 방(室)은 당기무(當其無)가 될 수 없다.

왜냐하면 군이 찰흙(埴)을 이겨서(埏) 그릇(器)을 만든다고 할 필요가 없으며, 문과 창(戶牖)을 뚫어서(鑿) 방(室)을 만든다고 장문(長文)의 설명을 할 이유가 없기 때문이다.

그러므로 그릇(器)의 당기무(當其無)는 연식(埏埴)과 관계있으며, 방(室)의 당기무(當其無)는 착호유(鑿戶牖)와 관계가 있는 것이다. 이런 논리를 적용하면 수레(車)의 당기무(當其無)는 바퀴통(轂)이 아니라 삼십 개의 바퀴-살(三十輻)에 있어야 한다. 삼십 개의 바퀴-살이 하나의 바퀴통을 향할 때(三十輻共一轂) 생기는 바퀴-살 사이의 공간이 수레(車)의 당기무(當其無)가 되어야 한다. 역시 그릇의 당기무(當其無)는 찰흙을 이겨서(埏) 만들어지는 공간이어야 하고, 방의 당기무(當其無)는 문과 창(戶牖)을 뚫어서(鑿) 벽에 생기는 공간이 되어야 합리적 판단이다. 30개의 바퀴-살이 하나의 바퀴통으로 향할 때 공간이 생기지 않으면 수레(車)가 될 수 없으며, 찰흙을 이길 때 공간이 생기지 않으면 그릇(器)이 될 수 없고, 문과 창을 뚫을 때 벽에 생기는 공간이 없다면 방(室)이 될 수 없다.

故有之以爲利.(고유지이위리)

無之以爲用.(무지이위용)

유생어무.(有生於無) - 제40장 참조.

"있음은(有-天地-萬物之母) 없음(無-太極-天地之始)에서 나온다.

유무상생.(有無相生) - 제2장 참조.

"있음과(有) 없음은(無) 서로를(相-共) 낳는다(生-產). "

쓰임이 없는 바퀴-살 사이의 비움(虛, 無)을 이용(用)하였기에 수레(車)로서의 편리한 (利) 쓰임(用)이 되었다. 마찬가지로 쓰임이 없는 찰흙의 비움(虛, 無)을 이용하였기에 그릇(器)으로서의 편리한 쓰임이 되었고, 쓰임이 없는 문과 창의 비움이 있으므로 방으로서의 편리한 쓰임이 되었다. 이같이 쓰임이 없는 비움(虛, 無)이 수레(車)와 그릇(器)과 방(室)과 같은 큰 쓰임(有)으로 나타나는 것이 유무상생(有無相生), 우주의 섭리이다. 이 章에 나타나는 무(無)는 상대적인 無를 이르는 것이다.

또 비유를 베풀어 가라사대 천국은 마치 사람이 자기 밭에 갖다 심은 겨자씨 한 알 같으니 이는 모든 씨보다 작은 것이로되 자란 후에는 나물보다 커서 나무가 되매 새들이 와서 그 가지에 깃들이느니라. 또 비유로 말씀하시되 천국은 마치 여자가 가루 서 말 속에 갖다 넣어 전부 부풀게 한 누룩과 같으니라.(마태복음 13:32~33).

제 12장

五色令人目盲,(오색영인목맹)
다섯 가지(五) 색들은(色-彩) 사람으로(人) 하여(令) 눈을(目) 멀게 하고(盲-暗),

五音令人耳聾,(오음영인이농)
다섯 가지(五) 소리는(音) 사람으로(人) 하여(令) 귀를(耳) 어둡게 하고(聾-愚昧),

五味令人口爽。(오미영인구상)
다섯 가지(五) 맛은(味) 사람으로(人) 하여(令) 입을(口) 망가지게 한다(爽-失).

馳騁畋獵令人心發狂。(치빙전렵영인심발광)
마음대로(馳-放恣) 달리면서(騁-走) 사냥으로(畋-獵) (생명을) 해하는 일은(獵-害) 사람으로(人) 하여(令) 사나운(狂-暴) 마음을(心) 일으킨다(興).

難得之貨令人行妨。(난득지화영인행방) - 제3, 64장 참조
얻기(得-獲) 어려운(難-艱) 재물(貨-財)은(之)
사람으로(人) 하여(令) 행실을(行-所行) 해롭게 한다(妨-害).

是以聖人爲腹不爲目。(시이성인위복불위목)
이런(是-此) 까닭에(以-因) 성인은(聖人) 중심을(腹-中) 위하지(爲)
눈 치레를(目) 하지(爲) 않는다(不).

故去彼取此。(고거피취차) - 제38, 72장 참조
고로(故) 아닌 것은(彼-匪) 버리고(去-棄) 이것을(此-被之對) 거둔다(取-收).

- 제 12장 풀이 -

도덕경 11장에서 쓰임이 없는 비움(虛, 無)이 수레와 그릇과 방과 같은 큰 쓰임(有)으로 나타난다고 하였다.

고유지이위리, 무지이위용.(故有之以爲利, 無之以爲用) - 제11장 참조
"고로 나타난 것이 편리하게 된 까닭은, 쓰임 없는 것을 이용하였기 때문이다."

즉 유무상생(有無相生)이다. 도덕경 12장은 있음(有)의 이로움을 인간의 오감의 인식체(認識體)인 안(眼), 이(耳), 비(鼻), 설(舌), 신(身), 의(意)의 해로움을 버리고 중심(腹)을 거두는 변화를 설명하고 있다.

五色令人目盲,(오색영인목맹)
五音令人耳聾,(오음영인이농)
五味令人口爽。(오미영인구상)

불경에서는 인간의 오식(五識)인 안식(眼識)인 색(色), 이식(耳識)인 성(聲), 비식(鼻識)인 향(香), 설식(舌識)인 미(味), 신식(身識)인 촉(觸)과 의식(意識)을 합하여 육식(六識)이라 하는데, 외부대상은 가유(假有)로 존재할 뿐 실체가 없으며 나아가 인식의 주체도 실체가 없는 공(空)임을 나타낸다는 불경의 가르침을 연상할 수 있다. 아직 불교와 교우하지 못했던 노자는 사람의 본성을 복(腹)이라 이름하고 가유(假有)인 색(色), 성(聲), 미(味), 촉(觸)의 예를 들어 도(道)의 작용을 설명한다. 오식(五識)으로 쾌락만을 추구할 때, 눈은 보기 좋은 것만 보려 하고(盲), 귀는 듣기를 원하는 것만 골라서 들어 하나님의 말씀을 듣지 못하며(聾), 혀는 달콤함에 젖어 입을 망가지게(爽) 하며, 촉감은 마음을 미치게(狂) 한다고 설명하고 있다.

여자가 그 나무를 본즉 먹음직도 하고 보암직도 하고 지혜롭게 할 만큼 탐스럽기도 한 나무인지라 여자가 그 실과를 따 먹고 자기와 함께한 남편에게도 주매 그도 먹은지라 이에 그들의 눈이 밝아 자기들의 몸이 벗은 줄을 알고 무화과나무 잎을 엮어 치마를 하였더라.(창세기 3:6~7)

성경에서 최초의 인간인 아담과 하와가 어떻게 선과 악을 인식하게 되었는지 설명하고 있다. 먹음직도 하고 보암직도 하고 탐스럽기도 한 것을 누가 좋아하지 않을까? 성경은 눈이 밝아졌다고 표현하였지만, 이것이 곧 사물을 분간하지 못하는(盲) 어두움에 처하는 상태다.

馳騁畋獵令人心發狂。(치빙전렵영인심발광)

사냥의 쾌감(觸)은 죽이면서도 사리를 구분하지 못하는(狂) 지경에 이른다고 가르치고 있다. 먹기 위하여 죽이는 것이 아니고 그 쾌감(觸) 때문에 저지르고 있다. 살생유택(殺生有擇)의 천리를 어기고 있다. 생존을 위한 사냥이 쾌락을 위한 사냥으로 변하게 된 것은 농경사회가 되면서 먹을 것이 해결되자 부와 권력을 쥔 자들로부터 시작되었다. 먹지 않을 동물은 죽이지 않아야 하며, 풀 한 포기, 나무 한 그루의 생명도 존중되어야 한다. 손맛(觸) 때문에 죽어가는 물고기들, 한 방에 맞추는 쾌감의 사냥, 투우장의 소들, 학대받는 곡예장의 동물들, 어린아이들 인성까지 무너뜨리는 살인과 광포의 인터넷 게임,

너희는 먼저 그의 나라와 그의 의를 구하라 그리하면 이 모든 것을 너희에게 더하시리라.(마태복음 6:33)

難得之貨令人行妨。(난득지화영인행방) - 제3, 64장 참조.

난득지화(難得之貨)는 가난한 사람에게는 한 끼의 식량일 수도 있고, 어떤 사람에게는 금은주옥(金銀珠玉)일 수도 있다. 가난한 사람들이나 부유한 사람들이나 난득지화를 구하려고 쉬지 못하고 찾아다닌다. 그것을 얻기 위하여 백성은 도둑질도 마다하지 않고, 다스리는 자는 가렴주구(苛斂誅求)를 하면서도 부끄러움이 없다.

불귀난득지화, 사민불위도.(不貴難得之貨, 使民不爲盜) - 제3장 참조.

"얻기 어려운 재물이 귀하지 아니하면, 부리는 자와 백성들이 도둑질하지 않는다"

거의 모든 해석서는 사(使)를 "하여금 使"로 해석하여 백성들만 도둑으로 만든다. 어찌 다스리는 자(使)는 도둑이 없을쏘냐? 진짜 도둑은 다스리시는 분들인데, 노자를 강해할 정도의 지식인분들은 백성들만 나무란다. 먹고 사는데 부족하지 않고, 스스로 개, 돼지 취급을 받지 않는 부류에 속하고 싶어서 애꿎은 백성들만 나무라는 것이다. 그들은 하나님의 마음을 이해하지 못하고 노자를 해석하기 때문에 백성들만 도둑이라고 한다. 노자가 난득지화(難得之貨)를 위해, 행실을 바르게 하지 않는(行妨) 사람들이 가난한 백성들뿐이라고 생각했다면, 그는 사이비(似而非)다. 그렇지 않기 때문에 도덕경을 사랑하는 것이다. 왕필의 주석이다.

難得之貨, 塞人正路, 令人行妨也。

얻기 어려운 재화는 사람의 바른 판단을 가로막고, 사람의 행위를 방해한다.

네 보물이 있는 곳에는 네 마음도 있느니라.(마태복음 6:21)

하상공의 주석이다.

妨, 傷也。難得之貨, 謂金銀珠玉, 心貪意欲, 不知厭足, 則行傷身辱也。

"방(妨)은 상(傷)이다. 난득지화(難得之貨)란 금은주옥(金銀珠玉)을 일컫는 것이며 마음으로 탐(貪)하고 바라(欲)는 것이며, 발이 썩는 줄을 모르는 것이다. 즉 그 행위가 상처(傷)받고 몸이 욕(辱)되는 것이다.

난득지화가 금은주옥을 일컫는 것이라는 하상공의 주석은 노자의 의도를 모른다고 하겠다. 금은주옥일 수도 있고, 한 끼 식량일 수도 있으며, 여색일 수도 있고 천국과 열반일 수도 있다. 왕필의 주석 또한 물질계에 머문다. 어찌 재물만 난득지화이겠는가?

사람으로 하여 쉬지 못하게 혜살(짓궂게 방해함)하는 것이 난득지화라면 물질계뿐만 아니라 영성계에도 똑같이 적용되어야 한다.

저희에게 이르시되 삼가 모든 탐심을 물리치라 사람의 생명이 그 소유의 넉넉한데 있지 아니하니라.(누가복음 12:15)

예수는 사람의 생명이 그 소유의 넉넉함에 있지 않으니 탐심을 물리치라고 한다. 그 소유의 넉넉함이 물질일 수도 있지만, 영성계(靈性界)의 깨달음도 마찬가지이다. 깨달음의 황홀감에 취하여 더 깊은 황홀감을 원하는 것도 역시 탐심이라는 것을 알아야 한다. 깨달음의 세계에서 무엇을 보여주고, 들려주는 현상에도 오음(五音), 오색(五色), 오미(五味)가 당연히 적용되어야 한다. 그것에 취하면 내가 본 것이 진리라고 우기면서 상대방의 말을 인정하지 않는 왕고집 불통이 된다. 영성계의 오음(五音), 오색(五色), 오미(五味)가 있다면, 그 보여주고 들려주는 현상이야말로, 진실 속에 거짓이, 거짓 속에 진실을 숨겨 놓았음을 자각해야 한다. 그러므로 깨달음의 탐심이야말로 물질의 탐심 못지않게 영인행방(令人行妨)을 시킨다는 것을 알아야 한다. 사람의 생명은 그 소유의 넉넉함에 있지 않다고 함은 영성은 보여주고, 들려주는 것에 만족하고 물질은 배(服)를 채우는 것으로 만족하라는 것이다. 영성은 욕심을 내면 낼수록 좋은 것이라는 착각에서 벗어나야 한다.

공즉시색(空卽是色)이요 색즉시공(色卽是空)이다. 색(色)과 공(空)은 서로 상부상조의 관계에 있으므로 색을 무시하고 공만을 취하는 우를 범하지 말아야 한다는 노자와 성경의 가르침이라고 생각한다. 보이지 않는 세계, 즉 영성에 대하여 모르쇠로 살면서 보이는 물질에만 탐닉하는 영인행방(令人行妨)의 우(愚)는 진실로 피하며 살아야 한다. 그래서 도덕경을 경세치국을 위한 책이라고 하는 것에 당연히 반기를 드는 것이다.

是以聖人爲腹不爲目。(시이성인위복불위목)
제3장에 나오는 시이성인지치(是以聖人之治)를 보자

시이성인지치.(是以聖人之治) - 제3장 참조.

"이런 까닭에 성인의 (자신을) 수양은,"

허기심, 실기복, 약기지, 강기골.(虛其心, 實其腹, 弱其志, 强其骨)

"그 마음을 비우고, 그 중심을 든든하게 하고, 그 사사로움을 약하게 하고, 그 뼘뼘이를 굳세게 한다."

실기복(實其腹), "그 중심(中心)을 든든하게 하여" 복(腹)을 먹는다는 것만으로 해석하여 "그 배를 부르게 하여"라는 것은 무리이다. 그 배(腹)는 오장(五臟)이 다 들어있는 신체의 중심이므로 道를 위한다고 풀이하는 것이 타당하다. 문자 대로 해석하면 본래의 의미를 가룰 수 없다. 그 이면에 숨어있는 노자의 가르 침을 읽을 수 있어야 한다고 생각한다. 눈은 오감 중에서 으뜸의 감각기관이 며, 모든 욕망은 보이는 것으로부터 시작한다. 무릇 보이는 형상은 허망한 것이요, 눈에 보이지 않는 형상을 볼 수 있어야 한다는 의미다. 그 허망한 것만을 위하여 탐심을 부려, 영인행방(令人行妨)을 하지 말아야 한다.

네 몸의 등불은 눈이라 네 눈이 성하면 온 몸이 밝을 것이요 만일 나쁘면 네 몸도 어두우리라.(누가복음 11:34)

故去彼取此。(고거피취차) - 제38, 72장 참조

그러므로 성인은 허망한 탐심을 버리고 영원한 생명을 위하여 道를 취한다. 3차원 물질세계에서 살면서, 보지도 듣지도 않으며 오감(五感)을 닫고 살 수는 없다. 그 오감은 생명작용을 위하여 꼭 필요한 것이지만, 그 오감으로 탐닉하지 말라는 것이다.

美, 惡, 善, 不善, 有, 無, 難, 易, 長, 短, 高, 下, 音, 聲, 前, 後. - (제2장 참조)

등은 우열과 정의를 가리는 것이 아니고, 오직 생명작용 때문에 존재하는 것일 뿐이다. 보이지 않는 道의 깨달음을 위하여 존재하는 것을 오용하여 탐닉한다면 이는 하나님께서 주신 영원한 생명을 죽이는 것이다. 하나님께서 주신 생명보다 귀한 것은 없다. 삶의 목적을 보이는 형상에 집착하며 살 것인가? 보이지 않는 道에 둘 것인가?

한 사람이 두 주인을 섬기지 못할 것이니 혹 이를 미워하며 저를 사랑하거나 혹 이를 중히 여기며 저를 경히 여김이라 너희가 하나님과 재물을 겸하여 섬기지 못하느니라. 그러므로 내가 너희에게 이르노니 목숨을 위하여 무엇을 먹을까 무엇을 마실까 몸을 위하여 무엇을 입을까 염려하지 말라 목숨이 음식보다 중하지 아니하며 몸이 의복보다 중하지 아니하냐 .(마태복음 6:24~25)

제 13장

寵辱若驚,(총욕약경)
총애와(寵-愛) 욕됨은(辱-恥) 두려움과(驚-懼) 같고(若-如),
貴大患若身。(귀대환약신)
큰(大) 괴로움은(患-苦) (오히려) 내 몸과(身-自身) 같이(若-如) 귀하다(貴).
何謂寵辱若驚? (하위총욕약경?)
무엇을(何-曷) 일컬어(謂-稱) 총애와(寵-愛) 욕됨이(辱-恥) 두려움(驚-懼) 같
다고 하는가(若-如)?
寵爲下,(총위하)
총애는(寵-愛) (욕되기) 잃기(下-墜) 마련이며(爲-生成),
得之若驚, 失之若驚,(득지약경, 실지약경)
얻는(得-獲) 것도(之) 두려움(驚-懼) 같고(若-如),
잃는(失) 것도(之) 두려움(驚-懼) 같으니(若-如),
是謂寵辱若驚。(시위총욕약경)
이를(是-此) 일컬어(謂-稱) 총애와(寵-愛) 욕됨이(辱-恥) 두려움(驚-懼) 같다
고 한다(若-如).
何謂貴大患若身?(하위귀대환약신?)
어찌하여(何) 큰(大) 괴로움이(患-苦) 내 몸과(身-自身) 같이(若-如) 귀하다
(貴) 일컫는가(謂-稱)?
吾所以有大患者, 爲吾有身。(오소이유대환자, 위오유신)
우리가(吾) 크게(大) 괴로운(患-苦) 것이(者) 있는(有) 까닭은(所以-因)(살아 있
기 때문이다) 우리에게(吾) 내 몸(身-自身) 있는(有) 인연이다(爲-緣).
及吾無身, 吾有何患?(급오무신, 오유하환?)
우리에게(吾) 몸이(身-自身) 없기에(無) 이르면(及-逮)(죽으면)
우리에게(吾) 어찌(何-曷) 괴로움이(患-苦) 있겠는가(有)?
故貴以身爲天下, 若可寄天下。(고귀이신위천하, 약가기천하)
고로(故) 내 몸을(身-自身) 귀하게(貴) 하듯이(以-爲) 온 세상을(天下) 위하면
(爲), 가히(可-肯) 온 세상이(天下) (내게) 기대기에(寄-依支) 이르고(若-及).
愛以身爲天下, 若可託天下。(애이신위천하, 약가탁천하)

내 몸을(身-自身) 사랑(愛-仁)하듯이(以-爲) 온 세상을(天下) 위하면(爲),
가히(可-肯) 온 세상이(天下) (내게) 맡기기에(託-依託) 이른다(若-及).

- 제 13장 풀이 -

제12장은 복(服)과 목(目)을 비교하여 道를 설명하였다.

고거피취차.(故去彼取此) - 제12장 참조.

"고로 아닌 것은 버리고 이것을 거둔다."

그러므로 성인은 허망한 탐심(目)을 버리고 중심(服)을 취하여 영원한 생명을 위한 道를 위한다. 그 오감(五感)은 생명 작용을 위하여 꼭 필요한 것이지만, 그 오감으로 탐닉하지 말라 하면서 보이지 않는 세계인 道를 설명하였다. 제13장에서는 총(寵)과 욕(辱)을 대비하며 보이지 않는 도의 세계를 설명하고 있다. 모든 해석서가 왕필의 주석을 따라 총욕(寵辱)의 권한을 황제(皇帝)에게 두었다. 한 마디로 노자 할아버지의 본심을 알지 못한다고 할 수 있겠다. 차양자동, 출이이명(此兩者同, 出而異名)에서의 차양(此兩)인 道와 名을 망각하고, 인간 사회의 권력자인 황제가 주는 총애와 치욕으로 해석한다면 그야말로 도를 팽개치고 경세치국을 논하는 율법 책으로 전락할 수밖에 없다. 보이는 세계인 名과 보이지 않는 세계인 道를 설명하려고 보이는 몸(身)에 대하여 언급하고 있다. 왕필은 총욕(寵辱)을 주는 권리를 황제에게 두었고, 거의 모든 주석서는 왕필의 견해를 따랐다.

爲下, 得寵辱榮患若驚, 則不足以亂天下也.(위하, 득총욕영환약경, 즉부족이난천하야)

"신하가 되어서 총애를 받았을 때 멸시를 당한 듯이 두려워하고, 영화롭게 되었을 때 근심거리를 만난 듯이 처신한다면 천하를 어지럽히지는 않을 것이다."

황제가 주는 총애와 치욕을 당하지 않으려고 몸(身)이 없기를 구하는 것인가?

누구든지 제 목숨을 구원하고자 하면 잃을 것이요 누구든지 나를 위하여 제 목숨을 잃으면 찾으리라 사람이 만일 온 천하를 얻고도 제 목숨을 잃으면 무엇이 유익하리요 사람이 무엇을 주고 제 목숨과 바꾸겠느냐.(마태복음16:25~26)

천하를 얻고도 잃는 목숨이 이 세상에서 숨 끊어지는 것이 아니라는 것을 성경이 알려주고 있다. 노자도 이것을 설명하고 싶어서 유신(有身)과 무신(無身)을 비교하고 있다. 유신은 이 세상에 살아 있는 상태라면, 무신이라면 어떤 상태를 말하는 것일까?

> 寵辱若驚,(총욕약경)
> 貴大患若身。(귀대환약신)
> 何謂寵辱若驚? (하위총욕약경?)
> 寵爲下,(총위하)
> 得之若驚, 失之若驚,(득지약경, 실지약경)
> 是謂寵辱若驚。(시위총욕약경)

하늘이 주는 은총과 치욕은 그냥 주어지는 것이 아니다. 이 불공평한 물질 세계에서 하늘이 주는 은총에 감사만 할 것이 아니라 두려움으로 맞으라는 것이고, 치욕 또한 뜻이 있는 것이므로 두려움(감사함)으로 맞이하라는 의미다. 태어날 때부터 장애인으로 태어나 이 세상에서 받는 치욕은 하늘이 은총을 준비하고 있다는 의미일 것이다. 그냥 치욕만 주어지는 경우는 절대 없다.

어미의 태로부터 된 고자도 있고 사람이 만든 고자도 있고 천국을 위하여 스스로 된 고자도 있도다. 이 말을 받을만한 자는 받을찌어다.(마태복음 19:12)

당연히 은총(恩寵)은 아래(恥辱)를 만들기 위해(총위하-寵爲下) 하늘이 준비하는 것이기에 총욕은 둘이 아니고 하나라는 뜻이다.

지족불욕, 지지불태, 가이장구.(知足不辱, 知止不殆, 可以長久) - 제44장 참조.
"(몸이) 넉넉함을 깨달으면 욕되지 않고, 한계를 깨달으면 두렵지 않으니(생명은) 가히 넓으며 오래간다."

그러므로 총(寵)은 두려움(驚)으로, 욕(辱)은 감사함(驚)으로 맞을 줄 알아야 하늘의 뜻(道)을 안다고 할 것이다.

그런즉 하나님께서 하고자 하시는 자를 긍휼히 여기시고 하고자 하시는 자를 강퍅케 하시느니라. 혹 네가 내게 말하기를 그러면 하나님이 어찌하여 허물하시느뇨 누가 그 뜻을 대적하느뇨 하리니 이 사람아 네가 뉘기에 감히 하나님을 힐문하느뇨 지음을 받은 물건이 지은 자에게 어찌 나를 이같이 만들었느냐 말하겠느뇨 토기장이가 진흙 한 덩이로 하나는 귀히 쓸 그릇을, 하나는 천히 쓸 그릇을 만드는 권이 없느냐.(로마서 9:18~21)

何謂貴大患若身?(하위귀대환약신?)

우리 인생이 몸을 지니고 생활한다는 것은 하늘의 엄청난 은총이며 축복이다. 몸(魄-身)이 몸만으로 끝난다면, 이것은 은총이 될 수 없다. "우리가 몸이 있는 까닭은" 육신(魄)의 소욕(所欲)대로 행하는 혼(魂) 즉 겉 사람의 분탕질을 통하여 영원한 생명이며 속사람인 영(靈)의 성장을 위하기 때문이다. 사람이 죽으면 혼비백산(魂飛魄散)을 하지만 영은 근본의 제자리를 지킨다. 몸(身-魄)은 흙으로 복귀하고, 혼(魂)은 때가 이르면 영(靈)을 맞이하여 겉 사람의 역할을 다할 때까지 윤회(輪廻)를 계속한다, 혼(魂)인 겉사람의 죽음이 거듭남이요 영생이고, 깨달음이요 열반이다. 그러므로 영화와 치욕을 지킬 줄 알면 천하의 어미가 되고 처음의 질박함(涅槃)으로 되돌아간다.

지기영, 수기욕, 위천하곡.(知其榮, 守其辱, 爲天下谷) - 제28장 참조.

"(사람이) 그 영화를 알면서도, 그 치욕도 지킨다면, 천하의 계곡이 된다."

위천하곡, 상덕내족, 복귀어박.(爲天下谷, 常德乃足, 復歸於樸)

"천하의 시내가 되면, 늘 덕이 떠나지 않으니, 다시 젖먹이로 되돌아간다."

우리에게 영혼이 없다면 몸을 통하여 발생하는 총욕은 이미 한계가 있다. 황제가 주는 총욕은 그야말로 몸이 죽으면 그것으로 종료된다. 그러나 하늘이 주는 총욕은 몸이 죽어도 끝나지 않고 계속된다. 총(寵)과 욕(辱)은 상생을 통하여 차원의 상승을 일으키고 있기 때문이다. 그러므로 몸의 환란은 영성 진화의 원인이기 때문에 몸처럼 귀하게 여긴다는 의미다. 즉 치욕도 은총도 몸처럼 귀하게 여기라는 것이다. 몸이 당하는 치욕 없이는 몸이 없는 영혼의 성장 또한 불가능하므로 몸처럼 귀하게 여겨야 한다.

吾所以有大患者, 爲吾有身。(오소이유대환자, 위오유신)

及吾無身, 吾有何患?(급오무신, 오유하환?)

고로 우리에게 몸이 없어 환란도 없다면 이 우주가 존재할 이유도 없는 것이다. 노자는 이것을 설명하려고 총욕(寵辱)과 몸(身)을 동원하고 있다.

너희가 이미 배부르며 이미 풍성하며 우리 없이도 왕이 되었도다. 우리가 너희와 함께 왕 노릇 하기 위하여 참으로 너희가 왕이 되기를 원하노라. 내가 생각하건대 하나님이 사도인 우리를 죽이기로 작정된 자 같이 끄트머리에 두셨으매 우리는 세계 곧 천사와 사람에게 구경거리가 되었노라 우리는 그리스도 때문에 어리석으나 너희는 그리스도 안에서 지혜롭고 우리는 약하나 너희는 강하고 너희는 존귀하나 우리는 비천하여, 바로 이 시각까지 우리가 주리고 목마르며 헐벗고 매 맞으며 정처가 없고 또 수고하여 친히 손으로 일을 하며 모욕을 당한즉 축복하고 박해를 받은즉 참고, 비방을 받은

즉 천면하니 우리가 지금까지 세상의 더러운 것과 만물의 찌꺼기 같이 되었도다.(고린
도전서 4:8~13)

여러 계시를 받은 것이 지극히 크므로 너무 자만하지 않게 하시려고 내 육체에 가
시 곧 사탄의 사자를 주셨으니 이는 나를 쳐서 너무 자만하지 않게 하려 하심이라. 이
것이 내게서 떠나가게 하기 위하여 내가 세 번 주께 간구하였더니, 나에게 이르시기를
내 은혜가 네게 족하도다. 이는 내 능력이 약한 데서 온전하여짐이라 하신지라 그러므
로 도리어 크게 기뻐함으로 나의 여러 약한 것들에 대하여 자랑하리니 이는 그리스도
의 능력이 내게 머물게 하려 함이라.(고린도후서 12:7~9)

사도 바울이 받은 몸의 환란에 대하여 하나님께서 이렇게 전한다.
내 은혜가 네게 족하도다. 이는 내 능력이 약한 데서 온전하여짐이라.

이것이 진정한 은혜임을 아는 것은 이 세상에서의 삶이 끝이 아니라는 것을
증명하고 있다. 보이지 않는 세계를 부정하는 유물론자(唯物論者)들에게는 헛
소리임이 틀림없을 것이지만, 노자는 이 보이지 않는 道의 세계를 다룬다.
**예수께서 가라사대 너는 나를 본 고로 믿느냐 보지 못하고 믿는 자들은 복 되도다
하시니라.(요한복음 20:29)**

故貴以身爲天下, 若可寄天下。(고귀이신위천하, 약가기천하)
愛以身爲天下, 若可託天下。(애이신위천하, 약가탁천하)

거의 모든 주석서는 몸을 귀히 여기고 세상을 사랑하는 사람에게는 "천하를
맡길 수 있다"라고 하였다. 어찌하든 성인이 정치를 맡도록 하지 못해 안달이
난 사람들 같다. 이런 성인은 천하를 헐값에 줘도 맡지 않고 더불어 살 뿐이
다. 성인이 천하를 맡으면 천하는 골치 아파진다. 왜? 천하는 나와 합일(合一)
은 될 수 있어도, 이 천하는 영원한 내 나라가 아니기 때문이다. 예수께서 이
세상 나라를 다스리려고 했던가?

그런 연고로 필자는 아래와 같이 해석한 것이다.
"가히 온 세상이 (내게) 기대기에 이르고, 가히 온 세상이 (내게) 맡기기에 이른다."
이 의미는 세상 만물과 내가 하나가 되었다는 것이다.
**저희를 주신 내 아버지는 만유보다 크시매 아무도 아버지 손에서 빼앗을 수 없느니
라 나와 아버지는 하나이니라 하신대(요한복음 10:29~30)**
**내가 행하거든 나를 믿지 아니할지라도 그 일은 믿으라 그러면 너희가 아버지께서
내 안에 계시고 내가 아버지 안에 있음을 깨달아 알리라 하신대(요한복음 10:38)**

누구든지 언제든지 제 육체를 미워하지 않고 오직 양육하여 보호하기를 그리스도께서 교회를 보양함과 같이 하나니 우리는 그 몸의 지체임이니라.(에베소서5:29~30)

즉 나와 아버지는 하나이므로 아버지가 내 안에 내가 아버지 안에 있어 서로가 의지하며 맡기는 모습을 보인다. 내가 세상 만물에 기댈 수 있고 맡길 수 있으며, 세상 만물 또한 나에게 기댈 수 있고 맡길 수 있다는 의미다. 세상 만물과 더불어 사는 성인의 모습을 읊은 시구(詩句)이지 세상을 정치적으로 다스린다는 의미가 아니다.

필자는 위 문장을 아래와 같이 바꾸고 싶다

고귀이신위우주, 약가합우주.(故貴以身爲宇宙, 若可合宇宙)

"그러므로 (자기) 몸을 귀하게 하듯이 우주를 위하면, 마땅히 우주와 일체가 되고."

애이신위우주, 약가합우주.(愛以身爲宇宙, 若可合宇宙)

"(자기) 몸을 사랑하듯이 우주를 위하면, 마땅히 우주와 일체가 된다."

간음하지 말라, 살인하지 말라, 도둑질하지 말라, 탐내지 말라 한 것과 그 외에 다른 계명이 있을지라도 네 이웃을 네 자신(몸)과 같이 사랑하라 하신 그 말씀 가운데 다 들었느니라.(로마서 13:9)

더 설명이 필요할까?

그러므로 내가 한 법을 깨달았노니 곧 선을 행하기 원하는 나에게 악이 함께 있는 것이로다. 내 속사람으로는 하나님의 법을 즐거워하되, 내 지체 속에서 한 다른 법이 내 마음의 법과 싸워 내 지체 속에 있는 죄의 법으로 나를 사로잡는 것을 보는도다. 오호라 나는 곤고한 사람이로다. 이 사망의 몸에서 누가 나를 건져내랴.(로마서 7:21~24)

제 14장

視之不見, 名曰夷.(시지불견, 명왈이) - 제35장 참조

(道란) 살피어(視-瞻) 보더라도(之) (분명히) 보이지(見-視) 않아(不),

이름하여(名) 베어졌다(夷-芟) 일컫고(曰),

聽之不聞, 名曰希.(청지불문, 명왈희) - 제35장 참조

(道란) 들어(聽-聆) 보더라도(之) (또렷이) 들리지(聞-聲徹) 않아(不),

이름하여(名) 드물다(希-罕) 일컫고(曰),

搏之不得, 名曰微.(박지부득, 명왈미) - 제35장 참조

(道란) 붙잡아(搏-捕) 보더라도(之) (확실히) 얻지(得-獲) 못해(不)

이름하여(名) 숨겨졌다(微-匿) 일컫는다(曰).

此三者, 不可致詰,(차삼자, 불가치힐)

(道의) 이(此) 세 가지(三) 경우는(者),

꼬치꼬치(致-綿密) 물을(詰-責讓) 수(可) 없으니(不),

故混而爲一.(고혼이위일)

(이것들은) 처음부터(故) 뒤섞였을(混-雜) 뿐(而) 하나에서(一) 만들어졌다(爲-生産).

其上不皦, 其下不昧.(기상불교, 기하불매)

(道는) 그(其) 위가(上) 밝지(皦-明) 않고(不),

그(其) 아래도(下) 어둡지(昧-冥) 않다(不).

繩繩不可名, 復歸於無物.(승승불가명, 복귀어무물)

이어지고(繩-繼) 이어져(繩-繼) 이름(名) 지을 수(可) 없으니(不),

사물(物) 비움(無-空虛)으로(於) 다시(復-返) 돌아간다(歸-還).

是謂無狀之狀, 無物之象.(시위무상지상, 무물지상)

이를(是-此) 일컬어(謂-稱) 모양(狀-形) 없는(無) 모양(狀-形)이라 하고,

사물(物) 비움(無-空虛)의(之) 형상(象)이라 한다.

是謂惚恍.(시위홀황)

이를(是-此) 일컬어(謂-稱) (확정할 수 없어서) 멍하고(惚) 어슴푸레하다고 한다(恍).

迎之不見其首,(영지불견기수)

(道를) 맞이(迎-接)해도(之) 그(其) 머리가(首) 보이지(見-視) 않고(不),

隨之不見其後。(수지불견기후)

뒤따라(隨-從)도(之) 그(其) 뒤(꼬리)가(後) 보이지(見-視) 않는다(不),

執古之道, 以御今之有。(집고지도, 이어금지유)

옛 비롯함(古-始-根源)의(之) 도(道)를 지키면(執-守)

그로 인하여(以) 지금(今)의(之) 만물을(有-三生萬物) 다스린다(御-統).

能知古始, 是謂道紀。(능지고시, 시위도기)

시작의(始-太初) 비롯함을(古-始-根源) 능히(能) 알면(知),

이를(是-此) 일컬어(謂-稱) 도의(道) 실마리라 한다(紀-紀元).

- 제 14장 풀이 -

도덕경 12장에서 나오는 신체(몸)의 일부인 눈(目), 귀(耳), 입(口)의 쾌락만 추구한다면 눈을 멀게(暗) 하고, 귀를 어둡게(愚昧) 하고, 입을 망가지게(失) 하므로, 성인은 그것들을 위하지 않고 그 중심(腹)을 위한다고 하면서 3차원 물질세계의 한계를 설명하였다. 도덕경 13장에서는 총(寵)과 욕(辱)을 대비시키면서 12장에 언급하였던 3차원 물질세계의 몸이 道를 위하여 얼마나 귀한 것인지 설명하였다. 이제 도덕경 14장은 눈(目), 귀(耳), 손(觸)을 통하여 보이지 않는 태극의 세계, 즉 도(道)를 설명하려고 한다. 이같이 도덕경의 각장(各章)들은 모두 구슬처럼 연결되어 진다.

視之不見, 名曰夷。(시지불견, 명왈이)

聽之不聞, 名曰希。(청지불문, 명왈희)

搏之不得, 名曰微。(박지부득, 명왈미)

之를 목적격으로 하여 "보이지 않는 것(不見)을 본다(視),"라고 해석할 수도 있다. 그렇다면·하나님의 모양(像-太極)을 확실히 보고, 듣고, 만져보았다는 망발이 되고 만다. 문법을 논하기보다 노자의 생각을 먼저 살펴야 할 것이다. 보고, 듣고, 만지는 것을 확실히 안다면, 태극의 세계를 속속들이 알고 있다는 것이 된다. 이는 삼차원 물질세계에 몸을 입고 나타난 예수나 싯달타도 알지 못하는 것이다. 알려주기도 하고, 보여주기도 하고, 만질 수 있게도 해주지만 어렴풋이 알 수밖에 없으므로 이(夷), 희(希), 미(微)라고 하는 것이다. 이에 대한 추가 설명이 제35장의 시구(詩句)에 있다.

시지부족견(視之不足見) - 제35장 참조.

"(道는) 보아도 보이는 것이 (베어져서-夷, 荑) 족하지 아니하고,"

청지부족문(聽之不足聞),

"(道는) 들어도 들리는 것이 (드물어서-希, 罕) 족하지 아니하나,"

용지부족기.(用之不足旣).

"(道의) 쓰임도 처음부터 (숨겨져서-微, 匿) 족하지 아니하다,"

이같이 제14장의 내용을 제35장에서 다시 설명하고 있음을 본다.

그러므로 道를 보고(視), 듣고(聽), 붙잡아서(搏) 확실히 안다고 한다면 예수나 싯달타 하더라도 모두 거짓말쟁이가 된다.

此三者, 不可致詰,(차삼자, 불가치힐)

故混而爲一。(고혼이위일)

어렴풋이 알기 때문에 따져 물을 수 없으므로, 이것들이 뒤섞여서 하나를 이루는 태극(太極-1)의 세계를 이르며 천지의 시작(天地之始)이기 때문에 짝이 없는 하나이다.

유물혼성, 선천지생.(有物混成, 先天地生) - 제25장 참조.

"혼잡하게 이루어진 것이 존재하는데, 천지보다 먼저 생겼다."

적혜요혜, 독립불개.(寂兮寥兮, 獨立不改)

"고요하고 공허함이여, 외로이 존재하여도 (짝이) 따로 없다."

이 태극의 세계는 천지보다 먼저이며 천지는 삼차원 세계의 어머니(萬物之母-제1장 참조)이다. 예수께서 이 세상에 오셔서 삼차원 물질세계의 과정을 설명였음에도 깨닫지 못하였는데 하물며 태극의 세계랴.

"그러므로 내가 그들에게 비유로 말하는 것은 그들이 보아도 보지 못하며 들어도 듣지 못하며 깨닫지 못함이니라, 이사야의 예언이 그들에게 이루어졌으니 일렀으되 너희가 듣기는 들어도 깨닫지 못할 것이요 보기는 보아도 알지 못하리라, 이 백성들의 마음이 완악하여져서 그 귀는 듣기에 둔하고 눈은 감았으니 이는 눈으로 보고 귀로 듣고 마음으로 깨달아 돌이켜 내게 고침을 받을까 두려워함이라 하였느니라, 그러나 너희 눈은 봄으로, 너희 귀는 들음으로 복이 있도다.(마태복음 13:13~16)

其上不皦, 其下不昧。(기상불교, 기하불매)

명도약매, 진도약퇴(明道若昧, 進道若退) - 제41장 참조.

"밝은 도는 어두운 것처럼 보이고, 앞서가는 도는 물러나는 것처럼 보이고,"

밝음(皦-明)과 어둠(昧-冥)이 짝을 이루고, 총명(明-聰)과 둔함(昧-愚)이 짝을 이루면서, 이것은 그런 것 같고, 저것은 아닌 것 같은 흐릿하고 공허한 것이 道의 실체다.

繩繩不可名, 復歸於無物。(승승불가명, 복귀어무물)

하나로 이어지고 이어져서 이름을 지어 부를 수 없어 무명 천지지시(無名天地之始-제1장 참조)이니, 태극이며 道이다. 이 道는 언제나 본래의 상태인 없음(無-虛)으로 필연적으로 되돌아간다.

복귀어무극.(復歸於無極) - 제28장 참조.

"다시 (태초의) 근원(無極)으로 되돌아간다."

是謂無狀之狀, 無物之象。(시위무상지상, 무물지상)
是謂惚恍。(시위홀황)

제21장을 참조하면 노자가 무엇을 근거로 만물의 시작인 도(道-本元)를 알았는지 잘 설명하고 있다.

도지위물, 유황유홀.(道之爲物, 惟恍惟惚) - 제21장 참조.

"道의 형상을 헤아리게 되면, 오직 흐릿하고 어슴푸레하다."

迎之不見其首,(영지불견기수)
隨之不見其後。(수지불견기후)

道를 맞이해도 머리가 보이지 않고, 뒤따라도 그 꼬리가 보이지 않는 까닭은 서로 맞물고 돌아가기 때문이다. 즉 앞은 뒤를 따르고, 뒤는 앞을 따르기 때문에 어디가 머리이고, 어디가 꼬리인지 분간할 수 없는 것을 道라 이른다는 설명이다.

전후상수.(前後相隨) - 제2장 참조.

"앞과 뒤는(後) 서로 따르기(隨-從) 때문이다."

고물혹행혹수(故物或行或隨) - 제29장 참조.

"그러므로 사물은 혹 앞서기도 하고 혹 따르기도 하며(隨-從),"

신심명(信心銘)에 이르기를,

욕득현전(欲得現前) 막존순역.(莫存順逆)

"현재의 앞을(根源) 알고자 한다면, 앞서고(順-迎) 따르면서(逆-隨) 살피지 말라"

보이지 않기 때문에 그런 방법으로는 근원(根源-始作)을 볼 수 있는 것이 아니다. 오늘의 삼생만물(三生萬物)을 알지 못하면 시작의 비롯함을 아는 방법이 없음을 알아야 한다. 그러므로 변하는 것을 모르면서 변하지 않는 것을 안다고 하는 것은 무리일 수밖에 없다. 공자의 논어(論語) 선진(先進) 편에 공자 가라사대.

未知生, 焉知死 ? (미지생, 언지사)

"아직 사는 것도 모르는데, 어찌 죽음을 알겠느냐?"

執古之道, 以御今之有。(집고지도, 이어금지유)

집대상, 천하왕.(執大象, 天下往) - 제35장 참조.

"큰(大) 형상을(象-道) 지키면서(執-守), 세상으로(天下) 나간다(往-向)."

能知古始, 是謂道紀。(능지고시, 시위도기)

신심명(信心銘)에 이르기를

만법제관(萬法齊觀) 귀복자연.(歸復自然)

"만법을 똑같이 보면, 스스로 그러함으로 되돌아간다."

모든 변화하는 것, 불평등 등이 같은 어미에서 나왔으니, 둘이 아니고 하나임을(異而不二) 알면 스스로 그러함을 깨달을 것이다.

제 15장

古之善爲士者,(고지선위사자) - 제65장 참조
옛날(古-昔)에(之) 훌륭하게(善-良) 도를(士-道) 행하는(爲-行) 자는(者),
微妙玄通, 深不可識。(미묘현통, 심불가식)
세밀하고(微-細) 오묘하고(妙-不測) 아득함에(玄-幽遠) 달하여서(通-達),
(그 깊이를(深) 알(識-知) 수(可) 없었다(不).
夫唯不可識, 故强爲之容。(부유불가식, 고강위지용)
대저(夫) (그 깊이를) 알(識-知) 수(可) 없는(不) 까닭에(唯),
고로(故) 억지(强-抑止) 용납(容-受)을(之) 해 본다(爲).
豫焉, 若冬涉川(예언, 약동섭천)
(코끼리처럼) 머뭇거림(豫-猶豫)이여(焉),
겨울(冬) 내를(川) 건너는 것(涉-渡水) 같고(若),
猶兮, 若畏四鄰(유혜, 약외사린)
(원숭이와 같이) 두리번거림(猶)이여(兮),
사방에(四-四方) 이웃을(鄰-近) 두려워하는 것(畏-怯) 같네(若),
儼兮, 其若容。(엄혜, 기약용)
(공손하고) 의젓함(儼-儼然)이여(兮),
그(其) (모든 것을) 용납함과(容-受) 같고(若),
渙兮, 若氷之將釋,(환혜, 약빙지장석)
(부드럽게) 풀어짐(渙-散釋)이여(兮),
곧(將-卽) 풀릴(釋-消散) 얼음(氷-凍)과(之) 같네(若),
敦兮, 其若樸,(돈혜, 기약박)
(꾸밈없이) 도타움(敦-厚)이여(兮),
그(其) (생긴 그대로의) 질박함(樸-質樸)과 같고(若),
曠兮, 其若谷,(광혜, 기약곡)
(구애받지 않는 마음이) 넓고 횅함(曠-豁)이여(兮),
그(其) 골짜기와도(谷-谿谷) 같네(若),
混兮, 其若濁。(혼혜, 기약탁)
(세상과 한데 섞인) 잡스러움(混-雜)이여(兮),

그(其) 흐린 물과(濁-水不淸) 같다(若).

孰能濁以靜之徐淸?(숙능탁이정지서청?)

누가(孰) 능히(能) 흐린 물(濁-水不淸)을(以) 조용(靜-謨)하면서도(之)

한가한 모습으로(徐-安穩貌) 맑게(淸) 하겠는가?

孰能安以久, 動之徐生?(숙능안이구, 동지서생?)

누가(孰) 능히(能) 고요하고(安-靜) 오랜(久) 것을(以),

움직(動-作)이면서도(之) 한가한 모습으로(徐-安穩貌) 살게(生) 하겠는가?

保此道者不欲盈.(보차도자불욕영)

이(此) 도를(道) 지닌(保-持) 자는(者) (스스로) 채우려(盈-充滿) 하고자(欲-祈願) 않는다(不).

夫唯不盈, 故能蔽不新成.(부유불영, 고능폐불신성)

대저(夫) 채우지(盈) 않는(不) 까닭에(唯),

고로(故) 능히(能) 닳도록(蔽-盡-磨損) 새것을(新-初) 이루지(成-就) 않는다(不).

- 제 15장 풀이 -

14장에서 道라는 것을 아래와 같이 설명하였다.

(道란) 살펴보더라도 (분명히) 보이지 않아, 이름하여 베어졌다 일컫고,

(道란) 들어보더라도 (또렷이) 들리지 않아, 이름하여 드물다 일컫고,

(道란) 붙잡아보더라도 (확실히) 얻지 못해, 이름하여 숨겨졌다 일컫는다.

이렇게 베어(夷)지고, 드물고(希), 숨겨짐(微)을 느낄 수 있었던 선위사자(善爲士者)들, 즉 도를 이뤘던 사람들은 어떤 행동을 하면서 이 3차원 물질세계를 살고 있었는지를 15장에서 설명하고 있다.

무릇 표면적 유대인이, 유대인이 아니요, 표면적 육신의 할례가, 할례가 아니니라. 오직 이면적 유대인이 유대인이며 할례는 마음에 할지니 영에 있고 율법 조문에 있지 아니한 것이라 그 칭찬이 사람에게서가 아니요, 다만 하나님에게서니라.(로마서 2:28~29)

마음이 청결한 자는 복이 있나니 그들이 하나님을 볼 것임이요.(마태복음 5:8)

할례란 육체의 부분인 성기의 겉을 잘라내는 유대인들의 의식을 말한다. 바

울은 이런 형식적인 의식을 할례라 하지 않고 마음속에서 각종 패악을 저지르고 있는, 겉사람을 잘라내는 행위를 진정한 할례라 하였으며, 이는 성전의 휘장이 갈라지는 것을 비유하고 있다.

古之善爲士者,(고지선위사자) - 제65장 참조

선위사자(善爲士者)란 마음속의 겉사람이 할례받은 자, 마음속의 휘장이 갈라져 그리스도(속사람)의 형상을 본, 마음이 청결한 사람들이라고 성경은 말하고 있다. 그 道를 이룬 노자 이전의 사람들이 미묘현통, 심불가식(微妙玄通, 深不可識) 하여 깊이를 알 수 없어 노자도 그 모양을 억지로 그려 본다고 하였다. 노자는 자연과 하나 되어 살아가는 사람을 일컬어 선위사자(善爲士者)라고 할 뿐이다. 머뭇거릴 때도 있고, 두리번거릴 때도 있으며, 공손하고 의젓함도 있고, 천박함도 있으며, 꾸밈없이 도타울 때도 있으며, 아무 구애도 받지 않을 때도 있으며, 시정잡배들과 어울리는 생활도 마다하지 않는 사람을 일러 도를 이룬 사람이라고 하는데 이를 수긍할 식자(識者)들이 있을 것인가? 잘난 척, 용감한 척, 아는 척, 깨끗한 척하면서 겉사람의 욕망을 채우려는 사람들은 수없이 많아도 15장 본문과 같이 살 수 있는 사람은 거의 없다. 그러므로 노자 자신도 3차원 물질세계에서 다른 사람들과 호흡하며, 되어가는 대로 살기를 얼마나 어려워했을까? 짐작이 간다.

우리가 사는 동안에 3차원 물질세계의 Matrix(天網)를 결코 벗어날 수 없는 이유는 그 고통을 통하여 靈(속사람)의 진화가 이루어지기 때문이다. 노자는 아마도 Let it be, 그대로 놔둬, 남을 도덕적으로 가르치려고도 하지 말고, 잘못 가고 있다고 해도 지켜볼 뿐이고, 되어가는 대로 살 것을 가르치고 있다. 道에 이른 사람들이 할 수 있는 영역을 노자 15장은 아래와 같이 열거하였다. 성경(마 5:3~10)의 산상수훈(山上垂訓)과 비교해 본다. 다소 무리가 있다 하여도 의미에선 같다고 할 수 있다.

심령이 가난한 자는 복이 있나니 천국이 저희 것임이요

보차도자불욕영.(保此道者不欲盈).

"이 도를 지닌 것은 (스스로) 채우려 하고자 않는다."

부유불영, 고능폐불신성.(夫唯不盈, 故能敝不新成).

"대저 채우지 않는 까닭에, 고로 능히 닳도록 새것을 이루지 않는다."

애통하는 자는 복이 있나니 저희가 위로를 받을 것임이요.

예언, 약동섭천.(豫焉, 若冬涉川),

"(코끼리처럼) 머뭇거림이여, 겨울 내를 건너는 것 같고,"

온유한 자는 복이 있나니 저희가 땅을 기업으로 받을 것임이요.

돈혜, 기약박.(敦兮, 其若樸),

"(꾸밈없이) 도타움이여, 그 (생긴 그대로의) 질박함과 같고,"

의에 주리고 목마른 자는 복이 있나니 저희가 배부를 것임이요.

유혜, 약외사린.(猶兮, 若畏四鄰),

"(원숭이와 같이) 두리번거림이여, 사방에 이웃을 두려워하는 것 같네."

긍휼히 여기는 자는 복이 있나니 저희가 긍휼히 여김을 받을 것임이요.

엄혜, 기약용.(儼兮, 其若容).

"(공손하고) 의젓함이여, 그 (모든 것을) 용납함과 같고,"

마음이 청결한 자는 복이 있나니 저희가 하나님을 볼 것임이요.

광혜, 기약곡.(曠兮, 其若谷),

"(구애받지 않는 마음이) 넓고 휑함이여, 그 골짜기와도 같네."

화평케 하는 자는 복이 있나니 저희가 하나님의 아들이라 일컬음을 받을 것임이요.

혼혜, 기약탁.(混兮, 其若濁).

"(세상과 한데 섞인) 잡스러움이여, 그 더러운 물과 같다."

의를 위하여 핍박을 받은 자는 복이 있나니 천국이 저희 것임이라.

환혜, 약빙지장석.(渙兮, 若氷之將釋),

"(부드럽게) 풀어짐이여, 곧 풀릴 얼음과 같네,"

孰能濁以靜之徐靑?(숙능탁이정지서청?)

상선약수(上善若水)가 생각난다. 선위사자(善爲士者)일지라도 지금 똥물 속에 갇혀 있다면, 고하상경(高下相傾)에 의한 자연적 원리에 의하여 바다로 가기 전에는 탁(濁)함이 맑아질 수 없는 것이다. 그러나 선위사자는 그 물의 근본이 청(靑-淸)함을 알고 있으므로 탁함과 어울리더라도 스스로 조용하고 한가한 모습으로 청함을 기다릴 수 있는 것이다. 억지로 가두어 가라앉게 하여 맑아지는 것은 휘저으면 언제든지 탁해질 수 있다. 그는 똥물 속에도 있을 수 있다는 것을 위의 시구(詩句)에서 이미 말하고 있었다.

혼혜, 기약탁.(混兮, 其若濁)

"(세상과 한데 섞인)잡스러움이여, 그 더러운 물과 같다."

청탁(淸濁)을 구분하지 않는 성인(善爲士者)의 진정한 모습이다. 그는 똥물

속에서도 없는 듯이 살 수 있기 때문이다. 즉 나는 되어가는 대로 살겠다. Let it be

孰能安以久, 動之徐生?(숙능안이구, 동지서생?)

그 방법을 알려주는 것이 道이다. 혼자서 살려고 하지 않는 천지는 바삐 움직이면서도 한가한 모습으로 능히 영원히 살아갈 수 있다.

이기부자생. 고능장생.(以其不自生, 故能長生) - 제7장 참조.

"(天과 地) 그것이 혼자서 사는 것이 아니기 때문이다. 그러므로 능히 영원히 산다."

누가 능히 돌부처를 오랫동안 움직여서 생명을 불어넣을 수 있을까? 돌부처 속의 원소들이 생명체 속으로 들어와 살게 된 것은 물리학이 증명하고 있다. 하나님만이 할 수 있는 것이고, 자연의 법칙만이 할 수 있는 것이다.

돈혜, 기약박.(敦兮, 其若樸)

"(꾸밈없이)도타움이여, 그 (생긴 그대로의) 질박함과 같고."

생긴 그대로 질박하게 살고 있어도 아무런 불편함이 없으니까 Let it be 인위적(人爲的)으로 할 수 있는 영역이 아니다.

保此道者不欲盈.(보차도자불욕영)
夫唯不盈, 故能蔽不新成.(부유불영, 고능폐불신성)

도충이용지, 혹불영.(道沖而用之, 或不盈) - 제4장 참조.

"도는 비어있어서 이를 쓰려고 하면, 언제나 남아 있지 않다."

남아 있지 않다는 것을 아는 사람이 채우려 한다는 것은 바보짓과 다름이 아니다. 그러므로 태어나 생명이 다하도록 새것을 채우려고 발버둥 칠 이유가 없다. 성인은 몸이 다하도록(蔽-盡-磨損) 스스로 새것을 이루려고 하지 않는다.

공수신퇴, 천지도.(功遂身退, 天地道) - 제9장 참조.

"(태어난) 일을 다 하고 몸은 죽는 것이(退-蔽), 천지의 도이다."

몰신불태.(沒身不殆) - 제16, 52장 참조.

"(늘 떳떳하므로) 몸이 없어져도 두렵지 않다."

되돌려 놓는 것이 동지서생(動之徐生) 하는 道의 움직임(動)이기 때문이다.

반자, 도지동.(反者, 道之動) - 제40장 참조.

"되돌아오는 것이 도의 움직임이다."

제 16장

致虛極, 守靜篤。(치허극, 수정독)
(道란) 빔에(虛-無) 이른(致-至) 궁극이고(極-終),
고요함을(靜) 잃지 않은(守-勿失) (虛의) 도타움이다(篤-厚).
萬物竝作, 吾以觀復。(만물병작, 오이관복)
만물이(萬物) 함께(竝-偕) 일어나기에(作-興起),
나는(吾) (虛와 靜으로) 함께(以-與) 되돌아감을(復-返) 헤아린다(觀-視).
夫物芸芸, 各復歸其根。(부물운운, 각복귀기근)
대저(夫-大抵) 사물들은(物) 각각의 모양은(芸芸-多貌) 다르지만,
제각기(各-異) 그(其) 근원으로(根-根源) 다시(復-返) 돌아간다(歸-還).
歸根曰靜, 是謂復命。(귀근왈정, 시위복명)
근원으로(根-根源) 돌아감을(歸-還) 고요함이라(靜) 이르고(曰),
이를(是) 일컬어(謂-稱) 천명의(命-天命) 회복이라 한다(復-返).
復命曰常, 知常曰明。(복명왈상, 지상왈명). - 제55장 참조.
천명의(天命) 회복을(復-返) 늘 떳떳함이라(常-庸-不變) 이르며(曰),
늘 떳떳함을(常-庸-不變) 아는 것을(知) 일러(曰) 깨달음이라 한다(明-曉).
不知常, 妄作凶。(부지상, 망작흉)
늘 떳떳함을(常-庸-不變) 주재하지(知-主宰) 못하면(不),
허망하게(妄-虛妄) 흉함을(凶) 짓게 되고(作-造),
知常容,(지상용)
늘 떳떳함을(常-庸-不變) 주재하면(知-主宰) (모든 것을) 용납하고(容-受),
容乃公,(용내공)
(모든 것을) 용납하면(容-受) 비로소(乃) 밝게 되고(公-明白-지혜롭게),
公乃王,(공내왕)
밝게 되면(公-明白) 비로소(乃) 만물의 으뜸이 되며(王-長),
王乃天,(왕내천)
만물의 으뜸이 되면(王-長) 비로소(乃) 진리를 알며(天-眞理),
天乃道.(천내도)
진리를 알면(天-眞理) 비로소(乃) 도를 알고(道),

道乃久。(도내구)

도를 알면(道) 비로소(乃) (늘 떳떳함이) 오래간다(久).

沒身不殆。(몰신불태). - 제52장 참조

(늘 떳떳하므로) 몸이(身) 없어져도(沒-盡) 두렵지(殆-懼) 않다(不).

- 제 16장 풀이 -

15장은 道를 이룬 사람들의 행동을 보여줬다. 16장은 道의 모습을 설명하면서 모든 만물은 원래의 근원으로 되돌아감을 강조한다. 그러므로 道를 찾아가는 사람들의 마음 상태를 단계별로 나타내면서 중심을 유지하지 못하면 어떠한 결과가 있으리라는 것을 가르쳐 주고 있다. 겉사람의 욕망을 죽이면서 속사람을 살려 道에 이르는 마음 과정을 가르치고 있다. 모든 행동은 마음의 상태를 따라 나타나기 때문이다.

그의 영광의 풍성함을 따라 그의 성령으로 말미암아 너희 속 사람을 능력으로 강건하게 하시오며(에베소서 3:16)

여호와께서 사무엘에게 이르시되 그의 용모와 키를 보지 말라 내가 이미 그를 버렸노라 내가 보는 것은 사람과 같지 아니하니 사람은 외모를 보거니와 나 여호와는 중심을 보느니라 하시더라.(사무엘상 16:7)

致虛極, 守靜篤。(치허극, 수정독)

동사(動詞) 치(致)와 수(守) 때문에 "마음을 이르게 하고, 지켜라"라는 명령문(命令文)으로 해석하면, "이렇게 하라 저렇게 하라" 간섭하는 꼴이 되어 노자의 도덕경을 흉하게 하는 꼴이 된다. 치허극, 수정독(致虛極, 守靜篤)은 근원을 설명하는 문장이다.

왕필의 주석이다

言致虛, 物之極篤, 守靜, 物之眞正也.

"지극히 해야 할 텅 빔이란 만물의 궁극이자 도탑게 해야 할 바이고, 지켜야 할 고요함이란 만물의 참된 바이자 바르게 해야 할 바이다."

한 가운데(大中)가 비어(虛-空) 있고 극(極)이 없다면, 무극(無極)을 이르는 의미다. 무극은 순전한 고요함을 지킨다는 의미이지만 무극에 대한 설명을 그 누구도 할 수 있는 것이 아니다. 그것을 설명하려는 어떠한 시도도 망언이 될 수밖에 없으니 노자도 이 정도로 끝맺음을 하는 것이리라. 치허극(致虛極)의 극(極 -終)은 도덕경에 아래와 같이 5회 나온다. 그 극(極)이 兩極(양극-陰陽) 과 삼태극(三太極)에서의 좌우를 가르는 극이 아니고, 어느 곳으로도 치우치지 않는 중용(中庸) 즉 가운데를 지키는 태극(太極)과 무극(無極)을 의미하고 있 다.

복귀어무극.(復歸於無極) - 제28장 참조.
"다시 (태초의) 근원(無極)으로 되돌아간다."
숙지기극?. 기무정야.(孰知其極?, 其無正) - 제58장 참조.
"누가 그 근본(極-根源)을 깨달을까? 그래서 늘 떳떳하지 않으니."
무불극, 즉막지기극.(無不克, 則莫知其極) - 제59장 참조.
"못 이룰 것이 없게 되지만, 그 근원을(極-根源) 드러내지 않는다."
시위배천, 고지극.(是謂配天, 古之極) - 제68장 참조.
"이를 일컬어 하늘의 짝이며(비롯함) 시작의 끝이라(極-終) 한다."
모든 지킬 만한 것 중에 더욱 네 마음을 지키라 생명의 근원이 이에서 남이니라.(잠 언 4:23)

萬物竝作, 吾以觀復。(만물병작, 오이관복)

오이관복(吾以觀復)에서 오(吾)가 헤아리는 것은 만물병작(萬物竝作)을 헤아 리는 것이지 치허극, 수정독(致虛極, 守靜篤)을 헤아리는 것이 아니다. 오(吾) 는 치허극, 수정독을 절대로 눈으로, 또는 마음의 헤아림(觀)으로 알 수 있는 존재가 아니기 때문이다. 치허극, 수정독 속에서 만물병작이 이루어진 것은 맞 지만 그것은 오(吾)가 불쑥 나와서 그것을 본다든지, 깨달을 수 있는 것이 아 니라는 것이다. 처음 이 문장을 대할 때 왜 오(吾)가 여기서 나왔을까? 의문이 들었다. 왕필은 만물병작(萬物竝作)을 동작생장(動作生長)으로 옳은 주석을 하 였다.

動作生長 (만물이 일어난다는 말은) 움직이고, 일하며, 나고, 자란다는 말이다.

만물이 움직이고, 일하며, 나고, 자라고, 죽는 것을 보면서 오이관복(吾以觀 復) "나는 함께 되돌아감을 헤아린다"라고 하였다. 노자는 자연이 순환하는 것을 보고 모든 만물은 근원(虛와 靜)으로 되돌아감(觀復)의 이치를 깨달았음을 고 백하고 있을 뿐이지, 노자(吾)가 무극(無極)을 보고, 알았으므로, 오이관복(吾以 觀復) 하는 것이 아니라는 것이다. 작금(昨今)의 도사를 자칭하는 많은 사람이

치허극, 수정독.(致虛極, 守靜篤)을 보았다고 하는 망발을 하고 있다. 아니면 "지극한 비움에 이르고, 도타운 고요함을 지켜라" 그리하면 만물이 되돌아감을 본다. 라는 식의 명상을 유도하는 주석을 하고 있음을 본다.

夫物芸芸, 各復歸其根。(부물운운, 각복귀기근)

만물이 상생하면서 시작하여 3차원 물질세계(有의 세계)를 이루는 것을 미루어보아도, 有의 세계는 원래의 자리인 無의 세계(虛와 靜)로 되돌아감을 알 수 있다는 것이다. 有는 無에서 비롯되고 無는 有로 말미암는다는 것을 말하며, 모든 것은 순환한다는 것을 뜻하기도 한다.

반자, 도지동.(反者, 道之動) - 제40장 참조.
"되돌아오는(反-還) 것이 도의 움직임이다."
천하만물생어유, 유생어무.(天下萬物生於有, 有生於無)
"천하 만물은 있음에서 나오고, 있음은 없음에서 나온다."
道德經 1장이 생각나게 한다.
무명, 천지지시.(無名, 天地之始) 유명, 만물지모.(有名, 萬物之母) - 제1장 참조.
이름이 있기 전에는 천지의 시작 즉 근원인 虛와 靜의 세계요, 이름이 생긴 후에는 만물병작(萬物竝作) 즉 함께(偕) 비롯함(始)으로 인하여 만물의 어머니라고 한다는 것이다.

歸根曰靜, 是謂復命。(귀근왈정, 시위복명)

고상무욕이관기묘(故常無欲以觀其妙) 상유욕이관기요.(常有欲以觀其徼) - 제1장 참조.

그런 연고로 늘 바람(欲)이 없는 마음으로 보면, 천지지시(天地之始) 즉 근원의 깊음인 虛와 靜의 세계를 느낄 수 있는데 이를 일러 시위복명(是謂復命)이라고 하는 것이다. 늘 바라(欲)는 마음으로 보면 하늘과 땅의 변방만을 본다면 귀근왈정(歸根曰靜), 근원의 고요함을 볼 수 없는 것이다. 道에 이른 자를 일러 뿌리로의 복귀를 하였다고 하며 그 복귀된 자는 고요함을 유지하게 된다. 이 고요함을 유지하는 자를 천명이 회복된 자라하고, 예수나 싯달타, 장자, 공자의 모습으로 나타나는 것이다. 이분들 외에도 인류 역사상 이렇게 천명에 이른 자는 문헌에 나타나지 않았지만, 오히려 더 많을 것으로 추정된다.

復命曰常, 知常曰明。(복명왈상, 지상왈명). - 제55장 참조

고요함을 유지할 수 있는 천명에 이른 자는 그 마음이 중심을 유지하여 그의 모든 행동조차도 치우침 없는 떳떳함(常-庸-不變)을 보일 수 있는 것이다. 그 떳떳한(常-庸-不變) 마음을 깨달았다고(明) 하며 밝다고 하는 것이다. 이를 일러 성경은 속사람(眞我)의 부활이라고 하고, 명(明)에 이르지 못한 우리의 마음을 주재하는 또 다른 나(假我)인 겉사람의 횡포를 부지상, 망작흉(不知常, 妄作凶)이라 노자는 표현하고 있다.

不知常, 妄作凶。(부지상, 망작흉)

노자는 허망하게 흉함을 짓(造)게 되는 이유가 (마음이) 늘 떳떳함(庸-不變)을 주재하지 못하므로 일어난다고 딱 한 줄로 표현하였다. 이는 마음이 늘 떳떳함에 이른 중심을 이루지 못하고 겉사람의 소욕(所欲)대로 하게 되면 우리는 육체의 욕망에서 벗어나지 못한다는 의미다. 동양의 고전은 사람의 생명에는 영(靈), 혼(魂), 백(魄)이 있다고 한다. 영(靈)은 속 사람을 의미하고, 혼(魂)은 겉 사람을 의미하며, 백(魄)은 몸을 의미한다. 몸(魄)의 욕망으로 말미암아 겉사람(魂)이 우리 안에서 망작흉(妄作凶)을 일으킨다.

내 속 곧 내 육신에 선한 것이 거하지 아니하는 줄을 아노니 원함은 내게 있으나 선을 행하는 것은 없노라. 내가 원하는 바 선은 행하지 아니하고 도리어 원하지 아니하는바 악을 행하는도다.(로마서 7:18~19)

내 육신(魄)에 선하지 않은 것(魂-겉사람)이 있어서, 하나님의 영(靈-속사람)은 선한 것을 원하나 오히려 악을 행한다고 하였다. 바울은 그 악을 행하는 자(魂-겉사람-假我)는 내가 아니라는 것이다. 이는 겉사람으로 말미암아 죄를 깨닫게 하기 위한 하나님의 선하심이라는 것이다. 그러므로 죄를 깨닫게 하는 율법이나 계명이 악한 것이 아니고 오히려 선한 것이라고 성경은 깨우치고 있다. 향벽설위(向壁設位)로 말미암아 향아설위(向我設位)를 깨닫게 된다는 의미이지만 나를 무시(無時)로 죄의 법으로 사로잡아 오는 현상 때문에 곤고한 자라고 절규하는 것이다.

만일 내가 원하지 아니하는 그것을 하면 이를 행하는 자는 내가 아니요 내 속에 거하는 죄니라. 그러므로 내가 한 법을 깨달았노니 곧 선을 행하기를 원하는 나에게 악이 함께 있는 것이로다. 내 속사람으로는 하나님의 법을 즐거워하되, 내 지체 속에서 한 다른 법이 내 마음의 법과 싸워 내 지체 속에 있는 죄의 법으로 나를 사로잡는 것

을 보는도다.(롬 7:20~23)

바울은 망작흉(妄作凶)을 슬퍼하며 로마서 7장에서 피를 토하는 고민과 절규를 하고 있다.

오호라 나는 곤고한 사람이로다. 이 사망의 몸에서 누가 나를 건져내랴 우리 주 예수 그리스도로 말미암아 하나님께 감사하리로다 그런즉 내 자신이 마음으로는 하나님의 법을 육신으로는 죄의 법을 섬기노라.(로마서 7:24~25)

인류는 이러한 바울의 고민을 이해조차 할 수 없는 생활로 일생을 마무리한다. 이 망작흉(妄作凶)을 해결해 줄 수 있는 분은 우리 속에 있는 그리스도의 영(靈-속사람)의 부활로 인한 하나님의 은혜뿐이라는 것이다.

그러므로 우리가 낙심하지 아니하노니 우리의 겉 사람은 낡아지나 우리의 속 사람은 날로 새로워지도다. 우리가 잠시 받는 환난의 경한 것이 지극히 크고 영원한 영광의 중한 것을 우리에게 이루게 함이니, 우리가 주목하는 것은 보이는 것이 아니요 보이지 않는 것이니 보이는 것은 잠깐이요 보이지 않는 것은 영원함이라.(고린도후서 4:16~18)

오호라 너희 모든 목마른 자들아 물로 나아오라 돈 없는 자도 오라 너희는 와서 사먹되 돈 없이, 값없이 와서 포도주와 젖을 사라 너희가 어찌하여 양식이 아닌 것을 위하여 은을 달아 주며 배부르게 하지 못할 것을 위하여 수고하느냐 내게 듣고 들을지어다. 그리하면 너희가 좋은 것을 먹을 것이며 너희 자신들이 기름진 것으로 즐거움을 얻으리라.(이사야 55:1~2)

노자는 이 하나님의 은혜를 아래와 같이 표현하고 있다.

도내구.(道乃久)

"도를 알면 비로소 (늘 떳떳함이) 오래간다."

지화왈상, 지상왈명.(知和曰常, 知常曰明) - 제55장 참조.

"조화를 아는 것을 일러 늘 떳떳함이라 하고, 늘 떳떳함을 아는 것을 일러 깨달음이라 한다."

노자는 이러한 곤고함에서 벗어나는 현상을 중심을 지키는 것, 즉 언제나 마음이 늘 떳떳한 것이라고 하는 것이라고 하면서 늘 떳떳해지는 방법을 아래에 열거하였다.

知常容(지상용) 容乃公(용내공) 公乃王(공내왕) 王乃天(왕내천) 天乃道(천내도) 道乃久.(도내구)

그러나 공내왕(公乃王), 왕내천(王乃天)의 주석을 보면 道에 이른 성인은 공(公)과 왕(王)이 되어 또 나라를 다스려야 한다니 안타까움을 금할 수 없다. 공

과 왕을 이 세상의 직위로 해석하여, 왕이 불퇴(不殆)하는 순서가 하늘 다음이
라고 해석하는 주석서가 많은데, 이는 옛 공들이나 왕들이 모두 道를 닦았다
는 망발을 낳게 된다.

지상용(知常容)→용내공(容乃公)→공내왕(公乃王)→왕내천(王乃天)→천내도(天乃道)→도내구
(道乃久)

道에 이르는 순서에 벼슬하는 공과 나라를 다스리는 왕을 거쳐야 한다는 망
발이 된다. 권력 근처에서 배회하는 사람들이 道를 안다는 것은 연목구어(緣木
求魚)이기 때문이다. 왕필의 주석을 보자.

容乃公 :
無所不包通, 則乃至於蕩然公平也。
포괄하거나 상통하지 못하는 바가 없게 되면 더없이 넓은 공평함에 이르게 된다.

公乃王 :
蕩然公平, 則乃至於無所不周普也。
더없이 넓고 공평하게 되면 두루 미치지 못하는 데가 없게 된다.

王乃天 :
無所不周普, 則乃至於同乎天也。
두루 미치지 못하는 데가 없게 되면 하늘의 덕스러움이 하는 것처럼 할 수 있다.

沒身不殆。(몰신불태) - 제52장 참조.

그러므로 겉사람의 횡포로 인하여 내 속에 죄가 함께 하고 있음을 깨닫는다
면 전 남편의 법에서 벗어나는 것이고 이후에는 음행하는 것이 아니라고 한다.

왜냐하면, 전 남편(魂-겉사람-假我)이 내게서 죽었기 때문에 다른 남자(靈-속
사람-眞我)와 살아도 이미 자유자(自由者)되어 음녀의 오명에서 벗어나게 된다
는 것이다.

**남편 있는 여인이 그 남편 생전에는 법으로 그에게 매인 바 되나 만일 그 남편이
죽으면 남편의 법에서 벗어나느니라. 그러므로 만일 그 남편 생전에 다른 남자에게 가
면 음녀라 그러나 만일 남편이 죽으면 그 법에서 자유롭게 되나니 다른 남자에게 갈지
라도 음녀가 되지 아니하느니라.(로마서7:2~3)**

전 남편(魂-겉사람-假我)이 내게서 죽었기 때문에 자유자(自由者)되어 죽어
도 편안해지는 것이다.

이기무사지언.(以其無死地) - 제50장 참조.
"(善攝生者) 그에게는 죽음의 자리가 없기 때문이다."

이 자유롭게 된다는 것을 오해하여 다른 사람에게 불편을 끼치고도 아무렇지도 않게 생각하는 사람들에게 바울은 이미 6장에서 아래와 같이 언급한다.

그런즉 우리가 무슨 말을 하리요 은혜를 더하게 하려고 죄에 거하겠느냐. 그럴 수 없느니라 죄에 대하여 죽은 우리가 어찌 그 가운데 더 살리요.(로마서 6:1~2)

그런즉 어찌하리요 우리가 법 아래에 있지 아니하고 은혜 아래에 있으니 죄를 지으리요 그럴 수 없느니라.(로마서 6:15)

이 글을 읽는 독자들이 로마서 5장~7장, 특히 7장을 숙독한다면 많은 영감을 얻으리라 생각한다.

제 17장

太上, 下知有之。(태상, 하지유지)
(道에) 크게(太-大) 이른 자는(上-昇), 뭇사람들이(下-賤) (太上이) 존재한다는
것은(有-存在) 알고(知-識) 있다(之).
其次, 親而譽之。(기차, 친이예지)
그(其) 버금은(次-亞),
(뭇사람들이) 사랑(親-愛)하고(而) 기리고(譽-聲美稱) 있다(之).
其次, 畏之。(기차, 외지)
그(其) 버금은(次-亞), (뭇사람들이) 두려워하고(畏-懼) 있다(之).
其次, 侮之。(기차, 모지)
그(其) 버금은(次-亞), (뭇사람들이) 업신여기고(侮-慢易) 있다(之).
信不足焉, 有不信焉!(신부족언, 유불신언) - 제23장 참조
(畏之, 侮之 당하는 者) 깨달음이(信-明) 부족(不足)하므로(焉),
어리석음이(不信-昧) 존재(有-存在)하도다(焉)!
悠兮, 其貴言。(유혜, 기귀언)
조심(悠)함이여(兮), 그(其) 말 한마디도(言) 귀중하다(貴-貴重).
功成事遂,(공성사수)
(태상은 태어난) 공을(功-事) 이루고(成-就) (스스로의) 경영을(事-營) 이루었으나
(遂-順應),
百姓皆謂我自然。(백성개위아자연)
백성들은(百姓) 모두가(皆-總) 이르기를(謂-告) 나는(我) 저절로(自-無勉強)
그리되었다고 한다(然-如是).

- 제 17장 풀이 -

16장은 도를 이룬 사람들의 마음 상태를 단계별로 나타내면서 중심을 유지
하지 못하면 어떠한 결과가 있으리라는 것을 가르쳐 주고 있다. 17장은 큰 도
에 이른 사람(太上)과 물질세계를 사는 사람들을 3가지 부류로 설명하고 있다.

道를 이룬 사람과 그 범주에 오지 못한 자들의 구분이 그 사람의 신의에 있고 그 믿음은 언행으로부터 시작하고 있다는 것을 노자는 지적하고 있다. 그러나 거의 모든 주석서는 역시 왕필과 하상공의 주석을 따르기 때문에 17장 역시 경세치국(經世治國)을 가르치는 장이 되고 만다.

太上, 下知有之。(태상, 하지유지)

도덕경 제77장에 나오는 성인(聖人-太上)의 행동이다.

시이성인, 위이불시(是以聖人, 爲而不恃) - 제77장 참조.

공성이불처, 기불욕현현.(功成而不處, 其不欲見賢)

"이런 까닭에 성인(聖人)은 할 뿐 주장하지 않으며,(태어난) 공을 이루었으니 이로써 살지 않으니, 그 현명함이 드러남을 바라지도 않는다."

그래서 뭇사람들은 큰 道에 이른 사람(太上)을 그가 있다는 정도만 알고 있다. 거의 모든 주석서는 본문과 같이 하지유지(下知有之)로 되어 있다. 일부 주석서는 부지유지(不知有之)라고 하여 "뭇사람들이 그(太上)가 있는지도 알지 못한다"라고 해석하고 있는데 필자의 견해는 道를 제대로 깨달은 사람(太上)은 뭇사람들이 그가 있는지도 알지 못하는 것이 옳다고 생각한다. 道를 깨우친(太上) 자는 권력 근처에도 가지 않는다고 생각하는 사람들의 견해가 부지유지(不知有之)라고 기록했을 것이다.

황하일청성인부생.(黃河一淸聖人復生) "황하가 한번 맑아지면 성인이 다시 난다"라고 하였을까? 태상(太上)을 정치가로 만들어야지 직성이 풀리는 주석서들은 왕필의 주석을 따랐다.

太上, 謂大人也。大人在上, 故曰太上。

"최상의 통치자란 대인(大人)을 일컫는다. 대인은 윗자리에 있기 때문이다. 따라서 태상(太上)을 말한 것이다."

其次, 親而譽之。(기차, 친이예지)

태상에 버금가는 사람은 뭇사람들로부터 사랑받고, 칭송을 받는 사람과, 백성을 잘 다스렸던 요순(堯舜)과 같은 성군을 말한다고 하겠다. 아마도 유가(儒家)의 인의를 실천하면서 살았던 사람들과 권력자들을 이른다고 하겠다. 道를 깨우친(太上) 자는 뭇사람들의 칭송을 받으면서 사는 삶, 그 자체를 하지 않기 때문이다.

其次, 畏之。(기차, 외지)

其次, 侮之。(기차, 모지)

信不足焉, 有不信焉。(신부족언, 유불신언). - 제23장 참조

도덕경 제17장에서 뭇 사람들이 두려워하고(畏之) 업신여기는(侮之) 사람과 제23장에서 道와 德을 잃은(失) 사람들은 깨달음이 부족하여 어리석다고 표현하였음을 알 수 있다.

신부족언, 유불신언! (信不足焉, 有不信焉) - 제23장 참조.

"(道와 德을 失한 者) 깨달음이 부족하므로, 어리석음이 존재하도다!"

외지(畏之) 당하는 자들은 인의(仁義)로 다스릴 수 없으므로, 법을 강조하여 다스리는 자들을 이른다고 하겠다. 역사상 법은 공정하지 않았다. 기득권자들은 자신들의 이익을 위하여 절대로 공정하지 않기 때문에 뭇사람들이 두려워할 수밖에 없는 것이다. 일반인 중에도 법을 존중하며 정의를 강조하면서도 자기모순에 빠지는 사람들이 바로 뭇사람들이 꺼리는 사람이 될 것이다. 정의라는 것도 욕심을 바탕으로 형성되는 것이다. 힘 있는 일방적인 한쪽이 정의라는 이름으로 뭇사람들의 것을 착취하는 도구로 변해버린 지 오래다. 정의와 불의는 동전의 양면과 같으므로 道에 이른 자는 정의를 말하지 않는다. 그러나 3차원 물질세계에서는 정의는 옳고 불의는 그르다고 확정되어있다.

모지(侮之) 당하는 자들은 법조차도 무시하는 부류이기 때문에 언급할 필요조차 없는 사람들과 폭군 또는 맹군(盲君)들일 것이다. 뭇사람들이 업신여길 수밖에 없을 것이다. 뭇사람들로부터 외지(畏之), 모지(侮之) 당하는 사람들은 믿을 수 없어 불신을 받는 것이다. 다스리는 사람들만 畏之, 侮之 당한다는 생각을 버리고, 나도 畏之, 侮之 당할 수 있다는 것을 명심하여야 한다. 도덕경 3장의 말씀이 생각나게 한다.

불상현, 사민부쟁.(不尙賢, 使民不爭) - 제3장 참조

"현명함을 받들지 아니하면(어리석어도 멸시받지 않는다면) 부리는 자와 백성들이 다투지 않는다."

불귀난득지화, 사민불위도.(不貴難得之貨, 使民不爲盜)

"얻기 어려운 재물이 귀하지 아니하면, 부리는 자와 백성들이 도둑질하지 않는다."

불견가욕, 사민심불란.(不見可欲, 使民心不亂)

"(서로에게) 바라는 바가 보이지 아니하면, 부리는 자와 백성들 마음이 어지러워지지 않는다."

도덕경 17장도 다스리는 자들만이 畏之, 侮之 당하는 것이 아니라 뭇사람들

도 같은 처지를 당할 수 있다는 것을 노자는 가르치고 있다.

悠兮, 其貴言.(유혜, 기귀언)
예수께서 돌이켜 그를 보시며 이르시되 딸아 안심하라 네 믿음이 너를 구원하였다 하시니 여자가 그 즉시 구원을 받으니라.(마태복음 9:22)

예수의 겉옷을 만진 여자는 12년 동안 앓고 있던 혈루증(血漏症)이 치료됐다. 그 당시의 예수를 따르던 무리도, 지금의 기독교인들도 예수의 능력 때문에 치료되었다는 것을 믿어 의심치 않는다. 예수와 혈루증 앓고 있던 여자는 그 순간 하나가 되었으므로 치료된 것이고 그 여자의 영혼까지도 구원에 이른 것이다. 예수는 자아(自我)가 없으므로(無) 당신의 능력을 내세우지 않는다.

"딸아 안심하라 네 믿음이 너를 구원하였다"

실제로 그 여자의 믿음으로 치료된 것이기도 하지만, 그 말 한마디도 진실을 담아서 하시는 예수의 모습을 보게 되는 것이다.

"조심하면서 생각(思)함이여, 그 말 한마디도 귀중(貴重)하다."

희언자연.(希言自然) - 제23장 참조.

"드문 (사이가 뜨는) 한마디는 스스로 그러함(自然-道)이다."

功成事遂,(공성사수)
百姓皆謂我自然。(백성개위아자연)

태상(太上)과 기차(其次), 其次가 (스스로) 다스림(治)에 따라서 보람(功)을 이루었다는 의미다. 백성들도 그들의 수준을 따라서 현재의 나도 스스로 그러함으로 있다는 것을 알게 된다는 것이다. 태상의 수준을 따르는 백성도 있을 것이고 기차(其次)들 수준에 머무는 백성들도 있어, 사랑받고, 두려움도 당하고, 업신여김도 당한다는 의미다. 도덕경 제2장에서 이미 언급하였던 구절이다.

공성이불거, 부유불거, 시이불거.(功成而不居, 夫唯弗居, 是以不去) - 제2장 참조.

"(성인은 태어난) 공을 이루었으니 이로써 살지 않는다, 대저 살지 않을 뿐이니, 이런 까닭에 죽는 것도 아니다."

왕필의 주석처럼 해석한다면 태상(太上)이 정치를 해야만 하는 것이 된다.

故功成事遂, 而百姓不知其所以然也。

"따라서 그 공이 이루어지고 일이 성취되지만, 백성들은 그렇게 되는 이유를 알지 못하는 것이다."

太上도 其次에 해당하는 사람들과 함께 3차원 물질세계를 살고 있지만, 세상에 속한 사람이 아니기에 정치를 할 수 있는 사람이 아니다.

예수께서 대답하시되 내 나라는 이 세상에 속한 것이 아니라 만일 내 나라가 이 세상에 속한 것이었더면 내 종들이 싸워 나로 유대인들에게 넘기우지 않게 하였으리라 이제 내 나라는 여기에 속한 것이 아니니라.(요한복음 18:36)

기차, 친이예지(其次, 親而譽之), 기차, 외지(其次, 畏之), 기차, 모지(其次, 侮之).

저희는 세상에 속한 고로 세상에 속한 말을 하매 세상이 저희 말을 듣느니라.(요한일서 4:5).

정치는 太上을 제외하고 3차원 물질세계를 이끌어 가야 하는 세 부류의 사람들이 할 수밖에 없지만, 그들도 필요치 않은 것이 아니다. 이 우주의 순환은 빛과 그림자, 선과 불선이 공존할 수밖에 없는 사랑의 공간이기 때문이다.

제 18장

大道廢, 有仁義。(대도폐, 유인의)
큰(大) 도가(道) 그치니(廢-止),
(사람들의) 인과(仁-德愛) 의가(義-道理) 나타난다(有-存在).
慧智出, 有大僞。(혜지출, 유대위)
총명한(慧) 기지가(智-奇智) 생기니(出-生),
큰(大) 속임이(僞-詭) 나타난다(有-存在).
六親不和, 有孝慈。(육친불화, 유효자)
육친이(六親) 화하지(和-諧) 못하면(不),
효와(孝) 사랑이(慈-愛) 나타난다(有-存在).
國家昏亂, 有忠臣。(국가혼란, 유충신)
국가가(國家) 어둡고(昏-闇) 어지러우면(亂-不治),
곧은(忠-直) 신하가(臣) 나타난다(有-存在).

- 제 18장 풀이 -

17장에서 태상, 하지유지.(太上, 下知有之) 기차, 친이예지.(其次, 親而譽之)를 거론하였다. 18장은 대도(大道), 인의(仁義), 지혜(智慧), 대위(大僞), 불화(不和), 효자(孝慈), 혼란(昏亂), 충신(忠臣) 등을 열거하였고, 유인의(有仁義)는 친이예지(親而譽之)를 보충 설명하고 있다. 道가 떨어지면, 필연적으로 뒤따를 3차원 물질세계의 질서를 보여주고 있다. 이는 태극인 道와 삼생만물인 名의 마땅히 있어야 할 순서를 보여주는 것이다. 제1장에서 언급한 道와 名의 변화를 구체적으로 설명한 것이라고 할 수 있다. 도가(道家)와 유가(儒家)의 차이나 차별을 보여주는 것이 아니다. 왜냐하면, 유무상생의 원리에 의하여 있는 것과 없는 것은 상호보안하는 존재이기 때문이다.

고유무상생, 난이상성.(故有無相生, 難易相成) - 제2장 참조.
"왜냐하면 있음과 없음은 서로를 낳고, 어려움과 쉬움은 서로를 만들고,"
장단상교, 고하상경.(長短相交, 高下相傾)

"길음과 짧음은 서로가 주고받으며, 높음과 낮음은 서로에게 기울고,"

음성상화, 전후상수.(音聲相和, 前後相隨)

"(내는) 소리와 (들리는) 소리는 서로 화하며, 앞과 뒤는 서로 따르기 때문이다."

보이지 않는 道는 보이는 名의 세계에서 겪는 고통(苦)을 통하여 영적차원 (靈的次元)이 상승하고, 名은 道로 비롯되는 것이기에 道와 인의(仁義)는 장단 (長短), 고하(高下) 등과 같은, 도덕경 제2장의 설명대로 생명 작용의 일부분일 뿐이다.

大道廢, 有仁義。(대도폐, 유인의)

즉 어짊으로 인하여 생기는 仁(德愛)과 어짊의 연유로 마땅히 얻어지는 義 (道理), 옳음이 생겨났다는 것은 동시에 불인과 불의가 나타나게 되었다는 의 미다. 나타나는 물질과 의식 속에 상대적인 것이 나타나기 시작했다는 의미다. 불교에서 가르치는 안(眼), 이(耳), 비(鼻), 설(舌) 신(身)과 의(意)에 의한 육식 (六識)의 횡포가 제38장에 이른 것처럼 순서대로 시작되는 것을 의미한다.

고실도이후덕, 실덕이후인(故失道而後德, 失德而後仁) - 제38장 참조.

"고로 도를 잃은 후에 덕이고, 덕을 잃은 후에 어짊이고,"

실인이후의, 실의이후례.(失仁而後義, 失義而後禮)

"어짊을 잃은 후에 의로움이고, 의로움을 잃은 후에 예이다."

여호와 하나님이 그 사람에게 명하여 가라사대 동산 각종 나무의 실과는 네가 임의로 먹되 선악을 알게 하는 나무의 실과는 먹지 말라 네가 먹는 날에는 정녕 죽으리라 하시니라.(창세기 2:16~17)

선악(善惡)을 알게 된다는 것이 불경에서 육식(六識)의 발현됨을 의미한다. 인간이 언어를 사용하면서 인식이 생겨났으며 이를 성경은 죄라 표현하고 있다. 이 우주는 허상인데 인간의 의식이 실체라 믿는다고 불교는 가르치고 있다. 양자물리학에서도 관찰자에게 보이는 것은 의식 때문에 보이는 것이지만 모두 실체는 없는 것이라고 한다. 이 죄를 어이할꼬? 이 인식의 고통을 바로 볼 수 있었던 바울의 절규이다. 인의(仁義)마저도 인식의 분탕질임을 깨닫는 것이 영성의 차원 상승이요, 하나님 나라로의 귀향이요, 부활이요, 윤회의 종착이다.

오호라 나는 곤고한 사람이로다. 이 사망의 몸에서 누가 나를 건져내랴.(로마서 7:24)

만일 내가 원하지 아니하는 그것을 하면 이를 행하는 자는 내가 아니요 내 속에 거

하는 죄니라. 그러므로 내가 한 법을 깨달았노니 곧 선을 행하기 원하는 나에게 악이 함께 있는 것이로다.(로마서 7:21)

慧智出, 有大僞。(혜지출, 유대위)
여호와를 경외하는 것이 지식의 근본이거늘 미련한 자는 지혜와 훈계를 멸시하느니라.(잠언 1:7)
　　불교에서는 미혹을 끊고 부처의 진정한 깨달음을 얻는 힘을 지혜라고 말한다. 국어사전은 "智慧(지혜)란 사물의 도리나 선악 따위를 잘 분별하는 마음의 작용"이라고 말한다. 노자는 이 지혜가 사람들에게 생김을 혜지출(慧智出)이라고 한다. 제19장을 참조하면 지(智)란 꾸며서(文-飾) 하는(爲-造) 행위이므로 道에는 부족하다고 이른다. 그러므로 慧智(혜지)가 나타나는(出) 세상에는 인간들의 적나라(赤裸裸)한 거짓(假)과 속임수(詭)가 욕심으로 인하여 필연적으로 나타날 수밖에 없다는 것이다. 왜냐하면, 慧智를 부정적으로 쓰는 것이 거짓(假)과 속임수(詭)를 뜻하는 기지이며 위(僞)이기 때문이다. 이 기지와 속임수는 미련한 자들이 하나님의 지혜와 훈계를 멸시할 때 일어난다. 크고 작은 기지와 속임수가 있지만, 지식이 많은 자일수록 큰 기지와 속임수를 부려 국가의 큰 해를 끼친다. 이 기지와 속임수를 버리면 나라의 복이 된다.
　　민지난치, 이기지다.(民之難治, 以其智多) - 제65장 참조.
　　"(名을 밝히는) 사람들을 가리기 어려운 것은, 그들의 과한 기지(智-奇智) 때문이다."
　　고이지치국, 국지적(故以智治國, 國之賊)
　　"고로 기지를(智-奇智) 근거로 세상을 가리면, 세상의 (그르치는) 적이 되고,"
　　불이지치국, 국지복(不以智治國, 國之福)
　　"기지로써(智-奇智) 세상을 가리지 않으면, 세상의(살리는) 복이 된다,"

六親不和, 有孝慈。(육친불화, 유효자)
國家昏亂, 有忠臣。(국가혼란, 유충신)
　　네 부모를 공경하라 그리하면 너의 하나님 나 여호와가 네게 준 땅에서 네 생명이 길리라.(출애굽기 20:12).
　　모세는 네 부모를 공경하라 하고 또 아비나 어미를 훼방하는 자는 반드시 죽으리라 하였거늘(마가복음 7:10)
　　논어(論語) 학이편의 사덕(四德)인 효도(孝道), 우애(友愛), 충성(忠誠), 신의(信義)를 효제충신(孝悌忠信)이라 하고, 孝는 仁을 행하는 근본이라고 공맹(孔

孟)은 가르친다. 노자는 이미 이를 지적하고 있다.

"육친이 화하지 못하면, 효자와 자친이 나타난다."

"국가가 어둡고 어지러우면, 곧은 신하가 나타난다."

구약성경의 시대에도, 노자가 살았던 시대에도 부모를 공경하지 않았고, 나라에 충성하지 않았다는 것을 증명하는 문구들이다. 왜냐하면, 부모를 공경했고 나라에 충성했으면 "네 부모를 공경하라, 육친불화, 유효자(六親不和, 有孝慈), 국가혼란, 유충신(國家昏亂, 有忠臣)"이라고 구태여 표현하지 않았으리라. 마치 아버지와 아들은 친(親)하기 어려우므로 부자유친(父子有親)이라고 가르치는 것과 같은 맥락이다. 어머니와 아들은 이미 친하므로 모자유친(母子有親)이라고 가르칠 필요도 없고, 굳이 표현할 이유가 없는 것이다. 즉 道가 떨어지니 인의가 나타나고 효제충신이 나타날 수밖에 없지만, 이것들 또한 우리에게 소중하다는 것을 노자는 지적하고 있는 것이지, 인의를 폄하하는 것이 아니라는 것이다.

그런즉 우리가 무슨 말 하리요 율법이 죄냐 그럴 수 없느니라. 율법으로 말미암지 않고는 내가 죄를 알지 못하였으니 곧 율법이 탐내지 말라 하지 아니하였다면 내가 탐심을 알지 못하였으리라.(로마서 7:7)

이로 보건대 율법도 거룩하며 계명도 거룩하며 의로우며 선하도다.(로마서 7:12)

네 부모를 공경하라 하지 않았다면, 공경하지 않는 것이 죄인 줄 알지 못하였다는 것과 맥락을 같이 하는 것이다.

제 19장

絶聖棄智, 民利百倍。(절성기지, 민리백배)

(부리는 자가) 거룩함을(聖-至聖) 끊고(絶-斷) 기지를(智-奇智) 버리면(棄-捐),
백성들의(民-衆) 이로움이(利-吉) 백배이다(百倍).

絶仁棄義, 民復孝慈。(절인기의, 민복효자)

(부리는 자가) 인을(仁-德愛) 끊고(絶-斷) 의를(義-道理) 버리면(棄-捐),
백성들이(民-衆) 효와(孝) 사랑을(慈-愛) 회복한다(復-興復).

絶巧棄利, 盜賊無有。(절교기리, 도적무유)

(부리는 자가) 기교를(巧-技巧) 끊고(絶-斷) 이로움을(利-吉) 버리면(棄-捐),
도적의(盜賊) 존재함이(有-存在) 없다(無).

此三者, 以爲文, 不足。(차삼자, 이위문, 부족)

이(此) 세 가지(三) 경우는(者), 꾸며서(文-飾) 하는(爲-造) 것이므로(以-因),
흡족하지(足-滿) 않다(不).

故令有所屬,(고령유소속)

그러므로(故) 모름지기(令) 좇을(屬-從) 것이(所-語辭) 있으니(有),

見素抱樸, 少私寡欲。(견소포박, 소사과욕)

바탕을(素-本) 돌이켜 보며(見-視) 질박함을(樸) 품고(抱-懷持), 사사로움을
(私-不公) 적게 하며(少-不多) 욕심(欲-貪)을 없애는(寡-罕) 것이다.

- 제 19장 풀이 -

18장은 인의(仁義), 지혜(智慧), 대위(大僞), 불화(不和), 효자(孝慈), 혼란(昏
亂), 충신(忠臣) 등을 열거하였고, 19장은 성지(聖智), 인의(仁義), 교리(巧利)를
단절하고 버리면 민리백배(民利百倍), 민복효자(民復孝慈), 도적무유(盜賊無有)
등의 효과를 얻지만, 성지, 인의, 교리 등 이 세 가지는 3차원 물질세계의 사
람에게서 나타나는 것이기 때문에 자연스러운 것이 아니고 꾸미는(飾) 것이므
로, 道에 흡족하지 않음을 설명하고 있다. 그러면서 19장을 다음과 같은 마무
리를 하고 있다. 본디 있는 바탕(素-本)을 돌이켜 보며 질박함(樸)을 품고(抱-

懷持), 사사로움(私-不公)을 적게 하고(少-不多) 바라는 (欲-貪) 것을 없애는(寡-罕) 것이다. 내 속의 겉사람이 아닌 속사람, 즉 진아(眞我)를 들여다보라고 하고 있다.

絶聖棄智, 民利百倍。(절성기지, 민리백배)
제3장의 불상현, 사민부쟁.(不尙賢, 使民不爭)을 참조하여 그 주체를 "부리는 자"로 하였다.

십자가의 도가 멸망하는 자들에게는 미련한 것이요 구원을 얻는 우리에게는 하나님의 능력이라 기록된바 내가 지혜 있는 자들의 지혜를 멸하고 총명한 자들의 총명을 폐하리라 하였으니 지혜 있는 자가 어디 있느뇨 선비가 어디 있느뇨 이 세대에 변사가 어디 있느뇨 하나님께서 이 세상의 지혜를 미련케 하신 것이 아니뇨 하나님의 지혜에 있어서는 이 세상이 자기 지혜로 하나님을 알지 못하는 고로 하나님께서 전도의 미련한 것으로 믿는 자들을 구원하시기를 기뻐하셨도다.(고린도전서 1:18~21)

한 마디로 총명한 자를 경계하는 것이 매 백 개로 미련한 자를 때리는 것보다 더욱 깊이 박이느니라.(잠언 17:10)

거룩함을 멸하고 지혜를 폐더라도 속사람을 되찾는 십자가의 道가 하나님의 능력임을 아는 것이 道를 깨닫는 것이다.

絶仁棄義, 民復孝慈。(절인기의, 민복효자)
대도폐, 유인의.(大道廢, 有仁義) - 제18장 참조.
"큰 도가 그치니(사람들의) 인과 의가 나타난다."

큰 도가 떨어지면, 인과 의가 나타난다고 제18장에서 언급하였다. 이 인의가 역설적으로 육친을 화합하지 못하도록 하며, 효자와 자친이 나타남을(有孝慈) 초래하였다. 인간들에게 사랑이 없어지고 불인과 불의가 이미 나타났기 때문에 仁과 義를 강조하게 되었다는 것이다(제18장 참조). 그러므로 이 인의를 끊고 버린다(絶仁棄義)는 것은 道를 다시 찾는다는 의미이며, 나 자신과 백성들이 효와 사랑을 되찾는다(民復孝慈)는 것을 설명하고 있다. 즉 효자와 자친을 내세우지 않더라도 저절로 육친이 화합한다는 것이다. 아리송한 것 같지만 노자가 갈파한 道의 진면목이다.

에브라임아 내가 네게 어떻게 하랴 유다야 내가 네게 어떻게 하랴 너희의 인애가 아침 구름이나 쉬 없어지는 이슬 같도다.(호세아 6:4)

이제 내가 사람들에게 좋게 하랴 하나님께 좋게 하랴 사람들에게 기쁨을 구하랴 내

가 지금까지 사람의 기쁨을 구하는 것이었더면 그리스도의 종이 아니니.(갈라디아서 1:10)

絶巧棄利, 盜賊無有。(절교기리, 도적무유)

혜지출, 유대위.(慧智出, 有大僞) - 제18장 참조.

"총명한 기지가 생기니, 큰 속임이 나타난다."

제18장에 표현하였듯이 부리는 자들이 먼저 많이 배워 그 총명(慧)함과 기지(奇智)를 가지고 백성들에게 크게 도적질하므로 절교하고 기리(棄利) 하는 것이 오히려 도적을 없애는 지름길이다. 이 혜지(慧智)가 역설적으로 국가를 혼란하게 하고, 충신을 만들었듯이. 도적도 나타나게 하였다. 왜냐하면 그 혜지(慧智)가 오히려 교묘하게 이로움을 찾도록 만들었기 때문이다. 그러므로 부리는 자들이 기교를 부리고 자신들의 이익을 취하여, 귀한 것을 싹 쓸어 차지하지 않는다면, 도적이 존재하지 않는다고 역설하고 있다.

네 이웃에 대하여 거짓 증거하지 말찌니라.(출애굽기 20:16)

만물보다 거짓되고 심히 부패한 것은 마음이라 누가 능히 이를 알리요마는(예레미아 17:9).

그런즉 거짓을 버리고 각각 그 이웃으로 더불어 참된 것을 말하라 이는 우리가 서로 지체가 됨이니(에베소 4:25)

불상현, 사민부쟁.(不尙賢, 使民不爭) - 제3장 참조

"현명함을 받들지 아니하면(어리석어도 멸시받지 않는다면) 부리는 자와 백성들이 다투지 않는다."

불귀난득지화, 사민불위도.(不貴難得之貨, 使民不爲盜)

"얻기 어려운 재물이 귀하지 아니하면, 부리는 자와 백성들이 도둑질하지 않는다."

불견가욕, 사민심불란.(不見可欲, 使民心不亂)

"(서로에게) 바라는 바가 보이지 아니하면, 부리는 자와 백성들 마음이 어지러워지지 않는다."

此三者, 以爲文, 不足。(차삼자, 이위문, 부족)

故令有所屬,(고령유소속)

차삼자(此三者)인 성지(聖智), 인의(仁義), 교리(巧利)는 큰 道가 떨어진(大道廢) 후에 나타나는 것이므로 필연적으로 상대성을 지닐 수밖에 없어 한계를 드러내고 있다. 그러므로 있는 그대로의 道와 꾸밀 수밖에 없는 차삼자(此三

者) 사이의 간극이 있게 된다.

한 사람이 두 주인을 섬기지 못할 것이니 혹 이를 미워하며 저를 사랑하거나 혹 이를 중히 여기며 저를 경히 여김이라 너희가 하나님과 재물을 겸하여 섬기지 못하느니라.(마태복음 6:24)

자기 생명을 사랑하는 자는 잃어버릴 것이요 이 세상에서 자기 생명을 미워하는 자는 영생하도록 보존하리라.(요한복음 12:25)

그렇다면 우리가 道의 본향으로 돌아가려면 모름지기 무엇을 좇을(從) 것인가?

네 보물 있는 그곳에는 네 마음도 있느니라.(마태복음 6:21)

見素抱樸, 少私寡欲。(견소포박, 소사과욕)

차삼자(此三者)인 성지(聖智), 인의(仁義), 교리(巧利)의 테두리에서 사는 사람들은 아무 색도 없는 흰 천(素)을 돌이켜 보고, 아무런 자국도 없는 통나무(樸) 같은 마음을 품어, 사사로움을 적게 하는(少私) 것이지 아주 없애는(無私) 것이 아니고, 욕심을 줄이는(寡欲) 것이지 아주 없앤다는 (無欲) 것이 아니다. 무사와 무욕은 道의 궁극이지만, 우리가 몸을 가지고 있는 한 그 궁극을 완성할 수 없기 때문이다. 제13장에서 그 이유를 찾을 수 있다. 몸이 있으므로 완벽할 수 없다.

하위귀대환약신? (何謂貴大患若身?)

"어찌하여 큰 괴로움이 내 몸과 같이 귀하다 일컫는가?"

오소이유대환자, 위오유신.(吾所以有大患者, 爲吾有身)

우리가 크게 괴로운 것이 있는 까닭은, 우리에게 내 몸이 있는 인연이다.

(살아 있기 때문이다)

급오무신, 오유하환? (及吾無身, 吾有何患?)

우리에게 몸이 없기에 이르면(죽으면) 우리에게 어찌 괴로움이 있겠는가?

질박함에 대한 정의는 제15장이 생각난다.

돈혜, 기약박.(敦兮, 其若樸) - 제15장 참조.

"(꾸밈없이) 도타움이여, 그 (생긴 그대로의) 질박함과 같고,"

도덕경은 제1장에서 이미 무엇을 좇을(從) 것인가를 언급하고 있으며, 道와 꾸밀 수밖에 없는 차삼자(此三者) 사이의 간극까지도 설명하고 있다.

故常無欲以觀其妙(고상무욕이관기묘) - 제1장 참조.

"그러므로 늘 하고자 함이 없으면 그(천지지시의) 신비함이 보이는 까닭이고,"

道(不二)의 본향으로 돌아가려는 사람들의 마음가짐이다.

너희는 먼저 그의 나라와 그의 의를 구하라 그리하면 이 모든 것을 너희에게 더하시리라.(마태복음 6:33)

좁은 문으로 들어가라 멸망으로 인도하는 문은 크고 그 길이 넓어 그리로 들어가는 자가 많고 생명으로 인도하는 문은 좁고 길이 협착하여 찾는 이가 적음이니라.(마태복음 7:13~14)

常有欲以觀其徼.(상유욕이관기요) - 제1장 참조.

"늘 하고자 함이 있으면 그(만물의) 변방만이 보이는 까닭이다."

차삼자(此三者)인 성지, 인의, 교리에 머무는 사람들의 마음가짐이다. 道에 이르지 못한 사람들을 성경은 아래와 같이 지적하고 있다.

그러므로 구제할 때에 외식하는 자가 사람에게 영광을 얻으려고 회당과 거리에서 하는 것 같이 너희 앞에 나팔을 불지 말라 진실로 너희에게 이르노니 저희는 자기 상을 이미 받았느니라.(마태복음 6:2)

"바탕을 돌이켜 보며 질박함을 품고, 사사로움을 줄이고, 욕심을 줄이는 것이다."

이렇게 사람들이 할 수 있는 이 세상에서의 행동을 성경은 아래와 같이 설명하고 있다.

어떤 사마리아인은 여행하는 중 거기 이르러 그를 보고 불쌍히 여겨 가까이 가서 기름과 포도주를 그 상처에 붓고 싸매고 자기 짐승에 태워 주막으로 데리고 가서 돌보아 주고 이튿날에 데나리온 둘을 내어 주막 주인에게 주며 가로되 이 사람을 돌보아 주라 부비가 더 들면 내가 돌아올 때에 갚으리라 하였으니 네 의견에는 이 세 사람 중에 누가 강도 만난 자의 이웃이 되겠느냐 가로되 자비를 베푼 자니이다. 예수께서 이르시되 가서 너도 이와 같이하라 하시니라.(누가복음 10:33~37)

강도 맞은 자의 이웃은 그를 보고 피하여 간 제사장과 레위인이 되어야 한다. 왜냐하면, 이웃이 이웃으로만 보이는 한 내 목숨처럼 사랑할 수 없는 상대이기 때문이다. 그러나 사마리아인은 겉사람이 강도 맞은 자의 내면에서 존재하는 이웃인 속사람(하나님)을 보았기에 지나쳐 갈 수 없었다. 즉 내 속사람으로 존재하는 하나님을 본 자는 상대방에게도 존재하고 있는 하나님을 볼 수 있다는 것을 사마리아인의 비유를 통하여 알 수 있는 것이다. 그러나 성지, 인의, 교리 등의 상대성 에고도 하나에서 비롯됨을 잊지 말아야 노자를 이해한다고 할 수 있을 것이다. 노자의 도덕경은, 道를 깨달은 사람은 천국에 가고 또는 윤회를 멈춘다는 성경적 또는 불교적 가르침을 내 세우지 않는다. 모든 현상은 생명 작용(사랑)의 일환이라고 할 뿐 종교성 일체를 배제하고 있다.

제 20장

絶學無憂.(절학무우)

(세상 지식과 경험을) 본받는 것을(學-效) 끊으면(絶-斷) 욕됨이(憂-辱) 없다(無).

唯之與阿, 相去幾何?(유지여아, 상거기하?)

예 하는(唯) 것과(之) 더불어(與-假令) (건성으로) 응하는 것은(阿-慢應聲),

서로의(相-共) 차이가(去-距) 얼마나(幾-幾何) 되느뇨(何-詰辭)?

善之與惡, 相去若何?(선지여오, 상거약하?)

좋은(善-良) 것과(之) 더불어(與-假令) 싫은 것은(惡-忌避),

서로의(相-共) 차이가(去-距) 얼마나(若-假說辭) 되느뇨(何-詰辭)?

人之所畏, 不可不畏.(인지소외, 불가불외)

사람들(人)이(之) 두려워하는(畏-懼) 것을(所-語辭),

(내가) 두려워(畏-懼) 않음은(不) 마땅치(可-宜) 않다(不).

荒兮, 其未央哉!(황혜, 기미앙재!)

황당함(荒-荒唐)이여(兮),

(사람들) 그(其) 어리석음의(央-災殃) 끝 없음(未-不)이로구나(哉-疑辭)!

衆人熙熙, 如亨太牢, 如春登臺.(중인희희, 여형태뢰, 여춘등대)

(그러함에도) 많은(衆-多) 사람이(人) 기쁨을(熙-嬉) 즐기는 것이(熙-興),

큰(太-大) 소를 잡아(牢-牛) 잔치를 벌이는 것(亨-祭) 같고(如-似),

봄날(春) 누각에(臺-墩臺) 오른 것(登-昇) 같다(如-似),

我獨泊兮, 其未兆, 如嬰兒之未孩.(아독박혜, 기미조, 여상아지미해)

(그러나) 나(我) 홀로(獨-孤) 조용함(泊-澹)이여(兮),

그 어떤(其) 의도조차(兆-未作意) 없으니(未-不),

갓난아이(嬰兒)의(之) 방글거림도(孩-小兒笑) 없는 것(未-不) 같다(如-似).

儽儽兮, 若無所歸.(루루혜, 약무소귀)

고달프고(儽) 피로함(儽)이여(兮),

돌아갈 곳(歸-還) 조차(所) 없는 것(無) 같다(若-如).

衆人皆有餘, 而我獨若遺.(중인개유여, 이아독약유)

뭇(衆) 사람들은(人) 모두(皆-同) 여유가(餘-饒) 있는데(有),

나만(我) 홀로(獨-孤) 잃어버린 것(遺-失) 같을(若-如) 뿐이다(而).

我愚人之心也哉! 沌沌兮! (아우인지심야재! 돈돈혜!)

나(我) 어리석은(愚) 자(人)의(之) 마음은(心) 그러한 것(哉-疑辭)이구나(也)!
(사리에) 어둡고(沌) 어두움(沌)이여(兮)!

俗人昭昭, 我獨昏昏。 (속인소소, 아독혼혼)

평범한(俗-平凡) 사람들도(人) 밝고(昭) 분명한데(昭-分明),
나(我) 홀로(獨-孤) 흐리고(昏-闇) 어리석다(昏).

俗人察察, 我獨悶悶。 (속인찰찰, 아독민민)

평범한(俗-平凡) 사람들도(人) 환히(察) 아는데(察-知),
나(我) 홀로(獨-孤) 민망하게(悶-懣) 사리에 어둡다(悶).

澹兮其若海, 飂兮若無止。 (담혜기약해, 료혜약무지)

(사람들의) 뒤엉킴(澹-凝)은(兮) 그(其) 바닷물(海-海水)과 같고(若-如),
(百家爭鳴의) 바람(飂-風聲)은(兮) 그치지(止) 않는 것(無-不) 같다(若-如).

衆人皆有以, 而我獨頑似鄙。 (중인개유이, 이아독완사비)

뭇(衆) 사람들은(人) 모두(皆-同) 쓸모가(以) 있는데(有), 나는(我) 홀로(獨-孤)
천덕꾸러기(鄙-鄙賤)처럼(似) 무딜(頑-鈍) 뿐이다(而).

我獨異於人而貴食母。 (아독이어인이귀식모)

내가(我) 홀로(獨-孤) 뭇(於) 사람과(人) 다른 것은(異),
(만물을) 먹이는(食-茹) 어미를(母-根源) 공경할(貴-恭敬) 뿐이다(而).

- 제 20장 풀이 -

예수께서 이르시되 여우도 굴이 있고 공중의 새도 거처가 있으되 오직 인자는 머리
둘 곳이 없다 하시더라.(마태복음 8:20 ;누가복음 9:58.

보이지 않는 세계를 보는 예수의 말씀이다. 보이는 세계의 모든 것이 궁극
이 아님을 알므로 인하여 이 세상에 머리 둘 곳이 없음을 한탄하는 것이다.
모르는 사람들이 아는 사람을 그 누가 온전히 이해할 수 있으랴.

오호라 나는 곤고한 사람이로다. 이 사망의 몸에서 누가 나를 건져 내랴.(로마서
7:24).

또 수고하여 친히 손으로 일을 하며 후욕을 당한즉 축복하고 핍박을 당한즉 참고
비방을 당한즉 권면하니 우리가 지금까지 세상의 더러운 것과 만물의 찌끼같이 되었도

다.(고린도전서 4:12~13).

바울의 절규를 듣는 것 같은, 노자가 탄식하는 제20장이다. 특이하게도 노자 자신의 심경을 이렇게 적나라(赤裸裸)하게 표현한 장은 없다. 절학무우(絶學無憂)를 앞세운 20장은 老子가 道를 깨우친 후 새롭게 알게 된 자기 성찰이다. 누구든지 많이 배우고 익히고 남을 가르칠 수 있는 경지에 오르기를 희망한다. 이로 인하여 스승으로서의 명성도 얻고 부귀영화를 누리고자 했던 것이 뭇사람들의 욕망일 것이다. 그러나 노자는 이것도 한낱 지나가는 바람이요, 스스로 그러함(自然)과는 거리가 멀다는 것을 깨달은 후 도덕경을 저작하였으며, 37장 중 20장 중간쯤에다 자기의 심경을 삽입하였다고 본다. 노자가 젊었을 때 배우지 않았을 리 없지만, 잘못 읽으면 아예 식자우환이니 배움 자체를 끊으라는 글로 이해할 수 있다. 3차원 물질세계의 경쟁사회에서 있을 수 없는 일이지만 노자의 경지에서는 가능한 일이다. 그러나 세상의 식자(識者)들은 이런 노자의 생각을 얼마나 비웃었을까? 짐작이 간다. 노자가 이 세상의 비웃음을 허물하는 것이 아니라 그들을 위하여 오히려 탄식하고 있다. 하늘의 은혜는 절대 그냥 주어지지 않는다. 반드시 고통을 수반(隨伴)한다는 것을 노자는 자기 성찰을 통하여 뭇사람들에게 알리고 있다.

이사야서-53장에서 예언하는, 예수 그리스도 고난의 모습을 올린다.

1.우리의 전한 것을 누가 믿었느뇨 여호와의 팔이 뉘게 나타났느뇨 2.그는 주 앞에서 자라나기를 연한 순 같고 마른 땅에서 나온 줄기 같아서 고운 모양도 없고 풍채도 없은즉 우리의 보기에 흠모할만한 아름다운 것이 없도다. …… 11.가라사대 그가 자기 영혼의 수고한 것을 보고 만족히 여길 것이라 나의 의로운 종이 자기 지식으로 많은 사람을 의롭게 하며 또 그들의 죄악을 친히 담당하리라 12.이러므로 내가 그로 존귀한 자와 함께 분깃을 얻게 하며 강한 자와 함께 탈취한 것을 나누게 하리니 이는 그가 자기 영혼을 버려 사망에 이르게 하며 범죄자 중 하나로 헤아림을 입었음이라 그러나 실상은 그가 많은 사람의 죄를 지며 범죄자를 위하여 기도하였느니라 하시니라.(이사야 53:1~12)

絶學無憂.(절학무우)

'끊다'라는 의미를 가진 절(絶) 字가 도덕경 전체에서 4회 나온다. 제19장에 3번, 제20장에 1번 몰아서 나온다.

절성기지, 민리백배.(絶聖棄智, 民利百倍) - 제19장 참조.

"(부리는 자가) 거룩함을 끊고 기지를 버리면, 백성들의 이로움이 백배이다."

절인기의, 민복효자.(絶仁棄義, 民復孝慈)

"(부리는 자가) 인을 끊고 의를 버리면, 백성들이 효와 사랑을 회복한다."

절교기리, 도적무유.(絶巧棄利, 盜賊無有)

"(부리는 자가) 기교를 끊고 이로움을 버리면, 도적의 존재함이 없다."

성(聖), 인(仁), 교(巧)는 끊고(絶), 지(智), 의(義), 리(利)는 버린다(棄). 이것들을 끊고 버리는 가장 확실하고, 종합적인 방법이 절학(絶學)이다.

혜지출, 유대위.(慧智出, 有大僞) - 제18장 참조.

"한 기지가 생기니 큰 속임이 나타난다."

식자(識者)들로 인하여 지혜가 나타나고, 그 지혜를 가진 식자들에 의하여 큰 속임이 나타나고, 그 속임은 물욕으로 인한 전쟁을 끝없이 일으킨다. 세상 삶에서 이로운 것들인데 끊고 버려야, 사람들이 백배 이롭고, 효와 사랑이 회복되고, 도적이 없어지고, 걱정이 없어진단다. 농자천하지대본(農者天下之大本)이라는 말을 곱씹어 볼 일이다. 學의 의미는 여러 가지가 있다.

1.배울(效, 受敎傳覺悟) 2.글방(庠序總名) 3.공부(法律學, 學理) 4.흉내내다(效) 5.모방하다(模倣) 6.가르침 7.학교(學校), 학문(學問), 학자(學者), 학파(學派).

스승은 몽학선생(蒙學先生)일 수밖에 없다. 학문의 세계에서도 그러하거늘, 영성(靈性)의 세계는 더 말할 필요가 없다. 스승으로부터 하산(下山)하라는 고마운 말씀을 듣는다는 것은 "무소의 뿔처럼 혼자서 가라"는 의미다. 너의 하나님, 너의 부처님을 만나라는 것이다.

"(세상 지식과 경험을) 본받는 것을 끊으면 욕됨이 없다."

나(몽학선생)로부터 더 본받는 것을 끊고, 모방하지 말라는 선언이다. 제자의 독립선언을 대신 선포해주고 있는 스승의 은혜다. 아무리 영성이 높은 스승일지라도 그의 수하에서 평생을 보낸다면 나의 하나님은 찾을 수 없고 스승의 하나님만 보게 되기 때문이다. 학문의 세계이든 영성의 세계이든 혼자서 뚜벅뚜벅 가야 할 때를 놓치지 않아야 근심과 욕(辱)됨이 없는 것이다. 그래서 곁사람의 부처를 만나면 부처를 죽이고, 예수를 만나면 예수를 죽이라는 것이다. 그들을 죽이고 나면 나만의 속사람인 나의 하나님, 나의 부처님, 나의 깨달음으로 살 수 있으므로 욕됨도 없는 것이다.

이 보이는 세상, 물질세계에서 중요한 돈, 권력, 명예, 지식, 등은 보이지 않는 道의 세계에서는 아무런 필요가 없는 줄 아는 사람은 세상을 본받는(學-效) 것을 포기한 사람일 것이다. 성경도 땅에 보물인 돈, 권력, 명예, 지식, 등을 버리고 하늘의 보물인 道를 너를 위하여 쌓으라고 한다. 즉 네 마음을 돈, 권력, 명예, 지식 등에 주지 말고 네 마음이 하나님을 향하게 하면 너에게 아무런 욕됨도 없게 된다는 의미이다. 네 영성(靈性)의 차원 상승을 위하여 마음을 항상 들여다보고 사는 상태는 절학무우(絶學無憂)가 되지만, 여기에 세상을 본받고, 바라는(欲) 마음을 품으면 욕됨이 태산일 것이다.

땅의 보물을 너희를 위하여 쌓아두지 말라 그것은 좀과 동록이 해하며 도둑이 구멍을 뚫고 도둑질하느니라. 하늘의 보물을 너희를 위하여 쌓아두라 그것은 좀이나 동록이 해하지 못하며 도둑이 구멍을 뚫지도 못하고 도둑질도 못하느니라. 네 보물 있는 그 곳에는 네 마음도 있느니라.(마태복음 6:19~21)

왕필의 절학무우(絶學無憂)에 대한 주석 일부를 옮겨본다.

下篇爲學者日益。爲道者日損。然則學求益所能, 而進其智者也。

"48장에서, 학문을 하는 것은 날로 더하는 일인 반면에, 도를 실천하는 것은 날로 덜어내는 일이라고 했는데, 학문을 하는 것은 그 능한 바(知力)를 억지로 증진 시키는 일이자, 그 지식을 의도적으로 증대시키는 일이기 때문이다."

신심명(信心銘)에 이르기를

절언절려(絶言絶慮) 무처불통.(無處不通)

"말이 그치고, 염려가 그치면, 통하지 않는 곳이 없다."

절학무우(絶學無憂)하면 무처불통(無處不通)이 일어날 것이다.

唯之與阿, 相去幾何? 유지여아, 상거기하?)
善之與惡, 相去若何?(선지여오, 상거약하?)
人之所畏, 不可不畏。(인지소외, 불가불외)

사람들이 구별하는 "예"와 "응"의 차이나 좋음(善)과 싫음(惡)의 차이가 없다는 것이다. 평범한 사람들이 이 "예"와 "응"의 차이나 "좋은 것"과 "싫은 것"의 차이를 구별하는 것이 두려운 행위인데, 그 인간들의 행위를 두려워하지 않는 것은, 道를 아는 사람으로서는 옳지 않다는 것이다. 구별하는 것은 인간들의 지식이요 경험으로 하는 것이다. 그 차이는 인간의 지식과 경험이 구별한 것일 뿐이고, 하늘의 道는 그 둘이 같다는 것을 알고 있기 때문이다.

天下皆知善之爲善, 斯不善已.(천하개지선지위선, 사불선이) - 제2장 참조.

"세상 모두가 선의 선함 됨만을 안다면, 이것은 이미 선이 아니다."

도덕경 제2장은 이 거룩한 생명 작용이 어느 한쪽으로의 치우침을 경계하고 있다. 노자는 이 상대성의 이치를 알면서도 바울이 고민했던 것처럼 이를 두려워할 수밖에 없다는 것을 솔직하게 고백하고 있다. 무지한 사람들과 마찬가지로 선과 추함의 분별심 때문에 생기는 마음속의 분쟁을 노자 역시 두려워한다. 즉 바울이 고백했던 것 같이 내가 원하는 것(中庸)은 행하지 아니하고, 도리어 미워하는 것(分別心)을 무지한 사람들처럼 나도 모르게 행하게 된다는 것이다. 이를 두려워하지 않는(不畏) 것은 몸이 살아 있는 한, 마땅하지(宜) 않다.

오소이유대환자, 위오유신.(吾所以有大患者, 為吾有身) - 제13장 참조.

"우리가 크게 괴로운 것이 있는 까닭은, 우리에게 내 몸이 있는 인연이다.(살아 있기 때문이다)"

급오무신, 오유하환?(及吾無身, 吾有何患?)

"우리에게 몸이 없기에 이르면(죽으면) 우리에게 어찌 괴로움이 있겠는가?"

즉 노자나, 바울 같은 사람마저도 불가(不可)하다는 의미이다.

내가 행하는 것을 내가 알지 못하노니 곧 내가 원하는 것은 행하지 아니하고 도리어 미워하는 것을 행함이라.(로마서 7:15)

荒兮, 其未央哉!(황혜, 기미앙재!)
衆人熙熙, 如亨太牢, 如春登臺.(중인희희, 여형태뢰, 여춘등대)

생각 자체를 분별하면서 살아가는 무지한 사람들에 대하여 안타까움을 말하고 있다. 성경은 그 어리석음의 끝이 없는 사람들의 결말을 아래와 같이 지적하고 있다.

*태뢰(太牢=大牢) : "나라 제사에 소를 통째 제물로 바치고 잔치를 벌이는 일" 또는 "지나간 날" 국어사전에 기록되어 있는 의미이다.

홍수 전에 노아가 방주에 들어가던 날까지 사람들이 먹고 마시고 장가들고 시집가고 있으면서, 홍수가 나서 그들을 다 멸하기까지 깨닫지 못하였으니 인자의 임함도 이와 같으리라.(마태복음 24:38~39)

그런즉 깨어 있으라 너희는 그날과 그때를 알지 못하느니라.(마태복음 25:13)

我獨泊兮, 其未兆, 如嬰兒之未孩.(아독박혜, 기미조, 여상아지미해)

중인희희(衆人熙熙)라, 제자들과 그의 가족들 및 사람들은 희희낙락(喜喜樂樂)하지만, 노자의 마음은 홀로 조용하여 어떤 의도조차 없으니 갓난아이의 방글방글 웃는 모습도 보일 수 없는 상태이다. 노자가 뭇사람들의 생각대로 할 수 없는 외로움을 겪고 있음을 알 수 있다.

그러므로 예수께서 그들이 와서 자기를 억지로 붙들어 임금으로 삼으려는 줄 아시고 다시 혼자 산으로 떠나가시니라.(요한복음 6:15)

악하고 음란한 세대가 표적을 구하나 요나의 표적 밖에는 보여 줄 표적이 없느니라 하시고 그들을 떠나가시니라.(마태복음 16:4)

예수는 제자들과 수많은 사람에 에워싸여 있었으나 언제나 홀로이다. 왜냐 하면 그들의 마음속에 있는 욕심을 꿰뚫어 보고 있으므로, 아무것도 모르고 방 글거리는 어린아이의 그 미소조차 잃고 있다는 것이다.

儽儽兮, 若無所歸。(루루혜, 약무소귀)
예수께서 이르시되 여우도 굴이 있고 공중의 새도 거처가 있으되, 오직 인자는 머리 둘 곳이 없다 하시더라.(마 8:20) (누가복음 9:58)
또 이르시되 내가 진실로 너희에게 이르노니 선지자가 고향에서는 환영을 받는 자 가 없느니라.(누가복음 4:24)

고향 집에서도 쉴 수 없는 예수의 고통을 노자는 도덕경을 통하여 표현했다 고 볼 수 있다. 이런 노자의 심정을 헤아릴 수만 있어도 그나마 다행일 것이 다.

衆人皆有餘, 而我獨若遺。(중인개유여, 이아독약유)
我愚人之心也哉! 沌沌兮!(아우인지심야재! 돈돈혜!)
俗人昭昭, 我獨昏昏。(속인소소, 아독혼혼)
俗人察察, 我獨悶悶。(속인찰찰, 아독민민)
澹兮其若海, 飂兮若無止。(담혜기약해, 료혜약무지)
衆人皆有以, 而我獨頑似鄙。(중인개유이, 이아독완사비)

위의 문장들은 3차원 물질세계만이 유일한 것이라고 믿고 사는 속인들과 함 께 할 수밖에 없는 성인들의 애환을 노자의 체험을 통하여 보여주는 것이다. 노자와 같은 삶은 이미 양극(兩極)의 상대성 의미를 알고 있기에 좌편향도 아 니고 우편향도 아니다. 인생들은 일희일비(一喜一悲)한다.

중인희희, 여형태뢰, 여춘등대.(衆人熙熙, 如亨太牢, 如春登臺).
"많은 사람이 기쁨을 즐기는 것이, 큰 소를 잡아 잔치를 벌이는 것 같고, 봄날 누각에 오 른 것 같다."

중인개유여(衆人皆有餘) "뭇 사람들은 모두 여유가 있고,

속인소소(俗人昭昭) "평범한 사람들도 밝고 분명한데,"

속인찰찰(俗人察察) "평범한 사람들도 환히 알고,"

담혜기약해(澹兮其若海) "(사람들의) 뒤엉킴은 그 바닷물과 같고,"

료혜약무지(飂兮若無止) "백가쟁명(百家爭鳴)은 바람 소리처럼 그치지 않고,"

중인개유이(衆人皆有以) "뭇 사람들은 모두 쓸모가 있는데,"

이처럼 기쁨과 여유와 밝고, 분명함과 환히 아는 것과 쓸모가 있다는 모든 것은 평범한 인간들이 좋아하는 어느 한 극단을 표현하고 있다. 물론 평범한 인간들이 싫어하는 비애 또한 한 극단일 뿐이다. 하늘의 道를 아는 사람의 생활은 "갓난아이의 방글거림도 없고", "돌아갈 곳조차 없고", "잃어버린 것 같고", "사리에 어둡고", "흐리고 어리석고", "민망하게 사리에 어둡고", "바람(고난)이 그침이 없고", "천덕꾸러기처럼 무단" 생활을 할 수밖에 없다.

차양자동 출이이명.(此兩者同 出而異名) - 제1장 참조.

"이 둘은 같은 것인데, 나오고 나서 이름이 달라졌다."

도덕경의 핵심 문구인 자동(者同-不二) 즉 둘이 아니고 하나라는 道를 아는 예수, 싯달타, 노자 등의 이 세상 생활이 어떠했을까? 미루어 짐작이 가는 것이다. 바울의 고민이 얼마나 깊었을까? 연민이 갈 수밖에 없는 것이다.

장자(莊子) 내편(內篇) 제5장 인간세(人間世)

차과부재지목야, 이지어차기대야(此果不材之木也, 以至於此其大也)

"이것은 과연 재목감이 되지 않는 나무라서, 이 나무가 이렇게 크게 되었네!"

차호, 신인이차부재.(嗟乎, 神人以此不材)

"아! 이런 까닭에 道를 깨친 사람(神人)이 (세상에서 쓸) 재목이 되지 않는구나!

그래서 이 세상 나라는 내 나라가 아니므로 예수는 십자가의 고난을 마다하지 않았다. 이 세상 나라에 가죽을 남기는 호랑이나, 명성을 남기는 사람이나, 보이저 1호가 61억Km 상공에서 찍은 "창백한 푸른 별" 안에서 바이러스같이 오글거리며 사는 생명임을 老子는 살아서 하늘에 올라 이미 깨달았을 것이다.

절학무우.(絶學無憂) "본받는 것을 끊으면 욕됨이 없다"

세상 지식과 경험으로 비롯된 것을 끊지 않으면 道를 깨달을 방법이 없음을 설명한 것이다.

我獨異於人而貴食母。(아독이어인이귀식모)

老子가 평범한 사람들과 다른 점은 하나님과 자연의 섭리를 따르기 때문에 일희일비하지 않는다는 것이다. 도덕경 제1장의 중묘지문(衆妙之門)과 제6장의 현빈지문(玄牝之門)이 바로 이귀식모(而貴食母)에 대하여 설명하는 것이다. 老子는 이 문(門)을 통하여 쉼 없이 생명을 내는 어머니, 즉 천지의 뿌리(天地根)를 귀하게 여긴다는 것이다. 왜냐하면, 이 어머니(天地根)는 이용하려고 노력하는(낳고 또 낳는) 것이 아니고 자연(自然) 그대로, 스스로 그러하도록 만물을 기르기 때문이다.

중묘지문.(衆妙之門) - 제1장 참조.

"많은 신비함의 문(出入口)이다."

현빈지문, 시위천지근.(玄牝之門, 是謂天地根) - 제6장 참조.

"현묘한 어미의 문, 이를 일컬어 천지의 뿌리라 한다."

면면약존, 용지불근.(綿綿若存, 用之不勤)

"이어지고 이어지어 존재하지만, 이용하려고 노력하지 않는다."

그 이유 또 한 제7장에서 설명했다.

이기부자생, 고능장생.(以其不自生, 故能長生) - 제7장 참조.

"(天과 地)그것이 혼자서 사는 것이 아니기 때문이다. 그러므로 능히 영원히 산다."

노자는 스스로 그러함(하나님)의 원리를 알기 때문에 속인들로부터 외면과 고통을 당할지라도 어미(根源)를 바라보는 것이다. 하나님은 오늘도 나에게 말씀하신다. "내 은혜가 네게 족하도다."

이르시되 아버지여 만일 아버지의 뜻이거든 이 잔을 내게서 옮기시옵소서. 그러나 내 원대로 마시옵고 아버지의 원대로 되기를 원하나이다.(누가복음 22:42)

나에게 이르시기를 내 은혜가 네게 족하도다. 이는 내 능력이 약한 데서 온전하여짐이라 하신지라 그러므로 도리어 크게 기뻐함으로 나의 여러 약한 것들에 대하여 자랑하리니 이는 그리스도의 능력이 내게 머물게 하려 함이라.(고린도후서 12:9)

장자(莊子) 내편(內篇) 제5장 인간세(人間世) 당랑거철(螳螂車轍)의 우화(寓話)가 있다.

여부지부당랑호?(汝不知夫螳螂乎)"그대는 저 사마귀를 모르시오?"

노기비이당거철(怒其臂以當車轍)"팔을 휘두르며 수레바퀴에 맞서지만,"

부지기불승임야.(不知其不勝任也)"자기 힘으로 이길 수 없음을 알지 못하지요."

하나님 앞에서 세상 재능 뽐내는 것을 삼가라는 의미이다. **내 은혜가 네게 족하도다** 라는 하나님 앞에서 노자는 오늘도 이 세상을 바보처럼 살면서 말한다.

아독이어인이귀식모(我獨異於人而貴食母)

"내가 홀로 뭇 사람과 다른 것은(만물을) 먹이는 어미를 공경할 뿐이다."

제 21장

孔德之容, 惟道是從.(공덕지용, 유도시종)
큰(孔-盛大) 덕(德-惠)의(之) 쓰임은(容-用),
오직(惟-獨) 도를(道) 따를(從-隨) 뿐이다(是).

道之爲物, 惟恍惟惚.(도지위물, 유황유홀)
도(道)의(之) 형상을 헤아리게(物-相度) 되면(爲),
오직(惟-獨) 흐릿하고(恍) 어슴푸레하다(惚).

惚兮恍兮, 其中有象.(홀혜황혜, 기중유상)
흐릿하고(恍) 어슴푸레(惚)함이여(兮)!
그(其) 안에(中) 형상이(象-形象) 있다(有).

恍兮惚兮, 其中有物.(황혜홀혜, 기중유물)
흐릿하고(恍) 어슴푸레(惚)함이여(兮)!
그(其) 안에(中) 만물이(物-萬物) 있다(有).

窈兮冥兮, 其中有精.(요혜명혜, 기중유정)
희미함과(窈-稀微) 어두움(冥-昏晦)이여(兮)!
그(其) 안에(中) 정기가(精-眞氣) 있다(有).

其精甚眞, 其中有信.(기정심진, 기중유신)
그(其) 정기는(精-眞氣) 근본의(眞-本元-道) 깊음이고(甚),
그(其) 안에(中) 징험함이(信-徵驗) 있다(有).

自古及今, 其名不去,(자고급금, 기명불거)
예로(古)부터(自) 지금(今)까지(及),
그(其-本元-道) 이름이(名) 사라지지(去) 않으니(不),

以閱衆甫.(이열중보)
이로써(以-此) 만물의(衆-物) 시작을(甫-始) 분간한다(閱-分揀).

吾何以知衆甫之狀哉?(오하이지중보지상재?) - 제54, 57장 참조
내가(吾) 무엇을(何) 근거로(以-根據)
만물의(衆-物) 시작이(甫-始) 나타남을(狀) 알 수(知) 있겠는가(哉)?

以此.(이차) - 제54, 57장 참조
(本元-道)이것(此)으로써 이다(以).

- 제 21장 풀이 -

노자는 도덕경 제20장에서 자신이 뭇사람들과 어울리기 힘든 생활을 할 수밖에 없으므로 외롭고, 곤고(困苦)하였음을 피력하였다. 그러나 제20장의 마지막 구절에서 뭇사람들과 다른 점을 설명하면서 그 이유가 道를 아는가? 모르는가? 의 차이임을 인식시키고 있다.

아독이어인이귀식모.(我獨異於人而貴食母) - 제20장 참조.

"내가 홀로 뭇 사람과 다른 것은(만물을) 먹이는 어미를 공경할 뿐이다."

21장에서의 노자는 그 道의 실체를 설명하면서 만물의 시작이 나타남을 알 수 있는 것도 道로 인함임을 지적한다. 도덕경 21장도 언제나 같이 전장과 이어지는 것이 특색이다.

孔德之容, 惟道是從。(공덕지용, 유도시종)

여기에서의 공덕(孔德)은 보이는 세계에서의 삶을 자연의 순리를 따라 행하는 것이고, 이 공덕은 보이지 않는 세계인 道의 이치를 따른다는 것이다. 이런 삶을 살아야 했던 노자의 고뇌와 외로움을 제20장에서 언급하였다. 깨달은 자의 이 세상에서의 삶을 공덕이라 할 수 있는 것이다. 이를 행하고 살았던 지구상의 성인들이 얼마나 되었을까? 이들은 하나같이 세상과 격리된 삶을 살았던지, 아니면 노자와 같은 고뇌를 했을 것이다. 사랑의 삶인 공덕을 행하는 자(몸을 가진)마다 고뇌와 외로움이 따르지만, 이웃에게 악을 행할 수 없는 삶을 살게 되는 이유는 道를 따르기(從-隨) 때문이다.

사랑은 이웃에게 악을 행하지 아니하나니 그러므로 사랑은 율법의 완성이니라.(로마서 13:10).

그러나 몸을 가지고 살아가는 뭇사람들은 이를 지키고 따르기가 너무도 어렵다. 그래서 인의(仁義)를 제18, 19장에서 언급하였었다. 제19장에서 인의가 공맹의 가르침인 德과 유사하다고 할 것이다. 그러나 이것마저도 지키며 살기가 어찌 쉬울까?

절인기의, 민복효자.(絶仁棄義, 民復孝慈) - 제19장 참조.

"(부리는 자가) 인을 끊고 의를 버리면, 백성들이 효와 사랑을 회복한다."

내가 율법이나 선지자를 폐하러 온 줄로 생각하지 말라 폐하러 온 것이 아니요 완전하게 하려 함이라.(마태복음 5:17)

道之爲物, 惟恍惟惚。(도지위물, 유황유홀)

물(物): 1. 인간의 감각으로 느낄 수 있는 실재적 사물.

　2. 느낄 수 없어도 그 존재를 사유할 수는 있어 헤아릴(相度) 수 있는 상태.

　상(相-形象)은 형상을, 탁(度-촌:忖)은 헤아린다, 짐작(斟酌)한다는 의미이다.

　道는 사물의 근원으로써 만지고 느낄 수는 없지만, 사유할 수 있어 그 형상을 헤아리고(度-忖) 짐작하는 것이다.

惚兮恍兮, 其中有象。(홀혜황혜, 기중유상)

恍兮惚兮, 其中有物。(황혜홀혜, 기중유물)

기중유물(其中有物)은 인간의 감각으로 느낄 수 있는 실재적 사물을 의미한다.

窈兮冥兮, 其中有精。(요혜명혜, 기중유정)

其精甚眞, 其中有信。(기정심진, 기중유신)

　물(物)은 어슴푸레하고 흐릿하다. → 그(本元) 안에 형상(象-形象)이 있다. → 그 안에 헤아림(物-相度)이 있다. → 그 안에 진기(精-眞氣)가 있다. → 그 안에 징험함(信-徵驗)이 있다. 이 순서로 道를 설명하고 있다. 흐릿하고 어슴푸레하지만 그 안에 무언가(象, 物, 精, 信) 있다는 것을 굳이 설명하려고 해야 할까?

自古及今, 其名不去,(자고급금, 기명불거)

以閱衆甫。(이열중보)

　보이지 않는 태극(太極-道)의 작용이 만물(衆)의 시작(甫)인 삼태극을 이루어 물질세계를 만들었기 때문에 보이지 않는 세계와 보이는 세계의 시작을 분간한다는 것이다.

吾何以知衆甫之狀哉?(오하이지중보지상재?) - 제54, 57장 참조

以此。(이차) - 제54, 57장 참조

　"이것이다" 이것(本元-道) 즉 스스로 그러함의 하나님이 존재함으로써 우리도 지금 이 자리에 존재함을 보고 알 수 있다.

제 22장

曲則全, 枉則直,(곡즉전, 왕즉직)

(道는) 굽은(曲-不直) 즉(則) 온전하게 하고(全-完),

굽히게(枉-服從) 되면(則) 곧게 하며(直-理枉),

窪則盈, 敝則新,(와즉영, 폐즉신)

패인(窪-窊) 즉(則) 채우고(盈-滿), 헤진(敝-廢) 즉(則) 새로워지며(新-初),

少則得, 多則惑。(소즉득, 다즉혹)

적은(少-不多) 즉(則) 얻게 하고(得-獲),

넘치게(多-過) 되면(則) 미혹한다(惑-迷惑).

是以聖人抱一, 爲天下式。(시이성인포일, 위천하식)

(道가 그러하듯이) 이런(是-此) 까닭에(以-因) 성인이(聖人) 하나를(一-道) 지킴은(抱-懷持), 세상 만물의(天下) 본보기를(式) 위함이다(爲).

不自見故明,(불자현고명)

(하나를 지키려고) 스스로(自) 드러내지(見) 않는(不) 까닭에(故-理由) (오히려) 나타나고(明-著),

不自是故彰,(불자시고창)

스스로(自) 바르다고(是-正) 하지 않는(不) 까닭에(故-理由) 선명(彰-鮮明)하며,

不自伐故有功,(불자벌고유공)

스스로(自) 자랑하지(伐-自矜) 않는(不) 까닭에(故-理由) 공(功-事)을 이루고(有-得),

不自矜故長。(불자긍고장)

스스로(自) 교만(矜-驕)하지 않은(不) 까닭에(故-理由) 영원하다(長-久).

夫惟不爭, 故天下莫能與之爭。(부유부쟁, 고천하막능여지쟁)-제66장 참조

무릇(夫-大抵) 다투지(爭-競) 않기(不) 때문에(惟), 고로(故) 세상 만물은(天下) 능히(能) 그와(之) 더불어(與-以) 다툴 수(爭-競) 없다(莫-無).

古之所謂曲則全者,(고지소위곡즉전자)

옛말(古)에(之) 이르기를(謂) 굽은(曲-不直) 사람인(者) 즉(則) 온전하다는(全-完) 연고기(所-所以)

豈虛言哉!(기허언재!)

어찌(豈-焉) 빈(虛-空) 말이(言) 되겠느냐(哉)!

誠全而歸之。(성전이귀지)

참된 하나로(誠-純一無僞) 온전하게(全-完) 됨으로써(而) (원래의 모습) 되돌아(歸-返) 간다(之).

- 제 22장 풀이 -

도덕경 제18장은 道가 떨어지면, 필연적으로 뒤따를 3차원 물질세계의 질서를 보여주고 있는 것이고, 도덕경 제19장은 성지(聖智), 인의(仁義), 교리(巧利) 등 이 세 가지는 물질세계의 몸에서 나타나는 것이기 때문에 자연(自然)스러운 것이 아니고 꾸미는(飾) 것이므로, 내 속의 겉사람이 아닌 속사람, 즉 진아(眞我)를 들여다보라고 하고 있다. 도덕경 제20장은 絕學無憂(절학무우)를 앞세워 老子가 道를 깨우친 후 새롭게 알게 된 자기 성찰이다. 老子가 이 세상의 비웃음을 허물하는 것이 아니라 그들을 위하여 오히려 탄식(歎息)하고 있다. 하늘의 은혜는 절대 그냥 주어지지 않는다. 반드시 고통을 수반(隨伴)한다는 것을 老子는 자기 성찰(自己 省察)을 통하여 뭇사람들에게 알리고 있다.

도덕경 제21장은 여기에서의 공덕(孔德)은 보이는 세계에서의 삶을 자연의 순리를 따라 행하는 것이고, 이 공덕(孔德)은 보이지 않는 세계인 道의 理致를 따른다는 것이다. 깨달은 자의 이 세상에서의 삶을 孔德이라 할 수 있는 것이다. 老子가 그 道의 실체를 설명하면서 만물의 나타남을 알 수 있는 것도 道로 인함임을 지적한다. 도덕경 제22장은 노자가 상대 세계에서 나타나는 둘은 필연코 원래의 하나(誠)로 귀환한다는 것이다. 무엇이든지 지나치면 원래대로 환원시키는 것이 道의 작용이다. 즉 중심을 지킨다는 것이고, 다르되 둘이 아님(異而不二)을 알리는 것이다. 굽음과 펼침에서 펼침이 옳다는 것도 아니고 펼침이 근본의 모습도 아니라는 것이다. 펼침대로만 있으면 굽음의 효용(效用)을 알 수 없다. 마치 제2장의 유무(有無), 난이(難易), 장단(長短), 고하(高下), 음성(音聲), 전후(前後) 등 상대적인 언어와 모습이 생명 작용을 위하여 존재하는 것이지 옳고 그름, 좋고 나쁨을 분별하기 위함이 아니라는 것을 되돌아본다. 그러므로 본 장의 곡전(曲全), 왕직(枉直), 와영(窪盈), 폐신(敝新), 소득(少得), 다혹(多惑) 역시 생명 작용의 일부일 뿐이다. 道의 존재는 생명이 없다면 아무 소용이 없음을 노자는 가르치고 있다. 생명이 없다면 스스로 그러함의 하나님도 존재할 이유가 없다.

曲則全, 枉則直,(곡즉전, 왕즉직)
窪則盈, 敝則新,(와즉영, 폐즉신)
少則得, 多則惑。(소즉득, 다즉혹)

위 문장은 道(太極)의 생명 작용을 설명하는 것이지 사람들이 할 수 있는 행위가 아니다. 하나님의 생명 작용은 "스스로 그러함"(自然 - I am that being)이다. 현명함을 드러내지도 않고, 현명함을 감추려고도 하지 않고, 온전함을 드러내려고 하지도 않지만 스스로 그렇게 온전한 것이다. 제법무상(諸法無常), 모든 법은 늘 그대로이지 않다는 불교의 용어 역시 사람들이 그렇다고 여기는 것이므로 우주 만물은 변하면서 생명을 기르게 되어 있다.

도가도, 비상도 (道可道, 非常道) - 제1장 참조.
"(사람들이) 도라고 여기는 도는 (이미) 변하지 않는 (떳떳한) 도가 아니다."
명가명, 비상명.(名可名, 非常名)
"(사람들이) 이름이라고 여기는 이름은(이미) 변하지 않는 (떳떳한) 이름이 아니다."
중묘지문.(衆妙之門) - 제1장 참조.
"많은 신비함의 문이다(出入口)."

변한다는 것은 변하지 않는 것을 전제하는 것이지만, 노자도 중묘지문의 안쪽은 언급하지 않았다(제1장 참조).

是以聖人抱一, 爲天下式。(시이성인포일, 위천하식)

곡(曲)과 전(全), 왕(枉)과 직(直), 와(窪)와 영(盈), 폐(敝)와 신(新)이 동전의 양면과 같아서 그것들이 혼자서 사는 것이 아니라(以其不自生-제7장 참조) 즉 상생하고 있다는 것이다. 그러므로 성인이 어느 한쪽으로 치우치지 않고 삼가며, 하나(不二)를 지킴은 道의 본보기를 보이는 것이다.

재영백포일, 능무리호? (載營魄抱一, 能無離乎) - 제10장 참조.
"하늘의 넋과 땅의 넋을 이고 영을(1-靈) 품고서(抱), 능히 갈라짐이 없도록 하겠는가?"
포일(抱一), 가슴으로 품는 하나의 의미를 제22장은 성(誠-純一無僞)으로 표현하였고, 제10장은 靈(太極)으로 표현하였음을 알 수 있다.

不自見故明,(불자현고명)

하나(道)를 지키려고 한다는 것은 한쪽으로 치우치지 않는다는 의미다. 그러므로 그 행동을 삼가며 드러내지 않고 중용(中庸)을 지킬 수 있어 오히려 드러나게 된다는 의미다.

어리석은 자는 온갖 말을 믿으나 슬기로운 자는 그 행동을 삼가느니라.(잠언 14:15)

不自是故彰,(불자시고창)

道를 깨달은 사람은 스스로 바르게 살고 있다고 할 수 없는 것이다. 정의(正義)를 내세우는 행동이 바로 어떤 한쪽으로 이미 치우치고 있다는 것이기 때문이다. 道를 헤아려보면, 어슴푸레하고 흐릿하다.

도지위물, 유황유홀.(道之爲物, 惟恍惟惚) - 21장 참조.

정의는 사람들이 보기에 옳은 것 같지만, 道의 입장으로 보면 이미 한쪽으로 치우쳐 있는 정의를 옳다고 할 수 없기에 오히려 선명(彰-鮮明)하다는 것이다. 정의를 앞세운다는 것은 사람이 보기에 바르나 道를 깨달은 사람의 입장으로 보면 사망의 길인 것은 하나가 아니기 때문이다. 효제충신(孝悌忠信)을 주장하는 공맹의 정의가 물질세계에서는 바른 것이지만, 道의 입장에서는 궁극이 될 수 없다는 것이지 부정하는 것이 아님을 유념해야 노자를 이해하는 것이라 할 수 있다.

어떤 길은 사람의 보기에 바르나 필경은 사망의 길이니라.(잠언 14:12)

不自伐故有功,(불자벌고유공)
不自矜故長。(불자긍고장)

제2장을 참조하면 성인은 道를 깨달아서 소유하지 않고(不有), 주장하지 않으므로(不恃) 태어나서 한평생을 자연의 섭리를 어기지 않고 사는 공(功-故有功)을 이룰 수 있는 것이다.

공성이불거.(功成而不居) - 제2, 77장 참조.

"(聖人은 태어난) 공을(功-事) 이루었으니(成) 이로써 살지 않는다."

부유불거, 시이불거.(夫唯弗居, 是以不去)

"대저 살지 않을 뿐이니, 이런 까닭에 죽는 것도 아니다."

성인은 살지 않을 뿐이지 죽는 것도 아니라는 의미는, 죽음의 자리가 없다 (以其無死地-제50장 참조)는 것을 알기 때문에 생명은 영원(長-久)하다는 것이다. 道를 깨달아 사랑을 품은 자는 교만할 수 없다. 이 세상에 예언도 지식도 다 없어질지라도 사랑(생명)은 영원하리라고 한 성경의 가르침을 생각나게 한다.

그런즉 누구든지 사람을 자랑하지 말라 만물이 다 너희 것임이라.(고린도전서 3:21) 사랑은 오래 참고 사랑은 온유하며 투기하는 자가 되지 아니하며 사랑은 자랑하지 아니하며 교만하지 아니하며 무례히 행치 아니하며 자기의 유익을 구치 아니하며 성내지 아니하며 악한 것을 생각지 아니하며 불의를 기뻐하지 아니하며 진리와 함께 기뻐하고 모든 것을 참으며 모든 것을 믿으며 모든 것을 바라며 모든 것을 견디느니라 사랑은 언제까지든지 떨어지지 아니하나 예언도 폐하고 방언도 그치고 지식도 폐하리라. (고린도전서 12:4~8)

물질과 권력을 소유하고 마음이 교만한 사람들에게도 죽음의 자리가 없지마는, 카르마(業)가 해소될 때까지 영원한(長-久) 하나님 나라를 볼 수 없으므로 성인의 그 깨달음을 누릴 수 없다.

눈이 높은 것과 마음이 교만한 것과 악인의 형통한 것은 다 죄니라.(잠언 21:4) 그러나 화 있을찐저 너희 부요한 자여 너희는 너희의 위로를 이미 받았도다. 화 있을찐저 너희 이제 배부른 자여 너희는 주리리로다 화 있을찐저 너희 이제 웃는 자여 너희가 애통하며 울리로다.(누가복음 6:24~25)

그러나 실망할 필요가 없는 것이 누구에게나 기회는 똑같이 주어는 것이 하나님의 사랑이며, 道의 섭리이다. 내가 비록 지금 오수(汚水)에 섞여 있을지라도 언젠가는 바다에 도달하는 것이 기정사실인 것은 억겁(億劫)과 찰나(刹那)도 둘이 아니기(不二) 때문이다. 너와 나의 생명은 영원한 하나이므로 죽음의 자리가 없다.(以其無死地-제50장 참조)

夫惟不爭, 故天下莫能與之爭。(부유부쟁, 고천하막능여지쟁) -제66장 참조
道를 깨달은 사람은 불자현(不自見)으로 고명(故明), 불자시(不自是)로 고창(故彰), 불자벌(不自伐)로 고유공(故有功), 불자긍(不自矜)으로 고장(故長) 하였으니 천하와도 다툴 일이 없는 것이, 마치 물의 속성과 같기 때문이다.

부유부쟁, 고무우.(夫惟不爭, 故無尤) - 제8장 참조.
"무릇 다투지 않기 때문에, 고로 허물이 없다."
3차원 물질세계의 부요한 자나, 가난한 자나, 권력을 가진 자나, 없는 자나 거의 모든 사람은 일등이 되고자 다툼을 생활화하고 있다. 자현(自見)하고, 자시(自是)하고, 자벌(自伐)할 수밖에 없고, 자긍(自矜)할 수밖에 없다. 道가 사라지니(大道廢) 그 마음이 강퍅해지고 불평이 많아 다툼으로 지새울 수밖에 더 있으랴! 하물며 하나님에게도 불평하고 대들면서 다투는 생명인 인간들에게 성경은 이렇게 묻는다.

그런즉 하나님께서 하고자 하시는 자를 긍휼히 여기시고 하고자 하시는 자를 강퍅케 하시느니라 혹 네가 내게 말하기를 그러면 하나님이 어찌하여 허물하시느뇨? 누가 그 뜻을 대적하느뇨? 하리니 이 사람아 네가 뉘기에 감히 하나님을 힐문하느뇨? 지음을 받은 물건이 지은 자에게 어찌 나를 이같이 만들었느냐 말하겠느뇨? 토기장이가 진흙 한 덩이로 하나는 귀히 쓸 그릇을, 하나는 천히 쓸 그릇을 만드는 권이 없느냐? (로마서 9:18~21)

그래서 천지가 불인(不仁)한 것이 하나님의 사랑이다.

古之所謂曲則全者,(고지소위곡즉전자)
豈虛言哉! (기허언재!)
誠全而歸之。(성전이귀지)

중용(中庸) 제25장에서,

誠者 自成也. 而道 自道也. 誠者 物之終始 不誠 無物 是故 君子 誠之爲貴 誠者 非自成己而已也, 所以成物也. 成己 仁也, 成物 知(智)也. 性之德也, 合內外之道也. 故 時措之宜也.

"성(誠)이라는 것은 스스로 이루는 것이며, 도는 스스로 행하는 것이다. 성이라는 것은 사물의 끝과 시작이니, 성하지 않으면 사물이 없게 된다. 그러므로 군자는 성지를 귀하게 여긴다. 성이라는 것은 스스로 자신을 이룰 뿐만 아니라 사물을 이루는 바니, 자신을 이루는 것이 인(仁)이며 사물을 이루는 것이 지혜. 이것은 성(性)의 덕으로 내외를 합한 도이니, 그러므로 수시로 두는 것이 마땅하다"(인터넷에서 따옴).

유가(儒家)에서 성(誠)을 만물의 끝이요 시작으로 표현한 해석은 도덕경의 성전이귀지(誠全而歸之)를 인용하였음을 알 수 있다. 도덕경의 성(誠-純一無僞)은 하나(道)를 의미하며, 이이불이(異而不二)와 차양자동(此兩者同-제1장 참조)을 나타낸다고 할 수 있다. 노자는 말한다.

곡전(曲全), 왕직(枉直), 와영(窪盈), 폐신(敝新), 소득(少得), 다혹(多惑)이 다르되 둘이 아님(異而不二)을 옛 성인들의 가르침으로 알고 있었지만, 이제 道를 깨닫고 보니 허언(虛言)이 아님을 알 수 있으니, 내가 온전하게(全-完) 됨으로써 참된 하나(誠-道)인 원래의 모습(歸-返)으로 되돌아감을 기뻐한다.

제 23장

希言自然。(희언자연)

드문(希-罕) (사이가 뜨는) 한마디는(言) 스스로 그러함(自然-道)이다.

故飄風不終朝,(고표풍부종조)

고로(故) 회오리바람은(飄風-回風吹) 아침을(朝-早) 채우지(終) 못하고(不),

驟雨不終日。(취우부종일)

별안간(驟-突然) 오는 비는(雨) 하루를(日) 채우지(終) 못한다(不).

孰爲此者? 天地!(숙위차자? 천지!)

누가(孰-誰) 이렇게(此者) 하는가(爲)? 하늘과(天) 땅이다(地)!

天地尙不能久,(천지상불능구)

하늘과(天) 땅도(地) 오히려(尙-猶) 능히(能) 기다리지(久-待) 못하니(不),

而況於人乎?(이황어인호?)

그런데(而) 하물며(況-矧) 사람(人)에게(於) 있어서랴(乎)?

故從事於道者,(고종사어도자)

그러므로(故) 도(道)를(於) 좇아서(從-隨) 섬기는(事-奉仕) 사람은(者),

道者同於道,(도자동어도)

도를 아는(道) 사람하고는(者) 도(道)로서(於) 함께하고(同-和),

德者同於德,(덕자동어덕)

덕을 아는(德) 사람하고는(者) 덕(德)으로(於) 함께하고(同-和),

失者同於失。(실자동어실)

(道德을) 잃어버린(失) 사람과는(者) 잃어버림(失)으로(於) 함께한다(同-和).

同於道者, 道亦樂得之。(동어도자, 도역락득지)

도를 아는(道) 사람(者)과(於) 함께하면(同-和),

도(道) 또한(亦) 만족하게(得-滿足) 그 쓰임(之-用)을 즐긴다(樂).

同於德者, 德亦樂得之。(동어덕자, 덕역락득지)

덕을 아는(德) 사람(者)과(於) 함께하면(同-和),

덕(德) 또한(亦) 만족하게(得-滿足) 그 쓰임(之-用)을 즐긴다(樂).

同於失者, 失亦樂得之。(동어실자, 실역락득지)

(道와 德을) 잃어버린(失) 사람(者)과(於) 함께하면(同-和),

잃어버림(失) 또한(亦) 만족하게(得-滿足) 그 쓰임(之-用)을 즐긴다(樂).
信不足焉, 有不信焉。(신부족언, 유불신언). - 제17장 참조.
(道와 德을 失한 者) 깨달음이(信-明) 부족(不足)하므로(焉),
어리석음이(不信-昧) 존재(有-存在)하도다(焉)!

- 제 23장 풀이 -

希言自然。(희언자연)
　제23장의 언(言)은 자연의 언어를 의미하는 것이지 인간의 언어를 지칭하지 않는다. 즉 아래의 시구(詩句)처럼 돌풍이나 폭우 같은 것을 언(言)이라고 표현한 것임을 알 수 있으므로, 태풍, 지진, 화산폭발, 한파, 폭염 등도 자연의 말(言)이라고 할 수 있는 것이다. 도덕경에서 말씀 언자(言字)가 21번 기록된다. 그만큼 비중이 있다는 의미일 것이다. 대표적인 예를 들어보면 언자(言字)의 의미가 부정적인 경우는, 제5장에 다언삭궁(多言數窮)과 제81장에 나오는 신언불미, 미언불신(信言不美, 美言不信) 정도다.
　　다언삭궁, 불여수중.(多言數窮, 不如守中) - 제5장 참조.
　　"말이 많으면 자주 막히니, 마음으로 지키느니만 같지 아니하다."
　자연의 언어도 다언(多言)하면 삭궁(數窮)할 수밖에 없으므로 회오리바람은 아침을 채우지 않고, 별안간 오는 비는 하루를 채우지 않는 것이다. 그러므로 스스로 그러함(道)에는 먹다 남은 음식물 찌꺼기와 같은 자현(自見), 자시(自是), 자벌(自伐), 자긍(自矜)하는 법이 없다. - 제24장 참조.
　도덕경 전체에서 드문 희자(希字)가 6번 기록된다.
　　名曰希.(14)　希言自然.(23)　大音希聲(41)　天下希及之(43)　知我者希(70)　希有不傷其手矣.(74)
　그 한자어의 사전적 의미는 아래와 같다.
　　1. 바랄(望) 2. 드물(罕) 3. 적을(寡) 4. 동경하다(憧憬) 5. 사모하다(思慕) 6. 성기다(사이가 뜨다) 7. 흐릿하다.
　6번의 문장은 드물다(罕), 성기다(사이가 뜨다) 의미로 쓰였다. 그중에서 제41장의 대음희성(大音希聲)은 희언자연(希言自然)과 맥(脈)이 통한다. 우주의 대음(大音)은 수만 년(?)에 한 번 있을까 할 지축의 이동 정도인 자연의 언어이고, 희언(希言)은 일상으로 나타나는 자연의 언어이다. 그러므로 希를 無로 해석하는 것은 무리가 있다.

도덕경 제20장에서 노자가 자기를 성찰하는 시구(詩句)가 나온다.

돈돈혜, 아독혼혼, 아독민민.(沌沌兮, 我獨昏昏, 我獨悶悶) - 제20장 참조.

"어둡고 어두움이여! 나 홀로 흐리고 어리석다. 나 홀로 민망하게 사리에 어둡다."

사리에 어둡고, 어리석고, 어슴푸레하고, 맛도 없고, 분명하지도 않고, 또렷하게 들리지도 않는 것은, 道를 아는 자와 道의 저절로 그러한 바가 비슷하다는 것이다. 즉 희언(希言)도 대음(大音)과 같이 저절로 그러함(自然)에 대한 표현이라 할 수 있다.

왕필의 希言自然에 대한 주석을 보자.

聽之不聞, 名曰希。下章言道之出言, 淡兮其無味也, 視之不足見, 聽之不足聞。然則無味, 不足聽之言, 乃是自然之至言也。

"그것(道)은 들어보더라도 (또렷하게) 들을 수가 없어서 어렴풋하다고 일컫고, 도가 내뱉는 말은 담담하다! 아무런 맛이 없다. 그것은 (분명하게) 살피기에 부족하고, 그것은 (또렷하게) 듣기에 부족하다. 다시 말해서 (도는) 어떠한 맛도 없고(또렷하게) 듣기에도 부족하다는 것인데, 이것이 저절로 그러한 바에 대한 지극한 설명이다."

故飄風不終朝,(고표풍부종조)
驟雨不終日。(취우부종일)
孰爲此者? 天地!(숙위차자? 천지!)
위 시구(詩句)가 스스로 그러함의 사이가 뜬 천지의 언어(希言)이다.

天地尙不能久,(천지상불능구)
而況於人乎?(이황어인호?)
태극인 道는 물론이고 삼태극인 名이 모두 항상 그대로이지 못하고 변한다. 표풍(飄風)과 취우(驟雨)가 계속되게 할 수 없는 상태를 삼태극을 움직이는 하늘과 땅이 만들지만, 하늘과 땅마저도 오래 지속될 수 없는데, 하물며 사람이야 말할 것이 있으랴? 모든 것은 변하기 때문이다.

도가도, 비상도.(道可道,非常道) - 제1장 참조.

"(사람들이) 도라고 여기는 도는(이미) 변하지 않는(떳떳한) 도가 아니다."

명가명, 비상명.(名可名,非常名)

"(사람들이) 이름이라고 여기는 이름은(이미) 변하지 않는(떳떳한) 이름이 아니다."

故從事於道者,(고종사어도자)
道者同於道,(도자동어도)
德者同於德,(덕자동어덕)
失者同於失。(실자동어실)

위 문장의 해석은 아래와 같이 道와 德은 물론하고 실(失)과도 失로서 같이 한다는 것이다. 바울이 한 사람이라도 복음을 전하여 구원코자 했던 안타까운 마음이 후세의 철학자들에게 예수를 우상으로 만들었다는 비난을 받지만, 그들은 바울을 비난할 처지가 아니다. 노자는 행동을 그렇게 하였을 뿐, 말로 전하지 않고 자기의 깨달음을 묵묵히 글로 남긴 것이 바울과 다를 뿐이다.(行不言之敎-제2장 참조).

내가 모든 사람에게 자유하였으나 스스로 모든 사람에게 종이 된 것은 더 많은 사람을 얻고자 함이라. 유대인들에게는 내가 유대인과 같이 된 것은 유대인들을 얻고자 함이요 율법 아래 있는 자들에게는 내가 율법 아래 있지 아니하나 율법 아래 있는 자 같이 된 것은 율법 아래 있는 자들을 얻고자 함이요. 율법 없는 자에게는 내가 하나님께는 율법 없는 자가 아니요 도리어 그리스도의 율법 아래 있는 자나 율법 없는 자와 같이 된 것은 율법 없는 자들을 얻고자 함이라. 약한 자들에게는 내가 약한 자와 같이 된 것은 약한 자들을 얻고자 함이요 여러 사람에게 내가 여러 모양이 된 것은 아무쪼록 몇몇 사람들을 구원코자 함이니. 내가 복음을 위하여 모든 것을 행함은 복음에 참예하고자 함이라.(고린도전서 9:19~23)

자칫 德이 있는 사람은 좋고 덕을 잃은(失) 사람은 좋지 않은 것으로 해석되면, 노자를 슬프게 할 것이다. 생명은 둘이 아니고(不二) 하나이기 때문이다. 그러므로 도를 아는 사람이 道에 따라서 하는 행동은(從事),

1. 道를 아는 사람하고는 道를 따라 같이하고,
2. 德을 아는 사람하고는 德으로 같이하며,
3. 잃어버린 사람하고는 잃어버림으로 같이 한다.

도덕경 제20장에서의 노자의 한탄을 참고하면 道를 아는 사람은 道와 같이 하는 것이 어떠함인지 알 수 있다. 그래서 잃어버린 사람하고 어울리는 것도 마다하지 않게 되는 것이다. 德을 쌓다가 잃었다 해도 득(得)과 실(失)이 둘이 아니고(不二) 하나임을 아는 사람(道者)에게는 그와의 사귐에 아무런 장애도 없는 것이다. 道를 아는 사람(道者)은 道를 따르기에(從事), 덕자(德者)와는 德으로, 실자(失者)와는 失로 거리낌 없이 어울린다는 것이다. 유가(儒家)의 논리대로라면 실자(失者)와의 어울림에도 德을 앞세우겠지만, 노자는 실자(失者)에게 失者의 논리로 대함으로써 위선(僞善)이 아닌 스스로 그러함(自然)을 앞세운다는 것이다. 왜냐하면 道의 이치가 "서로 다르지만 둘이 아니다" 이이불이(異而不二)이며, 나타나는 모든 현상은 생명 작용의 일환이기 때문이다.

同於道者, 道亦樂得之。(동어도자, 도역락득지)
同於德者, 德亦樂得之。(동어덕자, 덕역락득지)
同於失者, 失亦樂得之。(동어실자, 실역락득지)
道는 채움이 아니라 비움이지만 그 비움 속에 뭔가 어슴푸레한 것이 물질세계를 이루는 것이다. 그러므로 물질세계의 모든 것이 실상으로 보이는 것은 마음 작용으로 인하여 나타나는 것이므로 허상이라는 것이 불경의 가르침이다. 양자물리학에서 주장하는 양자 중첩의 현상을 관측하게 되면, 가지런히 나타나는 것도 마음 작용일 뿐이므로 없다고 할 수 있다는 것이다. 그러므로 내 생각이 없다고 하는 순간 있고, 있다고 하는 순간 없는 것임을 깨달으면 한쪽으로의 치우침을 막을 수 있을 것이다.
신심명(信心銘)의 가르침이다.
유즉시무, 무즉시유.(有卽是無, 無卽是有)
"있음은 없음을 인정하고, 없음은 있음을 인정한다."
도덕경은
유무상생.(有無相生) - 제2장 참조.
"있음과 없음은 서로를 낳고,"
생명 작용을 말하고 있다. 도덕경 전체가 이것을 설명하고 있다고 해도 과언이 아닐 것이다.

信不足焉, 有不信焉。(신부족언, 유불신언). - 제17장 참조.
도덕경 제17장에서 뭇 사람들이 두려워하고(畏之) 업신여기는(侮之) 사람과 제23장에서 道와 德을 잃은(失) 사람들은 깨달음이 부족하여 어리석다고 표현하였음을 알 수 있다.
신언불미, 미언불신.(信言不美, 美言不信) - 제81장 참조.

"참된 말은 아름답지 않고, 아름다운 말은 참되지 않다."

신언(信言)이란 깨달음의 언어이다. 자기 말에 책임을 지며 의(義)를 내세운다고 해도 역시 한쪽으로 치우치게 된다면, 신언이 아니다. 미언(美言)은 뭇 사람들이 두려워하고(畏之) 업신여기는(侮之) 사람과 道와 德을 잃은(失) 사람들의 미사여구이므로 그 속에 참됨이(信-眞) 부족하여 어리석다고 하는 것이다. 道를 모르고 그런가? 저런가? 하고 믿는 자들은 道를 불신할 수밖에 없다. 즉 道의 이치인 불이(不二)를 깨닫지 못하는 사람들은 이랬다, 저랬다 하든지, 한쪽으로만 치우치므로 道의 본질을 훼손하게 된다는 것이다.

조금 나아가사 얼굴을 땅에 대시고 엎드려 기도하여 이르시되 내 아버지여 만일 할 만하시거든 이 잔을 내게서 지나가게 하옵소서 그러나 나의 원대로 마시옵고 아버지의 원대로 하옵소서 하시고(마태복음 26:39)

이이불이.(異而不二) "서로 다르지만 둘이 아니다."

이를 잘 아는 예수께서 삶과 죽음이 어찌 둘이 아니고 하나임을 모르겠는가? 육체의 소욕(所欲)은 아직도 이를 거부하고 있음을 겟세마네 동산에서의 마지막 기도에 나타나고 있지만 **"그러나 나의 원대로 마시옵고 아버지의 원대로 하옵소서"** 예수는 아버지의 원대로, 아들이 아버지와 하나 되게 해 달라는 기도로 마무리한다.

행불언지교.(行不言之敎) - 제2, 43장 참조.
"말로 하지 않음의 가르침을 행한다."

제 24장

企者不立, 跨者不行。(기자불립, 과자불행)
발돋움하는(企-擧踵望) 자는(者) (제대로) 서지(立-起住) 못하고(不),
크게 내딛는(跨-越) 자는(者) (제대로) 다니지(行-步) 못한다(不).
自見者不明,(자현자불명)
스스로(自) 드러내는(見) 자는(者) 나타나지(明-著) 못하며(不),
自是者不彰.(자시자불창)
스스로(自) 바르다고 하는(是-正) 자는(者) 선명하지(彰-鮮明) 못하며(不),
自伐者無功,(자벌자무공)
스스로(自) 자랑하는(伐-自矜) 자는(者) (태어난) 공이(功-事) 없고(無),
自矜者不長。(자긍자부장)
스스로(自) 교만한(矜-驕) 자는(者) 영원하지(長-久) 못한다(不).
其在道也, 曰餘食贅行。(기재도야, 왈여식췌행)
(企와 跨) 그것들을(其) 도로(道) 살펴서(在-察) 보니(也), 일컬어(曰) 음식(食-飮食) 찌꺼기요(餘-殘) 군더더기(贅) 행실이라 한다(行-所行).
物或惡之, 故有道者不處。(물혹오지, 고유도자불처) - 제31장 참조
만물은(物-萬物-道) 언제나(或) 이를(之-此) 싫어하니(惡-憎), 그러므로(故) 도를(道) 지닌(有-得) 자는(者) (이런 것들에) 머물지(處-居) 않는다(不).

- 제 24장 풀이 -

제24장 본문은 道德經 제22장을 아래와 같이 뒤집어 놓았다.
불자현고명(不自見故明)을 자현자불명(自見者不明)으로(제22장을 제24장으로)
불자시고창(不自是故彰)을 자시자불창(自是者不彰)으로,
불자벌고유공(不自伐故有功)을 자벌자무공(自伐者無功)으로,
불자긍고장(不自矜故長)을 자긍자부장(自矜者不長)으로 뒤집어 놓았다.

企者不立, 跨者不行。(기자불립, 과자불행)

발돋움, 거종망(擧踵望)은 발꿈치를 들어서 바라본다는 것으로 남보다 빨리, 멀리 보겠다는 의미이며, 크게 내딛는(跨-越) 다는 것은 남보다 먼저 가겠다는 의미다. 이로 보아서 사람들의 욕심을 표현한 것으로서, 이 욕심이 제대로 설 수 없게 하고, 제대로 걸을 수 없게 한다는 것이다. 자현(自見)하고, 자시(自是)하고, 자벌(自伐)하고, 자긍(自矜)하는 사람들의 발돋움이며, 크게 내딛음이니, 하나님(萬物-道)에게 도전하는 행위이다.

自見者不明,(자현자불명)
어리석은 자는 그 노를 다 드러내어도 지혜로운 자는 그 노를 억제하느니라.(잠언 29:11).

自是者不彰.(자시자불창)
네 말로 의롭다 함을 받고 네 말로 정죄함을 받으리라.(마태복음12:37)
네가 내 심판을 폐하려느냐 스스로 의롭다 하려 하여 나를 불의하다 하느냐.(욥기 40:8)

自伐者無功,(자벌자무공)
이제 너희가 허탄한 자랑을 자랑하니 이러한 자랑은 다 악한 것이라.(야고보서 4:16)
여호와께서 이같이 말씀하시되 지혜로운 자는 그 지혜를 자랑치 말라 용사는 그 용맹을 자랑치 말라 부자는 그 부함을 자랑치 말라.(예레미아 9:23)

自矜者不長。(자긍자부장)
교만은 패망의 선봉이요 거만한 마음은 넘어짐의 앞잡이니라.(잠언 16:18)
주 만군의 여호와가 말하노라 교만한 자여 보라 내가 너를 대적하나니 네 날 곧 너를 벌할 때가 이르렀음이라.(예레미아 50:31)
그러나 더욱 큰 은혜를 주시나니 그러므로 일렀으되 하나님이 교만한 자를 물리치시고 겸손한 자에게 은혜를 주신다 하였느니라.(야고보서 4:6)

其在道也, 曰餘食贅行。(기재도야, 왈여식췌행)
物或惡之, 故有道者不處。(물혹오지, 고유도자불처) - 제31장 참조
불명(不明), 불창(不彰), 무공(無功), 부장(不長) 등이 道의 입장으로 보면,

어찌 음식 찌꺼기가 아니고 군더더기 행동이 아니 될 수 있겠는가? 그러나 3차원 물질세계를 사는 일반 사람들은 이것을 당연시하고 오히려 즐긴다. 오(惡)가 있지 않다면 어찌 미(美)가 들어설 자리가 있을 것인가? 노자가 표현하고자 하는 것은, 불명, 불창, 무공, 부장을 저주하는 것이 아니라, 단지 그것들이 道와 먼 것으로서 하나(不二)로의 귀향을 위한 궁극의 섭리는 아니므로 그런 것들에게 머물지 않는다는 것이다. 태어나서 그런 것들에 머물지 않는 공(功)을 이루고 하나로 귀향하는 것이다.

위이불시, 공성이불처.(爲而不恃, 功成而不處) – 제77장 참조.

"할 뿐 주장하지 않으며(태어난) 공을 이루었으니 이로써 살지(處-居) 않으니,"

그러나 우리가 알아야 하는 것이 있으니, 불명, 불창, 무공, 부장이 없다면 道를 알 수도 없을 뿐만 아니라 영성(靈性)의 차원 상승을 도모할 수 없다는 것이다. 이것이 율법을 초월한 우주의 오묘한 진리이다. 그렇다고 우리가 죄에 거할 수는 없는 것이다.

내가 율법이나 선지자를 폐하러 온 줄로 생각하지 말라 폐하러 온 것이 아니요 완전하게 하려 함이라.(마태복음 5:17)

그런즉 우리가 무슨 말을 하리요 율법이 죄냐 그럴 수 없느니라 율법으로 말미암지 않고는 내가 죄를 알지 못하였으니 곧 율법이 탐내지 말라 하지 아니하였더라면 내가 탐심을 알지 못하였으리라 그러나 죄가 기회를 타서 계명으로 말미암아 내 속에서 온갖 탐심을 이루었나니 이는 율법이 없으면 죄가 죽은 것임이라. 전에 율법을 깨닫지 못했을 때에는 내가 살았더니 계명이 이르매 죄는 살아나고 나는 죽었도다. 생명에 이르게 할 그 계명이 내게 대하여 도리어 사망에 이르게 하는 것이 되었도다. 죄가 기회를 타서 계명으로 말미암아 나를 속이고 그것으로 나를 죽였는지라 이로 보건대 율법은 거룩하고 계명도 거룩하고 의로우며 선하도다.(로마서 7:7~12)

제 25장

有物混成, 先天地生.(유물혼성, 선천지생)
혼잡하게(混-雜) 이루어진(成-爲) 것이(物) 존재하는데(有-存在),
천지보다(天地) 먼저(先-前) 생겼다(生-出).
寂兮寥兮, 獨立不改.(적혜요혜, 독립불개)
고요하고(寂-靜) 공허(寥)함이여(兮),
외로이(獨-孤) 존재하여(立-存在) 바뀌지(改) 않는다(不).
周行而不殆, 可以爲天下母.(주행이불태, 가이위천하모) - 제52장 참조
두루(周-徧) 쓰되(行-用) 피곤하다(殆-疲困) 않으니(不).
마땅히(可) 세상의(天下) 어미라(母-道) 부르는(爲-稱) 까닭이다(以-因).
吾不知其名,(오부지기명)
우리는(吾) 그(其) 이름을(名-聲稱號) 알지(知-識) 못하네(不),
字之曰道(자지왈도)
곁붙은 이름을(字-副名) 사용하여(之-用) 도라(道) 이르고(曰-謂),
强爲之名曰大.(강위지명왈대)
억지로(强-抑止) 지어(爲-著作) 쓰는(之) 이름을(名) 크다(大-擴) 한다(曰).
大曰逝, 逝曰遠, 遠曰反.(대왈서, 서왈원, 원왈반)
큰 것은(大-擴) 가게 됨을(逝-往) 이르며(曰-謂),
가는 것은(逝-往) 멀어짐을(遠-遙) 이르고(曰-謂),
멀어지는 것은(遠-遙) 되돌아옴을(反-還) 이른다(曰-謂).
故道大, 天大, 地大, 王亦大.(고도대, 천대, 지대, 왕역대)
그러므로(故) 도도(道) 크고(大), 하늘도(天) 크고(大), 땅도(地) 크고(大),
(만물의 으뜸인) 사람(王-長) 역시(亦) 크다(大).
域中有四大, 而王居其一焉.(역중유사대, 이왕거기일언)
우주(域) 속에(中) 네 개의(四) 큰 것이(大-擴) 있으니(有), 이 중에(而-乃)
(만물의 으뜸인) 사람이(王-長) 그(其) 하나를(一) 차지하고(居) 있도다(焉)!
人法地,(인법지)
사람은(人) 땅을(地) 본받고(法-效),
地法天,(지법천)

땅은(地) 하늘을(天) 본받으며(法-效),

天法道,(천법도)

하늘은(天) 도를(道) 본받고(法-效),

道法自然。(도법자연)

도(道)는 스스로(自) 그러함을(然) 본받는다(法-效).

- 제 25장 풀이 -

도덕경 제25장은 道를 비교적 상세하게 설명하고 있으며, 천지보다 道가 먼저 태어났음을 강조하고 있다. 陰陽(二)이 천지에 해당하므로 道가 천지보다 먼저임을 알 수 있다. 불경에 이르는 만법귀일(萬法歸一)의 일(一)이 道를 이르고 있다는 것을, 제25장이 설명하고 있다. 아버지와 내가 하나(一) 됨이 만법귀일이고, 道에 이름을 이로써 알 수 있는 것이다.

아버지여, 아버지께서 내 안에, 내가 아버지 안에 있는 것 같이 그들도 다 하나가 되어 우리 안에 있게 하사 세상으로 아버지께서 나를 보내신 것을 믿게 하옵소서.(요한복음 17:21).

老子 道德經 제42장은 아래와 같이 기록하고 있다.

도생일, 일생이.(道生一, 一生二) 이생삼, 삼생만물.(二生三, 三生萬物) - 제42장 참조

"도가 하나를 낳고, 하나는 둘을 낳고, 둘은 셋을 나으니, 셋은 만물을 낳는다."

만물부음이포양, 충기이위화.(萬物負陰而抱陽, 沖氣以爲和)

"만물은 음을 등에 지고, 양을 가슴에 안고, 비어 있는 기로 인하여 조화를 이룬다."

有物混成, 先天地生。(유물혼성, 선천지생)

寂兮寥兮, 獨立不改。(적혜요혜, 독립불개)

왕필의 주석을 보자

寂寥, 無形體也。無物之匹, 故曰獨立也。返化終始, 不失其常, 故曰不改也。

"(도가) 고요하고도 쓸쓸한 것은 모양도 없고, 크기(體)도 없으며 (따라서) 짝할만한 사물도 없기 때문이다. 따라서 홀로 서 있다고 했던 것이다.(또한 도는) 되돌아가고, 운동 변화하며, 마치고, 시작함에 있어서 늘 그러함을 잃지 않는다. 따라서 바뀌지 않는다고 했던 것이다."

대왈서(大曰逝), 서왈원(逝曰遠), 원왈반(遠曰反)을 하는 것이 반복되어 일어

나는 것임으로 이를 두고 바뀌지 않는(不改) 것이라고 한다.

반자, 도지동.(反者, 道之動) -제40장 참조.

道의 짝이 있을 수 없는 것이 道는 태극(太極)이며, 일(一)이며, 순환을 반복하므로 바뀌지 않는다고 하는 것이다. 제1장에서의 천지지시(天地之始)는 선천지생(先天地生)을 확인하는 것이다.

무명, 천지지시.(無名, 天地之始) - 제1장 참조.

"이름 없음은 천지(天地-兩極)의 처음이고(始-初-太極)."

태초에 말씀이 계시니라 이 말씀이 하나님과 함께 계셨으니 이 말씀은 곧 하나님이시니라. 그가 태초에 하나님과 함께 계셨고 만물이 그로 말미암아 지은 바 되었으니 지은 것이 하나도 그가 없이는 된 것이 없느니라.(요 1:1~3)

周行而不殆, 可以爲天下母.(주행이불태, 가이위천하모). - 제52장 참조.
吾不知其名,(오부지기명)
字之曰道,(자지왈도)
强爲之名曰大。(강위지명왈대)
大曰逝, 逝曰遠, 遠曰反。(대왈서, 서왈원, 원왈반)

그 크기도 알 수 없지만 대(大)라 하고, 이름도 모르니 억지로 부명(副名)을 만들어 부르는 道가 피곤한 줄도 모르고, 대왈서, 서왈원, 원왈반에 두루 작용하여 만물을 반복하여 순환시키니 마땅히 천하의 어머니라 할 수 있다는 것이다. 역중유사대(域中有四大) 중 하나인 사람(王亦大)의 예를 들어도 이와 같다. 대왈서(大曰逝), 간다는 것은 태어나서 죽는 것이요(逝去), 죽으니 매우 멀고도 아득한(遠-遙遙) 길을 가고, 멀어짐으로써 다시 살아서(生) 돌아오게 되는(反) 것이 道의 원리다. 노자는 대(大), 서(逝), 원(遠), 반(反)이 道와 하나 됨을 말하고 있다. 신심명(信心銘)에 이르기를,

대도체관, 무이무난.(大道體寬, 無易無難)

"대도는 형상이 넓어서, 쉬운 것도 없고 어려운 것도 없다."

스스로 그러함으로써 모든 것이 스스로 그렇게 되니 쉬움도 어려움도 없다는 의미다.

故道大, 天大, 地大, 王亦大。(고도대, 천대, 지대, 왕역대)
域中有四大,(역중유사대)

而王居其一焉。(이왕거기일언)

이 문장에서의 왕(王)의 해석을 왕필은 임금으로 하고 있다.

天地之性人爲貴。而王是人之主也, 雖不職大, 亦復爲大, 與三匹。故曰亦大也。

"하늘과 땅의 성품을 지닌 사람은 고귀하게 되는데, 이것이 임금이 사람의 으뜸이 되는 이유이다.(따라서 임금은 하늘과 땅만큼 큰 위상을 지닌다고 할 수는 없겠지만 또한 (그 위상이) 크다고 하지 않을 수 없고(그 위상 면에서 나머지) 셋과 더불어 짝할만하다고 하지 않을 수 없다. 따라서 또한 크다고 했다."

하늘과 땅의 성품을 지닌 사람은 고귀하지만, 그 사람이 임금이 될 수는 없는 것이다. 성군(聖君)이라 칭송받았던 요순(堯舜)은 아마도 도인(道人)이었을까? 그 외의 어느 임금이 道처럼 크고 넓은 삶을 살 수 있었겠는가? 그들은 3차원 물질세계에서의 정상에는 섰으나 道의 세계와는 거리가 먼 사람들이다. 단언하건대 권력 가까이에 있는 사람 중에 깨달은 자는 절대 있을 수 없기 때문이다.

왕역대(王亦大)의 왕은 식물과 동물을 포함한 생명 세계의 만물의 영장(靈長)인 사람을 왕(王)이라 칭한 것임을 주저할 이유가 없는 것이다. 그 王이 사라지고 생명이 없어진다면 天地와 道를 논할 수 있는 대상도 없어지고, 논할 필요조차 없어지기 때문이다.

하나님이 이르시되 우리의 형상을 따라 우리의 모양대로 우리가 사람을 만들고 그들로 바다의 물고기와 하늘의 새와 가축과 온 땅과 땅에 기는 모든 것을 다스리게 하자 하시고 하나님이 자기 형상 곧 하나님의 형상대로 사람을 창조하시되 남자와 여자를 창조하시고 하나님이 그들에게 복을 주시며 하나님이 그들에게 이르시되 생육하고 번성하여 땅에 충만하라, 땅을 정복하라, 바다의 물고기와 하늘의 새와 땅에 움직이는 모든 생물을 다스리라 하시니라.(창세기 1:26~28)

생명 세계에서 가장 뛰어난 왕인 사람이 이 우주에서 사라진다면 人法地(인법지) → 地法天(지법천) → 天法道(천법도) → 道法自然(도법자연)의 순리 자체가 없어질 것이다.

왕법지(王法地)라 하지 않고 人法地(인법지)라 한 것을 보면 왕역대(王亦大)의 왕은 순수하게 사람을 이르는 것이어야 한다.

마귀가 또 예수를 이끌고 올라가서 순식간에 천하만국을 보이며 이르되 이 모든 권위와 그 영광을 내가 네게 주리라 이것은 내게 넘겨준 것이므로 내가 원하는 자에게 주노라. 그러므로 네가 만일 내게 절하면 다 네 것이 되리라. 예수께서 대답하여 이르시되 기록된 바 주 너의 하나님께 경배하고 다만 그를 섬기라 하였느니라.(누가복음

4:6~12)

이 세상의 모든 통치 권력은 이미 마귀에게 넘겨져 있는 것이고 그가 원하는 자에게 줄 수 있다. 그 마귀가 이 세상의 임금이고 왕이기 때문에 예수는 이 세상의 왕 노릇을 거절하신 것이다.

노자가 그것을 깨닫지 못하여 공내왕(公乃王-제16장) 왕내천(王乃天-제16장) 왕역대(王亦大-제25장) 이왕거기일언(而王居其一焉-제25장) 등의 구절을 사용했을까? 왕역대(王亦大), 이왕거기일언(而王居其一焉) 등을 임금으로 해석하므로 도덕경이 경세치국서(經世治國書)로 바뀌는 것이다.

人法地,(인법지)

이 문장이 없었더라면, 왕역대(王亦大)의 왕을 King 또는 Emperor 라고 해석하지 않고 만물의 으뜸이며, 깨달은 사람이라고 해석할 수도 있을 것이다. 왜냐하면 왕(王) 字는 으뜸, 어른(長)이라는 의미도 있으므로 그 어른이 천지와 더불어 道를 나눌 수 있는 유일하게 깨달은 사람이라고 할 수 있기 때문이다. 그러나 이렇게 할 수 있는 해석도 인법지(人法地) 때문에 불가능하다. 모든 사람은 땅을 기반으로 살아간다. 깨달은 사람들만이 사는 곳도 아니고 권력을 가진 사람들만 사는 것이 아니기 때문이다.

地法天,(지법천)
天法道,(천법도)
道法自然。(도법자연)

이 순서에 대하여 따로 설명할 필요가 없다고 생각한다.

道德經에 왕자(王字)가 13번 언급된다. 연구의 대상이다.

公乃王(16) 王乃天(16) 王亦大(25) 而王居其一焉.(25) 侯王若能守之(32) 侯王若能守之(37) 侯王得一以爲天下貞.(39) 王侯無以正而貴高(39) 是以王候自謂孤寡不穀.(39) 而王公以爲稱.(42) 江海所以能爲百谷王者(66) 故能爲百谷王.(66) 是謂天下王(78)

제 26장

重爲輕根, 靜爲躁君。(중위경근, 정위조군)
무거움은(重-輕之對) 가벼움의(輕-不重) 시작이(根-始) 되고(爲-造),
조용함은(靜-寂) 조급함의(躁-動) 상대가(君-彼) 된다(爲).
是以聖人終日行,(시이성인종일행)
이런(是-此) 까닭에(以-因) 성인은(聖人) (평생) 종일(終日) (살아도) 걸어도(行-
步),
不離輜重。(불리치중)
(가벼움의 시작이 될) 무거운(重) (삶의) 짐수레를(輜-載衣物車) 떠나지(離-別) 않
는다(不).
雖有榮觀,(수유영관)
영화의(榮) (눈앞에) 펼쳐짐이(觀-示) 있을(有) 지라도(雖),
燕處超然。(연처초연)
어떠함도(然) 뛰어넘어(超-跳過越) 편하게(燕-安) 산다(處-居).
奈何萬乘之主, 而以身輕天下?(내하만승지주, 이이신경천하)
어찌(奈) 만물을(萬-萬物) 다스리고(乘-治) 갈(之-往) 영장으로서(主-靈長),
그(而) 몸(身)으로써(以) 천하를(天下) 가볍게(輕-不重) 여기겠는가(何)?
輕則失本, 躁則失君。(경즉실본, 조즉실군)
(천하를) 가볍게(輕-不重) 여긴 즉(則) 근본을(本-重) 잃고(失),
조급한(躁-不安靜) 즉(則) (고요한-靜-寂) 상대를(君-彼) 잃는다(失).

- 제 26장 해설 -

역시 道德經 제25장의 인법지(人法地) "사람들은 땅을 본받고,"를 설명하고
있다. 이 문장이 없었더라면, 왕역대(王亦大)의 왕을 King 또는 Emperor 라고
해석하지 않고 깨달은 사람이라고 해석할 수도 있을 것이다.(제25장 참조)
제26장은 땅을 본(法-效)받고 살아야 하는 성인의 모습을 기록하고 있다.
重爲輕根, 靜爲躁君。(중위경근, 정위조군)

왕필의 주석이다.

是以重必爲輕根, 靜必爲躁君也。

"따라서 무거움이 반드시 가벼움의 토대가 되고, 고요함이 반드시 조급함의 근본이 되는 것이다."

반드시 무거운 것은 땅의 기초를 이루며, 하늘의 가벼운 것의 토대(根)가 되고, 하늘의 고요함은 땅의 조급함의 상대가 되는 것이 道의 원리다.

고대국이하소국, 즉취소국(故大國以下小國, 則取小國) - 제61장 참조.

"고로 큰 세상이 작은 세상의 아래에 있음으로써, 그러한즉 작은 세상을 얻게 되고,"

반드시 크고 무거운 것(大國)은 아래를 형성하고 작고 가벼운 것(小國)은 위를 형성하여 상생하는 것이 道의 원리다. 이러한 상대적 언어인 중(重)과 경(輕), 정(靜)과 조(躁)를 이용하는 것은 다음 문장을 설명하기 위함이 자명한 것이다.

是以聖人終日行,(시이성인종일행)
不離輜重。(불리치중)

삶이란 날 때부터 무거운 짐을 싣고 가는 수레와 같지만, 성인은 삶의 근본인 무거움과 가벼움을 따로 구분하지 않기 때문에 무거운 짐이라도 마다하지 않고 평생 껴안고 가면서 곁눈질하지 않고 더불어 살아가는 것이다.

도자동어도, 덕자동어덕, 실자동어실.(道者同於道, 德者同於德, 失者同於失)

"도를 아는 사람하고는 도로써 함께하고, 덕을 아는 사람하고는 덕으로 함께하고(道와 德을) 잃어버린 사람하고는 잃어버린 것으로 함께한다." - 제23장 참조.

이는 성인의 화기광, 동기진(和其光 同其塵-제4, 56장 참조)이며 불리치중(不離輜重) 하는 방법이다. 모든 사람은 태어나 죽을 때까지 어떤 형태의 삶을 유지하더라도 무거운 육신(肉身)의 짐수레와 함께하지만, 그 무거움(삶)이 가벼움(죽음)과 하나라는 사실을 모르고 살 뿐이며, 가벼움은 또 다른 무거움의 새로운 시작이 되는 것이다.

공성이불거. 부유불거, 시이불거.(功成而不居. 夫唯弗居, 是以不去) - 제2장 참조.

"(聖人은 태어난) 공을 이루었으니 이로써 살지 않는다. 대저 살지 않을 뿐이니, 이런 까닭에 죽는 것도 아니다."

삶과 죽음이 하나임을 모르고 사는 사람들만이 그 무거운 짐을 지지 않으려고 발버둥 치며 사는 것이 안타까워 오늘도 예수는 그런 사람들에게 전한다.

수고하고 무거운 짐 진 자들아 다 내게로 오라 내가 너희를 쉬게 하리라.(마태복음

11:28).

모든 생명은 하늘의 은혜를 받았으므로 이 땅에 태어났으며, 3차원 물질세계에서 수고하고 무거운 짐을 질 수밖에 없다. 그것이 하나님의 사랑이다.

雖有榮觀,(수유영관)
燕處超然。(연처초연)

성인은 영화(榮華-輕)를 누릴 수 있다 해도 직접 관계하지 않고(超然-重) 편하게(安) 삶으로서(居) 무거운 짐을 평생 그대로 유지한다는 것이다. 가벼움은 무거움을 제어하지 않고 상생하며, 조급함은 고요함을 제어하지 않고 상생하는 것을 알므로, 성인은 경거망동(輕擧妄動)할 필요를 느끼지 않는 것이다.

奈何萬乘之主, 而以身輕天下?(내하만승지주, 이이신경천하)
輕則失本, 躁則失君。(경즉실본, 조즉실군)

사람은 땅에 발을 딛고 살면서 그 땅(天下)을 근본으로 삼는다. 땅을 가볍게 여기면 만물의 영장인 사람이 그 터전을 잃게 되고, 조급함으로 대하면 정(靜) 즉 고요함과 편안함이 사라지게 된다는 것이다. 만승지주(萬乘之主)라는 글귀 때문에 "일만 수레의 주인" 또는 "만승(萬乘)을 가진 천자" 등으로 해석하여, 또 王을 깨달은 사람으로 오역하고 있다.

도덕경은 BC 510년경에 만들어진 책으로 공자(BC551~479)가 편찬한 역사책 춘추(春秋)의 이름을 딴 춘추시대(BC 770~403)이다.

이때는 제(齊)의 환공(桓公), 진(晋)의 문공(文公), 초(楚)의 장왕(莊王), 오(吳)의 합려(闔閭), 월(越)의 구천(句踐) 등이 부침(浮沈)하던 시대이고, 그 후 전국시대(BC 403~221)는 진(晋), 초(超), 연(燕), 제(齊), 한(韓), 위(魏), 조(趙) 등이 부침(浮沈)하였다. 주(周) 왕실이 쇠약해지자 권력을 다투었던 사람 중에 道를 깨달은 만승지주(萬乘之主)가 있었겠는가? 진시황(秦始皇) 정도는 되어야 만승지주(萬乘之主)라고 할 수 있을까?

이 지혜는 이 세대의 통치자들이 한 사람도 알지 못하였나니 만일 알았더라면 영광의 주를 십자가에 못 박지 아니하였으리라.(고린도전서 2:8)

이를 바울이 예수를 우상으로 만들었다고 오해할 수 있지만 "영광의 주"는 사람 안에 언제나 함께하는 생명의 근원을 말한다. 이를 아는 사람은 예수뿐만 아니라 어떤 사람도 해하지 않고 더불어 산다. 도덕경이 의미하는 만승지주(萬

乘之主)는 만물의 영장(靈長)인 사람을 의미한다. 이 땅(地)은 사람들과 함께 모든 동식물(萬)이 함께 타고(乘) 있으며 그 주인(之主)은 당연히 사람들이어야 한다. 이 지구상에 있었던 대홍수 시에 각종 동식물을 태운 노아 방주의 주인 (萬乘之主)이 노아일 수밖에 없는 경우와 같을 것이다. 노자가 만승지주를 그 당시의 王들이라고 생각하고 도덕경을 기록하지 않았을 것이다. 노자의 의도를 이해하지 못하였기 때문에 도덕경에서 처음 나온 만승지주가 후대학자들에 의 해 어느덧 황제나 王을 일컫는 귀한 신분의 명칭이 되었다. 성경은 사람이 만 승지주(萬乘之主)임을 아래와 같이 기록하고 있다.

하나님이 이르시되 우리의 형상을 따라 우리의 모양대로 우리가 사람을 만들고 그 들로 바다의 물고기와 하늘의 새와 가축과 온 땅과 땅에 기는 모든 것을 다스리게 하 자 하시고 하나님이 자기 형상 곧 하나님의 형상대로 사람을 창조하시되 남자와 여자 를 창조하시고 하나님이 그들에게 복을 주시며 하나님이 그들에게 이르시되 생육하고 번성하여 땅에 충만하라, 땅을 정복하라, 바다의 물고기와 하늘의 새와 땅에 움직이는 모든 생물을 다스리라 하시니라". 창세기 1:26~28)

예수가 "너희를 인도하는 사람이 왕국은 하늘에 있다고 말한다면 하늘의 새들이 너 희보다 앞서서 들어갈 것이다. 왕국이 바다에 있다고 말한다면 물고기들이 너희보다 먼저 들어갈 것이다. 그런게 아니라 왕국은 너희 안에 있고, 또 너희 바깥에 있다. 너 희가 너희 자신을 알게 된다면 너희가 알려지고, 또한 너희는 자기가 바로 살아 있는 아버지의 아들임을 깨달을 것이다. 그러나 자기 자신을 알지 못하면 너희는 가난 속에 살고, 너희가 바로 그 가난인 것이다."라고 말했다.(도마복음 말씀 3)

왕필도 만승지주, 왕역대 등을 王으로 해석하였고, 하상공의 주석도 그러하 다. 만승지주위, 왕자(萬乘之主謂,王者) "만승의 주인을 일컬어 왕이라 한다." 라고 하므로 현대의 노자 주석이 왕필과 하상공 해석의 범주를 벗어나지 못하 는 이유를 필자는 이해할 수 없다. 이 王은 만물의 영장인 사람을 의미한다는 것으로 도덕경 제25장에서 이미 설명하고 있다.

인법지, 지법천, 천법도, 도법자연.(人法地, 地法天, 天法道, 道法自然) -제25장 참조.
"사람은 땅을 본받고, 땅은 하늘을 본받으며, 하늘은 도를 본받고, 도는 스스로 그러함을 본받는다."

임금도 道를 깨달은 사람도, 평범한 사람들까지도 모두 포함하여 만물의 영 장(靈長)의 일부이며, 누구나 만물을 다스리는 王이다. 그중에서 道를 깨달은 사람인 노자는 만물의 영장인 王(사람)이 어찌 가볍게 처신하겠느냐고 묻는다.

이이신경천하.(而以身輕天下) "그 몸으로써(以) 천하(地)를 가볍게 여기겠는가?"

가벼움과 무거움이 상생하는 자연의 순리를 아는 사람만이 쓸 수 있는 시구이다. 地, 天, 道는 이미 자연의 순리대로 움직인다. 그러나 地, 天, 道를 따르지 않는 유일한 생명이 인간이다. 그래도 사람(王) 역시 크다고(王亦大) 표현한 이유는, 이 사람이 없으면 地, 天, 道를 논할 필요조차 없기 때문이다.

고도대, 천대, 지대, 왕역대.(故道大, 天大, 地大, 王亦大) - 제25장 참조.

"그러므로 도도 크고, 하늘도 크고, 땅도 크고, 사람(王-長) 역시(亦) 크다(大)."

3차원 물질세계에 사는 인간들을 "선악을 알게 하는 나무의 열매"를 따 먹고 이미 하나(根本)를 잃어버렸기 때문에 부끄러워하고, 핑계를 대고, 다른 사람을 참소하면서 살게 되었다. 잃어버린 하나를 찾기 위한 유일한 생명이며, 만물의 영장인 인간들의 소망이 道이기 때문에 이 사람들이 없으면 地, 天, 道를 논할 필요가 있을까? 道를 잃어버린 사람을 성경은 아래와 같이 기록하고 있다.

여호와 하나님이 아담을 부르시며 그에게 이르시되 네가 어디 있느냐? 이르되 내가 동산에서 하나님의 소리를 듣고 내가 벗었으므로 두려워하여 숨었나이다. 이르시되 누가 너의 벗었음을 네게 알렸느냐 내가 네게 먹지 말라 명한 그 나무 열매를 네가 먹었느냐? 아담이 이르되 하나님이 주셔서 나와 함께 있게 하신 여자 그가 그 나무 열매를 내게 주므로 내가 먹었나이다.(창세기 3:9~12)

제 27장

善行無轍迹,(선행무철적)
옳은(善-良) 행보는(行-步) (발) 바퀴(轍-車迹) 자취도(迹) 없고(無),
善言無瑕謫,(선언무하적)
옳은(善-良) 말은(言-語) 티 같은(瑕-玉玷) 허물도(謫-缺點) 없고(無),
善數不用籌策。(선수불용주책)
옳은(善-良) 헤아림은(數-計) (주판) 셈 대를(籌策-筭) 쓰지(用) 않는다(不).
善閉無關楗而不可開,(선폐무관건이불가개)
옳은(善-良) 잠금은(閉-闔門) 수돌쩌기와(關-牡) 문빗장이(楗-鎖門橫木)
없음(無)에도(而) 능히(可-能) 열리지(開) 않으며(不),
善結無繩約而不可解。(선결무승약이불가해)
옳은(善-良) 맺음은(結-締) 줄과(繩-索) 노끈이(約-縛)
없음(無)에도(而) 능히(可-能) 풀어지지(解-緩) 않는다(不).
是以聖人常善救人, 故無棄人。(시이성인상선구인, 고무기인)
이런(是-此) 까닭에(以-因) 성인은(聖人) 언제나(常-恒) 옳게(善-良) 사람을
(人) 돕는다(救-助), 그러므로(故) 사람을(人) 잃지(棄-遺) 않는다(無).
常善救物, 故無棄物。(상선구물, 고무기물)
언제나(常-恒) 옳게(善-良) 사물을(物) 돕는다(救-助),
그러므로(故) 사물을(物) 잃지(棄-遺) 않는다(無).
是謂襲明。(시위습명)
이를(是-此) 일컬어(謂-稱) 깨달음에(明-曉) 기인함이라 한다(襲-因).
故善人者, 不善人之師,(고선인자, 불선인지사)
고로(故) 옳은(善-良) 사람의(人) 일은(者),
옳지(善-良) 않은(不) 사람(人)의(之) 스승이 되고(師-效),
不善人者, 善人之資。(불선인자, 선인지자)
옳지(善-良) 않은(不) 사람의(人) 일은(者),
옳은(善-良) 사람(人)의(之) 바탕(資)이다.
不貴其師,(불귀기사)
(사람이) 그(其) 스승을(師-效) 공경하지(貴-恭敬) 않고(不),

不愛其資,(불애기자)

(사람이) 그(其) 바탕을(資) 어여삐 여기지(愛-憐) 않는다면(不),

雖智大迷。(수지대미)

지혜롭다고(智-智慧) 할지라도(雖) 크게(大) 미혹된다(迷-惑).

是謂要妙。(시위요묘)

이를(是-此) 일컬어(謂-稱) 현묘한(妙-玄妙) 근본이라 한다(要-根本·道).

- 제 27장 해설 -

도덕경 제26장은 무거움(重)과 가벼움(輕), 고요함(靜)과 조급함(躁)의 상대성을 비교하여 성인의 모습을 기록하였고, 제27장은 선행(善行), 선언(善言), 선수(善數), 선폐(善閉), 선결(善結) 등을 이용하여 무위자연(無爲自然)의 道를 논하면서 이를 깨달은 성인의 선(善)은 道德經 제8장의 상선약수(上善若水)를 생각나게 하면서 제2장의 다음 구절도 생각나게 한다.

천하개지선지위선, 사불선이.(天下皆知善之爲善, 斯不善已) - 제2장 참조.

"세상 모두가 선의 선함(善·良) 됨만을 안다면, 이것은 이미 선이 아니다."

제27장은 사불선이(斯不善已)에 대한 정답을 적었다고 보아야 한다. 도덕경에 나오는 선(善)의 상대어가 악(惡)이 아니고 불선(不善)이 되는 이유는, 선을 행하되 의식하고 한다면 불선이라는 것이다. 악(惡)이 아닌 이유를 정확하게 알아야 선(善)에 대한 선문답(禪門答)이 풀린다.

미움은 다툼을 일으켜도 사랑은 모든 허물을 가리느니라.(잠언 10:12)

결국은 道의 근본인 사랑(無爲自然)만이 선행(善行), 선언(善言), 선수(善數), 선폐(善閉), 선결(善結) 등을 유지할 수 있는 것이다.

善行無轍迹,(선행무철적)

이는 옳은 행실은 하되 나타내지 않는다는 것이다. 상대방 생명에게 위해(危害)를 가하는 행위를 했다면 상대방의 반항으로 바퀴의 자취가 남을 수밖에 없지만, 상대방 생명을 위(爲)하는 행위를 했어도 본인의 선택에 따라 바퀴의 자취가 남을 수 있다. 깨달은 자에게는 옳은 행실이라는 판단 자체가 마땅치 않을 것이다. 그 옳은 행실도 스스로 그러함(自然)의 소산일 뿐이기 때문이다.

옳은 일을 했다는 의식이 없는 무위(無爲)로 하면 자취가 없고 유위(有爲)로 하면 자취를 남기게 된다는 의미다. 무위이든 유위이든 남을 돕는 것은 좋은 일임이 틀림없지만, 했다는 의식을 가지는 순간, 자취를 남기게 된다. 이 자취를 불선(不善)이라고 하는 것이다. 성경은 옳은 행위의 자취를 남기지 않는 자에게 말한다. **"너의 아버지께서 갚으시리라"**

아버지께서 갚으신다는 것은 카르마의 해소를 표현하는 것이리라.

너는 구제할 때에 오른손이 하는 것을 왼손이 모르게 하여 네 구제함을 은밀하게 하라 은밀한 중에 보시는 너의 아버지께서 갚으시리라.(마태복음6:3~4)

사람에게 보이려고 그들 앞에서 너희 의를 행하지 않도록 주의하라 그리하지 아니하면 하늘에 계신 너희 아버지께 상을 받지 못하느니라. 그러므로 구제할 때에 외식하는 자가 사람에게서 영광을 받으려고 회당과 거리에서 하는 것 같이 너희 앞에 나팔을 불지 말라 진실로 너희에게 이르노니 그들은 자기 상을 이미 받았느니라.(마태복음 6:1~2)

이런 행위를 일러 "이것은 이미 선이 아니다."(斯不善已)라고 했다.

善言無瑕謫,(선언무하적)
그의 혀로 남을 허물하지 아니하고 그의 이웃에게 악을 행하지 아니하며 그의 이웃을 비방하지 아니하며.(시편 15:3)

도덕경에 수록된 말씀 언(言)은 21회 나온다.(부록 참조)

행불언지교.(行不言之敎) - 제2장 참조.

"말로 하지 않음의 가르침을 행한다."

행동이 가르침이 된다면 상대방 허물을 언어로 꾸짖지 않아도 된다.

다언삭궁, 불여수중.(多言數窮, 不如守中) - 제5장 참조.

"말이 많으면 자주 막히니. 마음으로 지키느니만 같지 아니하다."

남을 꾸짖으면 그 꾸짖음이 되돌아올 수밖에 없는 것이 이 세상의 이치이다.

말이 많으면 허물을 면하기 어려우나 그 입술을 제어하는 자는 지혜가 있느니라.(잠언 10:19).

고로 道를 깨달은 사람은 그 이치를 알기 때문에 말 수를 줄이는 것이다.

지지불언, 언자부지.(知者不言, 言者不知) - 제56장 참조.

"깨달은 자는 말하지 않고, 말하는 자는 깨닫지 않은 것이다."

석가모니 부처의 48년 불일설(四十八年 不一說)을 이해할 수 있는 것이다.

신심명(信心銘)에 이르기를

절언절려, 무처불통.(絶言絶慮, 無處不通)

"말을 끊고 생각을 내려놓으면 통하지 않는 곳이 없다."

이는 말을 하지 않고 생각을 하지 않는 것이야말로 정작 옳은 말(善言)이란 뜻이다.

노하기를 더디 하는 것이 사람의 슬기요 허물을 용서하는 것이 자기의 영광이니라. (잠언 19:11)

善數不用籌策。(선수불용주책)

스스로 그러한데 누가 감히 계산을 할 수 있을 것인가? 되어가는 대로 살 뿐이다.

누가 지혜로 구름의 수를 세겠느냐 누가 하늘의 물주머니를 기울이겠느냐? 티끌이 덩어리를 이루며 흙덩이가 서로 붙게 하겠느냐? (욥기 38:37~38)

내가 할 수 있으리라고 이리저리 궁리해 보았자 부처님 손바닥 안이다. 나의 이익만을 궁리할 때는 이리저리 잔머리를 굴리게 되지만 너와 나의 구별이 없어지면 잔꾀를 쓸 필요가 없는 옳은 계산(善數)이 저절로 이루어진다. 생자 필멸(生者必滅)이며, 찰나와 같은 인생을 살면서 자연의 섭리에 따라 사는 것이 옳은 계산(善數)일 것이다.

공수신퇴, 천지도.(功遂身退, 天地道) - 제9장 참조.

"(태어난) 일을 다 하고 몸은 죽는 것이(退-去), 천지의 도이다."

아버지와 내가 이미 하나라면 천지를 나누어 가지려 할 필요가 없다. 겉사람의 욕심이 발동하여 하나님을 욕망의 대상으로 삼고 기도할 때, 진정으로 기도하는 것 같으나 나도 모르는 사이에 주판알을 튕긴다는 사실을 알아야 한다. "주시옵소서"라는 기도(祈禱)를 하지 않으면 주판알을 튕길 이유가 없어지는 것이다.

내가 깨달은 것은 오직 이것이라 곧 하나님은 사람을 정직하게 지으셨으나 사람이 많은 꾀들을 낸 것이니라.(전도서 7:29)

善閉無關楗而不可開,(선폐무관건이불가개)

신령한 자는 모든 것을 판단하나 자기는 아무에게도 판단을 받지 아니하느니라.(고린도전서 2:15).

속사람으로 판단하는 자는 겉사람의 유혹에 쉽사리 열리지 않는다. 안(眼), 이(耳), 비(鼻), 설(舌), 신(腎), 의(意)에 의한 육식(六識)의 유혹(誘惑)을 견디어 낸다.

금옥만당, 막지능수.(金玉滿堂, 莫之能守) - 제9장 참조.

"금과 옥이 집에 가득하면, 이를 능히 지킬 수 없다."

지니고 갈 수 없는 금옥(金玉)을 지키기 위하여 튼튼한 문빗장(關楗)으로 견고하게 지켰을지라도 필경 죽음을 피할 수 없을 터이니, 겉사람을 위한 문빗장이 아니라 속사람(道)을 위한 문빗장을 준비한 사람은 그 마음을 훔칠 수 없으므로 문빗장이 열리지 않게 되어 있다. 도적에게 필요한 것이 없으므로 열어 놓아도 무방한 완벽한 문빗장이라는 의미이다.

너희는 유혹의 욕심을 따라 썩어져 가는 구습을 따르는 옛사람을 벗어 버리고 오직 너희의 심령이 새롭게 되어 하나님을 따라 의와 진리의 거룩함으로 지으심을 받은 새 사람을 입으라.(에베소서 4:22~24)

善結無繩約而不可解。(선결무승약이불가해)

이 세상 물질은 물론하고 낮은 차원의 생명으로부터 시작하여 만물의 왕인 사람에 이르기까지 맺음(結-締)과 연결되어 있다. 강변의 돌 하나로부터 사람에 이르기까지 어느 것 하나라도 있지 아니하면 생명이 존재할 수 없게 되어 있다. 천지 만물과 나는 하나라는 물아일체(物我一體)의 사상과 같은 맥락이라고 아니할 수 없다. 이 맺음(結-締)이 풀어(解-綏)지고 느슨해진다면 사물 없는 곳으로 되돌아갈 수 없게 된다(復歸於無物 - 제14장 참조). 이름을 붙일 수는 없으나 눈에 보이는 물질세계든 보이지 않는 세계든 끊임없이 이어놓은 것이 자연의 법칙인즉 스스로 그러함이다.

풀 수 없이 꼬였던 고디안 노트도 알렉산더의 단칼에 풀렸다. 물질세계에서 끈으로 묶은 맺음(結-締)은 단칼에 풀 수도 있으나 道의 세계의 맺음은 고디안 노트처럼 단칼에 풀 수 있는 것이 아니다. 끈 없는 묶음을 칼로 풀 수 있는 것이 아니거니와 이것을 일러 道의 옳은 맺음(結-締)이라고 한다.

승승불가명, 복귀어무물.(繩繩不可名, 復歸於無物) - 제14장 참조.

"이어지고 이어져 이름 지을 수 없으니, 사물 비움으로 다시 돌아간다."

시위무상지상, 무물지상.(是謂無狀之狀, 無物之象)

"이를 일컬어 모양 없는 모양이라 하고, 사물 비움의 형상이라 한다."

시위홀황.(是謂惚恍)

"이를 일컬어 (확정할 수 없어서) 멍하고 어슴푸레하다고 한다."

거만한 자를 책망하지 말라 그가 너를 미워할까 두려우니라, 지혜 있는 자를 책망하

라 그가 너를 사랑하리라 지혜 있는 자에게 교훈을 더하라 그가 더욱 지혜로워질 것이요 의로운 사람을 가르치라 그의 학식이 더하리라.(잠언 9:8~9)

거만한 자와 지혜 있는 자와 의로운 사람들은 물론하고 겸손한 자도, 어리석은 자도, 불의한 자들 역시 끈 없이 묶여 있다(無繩約)는 것을 깨닫는 것이 道의 선결(善結)이다.

누가 우리를 그리스도의 사랑에서 끊으리요 환난이나 곤고나 박해나 기근이나 적신이나 위험이나 칼이랴.(로마서 8:35)

하나님은 선결(善結)로 우리를 묶어 놓았다. 무엇이 선결인가? 사랑이다. 우리는 하나님의 사랑과 처음부터 하나로 묶여 있는 거룩한 존재들임을 잊지 말아야 한다.

是以聖人常善救人, 故無棄人。(시이성인상선구인, 고무기인)
常善救物, 故無棄物。(상선구물, 고무기물)

성인이 상선구인(常善救人)하고 상선구물(常善救物) 한다는 의미는 자연의 법칙을 따라서 한다는 것이다. 선행(善行), 선언(善言), 선수(善數), 선폐(善閉), 선결(善結)로 구인(救人)하고 구물(救物) 하는데, 사람을 잃을 리가 없으며 사물을 잃을 일이 없을 것이다. 만약에 잃는 일이 생긴다면 그 묶음이 풀어진다는 뜻이며, 그 묶음이 이어지지 아니한다면 道를 깨달을 수도 없으려니와 설령 道를 깨달았다 하더라도 태극의 세계를 짐작도 할 수 없을 것이다. 물질의 세계를 알지 못하면 영성의 세계도 알 수 없으므로 성인은 이 둘 다 잃어버리지 않는 것이다. 인(人)과 물(物)도 선결(善結)로 이어지고 있음을 도덕경은 표현하고 있다.

是謂襲明。(시위습명)

선행, 선언, 선수, 선폐, 선결을 하여 사람을 잃지 않으며(棄人), 사물을 잃지 않는(棄物) 것은 깨닫지 아니하면 일어날 수 없다는 의미다. 그러므로 모든 인연은 풀어질 수 없는 선결(善結)로 맺어질 수밖에 없다.

故善人者, 不善人之師,(고선인자, 불선인지사)
不善人者, 善人之資。(불선인자, 선인지자)

선인도 불선인도 이러한 끊어짐이 없는 인연으로 맺어졌다. 옳지 않은 사람

의 일이 옳은 사람의 바탕 곧 자산이 된다는, 이 문장은 깊이 생각을 해 보아
야 할 명문이다. 이와 같은 시구(詩句)가 제23장과 제49장에도 있으니 성인은
사람을 분별하지 않고 화기광 동기진(和其光, 同其塵-제4, 56장 참조)하고 있
음을 알 수 있다.

실자동어실.(失者同於失) - 제23장 참조.

"(道와 德을) 잃어버린 사람하고는 잃어버린 것으로 함께한다."

선자, 오선지, 불선자, 오역선지.(善者, 吾善之, 不善者, 吾亦善之) - 제49장 참조.

"착한 사람은, 나도 착하게 대하고, 착하지 않은 사람도, 나는 착하게 대할 뿐이다."

道의 세계를 알게 되면 이 세상에 존재하는 어떠한 것도 필요치 않은 것이
없다는 것이다. 공자(孔子)가 당대의 도적 도척(盜跖)을 스승으로 삼았다는 일
화를 이해할 수 있는 것이다.

不貴其師,(불귀기사)

不愛其資,(불애기자)

雖智大迷。(수지대미)

사람들이 그 스승을 귀하게 여기지 않고, 그 스승 됨의 밑바탕을 귀하게 여
기지 않는다면 선결(善結)이 아니고 불선결(不善結)이 될 것인즉, 세상 삶에
지혜로운 사람일지라도 道를 찾는 일에는 헤매게 될 수밖에 없다. 아예 道를
찾으려고도 하지 않을 것이다. 왕필의 주석이다.

雖有其智, 自任其智, 不因物, 於其道必失。故曰雖智大迷。

"비록 지혜롭다고 할지라도 자신의 그 지혜로움에 의존한 채, 만물의 그 저절로 그러한
바(道)에 따르지 않는다면 반드시 실패하게 될 것이다. 따라서 비록 지혜롭다고 할지라도
크게 미혹될 것이라고 한 것이다."

是謂要妙。(시위요묘)

어떤 것도 중요하지 않은 것이 없는 물아일체의 세계인 것을 깨닫게 하는
장이다. 승승혜(繩繩兮) "인연(因緣)의 이어지고 이어짐이여!"

어찌 현묘(玄妙-道)하다 하지 않으리오 도덕경의 매장(每章)마다 이어짐 또
한 이와 같다고 아니 할 수 없다. 인연(因緣)의 이어지고 이어짐이여!

**"나는 아브라함의 하나님이요 이삭의 하나님이요 야곱의 하나님이로라 하신 것을
읽어 보지 못하였느냐 하나님은 죽은 자의 하나님이 아니요 살아 있는 자의 하나님이
시니라 하시니."(마태복음 22:32)**

제 28장

知其雄, 守其雌, 爲天下谿。(지기웅, 수기자, 위천하계)

(사람 내면의) 그(其) 수컷의 기질을(雄-勇) 알면서도(知-識), 그(其) 암컷의 기질도(雌-弱) 지킨다면(守-護), 천하의(天下) 시내가(谿) 된다(爲).

爲天下谿, 常德不離, 復歸於嬰兒。(위천하계, 상덕불리, 복귀어영아)

천하(天下)의 시내가(谿-澗) 되면(爲), 늘(常-恒久) 덕이(德) 떠나지(離-別) 않으니(不), 다시(復-再) 젖먹이(嬰兒)로(於) 되돌아간다(歸-還).

知其白, 守其黑, 爲天下式。(지기백, 수기흑, 위천하식)

(사람이) 그(其) 밝음을(白-明) 알면서도(知-識), 그(其) 어두움도(黑-暗) 지킨다면(守-護), 천하의(天下) 본보기가(式) 된다(爲).

爲天下式, 常德不忒, 復歸於無極。(위천하식, 상덕불특, 복귀어무극)

천하의(天下) 본보기가(式) 되면(爲), 늘(常-恒久) 덕이(德) 변하지(忒-變) 않으니(不), 다시(復-再) (태초의) 근원(無極)으로(於) 되돌아간다(歸-還).

知其榮, 守其辱, 爲天下谷。(지기영, 수기욕, 위천하곡)

(사람이) 그(其) 영화를(榮華) 알면서도(知-識), 그(其) 치욕도(恥辱) 지킨다면(守-護), 천하의(天下) 계곡이(谷-谿谷) 된다(爲).

爲天下谷, 常德乃足, 復歸於樸。(위천하곡, 상덕내족, 복귀어박)

천하의(天下) 계곡이(谷) 되면(爲). 늘(常-恒久) 덕이(德) 이에(乃) 가득하여(足-滿), 다시(復-再) (통나무의) 질박함(樸)으로(於) 되돌아간다(歸-還).

樸散則爲器,(박산즉위기)

(통나무의) 질박함을(樸) 편(散-布) 즉(則) 도구가(器-道具) 되지만(爲).

聖人用之, 則爲官長。(성인용지, 즉위관장)

성인은(聖人) 통나무의 질박함을(之) (그대로) 활용(用-利用)하므로(則) (세상) 섬기기를(官-恭) 오래(長-久) 한다(爲).

故大制不割。(고대제불할)

고로(故) 큰(大-自然的) 마름질은(制-裁) (작게) 쪼개지(割-分) 않는다(不).

- 제 28장 풀이 -

도덕경 제28장은 제26장, 제27장에 이어서 제25장의 인법지(人法地) "사람들은 땅을 본(法-效)받고"를 설명하는 것이라 할 수 있다. 왜냐하면 위천하계(爲天下谿), 위천하식(爲天下式), 위천하곡(爲天下谷)의 천하(天下)는 땅(地)을 이르는 것이거니와, 이 땅을 의지하고 살 수밖에 없는 사람들이 깨우쳐야 할 인간세(人間世)의 도리를 설명하고 있으며, 웅(雄), 자(雌), 백(白), 흑(黑), 영(榮), 욕(辱)의 실체가 둘이 아니고(不二) 하나임을 깨우친 성인은 오히려 통나무의 질박함 본받아 세상 섬기기를 오래 한다는 것으로 맺음을 하고 있기 때문이다.

웅자(雄雌)-계(谿)-영아(嬰兒)와 짝을 이루어, 영아(嬰兒)는 삼태극(三太極)이고,
백흑(白黑)-식(式)-무극(無極)과 짝을 이루어, 빛과 어두움의 근원으로 무극(無極)이고
영욕(榮辱)-곡(谷)- 박(樸)과 짝을 이루어, 태극(太極)을 박(樸)으로 표현하였다.

그러므로 제28장은 三太極(雄雌-谿), 太極(榮辱-谷), 無極(白黑-式)을 다 표현(表現)한 것이다.

知其雄, 守其雌, 爲天下谿。(지기웅, 수기자, 위천하계)

음(陰)은 양(陽)의 근원이 된다. 수컷의 내 달림과 암컷의 뒤 따름의 이유를 알면 삶을 넉넉하게 할 수 있을 것이다. 암컷은 수컷의 뒤에 서지만, 수컷의 강한 것은 암컷의 약함을 결코 이길 수 없다. 사람의 내면에는 수컷의 기질(雄-勇)과 암컷의 기질(雌-弱)이 함께 존재한다.

시이성인, 후기신이신선.(是以聖人, 後其身而身先) - 제7장 참조.
"(혼자 살 수 없는) 이런 까닭에 성인은 그 몸을 뒤로하되 몸이 앞서고,"

그러므로 성인 역시 그 몸을 뒤로하여 몸을 앞서게 하는 것이다. 이는 자웅(雌雄)의 원리를 알고 있으므로 가능한 행동이다. 그러므로 성인은 인간사에서 깊이 골이 진 곳과, 막힌 곳도 헤아릴 줄 아는 것이다. 자웅(雌雄)과 영아(嬰兒)의 존재는 삼태극의 세상에서 가능한 일이다. 산이 우뚝 솟은 곳에는 깊은 골짜기가 형성된다. 우뚝 솟은 곳에는 생명을 살리는 기운이 모일 수 없어도, 좁은 시내일지라도 물이 졸졸 흐르는 시내(雌)인 계곡이라면 생명을 키우는 힘이 저절로 모여 이루어지는 것이다. 힘차게 소리 내면서 콸콸 흐르는 시내(雄)는 그 효용가치가 크겠지만, 후미지고 좁은 곳에서부터 생명이 시작되는 것이

다. 고하상경(高下相傾-제2장 참조)은 생명을 키우는 원리를 의미하는 것이지, 좋고 나쁨을 의미하는 것이 아니다.

爲天下谿, 常德不離, 復歸於嬰兒。(위천하계, 상덕불리, 복귀어영아)

전기치유, 능영아호? (專氣致柔, 能嬰兒乎?) - 제10장 참조.

"정기를 오로지 하고 부드러움을 일으켜 능히 갓난아이 같겠는가?"

깊은 계곡의 시내는 생명을 기를 수 있도록 언제나 마르지 않으니, 늘(常) 덕(德)이 함께하는 것과 같으므로 그 기운을 부드럽게 유지할 수 있으니, 어린아이(嬰兒)로 되돌아(復歸)갈 수 있는 것이다.

가라사대 진실로 너희에게 이르노니 너희가 돌이켜 어린아이들과 같이 되지 아니하면 결단코 천국에 들어가지 못하리라 그러므로 누구든지 이 어린아이와 같이 자기를 낮추는 그이가 천국에서 큰 자니라.(마태복음 18:3~4)

젖을 빠는 아기들을 예수가 보았다. 예수가 제자들에게 "젖을 빠는 이 아기들은 왕국에 들어가는 사람들과 같다."라고 말했다. 그러자 제자들이 예수에게 그러면 우리가 어린아이가 되어 왕국에 들어갈 것입니까? 라고 물었다. 예수가 제자들에게 너희가 둘을 하나로 만들 때 안을 바깥처럼, 바깥을 안처럼, 위를 아래처럼 만들 때, 그리고 남자와 여자를 똑같이 하나로 만들어 남자가, 남자가 아니고, 여자가, 여자가 아니게 할 때, 눈 대신에 눈을, 손 대신에 손을, 발 대신에 발을, 비슷한 것 대신에 비슷한 것을 만들어 낼 때, 비로소 왕국에 들어갈 것이다 라고 말했다.(도마복음 말씀 22)

도덕경 제10장과 제28장을 합하면 답이 나오는데 곧 자기를 낮추는 것이다. 인간사(人間事), 강한(雄) 것이 약한(陰) 것을 헤아릴(爲) 줄 앎이 자기를 낮춤이다. 그 기운을 부드럽게 유지하는 것도 자기를 낮춤이요, 낮추지 않으면 갓난아이 같아지는 일은 불가능한 일이다. 삶의 양면성을 판단하지 아니하는 영아(嬰兒)와 성인의 행동이 일치하는 것이다. 영아는 겉사람이 아직 생성되지 않아 속사람의 상태를 유지할 수 있고, 성인은 겉사람을 누르고 도로 갓난아기처럼 되어 속사람이 생성된 사람을 말한다. 삶이란 한 다리 길면 한 다리 짧게 되어 있기 때문이다. 두 다리 다 긴 사람이 이 세상에서 존재할 수 없다는 것은 자명한 진리다. 성인은 두 다리 다 긴 사람이 아니라 짧은 한 다리의 결함을 잘 쓸 줄 아는 사람이다.

知其白, 守其黑, 爲天下式。(지기백, 수기흑, 위천하식)

깨끗하다, 희다, 밝다는 것은 더러워질 수 있으며, 검어질 수 있는 조건을 가진 것이며, 밝다는 것도 어두움의 전제임을 말한다. 그러므로 밝을 때 어두움의 상태를 보살필 수 있다는 것은 그 어두움이 밝음의 근원임을 아는 사람만이 할 수 있는 일이다. 인간사도 이와 같아서 큰 깨끗함을 자랑할 수 없는 것이, 그 깨끗함의 바탕에는 티가 더욱 선명하게 보일 수 있으며, 더러움(욕됨-恥)이 그 근원이기 때문이다.

태백약욕.(太白若辱) - 제41장 참조.
"아주 깨끗한 것은 더러운 것처럼 보이고,"

그러므로 밝음과 어두움은 동전의 양면과 같아 서로 떨어질 수 없는 관계임을 안다면, 밝음만 추구하는 행동을 하지 않을 것이다. 마치 선(善)함의 선함됨만 추구한다면, 그것은 선(善)함이 아니라는 것과 같다.

천하개지선지위선, 사불선이.(天下皆知善之爲善, 斯不善已) - 제2장 참조.
"세상 모두가 선의 선함 됨만을 안다면, 이것은 이미 선이 아니다."

물질세계는 위와 같이 자웅(雌雄), 흑백(黑白), 영욕(榮辱) 등이 상대성으로 존재하는데 불선(不善)을 헤아리지 못하면서 어찌 선(善)만을 추구할 수 있을 것인가? 자웅, 흑백, 영욕 등도 그것이 혼자서 존재할 수 없는 이유는 자생이 아닌 상생이기 때문이다.

천지소이능장차구자, 이기부자생.(天地所以能長且久者, 以其不自生) - 제7장 참조.
"천지가 능히 넓으며 또 오랜 것인 까닭은(天과 地) 그것이 혼자서 사는 것이 아니기 때문이다."

爲天下式, 常德不忒, 復歸於無極。(위천하식, 상덕불특, 복귀어무극)
천(天)과 지(地)가 나온 그 근원 안이(In The Beginning - 베레쉬트 : בְּרֵאשִׁית) 곧 무극이며, 빛과 어두움의 실체는 어두움이 먼저 있어야 한다.

태초에 하나님이 천지를 창조하시니라 땅이 혼돈하고 공허하며 흑암이 깊음 위에 있고 하나님의 영은 수면 위에 운행하시니라 하나님이 이르시되 빛이 있으라 하시니 빛이 있었고 하나님이 빛(白)을 낮이라 부르시고 어둠(黑)을 밤이라 부르시니라 저녁이 되고 아침이 되니 이는 첫째 날이니라.(창세기 1:1~3,5)

"저녁이 되고 아침이 되니"는 밤(黑-暗-어두움)이 낮보다 먼저 나타난다는 것을 의미한다. 낮은 언급하지 않았지만, 아침과 저녁 사이가 낮(白-明-분명함)이 지속되는 시간이다. 이같이 저녁이 되고 아침이 되는 과정을 여섯 번을 되풀이하고 있다. 이를 일러 위천하식(爲天下式)에서의 式(본보기-규정)이라 하는 것이다. 이 본보기(式)를 여섯 번 한 후에 하나님 보시기에 심히 좋은 세상을 만들고 일곱째 날에 안식한다. 하나님의 안식은 내가 겉사람과 헤어지고 속사람과 하나로 이룰 때에만 가능한 것이다. 이것이 나의 안식이기도 하며, 하나님과 하나 됨이요 만법귀일(萬法歸一)의 상태요, 道를 깨달은 상태이다. 여섯 번의 저녁과 아침의 되돌아옴은 차원상승을 이루는 부활을 통하여 우주의 근원으로 되돌아가는 복귀어무극(復歸於無極)의 상태가 마음 안에서 일어나는 비유로 설명하고 있다. 혹자는 무리한 해석이라고 할지라도 밝음(明)을 알고 어두움(暗)을 지킨다면 천지지시(天地之始-太極-제1장 참조)의 차원을 넘은 5차원(無極)으로 복귀한다고 했다. 태극이무극(太極而無極)이라는 것은 태극은 무극의 쓰임(用)이기 때문이리라. 낮이 자기의 분명함으로 보이지 않는 밤을 지키고 보호한다는 것은 상대성을 불이(不二)로 보기 때문에 가능한 것이다. 이같이 인간사도 나의 빛으로 상대의 어두움을 지켜주고 보듬어 줄 수 있다면 이미 너와 나는 둘이 아니고 하나가 되어 태극(一)의 존재를 볼 수 있는 것이다. 그러나 무극이란 나마저도 없는 극(極)이기에 볼 사람마저 없어서, 도덕경은 중묘지문(衆妙之門-제1장 참조), 현빈지문(玄牝之門-제6장 참조)이라 칭하였지만, 그 문(門) 안쪽은 설명하지 못하고 있다. 비록 볼 수 없을지라도 인지할 수 있다는 것을 일러서 복귀어무극(復歸於無極)이라 했다. 성경에서 모든 생명을 대하는 하나님의 사랑(愛)을 깨닫는 것과 불가(佛家)의 무상정등각(無上正登覺)이 무극으로의 복귀를 의미하는 것으로 생각한다.

치허극, 수정독.(致虛極, 守靜篤) - 제16장 참조.

"(道란) 빔에 이른 궁극(極-終)이고, 고요함을 잃지 않은 (虛의) 도타움이다."

만물병작, 오이관복.(萬物竝作, 吾以觀復)

"만물이 함께 일어나기에, 나는 (만물이 虛와 靜으로) 함께 되돌아감을 헤아린다."

신심명(信心名)에 이르기를,

만법제관(萬法齊觀) 귀복자연.(歸復自然)

"만법을 똑같이 보면, 스스로 그러함으로 되돌아간다."

知其榮, 守其辱, 爲天下谷。(지기영, 수기욕, 위천하곡)

　영욕(榮辱)이란 道德經 제13장에 나오는 총욕(寵辱)과 의미가 같은 것이다. 영화(榮華)라는 것이 그 치욕(恥辱)을 등에 업고 존재하는 것이므로 영화가 내게 올 적에 치욕을 당하는 것처럼 두려움으로 맞으라는 것이다. 예수의 십자가 사건은 그 치욕을 맞이하면서도 아버지의 뜻에 맡겼다. 지기영, 수기욕(知其榮,

守其辱)의 백미(白眉)를 보여주는 것이다. 영화와 치욕이 둘이 아니고(不二) 하나임을 증명하고, 아버지의 뜻에 맡길 수 있었다.

이르시되 아버지여 만일 아버지의 뜻이거든 이 잔을 내게서 옮기시옵소서. 그러나 내 원대로 마시옵고 아버지의 원대로 되기를 원하나이다 하시니".(누가복음 22:42)

그러므로 그 영화를 알고, 그 치욕을 지킨다(守)는 것은 은총과 치욕은 두려움과 같다(총욕약경-寵辱若驚)는 것을 깨닫는 것이다. 큰 환란(恥辱)을 몸(恩寵)처럼 귀하게 여긴다는 것이 쉬운 일이 아님을 우리는 안다. 은총은 오래 지속되기를 원하지만, 치욕은 내게서 빨리 떠나가기를 원하기 때문이다. 그러나 하나님은 영욕을 주시고자 하는 자에게 스스로 그리하도록 한다. 이것이 도법자연(道法自然)의 의미인데 인간들은 하나님이 편애한다고 대적하는 것이다.

그런즉 하나님께서 하고자 하시는 자를 긍휼히 여기시고 하고자 하시는 자를 강퍅케 하시느니라. 혹 네가 내게 말하기를 그러면 하나님이 어찌하여 허물하시느뇨 누가 그 뜻을 대적하느뇨 하리니 이 사람아 네가 뉘기에 감히 하나님을 힐문하느뇨 지음을 받은 물건이 지은 자에게 어찌 나를 이같이 만들었느냐 말하겠느냐.(로마서 9:18~20)

총욕약경, 귀대환약신.(寵辱若驚, 貴大患若身) - 제13장 참조.

"총애와 욕됨은 두려움과 같고, 큰 괴로움은 (오히려) 내 몸과 같이 귀한 것이다."

오소이유대환자, 위오유신.(吾所以有大患者, 爲吾有身)

"우리가 크게 괴로운 것이 있는 까닭은, 우리에게 내 몸이 있는 인연이다."

총욕이 두려운 것은 내가 몸이 있기 때문이라고 하였다. 이(知其榮, 守其辱) 문구는 제13장을 다시 한번 음미하면 저절로 풀릴 수 있는 문구이다. 노자는 말한다. 영욕을 느끼면서 살 수 있는 몸을 가지고 있다는 것은 하늘의 은총임을 알아야 한다고! 왜냐하면 그 몸을 가지고 있을 때 당신의 영혼이 차원 상승할 수 있는 절호의 기회이기 때문이다. 그래서 내게 환란이 닥치면 이것이 진정한 은혜인 줄 깨닫고, 감사할 줄 알아야 한다는 것이다.

내게 이르시기를 내 은혜가 네게 족하도다. 이는 내 능력이 약한데서 온전하여짐이라 하신지라 이러므로 도리어 크게 기뻐함으로 나의 여러 약한 것들에 대하여 자랑하리니 이는 그리스도의 능력으로 내게 머물게 하려함이라.(고린도후서 12:9)

위천하곡(爲天下谷) 천하의 계곡에 대한 설명이 있다.

곡신불사, 시위현빈.(谷神不死, 是謂玄牝) - 제6장 참조.

"골짜기 신은 죽지 않으니, 이를 일컬어 현묘한 어미라 한다."

현빈지문, 시위천지근.(玄牝之門, 是謂天地根)

"현묘한 어미의 문, 이를 일컬어 천지의 뿌리라 한다."

광혜, 기약곡.(曠兮, 其若谷) - 제15장 참조.

"(구애받지 않는 마음이) 넓고 횅함이여, 그 골짜기와도 같네."

영화를 알고, 그 치욕을 지킨다(守)는 것은 궁극적으로 삶과 죽음이 불이(不二)임을 이해하고 있다는 것이다. 이 우주가 불이(不二)임을 깨달은 자 천하의 어미 즉 골짜기를 알 수 있다는 것이다. 천지의 뿌리란 현빈지문(玄牝之門)의 바깥쪽인 태극과 안쪽인 무극(無極)을 이르는 것이지만, 안쪽인 무극은 누구도 설명할 수 없는 것이다.

爲天下谷, 常德乃足, 復歸於樸。(위천하곡, 상덕내족, 복귀어박)

천하의 골짜기(爲天下谷)는 무엇에도 구애받지 않고 마음이 넓고 횅하(谿)며 끊어지는 법이 없으니 이를 두고 "늘(常) 덕(德)이 이에 가득하게 된다(常德乃足)"라고 표현한 것이다.(생긴 그대로의) 질박함으로 되돌아간다(復歸於樸)는 의미는 다듬지 않은 자연 그대로의 모습(樸)인 태극 즉 하나(一)를 볼 수 있다는 의미이며, 나를 생긴 그대로의 꾸밈없는 모습(樸)으로 낮춘다는 의미다.

돈혜, 기약박.(敦兮, 其若樸) - 제15장 참조.

"(꾸밈없이)도타움이여, 그 (생긴 그대로의) 질박함과 같고,"

견소포박, 소사과욕.(見素抱樸, 少私寡欲) - 제19장 참조.

"바탕을 돌이켜 보며 질박함을 품고, 사사로움을 적게 하며 욕심을 없애는 것이다."

나를 낮추고 영욕의 세계인 삼태극의 운행을 돌아보는 것이 태극의 모습인 박(樸)이다. 지기영, 수기욕(知其榮, 守其辱)을 깨닫지 못하고 영화만을 탐하는 자에게 이르는 말씀이다.

"기록된바 내가 야곱은 사랑하고 에서는 미워하였다 하심과 같으니라. 그런즉 우리가 무슨 말 하리요 하나님께 불의가 있느뇨 그럴 수 없느니라. 모세에게 이르시되 내가 긍휼히 여길 자를 긍휼히 여기고 불쌍히 여길 자를 불쌍히 여기리라 하셨으니 그런즉 원하는 자로 말미암음도 아니요 달음박질하는 자로 말미암음도 아니요 오직 긍휼히 여기시는 하나님으로 말미암음이니라.(로마서 9:13~16)

죽은 자가 살아난다는 것을 말할진대 너희가 모세의 책 중 가시나무 떨기에 관한 글에 하나님께서 모세에게 이르시되 나는 아브라함의 하나님이요 이삭의 하나님이요 야곱의 하나님이로라 하신 말씀을 읽어보지 못하였느냐 하나님은 죽은 자의 하나님이 아니요 산 자의 하나님이시라 너희가 크게 오해하였도다 하시니라.(마가복음 12:26~27)

위 성경의 의미는 아브라함과 이삭과 야곱은 속사람이 부활하여 복귀어박(復歸於樸)하고 복귀어무극(復歸於無極)을 이루어 전에도 살아있었고, 지금도 살아있는 자들이라는 것이다. 죽은 자가 살아난다는 부활의 의미는 산 육체로 살아나서 이 세상에서 한 번 더 산다는 의미가 아니라 속사람으로 거듭나서 그들의 영혼이 깨달음에 이른 것을 의미한다. 그러므로 아브라함과 이삭과 야곱은 속사람이 부활한 사람들을 의미하며, 오늘날에도 아브라함과 이삭과 야곱 같은 사람들에게 계속하여 이어진다. 하나님은 이같이 살아있는 자들의 하나님이라는 뜻이지, 겉 사람의 욕망에서 벗어나지 못한 죽은 자들의 하나님이 아니라는 의미다. 그러나 하나님은 죽은 자들도 버리지 않는다. 그들이 구하고 찾을 때까지 다시 태어남(復活)인 윤회의 고통을 통하여 기다린다.

불왈이구득, 유죄이면야? (不曰以求得, 有罪以免耶?) - 제62장 참조.

"말하지 않아도 구하면 얻기 때문이고, 잘못이 있어도 면하기 때문이 아닌가?"

구하라 그러면 너희에게 주실 것이요 찾으라 그러면 찾을 것이요 문을 두드리라 그러면 너희에게 열릴 것이니 구하는 이마다 얻을 것이요 찾는 이가 찾을 것이요 두드리는 이에게 열릴 것이니라.(마태복음 7:7~8)

樸散則爲器,(박산즉위기) 聖人用之, 則爲官長。(성인용지, 즉위관장)

질박함을 편(散-布) 즉 도구(器-道具)가 된다는 의미는 태초(道)가 변화하여 음양과 삼태극의 물질세계로 펼쳐진(散-布)다는 의미이다. 성인은 이러한 효용을 잘 알기 때문에 스스로 그러함(道法自然-제25장 참조)에 맡기고 세상을 섬기므로 그 생명이 천지와 함께 오래간다. 관장(官長)이란 성인이 도법자연(道法自然)에 대처함을 의미하는 것이지 인간 세상의 벼슬이 아니므로 도법장관(道法長官)이란 벼슬이 있다 해도 성인이라면 쳐다보지도 않을 것이다.

예수께서 대답하시되 내 나라는 이 세상에 속한 것이 아니라.(요한복음 18:36)

왕필의 주석을 보자

樸, 眞也。眞散, 則百出行, 殊類生, 若其也。聖人困其分散, 故爲之立長官, 以善爲師, 不善爲者, 移風易俗, 歸於一也。

통나무는 (만물의) 참된 바이다. 참된바 (통나무)가 흩어져서 온갖 존재와 행위가 일어나게 되는데, 마치 (통나무에서 각양각색의) 그릇이 만들어지는 것과 같다. 성인은 그 나누어짐과 흩어짐의 원리에 따르는데, 그것을 관장(官長)으로 세워서 선함이 선하지 않음의 스승 되게 하고, 선하지 않음의 선함의 경계 삼는 거울이 되게 하며(제27장)(잘못된) 풍속을 변화시키고 바로 잡음으로써, 다시 그 하나(道 혹은 樸)로 되돌아가게 하는 것이다.

이러한 박(樸-太極)이 산(散-三太極)이 됨으로써 수많은 불평등이 일어난다.

이 불평등을 영욕이라 하고 총욕이라 이르는 것이다.

토기장이가 진흙 한 덩이로 하나는 귀히 쓸 그릇을, 하나는 천히 쓸 그릇을 만드는 권이 없느냐 만일 하나님이 그 진노를 보이시고 그 능력을 알게 하고자 하사 멸하기로 준비된 진노의 그릇을 오래 참으심으로 관용하시고 또한 영광 받기로 예비하신바 긍휼의 그릇에 대하여 그 영광의 부요함을 알게 하고자 하셨을찌라도 무슨 말 하리요(로마서 9:21~23)

故大制不割。(고대제불할)

마름질(制-裁)의 뜻은 옷감이나 재목 따위를 마르는 일, 재단(裁斷)한다는 의미다. 우주의 삼라만상은 자연의 법칙(式)을 따라서 저절로 그러함으로 이루어진 것이다. 그러므로 성인도 세상을 살면서 모든 생명과 만물을 대할 때, 인위적으로 억지로 저미거나(截), 긁거나(刴), 나누거나(分), 찢거나(裂), 끊거나(斷), 쪼개지 않는다는 의미다. 대제불할(大制不割)과 같은 의미의 구절이 도덕경 제41장에 기록되어 있다.

대방무우, 대기만성.(大方無隅, 大器晚成)

"큰 모서리는 모퉁이가 없고, 큰 그릇은 (시간상의) 끝에나 이루어지고,"

대음희성, 대상무형.(大音希聲, 大象無形)

"큰 소리는 (사이가 뜨게) 성기게 들리고, 큰 형상은 형체가 없다."

지기웅, 수기자, 위천하계.(知其雄, 守其雌, 爲天下谿)

지기백, 수기흑, 위천하식.(知其白, 守其黑, 爲天下式)

지기영, 수기욕, 위천하곡.(知其榮, 守其辱, 爲天下谷)

자웅(雌雄), 흑백(黑白), 영욕(榮辱)이 둘이 아니고 하나임을 분명히 알고 지키라는 것이며, 이들 모두가 대제불할(大制不割)이 적용되는 것이니 이를 함부로 마름질(制-裁)로 쪼개지 말라(不割)고 하였다. 마름질(制-裁)하여 기구(器)로 펼쳐진(散) 둘은 매끄러울 수 있으나 갈등이 존재하고, 순수한 하나는 질박할(樸) 수밖에 없지만, 생명을 오래(長-久) 유지하게 한다. 그것이 천하계(天下谿), 천하식(天下式), 천하곡(天下谷)을 위(爲)한 일이 아니라면 성인(聖人)이라도 지킬 이유가 없는 것이리라.

신심명(信心銘)에 이르기를,

약불여차, 불필수수.(若不如此, 不必須守)

"만약 이와 같지 아니하면, 모름지기 지킬 필요가 없다."

제 29장

將欲取天下而爲之,(장욕취천하이위지)
무릇(將-大抵) 천하를(天下) 취하려고(取-奪) 욕심(欲-貪)으로서(而)
무엇인가를(之) 하여도(爲-造),
吾見其不得已。(오견기부득이)
나는(吾-我) 그것을(其) 이미(已) 얻지(得-獲) 못함을(不-非) 본다(見-視).
天下神器, 不可爲也!(천하신기, 불가위야)
천하는(天下) 신령한(神-神靈) 도구라서(器-道具),
(인위적으로) 할 일이(爲-造) 마땅히(可-宜) 없는(不) 것이야(也)!
爲者敗之, 執者失之。(위자패지, 집자실지). - 제64장 참조
(인위적으로) 하려는(爲-造) 자는(者) 그것이(之) 깨어지고(敗-破),
잡으려는(執-操持) 자는(者) 그것을(之) 잃는다(失).
故物或行或隨,(고물혹행혹수)
고로(故) 사물은(物-事物) 혹(或) 앞서기도 하고(行-往) 혹(或) 따르기도 하며
(隨-從),
或歔或吹,(혹허혹취)
혹(或) 코로 숨 내쉬기도 하고(歔-鼻出氣), 혹(或) 입으로 숨쉬기도 하며(吹-
息吐),
或强或羸,(혹강혹리)
혹(或) 너무 강하기도 하고(强-過優), 혹(或) 파리하기도 하며(羸-瘦),
或挫或隳。(혹좌혹휴)
혹(或) 바로잡기도 하고(挫-撝), 혹(或) 훼손하기도 한다(隳-毁損).
是以聖人去甚, 去奢, 去泰。(시이성인거심, 거사, 거태)
이런(是-此) 까닭에(以-因) 성인은(聖人) 극심한 것(甚-劇),
오만한 것(奢-傲慢), 지나친 것을(泰-過分) 버린다(去).

- 제 29장 풀이 -

　道德經 제29장은 제28장의 박산즉위기(樸散則爲器) "(통나무의) 질박함을 편 즉 (자잘한) 도구가 되지만."이라는 구절을 다시 한번 설명하고 있다. 이같이 노자는 줄기차게 이어가며 道를 설명하고 있다. 질박함을 편(散-布) 즉 쓰임(器-道具)이 된다는 의미는 태초가 변화하여 음양과 삼태극의 물질세계로 펼쳐진(散-布)다는 의미이며, 이러한 박(樸-太極)이 산(散-三太極)이 됨으로써 수많은 불평등이 일어나는데 이것을 막기 위하여 성인이 지킬 일을 다시 거론한다.

　시이성인거심, 거사, 거태.(是以聖人去甚, 去奢, 去泰)
　"이런 까닭에 성인은 극심한 것, 오만한 것, 지나친 것을 버린다."
라는 결론은 제28장의 결론인 아래의 구절을 보충 설명하고 있다.
　성인용지, 즉위관장(聖人用之, 則爲官長) - 제28장 참조.
　"성인은 통나무의 질박함을 (그대로) 활용하므로 (세상) 섬기기를 오래 한다."

將欲取天下而爲之,(장욕취천하이위지)
吾見其不得已。(오견기부득이)

　이 구절의 숨은 뜻은 제28장의 기(器), 즉 편리한 이기를 이용하여 천하를 손에 넣으려는 욕심을 가진 자들이 그것으로 무기를 만들어 세계를 정복한다든지, 경제적인 이익을 얻으려고 하는 자마다 실패한다는 것을 성인은 이미 알고 있다는 것이다. 왜냐하면 이 방법은 성인의 방법이 아닐 뿐만 아니라, 이 방법으로 3차원 물질세계를 잠깐 손아귀에 쥘 수 있다고 하여도 그의 삶이 영원하지 않을 뿐 아니라, 그보다 높은 영원의 세계로의 복귀어무극(復歸於無極) "우주의 근원(無極)으로 다시 돌아(復歸)가는 것이" 불가능하기 때문이다.

　신심명(信心銘)에 이르기를,
　몽환공화, 하로파착.(夢幻空華, 何勞把捉)
　"꿈과 허깨비요 빈 꽃을, 어찌하여 애써 잡으려 하는가?

天下神器, 不可爲也!(천하신기, 불가위야)

　천하가 신령한 도구가 되는 이유는, 무위자연의 법칙대로 생멸하기 때문이다. 이 천하가 신령한 도구(器)임을 알지 못하는 권력자나 부호들은 그 그릇(器)을 문명의 이기 정도로만 생각하기에 장욕취천하이위지(將欲取天下而爲之)

하는 것이다.

낙타가 바늘귀로 나가는 것이 부자가 하나님의 나라에 들어가는 것보다 쉬우니라 하시니.(마가복음 10:25)

하늘의 신령한 그릇은 이미 귀히 쓸 그릇과 천히 쓸 그릇으로 구분되어 만들어졌지만, 그것은 인위적으로 할 수 없는 일이며, 우리가 불평할 수 있는 일이 아니다. 스스로 그러함으로 이루어진 것이기 때문이다.

이 사람아 네가 누구이기에 감히 하나님께 반문하느냐 지음을 받은 물건이 지은 자에게 어찌 나를 이같이 만들었느냐 말하겠느냐 토기장이가 진흙 한 덩이로 하나는 귀히 쓸 그릇을, 하나는 천히 쓸 그릇을 만들 권한이 없느냐 만일 하나님이 그의 진노를 보이시고 그의 능력을 알게 하고자 하사 멸하기로 준비된 진노의 그릇을 오래 참으심으로 관용하시고 또한 영광 받기로 예비하신바 긍휼의 그릇에 대하여 그 영광의 풍성함을 알게 하고자 하셨을지라도 무슨 말을 하리요(로마서 9:20~23)

왕필의 주석을 보자

神, 無形無方也, 器, 合成也。無形以合。故謂之神器也。

"신령함은 형태도 없고, 형식도 없다. 그릇은 형태도 있고, 형식도 있다.(그런데 천하는) 형태는 없지만, 형식은 있다. 따라서 천하를 신령한 그릇이라고 했던 것이다."

이 신령한 그릇을 부귀영화의 이기로 삼아서 사는 사람들은, 수많은 윤회의 수레바퀴를 돌아야 신령함을 신령함으로 깨달을 수 있을 것이다.

爲者敗之, 執者失之。(위자패지, 집자실지). - 제64장 참조

육체의 소욕을 따라 살면 그 목숨이 깨어지고(敗-破) 잃게(失) 되지만, 스스로 그러함(自然-하나님)의 법칙을 따라 살면 그 생명이 영원할 것이다.

누구든지 제 목숨을 구원코자 하면 잃을 것이요 누구든지 나와 복음을 위하여 제 목숨을 잃으면 구원하리라 사람이 만일 온 천하를 얻고도 제 목숨을 잃으면 무엇이 유익하리요.(마가복음 8:35~36)

신심명(信心銘)에 이르기를,

집지실도, 필입사로.(執之失度, 必入邪路)

"(인위적으로) 지키려(執-守) 하면 본 모습을 잃고, 필경 허황한 길로 들어선다."

故物或行或隨,(고물혹행혹수)
或歔或吹,(혹허혹취)

或强或羸,(혹강혹리)

或挫或隳。(혹좌혹휴)

행-수(行-隨), 허-취(歔-吹), 강-리(强-羸), 좌-휴(挫-隳)의 단어들이 상대성을 나타내고 있지만 이렇게 짝지어진 모든 것들이 옳고 그름, 좋고 나쁨을 표현하는 것이 아니라 생명 작용을 하는 신령한 천하의 무위(無爲)를 나타내고 있을 뿐이다. 제28장의 웅-자(雄-雌), 백-흑(白-黑), 영-욕(榮-辱)과 같은 맥락이라 할 수 있다. 그러므로 이 세상에 나타나는 모든 것들은 필요치 않은 것이 하나도 없다는 것을 깨닫는 것이 바로 제28장에 나오는 위천하계(爲天下谿), 위천하식(爲天下式), 위천하곡(爲天下谷)의 의미를 바로 아는 것이라고 할 수 있다.

是以聖人去甚, 去奢, 去泰。(시이성인거심, 거사, 거태)

성인은 우주 만물이 다르되 하나에서 비롯되었음을(異而不二) 알며, 다른 이유도 생명 작용임을 깨달았기에 어느 한쪽으로 치우치지 않고 중용을 지킨다는 의미다. 그러므로 어찌 성인이 극심한(甚-劇) 짓, 오만한(奢-傲慢) 짓, 지나친(泰-過分) 짓을 할 수 있겠는가? 누구도 한쪽으로 치우친 행동은 상대의 또 다른 극심한 치우침과 대면할 것이다. 우리는 노자의 도덕경을 통하여 어떤 것에도 치우치지 않아야 하지만, 어떤 것도 소홀히 할 수 없다는 교훈을 배운다. 이러한 불공평과 불공정은 영성의 차원 상승을 위하여 꼭 필요한 것이니, 어찌 꼭 선(善)만을 추구할 수 있겠는가?

천하개지선지위선, 사불선이.(天下皆知善之爲善, 斯不善已) - 제2장 참조.

"세상 모두가 선의 선함 됨만을 안다면, 이것은 이미 선이 아니다."

제 30장

以道佐人主者, 不以兵强天下.(이도좌인주자, 불이병강천하).
도를(道) 알고(以) 백성들을(人) 돕고(佐-輔) 지키는(主-守) 자는(者),
전쟁(兵-戰爭)으로써(以) 천하를(天下) 억누르지(强-制) 않는다(不).
其事好還.(기사호환)
(전쟁의 대가) 그(其) 변사는(事-異變) 곧잘(好) 되돌아온다(還-反).
師之所處, 莉棘生焉,(사지소처, 형극생언)
군사들(師-軍旅稱衆)이(之) 머무는(處-居) 자리에는(所),
그래서(焉) 가시나무가(莉棘) 자라나고(生),
大軍之後, 必有凶年.(대군지후, 필유흉년)
대군이(大軍) 도래한(之-至) 후에는(後),
반드시(必-定辭) 흉년이(凶年) 진다(有).
善有果而已. 不敢以取强.(선유과이이. 불감이취강)
(道를 아는 자는) 좋게(善-好) 열매를(果) 얻되(有-得) 부득이(已)할 뿐(而),
구태여(敢-忍爲) 이를(以-是) 억누르면서(强-制) 취하지(取-受) 않는다(不).
果而勿矜,(과이물긍)
이루게(果) 할 뿐(而) 교만하지(矜-自賢) 않으며(勿),
果而勿伐,(과이물벌)
이루게(果) 할 뿐(而) 자랑하지(伐-自矜) 않으며(勿),
果而勿驕,(과이물교)
이루게(果) 할 뿐(而) 방자하지(驕-逸傲縱姿) 않으며(勿),
果而不得已,(과이부득이)
이루게(果) 할 뿐(而) 마지못해서 하고(不得已),
果而勿强.(과이물강)
이루게(果) 할 뿐(而) 억누르지(强-制) 않는다(勿).
物壯則老. 是謂不道.(물장즉노. 시위부도) - 제55장 참조
사물은(物) 강장(壯-强)하면(則) 쭈그러지니(老-疲-衰),
이를(是-此) 일컬어(謂-稱) 도가(道) 아니라 한다(不).
不道早已.(부도조이) - 제55장 참조

도가(道) 아닌 것은(不) 먼저(早-先) 버려진다(已-去).

- 제 30장 풀이 -

천하신기, 불가위야.(天下神器, 不可爲也) - 제29장 참조.
"천하는 신령한 도구라서(인위적으로) 할 일이 마땅히 없는 것이야!"
천하를 다스린다는 것은 일정한 땅과 백성을 차지하는 것을 이르는 말이 아님을 설명하였다. 도덕경에서의 천하는 道를 실천하는 공간으로 설명하고 있으며, 이 천하는 신령한 도구라서 인위적으로 할 수 없는 것으로 표현하고 있다.

以道佐人主者, 不以兵强天下。(이도좌인주자, 불이병강천하).
其事好還。(기사호환)
맹자(孟子) 진심(盡心)에 이르기를,
민위귀, 사직차지, 군위경.(民爲貴, 社稷次之, 君爲輕)
"백성이 귀한 것이고, 토신(土神)과 곡신(穀神)은 다음이요, 군주는 가벼운 것이다."
천하 만물의 주인은 지배받는 사람들이지 일개 임금이 될 수 없다. 그러므로 도를 아는 군주가 지배받는 귀한 백성들을 전쟁으로부터 지킨다는 의미지, 도를 아는 신하가 전쟁으로 억누르지 않는다는 의미가 아니다. 그러나 도를 아는 지배자도 불가하거니와 신하 역시 군주 옆에 있을 리가 없다. 오늘날 미국이 전쟁하는 이유가 전쟁물자를 팔아 이득을 챙기는 업자들 때문인 것을 다 알면서도 말을 하지 않는다. 중국이 최강이 되면 그 짓을 하지 않으리라는 생각은 순진한 것일 뿐, 오히려 주변국을 억눌러 황제 노릇을 할 것이 분명하다. 불경에 이르기를,
천지여기, 하사구의.(天地如已, 何事求矣)
"천지가 내 몸인데 어찌 다른 것을 구하겠느냐?"
나와 아버지는 하나이고, 내가 곧 부처라는 의미는 내가 만물의 주인 됨을 선언하는 道이다.
또 주께서 지혜 있는 자들의 생각을 헛것으로 아신다 하셨느니라. 그런즉 누구든지 사람을 자랑하지 말라 만물이 다 너희 것임이라.(고린도전서 3:20~21)
왕필의 주석을 보자

以道佐人主, 尚不可以兵强於天下, 況人主躬於道者乎。

　"도로써 임금을 보좌하는 사람은 무력으로 천하에 군림하지 않음을 높이 받들어야 한다. 하물며 몸소 도를 실천해야 할 임금에 있어서야!"

　인주(人主)를 임금으로 해석하였고, 그를 보좌하는 사람을 성인이라고 지목하지는 않았으나, 道를 알고 보좌한다면 성인의 반열에 있는 사람일 것이 분명하다. 이는 성인을 또 정치판에 끌어들여 욕되게 하는 것도 모자라, 임금이 몸소 도를 실천해야 할 사람으로 표현하고 있다. 道를 깨달은 자는 임금 자리를 일찍이 놓아 버렸을 것이다. 시대가 춘추전국(春秋戰國) 시대인 만큼 왕필의 주석이 이해되는 부분도 있지만, 모든 도덕경 주석서들이 왕필 주석의 범주를 벗어나지 못하고 있다.

　왕필의 주석대로 인주(人主)를 임금으로 표현한다면, 무력으로써 천하를 억누르는 사람이 곧 임금들이다. 그들은 자기의 영역만으로는 만족하지 못하므로 끊임없이 병강(兵强)을 도모하고 침략하였다. 작금의 국제정치와 하나도 다를 바가 없다. 막강한 무력은 보유하면서 쓰지는 않는 것이 무력으로써 천하를 억누르지 않는다는 것인가? 애초에 무력을 보유하지 않는다면 망하는 길밖에 없음을 우리는 이미 알고 있다. 무력을 보유하고 쓰지 않는 나라도 없고, 무력을 보유하고 있지 않은 나라를 침공하지 않는 전설 속의 군자의 나라란 있을 수 없다. 인간의 욕심으로 말미암아 전설 속 군자의 나라는 삼차원 물질세계에서는 불가능한 일이다. 전쟁의 역사가 반복되는 것을 할 수 있으면 막아야 한다는 취지이다. 왜냐하면, 만물의 주인인 백성들의 피해가 엄청나기 때문이다. 이미 얻을 수 없다는 것을 알고 있는데, 성인이 무슨 이유로 임금을 보좌할까?

　장욕취천하이위지, 오견기부득이.(將欲取天下而爲之, 吾見其不得已) - 제29장 참조.

　"무릇 천하를 취하려고 욕심으로서 무엇인가 해도, 나는 그것을 이미 얻지 못함을 본다."

　道를 깨달은 사람은 만물의 주인인 사람들을 도울 때 자연의 순리를 따르지, 인위적인 방법인 무력을 쓰지 않는다는 것이다. 왜냐하면, 그 욕심은 필연적으로 보복을 당하기 때문이라는 것이다. 노자는 전쟁으로 지배를 받는 백성들의 고통이 안타까워 읊은 시구(詩句)일 뿐이다.

　"道를 알고 (만물의) 주인인 사람들을 돕는 자는, 전쟁으로써 천하를 억누르지 않는다. 그 (전쟁의 대가) 변사는 곧잘 되돌아온다."

師之所處, 荊棘生焉,(사지소처, 형극생언)

大軍之後, 必有凶年。(대군지후, 필유흉년)

기사호환(其事好還)에 대한 풀이이다. 물론 상대방도 무력을 길러 보복을 하는 되풀이 참사가 일어날 것이며, 농사지을 사람이 부족하니 가시나무가 자라고 흉년이 들어 백성들의 고통이 이만저만이 아닐 것이다.

그 날에는 천 그루에 은 천 개의 가치가 있는 포도나무가 있던 곳마다 찔레와 가시가 날 것이라 온 땅에 찔레와 가시가 있으므로 화살과 활을 가지고 그리로 갈 것이요 보습으로 갈던 모든 산에도 찔레와 가시 때문에 두려워서 그리로 가지 못할 것이요 그 땅은 소를 풀어 놓으며 양이 밟는 곳이 되리라.(이사야 7:23~25)

善有果而已. 不敢以取强。(고선유과이이. 불감이취강)

성인은 이익을 취할지라도 부득이할 뿐 상대방을 압박해서 얻지 않는다고 함은 자연의 순리를 따른다는 의미다. 처음부터 해석을 달리한 주석들은 용병의 목적만 달성하면 그친다고 하는데, 이는 상대방의 역습을 자초하기 때문에 그리하기 어려워지는 것이다. 왜 성인이 군대를 동원하여 다른 나라와 다투는 일에 앞장서야 하는가? 노자와 장자의(老莊) 사상으로는 불가능하지만, 공맹의 사상에서는 가능한 일이기는 하다.

果而勿矜,(과이물긍) **果而勿伐,**(과이물벌) **果而勿驕,**(과이물교)
果而不得已(과이부득이) **果而勿强。**(과이물강)

도법자연(道法自然 - 제25장 참조)을 따른 성인의 행동거지가 이렇게 아름다운데, 어떻게 임금의 욕심을 채워 줄 수 있어서 그를 보좌하겠는가? 오직 만물의 주인인 사람들을 대하는 성인의 자세일 뿐이다.

사랑은 오래 참고 사랑은 온유하며 시기하지 아니하며 사랑은 자랑하지 아니하며 교만하지 아니하며 무례히 행하지 아니하며, 자기의 유익을 구하지 아니하며 성내지 아니하며, 악한 것을 생각하지 아니하며, 불의를 기뻐하지 아니하며, 진리와 함께 기뻐하고 모든 것을 참으며, 모든 것을 믿으며 모든 것을 바라며 모든 것을 견디느니라.(고린도전서13:4~7).

物壯則老. 是謂不道。(물장즉노 시위부도) - 제55장 참조
不道早已。(부도조이) - 제55장 참조

인위적으로 강함을 나타내는 것은 곧 피로해지고 쇠약할 뿐이며, 道답지 아니한 것이니 빨리 버려지게 된다는 의미다.

제 31장

夫佳兵者, 不祥之器。(부가병자, 불상지기)
대저(夫-夫唯) 기릴만한(佳-褒) 무기라는(兵-伐器) 것은(者),
상서롭지(祥-吉) 않게(不) 사용되는(之-用) 도구이다(器-道具).
物或惡之, 故有道者不處。(물혹오지, 고유도자불처) - 제24장 참조
만물은(物-有形萬物) 언제나(或) 그것을(之) 혐오한다(惡-嫌). 고로(故) 도를
(道) 지닌(有) 사람은(者) (무기와 함께) 머물지(處-居) 않는다(不).
君子居則貴左,(군자거즉귀좌)
군자는(君子) 평상시(居-常有)에는(則) 왼쪽을(左) 중요시하고(貴-重要),
用兵則貴右。(용병즉귀우)
전쟁을(兵-戰爭) 할(用-行) 때는(則) 오른쪽을(右) 중요시한다(貴-重要).
兵者, 不祥之器, 非君子之器。(병자, 불상지기, 비군자지기)
무기라는(兵-伐器) 것은(者), 상서롭지(祥-吉) 않게(不) 쓰이는(之-用) 도구이
지(器-道具), 군자(君子)의(之) 도구가(器-道具) 아니다(非).
不得已而用之, 恬淡爲上。(부득이이용지, 염담위상)
부득이(不得已)해서(而) 쓴다고(用-使) 하여도(之),
고요하고(恬-靜) 담담하게(淡-淡白) 하는 것이(爲-造) 첫째이다(上).
(恬淡:사물에 집착하지 않고 욕심이 없어 마음이 편함).
勝而不美,(승이불미)
승리를(勝利) 얻어도(而) 좋은 것이(美-好) 아니니(不),
而美之者, 是樂殺人。(이미지자, 시락살인)
이를(而) 좋아하는(美-好) 사람은(者),
곧(是) 살인을(殺人) 즐기는 것이다(樂).
夫樂殺人者, 則不可以得志於天下矣。(부락살인자, 즉불가이득지어천하의)
대저(夫) 살인을(殺人) 즐기는(樂) 사람인(者) 즉(則), 능히(可-能) 세상(天下)
에서(於) 뜻을(志) 얻지(得-獲) 못하는(不) 까닭(以)이리라(矣)!
吉事尙左, 凶事尙右。(길사상좌, 흉사상우)
이로운(吉-利) 일에는(事) 왼쪽을(左) 높이고(尙-尊),
두려운(凶-恐) 일에는(事) 오른쪽을(右) 높인다(尙-尊).

偏將軍居左, 上將軍居右,(편장군거좌, 상장군거우)

보좌하는(偏-補佐) 장군은(將軍) 왼쪽에(左) 자리하고(居),

첫째(上) 장군은(將軍) 오른쪽에(右) 자리함은(居),

言以喪禮處之。(언이상례처지)

거상의(喪-居喪) 의식(禮-儀式)을(之) 표준으로(處-標準) 하라는(以-爲) 말이다(言).

殺人之衆, 以哀悲泣之。(살인지중, 이애비읍지)

많은(衆-多) 사람(人)을(之) 죽였으니(殺-殺),

불쌍함과(哀-憐) 슬픔으로(悲-痛) 울어야(泣-哭) 한다(以-爲).

戰勝, 以喪禮處之。(전승, 이상례처지)

전쟁의(戰) 승리는(勝),

거상의(喪-居喪) 의식(禮-儀式)을(之) 표준으로(處-標準) 해야 한다(以-爲).

- 제 31장 풀이 -

참 난감한 것이 31장(章)이다. 왕필도 역주를 달지 않았다. 도덕경에서 37장까지는 도경(道經)으로 풀이를 하는 것이 옳다고 생각했는데, 31장에서 꽉 막히고 말았다. 방금 제30장에서 이렇게 표현하고서 먹도 마르기 전에 전쟁 이야기를 하고 있다.

이도좌인주자, 불이병강천하.(以道左人主者, 不以兵强天下) - 제30장 참조.

"도를 알고 백성들을 돕고 지키는 자는, 전쟁으로써 천하를 억누르지 않는다."

"(전쟁의 대가) 그 변사는 곧잘 되돌아온다."

물론 성인 대신에 군자(君子)를 대입시킨 것은 다행이라고 생각한다. 노장(老莊)의 성인이 전쟁을 지휘한다는 것은 꿈도 꿀 일이 아니지만, 공맹의 군자는 전쟁을 지휘해야 할 일이 종종 있을 것이다. 그들은 권력 근처에도 머물 수 있기 때문이다. 이 장의 특징은 전시와 평상시를 구분하여 좌와 우에 거(居)함을 정하고 있다. 이는 음양의 법칙을 따른 것이다. 도덕경 제28장 풀이를 참조하면 좌우에 대한 이해를 도울 수 있으니, 음(陰-雌)은 양(陽-雄)의 근원이 된다. 수컷의 내 달림과 암컷의 뒤 따름의 이유를 알면 삶을 넉넉하게 할 수 있을 것이다. 암컷은 수컷의 뒤에 서지만, 수컷의 강한 것은 암컷의 약함을 결코 이길 수 없다.

시이성인, 후기신이신선.(是以聖人, 後其身而身先) - 제7장 참조.

"(혼자 살 수 없는) 이런 까닭에 성인은 그 몸을 뒤로하되 몸이 앞서고,"

그러므로 성인 역시 그 몸을 뒤로하여 몸을 앞서게 하는 것이다. 이는 자웅 (雌雄)의 원리를 알고 있으므로 가능한 행동이다. 그러므로 성인은 인간사에서 깊이 골이 진 곳과, 막힌 곳도 헤아릴 줄 아는 것이다. 자웅(雌雄)과 영아(嬰兒)의 존재는 삼태극의 세상에서 가능한 일이다. 음은 일반적으로 여자, 좌, 백색, 백호, 서쪽, 어둠, 부드러움, 공간, 물, 끝, 소멸, 축소, 쇠퇴, 차가움, 땅 등의 의미로 해석된다. 양은 남자, 우, 청색, 청룡, 동쪽, 밝음, 단단함, 시간, 불, 시작, 존재, 팽창, 발전, 열, 하늘 등의 의미로 해석이 된다. 이러한 음양의 개념은 고정된 개념이 아니다. 음지가 양지가 되고 어둠이 가면 밝음이 오듯이 얼마든지 바뀔 수 있고 거꾸로 될 수도 있다. 무엇이 음이고 무엇이 양이냐가 중요한 것이 아니라 서로 대립적인 존재(대립은 하지만 적대적이지는 않다)로 인식하여야 한다. 즉 하나가 있어야 나머지 하나도 존재할 수 있는 개념이라는 것이 중요하다.

임금을 중심으로는 좌가 양이고 우가 음이 된다. 임금이 북쪽에서 남면(南面)하고 앉으면 해가 뜨는 생문방(生門方)인 왼쪽이 동쪽이 되고, 해가 지는 사문방(死門方)인 서쪽은 오른쪽이 된다. 평상시에는 임금의 입장으로 보면, 왼쪽이 상석이 되는 것이다. 그래서 문관은 좌의정이 우의정보다 서열상 우위이다. 무관은 상장군이 오른쪽에 앉고, 편장군이 왼쪽에 앉게 되는 것이다. 우는 죽음과 가까운 사문방인 서쪽이기 때문에 무관은 오른쪽이 서열상 우위다. 묘지를 쓸 때 이용하는 좌청룡(左靑龍) 우백호(右白虎)의 논리에도 해당한다. 이 경우의 좌우는 임금이 남쪽을 바라보고 앉았을(南面) 때의 기준이다. 이렇게 뒤바꾼 이유를 설명하였다.

吉事尙左, 凶事尙右。(길사상좌, 흉사상우)

將軍居左, 上將軍居右,(편장군거좌, 상장군거우)

言以喪禮處之。(언이상례처지)

사람들이 수없이 죽는 전쟁터에서는 수컷의 내 달림을 막지 않았다. 전쟁이란 道가 아닌 인간의 욕심으로 일어나는 오른쪽(陽)의 행위이지만, 부모의 죽음처럼 거상(喪-居喪)의 의식(禮-儀式)으로써 대하는 것이 마땅하다는 논리다.

232 老子의 道, 聖經의 道

임금이 좌우를 분별하는 것이 道와 무슨 상관이 있겠는가?

殺人之衆, 以哀悲泣之.(살인지중, 이애비읍지)
戰勝, 以喪禮處之.(전승, 이상례처지)

될 수 있으면 전쟁을 막아 백성의 불쌍함을 구해보자는 의미로 생각할 수 있다. 인간사는 전쟁으로 시작하여 전쟁으로 끝을 보려고 지금까지 하고 있다. 이 인간의 욕심을 누가 막을 수 있을 것인가? 예수나 석가모니 등이 간섭했지만 풀어지지 아니하였으며, 노자 역시 이를 모르지 않았을 것이다. 이미 죽은 사람을 위하여 곡(哭)하는 것은 자비스러운 마음의 표출은 될 수 있을지언정, 곡을 한다고 道를 깨달을 수 있는 것이 아니다. 무기와 전쟁은 名의 세계에서 일어나는 가장 잔혹한 일이므로 죽음(死-喪)의 의식(禮)으로 표현하였다. 생사는 반복적으로 일어나는 道의 섭리이지만, 전쟁으로 죽는 것은 공(功)을 다 이루지 못하고 억지로 죽는 것이므로 道가 아니다(非道也哉-제53 참조).

공성이불거.(功成而不居) - 제2, 77장 참조.
"(聖人은 태어난) 공을 이루었으니 이로써 살지 않는다."

전쟁은 부리는 자(使)들의 욕심으로 일어나는 것이지 백성(民)이 원하는 것이 아니다. 그러므로 전쟁으로 죽은 군사들 장례식에서 부모가 죽은 것처럼 거상(喪-居喪)의 의식(禮-儀式)으로 애곡(哀哭)하라는 까닭은, 전쟁의 승리(寵)를 두려움(驚)으로 맞으라는 의미일 것이다. 인류사는 전쟁의 역사이지만 영원한 승자는 없기 때문이다. 전쟁을 일으킨 자들에게 진정한 눈물을 한 번이라도 흘려보라는 노자의 속뜻이 아닐까?

총욕약경(寵辱若驚) - 제13장 참조.
"총애와(寵-愛) 욕됨은(辱-恥) 두려움과(驚-懼) 같고(若-如)."

인류는 어린아이의 품성을 언제 이룰 것인가? 개벽(開闢) 때인가? 성경 복음서에 있는 예수의 비유와 불자(佛者)들의 선문답 같은 제31장을 "들을 귀가 없는" 필자가 노자의 심오한 비유를 이해하지 못하는 것 같다. 노자백서(老子帛書), 죽간본(竹簡本)에 본문이 있는 것으로 보아 노자가 지은 것은 확실하다 한다.

제 32장

道常無名。(도상무명)
도는(道) 늘(常-恒久) 이름이(名) 없다(無).
樸雖小, 天下莫能臣也。(박수소, 천하막능신야)
(道의) 질박함은(樸-質樸) 갓난아이와(小-幼) 같을지라도(雖),
천하라도(天下) 능히(能) 하인으로 삼을 수(臣-下人) 없다(莫-無).
侯王若能守之, 萬物將自賓。(후왕약능수지, 만물장자빈). - 제37장 참조
(만물의 으뜸인) 사람이(侯王-長) 만약에(若-如) (질박함) 그것을(之-質樸) 능히
(能) 지키면(守-勿失), 만물이(萬物) 무릇(將-大抵) 스스로(自-躬親) 복종할 것
이다(賓).
天地相合以降甘露,(천지상합이강감로)
천지가(天地) 서로(相-共) 만남(合-會)으로써(以) 단(甘) 이슬을(露) 내리듯(降
-落),
民莫之令而自均。(민막지령이자균)
사람들은(民) 명령(令-法)이(之) 없음(莫-無)에도(而) 스스로(自) 고르게 산다
(均-調).
始制有名,(시제유명)
(질박한) 처음은(始-初) 마름질로(制-裁) 이름을(名) 얻게 되지만(有-得),
名亦旣有,(명역기유)
이름 있는(名) 모두는(亦-總) (처음부터) 이미(旣-已) 존재한 것이니(有-存),
夫亦將知止!(부역장지지)
모든(亦-總) 한계를(止-限界) 무릇(將-大抵) 깨닫게(知-覺) 하는구나(夫)!
知止, 可以不殆。(지지, 가이불태)
(始와 名, 존재의) 한계를(止-限界) 깨달으면(知-覺),
능히(可-能) 두려워할(殆-危) 이유가(以-因) 없다(不).
譬道之在天下, 猶川谷之於江海。(비도지재천하, 유천곡지어강해)
도(道)의(之) 존재를(在-存) 세상 만물(天下)에 비유한다면(譬),
마치 골짜기(谷)의(之) 시내가(川) 강과(江) 바다로(海) 흘러가는 것과(於) 같
다(猶-似).

- 제 32장 풀이 -

전장, 제31장의 샛길 나들이에서 돌아왔다. 어린아이와 같은 질박함을 비유로 들어 道를 설명하는 장이다. 본문의

박수소, 천하막능신야.(樸雖小、天下莫能臣也)

"(道의) 질박함은 갓난아이와 같을지라도, 천하라도 능히 하인으로 삼을 수 없다."

성경도 어린아이의 비유를 끊임없이 하고 있다.

또 누구든지 내 이름으로 이런 어린아이 하나를 영접하면 곧 나를 영접함이니. 그 때에 이리가 어린 양과 함께 살며 표범이 어린 염소와 함께 누우며 송아지와 어린 사자와 살진 짐승이 함께 있어 어린아이에게 끌리며, 암소와 곰이 함께 먹으며 그것들의 새끼가 함께 엎드리며 사자가 소처럼 풀을 먹을 것이며, 젖 먹는 아이가 독사의 구멍에서 장난하며 젖 뗀 어린아이가 독사의 굴에 손을 넣을 것이라.(이사야 11:6~8)

도덕경도 제10, 28장에서 어린아이의 비유를 들었고, 본문에서도 들었다.

위천하계, 상덕불리, 복귀어영아.(爲天下谿, 常德不離, 復歸於嬰兒) - 제28장 참조.

"천하의 시내가 되면, 늘 덕이 떠나지 않으니, 다시 젖먹이로 되돌아간다."

전기치유, 능영아호?(專氣致柔, 能嬰兒乎?) - 제10장 참조.

"정기를 오로지 하고 부드러움을 일으켜, 능히 갓난아이 같겠는가?"

道常無名。(도상무명)

"道가 늘 그러하니 이름이 없다"라고 해석을 한다면 제1장에 어긋난다.

도가도, 비상도.(道可道,非常道) - 제1장 참조.

"(사람들이) 道를 도라고 여기는 道는(이미) 변하지 않는 (떳떳한) 도가 아니다."

이미 사람들이 道라는 이름 지었다면 사람들의 지식과 경험을 통한 것이므로 이는 변할 수밖에 없는 道일 뿐이지만, 억지로 道라고 했을 뿐 본래는 이름이 없는 것이다.

道는 숨어있어서 이름이 없고(道隱無名-제41장 참조), 이름이 없지만(無名), 천지의 시작이고(天地之始-제1장 참조), 이름이 없지만 질박하다(無名之樸-제37장 참조).

그러므로 道 = 無名 = 天地之始 = 樸이라는 등식이 성립된다.

樸雖小, 天下莫能臣也。(박수소, 천하막능신야)

노자는 도덕경 제20장에서 스스로 방글거리지도 못하는 갓난아기 같다고 하였다. 노자는 道와 박(樸)과 갓난아이를 동일한 것으로 보았고 자신 역시 갓난

아이라고 하였다. 그러므로 필자는 박수소(樸雖小)의 소(小)를 갓난아이로 해석했다. 노자가 갓난아이와 같은 심성을 가졌기 때문에 도덕경을 쓸 수 있는 혜안이 열렸을 것이다.

아독박혜, 기미조, 여상아지미해.(我獨泊兮, 其未兆, 如嬰兒之未孩) - 제20장 참조.

"(그러나) 나 홀로 조용함이여, 그 어떤 의도조차 없으니, 갓난아이의 방글거림도 없는 것 같다."

젖을 빠는 아기들을 예수가 보았다. 예수가 제자들에게 젖을 빠는 이 아기들은 왕국에 들어가는 사람들과 같다.라고 말했다. 그러자 제자들이 예수에게 그러면 우리가 어린아이가 되어 왕국에 들어갈 것입니까?라고 물었다. 예수가 제자들에게 너희가 둘을 하나로 만들 때 안을 바깥처럼, 바깥을 안처럼, 위를 아래처럼 만들 때, 그리고 남자와 여자를 똑같이 하나로 만들어 남자가, 남자가 아니고, 여자가, 여자가 아니게 할 때, 눈 대신에 눈을, 손 대신에 손을, 발 대신에 발을, 비슷한 것 대신에 비슷한 것을 만들어 낼 때, 비로소 왕국에 들어갈 것이다.라고 말했다.(도마복음 말씀 22)

"삶의 양면성을 구분하지 아니하는 영아(嬰兒)와 성인의 행동이 일치하는 것이다. 영아는 겉사람이 아직 생성되지 않아 속사람의 상태를 유지할 수 있고, 성인은 겉사람을 누르고 도로 질박(樸)한 갓난아기처럼 되어 속사람이 생성된 사람을 말하기 때문이다."- (제28장 참조).

侯王若能守之, 萬物將自賓.(후왕약능수지, 만물장자빈). - 제37장 참조

갓난아이처럼 때 묻지 않은 道를 지킬 수 있다면 만물은 그 道에 복종할 수밖에 없다. 후왕(侯王)이 만물의 으뜸인 사람으로 번역되어야 하는 이유는 제16장을 참조하면 된다.

侯王若能守之, 萬物將自化.(후왕약능수지, 만물장자화) - 제32장 참조.

"(만물의 으뜸인) 사람들이 만약에 (道) 그것을 능히 지키면, 만물이 무릇 스스로 본받을 것이다."

天地相合以降甘露,(천지상합이강감로)

民莫之令而自均。(민막지령이자균)

고조선 시대는 팔조금법(八條禁法)이면 족했다. 구약성경의 십계명 또한 간단하기 그지없다. 그러나 박(樸)을 쪼개면(散) 쪼갤수록 규정은 점점 늘어난다. 그 질박함을 다듬어 내면 낼수록 인간사는 점점 복잡해지므로 법규도 엄청나게 늘어난다. 작금의 우리나라 국회를 보면, 법률 한 조문 때문에 다툼이 끊이지 않는 것을 본다. 법관들이 법을 해석해야 하는 지경에 이르렀으며, 법관이 되는 것이 장원급제보다 더 어려우며 그들의 권세가 하늘을 찌르고 있음을 보면서 이것이 옳은 것인가? 자조하게 된다.

"천지가 서로 만남으로써 단 이슬을 내리듯, 사람들은 명령이 없음에도 스스로 고르게 산다."

그렇다는 것이지, 이는 3차원 물질세계의 불공정한 사회에서 무수히 실패하였음을 안다. 도덕경 제3장의 아래 글귀를 이룰 수 있다면 법이 없어도 스스로 조화를 이루어 살 수 있는 세상이 될 수 있겠지만, 박(樸)을 자잘하게 쪼개기를(散) 빈번히 하는 물질문명 세계에서 이룰 수 있는 것이 아니다. 어쩌면 법이 없던 까마득한 시절에는 가능하지 않았을까?

불상현, 사민부쟁.(不尙賢, 使民不爭) - 제3장 참조.

불귀난득지화, 사민불위도.(不貴難得之貨, 使民不爲盜)

불견가욕, 사민심불란.(不見可欲, 使民心不亂)

始制有名,(시제유명)

名亦旣有,(명역기유)

유명은 무명에서 비롯되었으므로 둘이 아니며(不二) 유명도 이미 무명 속에서 존재하고 있었다는 의미다.

박산즉위기, 성인용지, 즉위관장.(樸散則爲器, 聖人用之, 則爲官長) - 제28장 참조.

"(통나무의) 질박함을 편 즉 (자잘한) 도구가 되지만, 성인은 통나무의 질박함을 (그대로) 활용하므로 (세상) 섬기기를 오래 한다."

고대제불할.(故大制不割)

"고로 큰 마름질은 (자잘하게) 쪼개지 않는다."

도덕경 제28장에서 언급한 질박함을 편(散-布) 즉 쓰임(器-道具)이 되어 그릇, 병기, 마차 등등의 이름을 갖게 되지만, 자연적인 마름질(制-裁)은 (자잘하게) 쪼개지(割-剝) 않는다고 하였다. 이 큰 마름질의 시작(出而異名)으로 생긴 名을 도덕경 제1장에서 아래와 같이 설명했다.

유명, 만물지모.(有名, 萬物之母) - 제1장 참조.

"이름이 있음은 만물의 어미라 한다."

즉 자연적으로 이루어진 큰 마름질 이전은 태극의 세계요, 마름질 이후는 삼태극의 세계이다. 태극의 수(數) 하나(一), 즉 천지지시가 마름질로 변하여 이(二)인 천지(음양)를 이루고, 마름질의 계속은 삼(三), 즉 만물지모(천지)는 삼태극을 이룬다는 의미다.

夫亦將知止!(부역장지지)
知止, 可以不殆。(지지, 가이불태)

　그러므로 이 물질세계에 모든 존재(名)의 한계를 이해할 수 있고, 즉 道를 깨달으면, 그 둘이 같은 것(此兩者同-제1장 참조)이므로 우리는 편안한 마음으로 살 수 있다는 것이다. 즉 나는 너 보다 잘나지 않았고, 풀 한 포기와 견주어도 잘날 수 없다는 나(我)의 한계를 깨달으면, 세상에서 평생을 살면서 두려운 일을 만나지 않는다는 의미다. 지(止)의 의미는 여러 가지가 있다. "그칠 줄 안다면" 또는 머무를 줄 안다면" 등으로 해석할 수도 있지만, 그렇게 해석하면 앞뒤 문맥의 흐름이 어색해진다. 필자는 "한계(止-限界)를 깨닫는(知-覺)다면"이라고 해석하였다. 나의 지음의 한계를 안다면, 즉 모든 존재의 근원이 한 뿌리임을 깨달을 수 있다면, 무엇 때문에 불편하고 위태로운 생활을 하면서 살겠는가? 라는 의미다.

譬道之在天下, 猶川谷之於江海。(비도지재천하, 유천곡지어강해)
　道는 도덕경 제8장의 상선약수(上善若水)와 같다는 뜻이다.
　상선약수.(上善若水) "높은 선은 물과 같다." - 제8장 참조.
　수선리만물이부쟁, 처중인지소오.(水善利萬物而不爭, 處衆人之所惡)
　"물이 선함은 만물을 이롭게 하되 다투지 않고, 뭇 사람들이 싫어하는 곳에도 머문다."
　이렇게 도덕경의 해석은 도덕경 자체로 할 수 있게 되어있다. 처음에는 알 수 없었는데 여러 장의 해석을 써 갈수록, 다른 책이나 가르침으로 해석할 필요를 느끼지 못하게 되는 것 같다.

제 33장

知人者智, 自知者明.(지인자지, 자지자명)
남을(人) 아는(知-識) 자는(者) 사리에 밝지만(智-聰明),
자기를(自-己) 아는(知-識) 자는(者) 깨달은 것이다(明-曉).
勝人者有力, 自勝者强.(승인자유력, 자승자강)
남을(人) 이기는(勝) 자는(者) 능력을(力-能力) 얻지만(有-得),
자기를(自-己) 이기는(勝) 자는(者) 굳센 것이다(强-不屈).
知足者富, 强行者有志.(지족자부, 강행자유지)
(현재의) 족함을(足) 아는(知-識) 자는(者) 넉넉하고(富-裕)(知足을) 힘써(强-不
屈) 행하는(行) 자는(者) 뜻이(志-心之所之) 있는 것이다(有-保).
不失其所者久, 死而不亡者壽.(부실기소자구, 사이불망자수)
뜻한(其) 바를(所) 잃지(失) 않는(不) 자는(者) 영원하고(久), 죽어(死-盡)도
(而) (뜻이) 없어지지(亡-失) 않는(不) 자는(者) 생명이 길다(壽-長命).

- 제 33장 풀이 -

제33장은 상대방과 경쟁을 하여 우월함을 나타내는 사람과 道를 깨달은 사
람의 차이를 설명하고 있다.

知人者智, 自知者明.(지인자지, 자지자명)
승인(勝人)은 남을 이기는 것이고, 자승(自勝)은 자신을 이기는 것을 의미한
다. 앞의 문장은 율법적인 삶을 제대로 사는 사람의 행위를 표현한 것이고, 뒤
의 문장은 道를 깨달은 사람의 행위를 표현하고 있다. 그런 연후에 스스로 아
는 것과 스스로 이기는 자의 삶을 어떠하다는 것을 보여주고 있다. 명(明), 도
덕경에서 12번 언급된다. 모두 깨달음을 의미하지는 않지만, 明을 파자(破字)
하면 일(日)과 월(月)로 나뉜다. 즉 깨달음(道)을 의미하고 있다.
**하나님이 두 큰 광명을 만드사 큰 광명으로 낮을 주관하게 하시고 작은 광명으로
밤을 주관하게 하시며 또 별들을 만드시고 (창세기 1:16)**

복명왈상, 지상왈명.(復命曰常, 知常曰明) - 제16장 참조.

"천명의 회복을 늘 떳떳함이라 이르며, 늘 떳떳함을 아는 것을 일러 깨달음이라 한다."

지화왈상, 지상왈명.(知和曰常, 知常曰明) - 제55장 참조.

"조화를 아는 것을 일러 떳떳함이라 하고, 떳떳함을 아는 것을 일러 깨달음이라 하며,"

첫째 : 천명(天命)의 회복과 (제16장)

둘째 : 조화로움(和)을 아는 것과 (제55장)

셋째 : 자기를(自) 아는 것을 (제33장) 깨달음(明-曉)이라 했다.

제16장에서 천명의 회복이 이루어지는 원리도 함께 설명했다.

치허극, 수정독.(致虛極, 守靜篤) - 제16장 참조.

"(道란) 빔에 이른 궁극이고(極-終), 고요함을 잃지 않은 (虛의) 도타움이다."

만물병작, 오이관복.(萬物竝作, 吾以觀復)

"만물이 함께 일어나기에, 나는(만물이 虛와 靜으로) 함께 되돌아감을 헤아린다."

즉 항상 깨어서 자연의 이치를 살피면 만물이 허(虛)와 정(靜)으로 되돌아감을 깨닫게 된다는 의미다. 그러므로 깨달은 사람은 나의 근원이 虛와 靜인지를 알므로, 나의 한계나 너의 한계의 뿌리가 같음을 알고, 너와 나의 분별을 하지 않으니 언제나 조화로움을 잃지 않고 평생을 살며 두려워할 이유가 없다.

명역기유, 부역장지지.(名亦既有, 夫亦將知止) - 제32장 참조.

"이름 있는 모두는 이미 존재한 것이니, 무릇 모든 (존재의) 한계를 깨닫게 하는구나!"

이러므로 너희는 장차 올 이 모든 일을 능히 피하고 인자 앞에 서도록 항상 기도하며 깨어 있으라 하시니라.(누가복음 21:36)

이러한 상태를 유지하는 자, 아래와 같이 설명하고 있다.

귀근왈정, 시위복명.(歸根曰靜, 是謂復命) - 제16장 참조.

"근원으로 돌아감을 고요함이라 이르고, 이를 일컬어 천명의 회복이라 한다."

즉 하나님과 하나 됨을 천명의 회복이라 할 수 있고, 태극(太極)으로의 복귀(復歸)를 의미한다. 왕필의 주석을 보자

知人者, 智而已矣, 未若自知者, 超智之上也。

"남으로부터 배워서 아는 사람은 단지 지혜로울 뿐이다. 스스로를 아는 사람만 같지 못하다는 것은, 지혜를 초월한 최상의 앎이라는 것이다."

勝人者有力, 自勝者强。(승인자유력, 자승자강)

다른 사람에게 이긴다는 것은 물질세계에서의 나의 능력의 뛰어남이다. 그러므로 다른 사람이 가질 수 있는 것을 내 것으로 만들 수 있다. 그것이 재물

(財物)이든, 권력(權力)이든 명성(名聲)이든 관계하지 않고 얻지만, 그러나 그는 3차원 물질세계에서의 능력이 한계인 것이다.

예수께서 그를 보시고 사랑하사 이르시되 네게 아직도 한 가지 부족한 것이 있으니 가서 네게 있는 것을 다 팔아 가난한 자들에게 주라 그리하면 하늘에서 보화가 네게 있으리라 그리고 와서 나를 따르라 하시니 …… 낙타가 바늘귀로 나가는 것이 부자가 하나님의 나라에 들어가는 것보다 쉬우니라 하시니.(마가복음 10:21~25)

자기를 이긴다는 것은 항상 깨어 있는 삶을 사는 굳센(不屈) 의지를 보여주는 것이다.

知足者富, 强行者有志。(지족자부, 강행자유지)

자기를 아는 자는 오늘의 삶이 족하고, 그 족함을 잃지 않고 힘써 행하는 자는 마음의 뜻하는바(心之所之) 하나님의 섭리를 따르는 것이다. 즉 깨어 있는 자는 道를 깨달아 보이지 않는 세계를 얻을 수 있는 것이다.

자기의 육체를 위하여 심는 자는 육체로부터 썩어질 것을 거두고 성령을 위하여 심는 자는 성령으로부터 영생을 거두리라.(갈라디아서 6:8)

썩을 양식을 위하여 일하지 말고 영생하도록 있는 양식을 위하여 하라 이 양식은 인자가 너희에게 주리니 인자는 아버지 하나님께서 인 치신 자니라.(요한복음 6:27)

不失其所者久, 死而不亡者壽。(부실기소자구, 사이불망자수)

그 뜻을 잃지 않고 오늘을 사는 자는 영원할 것이고, 자기를 알고 깨어 있는 자 영생을 얻을 것이며, 즉 열반에 이를 것이라는 의미다.

가라사대 아바 아버지여 아버지께는 모든 것이 가능하오니 이 잔을 내게서 옮기시옵소서 그러나 나의 원대로 마옵시고 아버지의 원대로 하옵소서 하시고.(마가복음 14:36)

내가 누구인지 알고 깨어 있었으므로 예수는 죽음 앞에서도 아버지께 모든 것을 맡길 수 있었다. 죽음은 새로운 시작임을 알기에 영원히 산다고 하는 것이며 이것을 일러 부활이라고 하는 것이다. 예수의 부활은 이천 년 전의 그 모습으로 살아나는 것이 아니고, 성경에 기록된 대로 아브라함의 하나님, 이삭의 하나님, 야곱의 하나님으로 존재하였듯이, 또 다른 사람의 생명으로 나타남을 의미한다.

이기무사지.(以其無死地) - 제50장 참조.

"(善攝生者) 그에게는 죽음의 자리가 없기 때문이다."

공성이불거.(功成而不居) - 제2, 77장 참조.

"(聖人은 태어난) 공을 이루었으니 이로써 살지 않는다."

부유불거, 시이불거.(夫唯弗居, 是以不去)

"대저 살지 않을 뿐이니, 이런 까닭에 죽는 것도 아니다."

잘난 글귀나 시를 남겨서 지금도 뭇사람들의 칭송을 받는 사람을 가리켜 생명이 길다고 하는 것이 아니다. 예수나 싯달타처럼 생명의 뿌리(根源)가 하나임을 깨달은 사람을 일러 생명이 길다고 할 뿐이다.

제 34장

大道氾兮, 其可左右。(대도범혜, 기가좌우)
큰(大) 도는(道) 넘치는 물과(氾-氾濫水) 같구나(兮)!
그래서(其) 능히(可-能) 왼쪽으로도(左) 오른쪽으로도 간다(右).
萬物恃之而生, 而不辭,(만물시지이생, 이불사)
만물이(萬物) 도를(之-道) 의지(恃-依)하여(而) 생기지만(生),
그런데도(而-乃) 물리치지(辭-不應) 않으며(不),
功成不名有。(공성불명유)
공을(功) 이루어도(成-就) 그 외형을(名-外形) 갖지(有-所持) 않는다(不).
衣養萬物而不爲主. 常無欲, 可名於小。(의양만물이불위주. 상무욕, 가명어소)
(道는) 만물을(萬物) 입히고(衣-服之) 기르지(養-育)만(而) 주인 노릇을(主) 하지(爲-造) 않고(不), 늘(常-恒久) 바라는 것이(欲-祈願) 없으니(無),
(만든) 외형(名-外形)보다(於) 작다고(小) 여길 수 있다(可-肯).
萬物歸焉而不爲主, 可名爲大。(만물귀언이불위주, 가명위대)
(道는) 만물이(萬物) 다시(焉) 돌아와도(歸-還) 주인 노릇을(主) 하지(爲) 않으니(不) (만든) 외형보다(名-外形) 큰 것을(大) 이루었다고(爲-成) 여길 수 있다(可-肯).
以其終不自爲大,(이기종불자위대)
(만물) 그것이(其) 다하도록(終-窮極) (道) 스스로(自) 큰 것을(大) 본뜨지(爲-擬) 않는(不) 까닭(以)에,
故能成其大。(고능성기대). - 제63장 참조.
그러므로(故-緣) 능히(能) 그(其) 큼을(大) 이룬다(成-就).

- 제 34장 풀이 -

도덕경 제2장의 설명을 다시 하고 있다.
만물작언이불사.(萬物作焉而不辭) - 제2장 참조.
"(道는) 만물이 어떻게 만들어져도 물리치지 않고,"

생이불유, 위이불시.(生而不有, 爲而不恃)

"(道는) 낳을 뿐 소유하지 않으며(道는) 할 뿐 주장하지 않는다."

본 장은 무위자연의 법칙을 설명하면서 대와 소의 차이가 없음을 강조하는 것은 다시 한번 불이(不二)를 설명하고자 하는 것이다. 노자는 도덕경 전편(全篇)에서 끊임없이 不二를 강조하고 있음을 알 수 있다.

大道氾兮, 其可左右。(대도범혜, 기가좌우)

대도는 통하지 않는 곳이 없다(大道無門)는 의미다. 대도는 평탄하여 통하지 않는 곳이 없는데, 뭇사람들은 소로를 좋아한다고 도덕경 제53장에서 이르고 있다.

대도심이, 이민호경.(大道甚夷, 而民好徑) - 제53장 참조.

"큰 도는 매우 평탄한데도, 사람들은 (오히려) 작은 길을(小路) 서로 좋아한다."

경(徑)은 논두렁이라는 뜻을 포함하고 있는데 작은 길로 표현하였다. 지름길이라고 하면 평탄한 길과 일맥상통(一脈相通)하는 뜻이 있기 때문이다. 큰 道는 아주 평탄한데, 그것을 모르는 사람들은 논두렁길이라도 작은 길로 가는 것을 좋아한다. 이 소로는 온갖 화려한 것들로 치장되어 있어 뭇사람들을 현혹하는 길이다. 그러나 불이(不二)의 정신으로 보면 이 논두렁길도 뭇사람들을 평탄한 길로 인도하는 방편임을 부인할 수 없게 된다. 노자의 정신을 이해하게 되면 어려운 한자와 씨름하면서 도덕경을 공부하지 않아도 될 것 같다.

유무상생(有無相生-2장), 이기부자생(以其不自生-7장), 유생어무(有生於無-40장) 등의 구절이 불이(不二)를 의미하는 것이다. 물아일체(物我一體)를 가슴으로 품을 수 있다면 깨달음을 위한 어떠한 행위도 더 필요가 없을 것이다.

같은 의미로 1228년경에 만들어진 책으로, 유무의 분별을 넘어선 절대적 '無'를 탐구한 송나라 때 선승의 공안(公案) 해설집 무문관(無門關)에서 아래와 같이 이른다.

대도무문, 천차유로, 투득차관, 건곤독보.(大道無門, 千差有路. 透得此關, 乾坤獨步)

"대도엔 문이 없다.(그러나) 길은 (또 천 갈래) 어디에나 있다. 이 관문을 뚫고 나가면, 온 천하를 당당히 걸으리라."

천 갈래의 길이 있어도 문이 없는 관문을 통과하기만 하면 천 갈래의 길이 다 통하게 되는 것이다. 무문(無門)을 통과하기 전에는 무소의 뿔처럼 혼자서 가야만 하는 이유가 천 갈래의 길이 있어 사람마다 가는 길이 다 다르기 때문이다.

萬物恃之而生, 而不辭.(만물시지이생, 이불사)
功成不名有。(공성불명유)

제2장의 만물작언이불사(萬物作焉而不辭), 생이불유(生而不有)를 또 설명하고 있다. 道는 만물이 어떻게 만들어져도 물리치지 않고 낳아도 소유하지 않는다. 상무욕.(常無欲) - 제1장 참조.

道란 늘 바라는 것이 없으므로 공을 이루려고(功成)도 하지 않고, 그 무엇도 소유하려 하지 않는데, 성인이 공성(功成)한 후에 그 이름 지어진 것을 소유한다면 그야말로 언어도단(言語道斷)이다.

공성이불거.(功成而不居) "(성인은 태어난) 공을 이루었으니 이로써 살지 않는다."

성인의 공(功)이란 태어나서 대로를 걸었던, 소로를 걸었던 한평생 살아온 것을 일컬으며, 다 살았으니 죽는다는 의미이다. 제2, 77장에서 언급된 것이다. 그 외에 도덕경에 기록된 공(功)에 대하여 살펴본다.

공수신퇴, 천지도.(功遂身退, 天地道) - 제9장 참조.
"(태어난) 일을 다 하고 몸은 죽는 것이 천지의 道이다."
생자필멸(生者必滅)은 천지의 도이다.
공성사수.(功成事遂) - 제17장 참조.
"(태어난) 공을 이루고 (스스로의) 경영을 이루었으나."
백성개위아자연.(百姓皆謂我自然)
"백성들은 모두가 이르기를 나는 저절로 그리되었다고 한다."

衣養萬物而不爲主. 常無欲, 可名於小。(의양만물이불위주. 상무욕, 가명어소)
萬物歸焉而不爲主, 可名爲大。(만물귀언이불위주, 가명위대)

만물작언이불사.(萬物作焉而不辭) - 제2장 참조.
"(道는) 만물이 어떻게 만들어져도 물리치지 않고."

그러므로 만들어진 만물보다 작다고 할 수도 있고, 그 만들어진 만물이 근원의 자리로 다시 돌아와 본래의 모습을 되찾으니 크다고 할 수도 있는 것이다. 천 갈래, 만 갈래 갈라졌던 이 우주도 언젠가는 본시 나왔던 중묘지문(衆妙之門- 제1장 참조)으로의 복귀어무극(復歸於無極- 제28장 참조)이 이루어질 것이기 때문이다.

以其終不自爲大,(이기종불자위대),
故能成其大.(고능성기대). - 제63장 참조.

왕필의 주석을 보자

爲大於其細, 圖難於其易。

"(도는 끝내 스스로 크게 됨을 일삼지 않는데, 때문에, 그 큼을 이룰 수가 있다) 따라서 큰일은 작은 것에서부터 시작해야 하고, 어려운 일은 쉬운 것에서부터 도모하는 것이다."

道는 큰일도 작은 것에서부터 시작하고, 어려운 일도 쉬운 것부터 시작하여 스스로 크다 하지 않으므로 그 큼을 이룰 수 있는 것이다. 도덕경 제63장에서 본문에 대하여 설명하고 있다.

도난어기이, 위대어기세.(圖難於其易,爲大於其細) - 제63장 참조.

"어려운 것은 그 쉬운 것에서 헤아리고, 큰 것은 그 미세한 것에서 이룬다."

천하난사, 필작어이.(天下難事, 必作於易)

"세상 만물의 어려운 일은 반드시 쉬운 것에서 비롯되고,"

천하대사, 필작어세.(天下大事, 必作於細)

"세상 만물의 큰일은 반드시 미세한 것에서 비롯된다."

시이성인, 종불위대, 고능성기대.(是以聖人, 終不爲大,故能成其大)

"이런 까닭에 성인은, 다하도록 큰 것을 본뜨지 않으니, 고로 능히 그 큰 것을 이룬다."

성경은 이러한 사람의 상태를 사랑을 잃지 않는 사람이라고 설명한다.

사랑은 오래 참고 사랑은 온유하며 시기하지 아니하며 사랑은 자랑하지 아니하며 교만하지 아니하며, 무례히 행하지 아니하며 자기의 유익을 구하지 아니하며 성내지 아니하며 악한 것을 생각하지 아니하며, 불의를 기뻐하지 아니하며 진리와 함께 기뻐하고, 모든 것을 참으며 모든 것을 믿으며 모든 것을 바라며 모든 것을 견디느니라.(고린도전서 13:4~7).

신심명(信心銘)에 이르기를,

극소동대, 망절경계.(極小同大, 忘絶境界)

"지극히 작은 것은 큰 것과 같으니, 그 경계가 없어져 잊게 된다."

제 35장

執大象, 天下往。(집대상, 천하왕)
큰(大) 형상을(象-道) 지키면서(執-守), 세상으로(天下) 나간다(往-向).
往而不害, 安, 平, 太。(왕이불해, 안, 평, 태)
나아가(往-向)도(而) (무엇에게도) 방해받지(害-妨) 않으니(不),
(무엇에게도) 고요하고(安-靜), 사사로움이(平-私) 없고, 통한다(太-通).
樂與餌, 過客止。(낙여이, 과객지)
(즐거운) 풍류와(樂-風流) 더불어(與-以) (맛있는) 음식은(餌-食),
지나가는(過-越) 나그네도(客-他鄕人) 멈춘다(止-停).
道之出口, 淡乎其無味。(도지출구, 담호기무미)
도(道)의(之) 진출(出-進) 어귀는(口),
맑은 물(淡水) 같아서(乎) 그(其) 어떤 맛도(味) 없다(無).
視之不足見,(시지부족견) - 제14장 참조.
(道는) 보아도(視-瞻) 보이는(見-視) 것이(之) (베어져서-夷, 荑) 족하지(足) 아니
하고(不),
聽之不足聞,(청지부족문) - 제14장 참조.
(道는) 들어도(聽-聆) 들리는(聞-聲徹) 것이(之) (드물어서-希, 罕) 족하지(足) 아
니하나(不),
用之不足旣。(용지부족기) - 제14장 참조.
(道의) 쓰임(用)도(之) 처음부터(旣-已) (숨겨져서-微, 匿) 족하지(足) 아니하다
(不),

- 제 35장 풀이 -

도덕경 제14장을 다시 한번 강조하고 있다는 것을 알 수 있다.

執大象, 天下往。(집대상, 천하왕)
집고지도, 이어금지유.(執古之道, 以御今之有) - 제14장 참조.

"옛 비롯함의 도를 지키면, 그로 인하여 지금의 만물을 다스린다."

글자만 다를 뿐 그 내용은 같다. 큰 道(형상)란 옛 시작의 근원을(古-始-根源) 의미하며. 이를 지키면서 세상으로 나간다는 의미는 지금의 삼생만물(三生萬物)을 다스린다는 것과 같다. 큰 형상(象-道) 즉 태극의 道를 지킬 수 있다면 삼태극의 세상인 삼생만물은 다스려지는 것이다. 즉 삼태극은 태극에서 비롯된다는 의미다.

往而不害, 安, 平, 太。(왕이불해, 안, 평, 태)

차삼자, 불가치힐(此三者, 不可致詰). - 제14장 참조.

"(道의) 이 세 가지 경우는, 꼬치꼬치 물을 수 없으니,"

즉 베어져서(夷-이, 芟-삼) 볼 수 없고, 드물어서(希-희, 罕-한) 들리지 않고, 숨겨져서(微-미, 匿-익), 얻지 못하는 道의 이러한 세 가지 성질은 더 따져 물을 수 없다. 이 세 가지를 따져 물을 수 없으니 道는 나아가되 무엇에게도 방해받을 것이 없다. 불교에서 이르는 안(眼), 이(耳), 비(鼻), 설(舌), 신(身), 의(意)가 없다면 무엇과 충돌을 일으킬 수 있을 것인가?

1. 眼의 작용인 보아도, 베어져서(夷, 芟) 족하지 않음은 무엇에게도 고요(安-靜)하게 하고,

2. 耳의 작용인 들어도, 드물어서(希, 罕) 족하지 않음은 무엇에게도 사사로움(平)이 없게 하고,

3. 身의 작용인 잡아도, 숨겨져서(微, 匿) 족하지 않음은 무엇에게도 통할(太-通) 수 있게 한다.

도덕경 제14장을 통하여 안=이=안(眼=夷=安), 이=희=평(耳=希=平), 신=미=태(身=微=太)라고 유추할 수 있는 것이다.

樂與餌, 過客止。(낙여이, 과객지)

불교의 사성제(四聖諦)인 고(苦)·집(集)·멸(滅)·도(道) 중 첫째가 고제(苦諦)이다. 고제는 불완전하고 고통으로 가득 차 있는 현실을 바르게 보는 것이다. 고(苦)는 구체적으로 생·노·병·사(生老病死)의 네 가지의 고(苦)와 더불어,

원증회고.(怨憎會苦) : 싫어하고 미워하는 사람들을 만나고 함께 사는 고통을 말하며,

애별리고.(愛別離苦) : 사랑하는 사람과 이별하거나 사별하는 고통을 말한다.

구부득고.(求不得苦) : 생각대로 되지 않아 욕구가 충족되지 않는 고통을 말하고,

오온성고.(五蘊盛苦) : 眼, 耳, 鼻, 舌, 身, 오관으로 인하여 생기는 고통을 말한다.

즐거운 풍류와 더불어 맛있는 음식은, 지나가는 나그네도 멈추게 한다는 의미는 불교의 오온성고(五蘊盛苦)와 맥락이 같은 것이라 할 수 있다.

그 유혹을 이기지 못하는 사람들에게 성경은 아래와 같이 염려하고 있다.

홍수 전에 노아가 방주에 들어가던 날까지 사람들이 먹고 마시고 장가들고 시집가고 있으면서 홍수가 나서 그들을 다 멸하기까지 깨닫지 못하였으니 인자의 임함도 이와 같으리라.(마태복음 24:38~39)

자기를 위하여 재물을 쌓아 두고 하나님께 대하여 부요하지 못한 자가 이와 같으니라. 또 제자들에게 이르시되 그러므로 내가 너희에게 이르노니 너희 목숨을 위하여 무엇을 먹을까 몸을 위하여 무엇을 입을까 염려하지 말라. 목숨이 음식보다 중하고 몸이 의복보다 중하니라.(누가복음 12:21~23)

道之出口, 淡乎其無味。(도지출구, 담호기무미)

道를 말로 표현해 본다는 것 자체가 맑은 물 같아서 밍밍하고 싱거워서 어떤 맛도 느낄 수 없다는 것은, 둘이 아니기(不二) 때문이다.

처음부터 베어지고(夷), 드물고(希), 숨겨진(微), 태극의 큰 형상을 지키면서(執大象) 삼생만물의 세상으로 나가는(天下往) 것이 道의 출구이다. 그러므로 근원으로의 복귀는 오온성고(五蘊盛苦)를 떨쳐버려야 하고, 낙여이, 과객지(樂與餌, 過客止)의 유혹에서 벗어나야 할 것이다.

視之不足見,(시지부족견), - 제14장 참조(視之不見, 名曰夷).
聽之不足聞,(청지부족문), - 제14장 참조(聽之不聞, 名曰希).
用之不足旣。(용지부족기). - 제14장 참조(搏之不得, 名曰微).

차삼자, 불가치힐, 고혼이위일.(此三者, 不可致詰, 故混而爲一) - 제14장 참조.

"(道의) 이 세 가지 경우는, 꼬치꼬치 물을 수 없으니(이것들은) 처음부터 뒤섞였을 뿐 하나에서 만들어졌다."

제 36장

將欲歙之, 必固張之。(장욕흡지, 필고장지)
(道는) 장차(將-漸) 거둘(歙) 것을(之) 희구하기에(欲-希求),
반드시(必) 처음부터(固-初) 펼쳐서(張-開) 쓴다(之-用).
將欲弱之, 必固强之。(장욕약지, 필고강지)
(道는) 장차(將-漸) 나약해질(弱-懦) 것을(之) 희구하기에(欲-希求),
반드시(必) 처음부터(固-初) 강하게(强) 쓴다(之-用).
將欲廢之, 必固興之。(장욕폐지, 필고흥지)
(道는) 장차(將-漸) 폐지할(廢-止) 것을(之) 희구하기에(欲-希求),
반드시(必) 처음부터(固-初) 성하게(興-盛) 쓴다(之-用).
將欲奪之, 必固與之。(장욕탈지, 필고여지)
(道는) 장차(將-漸) 뺏을(奪-强取) 것을(之) 희구하기에(欲-希求),
반드시(必) 처음부터(固-初) 주면서(與-施予) 쓴다(之-用).
是謂微明。(시위미명)
이를(是-此) 희미함과(微-不明) 밝음이라(明-光) 일컫는다(謂-稱).
柔弱勝剛强。(유약승강강) - 제78장 참조
부드럽고(柔-順) 나약한 것이(弱-懦) 단단하고(剛-堅)
굳센 것을(强-不屈) 이긴다(勝-優).
魚不可脫於淵,(어불가탈어연)
물고기는(魚) 연못(淵)에서(於) 가히(可-肯) 벗어나지(脫-免) 못하며(不),
國之利器不可以示人。(국지이기불가이시인)
세상(國-世上)에(之) 이로운(利-吉) (道는) 도구는(器-道具) (道를 모르는) 사람
에게(人) 보여도(示-垂示) 가히(可-肯) 쓰지(以-用) 못한다(不).

- 제 36장 풀이 -

제36장은 갈수록 난감해진다. 국내의 기존 주석서들 모두가 경세치국(經世
治國)의 방법으로 기술하였다. 전문이 道에 관한 글이건만 어찌 노자의 의도를

그렇게도 왜곡할 수 있을까? 그 이유가 왕필의 주석임은 말할 것도 없다. 학문하는 사람들은 왕필의 견해를 금과옥조(金科玉條)로 생각하여 그 견해를 벗어났을 때의 두려움을 견딜 수 없는 것일까? 우선 왕필의 주석을 보자.

柔弱勝剛强。魚不可脫於淵, 國之利器不可以示人。

利器, 利國之器也。唯因物之性, 不假刑以理物。器不可覩, 而物各得其所, 則國之利器也。示人者, 任刑也, 刑以利國, 則失矣。魚脫於淵, 則必見失矣。利國器, 而立刑以示人, 亦必失也。

이로운 기물이란 나라를 이롭게 하는 물건이다. 오직 사물의 본성에 따라야지, 형벌 질서에 의존해서 사물을 다스려서는 안 된다. 기구는 볼 수 없지만, 사물들이 제각기 제자리에 있게 하는 것이라면 나라를 이롭게 하는 기구이다. 백성들에게 보여준다는 말은 형벌 질서에 의존해서 다스린다는 말이다. 형벌 질서로써 나라를 이롭게 하다가는 (백성들의 본성을) 망가뜨리게 된다. 물고기가 연못을 벗어나면 반드시 목숨을 잃기 때문이다. 나라를 이롭게 함에 있어서 형벌 질서를 내세워 백성들을 다스리다가는 반드시 실패하게 되는 것이다.

(老子 道德經 華亭張氏本 徐萬億 옮김을 일부 수정하였다)

국지이기불가이시인.(國之利器不可以示人)

"나라의 이로운 그릇은 사람들에게 보여주면 안 된다."

이런 의미로 국내 학자들은 주석하였다. 왕필은 나라의 이로운 물건은 "사물들이 제각기 제자리에 있게 하는 것"이라고 했다. 이것을 보여줄 수 없는 이유가 형벌 질서에 의존해서 다스려서 나라를 이롭게 하다가는 백성들의 본성을 망가뜨리게 된다. 법보다는 사물의 이치로 다스려야 한다는 의미인 것 같지만 3차원 물질세계에서 가능한 일이 아님을 모두 알고 있다. 이 불공정하고 불공평한 세계를 제자리에 있게 할 수 있는 사람은 없다. 道를 논하는 도덕경에서 무슨 말을 하는지 도무지(道無知) 알 수 없다. 그것을 이룰 힘은 스스로 그러함의 자연(自然) 또는 하나님뿐이라는 것을 부정할 수 있을까?

將欲歙之, 必固張之。(장욕흡지, 필고장지)
將欲弱之, 必固强之。(장욕약지, 필고강지)
將欲廢之, 必固興之。(장욕폐지, 필고흥지)
將欲奪之, 必固與之。(장욕탈지, 필고여지)

이들 문장의 시중 해석을 들여다보자.

1. 다시 거두기 위해서 먼저 베풀어야 한다.(將欲歙之, 必固張之)
2. 약하게 만들려면 먼저 강하게 만들어주어야 한다.(將欲弱之, 必固强之)

3. 없애려면 먼저 흥하게 해주어야 한다.(將欲廢之, 必固興之)

4. 다시 빼앗으려면 먼저 주어야 한다.(將欲奪之, 必固與之)

경세치국을 논한다고 하여도 이렇게 하면 스스로 먼저 망할 것이다. 도둑들도 이런 짓을 할 수 없거늘 항차 임금이 이런 짓들을 할 수 있을까? 왕필의 해석 범주를 벗어나지 않으려고 시중의 해석들도 사뭇 진지하다. 노자는 道의 순환을 논하고 있다. 도덕경 제40장은 아래와 같이 道의 순환 작용을 설명하고 있다.

반자, 도지동.(反者, 道之動) - 제40장 참조.

"되돌아오는(反) 것이(者) 도(道)의(之) 움직임이다(動)."

약자, 도지용.(弱者, 道之用)

"연약한(弱-柔) 것이(者) 도(道)의(之) 쓰임이다(用)."

천하지물, 생어유.(天下之物, 生於有)

"천하의 만물은, 있음(有-天地-兩極)에서 나오고,"

유생어무.(有生於無)

"있음(有-天地-兩極)은 없음(無-太極)에서 나온다."

만물이 약함으로 비롯되었고, 음에서 비롯되었기 때문에 만법귀일(萬法歸一)의 법칙에 따라 순환하는 道) 설명하고 있다. 물리학적으로도 Big Bang 이후에 펼친 것(張), 강한 것(强), 성한 것(興), 준 것(與) 등 모두는 순환의 법칙을 따라 거두고(歙), 약해지고(弱), 폐지되고(廢), 빼앗게(奪) 마련인 것이다.

1. 편 것은 거두어지기 마련이다. 장욕흡지, 필고장지(將欲歙之, 必固張之)

2. 강해진 것은 나약해지기 마련이다. 장욕약지, 필고강지(將欲弱之, 必固强之)

3. 성했던 것은 폐지되기 마련이다. 장욕폐지, 필고흥지(將欲廢之, 必固興之)

4. 준 것은 빼앗기 마련이다. 장욕탈지, 필고흥지(將欲奪之, 必固與之)

그리고 우주는 그 짓의 되풀이를 계속(循環-常)한다. 이를 최초의(固-初) 근원인 무극으로 되돌아간다고 하는 것이다.

복귀어무극.(復歸於無極) - 제28장 참조.

"다시 (태초의) 근원으로 되돌아간다."

是謂微明。(시위미명)

위 네 가지 작용을 일컬어서 희미함과 밝음이라고 하는 의미는, 어두움 속에 숨겨진 밝음이 있다는 의미다. 밝음이 없음도 없다(無無明). 어두움 같지만 어두움만이 아니라는 의미다. 무명(無明) 속에 숨겨진 밝음으로 만물이 태어나고, 복귀하는 과정을 설명하고 있다.

柔弱勝剛强。(유약승강강). - 제78장 참조.

강(强)한 것이 부드러운(弱) 것을 이길 수 없고, 양이 음을 이길 수 없다는 진리를 서술하고 있다. 양의 근원이 음이고 강의 근원이 약이기 때문에 생성(生成)의 순서 때문에 이길 수 없다는 표현을 한 것이지, 이들이 승부를 겨뤄서 이길 수 없다는 논리는 아니다. 삶과 죽음도 둘이 아니고(不二) 하나이지만, 삶이 없는 죽음은 순서가 아니다. 그러므로 죽음의 무리인 견강(堅强)한 것이 삶의 무리인 유약(柔弱)한 것을 이길 수 없다는 것이다. - 제76, 78장 참조

고견강자사지도, 유약자생지도.(故堅强者死之徒, 柔弱者生之徒) - 제76장 참조.

"고로 반드시 자기만 내세우는 사람은 죽음의 무리요, 도를 좇아 미약한 사람은 삶의 무리다."

약지승강, 유지승강(弱之勝强, 柔之勝剛) - 제78장 참조.

"약함이 강함을 이기고, 부드러움이 단단함을 이긴다."

魚不可脫於淵,(어불가탈어연)

國之利器不可以示人。(국지이기불가이시인)

물고기는 연못에서 나오면 죽고, 누에는 갈잎 먹고 살 수 없다. 세상이 탐낼 道를 사람들에게 감춘 이유가, 물고기는 물이 없어 살 수 없듯이 인간으로 태어나 인간으로의 삶을 살아야 한다는 것이다. 보여주지 않아도 그것은 道다. 처음부터 인간에게 펼쳐주고(張-開), 강(强)하게 하고 성하게(興-盛) 하고 모든 것을 준다면(與-施予), 거두고(歙), 나약하게 하고(弱-懦), 폐지하고(廢-止), 빼앗는(奪-强取) 우주의 원리를 감당할 수 없을 것이다. 물고기는 물고기답게, 사람은 사람답게 살아야 하므로 이로운(利-吉) 도구(器-道具)인 미명(微明) 즉 道를 보여주지 않는 것이다. 처음부터 탐낼 수 없는 것이 미명(微明)이고 근원이라고 생각한다. 물고기가 탐을 내서 물 밖으로 나오면 죽고, 사람이 탐을 내서 강하게 되면 죽음이 기다린다. 道는 사람이 사람답게 살아가는 중에 인연(因緣)에 따라서 알게 되는 것이다. 수 억겁(億劫)을 뺑뺑이 돌아봐야 한다.

노자의 도덕경(道德經)은 사람들에게 "이렇게 하라, 저렇게 하라"고 하지 않는다. 멍석은 깔아 놓았으니 너희들이 알아서 놀라는 것이다. 노자는 만나면

인사하고 헤어지면 되는 이웃 할아버지같이 편하다. 노자는 예수처럼 피할 수 있었던 십자가를 지고 인류를 구하고자 하지도 않았다. 천국이나 지옥을 전제로 멍석을 깔지도 않았다. 노자는 싯달타처럼 거처(居處)를 알 수 없는 구름 속에 있는 것도 아니다. 명상이나 위빠사나 같은 것도 멍석 위에 깔지 않았다. 종교의 멍에를 질 필요가 없으니, 참 놀라운 경전이라 아니할 수 없다. 도가의 신선도 역시 노자의 의도와는 먼 종교적 메트릭스(Metrics)일 뿐이다. 道는 사람과 사람(人間), 사람과 만물의 관계를 통하여 완성될 수 있는 것이다. 그러므로 편안하게 자기 때의 자기 일을 하면서 살면 된다. 왜냐하면, 삶과 죽음은 둘이 아니기(不二) 때문이다.

부유불거, 시이불거.(夫唯弗居, 是以不去).- 제2장 참조.

하나님은 누구에게나 죽음의 자리를 주지 않았지만, 성인은 알고, 중생은 모른다.

이기무사지.(以其無死地) - 제50장 참조.

"(善攝生者) 그에게는 죽음의 자리가 없기 때문이다."

자유의지(自由意志)로 인하여 카르마가 생긴 이유는 뺑뺑이를(輪廻) 돌려, 자기 때에 이르면 불이(不二)를 터득하게 하여 근원으로 돌아가게 하기 위함이다. 성경은 이를 윤회(輪廻)라 하지 않고 새로운 시작(復活)이라 한다. 억겁(億劫)과 찰나(刹那)도 역시 불이(不二)임을 생각하면 종교적 하나님과 부처님의 메트릭스(Metrics)에서 벗어나 살 수 있다. 제36장은 老子의 정신을 대변하는 놀라운 시구(詩句)다.

신심명(信心銘)에 이르기를,

지도무난, 유혐간택.(至道無難, 唯嫌揀擇)

"도에 이르는 것은 어려움이 없으니, 싫더라도 구별해서 고르지 마라."

제 37장

道常無爲, 而無不爲。(도상무위, 이무불위)
도는(道) 늘(常-恒久) 함이(爲-造) 없되(無), 그러나(而) 하지(爲) 않음도(不) 없다(無).
侯王若能守之, 萬物將自化。(후왕약능수지, 만물장자화) - 제32장 참조
(만물의 으뜸인) 사람들이(侯王-長) 만약에(若-如) (道) 그것을(之) 능히(能) 지키면(守-勿失), 만물이(萬物) 무릇(將-大抵) 스스로(自-躬親) 본받을 것이다(化-敎).
化而欲作, 吾將鎭之以無名之樸。(화이욕작, 오장진지이무명지박)
(사람이) 본받으려(化-敎) 하면서도(而) 하고자 함이(欲-貪) 일어나면(作-興起), 나는(吾) 무릇(將-大抵) 무명(無名-太初-始)의(之) 질박(樸-質樸-道)함으로써(以) (하고자 함) 그것을(之) 누른다(鎭-按).
無名之樸, 夫亦將無欲。(무명지박, 부역장무욕)
무명(無名-太初-始)의(之) (道) 질박함은(樸-質樸),
모든(亦-總) 하고자 함을(欲-貪) 무릇(將-大抵) 없게(無) 하는구나(夫)!
不欲以靜, 天下將自定。(불욕이정, 천하장자정)
하고자 함이(欲-貪) 없는(不-無) 까닭에(以-因) 고요해지고(靜-寂),
천하는(天下) 무릇(將-大抵) 스스로(自-躬親) 안정된다(定-安).

- 제 37장 풀이 -

도덕경 제32장에 이어 후왕약능수지(侯王若能守之), 만물장자빈(萬物將自賓)이라는 문장을 통하여 道를 다시 한번 설명하고 있으며, 무명(無名)과 욕(欲)으로 제1장을 생각나게 하면서 도경(道經)의 마지막을 장식한다. 여기에 후왕(侯王)은 전체의 사람들을 의미한다고 보는 것이 타당하다. 道의 작용을 설명하는데 제후와 제왕으로 풀이한다면, 앞뒤의 연결고리가 매끄럽지 못하다. 후왕을 사람들로 해석해야 하는 이유는 도덕경 제25장에서 설명하였다.

道常無爲, 而無不爲。(도상무위, 이무불위)

제1장을 참조하지 않으면 설명할 수 없는 시구(詩句)다. 道라는 이름도 없으면 천지의 시작으로써(無名, 天地之始) 하는 것이 없을 때이고, 道와 名이라는 이름이 있으면 만물의 어미로써(有名, 萬物之母) 하지 않음도 없다. 그러므로 道란 무명인 태극의 상태에서는 늘 함이 없고(常無爲), 유명인 천지의 어미로서는 하지 않음도 없는(無不位) 것이다.

도상무명.(道常無名) - 제32장 참조.
"道는 늘 이름이 없다."

도은무명.(道隱無名) - 제41장 참조.
"道는 숨어있어 이름이 없다."

이같이 道가 무명인 상태를 천지의 처음(天地之始)인 태극이라 하고, 태극과 무극이 둘이 아니라는(太極而無極) 것을 알므로 복귀어무극(復歸於無極-제28장 참조)을 이해할 수 있다.

侯王若能守之, 萬物將自化。(후왕약능수지, 만물장자화). - 제32장 참조

사람들이 스스로 그러함을 파괴하지 않는다면 자연은 오히려 더 스스로 조화를 이루어 번창할 것이다. 도덕경 제32장에 나오는 내용을 재사용하여 반복 설명하고 있다.

후왕약능수지, 만물장자빈.(侯王若能守之, 萬物將自賓) - 제32장 참조.
"(만물의 으뜸인) 사람이 만약에 (질박함) 그것을 능히 지키면, 만물이 무릇 스스로 복종할 것이다."

化而欲作, 吾將鎭之以無名之樸。(화이욕작, 오장진지이무명지박)

상유욕이관기요.(常有欲以觀其徼) - 제1장 참조.
"늘 하고자 함이 있으면 그(만물의) 변방만이 보이는 까닭이다."

늘 바라(欲)는 마음이 있다면 의도적인 이루어짐이 일어날 수밖에 없다. 만물이 조화를 이루는데 인간들이 간섭함으로써 의도적으로 무너진다면, 자연은 인간들이 할 수 없는 방법으로 그 인간들의 행위를 저지하고 질박함(道)을 되찾아 스스로 그러하도록 진정시킬 것이다. 현재 빈번히 일어나는 바이러스 사건, 기후변화, 잦아진 지진과 화산 폭발, 거대한 태풍 등이 질박함으로의 복귀 과정임을 잊지 말아야 한다. 이것으로도 부족하다면 지축(地軸)의 변동으로 대참사를 일으켜 원래의 질박(樸-道)을 유지하려고 할지도 모른다. 자연과 더불

어 살기 위한 최소한의 파괴는 스스로 그러함에 위배되지 않지만, 오늘의 세계를 보라! 자신의 이익이 있다면 극심한 자연 파괴와 동물들의 도살도 마다하지 않는 것이 사람들이다.

無名之樸, 夫亦將無欲。(무명지박, 부역장무욕)

고상무욕이관기묘.(故常無欲以觀其妙) - 제1장 참조.

"그러므로 늘 하고자 함이 없으면 그(천지지시의) 신비함이 보이는 까닭이다."

제1장은 하고자 함이 없으면 무명(無名-太初-始)의 신비함이 보인다 했고, 제37장은 역으로 무명(無名-太初-始)의 질박함은 하고자 함을 없앤다고 한다. 결국 제37장은 제1장을 재설명하면서 도경(道經)을 절묘하게 마무리하고 있다.

不欲以靜, 天下將自定。(불욕이정, 천하장자정)

하고자 함이 없는 까닭은(不欲以靜) 아직 대패질로 자잘한 이기(利器)를 만들어 내기 전의 질박한 통나무의 신비함을 보기(以觀其妙) 때문이다.

박산즉위기(樸散則爲器) - 제28장 참조.

"(통나무의) 질박함을 편 즉 (자잘한) 도구가 되지만."

그 통나무의 질박(樸-道)한 근원을 깨달으면, 고요하게 되며, 천하는 스스로 안정되고, 천지지시(天地之始)의 상태로 되돌아간다.

복귀어무극, 복귀어박.(復歸於無極, 復歸於樸) - 제28장 참조.

"다시 (태초의) 근원으로 되돌아간다. 다시(통나무의) 질박함으로 되돌아간다."

도경(道經)은 제1, 28장 때문에 맛깔 있는 제37장으로 마무리가 되었다.

德經

人之不善, 何棄之有? (인지불선, 하기지유?) - 제62장.
"사람이 비록 선하지 않다고,(근원에서) 어찌 내버릴 수 있으랴?"
"이같이 한즉 하늘에 계신 너희 아버지의 아들이 되리니 이는 하나님이 그
해를 악인과 선인에게 비취게 하시며 비를 의로운 자와 불의한 자에게
내리우심이니라"(마태복음 5:45).

제 38장

上德不德, 是以有德。(상덕부덕, 시이유덕)
높은(上) 덕은(德-惠) 덕스럽지(德) 않으니(不-非),
이런(是) 까닭에(以) 덕이(德) 있다(有).
下德不失德, 是以無德。(하덕부실덕, 시이무덕)
낮은(下) 덕은(德-惠) 덕을(德) 잊지(失-忘) 않으니(不),
이런(是) 까닭에(以) 덕이(德) 없다(無).
上德無爲而無以爲,(상덕무위이무이위)
높은(上) 덕은(德-惠) 꾸밈도(爲-造) 없지만(無) 하면서도(而) 염두에(以-思)
두지 않고(無) 행하고(爲-行),
下德爲之而有以爲。(하덕위지이유이위)
낮은(下) 덕은(德-惠) 꾸며서(爲-造) 사용(之-用)하되(而) 염두에(以-思) 두고
(有) 한다(爲-行).
上仁爲之而無以爲。(상인위지이무이위)
높은(上) 인은(仁) 꾸며서(爲-造) 사용(之-用)하되(而) 염두에(爲-思) 두지 않
고(無) 한다(爲-行).
上義爲之而有以爲。(상의위지이유이위)
높은(上) 의는(義) 꾸며서(爲-造) 사용(之-用)하되(而) 염두에(爲-思) 두고(有)
한다(爲-行).
上禮爲之而莫之應, 則攘臂而扔之。(상례위지이막지응, 즉양비이잉지)
높은(上) 예는(禮) 꾸며서(爲-造) 사용(之-用)하면서도(而) 이를(之-此) 감응하
지(應-相感) 않으면(莫), 곧(則) 팔(臂)을 밀치고(攘-推) 당기는(扔-引) 모습을
(之) 할 뿐이다(而-乃)
故失道而後德,(고실도이후덕)
고(故)로 도(道)를 잃은(失) 후(後)에(而-於) 덕(德)이고,
失德而後仁,(실덕이후인)
덕(德)을 잃은(失) 후(後)에(而-於) 어짊(仁)이고,
失仁而後義,(실인이후의)
어짊(仁)을 잃은(失) 후(後)에(而-於) 의로움(義)이고,

失義而後禮。(실의이후례)

의로움(義)을 잃은(失) 후(後)에(而-於) 예(禮)이다.

夫禮者, 忠信之薄, 而亂之首。(부례자, 충신지박, 이란지수)

무릇(夫) 예라는(禮) 것(者)은,

사사로움이 없음(忠-無私)과 순수함(信-誠)의(之) 가벼움이니(薄-輕),

어지러움(亂-不治)의(之) 시작일(首-始) 뿐이다(而).

前識者, 道之華而愚之始。(전식자, 도지화이우지시)

일찍이(前) (禮를) 안다는(識-認) 자들은(者), 도(道)의(之) 겉모습인(華-花) 어리석음(愚-癡)의(之) 시작을(始-初) 알 뿐이다(而).

是以大丈夫處其厚,(시이대장부처기후)

이런(是-此) 까닭(以-因)에 큰 어른은(大丈夫-道에 이른 자),

(道의) 그(其) 두터움(厚-重)에 머물지(處-居),

不居其薄。(불거기박)

(禮의) 그(其) 가벼움(薄-輕)에 살지(居-處) 않는다(不).

處其實, 不居其華。(처기실, 불거기화)

(道의) 그(其) 본질(實-本質)에 머물지(處-居),

(禮의) 그(其) 겉모습(華-花)에 살지(居-處) 않는다(不).

故去彼取此。(고거피취차) - 제12, 72장 참조

고로(故) (禮) 아닌(彼-匪) 것은 버리고(去-棄) (道) 이것을(此-被之對) 거둔다(取-收).

- 제 38장 풀이 -

덕경(德經)의 시작은 덕(德)으로 시작하고 있다. 이 덕을 풀지 아니하고는 덕경을 이해할 수 없을 것이다. 도덕경 전체에서 덕에 대한 정의인 시위현덕(是謂玄德)을 3번 적용하였다.

시위현덕(是謂玄德) "이를 일러 현묘한 덕이라 한다"

1. 생지축지, 생이불유(生之畜之, 生而不有).- 제10장 참조

"(道는) 낳게 하고, 기르게 하고, 낳았을 뿐 소유하지 않으며,"

위이불시, 장이부재(爲而不恃, 長而不宰)

"(道는) 할 뿐 주장하지 않고, 키울 뿐 지배하지 않는다."

시위현덕.(是謂玄德)

"이를 일러 현묘한 덕(德)이라 한다."

凡言玄德, 皆有德而不知其主, 出乎幽冥。 - 王弼注

"(따라서) 어찌 가물가물하다고 하지 않겠는가? 이렇듯 가물가물한 덕스러움이라고 한 것은 덕스러움(작용)은 있으나 누구도 그 주재자(함)를 알지 못하기 때문이다.(가물가물한 덕스러움은) 아득하고도 그윽한 곳(道)으로부터 나오기 때문이다."

2. 생이불유, 위이불시, 장이부재(生而不有, 爲而不恃, 長而不宰) - 제51장 참조.

"(道는) 낳을 뿐 소유하지 않으며, 할 뿐 주장하지 않고, 키울 뿐 지배하지 않는다."

시위현덕.(是謂玄德)

"이를 일러 현묘한 덕(德)이라 한다."

出乎幽冥, 是以謂之玄德也。 - 王弼注

"덕스러움은 그윽하고도 아득한 곳(道)으로부터 나오기 때문이다. 따라서 가물가물한 덕스러움이라고 했던 것이다."

3. 능지계식, 시위현덕.(能知楷式. 是謂玄德) - 제65장 참조.

"능히 (道의) 한결같이 정해진 본보기를 깨닫는 것, 이를 일러 현묘한 덕이라 한다."

能知楷式, 是謂玄德。 玄德, 深矣, 遠矣。 - 王弼注

"(다스림의) 원리를 알아서 법칙으로 삼는 것, 이를 일컬어 가물가물한 덕스러움을 안다고 했던 것이다. 가물가물한 덕스러움(道)은 깊고(근원이고), 아득하기(오래 가기) 때문이다."

제10, 51장에서 德의 주체는 道이므로 현덕(玄德)이고, 제65장에서 성인의 깨달음의 대상이 道라는 것을 알므로 현덕(是謂玄德)이라고 했지만, 현덕(玄德)은 상덕(上德)과 하덕(下德)으로 분리할 수 있는 것이 아니다.

上德不德, 是以有德。(상덕부덕, 시이유덕)

下德不失德, 是以無德。(하덕부실덕, 시이무덕)

제38장에서 상덕(上德)과 하덕(下德)으로 분리한 이유를 알 수 있을 것 같다. 德은 "큰"이라는 뜻도 함유하고 있다. 이 크다는 의미는 행도유득(行道有得) "도를 행하여 얻는 득"이라는 의미를 지니고 있으므로 사람이 도를 행하여 얻는 득(得)은 성인의 德이다. 그러나 성인의 德을 상덕과 하덕으로 분리를 한 이유는 성인도 아직 육체를 지녔으므로 아직 공성(功成)을 다 이루지 않은 상태이기 때문이리라. 도덕경에서 德 字가 40회 나온다는 것은 德이 얼마나 큰 비중이 있는지 가늠할 수 있다. 그중에서 38~81장까지 32회가 기록되니 덕

경(德經)이라고 한 이유를 알겠다.

是謂玄德.(10) 孔德之容(21) 德者同於德(23) 同於德者(23) 德亦樂得之(23) 常德不離(28) 常德不忒.(28) 常德乃足(28) 上德不德(38) 是以有德(38) 下德不失德(38) 是以無德(38) 上德無爲而無以爲(38) 下德爲之而有以爲(38) 故失道而後德(38) 失德而後仁(38) 上德若谷(41) 廣德若不足(41) 建德若偸(41) 德善.(49) 德言.(49) 德畜之.(51) 莫不存道而貴德(51) 德之貴(51) 是謂玄德(51) 其德乃眞(54) 其德乃餘(54) 其德乃長(54) 其德乃豊(54) 其德乃普(54) 含德之厚(55) 謂之重積德(59) 重積德(59) 故德交歸焉.(60) 報怨以德(63) 是謂玄德(65) 玄德(65) 是謂不爭之德(68) 有德司契(79) 無德司徹(79)

도경(道經)에서는, 제10장에서 1회, 제21장에서 1회, 제23장에서 3회, 제28장에서 3회 나온다.

1. 장이부재, 시위현덕.(長而不宰, 是謂玄德) - 제10장 참조.

"키울 뿐 지배하지 않는다. 이를 일러 현묘한 덕(德)이라 한다."

凡言玄德, 皆有德而不知其主, 出乎幽冥。- 王弼注.

"(따라서) 어찌 가물가물하다고 하지 않겠는가? 이렇듯 가물가물한 덕스러움이라고 한 것은 덕스러움(작용)은 있으나 누구도 그 주재자(함)를 알지 못하기 때문이다.(가물가물한 덕스러움은) 아득하고도 그윽한 곳(道)으로부터 나오기 때문이다."

2. 공덕지용, 유도시종.(孔德之容, 惟道是從) - 제21장 참조.

"큰 덕의 쓰임은, 오직 도를 따를 뿐이다."

孔, 空也. 惟以空爲德, 然後乃能動作從道也。- 王弼注.

공(孔)이란 텅 비어 있다는 말이다.(따라서 큰 덕스러움은 오직 도 이것만을 따른다는 말은) 오직 텅 빈 덕스러움(행위)이 된 후에야 도를 따라서 움직이고 일할 수 있다는 말이다.

3. 도자동어도, 덕자동어덕.(道者同於道, 德者同於德). - 제23장 참조.

"도를 아는 사람하고는 도로써 함께하고, 덕을 아는 사람하고는 덕으로 함께하고,"

與道同體, 故曰同於道. 行得則與得同體, 故曰同於得也。- 王弼注.

"도와 더불어 한 몸이 되게 된다. 따라서 도와 함께 하게 된다고 한 것이다.(억지로 혹은 의도적으로 일삼는 바를) 줄이면(得=少) 덕스러움(德=得)과 더불어 한 몸이 되는 것이다. 따라서 덕스러움(得)과 함께 하게 된다고 한 것이다."

동어덕자, 덕역락득지.(同於德者, 德亦樂得之).

"덕을 아는 사람과 함께하면, 덕 또한 만족하게 그 쓰임을 즐긴다."

言隨行其所, 故同而應之。- 王弼注.

"그 실천하는 바에 따라 함께 하거나 즐겁게 여긴다는 말이다."

4. 위천하계, 상덕불리, 복귀어영아.(爲天下谿, 常德不離, 復歸於嬰兒) - 제28장 참조.

"천하의 시내가 되면, 늘 덕이 떠나지 않으니, 다시 젖먹이로 되돌아간다."

谿不求物, 而物自歸之。嬰兒不用智, 而合自然之智。- 王弼注

"작은 개울들은 스스로 그것에게 모여든다. 갓난아기는 억지로 일삼은 지식을 사용하지 않지만, 저절로 그러한 이치(智)에 합치된다."

위천하식, 상덕불특, 복귀어무극.(爲天下式, 常德不忒, 復歸於無極)

"천하의 본보기가 되면, 늘 덕이 변하지 않으니, 다시 (태초의) 근원으로 되돌아간다."

式, 法也, 忒, 差也。不可窮也。- 왕필 주

"식(式)이란 모범이 되고, 법칙이 된다는 말이다. 특(忒)이란 어긋난다는 말이다. 무극(無極)이란 다함이 없다는 말이다."

상덕내족, 복귀어박.(常德乃足, 復歸於樸)

"늘 덕이 이에 가득하여, 다시 (통나무의) 질박함으로 되돌아간다."

乃德全其所處也。下章云, 反者道之動也, 功不可取, 常處其母也。- 王弼注

그 덕스러움의 발휘가 온전해진다는 말이다.(예를 들어) 40장에서(下章云) 되돌아감이 도의 운동이라고 했는데(따라서) 공(功)을 취해서는 안 되고, 언제나 그 어미(道)에 머물러야 한다는 말이다.

　도경(道經) 중에서 총 4장에 걸쳐서 德을 논하였다. 道의 현덕(玄德)을 논하는 것일 수도 있고, 성인의 덕을 논하는 것일 수도 있지만, 덕은 도와 가장 가까운 거리에 있다는 것이 확실하다. 도경(道經), 제1장~37장에 나오는 덕은 거의 道의 현덕을 논하는 것이다. 덕경(德經), 제38장의 덕은 삼생만물(三生萬物)의 덕을 논하는 것으로 시작하고 있다.

　上德無爲而無以爲.(상덕무위이무이위)
　下德爲之而有以爲。(하덕위지이유이위)
　上仁爲之而無以爲。(상인위지이무이위)
　上義爲之而有以爲。(상의위지이유이위)
　上禮爲之而莫之應, 則攘臂而扔之。(상례위지이막지응, 즉양비이잉지)

　德과 인(仁), 의(義), 예(禮)의 의미를 확실히 하지 않고는 덕경(德經)을 온전히 이해하기 어려울 것 같다. 德은 이미 설명하였고, 인, 의, 예가 나오는 도덕경의 장절(章節)을 모았으니, 관련된 장절을 찾아서 그 의미를 알면 된다.

　인(仁) : 天地不仁(5) 聖人不仁(5) 與善仁(8) 有仁義(18) 絶仁棄義(19) 失德而後仁(38) 上仁爲之而有以爲(38) 失仁而後義(38)

　의(義) : 有仁義(18) 絶仁棄義(19) 上義爲之而有以爲(38) 失仁而後義(38) 失義而後禮.(38)

　예(禮) : 言以喪禮處之.(31) 以喪禮處之.(31) 上禮爲之而莫之應(38) 失義而後禮.(38) 夫

禮者(38)

생명 세계에서의 상덕(上德)은 상인(上仁)과 가장 가까운 도리임을 이르는 것이고, 하덕(下德)은 의(義), 예(禮)를 이르는 것임을 알 수 있다.

상덕(上德) → 상인(上仁) → 하덕(下德) → 상의(上義) → 상례(上禮)

上德은 인위적인 행동(爲)도 없고(無) 머리를 굴리지도(念頭) 않는다(無).

上仁은 인위적인 행동(爲)은 하지만, 머리를 굴리지는(念頭) 않는다(無).

下德, 上義, 上禮은 모두 인위적인 행동(爲)을 하면서도 머리까지 굴리면서(念頭) 하는(有) 것이 특징이다.

上德 - 높은 덕은 꾸밈도 없지만(無), 또한 염두에 두지 않고(無) 한다.

上仁 - 높은 인은 꾸며서 사용하되(之-用), 염두에 두지 않고(無) 한다.

下德 - 낮은 덕은 꾸며서 사용하되(之-用), 염두에 두고(有) 한다.

上義 - 높은 의는 꾸며서 사용하되(之-用), 염두에 두고(有) 한다.

上禮 - 높은 예는 꾸며서 사용하되(之-用), 감응하지 않으면 실망한다.

그러나 상덕이든 상례이든 도의 범주에 속하는 것임을 잊지 말아야 한다. 즉 생명 세계에서의 불공정과 불합리 역시 도의 범위를 벗어날 수 없는 부처님 손바닥 안의 손오공일 수밖에 없다. 영혼의 순례길에서 필연적으로 부닥칠 수밖에 없는 소중한 것들이며, 이 모든 분별 역시 이이불이(異而不二)이니 소중하지 않은 것이 있으랴! 왕필도 제38장에 대한 주석을 상세한 장문(長文)으로 풀이를 하였다. 제37장에서는 도(道)의 원리를 설명하면서 도경(道經)의 마지막을 정리하였다.

도상무위, 이무불위.(道常無爲, 而無不爲) - 제37장 참조.

"도는 늘 함이 없되, 그러나 하지 않음도 없다."

제4장은 아래와 같이 도를 설명하였다.

도충이용지, 혹불영.(道冲而用之, 或不盈) - 제4장 참조.

"도는 비어 있어서 이를 쓰려고 하면, 언제나 남아 있지 않다."

제38장은 인간의 의식과 경험에 의한, 삼차원 물질세계의 질서를 풀이하려고 德, 仁, 義, 禮에 대하여 논하고 있으며, 그것의 실행을 보여야 하고, 하지 않으면 禮가 아니다. 道의 원리인 "도는 늘 함이 없되, 그러나 하지 않음도 없다."라는 것과 거리가 있음을 알 수 있다. 그 질서의 풀이는 제18장을 되돌아 보면 무슨 의미인지 알 수 있다. 도덕경은 도덕경으로 설명될 수 있도록 무수히 연결되어 있으므로 단편적으로 보면 노자의 깊은 뜻을 전적으로 이해할 수 없게 된다.

대도폐, 유인의.(大道廢, 有仁義) - 제18장 참조.

"큰 도가 그치니(사람들의) 인(仁-德愛)과 의(義-道理)가 나타난다."

절인기의, 민복효자.(絶仁棄義, 民復孝慈) - 제19장 참조.

"(부리는 자가) 仁을 끊고 義를 버리면, 백성들이 효와 사랑을 회복한다."

제38장은 제18, 19장을 풀어서 자세하게 설명하고자 한다. 도덕경의 습관대로 재차, 삼차 설명하려고 하는 것이다. 道는 인간의 경험과 지식이 간섭할 수 없는 우주 만물의 질서를 이르지만, 인간의 지식과 경험으로 道라 부를 수 있는 가도(可道)는 늘 그러한 도(常道-太極)가 아닌 비상도(非常道-兩極) 즉 늘 변하는 道일 뿐이다.(道可道 非常道 - 제1장 참조).

고로 인간의 지식과 경험으로 논하는 道는 근원(根源-無極)이 아니다.

故失道而後德,(고실도이후덕)

失德而後仁,(실덕이후인)

失仁而後義,(실인이후의)

失義而後禮。(실의이후례)

실도(失道) 後, 德 → 실덕(失德) 後, 仁 → 실인(失仁) 後, 義 → 실의(失義) 後, 禮.

노자의 이 차례 매김이 仁, 義, 禮의 폄하를 논하자는 것이 아니고, 이들이 없다면 역시 道도 있을 수 없다는, 이이불이(異而不二)의 정신으로 해석되는 것이 옳다고 본다. 禮, 義, 仁을 행하지 아니하고는, 德은 물론이고 道에 도달할 수 없다는 것을 우리는 깨달아야 한다.

夫禮者, 忠信之薄, 而亂之首。(부례자, 충신지박, 이란지수)

前識者, 道之華而愚之始。(전식자, 도지화이우지시)

禮의 표현은 사사로움(忠-無私)과 순수함(信-誠)이 없이 하기 어렵다. 싫어도 예를 갖추어야 할 경우가 비일비재하므로 가볍다고 표현하였더라도, 유가(儒家)의 禮를 형편없는 것으로 폄하한다면 노자를 안다고 할 수 없다. 어리석음의 시작인 禮를 알지 못하면 義와 仁을 어찌 알 것이며, 하물며 道를 알 수 있겠는가? 道와 禮는 차양자동(此兩者同-제1장 참조)이요 이이불이(異而不二)이기 때문이다. 仁, 義, 禮는 道의 완성을 위하여 필요한 것임을 성경도 가르치고 있다.

내가 율법이나 선지자나 폐하러 온 줄로 생각지 말라 폐하러 온 것이 아니요 완전케 하려 함이로라 진실로 너희에게 이르노니 천지가 없어지기 전에는 율법의 일점일획이라도 반드시 없어지지 아니하고 다 이루리라.(마태복음 5:17~18)

是以大丈夫處其厚,(시이대장부처기후)
不居其薄。(불거기박)
대장부(大丈夫)의 뜻을 국어사전에서 찾아보면 "장하고 씩씩한 사나이(남자)"라고 되어있다. 노자의 의중(意中)하고는 거리가 멀다. 두터움에 거하고, 본질에 머물며, 겉모습에 머물지 않으며, 아닌 것은 버릴 줄 아는 道를 깨달은 성인 남자를 이르는 말임을 알 수 있다.

處其實, 不居其華。(처기실, 불거기화)
故去彼取此。(고거피취차). - 제12, 72장 참조
실(實)은 열매, 씨, 참스러움(誠), 본질(本質) 등의 뜻이 있고 화(華)는 꽃(花), 빛날(榮, 色), 찬란하다(燦爛), 사치하다(奢侈) 등의 뜻이 있다. 재미있는 점은 본질(實)에 머물고(處), 겉모습(華)에 살지(居) 않는다고 표현하면서, 머무는 본질(實)은 취하고 살지 않는(不居) 겉모습(華)은 버린다(去-棄)는 것이다. 이는 성인(大丈夫)의 두터움(厚-重)과 본질(實-本質)은 살아남지만, 가벼움(薄-輕)과 겉모습(華-花)은 죽어 없어진다는 의미가 함축되었음을 연상하게 되어 제2장의 아래 시구(詩句)를 올려본다.
공성이불거, 부유불거, 시이불거.(功成而不居, 夫唯弗居, 是而不去) - 제2장 참조.
"(聖人은 태어난) 공을 이루었으니 이로써 살지 않는다(不居)."
"대저 살지(居) 않을 뿐이니, 이런 까닭에 죽는 것도(去-離) 아니다."

제 39장

昔之得一者, 天得一以淸,(석지득일자, 천득일이청)
옛날(昔)에(之) 하나를(一 -道) 얻은(得) 것들(者),
하늘(天)은 하나를(一 -道) 얻은(得) 까닭에(以-因) 고요하고(淸-靜),
地得一以寧, 神得一以靈,(지득일이녕, 신득일이령)
땅은(地) 하나를(一 -道) 얻은(得) 까닭에(以-因) 편안하고(寧-安),
신은(神) 하나를(道) 얻은(得) 까닭(以-因)에 신령하고(靈-神),
谷得一以盈, 萬物得一以生,(곡득일이영, 만물득일이생)
골짜기는(谷) 하나를(一道) 얻은(得) 까닭에(以-因) 가득하고(盈-充滿),
만물은(萬物) 하나를(一道) 얻은(得) 까닭에(以-因) 자라고(生-成長),
侯王得一以爲天下貞。其致之。(후왕득일이위천하정. 기치지)
(만물의 으뜸인) 사람은(侯王-長) 하나를(一 -道) 얻은(得) 까닭에(以-因), 천하
의(天下) 모범(貞-正)이 된다(爲).
(淸,寧,靈,盈,生) 그것들은(其) 하나(道)에서(之) 생겨 일어났다(致-生起).
天無以淸, 將恐裂,(천무이청, 장공렬)
하늘이(天) 하나(道)에 의해서(以) 고요함이(淸-靜) 없다면(無),
장차(將-漸) 쪼개질까(裂-分裂) 염려되고(恐-慮),
地無以寧, 將恐發,(지무이녕, 장공발)
땅이(地) 하나(道)에 의해서(以) 편안함이(寧-安) 없다면(無),
장차(將-漸) 샐까(發-洩) 염려되고(恐-慮),
神無以靈, 將恐歇,(신무이령, 장공헐)
신이(神) 하나(道)에 의해서(以) 신령함이(靈-神) 없다면(無),
장차(將-漸) 흩어질까(歇-消散) 염려되고(恐-慮),
谷無以盈, 將恐竭,(곡무이영, 장공갈)
골짜기가(谷) 하나(道)에 의해서(以) 가득함이(盈-充滿) 없다면(無),
장차(將-漸) 마를까(竭-涸) 염려되고(恐-慮),
萬物無以生, 將恐滅,(만물무이생, 장공멸)
만물이(萬物) 하나(道)에 의해서(以) 자람이(生-成長) 없다면(無),
장차(將-漸) 끊어질까(滅-絶) 염려되고(恐-慮),

侯王無以貴高, 將恐蹶。(후왕무이귀고, 장공궐)

(만물의 으뜸인) 사람이(侯王-長) 하나(道)를(以) 귀하게(貴) 존중하지(高-崇) 못하면(無), 장차(將-漸) 쓰러질까(蹶-僵) 염려된다(恐-慮).

故貴以賤爲本, 高以下爲基。(고귀이천위본, 고이하위기)

고로(故) 귀함은(貴-貴重) 천함(賤-卑)을(以) 뿌리로(本-根柢) 삼고(爲),
높음은(高-崇) 낮음(下-賤)을(以) 바탕으로(基-基礎) 삼는다(爲).

是以侯王自謂孤,寡,不穀。(시이후왕자위고, 과, 불곡). - 제42장 참조

그런(是) 까닭에(是以) (道를 존중하는) 사람은(侯王-長) 스스로(自)
외롭고(孤-獨), 약하고(寡-弱), 선하지(穀) 않다고(不) 이른다(謂-稱).

此非以賤爲本耶(邪)? 非乎?(차비이천위본야? 비호?)

이는(此) 천함(賤-卑)으로(以) 뿌리를(本-根柢) 삼음이(爲) 아니(非)냐(耶-疑辭)? 그렇지(乎) 아니한가(非)?

故致數輿無輿。(고치수여무여)

그러므로(故) 천지를(輿-堪輿) 헤아리기에(數-計) 이르면(致-至) 천지마저도(輿-堪輿) 없어진다(無).

不欲琭琭如玉, 珞珞如石。(불욕녹록여옥, 낙락여석)

(깨달은 사람은) 영롱한 소리 내는(琭琭-玲瓏) 옥과(玉) 같이도(如), 단단한(珞珞) 돌(石) 같이도(如) 되고자 하지(欲-祈願) 않는다(不).

- 제 39장 풀이 -

도덕경에서의 일(一), 우주의 원리를 설명하는 중요한 하나(一)이다. 이 일(一)은 태극을 의미하는 것이기도 하지만 둘이 아니고(不二) 하나가 근원임을 깨닫게 하는 중요한 하나이기 때문이다. 모든 우주의 원리는 태극(하나)에서 시작하여 근원(0)으로 돌아간다고 노자는 피력하였다.

복귀어무극.(復歸於無極) - 제28장 참조.
"(태초의) 근원(無極-0)으로 되돌아간다."
반자, 도지동(反者, 道之動) - 제40장 참조.
"되돌아오는 것이 도의 움직임이다."

일(一)을 설명하는 구절(句節)이 여럿이 있다.

1, 재영백포일, 능무리호? (載營魄抱一, 能無離乎?) - 제10장 참조.

"하늘의 넋과(營-魂) 땅의 넋을(魄-身) 이고 영을(1-靈-太極) 품고서, 능히 갈라짐이 없도록 하겠는가?"

*사람의 영(靈), 혼(魂), 백(魄)을 이르는 구절이다.

2. 역중유사대, 이왕거기일언.(域中有四大, 而王居其一焉) - 제25장 참조.

"우주 속에 네 개의 큰 것이 있으니, 이 중에 (만물의 으뜸인) 사람이 그 하나를 차지하고 있도다!"

*도(道), 천(天), 지(地), 인(人)이다.

3. 도생일, 일생이, 이생삼, 삼생만물(道生一, 一生二, 二生三, 三生萬物) - 제42장 참조.

"도(道-太極)가 하나를 낳고, 하나는 둘을 낳고, 둘은 셋을 나으니, 셋은 만물을 낳는다."

*일(一)은 태극(太極)이고, 이(二)는 천지(天地-兩極)이고, 삼(三)은 三生萬物의 사람을 나타낸다.

그래서 태극은 천지지시이고, 천지는 만물지모가 되어 삼생만물을 낳는 어미의 역할을 하는 것이다.

무명, 천지지시, 유명, 만물지모.(無名, 天地之始, 有名, 萬物之母) - 제1장 참조.

고로 사람이 없어진다면 우주는 존재할 필요가 없게 된다.

천부경과 맥락(脈絡)을 같이 한다.

인중천지일.(人中天地一) "사람(人) 안에(中) 천지와(天地) 태극이(一) 있다."

이렇게 도덕경은 도덕경 자체로 모두 해석이 된다는 것을 알게 되었다.

昔之得一者, 天得一以淸,(석지득일자, 천득일이청)

地得一以寧, 神得一以靈,(지득일이녕, 신득일이령)

谷得一以盈, 萬物得一以生,(곡득일이영, 만물득일이생)

侯王得一以爲天下貞。其致之。(후왕득일이위천하정. 기치지)

*昔之得(一-太極) ⇒ 天得(淸) ⇒ 地得(寧) ⇒ 神得(靈) ⇒ 谷得(盈) ⇒ 萬物得(生-三太極) ⇒ 侯王得(爲天下貞)

天得(淸) ⇒ 地得(寧)

위의 天, 地는 양극(兩極-陰陽)을 이르는 것이며, 생명을 낳는 곳(萬物之母)으로써 만물의 王(으뜸)인 사람이 생성되는 기초를 의미한다고 할 수 있다. 만물의 으뜸인 사람을 후왕(侯王-長)이라 하는 것은 지극히 당연한 결과이다. 하나(太極)를 얻음(得)으로써 하늘(天)은 고요하고(淸), 땅(地)은 편안하여진다

(寧). 그러므로 천지간에 신(神)은 신령해지며(靈), 골짜기에는(谷) (생명이) 넘치고(寧), 만물은 성장 되고(生), 만물의 으뜸인 사람(侯王-長)은 천하의 모범인 성인이 된다(天下貞-聖人). 천지와 만물은 태극(太極-하나)으로부터 비롯되니, 이들은 이이불이(異而不二), 즉 다르면서도 둘이 아니고 하나임을 제39장에서 새삼스럽게 증명하는 것이다.

차양자동, 출이이명.(此兩者同, 出而異名) - 제1장 참조.

聖 字를 파자(破字)해보면 耳+口+壬으로 형성되어 있다.

첫째 귀 이(耳)가 있음을 알게 된다. 우주의 소리(聲)를 들을 수 있는 자는 드물어서 그들을 성인이라 칭하는 것이다. 도덕경 석본(昔本) 중에서 성인을 성인(聲人)으로도 표기했음은 들을 귀가 얼마나 소중한가를 알 수 있다.

귀 있는 자는 들으라 하시니라.(마태복음 13:3)

둘째는 입 구(口)가 있으며, 입으로 먹지 않으면 살 수 없는 중요한 기관이지만, 이 입에서 나오는 소리(音)의 폐해가 극심하다. 그러므로 하나(道)를 얻은 성인은 말(音)하는 입과 들을(聲) 귀가 서로 조화를 이루게 한다.

내가 말하면 음(音)이 되고 상대의 말을 듣게 되면 성(聲)이 되므로 음(音)과 성(聲)은 둘이 아님을 알 수 있다(不二).(音聲相和-제2장 참조).

"입에 들어가는 것이 사람을 더럽게 하는 것이 아니라 입에서 나오는 그것이 사람을 더럽게 하는 것이니라. 입으로 들어가는 모든 것은 배로 들어가서 뒤로 내어 버려지는 줄을 알지 못하느냐 입에서 나오는 것들은 마음에서 나오나니 이것이야말로 사람을 더럽게 하느니라"(마태복음 15:11,17~18).

行不言之教.(행불언지교). - 제2, 43장 참조.

"말로 하지 않음의 가르침을 행한다."

고로 성인은 말을 삼가지만, 그가 하는 바른말은 틀리는 것 같이 들린다.

(正言若反-제78장 참조).

셋째는 크다는 의미가 되는 임(壬-大), 또는 왕(王-長)으로 해석할 수 있다.

제39장 역시 우주의 생성 방법과 순서를 기록하면서 성인(聖人-侯王)의 존재와 쓰임을 기록하고 있음을 알게 된다. 제39장 역시 후왕(侯王)은 권력자가 아니고 성인을 지칭하고 있음은 자명한 일이다.

빌라도가 가로되 그러면 네가 왕이 아니냐 예수께서 대답하시되 네 말과 같이 내가 왕이니라 내가 이를 위하여 났으며 이를 위하여 세상에 왔나니 곧 진리에 대하여 증거하려 함이로라 무릇 진리에 속한 자는 내 소리를 듣느니라 하신대.(요한복음 18:37)

예수와 같은 사람이 이 우주의 왕이 아니고, 헤롯과 같은 권력자를 왕이라 지칭한다면 도덕경은 경전이 될 수 없다. 왜냐하면, 우주의 근원을 다루는 경전에서, 이 세상의 권력자를 왕이라 지칭할 수 있을까? 만물의 으뜸인 사람 중에 道(하나)를 깨달은 사람이 당연히 이 우주의 왕이 되어야 한다.

天無以淸, 將恐裂,(천무이청, 장공렬)
地無以寧, 將恐發,(지무이녕, 장공발)
神無以靈, 將恐歇,(신무이령, 장공헐)
谷無以盈, 將恐竭,(곡무이영, 장공갈)
萬物無以生, 將恐滅,(만물무이생, 장공멸)
侯王無以貴高, 將恐蹶。(후왕무이귀고, 장공궐)

우주의 이치는 둘이 아니라(不二) 하나인데 이것이 둘로 나누어지면, 일어나는 상대적인 현상들을 열거하였다.

淸 ⇒ 裂.(고요함과 쪼개짐 - 淸裂如一)
寧 ⇒ 發.(편안함과 샘(솟음) - 寧發如一)
靈 ⇒ 歇.(신령함과 흩어짐 - 靈歇如一)
盈 ⇒ 竭.(가득함과 마름 - 盈竭如一)
生 ⇒ 滅.(자람과 끊어짐 - 生滅如一)
貴高 ⇒ 蹶.(귀하게 존중받음과 쓰러짐 - 高蹶如一)

인간들이 한없는 욕심으로 자연을 파괴하는 한 언제일지 모르지만, 우주는 쪼개지고(裂), 새어서 쏟아지고(發), 흩어지게 하고(歇), 마르게 하고(竭), 끊어지게 하고(滅), 쓰러지게(蹶) 하여 스스로 그러함(自然)으로 복귀할 것이다.

故貴以賤爲本, 高以下爲基。(고귀이천위본, 고이하위기)
是以候王自謂孤,寡,不穀。(시이후왕자위고,과,불곡) - 제42장 참조
此非以賤爲本耶(邪)? 非乎?(차비이천위본야? 비호?)

귀함은 천함을 뿌리로 삼고, 높음은 낮음이 바탕이라는 것을 깨달은 성인은 자기를 가리켜서 고아처럼 외롭고(孤), 과부처럼 약하고(寡), 선하지 않다고(不穀) 스스로를 낮춘 것을 후대의 권력자들인 왕들이 과인(寡人)이, 고(孤)가 어쩌고 하면서 깨달은 척했을 뿐이다. 천하고 낮은 것이 귀하고 높은 것의 뿌리

이고 바탕이라는 道의 섭리를 깨닫는다면, 분별하여 우쭐댈 일이 하나도 없다는 것을 알게 된다.

인지소오, 유고,과,불곡(人之所惡, 唯孤,寡,不穀) - 제42장 참조.

"사람들의 싫어하는 바는, 오직 외롭고 약하고 선하지 않다는 것인데."

이왕공이위칭.(而王公以爲稱)

"그런데도 왕공들은 그것으로써 호칭을 삼는다."

故致數輿無輿。(고치수여무여)

不欲珠珠如玉, 珞珞如石。(불욕녹록여옥, 낙락여석)

따라서 그러한 천지(輿-堪輿-乾坤)를 헤아리고 분별하기를 마다하지 않는다면, 천지마저도 그 존재 이유를 알 수 없게 되고, 하늘은 높아서 귀하고 땅은 아래에 있어 천한 것으로 계산하고 분별하게 된다는 의미다. 여(輿)의 의미는 수레의 바탕을 뜻하기도 하지만, 천지를 이르는 감여(堪輿-乾坤)란 뜻이 있으며, 계산할 수(數)를 자주 삭(數)으로 읽으면 道에 대한 설명으로는 앞뒤의 문맥이 매끄럽지 않게 된다. 그러므로 성인이 영롱한 소리 내는(珠) 드문 옥(玉)과 같이 되고자 하지도 않고, 강가에 널린 단단한(珞) 돌(石)과 같이 되고자 하지도 않는 것은 지극히 당연한 것으로써, 그 이유는 만물은 한(一) 어미(萬物之母)로부터 생겨 일어났고(致-生起), 그 어미가 바로 천지(堪輿-乾坤)임을 알기 때문이다.

유명, 만물지모.(有名, 萬物之母). - 제1장 참조.

"이름(名-號稱) 있음은(有) 만물(萬物-三太極)의(之) 어미라(母-天地-兩極) 한다."

제 40장

反者, 道之動。(반자, 도지동)
되돌아오는(反-還) 것이(者) 도(道)의(之) 움직임이다(動).
弱者, 道之用。(약자, 도지용)
연약한(弱-柔) 것이(者) 도(道)의(之) 쓰임이다(用).
天下萬物生於有,(천하만물생어유)
세상(天下) 만물은(萬物-三太極) 있음(有-天地-兩極)에서(於) 나오고(生),
有生於無。(유생어무)
있음은(有-天地-萬物之母) 없음(無-太極-天地之始)에서(於) 나온다(生).

- 제 40장 풀이 -

제39장은 우주의 원리를 기술하는 중요한 하나(一)를 설명하였고, 제40장은
그 하나(一)에서 시작한 것은 근원(無極-0)로 되돌아가는 것이 도의 움직임이
라고 한다.
복귀어무극.(復歸於無極) - 제28장 참조.
도덕경은 도덕경으로 해석할 수 있다는 것이 매장마다 되풀이되고 있다.

反者, 道之動。(반자, 도지동)
반(反) 字는 도덕경에서 4번 나온다. 遠曰反.(25) 反者(40) 與物反矣(65)의
경우에는 돌아온다(還)는 의미로 쓰였고, 正言若反.(78)의 경우는 돌이킨다(正
之對)는 의미로 쓰였다. 그 외에도 여러 가지 뜻을 내포하고 있음을 알 수 있
는 중요한 문자이다.
1.돌이킬(正之對) 2.엎을, 덮을(覆) 3.돌아올(還), 진중할(愼重) 4.반대로(反對),
도리어 5.물러나다, 후퇴하다(後退) 6.보답하다(報答) 7.바꾸다, 고치다,
첫째 돌아온다는(反-還) 의미는 제14, 16, 25, 28장에서, 우주(道)의 섭리인
끝없는 순환의 의미를 함축하고 있음을 본다.
승승불가명, 복귀어무물.(繩繩不可名, 復歸於無物) - 제14장 참조.

"이어지고 이어져 이름 지을 수 없으니, 사물 비움으로 다시(復) 돌아간다(歸)."

부물운운, 각복귀기근.(夫物芸芸, 各復歸其根) - 제16장 참조.

"대저 사물들은 각각의 모양은 다르지만, 제각기 그 근원으로 다시(復) 돌아간다(歸)."

대왈서, 서왈원, 원왈반.(大曰逝, 逝曰遠, 遠曰反) - 제25장 참조.

"큰 것은 가게 됨을 이르며, 가는 것은 멀어짐을 이르고, 멀어지는 것은 되돌아온다."

위천하식, 상덕불특, 복귀어무극.(爲天下式, 常德不忒, 復歸於無極) - 제28장 참조.

"천하의 본보기가 되면, 늘 덕이 변하지 않으니, 다시 (태초의) 근원으로 되돌아간다."

둘째 (反-正之對)의 의미는 제2, 27, 65장에서는 서로 반대되는 것들로 인하여 도리어 이루어지는 상반상성(相反相成)의 道의 섭리를 함축하고 있음을 본다. 제2장에서의 유무(有無), 난이(難易), 장단(長短), 고하(高下), 음성(音聲), 전후(前後)의 반대되는 것들이 도리어 서로(相)를 생(生), 성(成), 교(交), 경(傾), 화(和), 수(隨)를 이루게 한다.

고선인자, 불선인지사(故善人者, 不善人之師) - 제27장 참조.

"고로 옳은 사람의 일은, 옳지 않은 사람의 스승이 되고,"

불선인자, 선인지자.(不善人者, 善人之資)

"옳지 않은 사람의 일은, 옳은 사람의 바탕이다."

정언약반.(正言若反) - 제78장 참조.

"바른(正)말은 틀리는 것(反) 같다."

弱者, 道之用。(약자, 도지용)

道는 작고 연약한 것으로부터 시작하여 굳세고 강한 것들이 생성되지만, 이들은 연약한 것들에 의해서 다시 연약한 것들로 환원됨을 이른다. 생명은 작고 연약(軟弱)할 때는 살고, 크고 강해지면 죽어서 다시 태어나기 때문이다. 동(動)과 용(用)은 도(道)의 움직임이며 동시에 쓰임인 것을 알 수 있다.

유약승강강.(柔弱勝剛强) - 제36장 참조

"부드럽고 나약한 것이 단단하고 굳센 것을 이긴다."

약지승강, 유지승강.(弱之勝强, 柔之勝剛) - 제78장 참조.

약함이 강함을 이기고, 부드러움이 단단함을 이긴다.

약한 것이 道의 쓰임이 될 수 있고, 굳세고 강한 것을 이기는 이유가 道는 허(虛)요 공(空)이기 때문이다.

치허극, 수정독.(致虛極, 守靜篤) - 제16장 참조.

"(道란) 빔에(虛-無) 이른 궁극이고, 고요함을 잃지 않은 (虛의) 도타움이다."

天下萬物生於有,(천하만물생어유)

유명, 만물지모.(有名, 萬物之母) - 제1장 참조.

"이름(名-號稱) 있음은(有) 만물(萬物-三太極)의(之) 어미라(母-天地-兩極) 한다."

만물이 태어남은 천지를 기반으로 하여 이룰 수 있음에(生於有) 그 천지를 만물지모(萬物之母)라 부르는 것이다.

有生於無。(유생어무)

무명, 천지지시.(無名, 天地之始) - 제1장 참조.

"이름(名-號稱) 없음은(無) 천지(天地-兩極)의(之) 처음이고(始-初-太極),"

유(有)를 이르는 만물지모는 무(無)를 이르는 태극(太極) 즉 천지지시(天地之始)에서(於) 나왔음(生)을 설명하고 있다.

제 41장

上士聞道, 勤而行之,(상사문도, 근이행지)

큰(上) 선비는(士-儒) 도를(道) 듣고(聞-聽),

노력(勤-勞力)하면서(而) 도를(之-道) 행하고(行-用),

中士聞道, 若存若亡,(중사문도, 약존약망)

보통(中) 선비는(士-儒) 도를(道) 듣고(聞-聽),

살피는 것(存-省) 같지만(若-如) 잊는 것(亡-失) 같고(若-如),

下士聞道, 大笑之。(하사문도, 대소지)

못난(下) 선비는(士) 도를(道) 듣고(聞-聽),

뽐내면서(大-驕慢) 도를(之-道) 비웃는다(笑-嘲笑).

不笑, 不足以爲道。(불소, 부족이위도)

(下士聞道가) 웃지(笑) 않으면(不), 도라(道) 부를(爲-名稱) 이유가(以-因) 부족
하다(不足).

故建言有之。(고건언유지)

그러므로(故) 예부터 전하는 말에(建言) 이런 것이(之-是) 있다(有).

明道若昧, 進道若退,(명도약매, 진도약퇴)

밝은(明-照) 도는(道) 어두운 것(昧-冥)처럼 보이고(若-如),

앞서가는(進-前進) 도는(道) 물러나는 것(退-却)처럼 보이고(若-如),

夷道若纇, 上德若谷,(이도약뢰, 상덕약곡)

평평한(夷-平) 도는(道) 어그러진 것(纇-戾)처럼 보이고(若-如),

높은(上) 덕은(德-惠) 좁은 골짜기(谷-谿谷)처럼 보이고(若-如),

太白若辱, 廣德若不足,(태백약욕, 광덕약부족)

아주(太-甚) 깨끗한(白-潔) 것은 더러운 것(辱-汚)처럼 보이고(若-如),

넓은(廣-闊) 덕은(德-惠) 부족한 것(不足)처럼 보이고(若-如),

建德若偸, 質眞若渝,(건덕약투, 질진약유)

제대로 선(建-立) 덕은(德-惠) 구차한 것(偸-苟且)처럼 보이고(若-如),

바탕이(質-璞) 참된 것은(眞-實) 변하는 것(渝-變)처럼 보이고(若-如),

大方無隅, 大器晚成,(대방무우, 대기만성)

큰(大) 모서리는(方-矩) 모퉁이가(隅-方) 없고(無),

큰(大) 그릇은(器-皿) (시간상의) 끝에나(晩-終) 이루어지고(成-畢),

大音希聲, 大象無形.(대음희성, 대상무형)

큰(大) 소리는(音-聲) (사이가 뜨게) 성기게(希-罕) 들리고(聲),

큰(大) 형상은(象) 형체가(形) 없다(無).

道隱無名.(도은무명)

도는(道) 숨어있어(隱-藏) 이름이(名) 없다(無).

夫唯道善貸且成.(부유도선대차성)

무릇(夫) 도는(道) 잘(善-吉) 베풀고(貸-施) 또(且-又) 이루게 할(成-就) 뿐이
다(唯).

- 제 41장 풀이 -

제40장에 이어서 도(道)를 설명하지만 독특하게 한다. 못난 선비가 도를 듣
고 비웃지 않으면 도라고 부를 이유가 부족하다는 의미는, 道의 평이(平易)함
을 나타내고 있다. 평이하다는 것은 못난 선비도 자기 나름대로 이해할 수 있
었기에 비웃을 수 있기 때문이다. 성경은 씨 뿌리는 자의 비유를 들어서 下,
中, 上士聞道를 설명하고 있다.

그런즉 씨뿌리는 자의 비유를 들어라. 아무나 천국 말씀을 듣고 깨닫지 못할 때는
악한 자가 와서 그 마음에 뿌려진 것을 빼앗나니 이는 곧 길가에 뿌린 자요. 돌밭에
뿌려졌다는 것은 말씀을 듣고 즉시 기쁨으로 받되 그 속에 뿌리가 없어 잠시 견디다가
말씀으로 인하여 환란이나 핍박이 일어나는 때에는 곧 넘어지는 자요. 가시떨기에 뿌
려졌다는 것은 말씀을 들으나 세상의 염려와 재리의 유혹에 말씀이 막혀 결실치 못하
는 자요. 좋은 땅에 뿌려졌다는 것은 말씀을 듣고 깨닫는 자니 결실하여 혹 백 배, 혹
육십 배, 혹 삼십 배가 되느니라 하시더라 .(마태복음 13:18~23)

上士聞道, 勤而行之(상사문도, 근이행지)

中士聞道, 若存若亡(중사문도, 약존약망)

下士聞道, 大笑之. (하사문도, 대소지)

不笑, 不足以爲道. (불소, 부족이위도)

청지불문, 명왈희(聽之不聞, 名曰希) - 제14장 참조.

"(道란) 들어 보더라도 (또렷이) 들리지 않아, 이름하여 드물다(希-罕) 일컫고,"

청지부족문(聽之不足聞) - 제35장 참조.

"(道는) 들어도 들리는 것이 (드물어서-希, 罕) 족하지 아니하다."

들을 귀가 있는 상사문도(上士聞道)는 좋은 땅에 떨어진 씨와 같이 몇십 배의 결실을 한다는 의미는 도(道)를 듣고 힘써 행하는 사람을 이름이고, 들을 귀가 부족한 중사문도(中士聞道)는 돌밭과 가시떨기에 떨어진 씨와 같이 싹은 나오나 곧 말라 죽는다는 의미는 할 듯 말 듯 하는 사람을 이름이고, 들을 귀가 없어 도를 듣고 처음부터 비웃어버리는 하사문도(下士聞道)는 씨가 길가에 떨어져 새들이 와서 곧 먹어버려 아예 싹조차 나지 않음을 이른다고 하겠다. 道란 알기도 쉽고, 행하기도 쉽지만, 들을 귀가 없는 하사문도는 알지도 못하고 행하지도 못한다.

오언심이지, 심이행(吾言甚易知, 甚易行) - 제70장 참조.

"나의 말은 참으로 알기 쉽고(易-不難) 참으로 행하기 쉬운데,"

천하막능지, 막능행.(天下莫能知, 莫能行)

"세상 사람들은 능히 알지도 못하고 능히 행하지도 못한다."

하사문도(下士聞道)가 도를 듣고 아는 척하며 비웃을 수밖에 없는 이유를 자세히 설명하고 있다.

故建言有之。(고건언유지)

明道若昧, 進道若退,(명도약매, 진도약퇴)

夷道若纇, 上德若谷,(이도약뢰, 상덕약곡)

太白若辱, 廣德若不足,(태백약욕, 광덕약부족)

建德若偸, 質眞若渝,(건덕약투, 질진약유)

옛날부터 道에 대하여 전해지는 말에 이런 것들이 있다. "어두운 것(昧-冥)처럼, 물러나는 것(退-却)처럼, 어그러지는 것(纇-戾)처럼, 속 좁아터진 골짜기(谷-谿谷)처럼, 더러운 것(辱-汚)처럼, 부족한 것(不足)처럼, 구차한 것(偸-苟且)처럼, 변하는 것(渝-變)처럼 하사문도 귀에 들리니, 이런즉 아는 척하며 비웃지 않는다면 오히려 도라고 할 수 없는 이유다. 제45장에서는 道를 아래와 같이 보충 설명하고 있다. "모자란 것(缺)처럼, 빈 것(沖)처럼, 휘어진 것(屈)처럼, 서툰 것(拙)처럼, 더듬는 것(訥)처럼 보인다."

대성약결, 기용불폐.(大成若缺, 其用不弊) - 제45장 참조.

"큰 이룸은 모자란 것처럼 보이지만, 그 쓰임이 끝나지 않고."

대영약충, 기용무궁.(大盈若沖, 其用無窮)

"큰 채움은 빈 것처럼 보이지만, 그 쓰임이 다하지 않는다."

대직약굴, 대교약졸.(大直若屈, 大巧若拙)

"큰 곧음은 휘어진 것처럼 보이고, 큰 솜씨는 무딘 것처럼 보이고."

대변약눌.(大辯若訥)

"큰 변별은 말을 더듬거리는 것처럼 보인다."

大方無隅, 大器晚成,(대방무우, 대기만성)
大音希聲, 大象無形。(대음희성, 대상무형)

우주(道)처럼 큰(大) 것은 무(無)하고, 만(晚-終)하며, 희(希-罕)하다. 그런즉 모서리가 있을 수 없으며, 그릇은 시간의 끝에서나 이루어지니 만들 수 없다는 의미일 것이고, 우주가 내는 소리는 지축(地軸)이 흔들릴 때 나는 정도로 작아야 들을 수 있을 것이니 매우 희박하며, 결국 형상 없는 형체가 우주의 섭리이고 도의 실체라는 것이다.

고대제불할.(故大制不割).- 제28장 참조.

"그러므로 큰 마름질은 (자잘하게) 쪼개지 않는다."

대도범혜, 기가좌우.(大道氾兮, 其可左右) - 제34장 참조.

"큰 도는 넘치는 물과 같구나! 그래서 능히 왼쪽으로도 오른쪽으로도 간다."

道隱無名。(도은무명)

도상무명.(道常無名) - 제32장 참조.

"도는 늘 이름이 없다."

도상무위, 이무불위.(道常無爲, 而無不爲) - 제37장 참조.

"도는 늘 함이 없되, 그러나 하지 않음도 없다."

대도심이, 이민호경.(大道甚夷, 而民好徑).- 제53장 참조.

"큰 道는 매우 평평한데도, 사람들은 작은 길을 서로 좋아한다."

천도무친, 상여선인.(天道無親, 常與善人) - 제79장 참조.

"하늘의 도에는 친함이 없기에, 늘 착한 사람과 더불어 있다."

夫唯道善貸且成。(부유도선대차성)

쉽게 말해서 그냥 그냥 했을 뿐이고 무엇을 이루려 하지 않았지만, 다 이룬 것이다. 그러므로 우리 인생들이 집착하지 말아야 할 것이 눈에 보이는 물질은 물론하고, 보이지 않는 道에도 지금 읽고 있는 道의 모습처럼 하여야 한다.

"없고(無), 느려 터지고(晚), 드물고(希), 모자라고(缺), 비었고(沖), 휘어지고(屈), 서툴고(拙), 더듬는다(訥)."

도의 모습이 이럴진대 금식기도, 면벽대좌(面壁對坐) 등의 맹렬정진 때문에 깨달아지지 않는다. 교회나 사찰이 이를 수용하면 문을 닫을 수밖에 없겠지만, 그것도 삼차원 물질세계에서의 차원 상승을 위한 교육과정인데 어쩌랴! 될 사람은 된 것이고, 안된 사람은 기다려야 한다. 선업(善業)을 쌓고도 사아승기 십만 겁(四阿僧祇 十萬 劫)을 기다린 후에 세상에 온 싯달타의 깨달음이 대기만성(大器晚成)의 의미이다. 道처럼!

제 42장

道生一, 一生二,(도생일, 일생이)
도(道)가 하나를(一) 낳고(生), 하나는(一) 둘을(二) 낳고(生),
二生三, 三生萬物。(이생삼, 삼생만물)
둘은(二) 셋을(三) 나으니(生), 셋은(三) 만물(萬物)을 낳는다(生).
萬物負陰而抱陽, 沖氣以爲和。(만물부음이포양, 충기이위화.)
만물(萬物)은 음을(陰) 등에(負) 지면서(而), 양(陽)을 가슴에 안고(抱),
비어(沖-虛) 있는 기(氣)로 인하여(以-因) 조화(和-諧)를 이룬다(爲).
人之所惡, 唯孤,寡,不穀,(인지소오, 유고,과,불곡) - 제39장 참조
사람들(人)의(之) 싫어하는(惡) 바는(所),
오직(唯) 외롭고(孤-獨) 약하고(寡-弱) 선하지(穀) 않다는 것인데(不).
而王公以爲稱。(이왕공이위칭)
그런데도(而) 왕공들은(王公-王,諸侯) 그것으로써(以-用) 호칭을(稱-名號) 삼
는다(爲).
故物或損之而益, 或益之而損。(고물혹손지이익, 혹익지이손)
본래(故-本來) 만물은(物-萬物) 혹(或) 이를(之-此) 덜어내도(損-減) 남을(益-
饒) 따름이고(而), 혹(或) 이를(之-此) 남겨도(益-饒) 덜어낼(損-減) 따름이다
(而).
人之所敎, 我亦敎之。(인지소교, 아역교지)
사람들(人)의(之) 가르치는(敎) 바를(所),
나(我) 역시(亦) 이를(之-此) 가르친다(敎-訓).
强梁者不得其死(강량자부득기사)
강하고(强) 굳센(梁-彊) 것들은(者) 그것을 얻지 못하고(不得其) 죽을(死) 것
이니,
吾將以爲敎父。(오장이위교부)
내가(吾) 장차(將-漸) 가르침의(敎-訓) 근본으로(父-根本) 삼는(爲) 까닭이다
(以-因).

- 제 42장 풀이 -

제42장의 전반부의 풀이는 이미 다 했다.
- 序文 道德經을 펴기 전에 참조 -
차양자동, 출이이명.(此兩者同, 出而異名) - 제1장 참조.
"이 둘은 같은 것인데, 나오고 나서 이름이 달라졌다."
왕필의 주석처럼

此兩者, 同出而異名.(차양자, 동출이이명)
"위의 두 가지는(此兩者), 나온 곳은 같은데 이름을 다르게 붙였다(同出而異名)."

서문에서 차양자동, 출이이명(此兩者同, 出而異名)에 대한 왕필의 해석과 필자의 해석의 다른 이유를 설명하기 위하여 제42장을 인용하였으니 참고하면 된다. 도덕경 본문 중에서 하나가 태극을 의미하는 시구(詩句)를 발췌하였다.

재영백포일, 능무리호?(載營魄抱一, 能無離乎?) - 제10장 참조.
"하늘의 넋과(營-魂) 땅의 넋을(魄-身) 이고 영을(1-靈-太極) 품고서, 능히 갈라짐이 없도록 하겠는가?"
고혼이위일.(故混而爲一) - 제14장 참조.
"(이것들은) 처음부터 뒤섞였을 뿐 하나에서(1-道-太極) 만들어졌다."
시이성인포일, 위천하식.(是以聖人抱一, 爲天下式) - 제22장 참조.

(道가 그러하듯이) 이런 까닭에 성인이 하나를(1-道-太極) 지킴은, 세상 만물의 본보기를 위함이다. 예수가 나와 아버지는 하나라고 하였다. 사람(三太極)은 천지(天地-陰陽)와 태극(太極)에서 비롯되었으므로, 이들을 포일(抱一)할 수밖에 없지만, 들을 귀가 없어서 그리하지 못하고 있을 뿐이다. 그러나 만물 중에서 성인은 "음을 등에(負) 지면서, 양을 가슴에 안고(抱)." 살 수 있는 사람이다. 만물의 왕인 사람이 없다면, 하나님의 있고, 없음을 논할 존재가 없어진다. 그러므로 나와 하나님은 하나이다.

천부경(天符經)의 인중천지일(人中天地一)과 같은 맥락이다. - 서문(序文) 참조.
저희를 주신 내 아버지는 만유보다 크시매 아무도 아버지 손에서 빼앗을 수 없느니라 나(三太極)와 아버지(太極)는 하나(一)이니라 하신대.(요한복음 10:29~30)

萬物負陰而抱陽, 沖氣以爲和。(만물부음이포양, 충기이위화.)

제42장에서 음과 양이라는 단어가 처음 나온다. 음은 땅(地)을, 양은 하늘(天)을 이르는 대표주자이다. 이들의 상생하는 기(氣)의 조화가 바로 이 땅에

만물이 나타나는 만물지모(萬物之母-제1장 참조)의 역할이다. 인간의 생명을 포함하여 땅 위에 존재하는 만물은 천지의 음양 조화가 아니면 나타날 수 없다. 이 상생의 조화를 "음을 등에(負) 지면서, 양을 가슴에 안고(抱),"라고 표현한 것이다.

재영백포일, 능무리호? (載營魄抱一, 能無離乎?) - 제10장 참조.

"하늘의 넋과(營-魂) 땅의 넋을(魄-身) 이고 영을(1-靈-太極) 품고서, 능히 갈라짐이 없도록 하겠는가?"

만물은 태극을 근원으로 음양의 조화가 있듯이(제42장), 사람에게는 영(靈=太極)을 근원으로 하여 혼(魂-陰), 백(魄-陽)의 조화가 있음을(제10장) 표현하였다. 하늘의 넋인 혼과 땅의 넋인 백을 머리에 이고(載-戴) 하나(靈=太極)를 가슴에 품으며(抱), 영혼(靈魂)이 갈라짐이 없도록 하는 일은 사람의 역할을 표현한 것이다. 고로 道의 중심은 사람이다. 육식(六識)을 부리는 생명이 없다면, 도가 존재할 이유가 없음이다.

만물 중 왕공(王公)인 권력자들과 사람들만이 욕심으로 몽니를 부려 스스로 그러함(自然-하나님)에 반기를 들고 있는 유일한 존재이다. 복귀어무물(復歸於無物-제14장 참조)하고, 복귀어무극(復歸於無極-제28장 참조) 할 것이 자명하니 스스로 그러함(하나님)에 모르는 척 몽니를 부리고 있는 것인가? 보이지 않는 세계의 차원 상승을 위하여 인간의 몽니가 실험의 방법으로 쓰이고 있는 것인가?

人之所惡, 唯孤,寡,不穀,(인지소오, 유고,과,불곡) - 제39장 참조
而王公以爲稱。(이왕공이위칭)

제39장의 후왕(侯王)은 하나를 얻은 까닭에 道를 깨달은 사람을 이르지만, 42장의 왕공은 일반 왕이나 권력자를 이른다. 제39장에서 후왕들이 스스로 이르기를 외롭고(孤-獨), 약하고(寡-弱), 선하지(穀) 않다고(不) 했는데, 42장의 왕공들이 부끄러워하지 않고 이 호칭을 도용한다. 이는 가렴주구(苛斂誅求) 하면서도 자기는 외롭고, 약하고, 선하지 않다고 위선을 떠는 모습이다.

고귀이천위본, 고이하위기(故貴以賤爲本, 高以下爲基) - 제39장 참조.

"고로 귀함은 천함을 뿌리로 삼고, 높음은 낮음을 바탕으로 삼는다."

시이후왕자위고,과,불곡.(是以侯王自謂孤,寡,不穀)

"그런 까닭에 (道를 깨달은) 사람은 스스로 외롭고, 약하고, 선하지 않다고 이른다."

故物或損之而益, 或益之而損。(고물혹손지이익, 혹익지이손)

노자는 이 위선을 위의 시구(詩句)를 사용하여 반박한다. 고(故)는 본래(本來), 원래(元來)의 의미가 있다. 본래 만물은 덜어내도 남고, 남아도 덜어내는 道의 德을 충실히 따르기 때문에 외롭고(孤-獨), 약하고(寡-弱), 선하지(穀) 않은(不) 것이므로, 성인들도 이를 따른다. 그런데 왕공들이 道의 덕을 왜곡하여, 자기들의 덕인 양 쓰고 있다는 노자의 지적이다. 일반 사람들은 어리석고, 나약하고, 착하지 않다면 싫어한다. 그런데 왕공(王公)이 부끄러워하지도 않고, 道 앞에서 스스로 어리석고, 나약하고, 착하지 않다고 겸손을 떤다. 익(益-陽)과 손(損-陰)이 모두 道의 조화로서 둘이 아님을(不二) 알고 있다.

충기이위화(沖氣以爲和). "비어있는 기로 인하여 조화를 이룬다."

人之所敎, 我亦敎之。(인지소교, 아역교지)

대도폐, 유인의.(大道廢, 有仁義) - 제18장 참조.

하덕(下德) ⇒ 인(仁) ⇒ 의(義) ⇒ 예(禮) - 제38장 참조.

道가 떨어지면 나타나는 하덕(下德), 인(仁), 의(義), 예(禮), 효자(孝慈), 충신(忠臣) 등의 율법에 속하는 겸손과 넉넉함(損益)을 성인이 사람들에게 가르치는 것으로서 노자도 이것들을 가르친다는 의미다. 道가 아닌 율법을 노자도 가르치는 이유는 무엇일까? 율법의 단련 없이 도를 깨우칠 방법이 없다는 것을 꿰뚫고 있기 때문이다. 율법이나 선지자(古之善爲士者, 古之善爲道者)에게서 배우지 못하면, 태극으로 되돌아오지 못한다는 것을 노자는 알고 있다.

대왈서, 서왈원, 원왈반.(大曰逝, 逝曰遠, 遠曰反) - 제25장 참조.

"큰 것은 가게 됨을 이르며, 가는 것은 멀어짐을 이르고, 멀어지는 것은 되돌아옴을 이른다."

내가 율법이나 선지자나 폐하러 온 줄로 생각지 말라 폐하러 온 것이 아니요 완전케 하려 함이로라 진실로 너희에게 이르노니 천지가 없어지기 전에는 율법의 일점일획이라도 반드시 없어지지 아니하고 다 이루리라.(마태복음 5:17~18)

强梁者不得其死,(강량자부득기사)
吾將以爲敎父。(오장이위교부)

살아 있는 모든 생명은 부드럽고 약하며, 살아있는 생명의 먹을거리일 수밖에 없다. 고로 강한 것은 생명을 살리는 역할을 할 수 없으니 이 자연의 섭리를 누구도 거스를 수 없다. 강하고 굳센 것들은 그것을 얻지 못하고(不得其) 죽는다고 하는데 그 얻지 못하는 것이 무엇일까? 강한 것들은 자기에게도 죽음의 자리가 없다는 것을 얻지(得) 못하고 죽는 것이다. 생명이 영원하다는 것을 알지 못하므로 자기 명을 채우지 못하고 죽는 것과 같다. 노자(吾)는 삶과 죽음이 본시 둘이 아니고 하나임(異而不二)을 알므로 그것을 가르침의 근본으로 삼는다는 것이다.

이기무사지.(以其無死地) - 제50장 참조.

"(善攝生者) 그에게는 죽음의 자리가 없기 때문이다."

성인은 생명이 무엇을 위하여 존재하는지 알므로, 군세고 강한 것에 마음을 빼앗기고, 권력과 재물에 심취하지 않으며, 존재할 수 있는 한도만 취한다. 그러나 군세고 강한 것에 심취하여 피 터지는 고통을 당한 후에야 깨닫게 되는 것이 道의 섭리이니 어찌하랴? 그러므로 이 자연의 섭리는 필요치 않은 것이 하나도 없다는 것을 깨닫는 것이리라. 그리고 자연은 인간들이 하는 짓에 따라서 틀림없이 보응 한다는 것이다. 노자는 강하고 군세며 굳은 것들은 유함을 이길 수 없다는 가르침을 아래와 같이 하고 있다.

유약승강강.(柔弱勝剛强) - 제36장 참조.

"부드럽고 나약한 것이 단단하고 굳센 것을 이긴다."

수유왈강.(守柔曰强) - 제52장 참조.

"부드러움을 지키면 일컬어서 성하다고 한다."

인지생야유약, 기사야견강(人之生也柔弱, 其死也堅强) - 제76장 참조.

"사람이 살려면 역시, 도를 좇아서 미약하고, 사람이 죽으려면 역시, 반드시 자기만 내세운다."

만물초목지생야유취, 기사야고고.(萬物草木之生也柔脆, 其死也枯槁)

"만물과 초목의 삶이야 부드럽고 무르지만, 그 죽음이야말로 쪼그라들고 메마르다."

고견강자사지도, 유약자생지도.(故堅强者死之徒, 柔弱者生之徒)

"고로 반드시 자기만 내세우는 사람은 죽음의 무리요, 도를 좇아 미약한 사람은 삶의 무리이다."

강대처하, 유약처상.(强大處下, 柔弱處上)

"내세울 만큼 크면 밑에 머물고, 도를 좇아 미약하면 위에 머문다."

천하막유약어수, 이공견강자(天下莫柔弱於水, 而攻堅强者) - 제78장 참조.

세상에 물보다 부드럽고 약한 것이 없지만, 그런데도 굳고 강한 것을 친다.

약지승강, 유지승강(弱之勝强, 柔之勝剛)

"약함이 강함을 이기고, 부드러움이 단단함을 이긴다."

제 43장

天下之至柔, 馳騁天下之至堅。(천하지지유, 치빙천하지지견)
세상(天下)의(之) 지극히(至-極) 순한(柔-順) 것이, 세상(天下)의(之) 지극히
(至-極) 뻣뻣한 것을(堅-剛) 마음대로(馳-放恣) 펼친다(騁-伸張).
無有入無間。(무유입무간)
형체가(有-存) 없는 것이(無-有之對) 틈이(間-隙) 없어도(無) 들어간다(入).
吾是以知無爲之有益。(오시이지무위지유익)
나는(吾) 이런(是-此) 까닭(以-因)에 함이(爲-造) 없음(無)의(之)
이로움이(益-利) 있음을(有-無之對) 안다(知-識).
不言之敎, 無爲之益,(불언지교, 무위지익) - 제2장 참조
말로 하지(言) 않음(不)의(之) 가르침(敎-訓),
함이(爲-造) 없음(無)의(之) 이로움은(益-利),
天下希及之。(천하희급지)
세상(天下)에 이(之-此) 같은 것이(及-如) 드물다(希-罕).

- 제 43장 풀이 -

전 장의 말미(末尾)에 강한 것은 그것(以其無死地-제50장 참조)을 얻지 못하
고 죽는다고 하였다. 제43장은 유(柔)로 시작하고, 강(强) 대신에 견(堅)을 사
용하였을 뿐이다.

天下之至柔, 馳騁天下之至堅。(천하지지유, 치빙천하지지견)
제12장 치빙(馳騁)의 의미는 "마음대로(馳) 달리면서(騁-走)"이지만, 43장의
의미는 전혀 다르게 "마음대로(馳-放恣) 펼친다(騁-伸張)"이다. 마음대로 달리
면서 사냥을 하려고 하면 말을 능숙하게 부려야 하기 때문일 것이다.
치빙전렵영인심발광(馳騁畋獵令人心發狂) - 제12장 참조.
"마음대로(馳-放恣) 달리면서(騁-走) 사냥으로 (생명을) 해하는 일은 사람으로 하여 사
나운 마음을 일으킨다."

유함(柔)과 굳음(堅) 은 불가분의 관계로 항상 같은 구절로 표현되니 제42장 말미의 해석을 참고하면 된다.

無有入無間。(무유입무간)
吾是以知無爲之有益。(오시이지무위지유익)
하늘의 기(氣)는 틈이(間) 없어도(無) 들어가고(入), 하는 것 같지 않아도 이루어짐을 성인은 알 수 있다.

不言之敎, 無爲之益。(불언지교, 무위지익) - 제2장 참조.
天下希及之。(천하희급지)
성인이 아는 道의 이로움(益)은 말하지 않고 가르치는(不言之敎) 것이요, 함이 없음(無爲)의 이로움이다. 이것은 세상 사람들이 흔하게 느낄 수 있는 이로움은 아니다.

행불언지교.(行不言之敎) - 제2장 참조.
"말로 하지 않음의 가르침을 행한다."

제 44장

名與身孰親?(명여신숙친)
명분(名-名分)과(與) 몸(身-躬) 어느(孰-何) 것이 가까운(親-近)가?
身與貨孰多?(신여화숙다)
몸(身-躬)과(與) 재물(貨-財) 어느(孰-何) 것이 중요한가(多-重)?
得與亡孰病?(득여망숙병)
얻음(得-獲)과(與) 잃음(亡-失) 어느(孰-何) 것이 괴로울까(病-苦)?
是故甚愛必大費,(시고심애필대비)
이런(是-此) 까닭에(故-理由) (몸과 명분을) 지나치게(甚-劇) 좋아하면(愛-喜)
반드시(必-定) 큰(大-小之對) 해(費-害)가 있고,
多藏必厚亡。(다장필후망)
(몸이 재물을) 중히(多-重) 간직하면(藏-蓄) 반드시(必-定) 크게(厚-大) 잃는다
(亡-失).
知足不辱, 知止不殆,(지족불욕, 지지불태)
(몸이) 넉넉함(足-滿)을 깨달으면(知-覺) 욕되지(辱-恥) 않고(不),
한계(止-限界)를 깨달으면(知-覺) 두렵지(殆-懼) 않으니(不),
可以長久。(가이장구) - 제59장 참조
(생명은) 가히(可-肯) 넓으며(長-大) 오래(久) 간다(以-爲).

- 제 44장 풀이 -

사람들에게 가장 중요한 것이 무엇일까? 몸이다. 이 몸은 영(靈), 혼(魂), 육
(肉-魄)의 집합체이니 우주만큼 중요한 것이다. 제13장에 몸의 중요함을 세세
히 설명하였다.
하위귀대환약신? (何謂貴大患若身?) - 제13장 참조.
"어찌하여 큰 괴로움이 내 몸과 같이 귀하다 일컫는가?"
오소이유대환자, 위오유신.(吾所以有大患者, 爲吾有身)
"우리가 크게 괴로운 것이 있는 까닭은, 우리에게 내 몸이 있는 인연이다(살아 있기 때문

이다).”

급오무신, 오유하환? (及吾無身, 吾有何患?)

“우리에게 몸이 없기에 이르면(죽으면) 우리에게 어찌 괴로움이 있겠는가?”

名與身孰親?(명여신숙친)
身與貨孰多?(신여화숙다)
得與亡孰病?(득여망숙병)

명분(名-名分)과 몸(身-躬) 중에서 어느 것이 가까울까? 몸과 재물(貨-財) 중에서 어느 것이 중요한가? 명분과 재물을 얻으면 즐거워하고, 잃으면 괴로워하는 주체도 몸을 가진 사람이다. 보통 사람들은 당연히 몸이 더 중요하다고 하면서도 명분과 재물에 집착하므로 얻으면 즐겁고 잃으면 실망한다. 제13장이 이르기를 깨달은(道) 자들의 “괴로움은 몸과 같이 귀한 것”이라고 하는 의미는 사람은 괴로움(苦) 자체라는 것이다. 이 괴로움이 없이는 도를 깨달을 방법이 없으므로 명분과 재물로 인하여 일희일비하지 말라는 의미다. 이 괴로움의 원인이 명분(寵辱)과 재물에 있다는 것을 알므로 이 역시 정신세계의 차원 상승을 위하여 필요한 것이라고 하는 것이다. 사람에게는 죽음의 자리가 없다는 것을(以其無死地-제50장 참조) 깨닫게 하도록 명분과 재물로서 괴로움(苦)을 준다. 제13장에서 명분을 의미하는 총욕(寵辱)을 두려움과 같다고(若驚) 한 이유다.

총욕약경, 귀대환약신.(寵辱若驚, 貴大患若身) - 제13장 참조.

“총애와 욕됨은 두려움과 같고, 큰 괴로움은 (오히려) 내 몸과 같이 귀한 것이다.”

결론은 차양자동(此兩者同)이며, 이이불이(異而不二)이니, 필요하지 않은 것이 없네! 더 글을 쓸 필요가 있을까? 하는 충동을 느낄 때가 종종 있으며, 이를 통하여 노자가 절학무우(絶學無憂-제20장 참조)를 읊은 이유를 이해할 것 같다. 몸이 없다면, 어느 것이 가깝고(親-近), 중요하고(多-重), 괴로운지(病-苦) 분별할 이유도 없고, 道와 하나님을 논할 이유조차 없으련만, 나와 하나님이 자동(者同)이니 스스로 그러함(自然)에 맡길 수밖에 없다. 그러므로 늘 떳떳하여 몸이 없어져도 두렵지 않다.(沒身不殆)

是故甚愛必大費,(시고심애필대비)

현명한 사람은 명예와 명분이 중요할 것이고 그로 말미암아 다툼이 일어나 큰 해를 입을 수 있으니 제3장이 생각나게 하는 구절이다. "그러므로 이름만 높이는 헛된 명분과 명예를 버리지 아니하면 다툼(爭)이 일어나 큰 해(害)가 된다는 물음이다.

불상현, 사민부쟁.(不尙賢, 使民不爭) - 제3장 참조.

"현명함을 받들지 아니하면 (어리석어도 멸시(蔑視)받지 아니하면), 부리는 자와 백성들이 다투지 않는다."

多藏必厚亡。(다장필후망)

얻기 어려운 재물을 쌓아 놓으면 도둑이 들거나 뭇 사람들로부터의 공격 대상이 되어 모두 잃고 몸을 망칠 수 있음은 자명한 일이다. 죽으면 한 톨도 가져갈 수 없는 재물이 어찌 몸보다 귀할 수 있을쏜가?

불귀난득지화, 사민불위도.(不貴難得之貨, 使民不爲盜) - 제3장 참조.

"얻기 어려운 재물이 귀하지 아니하면, 부리는 자와 백성들이 도둑질하지 않는다."

知足不辱, 知止不殆,(지족불욕, 지지불태)

몸이 족함을 알면 욕되지 않고, 현재의 족함을 알면 넉넉하다(知足者富). 제33장과 연계하면 없어도 언제나 넉넉하니 다른 사람과의 마찰이 있을 수 없어 욕됨을 받을 이유가 없게 된다.

지족자부(知足者富) - 제33장 참조.

"(현재의) 족함을 아는 자는 넉넉하다."

한계를 안다면(知止) 몸이 다하도록 두렵지 않다는(沒身不殆) 절묘한 해석이 제16, 52장에 기록되어 있으니, 도덕경은 도덕경으로 해석이 됨을 다시 실감하게 된다.

몰신불태.(沒身不殆) - 제16, 52장 참조.

"(늘 떳떳하므로) 몸이 없어져도 두렵지 않다."

可以長久。(가이장구). - 제59장 참조

道와 생명(生命-三太極)은 늘 있으며, 오래 가는 공동의 숙명이다. 생명이 없으면 도를 논할 이유도 없어지기 때문이다. 보이는 육신은 흙에서 와서 흙으로 돌아가고, 몸과 함께했던 보이지 않는 영혼(靈魂)은 천지(天地-萬物之母)와 함께 영원하지만, 유물론자는 긍정할 수 없는 사안이다. 보이지 않는 세계가 있다고 하는 순간 없음이 전제되는 것이고, 없다고 하는 순간 있음이 전제되므로 유물론자(唯物論者)와 영성론자(靈性論者)가 존재한다. 그러나 엄연히 보이는 삼차원 물질세계가 있으니 그 상대가 되는 고차원(高次元)의 보이지 않는 세계를 부정할 수 있을까? 이 문제는 종교와 하등 연관시킬 필요가 없다.

천장지구.(天長地久) - 제7장 참조.

"하늘은 넓으며 땅은 오래 간다."

부실기소자구, 사이불망자수.(不失其所者久, 死而不亡者壽).- 제33장 참조.

"그러한(뜻) 바를 잃지 않는 자는 영원하고, 죽어도 (뜻이) 없어지지 않는 자는 생명이 길다."

제 45장

大成若缺, 其用不弊,(대성약결, 기용불폐)
큰(大-太) 이룸은(成-就) 모자란 것(缺-虧)처럼 보이지만(若-如),
그(其) 쓰임이(用-使) 끝나지(弊-廢) 않고(不).
大盈若沖, 其用不窮。(대영약충, 기용불궁)
큰(大-太) 채움은(盈-充) 빈 것(沖-虛)처럼 보이지만(若-如),
그(其) 쓰임이(用-使) 다하지(窮-竟) 않는다(不).
大直若屈, 大巧若拙,(대직약굴, 대교약졸)
큰(大-太) 곧음은(直-伸) 휘어진 것(屈-曲)처럼 보이고(若-如),
큰(大) 솜씨는(巧-巧妙) 무딘 것(拙-鈍)처럼 보이고(若-如),
大辯若訥。(대변약눌)
큰(大) 변별은(辯-辨別) 말을 더듬거리는 것(訥-遲鈍言)처럼 보인다(若-如).
躁勝寒, 靜勝熱,(조승한, 정승열)
조급한 움직임이(躁-名) 서늘함을(寒-冷) 지니고(勝-持),
고요함이(靜-道) 따뜻함(熱-溫) 지니듯(勝-持),
淸靜爲天下正。(청정위천하정)
맑고 찬(淸-淸冷) 고요함은(靜-息) 세상(天下)을 바르게(正-當) 한다(爲).

- 제 45장 풀이 -

제41장 풀이에서 45장을 인용하였다.
明道若昧, 進道若退, 夷道若纇, 上德若谷, 太白若辱, 廣德若不足, 建德若偸, 質直若渝, 大方無隅, 大器晩成, 大音希聲, 大象無形. - 제41장 참조.
大成若缺, 大盈若沖, 大直若屈, 大巧若拙, 大辯若訥. - 제45장 참조.

道는 이렇게 총명하고(明), 평평하고(夷), 바탕이 바른(質直) 모습이다.
"명(明), 진(進), 이(夷), 상덕(上德), 태백(太白), 광덕(廣德), 건덕(建德), 질직(質直), 대방(大方), 대기(大器), 대음(大音), 대상(大象), 대성(大成), 대영(大盈), 대직(大直), 대교(大巧), 대변(大辯)"

道는 이렇게 어둡고, 어그러지고, 구차한 모습이기도 하다.

"어둡고(昧-冥), 도망 다니고(退-却), 어그러지고(纇-戾), 속 좁아터진 골짜기 같고(谷-谿谷), 더럽고(辱-汚), 부족하고(不足), 구차하고(偸-苟且), 변덕스럽고(渝-變), 모퉁이도 없고(無), 느려 터지고(晚-終), 성기고(希-罕), 모자라고(缺-虧), 비었고(沖-虛), 휘고(屈-曲), 무디고(拙-鈍), 더듬는다(訥-遲鈍言難)" - 제41, 45장 참조.

道가 대차(對差) 되는 양자(兩者)를 함께 안는(抱一) 이유는 둘이 아니기(不二) 때문이다.(차양자동, 출이이명. 此兩者同, 出而異名-제1장 참조).

조금 아는 선비가(下士聞道) 동물농장(動物農場)에서 돼지가 허겁지겁 먹는 모습을 보고, 웃지 않는다면 도라고 하기에 부족하다고(不足以爲道-제41장 참조) 하였다. 그러므로 道를 아는 사람과는 道로 소통하고 道와 德을 잃어버린 우매한 사람과는 道와 德을 잃어버리고 소통하여야 한다는 노자의 가르침이다.

도자동어도, 실자동어실.(道者同於道, 失者同於失) - 제23장 참조.

"道를 아는 사람하고는 道로써 함께하고(道와 德을) 잃어버린 사람하고는 잃어버린 것으로 함께한다."

우매한 민중이 소크라테스에게 독배를 마시게 하고, 예수를 십자가에 못 박은 것이 아니라, 그들은 스스로 마시고 박혔을 뿐이다. 독배와 십자가는 말로 하지 않고 행동으로 가르치는(行不言之敎) 道의 백미(白眉)였다.

躁勝寒, 靜勝熱,(조승한, 정승열)

조(躁-名)란 조급하게 움직여 불(火)의 기운으로 열(熱)을 내지만, 동시에 차고 고요한 기운을 지니면서 유명(有名-萬物之母)을 이루는 모습이다. 정(靜-道)이란 태일생수(太一生水)의 기운으로 차고 고요하지만, 동시에 열(熱)의 기운을 지닌 무명(無名-天地之始)의 모습이다. 이는 조와 정의 상생의 관계로 유생어무(有生於無), 즉 "있음은 없음에서 비롯됨"을 의미한다. 무거움(重)과 조용함은(靜) 음(陰)이고 가벼움(輕)과 조급함(躁)은 양(陽)이 되어 상부상조하지만, 양이 음을 이길 수 없음은 정이 곧 조의 근원이기 때문이다. 그러므로 천하를 가볍게 여기면 근원을 잃게 되고, 조급해도 고요함의 상대를 잃게 된다.

귀근왈정, 시위복명.(歸根曰靜, 是謂復命) - 제16장 참조.

"근원으로 돌아감을 고요함이라(靜) 이른다. 이를 일컬어 천명의 회복이라 한다."

중위경근, 정위조군.(重爲輕根, 靜爲躁君) - 제26장 참조.

"무거움은 가벼움의 시작이 되고, 조용함(靜)은 조급함(躁)의 상대가 된다."

경즉실본, 조즉실군.(輕則失本, 躁則失君)

"(천하를) 가볍게 여긴 즉 근본을 잃고, 조급한(躁)즉 (고요한) 상대를 잃는다."

清靜爲天下正。(청정위천하정)

청정(淸靜-天地之始)은 천지(天地-萬物之母)의 시작이기 때문에 세상을 스스로 그러함의 모습으로 바르게(正) 이끄는 전조(前兆)이다. 동시에 만물이 혼탁하여지면 청정으로 되돌아가게 하여 바르게(正) 한다.(각복귀기근 各復歸其根-16장 참조).

맑고 찬, 고요함이(靜) 세상을 바르게 하는 모습을 아래에 열거하였다.

불욕이정, 천하장자정.(不欲以靜, 天下將自定) - 제37장 참조.

"하고자 함이 없는 까닭에 고요해지고(靜), 천하는 무릇 스스로 안정된다."

혼혜, 기약탁. 숙능탁이정지서청?(混兮, 其若濁. 孰能濁以靜之徐淸?) - 제15장 참조.

"(세상과 한데 섞인) 잡스러움이여, 그 흐린 물과 같다. 누가 능히 흐린 물을 조용(靜)하면서도 한가한 모습으로 맑게 하겠는가?"

각기 그 근원으로 되돌아감으로 할 수 있다.(각복귀기근. 各復歸其根-16장).

치허극, 수정독.(致虛極, 守靜篤) - 제16장 참조.

"(道란) 빔에 이른 궁극이고, 고요함을(靜) 잃지 않은 (虛의) 도타움이다"

제 46장

天下有道, 卻走馬以糞.(천하유도, 각주마이분)
세상에(天下) 도가(道) 있으면(有)(전쟁터를) 달릴(走-奔) 말이(馬) 도리어(卻)
거름 주는(糞-培) 일에 쓰이고(以-用),
天下無道, 戎馬生於郊.(천하무도, 융마생어교)
세상(天下)에 도가(道) 없으면(無)(전쟁터에 끌려온) 군마가(戎馬-軍馬) 국경(郊-
國境)에서(於) (새끼를) 낳는다(生).
禍莫大於不知足,(화막대어부지족)
넉넉함을(足-滿) 깨닫지(知-覺) 못하는 것(不)보다(於) 큰(大) 재앙이(禍-災)
없고(莫-無),
咎莫大於欲得.(구막대어욕득)
욕심으로(欲-貪) 얻는 것(得-獲)보다(於) 큰(大) 허물이(咎-愆) 없다(莫-無).
故知足之足, 常足矣.(고지족지족, 상족의)
고로(故) 족한(足-滿) 줄을(之) 깨닫는(知-覺) 족함이야말로(足),
떳떳한(常-庸) 족함(足)이로다(矣).

- 제 46장 풀이 -

본 장은 천하에 도가 있을 때와(天下有道) 없을 때를(天下無道) 비교하였다.
세상에 道가 사라지면 사람들뿐만 아니고 말들(馬)까지도 힘들게 된다. 道가
없어지면 일어나는 일들을 설명한 제18장과 비교하면 확실한 해석이 될 것이
다.
대도폐, 유인의. 지혜출, 유대위.(大道廢, 有仁義, 智慧出, 有大僞) - 제18장 참조.
육친불화, 유효자. 국가혼란, 유충신.(六親不和, 有孝慈, 國家昏亂, 有忠臣)
오죽하면 군마(軍馬)의 암컷이 새끼를 낳는 곳이 전쟁터일까? 인류의 역사
는 이 짓을 끊임없이 되풀이하고 있다. 2,500년 이상 지났으나 노자, 공자, 석
가, 예수의 가르침이 허사이다. 그 이유는 지혜를 가진 자들의 탐욕으로 인한
속임수 때문에, 끊임없는 전쟁이 지금도 계속되기 때문이다.

지혜출, 유대위.(智慧出, 有大僞) - 제18장 참조.
"총명한 기지가 생기니, 큰 속임이 나타난다."

禍莫大於不知足,(화막대어부지족)

넉넉함을 깨닫지 못하여 생기는 재앙이 바로 욕(辱)됨이고 위태로움(殆)이다.
특히 권력자들이 넉넉함을 알지 못한다면, 일반 서민들의 고통은 가중된다.

지족불욕, 지지불태(知足不辱, 知止不殆) - 제44장 참조.
"(몸이) 넉넉함을 깨달으면 욕되지 않고, 한계를 깨달으면 두렵지 않으니."

咎莫大於欲得。(구막대어욕득)

욕심으로 얻은 자는 마땅히 교만해지므로 스스로 허물(咎)을 더 한다.
부귀이교, 자유기구.(富貴而驕, 自遺其咎) - 제9장 참조.
"넉넉하고 지위가 높다 하면서 교만하면, 스스로 허물을 마땅히 더 한다."

故知足之足, 常足矣。(고지족지족, 상족의)

지족자부(知足者富) - 제33장 참조.
"(현재의) 족함을 아는 자는 넉넉하다."

보왕삼매론(寶王三昧論)
"세상살이에 곤란함이 없기를 바라지 말라. 세상살이에 곤란함이 없으면 업신여기는 마음
과 사치한 마음이 생기게 되나니."

근심과 곤란으로써 세상을 살아가라 하였으니, 이러한 마음가짐이 도덕경과
통한다. 떳떳한 족함이요, 또한 족함을 아는 자의 넉넉한 마음이다.

제 47장

不出戶, 知天下,(불출호, 지천하)
집을(戶) 나가지(出-進) 않아도(不), 세상을(天下) 깨닫고(知-覺),
不窺牖, 見天道.(불규유, 견천도)
들창으로(牖-壁窓) 엿보지(窺-小視) 않아도(不),
하늘의(天-乾) 도를(道-眞理) 본다(見-視).
其出彌遠, 其知彌少.(기출미원, 기지미소)
그(其) 나가는 것이(出) 멀어(遠) 질수록(彌-益),
그(其) 깨달음은(知-覺) 더(彌-益) 적어진다(少).
是以聖人不行而知,(시이성인불행이지)
이런(是) 까닭에(以) 성인은(聖人) 다니지(行) 않고(不)도(而) 깨달으며(知-覺),
不見而名, 不爲而成.(불견이명, 불위이성)
만나보지(見-會見) 않고(不)도(而) 지칭하며(名-指稱),
(인위적으로) 하지(爲) 않고(不)도(而) 이룬다(成-就).

- 제 47장 풀이 -

47장은 성인의 생활을 엿볼 수 있는 장으로, 아마도 노자의 자서전일 것이다. 혼자 있어도 세상을 깨닫고, 들창으로 엿보지 않는다는 의미는 자연이 베푸는 대로 생활한다는 것이다.

其出彌遠, 其知彌少.(기출미원, 기지미소)
자연(自然-道)에서 나가는(出) 것이 멀어질수록(遠) 바라는 바(所欲)가 많아진다는 의미이므로, 깨달음(知)은 점점 적어(少)진다.
소사과욕.(少私寡欲) - 제19장 참조.
사사로움을 적게 하며(少), 욕심을 없애는 것이다.
소즉득, 다즉혹.(少則得, 多則惑) - 제22장 참조.

"적은 즉 얻게 하고, 넘치게 되면 미혹한다"

대왈서, 서왈원, 원왈반.(大曰逝, 逝曰遠, 遠曰反) - 제25장 참조.

"큰 것은 가게 됨을 이르며, 가는 것은 멀어짐을 이르고, 멀어지는 것은 되돌아옴을 이른다."

성인의 삶은 나가지도(出-進) 않고, 엿보지도(窺-小視) 않고, 다니지도(行) 않고, 만나보지도(見-會見) 않고, 인위적으로 하지(爲) 않고도, 깨닫고(知-覺), 보고(見-覺), 이름을 알며(名-指稱) 이룬다(成-就)는 의미는 스스로 그러함(自然-道-하나님)에 맡기는 노자 말년의 삶일 수 있다는 추측을 해 본다.

조금 나아가사 얼굴을 땅에 대시고 엎드려 기도하여 가라사대 내 아버지여 만일 할 만하시거든 이 잔을 내게서 지나가게 하옵소서 그러나 나의 원대로 마옵시고 아버지의 원대로 하옵소서 하시고.(마태복음 26:39)

내가 아무것도 스스로 할 수 없노라 듣는 대로 심판하노니 나는 나의 원대로 하려 하지 않고 나를 보내신 이의 원대로 하려는 고로 내 심판은 의로우니라.(요한복음 5:30)

제 48장

爲學日益, 爲道日損.(위학일익, 위도일손)
배움을(學-效) 시행하면(爲-行) 날마다(日) 더해지고(益-增加),
깨달음을(道-覺) 시행하면(爲-行) 날마다(日) 덜어진다(損-減).
損之又損, 以至於無爲.(손지우손, 이지어무위)
덜어(損-減) 쓰고(之-用) 또(又) 덜어지면(損-減),
이로써(以) 함이(爲-造) 없음(無-勿)에(於) 이른다(至-到).
無爲而無不爲.(무위이무불위)
함이(爲-造) 없을(無-勿) 뿐이지(而) 아니(不) 함이(爲-造) 없다(無).
取天下常以無事.(취천하상이무사)
(성인이) 세상 만물을(天下) 취함은(取-收) 늘(常-恒久) (日益하는) 일이(事) 없
는(無-勿) 까닭이다(以-因).
及其有事, 不足以取天下.(급기유사, 부족이취천하)
(日益하는) 그(其) 일을(事) 하는데(有-得) 빠진다는 것은(及-逮),
세상 만물을(天下) 취하기에(取-收) 부족하기(不足) 때문이다(以-因).

- 제 48장 풀이 -

세상의 학문을(學) 배워(爲) 날마다(日) 더해져서(益) 생기는 것이 지혜(知慧)
이고, 지혜가 생기면 큰 속임이(大僞) 나타나고, 큰 속임은 욕됨(憂-辱)으로 나
타난다.

爲學日益, 爲道日損.(위학일익, 위도일손)
위학(爲學)은 ⇒ 더하기(益)로, 위도(爲道)는 ⇒ 덜기(損)로 반대의 결과가
나타난다. 위학(爲學)으로 나타나는 결과가 제18장에 표현되어 있다.
혜지출, 유대위 (慧智出, 有大僞) - 제18장 참조.
"총명한 기지가 생기니, 큰 속임이 나타난다."
道를 폐하면 인의가 나타나고, 지혜가 생긴 결과, 큰 속임(大僞)이 생기니

세상은 욕됨(憂-辱)이 가득하다. 이를 해결하는 것이 세상 학문을 끊는 일이다
절학무우.(絕學無憂) - 제20장 참조
"(세상 지식과 경험을) 본받는 것을 끊으면 욕됨이 없다."
위학유우, 절학무우(爲學有憂, 絕學無憂)가 형성된다.
"본받는 것을 행하면 욕됨이 있고, 본받는 것을 끊으면 욕됨이 없다."

損之又損, 以至於無爲。(손지우손, 이지어무위)

道를 시행하면(爲) 날마다(日) 덜어지는(損) 행위는 제19장에 표현되어 있다.
끊다(絕) + 버리다(棄) = 덜다(損).

거룩함을 끊고 기지를 버리고(絕聖棄智) + 인을 끊고 의를 버리고(絕仁棄義) +
기교를 끊고 이로움을 버리면(絕巧棄利) = 도를 시행하여 날마다 덜어냄이다(爲道日
損). 이로써 무위에 도달하니 자연과 하나가 되는 것이다. 역시 도덕경은 도덕
경으로 풀어짐을 알게 된다.
견소포박, 소사과욕.(見素抱樸, 少私寡欲) - 제19장 참조.
"바탕을 돌이켜 보며 질박함을 품고, 사사로움을 적게 하며 욕심을 없애는 것이다."

순색(無色)을 돌이켜 보며 질박함을 품고(懷持), 나를(己稱) 낮추고 바라는
것을 돌아보아, 내 속의 겉사람이 아닌 속사람을 들여다보라고 하고 있다. 위
학(爲學) 하여, 날마다 쌓아 명예와 재물을 좇을 것인가? 위도(爲道) 하여, 날
마다 덜어내어 자연의 섭리를 좇을 것인가?

無爲而無不爲。(무위이무불위)

道는 하고도 생색내지 않을 뿐이지 하지 않는 일이 없으므로 스스로 그러한
것들을 다 이룰 수 있다.
도상무위, 이무불위.(道常無爲, 而無不爲) - 제37장 참조.
"도는 늘 함이 없되, 그러나 하지 않음도 없다."

取天下常以無事。(취천하상이무사)

이무사취천하(以無事取天下) - 57장 참조.
"일을 꾸며서 하지 않음으로써 세상 만물을 취한다."
제57장에서는 이렇게 표현하고 있다. 나라를 다스리고(治國) 군대를 부려서
(用兵) 세상 만물을 취하는 것이 아니고, 오히려 다스리려 하지 않고, 군대를
쓰지 않아야 천하 만물을 취할 수 있다. 노자가 무엇을 근거로 세상 만물이

그러한 이치를 알았을까?

　이차.(以此) - 제21, 57장 참조.

　"(本元-道) 이것으로써 이다."

　그러므로 도덕경이 표현하고자 하는 취천하(取天下)의 의미는 천하를 내 손
아귀에 넣고 권력을 휘두르는 왕후장상이 절대 될 수 없다. 세상 만물과 하나
가 되어 스스로 그러하게 사는 것을 취천하라고 한다. 즉 하나님(自然-道)과
내가 온전히 하나가 되는 이치(以此-本元-道)이다. 그러므로 예수는 취천하를
한 왕이라 할 수 있는 것이다.

　나와 아버지는 하나이니라 하신대.(요한복음 10:30)

　**예수께서 총독 앞에 섰으매 총독이 물어 가로되 네가 유대인의 왕이냐 예수께서 대
답하시되 네 말이 옳도다 하시고(마태복음 27:11)**

　及其有事, 不足以取天下。(급기유사, 부족이취천하)

　왕후장상들과 지식인들이 날로 더하는(日益) 일을 하기 위하여 얼마나 많은
혜지출, 유대위(慧智出, 有大僞)를 할까? 일익(日益-財物)과 일손(日損-道-하나
님)을 겸하여 할 수 있는 일이 아니므로 그들이 취천하(取天下)를 하지 못하는
결정적인 이유다. 그러나 그들도 우주의 훈련을 받는 중이므로 언젠가는 심한
고통 속에서 깨닫고 일손(日損)할 때가 있을 것이다. 이것이 하나님의 사랑이
다. 사랑은 생명을 버리는 일이 없다. 생명은 그 사랑 자체이기 때문이다. 그
러므로 두려워할 이유가 없다.

　**한 사람이 두 주인을 섬기지 못할 것이니 혹 이를 미워하며 저를 사랑하거나 혹 이
를 중히 여기며 저를 경히 여김이라 너희가 하나님과 재물을 겸하여 섬기지 못하느니
라.(마태복음 6:24)**

　불왈이구득, 유죄이면야?(不曰以求得, 有罪以免耶?) - 제62장 참조.

　"(道는) 말하지 않아도 구하면 얻기 때문이고, 잘못이 있어도 면하기 때문이 아닌가?"

제 49장

聖人無常心, 以百姓心爲心。(성인무상심, 이백성심위심)

성인은(聖人) 일정한(常-一定) 마음이(心) 없이(無), 백성의(百姓) 마음을(心) 근거하여(以-根據) (자기의) 마음을(心) 다스린다(爲-治).

善者, 吾善之,(선자, 오선지)

착한(善-良) 사람은(者), 나도(吾) 착하게(善-良) 대하고(之-用),

不善者, 吾亦善之. 德善。(불선자, 오역선지. 덕선)

착하지(善) 않은(不) 사람도(者), 나는(吾) 착하게(善) 대할(之-用) 뿐이니(亦), 덕은(德) 선하다(善-良).

信者, 吾信之,(신자, 오신지)

성실한(信-誠實) 사람은(者), 나도(吾) 성실함으로(信-誠實) 대하고(之-用),

不信者, 吾亦信之. 德信。(불신자, 오역신지. 덕신)

성실하지(信) 않은(不) 사람도(者), 나는(吾) 성실하게(信) 대할(之-用) 뿐이니(亦), 덕은(德) 성실하다(信-誠實).

聖人在天下歙歙, 爲天下渾其心。(성인재천하흡흡, 위천하혼기심)

성인이(聖人) 세상 만물과(天下) 살면서(在-居) 숨 들이쉬듯 (집착 없이)하니(歙歙), 세상 만물을(天下) 위하여(爲-助) 그(其) 마음을(心) 알지 못하도록 한다(渾-無知).

百姓皆注其耳目焉, 聖人皆孩之。(백성개주기이목언, 성인개해지)

백성들(百姓) 모두가(皆-總) 그(其) 눈과(耳) 귀를(目) 세우지(注-意所置)만(焉), 성인은(聖人) 모두를(皆-總) 어린아이로(孩) 대한다(之-用).

- 제 49장 풀이 -

제48장은 성인이 취천하(取天下) 하는 방법은 날마다 덜기(日損)다. 제49장은 성인이 취천하 하려면 그 마음을 알 수 없도록(渾-無知) 하고, 백성을 어린아이같이 대해야 한다니 제5장이 생각난다.

성인불인, 이백성위추구.(聖人不仁, 以百姓爲芻狗) - 제5장 참조.

"성인도 어질지 않으니, 백성들을 풀 강아지 쓰듯 한다."

聖人無常心, 以百姓心爲心。(성인무상심, 이백성심위심)

　성인은 그의 마음을 일정하게 할 수 없는 것이 스스로 그러함(自然-道-하나님)의 움직임대로 하므로 오히려 일정한 마음이 없는 무상심(無常心)이므로 백성들의 마음을 근거하여 스스로 마음을 다스릴 수 있는 것이다.

　나는 아버지 안에 있고 아버지는 내 안에 계신 것을 네가 믿지 아니하느냐 내가 너희에게 이르는 말이 스스로 하는 것이 아니라 아버지께서 내 안에 계셔 그의 일을 하시는 것이라.(요한복음 14:10)

善者, 吾善之,(선자, 오선지)
不善者, 吾亦善之. 德善。(불선자, 오역선지. 덕선)
信者, 吾信之,(신자, 오신지)
不信者, 吾亦信之. 德信。(불신자, 오역신지. 덕신)

　성인은 사사로움이 없으므로 착한 사람을 대할 때는 착한 사람의 마음을 자기의 마음으로 삼는다고 하였다. 결국 성인은 선자와 불선자, 신자와 불신자를 분별하지 않음으로 누구와 상대할지라도 자연(道)의 순리대로 대한다. 제23장과 연계하면 이해된다. 道와 德을 아는 사람과는 도와 덕의 상태대로 함께하며 즐겁게 쓰고, 그것을 잃어버린 사람들과는 그 잃어버림의 상태대로 함께하며 즐겁게 쓴다고 하였다. 비록 잃어버린 사람들이 권력자, 부호, 식자(識者)들일지라도 그들을 어린아이 대하듯 할 수 있으며, 그들과 함께 그 잃어버림의 상태대로 함께하며 즐겁게 쓸 수 있다는 것이다. 이는 道와 德을 깨달은 사람과 그것을 잃어버린 사람일지라도 모두 귀중한 생명이며, 둘이 아니니(不二) 분별하지 말라는 노자의 선언이다. 이것이 진정한 성인의 삶이다.

　고종사어도자, 도자동어도(故從事於道者, 道者同於道) - 제23장 참조.
　덕자동어덕, 실자동어실.(德者同於德, 失者同於失)
　동어도자, 도역락득지.(同於道者, 道亦樂得之)
　동어덕자, 덕역락득지.(同於德者, 德亦樂得之)
　동어실자, 실역락득지.(同於失者, 失亦樂得之)

聖人在天下歙歙, 爲天下渾其心。(성인재천하흡흡, 위천하혼기심)

세상 만물을 위하는 성인의 마음은 이렇듯 멍청한 듯하고, 혼란스러운 듯하여 그의 마음이 어디에 있는지 알 수 없는 것이다(渾-無知). 하나님이 세상 만물(天下)을 위하여 그 해를 선인과 악인에게도 비추고, 의로운 자와 불의한 자에게도 비를 내리는 것처럼 이해득실을 분별하지 말고, 숨 쉬듯이 집착하지 말고 해야 한다고 했다.

나는 너희에게 이르노니 너희 원수를 사랑하며 너희를 핍박하는 자를 위하여 기도하라 이같이 한즉 하늘에 계신 너희 아버지의 아들이 되리니 이는 하나님이 그 해를 악인과 선인에 비춰게 하시며 비를 의로운 자와 불의한 자에게 내리우심이니라.(마태복음 5:44~45)

百姓皆注其耳目焉, 聖人皆孩之. (백성개주기이목언, 성인개해지)

유대의 가난한 사람들과 병든 자들이 모두 예수를 향하여 눈을 세우고 귀를 쫑긋하지만, 예수는 그들의 심중을 알기에 그들을 떠나 산으로 간다. 세상 만물을 사랑하므로 성인이 불인(聖人不仁)하듯이, 예수는 그들을 어린아이와 풀강아지와 같이 대하며 집착하지 않는 것이다.

그러므로 예수께서 저희가 와서 자기를 억지로 잡아 임금 삼으려는 줄을 아시고 다시 혼자 산으로 떠나 가시니라.(요한복음 6:15)

오색영인목맹(五色令人目盲) - 제12장 참조.

"다섯 가지 색들은 사람으로 하여 눈을(目) 멀게 하고(盲-暗),"

오음영인이농(五音令人耳聾)

"다섯 가지 소리는 사람으로 하여 귀를(耳) 어둡게 하고(聾-愚昧)."

백성들의 눈과 귀는 욕심으로 이미 보이지 않는 눈(目盲)과 들리지 않는 귀(耳)가 되었으므로 어린아이와 같이 대하는 것이 사랑인 걸 어찌하랴!

"그러나 너희 눈은 봄으로, 너희 귀는 들음으로 복이 있도다. 내가 진실로 너희에게 이르노니 많은 선지자와 의인이 너희 보는 것들을 보고자 하여도 보지 못하였고 너희 듣는 것들을 듣고자 하여도 듣지 못하였느니라.(마태복음 13:16~17)

그러므로 불가(佛家)에서 칠성 탑을 쌓는 공덕보다 부처님의 말씀을 듣는 공덕이 더 귀한 것이라 하였으니 성경과 도덕경을 읽는다는 것은 귀한 인연 없이 불가능한 것이리라.

제 50장

出生入死。(출생입사)
삶으로(生-死之對) 나와서(出-進) 죽음으로(死-漸精氣窮) 들어간다(入).
生之徒十有三,(생지도십유삼)
삶에(生-命) 이르는(之-至) 무리가(徒-輩) 열에(十) 셋이(三) 있고(有),
死之徒十有三,(사지도십유삼)
죽음에(死) 이르는(之-至) 무리가(徒-輩) 열에(十) 셋이(三) 있으며(有),
人之生動之死地, 亦十有三。(인지생동지사지, 역십유삼)
사람(人)의(之) 삶을(生-命) 죽음(死) 자리(地-所)에(之-於) 내모는 자(動-遷),
역시(亦) 열에(十) 셋이다(三).
夫何故?(부하고?)
대저(夫-大抵) 무슨(何-曷) 이유인가(故-理由)?
以其生生之厚。(이기생생지후)
그(其) 삶을(生-出) 풍요롭게(厚-富) 살기에만(生-生活) 쓰기(之-用) 때문이다
(以).
蓋聞, 善攝生者,(개문, 선섭생자)
대체로(蓋-大略) 들건대(聞-聽), 옳게(善-良) 삶을(生) 다스리는(攝-收歛) 자는
(者),
陸行不遇兕虎,(육행불우시호)
뭍으로(陸) 다녀도(行-步) 코뿔소와(兕) 호랑이를(虎) 만나지(遇) 않고(不),
入軍不被甲兵。(입군불피갑병)
군에(軍) 들어가도(入-沒) 찌르는 무기에(甲兵-伐器) 당하지(被-當) 않는다
(不).
兕無所投其角,(시무소투기각)
코뿔소의(兕) 그(其) 뿔이(角) 찌를(投-臨) 곳이(所-處) 없고(無),
虎無所措其爪,(호무소조기조)
호랑이의(虎) 그(其) 발톱이(爪) 해칠(措-害) 곳이(所-處) 없고(無),
兵無所用其刃。(병무소용기인)
병사가(兵-兵士) 그(其) 칼을(刃) 쓸(用-施行) 곳이(所-處) 없다(無).

夫何故?(부하고?)

대저(夫-大抵) 무슨(何-曷) 이유인가(故-理由)?

以其無死地。(이기무사지)

(善攝生者) 그에게는(其) 죽음의(死) 자리가(地) 없기(無) 때문이다(以).

- 제 50장 풀이 -

제50장은 그가 태어난 삶의 풍요로움을 (以其生生之厚) 추구하는 하사문도 (下士聞道-제40장 참조)의 생활방식으로 풀어가고 있다.

出生入死。(출생입사)

생의 영역으로 나오면 반드시 죽음의 영역으로 들어가는(出生入死) 가는 것이 자연의 섭리다. 삶과 죽음(生死)은 나왔다가 들어가기(出入)를 반복한다는 의미로 왕필의 주석은 50장의 결론인 이기무사지(以其無死地)를 미리 해석하는 느낌을 받게 된다.

출생지, 입사지.(出生地, 入死地)

"(만물은) 삶의 자리를 나와서, 죽음의 자리로 들어간다."

공수신퇴, 천지도.(功遂身退, 天地道) - 제9장 참조.

"(태어난) 일을 다 하고 몸은 죽는 것이, 천지의 도이다."

태어나 사는 것 자체가 공을 이루는 것이고(功遂), 몸은 죽는 것(身退), 즉 출생지, 입사지(出生地,入死地)는 천지의 道를 설명하는 것이다.

공성이불거(功成而不居) - 제2, 77장 참조.

"(聖人은 태어난) 공을 이루었으니 이로써 살지 않는다."

부유불거, 시이불거.(夫唯弗居, 是以不去)

"대저 살지(居) 않을 뿐이니, 이런 까닭에 죽는 것도(去-離) 아니다."

그러므로 제50장을 통하여 제2, 9장의 해석을 올바르게 할 수 있게 된다. 호랑이가 가죽을 남기지 않아도, 사람이 이름을 남기지 않아도 공(功)은 충분히 이루는 것이므로 면벽대좌 3년, 금식기도 40일을 하지 않아도 출생입사가 이루어진다. 그러므로 천국과 극락의 욕망도 내려놓고 天地道를 따를 수밖에 없는 것이다. 예수와 싯달타가 이름을 남기려고 그 생애를 살지 않았지만, 후세 사람들의 입방정이 그들의 이름이 남도록 했을 뿐이다. 내가 바로 예수이고 싯달타임을 아는 순간, 그에게는 죽음의 자리가 없어지는 것이다.

生之徒十有三,(생지도십유삼)

死之徒十有三,(사지도십유삼)

人之生動之死地, 亦十有三.(인지생동지사지, 역십유삼)

이 무리(徒-輩)는 사람들을 포함하여 만물을 지칭하는 것이라고 보아야 한다. 이 지구상에 나타난 생명 중에 제 삶(命)을 살고 가는 무리(徒)가 3/10이고 (生之徒十有三), 바로 죽음에 이르는 무리(徒)가 3/10이(死之徒十有三) 된다는 것이다. 물론 그 생명이라는 것에 사람도 포함되는 것은 자명한 일이다.

어미의 태로부터 된 고자도 있고 사람이 만든 고자도 있고 천국을 위하여 스스로 된 고자도 있도다 이 말을 받을만한 자는 받을지어다.(마태복음 19:12)

고견강자사지도, 유약자생지도,(故堅强者死之徒, 柔弱者生之徒) - 제76장 참조.

"고로 굳고 강한 것은 죽음의 무리요, 부드럽고 약한 것은 삶의 무리다."

그런데 특이하게도 사람의 삶을 죽음의 자리로 내몰고 가는 사람(人)이 3/10이 된다는 것이다.(人之生動之死地, 亦十有三). 이 문장에서 무리(徒-輩)라는 단어 대신에, 이상한 행위를 하고 있음에도 불구하고 사람(人)으로 표현하였음을 주시하게 된다.(人之生動之死地, 亦十有三) 이는 수많은 생명체 중 사람만이 삶을 죽음의 자리로 내몰아가는 이상한 행위를 할 수 있기 때문이다.

夫何故?(부하고?)

以其生生之厚.(이기생생지후)

10명 중 9명은 제 명대로 살았던, 바로 죽었던, 죽음의 자리로 자신의 삶을 내몰았던, 죽는다는 것은 매일반이다. 부와 지식을 충분히 가지고 살았어도, 그 반대로 살았어도 이 풍진(風塵) 세상살이를 견디며 道의 섭리대로 나왔다가 들어갔을 뿐인데도 각자 3/10의 삶을 살게 된다. 그러나 9/10인 그들은 어떤 삶을 살았어도 죽음의 자리가 없다는 것 자체를 모른다.(以其無死地).

10명 중 9명의 삶은 제18장의 표현으로 설명해야 한다.

혜지출, 유대위 (慧智出, 有大僞) - 제18장 참조.

"총명한 기지가 생기니, 큰 속임이 나타난다."

道를 폐하면 인의가 나타나서, 지혜가 생긴 결과, 큰 속임(大僞)이 생기니 세상은 욕됨(憂-辱)이 가득하다.

대저 무슨 이유인가? 이 뭐꼬? 속이는 삶의 풍요로움(生之厚) 때문이다. 덜어내는(損) 일에는 인색하고 쌓는(益) 일에만 전념하므로 일어나는 변고이다.

위학일익, 위도일손.(爲學日益, 爲道日損) - 제48장 참조.

"배움을 시행하면 날마다 더해지고, 깨달음을 시행하면 날마다 덜어진다."

蓋聞, 善攝生者,(개문, 선섭생자)

전술(前述)한 9/10에 들지 않는 사람들인 1/10은, 들을 귀가 있는 사람들이다. 10명 중 1명은 죽음의 자리가 없다는 것을 깨달은 하나님의 십일조다. 이들이 옳게 삶을 다스리는 자들이다(善攝生者).

"옳게 삶을 다스리는 자(善攝生者)"의 의미를 알지 못하면, "그에게는 죽음의 자리가 없는 까닭이다(以其無死地)"라는 문장을 해석할 수 없다.

"하늘의 道를 아는 사람의 생활은 갓난아이의 방글거림도 없고, 돌아갈 곳조차 없고, 잃어버린 것 같고, 사리에 어둡고, 흐리고 어리석고, 민망하게 사리에 어둡고, 바람(고난)이 그침이 없고, 천덕꾸러기처럼 무딘 생활을 할 수밖에 없다." - 제20장 참조.

전기치유, 능영아호? (專氣致柔, 能嬰兒乎?) -제10장 참조.

"정기를 오로지 하고 부드러움을 일으켜, 능히 갓난아이 같겠는가?"

아독박혜, 기미조, 여상아지미해.(我獨泊兮, 其未兆, 如嬰兒之未孩) - 제20장 참조.

"(그러나) 나 홀로 조용함이여, 그 어떤 의도조차 없으니, 갓난아이의 방글거림도 없는 것 같다."

위천하계, 상덕불리, 복귀어영아.(爲天下谿, 常德不離, 復歸於嬰兒 - 제28장 참조.

"천하의 시내가 되면, 늘 덕이 떠나지 않으니, 다시 젖먹이로 되돌아간다."

젖을 빠는 아기들을 예수가 보았다. 예수가 제자들에게 젖을 빠는 이 아기들은 왕국에 들어가는 사람들과 같다.라고 말했다. 그러자 제자들이 예수에게 그러면 우리가 어린아이가 되어 왕국에 들어갈 것입니까?라고 물었다. 예수가 제자들에게 너희가 들을 하나로 만들 때 안을 바깥처럼, 바깥을 안처럼, 위를 아래처럼 만들 때, 그리고 남자와 여자를 똑같이 하나로 만들어 남자가, 남자가 아니고, 여자가, 여자가 아니게 할 때, 눈 대신에 눈을, 손 대신에 손을, 발 대신에 발을, 비슷한 것 대신에 비슷한 것을 만들어 낼 때, 비로소 왕국에 들어갈 것이다."고 말했다.(도마복음 말씀 22)

이것이 옳게 삶을 다스리는 자(善攝生者)의 생활방식이라고 노자가 대체로 들어온(蓋聞) 것이다. 이런 성인의 삶이라고 "코뿔소와 호랑이를 만나지 않고, 그 뿔이 찌를 곳이 없고, 발톱이 해칠 곳이 없으며, 군대에 들어가도 찌르는 무기에 당하지 않고, 적병이 칼을 쓸 곳이 없을 것인가?"

이런 동화 같은 상황이 3차원 물질세계에서 일어날 수 있는 일일까?

적병의 칼은 논외로 하더라도, 깨달은 사람은 이미 코뿔소와 호랑이와 하나가 되었으므로 호랑이와 코뿔소가 자신을 죽일 수 없는 것이리라! 오병이어(五餅二魚)의 기적에 대하여 어찌 생각하는지에 따라 해석이 달라질 수 있다. 속 사람으로 깨어난 사람의 차원 상승을 설명하고 있음을 알게 된다.

이 삼차원의 세계에서 평등하게 된다는 것은 연목구어(緣木求魚)이다. 싯달타와 예수가 이 지구에 온 지 이천 년이 넘었지만, 불평등은 더욱 심화(深化)되었을 뿐이다. 인간의 욕심이 불평등을 극대화하고 있다. 인간의 끝없는 욕심 때문에, 자유민주주의 이름으로 자본주의는 성행하고, 평등을 외치는 공산주의가 오래 지속되지 못하는 것은 이 역시 권력자들이 욕심으로 다스리기 때문이다. 지구상 전쟁의 근원도 인간의 욕심으로 점철된 것임이 분명하다. 그러나 불평등 홀로만 존재할 수 없고 평등을 함유(含有)하는 불평등이다. 마치 보이지 않는 혼돈(混沌-道-太極-Chaos)이 질서(秩序-名-三太極-Cosmos)의 세계를 이미 함유하는 것과 같다. 그러므로 언젠가 지구의 차원상승으로 평등이 실현될 것을 기대하여 본다. 어쩌면 이 우주의 다른 편에서는 고차원(高次元)의 세계가 있어 이미 평등을 이루면서 살아가는 종족이 있을지도 모른다.

　　陸行不遇兕虎,(육행불우시호)
　　入軍不被甲兵。(입군불피갑병)
　　兕無所投其角,(시무소투기각)
　　虎無所措其爪,(호무소조기조)
　　兵無所用其刃。(병무소용기인)

성경은 깨달은 자들의 고차원 세계가 이렇게 될 것이라고 표현하였다.

그 때에 이리가 어린 양과 함께 거하며 표범이 어린 염소와 함께 누우며 송아지와 어린 사자와 살찐 짐승이 함께 있어 어린아이에게 끌리며 암소와 곰이 함께 먹으며 그 것들의 새끼가 함께 엎드리며 사자가 소처럼 풀을 먹을 것이며 젖 먹는 아이가 독사의 구멍에서 장난하며 젖뗸 어린아이가 독사의 굴에 손을 넣을 것이라 나의 거룩한 산 모든 곳에서 해됨도 없고 상함도 없을 것이니 이는 물이 바다를 덮음같이 여호와를 아는 지식이 세상에 충만할 것임이니라.(이사야 11:6~9)

성경 이사야서와 같은 내용이 도덕경(道德經) 제55장에 있다.

함덕지후, 비어적자.(含德之厚, 比於赤子) - 제55장 참조.

"덕을 두텁게 품은 사람은, 갓난아이에 비교할 수 있다."

봉채훼사불석, 맹수불거, 확조불박.(蜂蠆虺蛇不螫, 猛獸不據, 攫鳥不搏)

"벌과 전갈과 살무사와 긴 뱀도 쏘지 않고, 사나운 짐승도 누르지 않으며, 움키는 새도 잡아채지 않는다."

夫何故?(부하고?)
以其無死地。(이기무사지)

"코뿔소와 호랑이를 만나지 않고, 그 뿔이 찌를 곳이 없고, 발톱이 해칠 곳이 없으며, 군대에 들어가도 찌르는 무기에 당하지 않고, 적병이 칼을 쓸 곳이 없는." 이유가 그에게는 죽음의 자리가 없다는 것이다. 죽음과 삶이 이미 둘이 아님(不二)을 깨달은 사람에게는 죽음의 자리가 있을 수 없지만, 몸이 있는 동안 그 고통이 너무 크다. 그러나 고통이 몸처럼 귀한 것은 그 괴로움 없이 깨달을 방법이 없다는 것이다.

하위귀대환약신? (何謂貴大患若身?) - 제13장 참조.

"어찌하여 큰 괴로움이 내 몸과 같이 귀하다 일컫는가?"

오소이유대환자, 위오유신.(吾所以有大患者, 爲吾有身)

"우리가 크게 괴로운 것이 있는 까닭은, 우리에게 내 몸이 있는 인연이다."

(살아 있기 때문이다)

급오무신, 오유하환? (及吾無身, 吾有何患?)

"우리에게 몸이 없기에 이르면(죽으면), 우리에게 어찌 괴로움이 있겠는가?"

이미 죽음의 자리가 있지 않다는 것을 깨달은 예수는 십자가에 스스로 달렸다. 십자가 위에서 '다 이루었다'라고 하신 말씀이 이 뭐꼬(夫何故)의 확실한 대답이 될 것이며, 이보다 공수신퇴(功遂身退)와 공성이불거(功成而不居)의 역할을 잘 할 수 있겠는가? 그러므로 예수는 신퇴(身退)를 했을지라도 죽은 것이 아니다. 이것이 부활이고 새로운 시작이다.

예수께서 신 포도주를 받으신 후 가라사대 다 이루었다 하시고 머리를 숙이시고 영혼이 돌아가시니라.(요한복음 19:30)

이 뭐꼬? 선섭생자(善攝生者)인 하나님의 십일조는 죽음의 자리가 없다는 것을 안다. 우리 보통 사람들에게도 죽음의 자리는 없지만, 깨닫지 못하고 살기 때문에 이 세상의 삶에 대한 미련을 버리지 못하고 죽기 싫어할 뿐이다.

제 51장

道生之, 德畜之.(도생지, 덕축지) (生之畜之) - 제10장 참조
도는(道) 낳게(生-産) 하고(之-用), 덕은(德) 기르게(畜-養) 하고(之-用),
物形之, 勢成之.(물형지, 세성지)
만물은(物) 형상을(形-體) 이용하여(之-用),
(세상의) 흐름을(勢-趨勢) 이루게(成-就) 한다(之-用).
是以萬物莫不存道而貴德.(시이만물막부존도이귀덕)
그런(是) 까닭에(以-因) 도를(道) 높이(存-省) 여기면서(而) 덕을(德) 귀히 여
기지(貴) 않는(不) 만물은(萬物) 없다(莫).
道之尊, 德之貴,(도지존, 덕지귀)
도(道)의(之) 높음과(尊-高), 덕(德)의(之) 귀함은(貴),
夫莫之命而常自然.(부막지명이상자연)
(어떤) 규정을(命-規定) 씀이(之-用) 없이(莫-無)도(而)
언제나(常) 스스로(自) 그러하기(然) 때문이구나(夫)!
故道生之, 德畜之,(고도생지, 덕축지)
고로(故) 도는(道) 낳게(生-産) 하고(之), 덕은(德) 기르게(畜-養) 하고(之),
長之, 育之,(장지, 육지)
키우게(長-養) 하고(之), 자라게(育-育成) 하고(之),
亭之, 毒之,(정지, 독지)
고르게(亭-調) 하고(之), 독하게도(毒-惡) 하고(之),
養之, 覆之.(양지, 복지)
취하기도(養-取) 하고(之), 넘어지게도(覆-倒) 한다(之).
生而不有, 爲而不恃,(생이불유, 위이불시) - 제2, 10, 77장 참조
(道는) 낳았을(生-産) 뿐(而) 소유하지(有-所持) 않으며(不),
할(爲-造) 뿐(而) 주장하지(恃-主張) 않고(不).
長而不宰.(장이부재) - 제10장 참조
키울(長-養) 뿐(而) 지배하지(宰-治) 않는다(不).
是謂玄德.(시위현덕) - 제10, 65장 참조
이를(是-此) 일러(謂-稱) 현묘한(玄-理之妙) 덕이라(德-惠) 한다,

- 제 51장 풀이 -

제51장이 道와 德으로 시작하므로 덕경(德經)의 시작인 제38장이 생각난다. 덕에 대한 해석은 제38장에 구절구절 풀이하였다. 제10, 38장과 제65장에 나오는 시위현덕(是謂玄德)의 주체는 성인이다. 제51장에서의 시위현덕의 주체는 道이며 德은 道의 용(用)이다. 도(道) = 덕(德 : 上德과 下德으로 분리 불가함). 제38장에서 상덕(上德)과 하덕(下德)으로 분리할 수 있었던 이유는 덕을 행하는 주체가 성인이었던 까닭이다. - 제38장 참조

道之尊, 德之貴,(도지존, 덕지귀)
夫莫之命而常自然。(부막지명이상자연)

道가 높고 德이 귀중함은 스스로 그러하기 때문이다. 누구(上帝)의 명령으로 나타난 천지가 아니라 스스로 그러한 하나님의 천지이기 때문에 더욱 빛이 나는 것이다. 스스로 그러함(自然)은 태극(太極-道)의 원인이며, 속사람인 영(靈)의 하나님이지, 인간 욕망의 대상이며 귀신 귀(鬼) 字가 붙어, 이미 둘로 나누어진 혼백(魂魄-陰陽)인 겉사람의 귀신이 아니다. 이 귀신은 상하가 있고 귀천이 있으므로 명령하고 속박한다.

만약 인공지능(AI)과 유전자 조작으로 변형된 인간이 월등한 능력을 지닌다고 하여도 사람의 조작(造作)으로 만들어졌으므로 누군가에 의하여 조작(操作)될 것이다. 이렇게 조정하는 자가 아름다움만 추구하는 루시퍼이고(겔28:13~19 참조), 겉사람의 귀신이다. 스스로 그러한 5차원 상승이 아니라면 인류는 하고자 함(欲)에서 벗어날 수 없다.

도덕경이 추구하는 道는 스스로 그러함에 의하여 공수신퇴(功遂身退-제9장 참조)하는 것이다. 옛 에덴의 동산에서 이 귀신의 농간으로 쫓겨난 우리는 다시 들어가려고 3차원 물질세계의 불평등과 차별 속에서 고통을 당하며 살고 있지만, 이 고통은 무극으로의 복귀(復歸於無極-제28장 참조)를 위하여 당연히 필요한 것이므로 죽음의 고통을 두려워하면서 살 이유가 없다. 이미 누구에게도 죽음의 자리는 없고(以其無死地-제50장 참조), 늘(常) 새로운 시작인 부활이 있을 뿐이다.

예수께서 가라사대 나는 부활이요 생명이니 나를 믿는 자는 죽어도 살겠고 무릇 살아서 나를 믿는 자는 영원히 죽지 아니하리니 이것을 네가 믿느냐(요한복음

11:25~26).

道生之, 德畜之 ⇒ 長之, 育之 ⇒ 亭之, 毒之 ⇒ 養之, 覆之 ⇒ 生而不有, 爲而不恃 ⇒ 長而不宰 ⇒ 是謂玄德。

이러한 일련의 현상들은 道의 스스로 그러한 현묘(玄-理之妙)한 德이다.

영혼(靈魂)이 가장 하고자 하는 깨달음마저도 내가 하려고 하지 말고 스스로 그러함에 맡기면 된다.

고상무욕이관기묘 (故常無欲以觀其妙) - 제1장 참조.

"그러므로 늘 하고자 함이 없으면 그(천지지시의) 신비함이 보이는 까닭이고,"

제 52장

天下有始, 以爲天下母.(천하유시, 이위천하모) - 제25장 참조
세상 만물의(天下-三太極) 시작이(始-太極) 있어서(有)(始) 이로써(以-因) 세
상 만물의(天下-三太極) 어미가(母-天地-兩極) 생겼다(爲-成).

旣得其母, 以知其子.(기득기모, 이지기자)
이미(旣-已) 그(其) 어미가(母-天地-兩極) 분명하므로(得-分明),
(母) 이로써(以-因) 그(其) 아들을(子-天下-三太極) 알게 된다(知-識).

旣知其子, 復守其母,(기지기자, 부수기모)
이미(旣-已) 그(其-母) 아들을(子-天下-三太極) 알았으므로(知-識),
다시(復-重) 그(其-天下-三太極) 어미를(母-天地) 지키면(守-護也勿失),

沒身不殆.(몰신불태). - 제16장 참조
(늘 떳떳하므로) 몸이(身) 없어져도(沒-死) 두렵지(殆-懼) 않다(不).

塞其兌, 閉其門,(색기태, 폐기문) - 제56장 참조
(바라는 것의) 그(其) 통하는 곳을(兌-通) 막고(塞-塡),
그(其) 문을(門-口) 닫으면(閉-闔),

終身不勤.(종신불근)
몸이(身-躬) 다하도록(終-窮) 수고하지(勤-勞) 않는다(不).

開其兌, 濟其事,(개기태, 제기사)
(바라는 것의) 그(其) 통하는 곳을(兌-通) 열고(開-闢),
그(其) 일을(事) 구하면(濟-救),

終身不救.(종신불구)
몸이(身-躬) 다하도록(終-窮) 건지지(救-拯) 못한다(不).

見小曰明, 守柔曰强.(견소왈명, 수유왈강)
(갓난아이의) 미세함이(小-細) 보이면(見-視) 일컬어서(曰) 깨달음이라(明-曉)
하고, 부드러움을(柔-順) 지키면(守) 일컬어서(曰) 성하다고(强-盛) 한다.

用其光, 復歸其明, 無遺身殃.(용기광, 복귀기명, 무유신앙)
그(其) (갓난아이의) 기운을(光-勢) 시행하고(用-施行),
그(其) 깨달음으로(明-曉) 다시(復-再) 돌아온다면(歸-還),
몸이(身-躬) 재앙을(殃-禍) 더하지(遺-加) 않는다(無-不).

是爲習常。(시위습상)
이에(是-接續詞) 늘 그러함을(常-恒久) 거듭(習-重) 이루는 것이다(爲-成).

- 제 52장 풀이 -

제51장은 道의 德을 전하는 장이었고, 제52장은 제1장의 천지지시(天地之
始)를 다시 복습하게 한다,

天下有始, 以爲天下母。(천하유시, 이위천하모) - 제25장 참조
제1장의 始와 母의 의미를 다시 설명하고 있다.
무명, 천지지시.(無名, 天地之始) - 제1장 참조.
"이름 없음은 천지(天地-兩極)의 처음이고(始-初-太極),"
유명, 만물지모.(有名, 萬物之母)
"이름 있음은 만물(萬物-三太極)의 어미라(母-天地-兩極) 한다."
도(道-太極)를 세상 만물의 어미라 부르는 이유를 제25장에서 전하고 있다.
주행이불태, 가이위천하모.(周行而不殆, 可以爲天下母) - 제25장 참조
"두루 쓰되 피곤치 않으니. 마땅히 이로써 세상(天下)의 어미(母)라 부른다."
오부지기명, 자지왈도(吾不知其名, 字之曰道),
"우리는 그 이름을 알지 못하네, 곁붙은 이름을 사용하여 도(道)라 이른다."

旣得其母, 以知其子。(기득기모, 이지기자)
旣知其子, 復守其母,(기지기자, 부수기모)
沒身不殆。(몰신불태) - 제16장 참조
이미 어미(母-天地)를 알았으므로 그 아들(天下-三太極)을 아는 것은 당연하
고, 이미 그 세상 만물인 아들(天下-三太極)을 알았으므로 그 어미(母-天地)의
섭리를 계속하여 지킨다면, 죽어도 두렵지 않다. 제50장에서 전술한 바와 같이
죽음의 자리가 없기 때문이다.
이기무사지.(以其無死地) - 제50장 참조.
"(善攝生者) 그에게는 죽음의 자리가 없기 때문이다."

塞其兌, 閉其門,(색기태, 폐기문) - 제56장 참조.
終身不勤.(종신불근)

하고자 하는 마음(欲心)이 통하는 곳을 막고, 문을 닫으면, 몸이 수고하지 않아도 되는 이유는 천지지시(天地之始-道-太極)의 신비함을 보게 되었기 때문이다.

고상무욕이관기묘(故常無欲以觀其妙) - 제1장 참조.
"그러므로 늘 하고자 함이 없으면 그(천지지시의) 신비함이 보이는 까닭이고,"

開其兌, 濟其事,(개기태, 제기사)
終身不救.(종신불구)

하고자 하는 마음(欲心)이 통하는 곳을 열어두고, 그 일을 구해 보았자, 몸이 헛수고만 하는 이유는 세상 만물(三太極)의 변두리만 보았기 때문이다.

상유욕이관기요.(常有欲以觀其徼) - 제1장 참조.
"늘 하고자 함이 있으면 그(만물의) 변방만이 보이는 까닭이다."

見小曰明, 守柔曰强.(견소왈명, 수유왈강)
用其光, 復歸其明, 無遺身殃.(용기광, 복귀기명, 무유신앙)
是爲習常.(시위습상)

갓난아이(嬰兒-靈)의 미세함(小-細)이 보이면(見) 깨달은 것이요, 부드러움을(柔-順) 지키면(守) 생명이 왕성(强-旺盛)해지는 것이며, 그 어린아이의 미세한 기운(光-勢)을 시행하고(用-施行) 깨달음으로 늘 다시 돌아오면(復歸其明), 몸이 재앙을 남기지 않는다(無遺身殃). 어린아이의 미세함이 보인다는(見小曰明) 것은 道의 속성을 안다는 의미다.

시위미명.(是謂微明) - 제36장 참조.
"이를 희미함과(微-匿) 밝음이라 일컫는다(明)."

부드러움을 지키면 생명이 성하여진다는(守柔曰强) 것은 부드럽고 나약한 것이 단단하고 굳센 것을 이기고 번성함을(强-盛) 이른다.

유약승강강.(柔弱勝剛强) - 제36장 참조.
"부드럽고(柔) 나약한 것이(弱) 단단하고 굳센 것을 이긴다."

그 갓난아이의 기운을 시행한다(用其光)는 것은 연약한 것이 도(道)의 쓰임이라는 의미와 같다. 道의 용(用)인 연약함이 德인 것이다.

약자, 도지용.(弱者, 道之用) - 제40장 참조.

"연약한 것이 도의 쓰임이다."

몸이 재앙을 남기지 않음(無遺身殃)은 몸이 없어져도 두렵지 않다(沒身不殆)는 의미와 같고, 늘 그러함을 거듭하여 이룬다(是爲習常)는 것은 깨달음으로 늘 다시 돌아온다(復歸其明)는 의미다.

道의 동(動)은 늘 그러함을 거듭(習常)하여 이룬다.

반자, 도지동(反者, 道之動) - 제40장 참조.

"되돌아오는 것이 도의 움직임이다."

그러므로 도를 깨달은 사람은 사나, 죽으나 매일반이니 몸이 수고롭지 않고(終身不勤), 두렵지 않다(沒身不殆)는 뜻으로 죽음의 자리가 없다는 의미다.

아버지께 대답하여 가로되 내가 여러 해 아버지를 섬겨 명을 어김이 없거늘 내게는 염소 새끼라도 주어 나와 내 벗으로 즐기게 하신 일이 없더니 아버지의 살림을 기와 함께 먹어버린 이 아들이 돌아오매 이를 위하여 살진 송아지를 잡으셨나이다 아버지가 이르되 얘 너는 항상 나와 함께 있으니 내 것이 다 네 것이로되 이 네 동생은 죽었다가 살았으며 내가 잃었다가 얻었기로 우리가 즐거워하고 기뻐하는 것이 마땅하다 하니라.(눅 15:29~32).

하나님(道)의 섭리는 탕자와 맏아들의 행동이 다르다 하여도 그 깨달음으로 다시 돌아올 수 있도록(復歸其明) 늘 그러함을 거듭하여 이루는 것이다(是爲習常). 오늘 깨달은 자(其明)는 복귀(復歸)하고, 아직 깨닫지 못한 자는 탕자의 고난이 거듭하여 일어날(習常) 것이다. 고로 지금이냐? 아직이냐? 의 차이만 있을 뿐이지 너와 나의 죽음의 자리는 없다. 그 둘은 같은 것인데 나오고 나서 이름이 달라졌기 때문이다.(此兩者同, 出而異名-제1장 참조) 예수와 노자의 말씀이 귀한 것은, 스스로 그러할 뿐이지 어떤 규정을 정하여 상벌을 논하지 않으므로 탕자에게 벌(罰)을 주지도 않을 뿐 아니라 맏아들에게 상(賞)을 주지도 않았다. 아무도 버리지 않기 때문이다. 밥 때문에 바꾸어 놓은 종교적 교리에 상벌이 존재할 뿐이다.

부막지명이상자연.(夫莫之命而常自然) - 제51장 참조.

"(어떤) 규정을(命-規定) 씀이 없이도 언제나 스스로 그러하기 때문이구나!"

제 53장

使我介然有知,(사아개연유지)

가령(使-假定辭) 내가(我) 조금(介-少)이나마(然-斷定) 깨달음을(知-覺) 얻어(有-得),

行於大道, 唯施是畏。(행어대도, 유시시외)

큰(大) 도를(道) 따라(於) 행한다면(行), 오직(唯) (知와 行을) 함부로 베푸는(施-誇設) 이것을(是-此) 두려워한다(畏-懼).

大道甚夷, 而民好徑。(대도심이, 이민호경)

큰(大) 도는(道) 매우(甚-尤) 평평(夷-平)한데도(而), 사람들은(民) (오히려) 작은 길을(徑-小路-논두렁길) 서로 좋아한다(好-相善).

朝甚除,(조심제)

조정은(朝-朝廷) (뽐내며) 매우(甚-尤) 정돈되었지만(除-整頓),

田甚蕪,(전심무)

(백성들의) 밭은(田-耕地) 더욱(甚-尤) 황폐하고(蕪-荒),

倉甚虛。(창심허)

곳간은(倉-穀藏) 몹시(甚-尤) 비어있다(虛-空).

服文綵, 帶利劍,(복문채, 대리검)

옷은(服-衣) 채색(文-彩色) 비단에(綵-緋緞), 날카로운(銛-利) 검을(劍) 차고(帶-佩),

厭飲食, 財貨有餘。(염음식, 재화유여)

마시고(飲) 먹기를(食-茹) 물리도록 하며(厭),

재물과(財) 돈이(貨-貨幣) 남도록(餘-饒) 있다(有).

是謂盜夸。非道也哉?(시위도과. 비도야재!)

이를(是-此) 일컬어(謂-稱) 도적들의(盜-盜賊) 사치라 한다(夸-奢).

도에(道) 어긋나는(非-違) 것이라(也) 아니하겠느냐(哉-疑辭)?

- 제 53장 풀이 -

이 장(章)은 마치 제20장처럼 노자가 道를 대하는 두려운 마음을 전하면서, 넓고 평평하여 어디로도 갈 수 있는 道를 버리고 물질세계의 작은 논두렁 길 (徑-小路)을 따라가는 세상 사람들에게 안타까운 마음을 전하고 있다. 일단 논두렁 길에 들어서면 그 길을 벗어날 때까지 넓고 평평한 길(道)을 만날 수 없다.

使我介然有知,(사아개연유지)
行於大道, 唯施是畏。(행어대도, 유시시외)

노자는 겸손하게 "내가 조금이나마 깨달음을 얻어서 도를 행하며 살고 있다 하더라도, 이 道의 깨달음(知)과 행(行)하는 것을 누구에게나 함부로 베풀고 (施) 전하는 것이 두렵다"고 한다. 道의 모습이 아래와 같으므로 못난 선비는 크게 웃을 수밖에 없기 때문이다.

豫焉, 猶兮, 儼兮, 渙兮, 敦兮, 曠兮, 混兮. - 제15장 참조

"하늘의 道를 아는 사람의 생활은 갓난아이의 방글거림도 없고, 돌아갈 곳조차 없고, 잃어버린 것 같고, 사리에 어둡고, 흐리고 어리석고, 민망하게 사리에 어둡고, 바람(고난)이 그침이 없고, 천덕꾸러기처럼 무딘 생활을 할 수밖에 없다." - 제20장 참조

하사문도, 대소지.(下士聞道, 大笑之) - 제41장 참조

"못난 선비는 도를 듣고, 뽐내면서 도를 비웃는다."

大道甚夷, 而民好徑。(대도심이, 이민호경)

큰 道는 한없이 평평하여 왼쪽으로도 갈 수 있고 오른쪽으로도 갈 수 있으며 멍에는 쉽고 짐은 가벼워 쉴 수 있는 하나님의 길이지만, 세상 사람들은 이를 이해하지 못하고 우선 가기 편한 길만 좇는다.

대도범혜, 기가좌우.(大道氾兮, 其可左右) - 제34장 참조

"큰 도는 넘치는 물과 같구나! 그래서 능히 왼쪽으로도 오른쪽으로도 간다."

수고하고 무거운 짐 진 자들아 다 내게로 오라 내가 너희를 쉬게 하리라 나는 마음이 온유하고 겸손하니 나의 멍에를 메고 내게 배우라 그러면 너희 마음이 쉼을 얻으리니 이는 내 멍에는 쉽고 내 짐은 가벼움이라 하시니라.(마태복음 11:28~30)

이민호경(而民好徑)의 수신자는 가기 편한 길(徑-小路-논두렁 길)만 서로 좋아하여(好-相善) 가렴주구(苛斂誅求)를 마다하지 않고 사는 권력자들과 부자들

이다. 道와 名이 둘이 아니고(不二) 하나일진대 불공평과 불평등을 당해보지 않고는 깨달음에 도달할 수 없음을 도덕경의 독자들은 이해하고 있다. 권력자들과 부자들 역시 불공평과 불평등을 번갈아 당하면서 언젠가는 평평한 큰길을 만날 것이다. 왜냐하면, 道는 만물 모두를 사랑으로 키우기 때문이다.

생지축지, 생이불유(生之畜之, 生而不有) - 제2, 10, 51장 참조.

"(道는) 낳게 하고, 기르게 하고, 낳았을 뿐 소유하지 않으며,"

위이불시, 장이부재.(爲而不恃, 長而不宰) - 제10, 51장 참조.

(道는) 할 뿐 주장하지 않고, 키울 뿐 지배하지 않는다.

朝甚除,(조심제)

田甚蕪,(전심무)

倉甚虛。(창심허)

服文綵, 帶利劍,(복문채, 대리검)

厭飮食, 財貨有餘。(염음식, 재화유여)

아니나 다를까? 통치자와 부자들은 욕심 때문에 넓고 훤한 큰길(大道)을 버리고 언제나 가기 편한 소로(徑-小路)를 택하여 다닌다. 금과 옥이 집에 가득한(金玉滿堂) 부자와 지위가 높다고 교만한(富貴而驕) 통치자들의 경우를 표현한 제9장을 재차 언급하고 있다. 그들의 행위는 道가 아니므로 먼저 버려질 것이지만, 자본 민주화를 내세우며 번성하고 있다.

부도조이.(不道早已) - 제30, 55장 참조.

"도가 아닌 것은 먼저 버려진다."

是謂盜夸。非道也哉?(시위도과, 비도야재?)

노자의 뜻은 통치자와 부자들에게 "너희는 도둑놈들이야(是謂盜夸)" "하늘이 무섭지 않니(非道也哉)"라고 외치는 것이다. 예수께서 바리새인들과 율법사들에게 했던 것과 같은 맥락이다.

뱀들아 독사의 새끼들아, 너희가 어떻게 지옥의 판결을 피하겠느냐.(마태복음 23:33)

제 54장

善建者不拔,(선건자불발)

(上德을) 잘(善-良) 심은(建-樹) 사람은(者) 뽑힐 수(拔-抽) 없고(不),

善抱者不脫。(선포자불탈)

(上德을) 잘(善-良) 품은(抱-懷持) 사람은(者) 풀릴 수(脫-物自解) 없다(不).

子孫以祭祀不輟。(자손이제사불철)

자손이(子孫) (德) 이를 근거로(以-根據) 그치지(輟-止) 않고(不) 제사를 지낸다(祭祀).

修之於身, 其德乃眞,(수지어신, 기덕내진)

이것으로(之-此) 몸(身-自身)을(於) 닦으면(修-飭),

그(其) 덕이(德) 곧(乃-卽) 참되어지고(眞-實),

修之於家, 其德乃餘,(수지어가, 기덕내여)

이것으로(之-此) 집안(家-一族)을(於) 닦으면(修-飭),

그(其) 덕이(德) 곧(乃-卽) 넉넉해지고(餘-饒),

修之於鄕, 其德乃長,(수지어향, 기덕내장)

이것으로(之-此) 마을(鄕)을(於) 닦으면(修-飭),

그(其) 덕이(德) 곧(乃-卽) 오래가고(長-久),

修之於國, 其德乃豊,(수지어국, 기덕내풍)

이것으로(之-此) 나라(國-邦)를(於) 닦으면(修-飭),

그(其) 덕이(德) 곧(乃-卽) 두터워지고(豊-厚),

修之於天下, 其德乃普。(수지어천하, 기덕내보)

이것으로(之-此) 세상 만물(天下)을(於) 닦으면(修-飭),

그(其) 덕이(德) 곧(乃-卽) 널리 미친다(普-博).

故以身觀身, 以家觀家,(고이신관신, 이가관가)

고로(故) 몸(身)으로써(以) 몸이(身) 보이고(觀-示),

집안(家-一族)으로써(以) 집안이(家-一族) 보이고(觀-示),

以鄕觀鄕, 以國觀國,(이향관향, 이국관국)

마을(鄕-地區)로써(以) 마을이(鄕-地區) 보이고(觀-示),

나라(國-邦)로써(以) 나라가(國-邦) 보이고(觀-示),

以天下觀天下。(이천하관천하)

세상 만물(天下)로써(以) 세상 만물이(天下) 보인다(觀-示).

吾何以知天下然哉?(오하이지천하연재) - 제21, 57장 참조

내가(吾) 무엇을(何) 근거로(以-根據) 세상 만물이(天下) 그러함을(然) 비로소(哉-始) 알았겠는가(知)?

以此。(이차) - 제21, 57장 참조

(本元-道) 이것(此)으로써 이다(以).

- 제 54장 풀이 -

노자는 제53장에서 통치자와 부자들에게 점잖게 물었다.

시위도과, 비도야재.(是謂盜夸, 非道也哉)

"이를 일컬어 도적들의 사치이며 ,도에 어긋나는 것이라 아니하겠느냐"

그러므로 제54장은 재앙이 없는 사회를 위하여 도둑놈들에게 德을 강조하고 있다. 이 德은 제38장의 상덕(上德)과 하덕(下德)의 설명을 보면 알 수 있다. 道의 용(用)인 德은 상덕과 하덕으로 나눌 수 없지만, 사람의 덕은 상덕과 하덕으로 나누고 있음을 이미 알고 있다. 그러므로 제54장은 사람이 道를 따라서 할 수 있는 큰 덕을(上德) 지칭하고 있다.

공덕지용, 유도시종.(孔德之容, 惟道是從) - 제21장 참조.

"큰 덕의 쓰임은, 오직 도를 따를 뿐이다."

善建者不拔,(선건자불발)

善抱者不脫。(선포자불탈)

子孫以祭祀不輟。(자손이제사불철)

덕을 잘 심으면(善建) 뽑힐 수 없고(不拔), 덕을 잘 품으면(善抱) 풀릴 수 없다(不脫). 이 뜻은 상덕(上德)을 세우면 스스로 그러함(自然)의 섭리에서 뽑히지 않으며, 풀어지지 않는다는 것이다. 그러므로 그 생명이 죽을 자리가 없는 까닭(以其無死地-제50장 참조)에 영원히 살아서 후대에도 그 생명의 새로운 시작(復活)이 유지된다는 의미다. 한낱 피붙이 자손들의 제사가 계속된다는 뜻으로 해석한다면 노자의 道를 안다고 할 수 없다.

修之於身, 其德乃眞,(수지어신, 기덕내진)

修之於家, 其德乃餘,(수지어가, 기덕내여)

修之於鄕, 其德乃長,(수지어향, 기덕내장)

修之於國, 其德乃豊,(수지어국, 기덕내풍)

修之於天下, 其德乃普。(수지어천하, 기덕내보)

이것(德)으로(之-此), 몸(身) ⇒ 집안(家) ⇒ 마을(鄕) ⇒ 나라(國) ⇒ 세상 만물(天下)을 德으로 닦으면(修-飭), 참되어지고(眞-實) ⇒ 넉넉해지고(餘-饒) ⇒ 오래가고(長-久) ⇒ 두터워지고(豊-厚) ⇒ 널리 미침으로(普-博)

세상 만물에 德으로 나타난다. 이를 알아도 닦지(修-飭) 않는다면 주초(柱礎)가 없는 집을 짓는 결과가 될 것이라고 성경은 가르치고 있다.

그러므로 누구든지 나의 이 말을 듣고 행하는 자는 그 집을 반석 위에 지은 지혜로운 사람 같으리니 비가 내리고 창수가 나고 바람이 불어 그 집에 부딪히되 무너지지 아니하나니 이는 주초를 반석 위에 놓은 연고요 나의 이 말을 듣고 행치 아니하는 자는 그 집을 모래 위에 지은 어리석은 사람 같으리니 비가 내리고 창수가 나고 바람이 불어 그 집에 부딪히매 무너져 그 무너짐이 심하니라.(마태복음7:24~27)

故以身觀身, 以家觀家,(고이신관신, 이가관가)

以鄕觀鄕, 以國觀國,(이향관향, 이국관국)

以天下觀天下。(이천하관천하)

고로 德으로써 다스리면(修理) 신(身) ⇒ 가(家) ⇒ 향(鄕) ⇒ 국(國) ⇒ 천하(天下)가 있는 그대로의 스스로 그러함(自然-道)이 보인다(觀). 즉 몸으로 몸을, 집안으로 집안을, 마을로 마을을, 나라로 나라를, 세상 만물로 세상 만물을 본다는 의미는 물아일체(物我一體)를 깨달은 경지임을 알 수 있다. 몸으로 영화를 보지 않으며, 가문의 영광을 생각지 않으며, 세상 만물이 나의 바라는 것으로 보이지 않고, 오직 사랑으로 보이면, 스스로 그러한 하나님과 하나가 될 수 있음을 예수도 말씀하고 있다.

아버지께서 내 안에, 내가 아버지 안에 있는 것같이 저희도 다 하나가 되어 우리 안에 있게 하사 세상으로 아버지께서 나를 보내신 것을 믿게 하옵소서 내게 주신 영광을 내가 저희에게 주었사오니 이는 우리가 하나가 된 것같이 저희도 하나가 되게 하려 함이니이다 곧 내가 저희 안에, 아버지께서 내 안에 계셔 저희로 온전함을 이루어 하나가 되게 하려 함은 아버지께서 나를 보내신 것과 또 나를 사랑하심 같이 저희도 사랑하신 것을 세상으로 알게 하려 함이로소이다.(요한복음 17:21~23)

吾何以知天下然哉?(오하이지천하연재) - 제21, 57장 참조.

以此。(이차) - 제21, 57장 참조.

내게 어찌 스스로 그러함(自然-道)이 보였을까? 이것 때문이다(以此). 노자는 이것이 나눌 수 없는 道의 용(用)인 德이 아니고, 상덕(上德), 하덕(下德)으로 나눌 수 있는 사람의 덕일지라도, 道를 따르는 상덕(上德)으로 말미암은 것이라고, 일관되게 설명한다. 이것 때문(以此)이라고 제57장에서도 설명한다.

이무사취천하(以無事取天下) - 제57장 참조.

"일을 (꾸며서) 하지 않음으로써 세상 만물을 취한다."

그러므로 德으로써 세상을 바라보는 성인은 집을 나가거나, 엿보지 않아도 하늘의 도가 보이므로 觀身, 觀家, 觀鄕, 觀國, 觀天下를 할 수 있는 것이다.

불출호, 지천하, 불규유, 견천도 (不出戶, 知天下, 不窺牖, 見天道) - 제47장 참조.

"집을 나가지 않아도, 세상을 깨닫고, 들창으로 엿보지 않아도, 하늘의 도를 본다."

노자가 제53장에서 통치자와 부자들을 향하여 시쳇말로 "너희는 도둑놈들이야(是謂盜夸)" "하늘이 무섭지 않니(非道也哉)"라고 했던 그들에게 德에 대하여 설명한다. 개인(身)으로부터 가족(家), 마을(鄕), 국가(國), 천하(天下)에 이르기까지 각자의 분수에 맞는 德이 있음을 설명하지만, 그들에게 강요하지 않고 마무리한다. 노자는 오직, 내가 세상 만물이 그러함을 아는 이유가 이것(以此-本元-道) 때문이라고만 하고 있을 뿐이다.

제 55장

含德之厚, 比於赤子。(함덕지후, 비어적자)
덕(德)을(之) 두텁게(厚-不薄) 품은 사람은(含-銜),
갓난아이에(赤) 비교할 수(比-較) 있다(於).

蜂蠆虺蛇不螫,(봉채훼사불석)
벌과(蜂) 전갈과(蠆) 살무사와(虺) 긴 뱀도(蛇) 쏘지(螫-怒) 않고(不),

猛獸不據(맹수불거)
사나운(猛-勇) 짐승도(獸) 누르지(據-按) 않으며(不),

攫鳥不搏。(확조불박)
움키는(攫) 새도(鳥) 잡아채지(搏-捕) 않는다(不).

骨弱筋柔而握固,(골약근유이악고)
뼈도(骨) 약하고(弱) 힘줄도(筋) 연약(柔-耎弱)하되(而) 움켜쥐는(握-掌) 힘이
세고(固-强),

未知牝牡之合而全作, 精之至也。(미지빈모지합이전작, 정지지야)
암수의(牝牡-雌雄) 교합은(合-性交) 아직(未) 알지(知-識) 못하되(而) (어린애
자지가峻) 순전히(全-純) 발끈 섬은(作-興起), 정기(精氣)의(之) 지극함(至極)이
로구나(也)!

終日號而不嗄, 和之至也。(종일호이불사, 화지지야)
종일토록(終日) 엉엉 울어(號-大哭)도(而) 목이 잠기지(嗄-聲變) 않으니(不),
조화(和-諧)의(之) 지극(至極)함이로구나(也)!

知和曰常, 知常曰明,(지화왈상, 지상왈명) - 제16장 참조
조화를(和-諧) 아는 것을(知-覺) 일러(曰) 늘 떳떳함이라 하고(常-庸-不變),
늘 떳떳함을(常-庸-不變) 아는 것을(知-覺) 일러(曰) 깨달음이라 하며(明-曉).

益生曰祥, 心使氣曰强。(익생왈상, 심사기왈강)
더하는(益-增加) 삶을(生-生活) 일러(曰) 재앙이라(祥-災) 하고, 마음이(心)
정기를(精氣) 부리는 것을(使-役) 일러(曰) 강제라 한다(强-强制).

物壯則老. 謂之不道。(물장즉노, 위지부도) - 제30장 참조
사물은(物) 강장(壯-强)하면(則) 쭈그러지니(老-疲-衰), 이를(之-此, 指示代名
詞) 일컬어(謂-稱) 도가(道) 아니라 한다(不).

不道早已。(부도조이) - 제30장 참조.

도가(道) 아닌 것은(不) 먼저(早-先) 버려진다(已-去).

- 제 55장 풀이 -

같은 德을 설명하지만, 제53장의 수신자(受信者)는 권력자들이고, 제54, 55장의 수신자는 성인이다.

含德之厚, 比於赤子。(함덕지후, 비어적자)

덕을 두텁게 품었다 함은 상덕(上德-道)으로 스스로 그러함(自然), 道의 섭리대로 살 수 있는 성인의 경지를 이른다. 성인은 겉사람(魂)의 바라는(欲) 바를 이겨내고 영원한 갓난아이(赤子)인 속사람(靈)으로 깨어난 사람을 이른다.

그 때에 제자들이 예수께 나아와 가로되 천국에서는 누가 크니이까 예수께서 한 어린아이를 불러 저희 가운데 세우시고 가라사대 진실로 너희에게 이르노니 너희가 돌이켜 어린아이들과 같이 되지 아니하면 결단코 천국에 들어가지 못하리라 그러므로 누구든지 이 어린아이와 같이 자기를 낮추는 그이가 천국에서 큰 자니라.(마태복음 18:1~4)

蜂蠆虺蛇不螫,(봉채훼사불석)

猛獸不據,(맹수불거)

攫鳥不搏。(확조불박)

본 장의 적자(赤子)와 제50장의 선섭생자(善攝生者)는 덕을 두텁게(上德) 품은 성인임을 알 수 있으므로 제50장에 인용한 성경(**이사야 11:6~9**)을 비교하면 확실한 의미를 알 수 있다.

시무소투기각, 호무소조기조(兕無所投其角, 虎無所措其爪) - 제50장 참조.

"코뿔소의 그 뿔이 찌를 곳이 없고, 호랑이의 그 발톱이 해칠 곳이 없다."

骨弱筋柔而握固,(골약근유이악고)

뼈도 약(弱)하고 힘줄도 연약(柔)하되 움켜쥐는 힘이 센 이유는 죽음의 무리가 아니고 삶의 무리(徒)이기 때문이다.

柔弱者生之徒。(유약자생지도) - 제76장 참조.

"도를 좇아 미약한 사람은 삶의 무리다."

未知牝牡之合而全作, 精之至也。(미지빈모지합이전작, 정지지야)

일부 해석서는 전(全) 대신 어린애 자지 최(峻) 字를 사용하였다. 어린애 자지가(峻) 순전히 발끈 섬은, 정기의 지극함인데, 이를 제10장에서는 갓난아이(嬰兒-靈)의 기백은 오로지 부드럽기 때문이라고 표현하였다. 정기(精氣)의 지극함과 기백(氣魄)의 부드러움(柔順)은 동일(同一)한 의미임을 알 수 있다.

전기치유, 능영아호? (專氣致柔, 能嬰兒乎?) - 제10장 참조.

"정기를 오로지 하고 부드러움을 일으켜, 능히 갓난아이 같겠는가?"

終日號而不嗄, 和之至也。(종일호이불사, 화지지야)

종일토록 울어도 목이 잠기지 않는 것은 만물이 비어 있는 기(氣)로 인하여 조화를 이루듯이 갓난아이(嬰兒-靈)의 기백(氣魄) 역시 비어 있기(沖-虛) 때문이다.

만물부음이포양, 충기이위화。(萬物負陰而抱陽, 沖氣以爲和) - 제42장 참조.

"만물은 음을 등에 지면서 양을 가슴에 안고, 비어(沖-虛) 있는 기(氣)로 인하여 조화(調和)를 이룬다."

知和曰常, 知常曰明。(지화왈상, 지상왈명) - 제16장 참조

복명왈상, 지상왈명 (復命曰常, 知常曰明) - 제16장 참조.

"천명의 회복을 늘 떳떳함이라 이르며, 늘 떳떳함을 아는 것을 일러 깨달음이라 한다."

도(道-自然)의 조화를(和) 아는 것이(知) 천명(命)의 회복이고, 이를 아는 것이 깨달음이지만, 마음이 이를 주재하지 못하면 허망하게 흉함을 짓게 된다.

부지상, 망작흉。(不知常, 妄作凶) - 제16장 참조.

"(마음이) 늘 떳떳함을 주재하지 못하면, 허망하게 흉함을 짓게 되고,"

益生曰祥, 心使氣曰强。(익생왈상, 심사기왈강)

생을 위하여 발버둥 치면서 날마다 나를 위하여 더하기를 한다면 기다리는 날은 절대로 오지 않으니, 오늘은 오늘로 만족할 줄 알아야 마음이 정기를 부리는 재앙이 일어나지 않을 것이다.

그러므로 내일 일을 위하여 염려하지 말라 내일 일은 내일 염려할 것이요 한 날 괴

로움은 그날에 족하니라". (마태복음 6:34)

손지우손. 이지어무위.(損之又損, 以至於無爲) - 제48장 참조.

"덜어 쓰고 또 덜어지면, 이로써 함이 없음에 이른다."

덜어지고 덜어지면 무위(無爲) 즉 道에 이르지만, 삶에 재물이든, 학문이든 더하기만 하게 되면 상서로울(祥) 것 같지만 도의 입장에서 당연히 재앙(祥-災)이 된다. 왜냐하면, 큰 속임수를 부릴 줄 알게 되기 때문이다.

혜지출, 유대위.(慧智出, 有大爲) - 제18장 참조.

"총명한 기지가 생기니, 큰 속임이 나타난다."

바라는(欲) 것이 많으면 마음이 어린아이 정기(精氣)의 지극함을 마음대로 부리게 된다. 이를 일컬어 겉사람(마음)이 강제로(强-强制) 부린다고 한다. 道의 입장에서 강한 것은 부드러운 것을 절대 이길 수 없다.

유약승강강.(柔弱勝剛强) - 제36장 참조, 유지승강.(柔之勝剛) - 제78장 참조.

삼차원의 세상에서는 강한 것이 부드러운 것을 이길 것 같지만, 이는 자연의 섭리에 억지를 부린 결과이다.

物壯則老. 謂之不道. (물장즉노, 위지부도) - 제30장 참조.

不道早已. (부도조이) - 제30장 참조.

고견강자사지도(故堅强者死之徒) - 제76장 참조.

"고로 반드시 자기만 내세우는 사람은 죽음의 무리요."

제 56장

知者不言, 言者不知.(지자불언, 언자부지)
깨달은(知-覺) 자는(者) 말하지(言) 않고(不),
말하는(言) 자는(者) 깨닫지(知-覺) 않은 것이다(不).
塞其兌, 閉其門,(색기태, 폐기문) - 제52장 참조.
(知者는 바라는 것의) 그(其) 통하는 곳을(兌-通) 막고(塞-塡),
그(其) 문을(門-口) 닫으며(閉-闔),
挫其銳, 解其紛,(좌기예, 해기분) - 제4장 참조.
그(其) 날카로움을(銳) 무디게 하고(挫),
그(其) 얽힘을(紛) 풀어주고(解-釋),
和其光, 同其塵.(화기광, 동기진) - 제4장 참조.
그(其) 위엄과도(光-威) 잘 어울리고(和-諧),
그(其) 티끌과도(塵-埃) 같이한다(同-等).
是謂玄同.(시위현동)
이를(是-此) 일컬어(謂-稱) (知者는) 현묘함(道)과(玄-理之妙) 같이한다고(同-
等) 한다.
故不可得而親, 不可得而疏,(불가득이친, 불가득이소)
고로(故) (知者는 어느 쪽을) 가깝게(親-近)도(而) 하는(得-能) 바(可-所) 없고
(不), 멀게(疎-遠)도(而) 하는(得-能) 바(可-所) 없으며(不),
不可得而利, 不可得而害,(불가득이리, 불가득이해)
이롭게(利-吉)도(而) 하는(得-能) 바(可-所) 없고(不),
해롭게(害-傷)도(而) 하는(得-能) 바(可-所) 없으며(不),
不可得而貴, 不可得而賤.(불가득이귀, 불가득이천)
귀하게(貴-存)도(而) 하는(得-能) 바(可-所) 없고(不),
천하게(賤-卑)도(而) 하는(得-能) 바(可-所) 없다(不),
故爲天下貴.(고위천하귀) - 제62장 참조.
고로(故) (知者는) 세상 만물이(天下) 귀히(貴-物不賤) 여긴다(爲-造).

- 제 56장 풀이 -

제56장은 깨달은 자(知者) 즉 성인이 세상 만물의 귀히 여김을 받는(故爲天下貴) 대상으로 마무리되지만, 이와 달리 제62장은 세상 만물의 귀히 여김을 받는(故爲天下貴) 대상을 道로 마무리한다. 그러나 지자(知者)는 道의 섭리를 따르기 때문에(是謂玄同) 천하 만물의 귀히 여김을 감히 道와 함께 받을 수 있다는 것이 56장의 가르침이다.

知者不言, 言者不知。(지자불언, 언자부지)
깨달은 자는 말로 가르치지 않는다.
불언지교, 무위지익(不言之敎, 無爲之益) - 제2, 43장 참조.
"말로 하지 않음의 가르침, 함이 없음(無爲)의 이로움은."
불언이선응(不言而善應),- 제73장 참조.
"말을 하지 않아도 잘 응하며."
깨닫지 못한 자는 말이 많아 자주 막힌다. 고로 말로 하는 자는 버려지기 마련이다(不道早已).
다언삭궁, 불여수중.(多言數窮, 不如守中) - 제5장 참조.
"말이 많으면 자주 막히니, 마음으로 지키느니만 같지 아니하다."

塞其兌, 閉其門,(색기태, 폐기문), - 제52장 참조,
挫其銳, 解其紛,(좌기예, 해기분), - 제4장 참조.
和其光, 同其塵。(화기광, 동기진). - 제4장 참조.
是謂玄同。(시위현동) - 제1장 참조(同謂之玄).
성인이 늘 하고자 함을(常有欲) 막고(塞) 닫으며(閉), 날카로움을(銳) 무디게 하고(挫), 얽힘을(紛) 풀어주고(解), 위엄과도(光) 잘 어울리고(和), 티끌과도(塵) 같이하는(同) 것을 할 수 있으면, 천지지시의 신비함이 보여 道와 하나(同)가 되는데, 이를 현묘함(玄)과 같이한다고 하는 것이다. 날카로움과 무딤(銳挫), 얽힘과 풀어짐(紛解), 빛과 티끌이(光塵) 서로 다르지만 둘이 아니니(異而不二) 반대로 무디면 날카롭게 하고, 풀리면 얽혀주고, 티끌로 빛을 만들어 일방적으로 치우치지 않는 현묘함이 道의 모습이고, 이런 섭리를 따르는 성인의 모습을 현동(玄同)이라고 이르는 것이다.

이를 깨달은 사람은 말하지 않고(知者不言),

상무욕이관기묘 (常無欲以觀其妙) - 제1장 참조.

"늘 하고자 함이 없으면 그(천지지시의) 신비함이 보이는 까닭이고,"

모르는 사람은 말로 한다(言者不知)

상유욕이관기요.(常有欲以觀其徼) - 제1장 참조.

"늘 하고자 함이 있으면 그(만물의) 변방만이 보이는 까닭이다."

동위지현(同謂之玄) - 제1장 참조.

"(道와 名을) 같다고 일컬으니 현묘하고,"

故不可得而親, 不可得而疏,(불가득이친, 불가득이소)

不可得而利, 不可得而害,(불가득이리, 불가득이해)

不可得而貴, 不可得而賤。(불가득이귀, 불가득이천)

故爲天下貴。(고위천하귀) - 제62장 참조.

친소(親疏), 이해(利害), 귀천(貴賤) 등이 하고자 하는 마음의 작용일 뿐이며, 그 마음 자체도 "하는(얻을) 바 없는" "얻을 수 없는" 불가득(不可得)임을 금강경도 설명하고 있다. 그러므로 성인이 늘 하고자 하는 마음을 없이하여 천지지시의 묘함을 보기(常無欲以觀其妙) 때문에 세상 만물과 하나가 되어 그와 더불어 귀하게 되는 것이다. 예수는 성령으로 난 사람은 다 그러하다고 하였다.

바람이 임의로 불매 네가 그 소리를 들어도 어디서 오며 어디로 가는지 알지 못하나니 성령으로 난 사람은 다 이러하니라.(요한복음 3:8)

금강경 18. 一切同觀分(온갖 중생을 같은 것으로 보라) 중에서.

"부처님께서 수보리에게 말씀하셨다. 저 많은 세계 가운데 있는 모든 중생의 갖가지 마음을 여래가 다 아느니라. 왜 그러냐 하면 여래가 말하는 모든 마음은 다 이것이 마음이 아니라 그 이름이 마음일 따름이기 때문이니라. 그 까닭은 수보리야, 지나간 마음도 얻을 수 없고 현재의 마음도 얻을 수 없으며, 미래의 마음도 얻을 수 없기 때문이니라."(인터넷에서 따옴)

所以者何 須菩提, 過去心不可得, 現在心不可得, 未來心不可得.

(소이자하 수보리, 과거심불가득, 현재심불가득, 미래심불가득)

제 57장

以正治國, 以奇用兵,(이정치국, 이기용병)

떳떳함(正-常)으로써(以) 나라를(國-邦) 다스리고(治-理),

기만(奇-欺瞞)으로써(以) 군대를(兵) 부리지만(用-使),

以無事取天下。(이무사취천하)

일을(事) 꾸미지 않음(無)으로써(以) 세상 만물을(天下) 취한다(取-收).

吾何以知其然哉?(오하이지기연재) - 제21, 54장 참조

내가(吾) 무엇을(何) 근거로(以-根據) 그것이(其) 그러함을(然)

비로소(哉-始) 알았겠는가(知)?

以此。(이차) - 제21, 54장 참조

(本元-道)이것(此)으로써 이다(以).

天下多忌諱, 而民彌貧,(천하다기휘, 이민미빈)

세상 만물에(天下) 꺼리고(忌-憚) 숨길 것이(諱-隱) 많을수록(多-衆),

백성들은(民) 두루(彌-徧) 가난해지고(貧),

民多利器, 國家滋昏,(민다이기, 국가자혼)

백성들이(民) 탐낼(利-貪) 기구들이(器-道具) 많아지면(多-衆),

나라는(國家) 더욱(滋-益) 어지러워지며(昏-亂),

人多伎巧, 奇物滋起,(인다기교, 기물자기)

사람들이(人) 교묘한(巧妙) 재주가(伎-才) 많아질수록(多-衆),

속이는(奇-詭) 물건들이(物) 더욱(滋-益) 나타나며(起-興),

法令滋彰, 盜賊多有。(법령자창, 도적다유)

법과(法) 명령이(命令) 더욱(滋-益) 드러나면(彰-明),

도적이(盜賊) 많이(多-衆) 나타난다(有).

故聖人云,(고성인운)

고로(故) 성인이(聖人) 이르기를(云-曰),

我無爲而民自化,(아무위이민자화)

나는(我) (꾸며서) 하는 것이(爲-造) 없었을(無) 뿐인데(而) 백성들(民) 스스로
(自-己) 변화되고(化-變),

我好靜而民自正,(아호정이민자정)

나는(我) 고요한 것을(靜) 좋아했을(好) 뿐인데(而) 백성들(民) 스스로(自-己)
떳떳하게 되고(正),

我無事而民自富,(아무사이민자부)

나는(我) (꾸미는) 일(事)이 없었을(無) 뿐인데(而) 백성들(民) 스스로(自-己)
넉넉해지고(富-裕),

我無欲而民自樸。(아무욕이민자박)

나는(我) 바라는 것이(欲) 없었을(無) 뿐인데(而) 백성들(民) 스스로(自-己)
순박해진다(樸-朴).

- 제 57장 풀이 -

나라를 떳떳하게 다스리고, 기만술과 용병을 잘하면 천하통일의 패권은 잡
을 수 있지만, 세상 만물을 얻는 것(取), 즉 세상 만물과 하나 되는 방법은 그
러한 일들과 아무런 관계가 없음을 강조하는 것이다. 그러므로 도덕경은 경세
치국서가 될 수 없다.

以正治國, 以奇用兵,(이정치국, 이기용병)
以無事取天下。(이무사취천하)

세상 만물을 취한다는 의미는 스스로 그러함(自然-道)을 깨달아 하나님과
하나 되는 역사를 의미하는 것이지 세상을 정치와 무력으로 정복한다는 것이
아니다.

吾何以知天下然哉?(오하이지천하연재) - 제21, 54장 참조
以此。(이차) - 제21, 54장 참조

내가 꾸며서 일을 하지 않음으로써(無事) 세상 만물의 그러함을 취(取)하게
된 근거가 무엇인지 비로소 알게 되었으니, 바로 이것(本元-道)이다.

天下多忌諱, 而民彌貧,(천하다기휘, 이민미빈)
民多利器, 國家滋昏,(민다이기, 국가자혼)

人多伎巧, 奇物滋起,(인다기교, 기물자기)

法令滋彰, 盜賊多有。(법령자창, 도적다유)

그러나 나라를 다스리면서 군대를 쓰는 일이 있으면, 할수록 가난해지고(貧), 어지러워지며(昏-亂), 사기 치는 자가 늘고(奇-詭), 도적이 많아진다. 왜냐하면, 숨길 것이 많아지고, 탐낼 것이 많아지고, 교묘한 재주가 많아지고, 법과 명령이 드러날수록 나타나는 현상이기 때문이다. 성인은 백성들이 그렇게 된 연유가 치국과 용병으로 인한 것임을 알았다. 진시황의 천하통일과 아방궁의 영화가 오래 가지 못하고 사라진 연유가 道가 아닌 것은 먼저 버려지기 때문이다.

부도조이.(不道早已).- 제30, 55장 참조.

"도가 아닌 것은 먼저 버려진다."

故聖人云,(고성인운)

我無爲而民自化,(아무위이민자화)

我好靜而民自正,(아호정이민자정)

我無事而民自富,(아무사이민자부)

我無欲而民自樸。(아무욕이민자박)

그러므로 성인은 꾸며서 하는 것이 없고(無爲), 고요함을 좋아하고(好靜), 꾸미는 일이 없고(無事), 바라는 것이 없었을(無欲) 뿐이다. 노자의 행불언지교(行不言之敎)에 스스로 변화(化)되고 바르게 되고(正), 넉넉해지고(富-裕), 순박해지는(樸-朴) 대상은 "들을 귀 있는 사람들"이다. 그러나 거의 모든 백성은 저절로 그리되었다고 주장한다.

백성개위아자연.(百姓皆謂我自然) - 제17장 참조.

"백성들은 모두가 이르기를 나는 저절로 그리되었다고 한다."

민(民) 字의 뜻풀이 중에 나(자신)의 의미도 있으므로 노자 스스로가 대상일 수 있다.

"나는(我) (꾸며서) 하는 것이 없었을 뿐인데, 나(民) 스스로 변화되고,"

즉 "무위(無爲)의 생활을 하였을 뿐인데 나 스스로 변화되는 것을 알게 되었다."라고 해석하고도 싶어진다. 제3장에서 성인이 스스로 수양하는(是以聖人之治,虛其心, 實其腹, 弱其志, 强其骨) 모습을 그렸기 때문이다.

예수께서 가라사대 내가 진실로 너희에게 이르노니 나와 및 복음을 위하여 집이나

형제나 자매나 어미나 아비나 자식이나 전토를 버린 자는 금세에 있어 집과 형제와 자매와 모친과 자식과 전토를 백배나 받되 핍박을 겸하여 받고 내세에 영생을 받지 못할 자가 없느니라 그러나 먼저 된 자로서 나중 되고 나중 된 자로서 먼저 될 자가 많으니라.(마가복음 10:29~31)

이것이 진정하게 천하를 취(取)하는 방법이다. 무위(無爲), 호정(好靜), 무사(無事), 무욕(無欲)하여 겉사람을 버리며, 변화되고(化), 바르게 되고(正), 넉넉해지고(富), 순박해 짐(樸)으로 속사람을 회복하는 것이다. 집과 형제와 자매와 모친과 자식과 전토를 백배나 받는다는 의미는 열 평 밭이 천 평이 된다는 것이 아니라 금세에 취천하(取天下) 할 수 있다는 가르침이다.

제 58장

其政悶悶, 其民淳淳,(기정민민, 기민순순)

그(其) 정치가(政-民政) 답답하면 답답할수록(悶悶-煩鬱),

그(其) 백성들은(民) 순박해지고(淳-樸),

其政察察, 其民缺缺。(기정찰찰, 기민결결)

그(其) 정치가(政-民政) 환히 드러내면 드러낼수록(察察-昭著),

그(其) 백성들은(民) 이지러진다(缺-虧).

禍兮, 福之所倚,(화혜, 복지소의)

화(禍-殃) 있음이여(兮)! 복에(福) 기대는(倚-依) 바이고(所),

福兮, 禍之所伏。(복혜, 화지소복)

복(福-祐) 있음이여(兮)! 화에(禍) 엎드리는(伏-偃) 바이다(所).

孰知其極?(숙지기극?)

누가(孰) (禍福의) 그(其) 근본을(極-根源) 깨달을까(知-覺)?

其無正, 正復爲奇, 善復爲妖。(기무정, 정복위기, 선복위요)

(근본을 알지 못하므로) 그래서(其) 늘 떳떳하지(正-常) 않으니(無-不),

떳떳함이(正-常) 다시(復) 기만으로(奇-欺瞞) 되고(爲),

길함이(善-吉) 다시(復) 재앙이(妖-災) 된다(爲).

人之迷, 其日固久!(인지미, 기일고구!)

사람들(人)의(之) 정신 헷갈림(迷-眩惑),

그렇게(其) 굳어진(固-堅) 세월이(日-歲) 오래되었도다(久)!

是以聖人,(시이성인)

이런(是-此) 까닭에(以) 성인은(聖人),

方而不割, 廉而不劌,(방이불할, 염이불귀)

모날(方-矩) 뿐(而) 긁지(割-剝) 않고(不),

청렴할(廉-不貪) 뿐(而) 상처를 주지(劌-傷處) 않고(不),

直而不肆, 光而不燿。(직이불사, 광이불요)

곧을(直-正) 뿐(而) 방자하지(肆-放恣) 않고(不),

비칠(光-照) 뿐(而) 빛나지(燿-炫) 않는다(不).

- 제 58장 풀이 -

제57장과 같이 먼저 정치를 언급하지만, 노자가 자신의 정치철학을 논하려는 것이 목적이 아니고, 정치는 道가 될 수 없다는 것을 강조하는 것이다. 정치를 논할 때의 민(民)은 당연히 백성으로 풀이하여야 한다.

其政悶悶, 其民淳淳,(기정민민, 기민순순)
其政察察, 其民缺缺。(기정찰찰, 기민결결)

정사가 답답할수록 백성이 순박해지고(悶悶-煩鬱) 정사를 환히 드러낼수록(察察-昭著) 백성들이 이지러진 조각달처럼 모자라게 된다니 우리의 상식으로 보면 알 듯 모를 듯하다. 백성들이 순박해지면 복(福)이 되고 백성들이 이지러지면 화(禍)가 된다는 의미가 아니라, 백성을 다스리는 일에는 답답하게 할 때도 있고(悶悶), 환히 드러내게 할 때도(察察) 있게 마련이다. 그래서 백성들이 순박해질 수도 있고 이지러질 수도 있으므로, 민과 순(悶과淳), 찰과 결(察과缺)은 동의어(同義語)가 되지만, 민찰(悶察), 순결(淳缺)은 상대어(相對語)가 되어야 아래 시구(詩句)가 풀이된다. 노자가 위정자에게 민민(悶悶)하게 다스려야 백성들이 순박해지고 복(福)이 된다는 것이 아니라, 어차피 정치란 아무리 잘해도 길흉화복이 서로 기대고, 엎드러진 상태로 진행된다는 것을 알려주는 것이므로 노자의 정치철학이 아니라, 이런 정치의 형태를 알고 있는 성인의 행동을 보여주는 것이 제58장의 가르침이다.

속인찰찰, 아독민민.(俗人察察, 我獨悶悶) - 제20장 참조.
"평범한 사람들도 환히 아는데, 나 홀로 민망하게 사리에 어둡다."
찰찰(察察)과 민민(悶悶)을 이해하기 좋은 시구(詩句)이므로 참고가 된다.

禍兮, 福之所倚,(화혜, 복지소의)
福兮, 禍之所伏。(복혜, 화지소복)
孰知其極?(숙지기극?)

화(禍)와 복(福)이 둘이 아니라니(不二) 누가 그런 사실을 깨달아(知) 알 수 있겠는가?

민민(悶悶)하는 위정자가 道(極-根源)를 깨달을 수 있을 것인가? 그들은 근원을 알 수 없으므로 백성들을 오랫동안 헷갈리게 하였을 뿐이다. 오직 성인만이 깨달을 수 있을 뿐이지만, 道를 아는 성인은 정치를 하지 않는다,

其無正, 正復爲奇, 善復爲妖。(기무정, 정복위기, 선복위요)

人之迷, 其日固久!(인지미, 기일고구!)

백성들은 떳떳함(正-常)이 기만(奇-欺瞞)이고, 길함(善-吉)이 오히려 재앙이(妖-災) 된다는 것을 모르고, 오직 정(正)과 선(善)만이 옳다고 선동하는 위정자에게 현혹되어(迷-眩惑) 오랜 세월 굳어져 있다. 정(正-常)과 선(善-吉)을 강조하는 이유는 위정자들의 밥줄이기 때문이다. 정과 기, 선과 요는 서로 기대고 엎드려져 있다는 우주의 섭리를 전혀 모르고 살도록, 어떨 때는 민민(悶悶)하고 어떨 때는 찰찰(察察)하게 하여 백성들이 육체를 따라 판단하도록(요한복음 8:15~16) 유도하여 계속 헷갈리게 하므로 정치하는 사람은 그래서 道와 상관없는 것이다.

시위도과. 비도야재! (是謂盜夸, 非道也哉?) - 제53장 참조.

"이를 일컬어 도적들의 사치라 한다. 도에 어긋나는 것이라 아니하겠느냐?"

是以聖人,(시이성인)

方而不割, 廉而不劌,(방이불할, 염이불귀)

直而不肆, 光而不燿。(직이불사, 광이불요)

너희는 세상의 빛이라 산 위에 있는 동네가 숨기우지 못할 것이요 사람이 등불을 켜서 말 아래 두지 아니하고 등경 위에 두나니 이러므로 집안 모든 사람에게 비취느니라 이같이 너희 빛을 사람 앞에 비취게 하여 저희로 너희 착한 행실을 보고 하늘에 계신 너희 아버지께 영광을 돌리게 하라.(마태복음 5:14~16)

예수가 가르치는 행불언지교(行不言之敎-제2장 참조)이며, 비추되 빛나지 않는 것이 하나님께 돌리는 영광이다. 그러므로 성인은 모나도(方-矩) 긋지 않고(割-剜), 청렴해도(廉-不貪) 상처를 주지 않고(劌-傷處), 곧으면서도(直-正) 방자하지 않고(肆-放恣), 비출지라도(光-照) 빛나지 않는(燿-炫) 이유를 제30장에서 밝혀준다.

과이부득이, 과이물강.(果而不得已, 果而勿强) - 제30장 참조.

"이루게 할 뿐 마지못해서 하고, 이루게 할 뿐 억누르지 않는다."

물장즉노, 시위부도.(物壯則老, 是謂不道) - 제30, 55장 참조.

"사물은 강장하면 쭈그러지니, 이를 일컬어 도가 아니라 한다."

부도조이.(不道早已) - 제30, 55장 참조.
"도가 아닌 것은 먼저 버려진다."

왜냐하면, 성인은 근원을 깨닫고, 이들 모두가 둘이 아니고(不二) 하나에서 시작하였다는 것을 알고 있기 때문이다.

차양자동, 출이이명.(此兩者同, 出而異名) - 제1장 참조

그러므로 성인은 육체의 소욕을 따라서 판단치 아니하고 오직 스스로 그러함(自然-사랑)의 판단을 따른다.

너희는 육체를 따라 판단하나 나는 아무도 판단치 아니하노라 만일 내가 판단하여도 내 판단이 참되니 이는 내가 혼자 있는 것이 아니요, 나를 보내신 이가 나와 함께 계심이라.(요한복음 8:15~16)

제58장 역시 道로 마무리하고 있음을 알 수 있다.

제 59장

治人事天, 莫若嗇。(치인사천, 막약색)

사람을(人) 다스리고(治-理) 하늘을(天) 다스리는데(事-治),
아끼는 것과(嗇-愛) 비교할 것이(若-如-等比) 없다(莫-無),

夫唯嗇, 是謂早服。(부유색, 시위조복)

대저(夫) 아낄(嗇-愛) 뿐이지만(唯-專辭獨), (아낌) 이를(是-此) 일컬어(謂-稱)
일찍(早-晨) 되돌아옴이라(服-復-返-反) 한다.

早服, 謂之重積德。(조복, 위지중적덕)

일찍(早-晨) 되돌아옴(服-復-返-反),
이를(之) 일컬어(謂-稱) 덕을(德) 거듭(重-複) 쌓는다고(積-疊) 한다.

重積德, 則無不克。(중적덕, 즉무불극)

덕을(德) 거듭(重-複) 쌓게(積-疊) 되지만(則),
못(不) 이룰 것이(克-爲) 없다(無).

無不克, 則莫知其極。(무불극, 즉막지기극)

못(不) 이룰 것이(克-爲) 없게(無) 되지만(則),
그(其) 근원을(極-根源) 드러내지(知-主) 않는다(莫-勿).

莫知其極, 可以有國。(막지기극, 가이유국)

그(其) 근원을(極-根源) 드러내지(知-主) 않지만(莫-勿),
능히(可-肯) 세상을(國-世上) 얻게 되는(有-得) 까닭(아낌)이다(以-因).

有國之母, 可以長久。(유국지모, 가이장구) - 제44장 참조

세상을(國-世上) 얻게 된(有-所持) 이(之-此) 어미는(母-天地),
가히(可-肯) 넓으며(長-大) 오래(久) 간다(以-爲).

是謂深根固柢, 長生久視之道。(시위심근고저, 장생구시지도)

(母-天地) 이를(是-此) 일컬어(謂-稱) 뿌리가(根) 깊고(深-藏) 근본이(柢-根本)
떳떳하고(固-常然), 넓게(長-大) 살고(生) 오래(久) 보임(視-瞻)의(之) 도라(道-根源) 한다.

- 제 59장 풀이 -

제58장에서 성인은 모나고(方-矩), 청렴하고(廉-不貪), 곧고(直-正), 비출지라
도(光-照) 티를 전혀 내지 않는다고 하였는데, 이것이 道의 섭리를 따라 만물
을 아끼는 사랑의 모습이다.

방이불할, 염이불귀(方而不割, 廉而不劌)

직이불사, 광이불요.(直而不肆, 光而不燿)

제59장은 성인도 감당할 수 없는 道의 德을 읊은 시구(詩句)다.

治人事天, 莫若嗇。(치인사천, 막약색)

치인사천(治人事天)은 道가 아득한 그 사랑으로 사람 중심의 天地人, 즉 삼
태극을 이루었다는 것으로 이해할 수 있어야, 마지막 문장인 장생구시지도(長
生久視之道)의 결론을 도출할 수 있다. 색(嗇) 字의 의미에서 아낀다는 것을
돈을 아껴 쓴다, 인색(吝嗇)하다는 뜻으로 해석하면 제59장이 풀리지 않는다.
색(嗇)은 어떤 사람, 또는 사물을 아껴서(愛) 사랑하는 모습이기 때문에 우주의
쓰레기 하나라도 그냥 내버릴 수 없는 道의 속성을 의미하는 것이다. 사람과
하늘을 다스리는 일에는 사랑(嗇)으로 이루어진 道와 비교할만한 것이 없다는
의미지, 성인이 사람을 다스리고 하늘을 섬긴다는 의미로 해석한다면 성인을
또 정치판으로 내모는 실수를 범하게 된다.

夫唯嗇, 是謂早服。(부유색, 시위조복)

좇을 복(服-從) 字자 대신에 회복할 복(復-返-反) 字로 표기한 본(本)도 있
다. 복(復)으로 읽어야, 제1장의 道를 다시 음미할 수 있다. 즉 아낄 뿐이지만
원래의 자리로 되돌아오는 것이 道의 움직임인 것이다.

반자, 도지동(反者, 道之動) - 제40장 참조.

"되돌아오는 것이 도의 움직임이다(動)."

천지는 없어지겠으나 내 말은 없어지지 아니하리라.(마태복음 24:35)

도덕경도 성경과 같이 하나님은 사람과 천지를 사랑으로 다스린다고 이른다.
말씀이라는 단어를 사랑으로 바꾸어 읽어보는 성경이다.

**태초에 사랑(嗇)이 계시니라 이 사랑이 하나님(無極)과 함께 계셨으니 이 사랑은 곧
하나님이시니라 사랑이 태초에 하나님과 함께 계셨고 만물이 사랑으로 말미암아 지은**

(自然) 바 되었으니 지은 것이 하나도 사랑이 없이는(早服) 된 것이 없느니라(無不克) 사랑 안에 생명이 있었으니 이 생명은 사람들의 빛이라.(요한복음 1:1~4)

"嗇 = 사랑 = 하나님(無極) = 스스로 그러함(自然) = 早服으로 인하여 지은 것 = 無不克."으로 나타난다. 제59장은 제1장과 제7장을 다시 읊은 시구(詩句)다.

早服, 謂之重積德。(조복, 위지중적덕)

도생지, 덕축지.(道生之, 德畜之) - 제51장 참조.

"도는 (萬物을) 낳게 하고, 덕은 기르게 하고."

낳는 일을 반복하는 것이 道의 섭리인 조복(早服)이고, 기르는 일을 반복하는 것이 道의 용(用)인 덕을 거듭 쌓는(重積德) 일이다. 상덕(上德)은 德이라 여기지 않음으로써 덕을 거듭해서 쌓을 수 있다. 제59장에 나오는 德은 상덕(上德)과 하덕(下德)으로 나눌 수 없는 道의 섭리를 이르는 것이다. 德을 거듭하여 쌓는다는 의미는 계속하여 생명을 기른다는 의미이다.

重積德, 則無不克。(중적덕, 즉무불극)

德을 덕이라 여기지 않는 까닭에 덕이 사라지지 않으므로(重積德), 생명을 키우는 일에 못 이룰 것이 없다(無不克). 하물며 덕을 두텁게 품은(含德之厚-제55장 참조) 사람도 사나운 짐승이 해하지 못하거늘 道의 德과 겨룰 수 있는 존재자는 없다.

상덕부덕, 시이유덕.(上德不德, 是以有德) - 제38장 참조.

"높은 덕은 덕이라 여기지 않으니, 이런 까닭에 덕이 있다."

無不克, 則莫知其極。(무불극, 즉막지기극)

차양자동, 출이이명.(此兩者同, 出而異名) - 제1장 참조.

"이 둘은 같은 것인데, 나오고 나서 이름이 달라졌다."

색(嗇-道)과 덕(德-名)은 원래 같은 것이지만 그 근원인 중묘지문(衆妙之門)의 안쪽인 무극(無極)은 드러내지 않고도 일을 처리하지 못하는 것이 없다.

莫知其極, 可以有國。(막지기극, 가이유국)
有國之母, 可以長久。(유국지모, 가이장구) -제44장 참조

왕필의 주석이다.

莫知其極, 可以有國。

以有窮而范國, 非能有國也。

"(능함에) 다함이 있음으로써 나라를 다스리면 나라를 온전히 다스릴 수 없다."

有國之母, 可以長久。

國之所以安, 謂之母。 重積德, 是唯圖其根, 然後營末, 乃得其終也。

"나라가 평안하게 되는 근원, 그것을 일컬어 (다스림의) 근본(道)이라고 하는데, 거듭해서 덕스러움을 쌓음, 그것이 그 근본을 도모하는 일이다.(따라서) 그렇게 한 후에 그 말단(백성들)을 다스린다면 그 평안(終)을 얻을 수 있을 것이다."

이 문장에서도 국(國) 字를 나라로 해석하면 성인을 또 정치시키는 꼴이 된다. 제58장의 내용은 성인이라도 감당할 수 있는 일이 아니다. 왕필의 주석은 道가 잘 나가다가 삼천포로 빠지는 형국이 되었다. 국(國)은 삼태극의 세상으로 해석해야 한다. 원래부터 세상 만물(天下)을 소지하고 있었던 어미(母)는 천지(天地)를 이르는 것이다. 제1장에서 천지지시(天地之始)는 도(道-太極-1)이고, 만물지모(萬物之母)는 천지(天地)라고 한 구절이 생각난다. 삼태극(三太極-3)의 세상은 각종 이름이 있으니 그 어미는 천지(天地-兩極-2)다.

무명, 천지지시.(無名, 天地之始) - 제1장 참조.

"이름 없음은 천지(天地)의 처음이고(太極),"

유명, 만물지모.(有名, 萬物之母).

"이름 있음은 만물(萬物-三太極)의 어미라(母-天地) 한다."

그러므로 유국지모(有國之母)의 어미(母)는 천지라 해석함이 타당하다. 가이장구(可以長久)는 제7장에서의 "하늘은 넓고 땅은 오래간다."(天長地久)라는 구절과 한치도 다르지 않다.

是謂深根固柢, 長生久視之道。(시위심근고저, 장생구시지도)

현빈지문, 시위천지근.(玄牝之門, 是謂天地根) - 제6장 참조.

"현묘한 어미의 문, 이를 일컬어 천지의 뿌리라 한다."

더 이를 말이 필요 없는 제1장에 나타나는 道에 대한 설명임을 알 수 있다. 장생구시(長生久視) 사전적 의미는 "길게 살고 오래 보아도 눈이 침침하지 않은 것" 도교적(道敎的)인 해석으로 오해될 수 있다.

제 60장

治大國, 若烹小鮮。(치대국, 약팽소선)
(道가) 큰(大) 세상(國-世上) 다스림이(治-理),
작은(小-微) 생선을(鮮-生魚) 삶는(烹-煮) 것 같다(若-如).
以道莅天下, 其鬼不神。(이도리천하, 기귀불신)
도(道)를 근거로(以-根據) 세상 만물을(天下) 임해보면(莅-臨),
그(其) 혼백은(鬼-魂魄-2) 영이(神-靈-太極-1) 아니다(不-非).
非其鬼不神, 其神不傷人。(비기귀불신, 기신불상인)
(鬼와 神이) 다른 점은(非-違) 그(其) 혼백은(鬼-魂魄) (처음부터) 영이(神-靈-太極) 아니고(不), 그(其) 영은(神-靈-太極-1) 사람을(人) 해하지(傷-害) 않는다는 것이다(不).
非其神不傷人, 聖人亦不傷人。(비기신불상인, 성인역불상인)
(鬼와 神이) 다른 점은(非-違) 그(其) 영은(神-靈-太極) (처음부터) 사람을(人) 해하지(傷-害) 않고(不). 성인(聖人) 또한(亦) 사람을(人) 해하지(傷-害) 않는다는 것이다(不).
夫兩不相傷, 故德交歸焉。(부양불상상, 고덕교귀언)
대저(夫-大抵) (神과 聖人) 둘이(兩-雙) 함께(相-共) 해하지(傷-害) 않으니(不),
고로(故) 덕을(德) 주고받으며(交-往來) 돌아가고(歸-還) 있도다(焉)!

- 제 60장 풀이 -

귀신 귀(鬼) 字가 단독으로 나오는 것은 오직 제60장에서만 나온다. 색인(索引)으로도 단 1회 제10장에서의(載營魄抱一) 백(魄) 字이다. 그만큼 귀하므로 소중하게 풀어야 하므로, 단순하게 세간에서 흔하게 쓰는 귀신, 유령 등으로 해석하는 우(愚)를 범하지 말아야 할 것이다.

治大國, 若烹小鮮。(치대국, 약팽소선)
도덕경을 읽으면서 어리둥절하게 하는데, 왜일까? 하늘의 道가 큰 세상(大

國-天地) 다스리는 모습이 작은 생선을 삶는 것 같다. 대국은 이미 신(神-靈-太極-1)의 존재가 아닌 혼백(鬼-魂魄-天地-2)의 세상인 천지로써 크고 변화무쌍하여 작은 생선을 삶듯이 조심스럽게 다뤄야 하기 때문이다. 그러나 대국(大國)의 대(大)와 소선(小鮮)의 소(小)는 역시 둘이 아니다(不二). 대국(大國)을 삶아도, 소선(小鮮)을 삶아도 풀 강아지 취급할 것이 분명하다. 반대로 작은 생선한 마리까지도 사랑하니(嗇-愛) 삶을 때 얼마나 신중하겠는가?

천지불인, 이만물위추구.(天地不仁, 以萬物爲芻狗) - 제5장 참조.

"천지는 어질지 않으니, 만물을 풀 강아지 쓰듯 한다."

치인사천, 막약색.(治人事天, 莫若嗇) - 제59장 참조.

"사람을 다스리고 하늘을 다스리는데, 아끼는 것과 비교할 것이 없다."

대국(大國)을 미국과 같은 나라라고 생각하면 밑에 문장과 어울리지 않는다. 대국이라는 단어가 나왔으니 왕필의 주석도 통치자와 백성부터 나와 고통을 받는다. 치대국(治大國)의 주어가 道냐? 통치자냐? 하는 것이다.

以道莅天下, 其鬼不神。(이도리천하, 기귀불신)

사람들에게는 하늘의 넋인 혼(魂-겉사람)과 땅의 넋인 백(魄-身)이 있는데 이 둘은 영(靈-속사람)과 달리 귀신 귀(鬼)가 포함되어 있음을 본다. 그러나 귀(鬼)와 신(神)은 다르지만 둘이 아닌(不二) 것, 또한 道의 섭리이다.

예수께서 꾸짖어 가라사대 잠잠하고 그 사람에게서 나오라 하시니 더러운 귀신이 그 사람으로 경련을 일으키게 하고 큰 소리를 지르며 나오는지라 다 놀라 서로 물어 가로되 이는 어찜이뇨 권세 있는 새 교훈이로다. 더러운 귀신들을 명한즉 순종하는도다 하더라.(마가복음 1:25~27.

재영백포일, 능무리호? (載營魄抱一, 能無離乎?) - 제10장 참조.

"하늘의 넋과(營-魂) 땅의 넋을(魄-身) 이고 영을(1-靈-太極) 품고서, 능히 갈라짐이 없도록 하겠는가?"

혼백(魂魄)을 등에 이고 영(靈)을 가슴에 품고서 갈라지지 않는다는 것은 육식(六識)을 거치는 차원 상승을 위한 교육과정이기 때문이다. 제10장을 참조하면 이해하기 쉽다.

非其鬼不神, 其神不傷人。(비기귀불신, 기신불상인)

영(靈-속사람)과 달리 혼(魂-겉사람)은 몸이 좋아하는 욕망에 따라서 작용한다. 육식(六識) 즉 안식(眼識)·이식(耳識)·비식(鼻識)·설식(舌識)·신식(身識)·의식

(意識)에 따라서 때로는 사람의 마음을 혼미하게 하면서 심통을 부려 사람을 해한다. 영(靈-속사람)은 사람을 해(害)하지 않지만, 이 둘은 태어나서 죽을 때까지 이루어야 할 공(功)이 있으므로 같이 간다.

非其神不傷人, 聖人亦不傷人。(비기신불상인, 성인역불상인)
그러므로 道를 깨달은 사람, 즉 속사람(神-靈)이 깨어난 성인(聖人)에게는 겉사람(鬼-魂魄)이 심통을 부리지 못하는 이유가 스스로 그러함(自然-道-하나님)으로 살기 때문이며, 이에 道의 섭리대로 사람을 해하지 않고 죽을 때까지 사는 것이 공을 이룬 것이다(功成).
　공성이불거.(功成而不居) - 제2장 참조.
　"(聖人은 태어난) 공을 이루었으니 이로써 살지 않는다."
영적(靈的)인 사람은 성인을 지칭하고 혼적(魂的)인 사람은 깨닫지 못한 사람들을 의미한다.

夫兩不相傷, 故德交歸焉。(부양불상상, 고덕교귀언)
모든 시중의 해석서는 이 둘을 성인과 귀신으로 보고 있다. 왕필의 주석은 성인과 신(神-靈)으로 되어있을 뿐, 귀(鬼)는 양자(兩者)에 끼지 못하고 있음을 본다. 속사람(神-靈)이 깨어난 성인은 사람들을 해하는 겉사람(鬼-魂魄)의 상징인 귀(鬼)와 함께 덕을 교환하면서 돌아가는 것이 아니고, 사람들을 해(害)하지 않는 속사람의 상징인 신(神-靈)과 함께 돌아가고(歸-還) 있는 모습이 반자 도지동(反者, 道之動-제40장 참조)을 연상하게 한다.

제 61장

大國者下流,(대국자하류)
큰(大-牝-地) 세상이라는(國-世上) 것은(者) 아래(下) 무리로서(流-接尾辭).
天下之交, 天下之牝.(천하지교, 천하지빈)
세상 만물(天下-三太極)의(之) 만나는 곳이요(交-會合之處-下處),
세상 만물(天下-三太極)의(之) 암컷이다(牝-地).
牝常以靜勝牡, 以靜爲下.(빈상이정승모, 이정위하)
암컷은(牝) 언제나(常-恒) 가만히 있음(靜-動之對)으로써(以-因) 수컷을(牡)
이기고(勝-優), 가만히 있음(靜-動之對)으로써(以-因) (動하는 牡의) 아래가(下)
된다(爲-成).
故大國以下小國, 則取小國,(고대국이하소국, 즉취소국)
고로(故) 큰(大-牝-地) 세상이(國-世上) 작은(小-牡-天) 세상의(國-世上) 아래
에 있음(下)으로써(以), 그러한즉(則) 작은(小-牡-天) 세상을(國-世上) 얻게 되고
(取-收),
小國以下大國, 則取大國.(소국이하대국, 즉취대국)
작은(小-牡-天) 세상이(國) 큰(大-牝-地) 세상(國) 아래로 감(下)으로써(以-因),
그러한즉(則) 큰(大-牝-地) 세상을(國) 얻게 된다(取-收).
故或下以取, 或下而取.(고혹하이취, 혹하이취)
고로(故) 혹(或) 아래로 감(下)으로써(以-因) 얻기도 하고(取-收),
혹(或) 아래에 있을(下) 뿐인데도(而) 얻게 된다(取-收).
大國不過欲兼畜人,(대국불과욕겸축인)
큰(大-牝-地) 세상은(國) 사람을(人-三太極-生命) 겹쳐서(兼-兩得) 모으려고
(畜-積) 하는 데(欲) 지나지(過) 않고(不-非),
小國不過欲入事人.(소국불과욕입사인)
작은(小-牡-天) 세상은(國) 사람을(人-三太極-生命) 받아서(入-受) 봉사하려고
(事-奉仕) 하는 데(欲) 지나지(過) 않는다(不-非),
夫兩者各得其所欲,(부량자각득기소욕)
대저(夫-大抵) (大國과 小國) 둘이(兩-雙) 서로가(各) 그(其) 하고자 할(欲-祈
願) 바를(所) 얻으니(得-獲).

大者宜爲下。(대자의위하)

큰(大-牝-地) 것이(者) 아래 무리가(下-下流) 됨이(爲-成) 마땅하다(宜-當).

- 제 61장 풀이 -

제60장은 대국(大國)과 소선(小鮮)을 제61장은 대국(大國)과 소국(小國)으로 상대를 정했으나 제60장은 道의 입장으로 대국과 소선을 보았고, 제61장은 삼태극 세상의 입장으로 대국과 소국을 분류한 것이 다르다.

치대국, 약팽소선.(治大國, 若烹小鮮) - 제60장 참조.

"(道가) 큰 세상 다스림이, 작은 생선을 삶는 것 같다."

제60장에서 보이지 않는 道의 입장으로 보면, 대국은 형체를 드러낸 名 즉 삼차원의 세상인 천지인(天地人)으로써 크고 변화무쌍하여 작은 생선을 삶는 것같이 조심스러운 사랑의 상대로 인식하고 있다. 제61장에서는 名의 세상인 삼차원 입장으로 조심스럽게 옮겨 대국은 땅(地)이요 암컷(牝)이고 소국은 하늘이요 수컷(牡)이라는 입장으로 정리를 한다.

大國者下流,(대국자하류)

대국은 형체와 무게가 있어 아래에 존재하는 경향이 있는 하류(下流)를 의미한다. 대국은 땅인 암컷을 의미하는 존재로서 조용히 밑에서 기다리는 경향이 있다. 그러므로 천지인의 입장으로 보면 하류 즉 아래에 모여있는 무리라는 의미가 노자의 내심(內心)이지 미국이나 중국같이 염치없는 큰 나라들을 일컫는 것이 아니다. 미국 국민에게 너희 나라는 열등(下流) 국가라고 한다면 노발대발할 것이다. 중국의 춘추전국시대의 어떤 나라들이 대국과 소국의 소임을 다 했단 말인가? 노자의 정치철학이라고 왕필부터 모두 우기지만 제61장과 같은 현상은 삼차원 물질세계에서 일어날 수 없는 이상향(理想鄕)의 꿈일 뿐이다. 왕필의 주석이다.

江海居大而處下, 則百川流之。大國居大而處下, 則天下流之。故曰大國下流也。

"강과 바다가 드넓지만, 하류(下流)에 위치하기 때문에 온갖 시내들이 흘러들게 된다.(마찬가지로) 큰 나라가 강성하더라도 겸손하게 처신하면 천하가 모여들게 된다. 따라서 큰 나라는 겸손하게 처신해야 한다."

天下之交, 天下之牝。(천하지교, 천하지빈)

유명, 만물지모.(有名, 萬物之母) - 제1장 참조.

"이름 있음은 만물의 어머니라(母-天地-兩極) 한다."

　천하는 세상 만물을 의미하므로 삼태극의 세상인 천지인(天地人)을 일컫는다. 천지는 천하 만물이 만나는 곳이요, 천하 만물의 암컷이다. 그러므로 제61장도 국(國)이라는 단어를 썼지만, 대국은 암컷(牝)이요 땅을 의미하는 것이고, 소국은 수컷(牡)이요 하늘을 의미한다.

牝常以靜勝牡, 以靜爲下。(빈상이정승모, 이정위하)

면면약존, 용지불근.(綿綿若存, 用之不勤) - 제6장 참조.

"이어지고 이어지어 존재하지만, 이용하려고 노력하지 않는다."

　암컷은 수컷을 이용하려고 노력하지 않으므로 언제나 조용할 수 있고, 수컷을 이기며, 아래가 되는 것이다. 제6장을 참조하면 계곡의 신(神)인 암컷을 이해할 수 있다. 소국은 하늘을 나타내므로 동(動-靜之對)인 수컷이고 대국은 땅을 나타내므로 정(靜-動之對)인 암컷이다. 씨를 뿌리는 자는 언제나 동적인 수컷이고 이를 받아서 일하는 자는 암컷이다.

故大國以下小國, 則取小國,(고대국이하소국, 즉취소국)
小國以下大國, 則取大國。(소국이하대국, 즉취대국)

유무상생(有無相生) - 제2장 참조.

"있음과(有) 없음은(無) 서로를 낳고,"

　있음(有)은 없음(無)에서 나와 형체가 있으므로 큰(大) 대국이라 할 수 있고, 없음은 보이지 않아 작으므로(小) 소국이 되어야 한다. 천지인(天地人) 중에서 사람 사는 땅이 가장 큰 대국으로 하류(下流)이다. 소국(小國-天-牡)과 대국(大國-地-牝)은 이렇게 서로의 밑이 되어 서로를 취하면서 상부상조한다.

대도폐, 유인의. 지혜출, 유대위.(大道廢, 有仁義. 智慧出, 有大僞) - 제18장 참조.

"큰 도가 떨어지면, 인과 의가 나타나고. 지혜가 생기니, 큰 속임이 나타난다."

　이미 큰 속임이 나타난 춘추시대(春秋時代)에 큰 나라는 작은 나라를 복속시켰을 뿐, 밑으로 들어가 작은 나라를 얻겠다는 어리석음(愚?)을 범하지 않을 것이다. 이는 백성들의 고통을 보다 못한 노자의 한탄이라고 할 수도 있지만, 나라(國)라는 단어를 이용한 천지인(天地人)의 비유(譬喩)라고 생각한다.

故或下以取, 或下而取。(고혹하이취, 혹하이취)

이무사취천하(以無事取天下) - 제57장 참조.

"일을 (꾸며서) 하지 않음으로써 세상 만물을 취한다."

땅(陰)처럼 원래부터 하늘(陽) 아래에 있던지, 하늘처럼 땅으로 내려가든지 해야 삼태극의 천하를 취할 수(取天下) 있는데 이를 꾸며서 하지 않기 때문에 천장지구(天長地久) 할 수 있는 것이다. 하늘이 땅으로 내려간다고 함은 하늘에 있는 모든 것은, 땅으로 내려가 씨앗의 역할을 하기 때문이다. 높고 낮음은 서로에게 기울기(高下相傾-제2장 참조)일 뿐임을 이해하면 하늘과 땅의 높고 낮음은 생명을 키우기 위하여 바뀔 수 있음을 이해하여야 한다.

大國不過欲兼畜人,(대국불과욕겸축인)

小國不過欲入事人。(소국불과욕입사인)

생지축지, 생이불유(生之畜之, 生而不有) - 제2, 10, 51장 참조.

(道는) 낳게 하고, 기르게 하고, 낳았을 뿐 소유하지 않으며,

천하만물생어유, 유생어무.(天下萬物生於有, 有生於無) - 제40장 참조.

"천하 만물은 있음에서 나오고, 있음은 없음에서 나온다."

천하 만물은 천지에서 나오고, 이 천지는 없음(道-太極)에서 나오는데 지나지 않으며, 하늘은 우주의 중심인 사람의 생명을 겹쳐서 모으려는데 지나지 않고, 땅은 이 생명을 받아서 봉사하고 있는데 지나지 않는다. 노자는 이렇게 도(大道)가 지속되는 세상이 나라와 나라 사이에서도 적용되었으면 하는 바람이 있었을 것이다. 큰 나라인 춘추오패(春秋五霸)가 전쟁을 하지 않고 패자가 될 수 없었다. 작은 나라 송(宋)과 강한 초(楚)나라의 전쟁에서 양공(襄公)은 송양지인(宋襄之仁)의 인(仁)으로 전쟁에서 패하여 죽었을 뿐이다. 춘추시대에는 도가(道家)의 영향으로 전쟁에도 원칙이 있었다지만, 전국시대에 이르러서는 그런 원칙도 없어졌다 한다.

夫兩者各得其所欲,(부량자각득기소욕)

大者宜爲下。(대자의위하)

道의 원리로 보면, 대국과 소국의 대소(大小)가 둘이 아니고(不二) 하나일진대 큰 것은 마땅히 작은 것의 아래에 있는 것이다. 생명의 씨앗을 보내는 곳이 소국인 하늘이고, 그 씨앗을 받아 생명을 발아시키는 곳이 대국인 땅이다.

道가 언제나 함이 없이(無爲) 고요하여 만물의 아래를 취하는 것과 같다.

인법지, 지법천, 천법도, 도법자연.(人法地, 地法天, 天法道, 道法自然) - 제25장 참조.

"사람은 땅을(地) 본받고, 땅은 하늘을 본받으며, 하늘은 도를 본받고, 도는 스스로 그러함을 본받는다."

이를 역으로 생각하면 대반전을 일으킨다. 자연(自然)과 道의 높은 위치와 天地와 사람(人) 생명의 낮은 위치가 바뀌는 역사가 일어난다. 自然 ⇒ 道 ⇒ 天 ⇒ 地 ⇒ 人의 순서로 사람이 제일 늦게 생성되었으므로 사람이 제일 크다. 형상이 없는 작은 自然, 道가 높은 위치를 유지하고, 형상으로 나타난 큰 天, 地, 人은 아래를 유지하지만, 고하상경(高下相傾)일 뿐인 놀라운 일이 벌어지고 있다. 이는 가장 아래에 있는 사람이 없다면, 가장 높은 스스로 그러함의 하나님과 道를 경외할 대상이 없어지므로 사람(人)과 자연(自然)이 하나임을 증명하는 것이다.

천지인(天地人)만을 놓고 논하여도 높은(高) 하늘이 결코 낮은(下) 땅을 이길 수 없는 이유는 사람과 함께 만물의 생명이 땅에 존재하기 때문이다. 이런 땅이 진정한 음(陰)이고 암컷이며 생명이 모이는 빈(虛) 골(谿谷)이고, 하늘은 양(陽)이요 수컷으로 생명을 키울 수 있는 모든 기운이 땅으로 내려가니 봉우리처럼 높되 생명이 살 수 있는 곳이 아니므로 하늘은 오히려 땅을 이길 수 없다. 사람 사는 땅이 역설적으로 진정한 대국(大國-地-陰)이라서, 하늘보다 아래에 있는 것이다. 위, 아래의 기울기는 생명을 기르기 위하여 존재할 뿐! 성경의 "씨 뿌리는 자의 비유"에서와 같이 하늘에서 씨를 뿌리되 30배, 60배, 100배의 수확은 땅에서 이루어진다.

좋은 땅에 뿌리웠다는 것은 말씀을 듣고 깨닫는 자니 결실하여 혹 백배, 혹 육십배, 혹 삼십배가 되느니라 하시더라.(마태복음 13:18)

사람이 존재하지 않으면 하나님과 道가 무슨 소용이 있으랴? 제법무아(諸法無我), 도법자연(道法自然), 아버지와 아들의 하나 됨의 의미를 누가 논하겠는가?

천부경에 이르기를

인중천지일(人中天地一) "사람 안에 천지와 하나(太極)가 있다."

그러므로 사람이 하나님이라고 하는 것이다.

조용한 암컷(牝-地-大國)과 움직이는 수컷(牡-天-小國)은 서로의 할 바를 얻으니, 그것이 혼자서 살지 않기 때문이며, 작은 것은 마땅히 아래를 취하지만,

위와 아래를 분별함도 무의미한 것이다.

천장지구. 이기부자생.(天長地久. 以其不自生) - 제7장 참조.

"하늘은 넓으며 땅이 오래 감은. 그것이 혼자서 사는 것이 아니기 때문이다."

아마도 천지가 대국이 되고 道가 소국이 된다고 하는데 하사문도(下士聞道)가 앙천대소(仰天大笑)하지 않는다면 도(道)가 아닐 것이다.

불소, 부족이위도(不笑, 不足以爲道). - 제41장 참조.

노자는 웃을 수 없도록 제14장에서 미리 선수(先手)를 두었다.

영지불견기수, 수지불견기후.(迎之不見其首, 隨之不見其後) - 제14장 참조.

"(道를) 맞이해도 그 머리가 보이지 않고, 뒤따라도 그 뒤(꼬리)가 보이지 않는다."

자연(自然)과 道는 머리와 꼬리의 모습을 동시에 보이며 대국이면서 소국의 면모를 잃지 않고 언제나 조용히 아래에 있을 수도 있고 위에 있을 수도 있는 이유를 제14장에서 마땅히 연출 하였으므로 아래의 시구(詩句)가 이해되는 것이다.

"故大國以下小國, 則取小國, 小國以下大國, 則取大國."

自然 ⇒ 道 ⇒ 天 ⇒ 地 ⇒ 人 ⇒ 自然 ⇒ 道 ⇒ 天 ⇒ 地 ⇒ 人

이를 원(圓)으로 그린다면 어디가 머리이고 어디가 꼬리인가? 제61장 역시 결국은 도로 시작하여 道로 마무리하고 있다. 시시하게 미국과 중국의 패권 다툼의 소용돌이 속에서 고민하는 대한민국의 처지를 논하려는 의도가 전혀 아니라는 것이 필자의 견해이고, 견해일 뿐이다. 왕필의 주석이다. 시중의 모든 해석서가 이를 따르고 있다.

小國修下, 自全而已, 不能令天下歸之。大國修下, 則天下歸之。故曰各得其所欲, 則大者宜爲下也。

"작은 나라가 낮춤의 자세를 닦으면 스스로를 온전히 할 수 있을 뿐, 천하로 하여금 자신에게 귀의해 오도록 하지는 못한다.(그러나) 큰 나라이면서 겸손함의 자세를 닦으면 천하가 자신에게 귀의해 온다. 따라서 두 나라 모두가 그 원하는 바를 얻고자 한다면 큰 나라가 마땅히 낮추어야 한다고 했다."

제 62장

道者, 萬物之奧,(도자, 만물지오)
도라는(道) 것은(者), 만물(萬物)의(之) 아랫목이니(奧-室隅·根源),
善人之寶, 不善人之所保。(선인지보, 불선인지소보)
(아랫목이란) 선한(善-良) 사람(人)에 있어서는(之) 보배요(寶-珍), 선하지(善-良) 못한(不) 사람(人)에 있어서도(之) 보전되고 있는(保-持) 바이다(所).
美言可以市, 尊行可以加人,(미언가이시, 존행가이가인)
(不善人도) 좋은(美-好) 말을(言) 가히(可-肯) 저잣거리에서도(市-市場) 쓰고(以-用), 귀한(尊-貴) 행실을(行-所行) 가히(可-肯) 사람들에게(人) 보임(加-增)으로써(以-用),
人之不善, 何棄之有?(인지불선, 하기지유?)
사람이(人) 비록(之) 선하지(善-良) 않다고(不),
(아랫목·근원에서) 어찌(何) 내버릴(棄-捐) 수(之) 있으랴(有)?
故立天子, 置三公,(고립천자, 치삼공)
고로(故) 임금을(天子) 세우며(立-建),
벼슬아치를(三公) 임명하고(置-任命),
雖有拱璧以先駟馬,(수유공벽이선사마)
가령(雖-假令) 둥근 옥을(璧-瑞玉) 아름으로 받는 일이(拱-兩手合把) 있고(有) 사두마차를(駟馬) 앞세운다고(先-導) 할지라도(以-爲),
不如坐進此道。(불여좌진차도)
앉아서(坐-行之對) 이(此) 도를(道) 본받는 것(進-效)보다(如) 못하다(不-未).
古之所以貴此道者何?(고지소이귀차도자하?)
옛날(古)부터(之) 이(此) 도라는(道) 것을(者) 귀하다고(貴) 한(所) 이유가(以-因) 무엇일까(何)?
不曰以求得, 有罪以免耶?(불왈이구득, 유죄이면야?)
(道를 알면) 말하지(曰-謂) 않아도(不) 구하면(求-覓) 얻기(得-獲) 때문이고(以-因), 잘못이(罪) 있어도(有) 면하기(免-避) 때문이(以-因) 아닌가(耶-疑辭)?
故爲天下貴。(고위천하귀) - 제56장 참조
고로(故) (道는) 세상 만물이(天下) 귀하게(貴-位高存) 여긴다(爲-造).

- 제 62장 풀이 -

제60장은 대국(大國)과 소선(小鮮)으로, 제61장은 대국(大國)과 소국(小國)의 예를 들어 대소(大小)가 둘이 아님(不二)을 설명하였으나, 제62장은 선인(善人)과 불선인(不善人)의 예를 들어 선과 불선 역시 둘이 아님(不二)을 설명하면서 道는 만물을 사랑으로 포용하는 것이니 부귀와 권세 정도는 앉아서 道를 본받느니만 못하다는 강력한 전언이다.

道者, 萬物之奧,(도자, 만물지오)
善人之寶, 不善人之所保。(선인지보, 불선인지소보)
美言可以市, 尊行可以加人,(미언가이시, 존행가이가인)
人之不善, 何棄之有?(인지불선, 하기지유?)

선한 사람에게는 보배요, 선하지 못한 사람에게도 보전되고 있는 자리이며, 道의 속내인 奧는 속(內), 아랫목(室隅), 맨 끝(極所, 極點), 깊을(深), 알기 어려울(幽明, 深遠) 등의 의미가 있으므로 道의 근원이다. 道는 만물을 거스르지 아니하고 사랑으로 보듬어주는 아랫목 역할을 한다. 이같이 하나님은 사랑으로 해와 비를 내리게 하여 모두의 생명을 살린다.

이같이 한즉 하늘에 계신 너희 아버지의 아들이 되리니 이는 하나님이 그 해를 악인과 선인에게 비취게 하시며 비를 의로운 자와 불의한 자에게 내리우심이니라.(마태복음 5:45)

선하지 못한 사람의 미언(美言)과 존행(尊行)이 사람들에게 영향을 주고, 보탬이 된다고 하더라도 道에 미치지 못하고 잘해야 하덕(下德)이나 인(仁)에 해당하며, 진의를 믿을 수 없다(美言不信-제81장 참조).

실도이후덕, 실덕이후인(失道而後德, 失德而後仁) - 제38장 참조.
"도(道)를 잃은 후에 덕이고, 덕(德)을 잃은 후에 어짊(仁)이다."
道를 잃은 후에 나타나는 것이 선인이고 불선인이다.
그런즉 선하지 못한 사람이나 선한 사람이나 도의 입장으로 보면 같다.
천하개지선지위선, 사불선이.(天下皆知善之爲善, 斯不善已) - 제2장 참조.
"세상 모두가 선의 선함 됨만을 안다면, 이것은 이미 선이 아니다."
선인과 불선인, 둘이 아니고(不二) 하나이기 때문에 선인과 불선인을 분별하여 대하지 않음으로써 선하지 않은 사람도 우주의 섭리 밖으로 내버리지 못하는 것이 道의 사랑이다. 그러므로 선한 사람은 천당과 극락으로, 선하지 못한 사람은 지옥으로 보낸다는 것은 종교적 멍에일 뿐이고, 선인과 불선인이 모두 귀중함은 차원 상승을 위한 참사랑의 교육과정에 있기 때문이다. 그 불선인, 병든 자를 가르치려고 예수는 이 세상에 온 것이다.

예수께서 들으시고 저희에게 이르시되 건강한 자에게는 의원이 쓸데없고 병든 자에게라야 쓸데 있느니라 내가 의인을 부르러 온 것이 아니요, 죄인을 부르러 왔노라 하시니라.(마가복음 2:17)

故立天子, 置三公,(고립천자, 치삼공)
雖有拱璧以先駟馬,(수유공벽이선사마)
不如坐進此道。(불여좌진차도)

상무욕이관기묘, 상유욕이관기요.(常無欲以觀其妙, 常有欲以觀其徼) - 제1장 참조.

그러므로 하고자 함이(欲) 없으면(無) 道의 신비함이 보이고, 하고자 함이(欲) 있으면(有), 천자(天子), 삼공(三公)의 권세와 공벽(拱璧), 사마(駟馬) 등의 부를 좇아 名의 변방만을 보게 되니, "앉아서 이 道를 본받음만 못하다. 성인은 정치를 할 수 없다는 이유를 확실히 가르치는 것이다.

한 사람이 두 주인을 섬기지 못할 것이니 혹 이를 미워하며 저를 사랑하거나 혹 이를 중히 여기며 저를 경히 여김이라 너희가 하나님과 재물을 겸하여 섬기지 못하느니라.(마태복음 6:24)

중학교 초년에 을유문화사가 발행한 서유기(西遊記)에서 삼장법사가 제자들에게 한 말이 잊히지 않는다.

"칠성 탑을 쌓은 공덕이 있을지라도 부처님 말씀 한 번 듣느니만 못하다"

그 당시에는 "무슨 황당한 소리냐? 칠성 탑 쌓은 공이 더 크지"라는 어리석은 생각을 했다. 칠성 탑이 금강경에서는 칠보(七寶)로 보시하는 것으로 바뀌었을 뿐 같은 내용이다.

금강경(金剛經) 11. 無爲福勝分

佛告 須菩提 若善男子 善女人 於此經中 乃至 受持四句偈等 爲他人說 而此福德 勝前福德

"부처님께서 수보리에게 말씀하셨다. 만약 선남자 선녀인이 이 경 가운데서 네 글귀만이라도 받아 지니고 남을 위하여 말해 준다면 그 복덕이 앞에서 말한 복덕보다 뛰어나리라."

성경에서 예수는 가르치면서 "귀 있는 자는 들을지어다"라고 한다.

古之所以貴此道者何?(고지소이귀차도자하?)

不曰以求得, 有罪以免耶?(불왈이구득, 유죄이면야?)

故爲天下貴。(고위천하귀) - 제56장 참조

註 : 왕필 주석에 대한 필자의 해석이다.

以求則得求, 以免則得免.

"구한(求) 즉(則) 구해지기(求得) 때문이고(以), 피한(免-避) 즉(則) 면해지기(免得) 때문이며(以),"

無所而不施, 故爲天下貴也。

"(好不好를 가리지 않고) 실시하지(施-實施) 않는(不) 경우가(所-境遇) 없다(無). 고로(故) 천하에(天下) 귀한 것이(貴-重要) 되는(爲-造) 것이야(也)."

제62장의 결론 구절은 성경 말씀이 생각나게 한다.

구하라 그러면 너희에게 주실 것이요 찾으라 그러면 찾을 것이요 문을 두드리라 그러면 너희에게 열릴 것이니 구하는 이마다 얻을 것이요 찾는 이가 찾을 것이요 두드리는 이에게 열릴 것이니라 너희 중에 누가 아들이 떡을 달라 하면 돌을 주며 생선을 달라 하면 뱀을 줄 사람이 있겠느냐 너희가 악한 자라도 좋은 것으로 자식에게 줄 줄 알거든 하물며 하늘에 계신 너희 아버지께서 구하는 자에게 좋은 것으로 주시지 않겠느냐.(마태복음 7:7~11)

구할 때가 되면 구하게 되고, 찾을 때가 되면 찾게 될 것이므로 스스로 그러함의 하나님은 기다리면서 영혼을 키운다. 그러므로 道는 생명의 쓰레기라도 내버리지 않으니 천하에 귀한 것이다.

제 63장

爲無爲, 事無事, 味無味。(위무위, 사무사, 미무미)
함이(爲-造) 없음을(無) 함으로 삼고(爲-造) - 제3장 참조
일이(事) 없음을(無) 일로 삼고(事),
맛이(味) 없음을(無) 맛으로 삼는다(味).
大小多少, 報怨以德。(대소다소, 보원이덕)
크던(大), 작던(小), 많던(多), 적던(少),
미움을(怨-恨) 덕(德-惠)으로써(以) 갚는다(報-復).
圖難於其易, 爲大於其細。(도난어기이, 위대어기세)
어려운 것은(難) 그(其) 쉬운 것(易)에서(於) 헤아리고(圖-度),
큰 것은(大) 그(其) 미세한 것(細-小)에서(於) 이룬다(爲-成).
天下難事, 必作於易,(천하난사, 필작어이)
세상 만물의(天下) 어려운(難-艱) 일은(事),
반드시(必-定) 쉬운 것(易-忽)에서(於) 비롯되고(作-始),
天下大事, 必作於細。(천하대사, 필작어세)
세상 만물의(天下) 큰(大) 일은(事),
반드시(必-定) 미세한 것(細-小)에서(於) 비롯된다(作-始).
是以聖人終不爲大,(시이성인종불위대)
이런(是-此) 까닭에(以) 성인은(聖人)
다하도록(終-窮極) 큰 것을(大) 본뜨지(爲-擬) 않으니(不),
故能成其大。(고능성기대) - 제34장 참조
그러므로(故-緣) 능히(能) 그(其) 큼을(大) 이룬다(成-就).
夫輕諾必寡信, 多易必多難。(부경락필과신, 다이필다난)
대저(夫) 경솔하게 하는(輕) 대답은(諾-應答) 반드시(必) 믿음이(信-眞) 적고
(寡-少), 너무(多-衆) 쉬운 것은(易-不難) 반드시(必) 여러 가지가(多-衆) 어려워
진다(難).
是以聖人猶難之. 故終無難矣。(시이성인유난지. 고종무난의)-제73장 참조
이런(是-此) 까닭에(以) 성인은(聖人) 오히려(猶-尙) 어렵게(難) 여긴다(之-
用), 고로(故) 다하도록(終-窮極) 어려움이(難) 없는(無) 것이다(矣)!

- 제 63장 풀이 -

제63장 역시 道를 설명하려고 한소리 또 하면서 어려운 것과 쉬운 것(難과 易), 큰 것과 미세한 것(大와 細)을 통하여 道를 설명하고 있음을 본다. 제2장의 난이상성(難易相成)으로 문제가 풀어진다.

爲無爲, 事無事, 味無味。(위무위, 사무사, 미무미)
위무위(爲無爲)는 제3장에서도 나오며, 이를 설명하는 멋진 시구(詩句)가 있다.
무위이무불위.(無爲而無不爲) - 제48장 참조.
"함이 없을 뿐이지 아니함이 없다."
사무사(事無事)를 설명하는 멋진 시구(詩句)도 있다.
이무사취천하(以無事取天下) - 제57장 참조.
"일을 (꾸며서) 하지 않음으로써 세상 만물을 취한다."
미무미(味無味)의 본원을 설명하는 시구도 이미 있었고, 그 입을 망가지게 하는 다섯 가지(단맛, 쓴맛, 신맛, 매운맛, 짠맛)의 맛도 설명했었다.
도지출구, 담호기무미.(道之出口, 淡乎其無味) - 제35장 참조.
"도의 진출 어귀는, 맑은 물 같아서 그 어떤 맛도 없다."
오미영인구상.(五味令人口爽) - 제12장 참조.
"다섯 가지 맛은 사람으로 하여 입을 망가지게 한다."
道는 함이 없고, 일함도 없고, 맛도 없으나, 그 없음을 바탕 삼아서 하지 않는 것이 없다.
너는 구제할 때에 오른손의 하는 것을 왼손이 모르게 하여 네 구제함이 은밀하게 하라 은밀한 중에 보시는 너의 아버지가 갚으시리라.(마태복음 6:3~4)

大小多少, 報怨以德。(대소다소, 보원이덕)
道의 속성은 처음부터 미움이 있을 수 없으니 모든 것이 德이며 사랑일 수밖에 없다. 천지가 인자하지 않은 것마저도(天地不仁-제5장 참조) 스스로 그러한 하나님의 사랑이다. 크고(大), 작고(小), 많고(多), 적고(少)를 분별하는 삼차원 세상에서는 필연코 미움(怨)의 갈등이 일어나지만, 道는 이를 사랑(德)으로 해결한다. 성인의 사랑(德)이 흔적을 남기지 않는 것은 이 道의 섭리를 따르기 때문이다.

선행무철적(善行無轍迹) - 제27장 참조.

"옳게 다니는 자는 (발) 바퀴 자취도 없고,"

대소, 다소(大小, 多少)와 사랑(德)과 미움(怨)이 둘이 아니기(不二) 때문이다. 그러므로 "큰 것은 작은 것으로부터 이루어지고, 많은 것은 적은 것으로부터 이루어진다"라는 해석을 할 수도 있으나 택하지 않았다.

圖難於其易, 爲大於其細。(도난어기이, 위대어기세)

天下難事, 必作於易,(천하난사, 필작어이)

天下大事, 必作於細。(천하대사, 필작어세)

어려움(難)과 쉬움(易)은 서로를 만들기 위하여 존재할 뿐이다.

난이상성.(難易相成) - 제2장 참조.

"어려움과(難) 쉬움은(易) 서로를 만든다."

큰 것은 그 미세한 것으로부터 이루어 지고(爲大於其細), 작은 것과 큰 것은 서로를 만든다(大小相成). 세상 만물의 큰 사랑은 작은 것으로부터 비롯된다. 그러므로 성인은 갓난아이의 자잘함이 보이면 道를 깨닫는다고 하였다.

견소왈명(見小曰明) - 제52장 참조.

"(갓난아이의) 미세함이 보이면 일컬어서 깨달음이라 하고,"

是以聖人終不爲大,(시이성인종불위대)

故能成其大。(고능성기대) - 제34장 참조.

제34장에서 이미 제63장을 비유로 들었다.

이기종불자위대, 고능성기대.(以其終不自爲大, 故能成其大) - 제34장 참조

"그것이 다하도록 스스로 큰 것을 본뜨지 않는 까닭에, 그러므로 능히 그 큼을 이룬다."

지극히 작은 것에 충성된 자는 큰 것에도 충성되고 지극히 작은 것에 불의한 자는 큰 것에도 불의하니라 너희가 만일 불의한 재물에 충성치 아니하면 누가 참된 것으로 너희에게 맡기겠느냐 너희가 만일 남의 것에 충성치 아니하면 누가 너희의 것을 너희에게 주겠느냐.(누가복음 16:10~12)

불의한 재물에 충성한다는 의미는 그것을 탐하지 않는 것이다. 예수의 가르침에서 지극히 큰 것은 겉사람이 탐내는 세상 재물을 말하는 것이고, 지극히 작은 것 즉 참된 것은 사람 안에 이미 존재하고 있는 속사람을 의미하므로 재물을 탐하는 너희에게 참된 것(속사람)을 맡길 수 있겠느냐는 것이다. 노자는

죽을 때까지 큰 것을 탐하여 이루지 않고 스스로 그러한 하나님의 섭리를 따라서 작은 것을 따라 살다 보니 능히 그 큰 세상 만물을(取天下) 취할 수 있게 된다고 가르친다. 고능성기대(故能成其大)를 할 수 있는 방법의 시구(詩句)가 제48, 57장에 있다.

취천하상이무사.(取天下常以無事) - 제48장 참조.

"(성인이) 세상 만물을 취함은 늘 (日益하는)일이 없는 까닭이다."

이무사취천하(以無事取天下) - 57장 참조.

"일을 (꾸며서) 하지 않음으로써 세상 만물을 취한다."

夫輕諾必寡信, 多易必多難。(부경락필과신, 다이필다난)

신언불미, 미언불신.(信言不美, 美言不信) - 제81장 참조.

"참된 말은 아름답지 않고, 아름다운 말은 참되지 않다."

어려움(難)과 쉬움(易)은 서로를 만들기 때문에 쉬운 일이 많으면 어려운 일도 많아지는 것은 道의 원리이다. 결국은 제2장의 난이상성(難易相成)으로 설명되어 진다.

是以聖人猶難之. 故終無難矣。(시이성인유난지. 고종무난의)-제73장 참조.

어렵게 여긴다는 의미는 쉬운 것도 어렵게 여기는 것이니, 그러한 성인에게 어려움이 있을 수 없다.

예언, 약동섭천. 유혜, 약외사린.(豫焉, 若冬涉川, 猶兮, 若畏四鄰) - 제15장 참조.

"(코끼리처럼) 머뭇거림이여, 겨울 내를 건너는 것 같고(원숭이와 같이) 두리번거림이여, 사방에 이웃을 두려워하는 것 같네."

제 64장

其安易持, 其未兆易謀。(기안이지, 기미조이모)

(不欲이면) 그 마음이(其) 고요하여(安-靜) 지키기(持-守) 쉽고(易-不難), 그 마음이(其) 드러나지(兆-徵兆) 않아서(未) 도모하기(謀-圖) 쉽다(易-不難).

其脆易泮, 其微易散。(기취이반, 기미이산)

(有欲이면) 그 마음이(其) 연약하여(脆-耎) 풀어지기(泮-解) 쉽고(易-不難), 그 마음이(其) 미세하여(微-細) 흩어지기(散-布) 쉽다(易-不難).

爲之於未有, 治之於未亂。(위지어미유, 치지어미란)

(不欲) 아직(未) 가지고(有-保) 있으면(於) (持·謀) 이를(之-是) 행하고(爲-行)(有欲) 아직(未) 얽혀(亂-棼) 있으면(於) (泮·散) 이를(之-是) 다스려야 한다(治-理).

合抱之木, 生於毫末,(합포지목, 생어호말)

(여럿이) 합하여(合) 둘러싸야(抱-圍) 할(之) (아름드리) 나무도(木), 가는 터럭(毫-細) 끝(末)에서(於) 생기며(生),

九層之臺, 起於累土,(구층지대, 기어누토)

아홉(九) 층(層)의(之) 누대도(臺-樓臺), 쌓은(累-疊) 흙(土)으로(於) 세워지고(起-立),

千理之行, 始於足下。(천리지행, 시어족하)

천리(千里)의(之) 다님도(行-步), 발바닥(足-趾) 밑(下)에서(於) 시작된다(始-初).

爲者敗之, 執者失之。(위자패지, 집자실지) - 제29장 참조

(有欲으로) 하려는(爲-造) 자는(者) 그것이(之) 깨어지고(敗-破), 잡으려는(執-操持) 자는(者) 그것을(之) 잃는다(失).

是以聖人,(시이성인)

이런(是-此) 까닭에(以) 성인은(聖人),

無爲, 故無敗,(무위, 고무패)

하지(爲-造) 않으니(無), 고로(故) 깨질 리도(敗-破) 없고(無),

無執, 故無失。(무집, 고무실)

잡지(執-操持) 않으니(無), 고로(故) 잃을 리도(失) 없다(無).

民之從事,(민지종사)

사람들이(民) 이런(之-是) (성인의) 노력을(事-努力) 따르면서도(從-隨),

常於幾成而敗之。(상어기성이패지)

늘(常) 마칠(成-終) 낌새(幾-幾微)에서(於-處所格) 또(而) 깨지고(敗-破) 만다(之-至).

愼終如始, 則無敗事。(신종여시 즉무패사)

마칠 때의(終-成) 고요함이(愼-靜) 시작할 때와(始-初) 같으니(如-似),

그런즉(則) (성인의) 노력은(事-努力) 깨질 리(敗-破) 없다(無).

是以聖人,(시이성인)

이런(是-此) 까닭에(以) 성인은(聖人),

欲不欲, 不貴難得之貨。(욕불욕, 불귀난득지화) - 제3, 12장 참조

(일반인들이) 바라지(欲) 않는 것을(不) (道) 바라므로(欲),

얻기(得-獲) 어려운(難-艱) 재물(貨-財)도(之) 귀하다(貴-存) 않는다(不).

學不學, 復衆人之所過。(학불학, 복중인지소과)

(일반인들이) 배우지(學-效) 않는 것을(不) (道) 배우므로 (學-效),

많은(衆) 사람들(人)의(之) 지나침(過-超過)을(所) 되돌린다(復-返).

以輔萬物之自然, 而不敢爲。(이보만물지자연, 이불감위)

이로써(以) 만물(萬物)의(之) 스스로(自) 그러한(然) 도움은(輔-助),

반되(而) 감히(敢-忍爲) 하지는 (爲-造) 않는다(不).

- 제 64장 풀이 -

제63장에서 어려운 것은 쉬운 것으로부터 시작하고 큰 것은 작은 것으로부터 이룬다고 하였다. 그러나 제64장은 쉬운(易) 것도 긍정적으로 작용하는 부분이 있는 반면에 부정적으로 작용하는 부분이 있음을 예를 들면서 시작하는데 제1장의 상무욕(常無欲)과 상유욕(常有慾)으로 설명하지 않으면 이해할 수 없는 장(章)이다. 결론은 무위(無爲)와 욕불욕(欲不欲) 즉 사랑을 가르치고 있음을 알 수 있다.

아버지께서 나를 사랑하신 것같이 나도 너희를 사랑하였으니 나의 사랑 안에 거하라.(요한복음 15:9)

其安易持, 其未兆易謀。(기안이지, 기미조이모)

其脆易泮, 其微易散。(기취이반, 기미이산)

爲之於未有, 治之於未亂。(위지어미유, 치지어미란)

고상무욕이관기묘 (故常無欲以觀其妙) - 제1장 참조.

"그러므로 늘 하고자 함이(欲) 없으면(無) 그(천지지시의) 신비함이 보이는 까닭이고,"

상유욕이관기요.(常有欲以觀其徼)

"늘 하고자 함이(欲) 있으면(有) 그(만물의) 변방만이 보이는 까닭이다."

하고자 함이 없으면(無欲) 그 마음이 고요하고(安), 드러나지 않아서(未兆) 지키고(持), 도모(謀)하기 쉽다(易). 즉 무슨 일을 해도 인위적으로 하지 않으므로 구속받을 일이 전혀 생기지 않으므로 그 상태를 유지하면서 지키고(持), 도모(謀)하는 것을 일삼으라고 한다.

그러나 하고자 함이 있으면(有欲) 그 마음에 욕심(欲心)이 생겨 연약해지고(脆), 미세하게 되어(微) 풀어지고(泮), 흩어지기(散) 쉽다(易). 즉 물질세계에 얽혀서 풀어지고(泮), 흩어진(散) 그 마음을 먼저 다스리라고 한다. 이렇게 지키기 어려운 마음(겉사람)을 다스리고자 한다면 당연히 말을 줄여야 한다. 이 생각이 겉으로 나타나면 몸의 욕구대로 천변만화(千變萬化)를 일으키므로, 마음으로 지키느니만 못한 결과를 초래한다.

다언삭궁, 불여수중.(多言數窮, 不如守中) - 제5장 참조.

"말이 많으면 자주 막히니, 마음으로 지키느니만 같지 아니하다."

선한 사람은 마음의 쌓은 선에서 선을 내고 악한 자는 그 쌓은 악에서 악을 내나니 이는 마음의 가득한 것을 입으로 말함이니라.(누가복음 6:45)

이 시구(詩句)에서의 기(其) 字의 의미를 그것(指物辭), "마음"으로 해석하여 "그 마음이(其) 고요하여(安) 지키기(持) 쉽고(易)"로 했다. 하지만 필자에 따라서 그것(指物辭)의 대상이 바뀌는 것은 당연하다. 깨달음의 과정이란 有欲의 겉사람을 누르고 無欲의 속사람을 살리는 것임을 이미 터득하고 있으므로 첫 시구가 풀리는 것이다.

合抱之木, 生於毫末,(합포지목, 생어호말)

九層之臺, 起於累土,(구층지대, 기어누토)

千理之行, 始於足下。(천리지행, 시어족하)

爲者敗之, 執者失之。(위자패지, 집자실지) - 제29장 참조.

도난어기이, 위대어기세.(圖難於其易, 爲大於其細) - 제63장 참조.
"어려운 것은 그 쉬운 것에서 헤아리고, 큰 것은 그 미세한 것에서 이룬다."

아름드리(抱)나무도 가는 싹(毫)으로부터 나오고, 높은 누대(樓臺)도 흙(土)
한 삽으로부터 지어지며, 천 리 길도 한 걸음(足-趾)으로부터 시작되는 것은
당연한 道의 원리이지만, "인위적으로 하는 자와 잡으려 하는 자는 그것들이
깨어지고, 잃는다."라는 것을 강조하는 것이다.

　　是以聖人,(시이성인)
　　無爲, 故無敗,(무위, 고무패)
　　無執, 故無失。(무집, 고무실)
　　民之從事,(민지종사)
　　常於幾成而敗之。(상어기성이패지)
　　愼終如始, 則無敗事。(신종여시 즉무패사)

그러므로 성인은 하지 않고, 잡지도 않으니, 깨질 리도, 잃을 리도 없다. 사
람들은 이런 성인의 노력을 따르면서도 끝마무리를 잘못하여 넓은 문으로 들
어가 언제나 깨지고 마는데, 그 이유가 마음 씀의 시종(始終)이 다르기 때문이
다. 성인은 그 마음의 고요함(愼-靜)이 시종여일(始終如一)하여 좁은 문으로 들
어가니 그의 노력이 깨질 리가 없다.

**좁은 문으로 들어가라 멸망으로 인도하는 문은 크고 그 길이 넓어 그리로 들어가는
자가 많고 생명으로 인도하는 문은 좁고 길이 협착하여 찾는 이가 적음이니라.(마태복
음 7:1~14)**

　　是以聖人,(시이성인)
　　欲不欲, 不貴難得之貨。(욕불욕, 불귀난득지화) - 제3, 12장 참조.
　　學不學, 復衆人之所過。(학불학, 복중인지소과)
　　以輔萬物之自然, 而不敢爲。(이보만물지자연, 이불감위)

그러므로 성인은 일반인들이 하고자 하지 않고, 배우지 않는 道를 바라고,
배우기 때문에 재물을 귀하게 여기지 않으며, 사람들의 지나친(過-超過) 욕심
되돌리게 한다. 그러나 성인은 스스로 그러함으로부터 도움은 받지만, 그 일을
감히(敢-忍爲) 한다고 하지 않으며, 오직 따를 뿐이다. 스스로 그러한 하나님의
사랑을 따르며, 선인(善人)과 불선인(不善人)도 착하게 대할 뿐이다.

선자, 오선지, 불선자, 오역선지(善者, 吾善之, 不善者, 吾亦善之) - 제49장 참조.
"착한 사람은, 나도 착하게 대하고, 착하지 않은 사람도, 나는 착하게 대할 뿐이니."

또 마음을 다하고 지혜를 다하고 힘을 다하여 하나님을 사랑하는 것과 또 이웃을 제 몸과 같이 사랑하는 것이 전체로 드리는 모든 번제물과 기타 제물보다 나으니이다. (마가복음 12:33).

제 65장

古之善爲道者,(고지선위도자) - 제15장 참조

옛날(古-昔)에(之) 훌륭하게(善-良) 도를(道) 행한(爲-行) 자는(者),

非以明民, 將以愚之。(비이명민, 장이우지)

사람들을(民-衆) (名을) 밝히도록(明-顯) 하지(以-爲) 아니하고(非-不是),

(道처럼) 오히려(將) 어리석고 고지식(愚-愚直)하게(之-於) 했다(以-爲).

民之難治, 以其智多。(민지난치, 이기지다) - 제75장 참조

(名을 밝히는) 사람들(民-衆)을(之) 가리기(治-理) 어려운 것은(難-不易),

그들의(其) 과한(多-過) 기지(智-奇智) 때문이다(以-因).

故以智治國, 國之賊,(고이지치국, 국지적)

고로(故) 기지(智-奇智)로써(以) 세상을(國-世上) 가리면(治-理),

세상(國-世上)의(之) (그르치는) 적이 되고(賊),

不以智治國, 國之福。(불이지치국, 국지복)

기지(智-奇智)로써(以-根據) 세상을(國-世上) 가리지(治-理) 않으면(不),

세상(國-世上)의(之) (살리는) 복이 된다(福-祥),

知此兩者, 亦稽式,(지차양자, 역계식)

(賊과 福)이(此) 두 가지의(兩) 것을(者) 깨달음은(知-覺),

또한(亦-又) 한결같이(稽-同) 정해진 (道의) 본보기이니(式-儀式),

能知稽式, 是謂玄德。(능지계식, 시위현덕) - 제10, 51장 참조

능히(能) 한결같이(稽-同) 정해진 (道의) 본보기를(式-儀式) 깨닫는 것(知-覺),

이를(是-此) 일러(謂-稱) 현묘한(玄-理之妙) 덕이라(德-惠) 한다,

玄德, 深矣! 遠矣! (현덕, 심의! 원의!)

현묘한(玄-理之妙) 덕(德-惠), 심오(深-深奧)하여라(矣)!

멀어짐(遠-遙)이여(矣)!

與物反矣!(여물반의)

만물과(萬物) 더불어(與-以) 돌아감(反-還)이여(矣)!

然後乃至大順。(연후내지대순)

그러한(然) 후에(後) 비로소(乃) 큰(大) 도에(順-道理) 이른다(至-到).

- 제 65장 풀이 -

제65장은 밝히는(明-聰) 것과 기지(智-奇智)로 살지 말고, 어리석고 고지식하게(愚-愚直) 살도록 유도한다. 모든 물체는 더불어 돌아가기(與物反)를 반복하기 때문이다. 우민정치(愚民政治)와는 아무런 상관 없이 道에 대하여 가르치는 장이다. 예수와 같이 어리숙한(?) 인생이 제65장의 표본이 될 것이다. 아마도 못난 선비가 듣고(下士聞道-제41장 참조) 뽐내면서 비웃지 않으면 道라고 할 수 없을 시구(詩句)다.

古之善爲道者,(고지선위도자) - 제15장 참조.
非以明民, 將以愚之。(비이명민, 장이우지)

도자(道者)는 사람들이 세상 사는 일을 훤히 꿰도록 밝히기를 원하지 않았다. 이름 있는(有名) 것들을 밝히는(明) 자들은 권력과 재물을 독차지해야 복을 누린다고 느끼며, 그렇지 못할 경우는 견디지 못하고 온갖 술수를 부려서라도 모두 차지하려고 안간힘을 쓰기 때문이다. 우리는 징기스칸, 알렉산더를 영웅이라고 호칭하면서, 이들이 영토확장을 밝히기 때문에 얼마나 많은 사람이 고통을 당했는지 헤아리지 않는다. 하물며 우리 민족은 예(禮)를 무례(無禮)로 갚은 일제의 침략으로 얼마나 많은 고통을 당했으며, 이승만과 김일성이 권력을 밝힘으로 인하여 동족상잔의 전쟁도 마다하지 않았으니 그 둘이 어리석고 고지식하였다면, 미국과 소련의 술수를 이기고 통일을 했을 것이다. 현대를 사는 많은 사람은 "억울하면 똑똑하지 그러냐"고 할 것이다.

하사문도, 대소지.(下士聞道, 大笑之) - 제41장 참조.

"못난 선비는 도를 듣고, 뽐내면서 도를 비웃는다."

사람들이 그 욕심을 밝히므로 지구는 전쟁과 환경파괴로 점점 파괴되어 가지만, 나 살았을 때 잘살고 가면 그만이라고 단순하게 생각할 것이다. 코로나 19의 팬데믹과 지구 재난의 빈번함이 사람들이 밝히는 욕심의 결과이다. 오히려 道처럼 어리석고 고지식한 사람들은 스스로 그러함에 순응하면서 살기 때문에 화와 복을 하늘에 맡기고 살아도 하지 않음이 없게 된다.

도상무위, 이무불위.(道常無爲, 而無不爲) - 제37장 참조.

"도는 늘 함이 없되, 그러나 하지 않음도 없다."

民之難治, 以其智多.(민지난치, 이기지다) - 제75장 참조.

시중의 모든 해석서는 민(民)을 백성으로 해석하고 있으므로 자연히 치(治)를 다스리는 행위로 보고 있다. 과한 기지가 어리석은 백성들에게 많이 있을까? 백성들을 다스리는 정치인, 판검사, 재벌들에게 많이 있을까? 부리는 자들도 백성들도(使民) 재물을 밝히는 것은 맞지만, 부리는 자들은 백성들을 가리켜 이미 우민(愚民)이라고 부르고 자기들의 밝힘과 차별을 하고 있다.

불상현, 사민부쟁.(不尙賢, 使民不爭) - 제3장 참조.

"현명함을 받들지 아니하면(어리석어도 멸시받지 아니하면) 부리는 자와 백성들이 다투지 않는다."

그러므로 민(民)은 백성들만을 지칭하는 것이 아니므로 치(治)도 역시 어느 한 편이 상대방을 일방적으로 다스리는 것으로 해석하는 것은 노자의 심중을 헤아리지 못하는 것이라는 생각이다. 민(民)을 사람들로 해석하고, 치(治)를 가릴 치(理)로 해석함이 道의 원리에 맞는다. 가리다, 국어 사전적 의미는 다음과 같다.

1. 가리어지다, 막히다, 가림을 당하다.
2. 막다 (하지 못하게, 또는 보이지 않게).
3. 골라내다, 낯을 가리다.(어린아이가 대소변을) 가리다.
4. 곡식을 차곡차곡 쌓아 더미를 만들다.
5. 외상값 따위를 갚다, 머리를 빗다.

백성들이나 부리는 자들이(民) 바라는 것을 밝히는 행위를 막기(治-理) 어려운(難) 이유는 그들 모두(其)의 과한(多-過) 기지(智-奇智) 때문이다(以-因). 부리는 자들이 기지를 부려 백성들을 착취하면 백성들 또한 기지를 부려 모면하려고 하기 때문이다. "그들이 바라는 것을 밝히는 행위를 골라내기 어렵다'라고 해석하여도 무난하다. 도덕경에서의 지(智)는 부정적(否定的) 의미로 쓰일 때가 더 많다. 사람들에게 지혜가 생겨 똑똑해지면, 큰 속임수가 나타나기 때문이다. 그래서 성인은 사람들이 名의 세계를 탐하여 밝히지 말고, 道처럼 어리석고 고지식하게 살기를 원할 뿐이지, 성인이 나라와 백성을 다스리고자 하는 것이 아니다.

대도폐, 유인의.(大道廢, 有仁義) - 제18장 참조.

"큰 도가 그치니(사람들의) 인과 의가 나타난다."

지혜출, 유대위.(智慧出, 有大僞)

"총명한 기지가(智-奇智) 생기니, 큰 속임이(僞-詭) 나타난다."

성인은 부리는 자이던, 평범한 백성이던 물질을 밝히는 것을 원하지 않았으니, 그리하면 道의 속성을 이룰 수 없으므로 道처럼 어리석고 고지식하기를 원했다. 성인은 어리석고 고지식하게 생활하므로 오히려 어리석고 고지식하지 않게 되어, 큰 것(형상)을 본뜨지 않아도 그 큼을 능히 이룰 수 있는 것이다.

이기종불자위대, 고능성기대.(以其終不自爲大, 故能成其大) - 제34장 참조.

"그것이 다하도록 스스로 큰 것을 본뜨지 않는 까닭에, 고로 능히 그 큼을 이룬다."

"하늘의 道를 아는 사람의 생활은 '과부의 젖먹이 같고', '돌아갈 곳조차 없고', …… '천덕꾸러기처럼 무딘' 생활을 할 수밖에 없다." - 제20장 참조.

道는 둔하고(昧), 어그러지고(纇), 구차한(偸) 모습이기도 하다.

"둔하고(昧-愚), 도망 다니고(退-却), 어그러지고(纇-戾), …… 휘고(屈), 서툴고(拙), 더듬는다(訥)" - 제45장 참조.

그 때에 예수께서 대답하여 가라사대 천지의 주재이신 아버지여 이것을 지혜롭고 슬기 있는 자들에게는 숨기시고 어린아이들에게는 나타내심을 감사하나이다. 옳소이다 이렇게 된 것이 아버지의 뜻이니이다.(마 11:25~26)

노자도 예수와 같은 심정으로 도덕경을 기록한 것이다. 지혜롭고 슬기로운 자들에게는 하늘의 비밀(道)을 숨기고, 어린아이에게는 알게 한다.

故以智治國, 國之賊,(고이지치국, 국지적)
不以智治國, 國之福。(불이지치국, 국지복)

고로 기지(智-奇智)로써 세상(國-世上)을 가리고(治-理) 막으면 道가 폐(廢)해지므로 세상을 그르치게 되어 결국은 지금과 같이 전쟁과 전염병이 창궐하며, 지구환경의 파괴가 이루어지므로 지구가 오히려 사람들을 공격하는 참담한 사태가 벌어진다. 기지로써 세상을 가리고 막는 행위를 하지 않으면 세상을 살리는 복이(福-祥) 되는데, 그 이유는 스스로 그러한(自然) 하나님의 섭리대로 살기 때문에 온전한 세상을 유지하기 때문이다. 이것은 하늘의 비밀(道)을 노자의 예지(睿知)로 풀이한 것이라고 할 수 있다. 성경도 미련한 자가 되어야 지혜로운 자가 될 수 있으며, 그 지혜가 하나님에게는 미련한 것이라고 하였다.

아무도 자기를 속이지 말라 너희 중에 누구든지 이 세상에서 지혜 있는 줄로 생각하거든 미련한 자가 되어라, 그리하여야 지혜로운 자가 되리라 이 세상 지혜는 하나님께 미련한 것이니 기록된바 지혜 있는 자들로 하여 자기 궤휼에 빠지게 하시는 이라 하였고 또 주께서 지혜 있는 자들의 생각을 헛것으로 아신다고 하셨느니라 그런즉 누

구든지 사람을 자랑하지 말라 만물이 다 너희 것임이라.(고린도전서 3:18~21)

知此兩者, 亦稽式,(지차양자, 역계식)

能知稽式, 是謂玄德。(능지계식, 시위현덕) - 제10, 51장 참조

　이 둘을(此兩) 문장의 앞뒤를 보아 적(賊)과 복(福)으로 해석하는 것이 마땅하나, 제1장을 연상하면, 현덕(玄德)이라고 하기엔 규모가 작아 보이므로 이 둘을(此兩) 道와 名으로 해석하여도 무리는 없다.

　고상무욕이관기묘(故常無欲以觀其妙) - 제1장 참조.

　"그러므로 늘 하고자 함이 없으면 그(천지지시의) 신비함이 보이는 까닭이고,"

　상유욕이관기요.(常有欲以觀其徼)

　"늘 하고자 함이 있으면 그(만물의) 변방만이 보이는 까닭이다."

　차양자동, 출이이명.(此兩者同, 出而異名)

　"이 둘은(兩-道와 名) 같은 것인데, 나오고 나서 이름이 달라졌다."

　동위지현, 현지우현(同謂之玄, 玄之又玄)

　"(道와 名을) 같다고 일컬으니 현묘하고(玄-理之妙), 현묘함이 또 현묘하다."

　제1장에서의 시구(詩句)가 道의 한결같이 정해진 법도이므로 이를 깨닫는 것을 현묘한(玄-理之妙) 덕이라(德-惠) 이르는 것이다. 하고자 함이 많으면 밝히는 것도 많아서(明-顯) 자연히 기지(奇智)를 부리기 때문에 만물의 변방만 보게 되고, 하고자 함이 없으면 천지지시(天地之始)의 신비함이 보이므로 道처럼 어리석고 우직하게 만물과 더불어 살 수 있다. 시위현덕(是謂玄德)은 도덕경 전체에서 3번 기록되었으니 제10, 51장은 그 모습을 아래와 같다고 하였다.

　"(道는) 낳게 하고, 기르게 하고, 낳았을 뿐 소유하지 않으며,"(生之畜之, 生而不有)

　"(道는) 할 뿐 주장하지 않고, 키울 뿐 지배하지 않는다."(爲而不恃, 長而不宰)

　이는 道의 한결같이(稽-同) 정해진 법도임을(式-制度) 잊지 말아야 한다.

玄德, 深矣! 遠矣! (현덕, 심의! 원의!)

與物反矣! (여물반의!)

　현덕은 심오하며, 멀어지고, 만물과 더불어 돌아간다. 深矣!는 제15장을 참조하고, 遠矣!는 제25장을 참조하고 反矣!는 제25, 28장을 참조하면 그 의미를 알기 쉽다.

　고지선위사자(古之善爲士者) - 제15장 참조.

　"옛날에 훌륭하게 도를 행하는 자는,"

미묘현통, 심불가식.(微妙玄通, 深不可識)

"세밀하고 오묘하고 아득함에 달하여서(그) 깊이를(深) 알 수 없었다."

대왈서, 서왈원, 원왈반.(大曰逝, 逝曰遠, 遠曰反) - 제25장 참조.

"큰 것은 가게 됨을 이르며, 가는 것은 멀어짐을(遠-遙) 이르고, 멀어지는 것은(遠-遙) 되돌아옴을 이른다."

然後乃至大順。(연후내지대순)

위천하식, 상덕불특, 복귀어무극.(爲天下式, 常德不忒, 復歸於無極) - 제28장 참조.

"천하의 본보기가(式) 되면, 늘 덕이 변하지 않으니, 다시(태초의) 근원으로 되돌아간다."

이는 道의 한결같이 정해진 본보기(稽式)이며 비상도(非常道)의 원리를 잘 설명해주는 것이다.

도가도, 비상도.(道可道, 非常道) - 제1장 참조.

"(사람들이) 도라고 여기는 도는 (이미) 변하지 않는(常-不變) (떳떳한) 도가 아니다."

그러나 사람들이 전혀 언급할 수 없는 중묘지문(衆妙之門-제1장 참조)의 안쪽도 있다는 것을 잊지 말아야 한다.

제 66장

江海所以能爲百谷王者,(강해소이능위백곡왕자)

강해(江海)가 능히(能) 모든(百) 골짜기의(谷) (만물의 으뜸인) 어른이(王-長) 되는(爲) 연고는(所以),

以其善下之。(이기선하지)

(江海) 자신의(其) 장점을(善-良) 낮게(下-自上而下) 여기기(之-用) 때문이다(以-因).

故能爲百谷王。(고능위백곡왕)

그러므로(故) 능히(能) 모든(百) 골짜기의(谷) (만물의 으뜸인) 어른이(王-長) 된다(爲).

是以欲上民, 必以言下之,(시이욕상민, 필이언하지)

이런(是-此) 까닭에(以-因) 사람들보다(民-衆) 위가(上) 되고자 한다면(欲),

반드시(必-定辭) 말을(言) 낮추어(下) 써야(以-用) 하고(之),

欲先民, 必以身後之。(욕선민, 필이신후지)

사람들보다(民-衆) 앞서기를(先), 바란다면(欲),

반드시(必-定辭) 몸을(身) 뒤로(後)해야(以-用) 한다(之).

是以聖人處上而民不重,(시이성인처상이민부중)

이런(是-此) 까닭에(以-因) 성인은(聖人) 위에(上) 머물어(處)도(而) 사람들이(民-衆) 부담스러워(重-愼) 않으며(不),

處前而民不害。(처전이민불해)

앞에(前) 머물어(處)도(而) 사람들이(民-衆) 거리끼지(害-忌) 않는다(不),

是以天下樂推而不厭。(시이천하낙추이불염)

이런(是-此) 까닭에(以-因) 세상 만물이(天下) 즐거이(樂-喜) 기리면서(推-奬)도(而) 싫어하지(厭-惡) 않는다(不).

以其不爭, 故天下莫能與之爭。(고천하막능여지쟁) - 제22장 참조

(聖人) 그는(其) 다투지(爭-競) 않기(不) 때문에(以-因), 고로(故) 세상 만물은(天下) 능히(能) 그와(之) 더불어(與-以) 다툴 수(爭-競) 없다(莫-無).

- 제 66장 풀이 -

강해(江海)가 백곡(白谷)의 만물의 으뜸인 어른(王-長)이 되는 까닭은 제32장 말미에 이미 표현한 것으로써 천하의 어른은 道(하나)라는 것을 비유하고 있다.

江海所以能爲百谷王者,(강해소이능위백곡왕자)
以其善下之。(이기선하지)
故能爲百谷王。(고능위백곡왕)

비도지재천하, 유천곡지어강해.(譬道之在天下, 猶川谷之於江海) - 제32장 참조.

"도의 존재를 세상 만물에 비유한다면, 마치 골짜기의 시내가 강과 바다로 흘러가는 것과 같다."

이도약뢰, 상덕약곡(夷道若纇, 上德若谷) - 제41장 참조.

"평평한 도는 어그러진 것처럼 보이고, 높은 덕은 좁은 골짜기처럼 보인다."

위와 같이 강해(江海)는 골짜기(谷)의 물을 청탁(淸濁) 구분 없이 다 받아주는 道가 되고, 골짜기(谷)는 道의 용(用)으로서 덕(德)으로 비유된다.

是以欲上民, 必以言下之,(시이욕상민, 필이언하지)
欲先民, 必以身後之。(욕선민, 필이신후지)

위(上)가 되고자 하면 말을 낮추고(下), 앞서기(先)를 바란다면, 몸이 뒤(後)에 있어야 하는 까닭은 상하(上下), 선후(先後)가 둘이 아니고(不二) 하나라는 것이며, 이는 생명 작용의 일환(一環)이기 때문이다. 그러므로 성인은 언제나 낮추어 골짜기(谷-下)가 되면서도 위가 되고, 몸을 뒤로(後)하면서도 몸이 앞선다.

너희 중에는 그렇지 아니하니 너희 중에 누구든지 크고자 하는 자는 너희를 섬기는 자가 되고 너희 중에 누구든지 으뜸이 되고자 하는 자는 너희 종이 되어야 하리라.(마태복음 20:26~27)

시이성인, 후기신이신선(是以聖人, 後其身而身先) - 제7장 참조.

"(혼자 살 수 없는) 이런 까닭에 성인은 그 몸을 뒤로하되 몸이 앞서고."

불감위천하선(不敢爲天下先) - 67장 참조.

"구태어 세상 만물보다 앞서 하지 않는다."

是以聖人處上而民不重,(시이성인처상이민부중)

處前而民不害。(처전이민불해)

是以天下樂推而不厭。(시이천하낙추이불염)

以其不爭, 故天下莫能與之爭。(고천하막능여지쟁) - 제22장 참조.

성인이 위에(上) 머물러도(處), 앞에(前) 머물러도(處) 사람들이 부담스러워 하거나 거리끼지 않는 이유는 다투지 않는 까닭이다.

부유부쟁, 고천하막능여지쟁.(夫唯不爭, 故天下莫能與之爭) - 제22장 참조.

"무릇 다투지 않기 때문에, 고로 세상 만물은 능히 그와 더불어 다툴 수 없다."

부유부쟁, 고무우.(夫唯不爭, 故無尤) - 제8장 참조.

"무릇 다투지 않기 때문에, 고로 허물이 없다."

그가 다투지도 아니하며 들레지도 아니하리니 아무도 길에서 그 소리를 듣지 못하 리라 상한 갈대를 꺾지 아니하며 꺼져 가는 심지를 끄지 아니하기를 심판하여 이길 때 까지 하리니.(마태복음 12:19-20)

예수의 모습이 다투지도 아니하고 야단스럽게 떠들지도 아니하니 백곡의 왕 (百谷王)이 되고 세상 만물의 으뜸인 왕(어른)이 되었다.

제 67장

天下皆謂我道大, 似不肖。(천하개위아도대, 사불초)

세상 사람들이(天下) 모두(皆-總) 일컫기를(謂-稱) 나의(我) 도는(道) 크지만(大), (道) 같지(肖-類似) 않아(不) 보인다고 한다(似).

夫唯大, 故似不肖。(부유대, 고사불초)

(나의 道는) 오히려(夫) 크기(大) 때문에(唯-因),

처음부터(故-元來) (道) 같지(肖-類似) 않아(不) 보이는 것이다(似).

若肖, 久矣其細也夫! (약초, 구의기세야부)

만약(若) (세상 사람들에게 道) 같아 보였다면(肖-類似),

오래(久) 전부터(矣) (나의 道) 그(其) 또한(也-亦) 자잘했을(細-微-小) 것이로다(夫)!

我有三寶, 持而保之。(아유삼보, 지이보지)

나에게(我) 세 가지(三) 귀한 것이(寶-貴) 있으니(有),

유지(持-維持)하면서(而) 지니고(保-持) 있다(之).

一曰慈, 二曰儉,(일왈자, 이왈검)

첫째는(一) 사랑(慈-愛)이라 하며(曰),

둘째는(二) 검소함(儉-淸貧)이라 하며(曰),

三曰不敢爲天下先。(삼왈불감위천하선)

셋째를(三) 이르되(曰) 구태여(敢-忍爲) 세상보다(天下) 앞서(先-前) 하지(爲-助) 않음이다(不).

慈故能勇, 儉故能廣,(자고능용, 검고능광)

사랑(慈-愛)하기에(故) 응당(能) 과감하고(勇-果敢),

검소(儉-貧)하기에(故) 응당(能) 트이니(廣-闊),

不敢爲天下先,(불감위천하선)

구태여(敢-忍爲) 세상 만물보다(天下) 앞서(先-前) 하지(爲-助) 않기에(不),

故能成器長。(고능성기장)

그러므로(故) 능히(能) 도의(器-道) 늘 그러함을(長-永-常) 이룬다(成-就).

今舍慈且勇, 舍儉且廣,(금사자차용, 사검차광)

이제(今) 사랑을(慈-愛) 버리고(舍-棄) 구차하게(且-苟) 과감한 척하고(勇-果

敢), 검소함을(儉-貧) 버리고(舍-棄) 구차하게(且-苟) 트인 척하고(廣-闊),

　舍後且先, 死矣!(사후차선, 사의)

　뒤지기를(後-遲) 버리고(舍-棄) 구차하게(且-苟) 앞서면(先-始),

　(늘 그러지 못하고) 끝나게(死-終) 되리라(矣)!

　夫慈, 以戰則勝, 以守則固。(부자, 이전즉승, 이수즉고)

　무릇(夫) 사랑(慈-愛)으로(以) 경쟁을(戰-競) 하면(則) 이기고(勝),

　사랑(慈-愛)으로(以) 지키려고(守) 하면(則) 견고해진다(固-堅).

　天將救之, 以慈衛之。(천장구지, 이자위지)

　하늘이(天) 장차(將-漸) 도와서(救-助) 쓰고(之-用).

　사랑(慈-愛)으로(以) 지켜서(衛-防) 쓴다(之-用).

- 제 67장 풀이 -

　노자가 道를 논하면 세상에서 내로라하는 사람들이 말하기를 우리가 논하는 도와 비슷하게도 닮지 않았다고 했다고 한다. 제67장은 그렇게 성인인 척하는 사람들에게 하는 쓴소리로서, 제41장을 참고하면 이해할 수 있다.

　하사문도, 대소지(下士聞道, 大笑之) - 제41장 참조.

　"못난 선비는 도를 듣고, 뽐내면서 도를 비웃는다."

　불소, 부족이위도(不笑, 不足以爲道)

　"(그가) 웃지 않으면, 도라고 부를 이유가 부족하다."

　天下皆謂我道大, 似不肖。(천하개위아도대, 사불초)

　夫唯大, 故似不肖。(부유대, 고사불초)

　若肖, 久矣其細也夫!(약초, 구의기세야부)

　노자의 道에 대한 설명은 우선 한없이 크고, 넓지만, 세상 사람들은 너무 커서 보이지 않으므로 도(道)를 닮지(肖) 않았다고(不) 조롱한다. 세상 사람들은 지식과 경험의 수준으로 인정할 수 없으면 믿지 않는다.

　奚以之九萬里而南爲。(해이지구만리이남위) - 莊子 內篇 逍遙遊.

　"무엇 때문에 붕은 구만리나 날아올라 남쪽으로 가는 것일까?"

그렇다면 道란 예부터 눈에 보이는 자잘(細)한 것이냐라는 노자의 한탄이다. 즉 보이는 세계만 있는 것이 아니고 보이지 않는 세계도 있다는 것이다.

역중유사대, 이왕거기일언.(域中有四大, 而王居其一焉) - 제25장 참조.

"우주 속에 네 개의 큰 것이 있으니, 이 중에 사람이 그 하나를 차지하고 있도다!"

인법지, 지법천, 천법도, 도법자연.(人法地, 地法天, 天法道, 道法自然)

"사람들은 땅을 본받고, 땅은 하늘을 본받으며, 하늘은 도를 본받고, 도(道)는 스스로 그러함을 본받는다."

아마도 道와 사람(王)을 같은 등급으로 설명하고, 도는 스스로 그러함을 본받고, 하나님보다 앞서 있었는지 모른다는 노자의 설명을 이해하기 어려웠을 것이다.

오부지수지자, 상제지선!(吾不知誰之子, 象帝之先) - 제4장 참조.

"나는 (道가) 누구의 자식인지 알지 못한다, 하나님의 징후보다 앞서 있었는지!"

我有三寶, 持而保之。(아유삼보, 지이보지)
一曰慈, 二曰儉,(일왈자, 이왈검)
三曰不敢爲天下先。(삼왈불감위천하선)
慈故能勇, 儉故能廣,(자고능용, 검고능광)
不敢爲天下先,(불감위천하선)

사랑과 검소함이 귀하지만, 그를 이루기 위해서 구태여 세상보다 앞서 하지 않는다. 노자의 세 가지 보물은 한마디로 모두 사랑이다.

첫째 자(慈)는 사랑을 뜻하지만, 사랑하므로 인자(仁慈)하지 않다는 역설이 나온다. 왜냐하면 천지(天地)와 성인(聖人)은 인자(仁慈)하지 않기 때문이다.

천지불인, 성인불인(天地不仁, 聖人不仁) - 제5장 참조.

"천지는 어질지 않으니, 성인도 어질지 않으니."

둘째 검(儉)은 만물을 사랑하여 가난하게 사는 것으로 족(足)하니 오히려 부(富)하다는 역설이 나온다.

지족자부, 강행자유지.(知足者富, 强行者有志) - 제33장 참조.

"(현재의) 족함을 아는 자는 넉넉하고(知足을) 힘써 행하는 자는 뜻이 있는 것이다."

제59장의 색(嗇)과 비교하면 만물을 아끼고(愛) 사랑하는 것과 같다.

치인사천, 막약색(治人事天, 莫若嗇) - 제59장 참조.

"사람을 다스리고 하늘을 다스리는데, 아끼는 것과 비교할 것이 없다."

셋째 세상보다 구태여 앞서지 않음도 사랑의 표출이다.

시이성인, 후기신이신선(是以聖人, 後其身而身先) - 제7장 참조.

"(혼자 살 수 없는) 이런 까닭에 성인은 그 몸을 뒤로하되 몸이 앞서고,"

이 道를 깨닫지 못하는 하사문도(下士聞道)는 앙천대소(仰天大笑)할 것이다.

故能成器長。(고능성기장)

기(器)는 평범한 그릇의 용도일 수도 있지만, 마땅히 道로 해석되어야 한다.

천하신기, 불가위야! (天下神器, 不可爲也!) - 제29장 참조.

"천하는 신령한 도구(形式-器)라서 (인위적으로) 할 일이 마땅히 없는 것이야!"

고능성기사.(故能成其私) - 제7장 참조.

"그러므로 능히 그 사사로움을 이룬다."

고능성기대 (故能成其大) - 제34, 63장 참조.

"그러므로 능히 그 큼을 이룬다."

제41장의 대기만성(大器晚成)을 생각나게 한다.

今舍慈且勇, 舍儉且廣,(금사자차용, 사검차광)
舍後且先, 死矣!(사후차선, 사의)

사랑(慈-愛)하면 두려움이 없어져 과감(勇-果敢)해지고, 검소(儉-貧)하여 가난하게 살면, 세상이 확 트인다(廣-闊). 道의 원리를 따르면 성인과 같이 늘 그러한 삶을 살아서 죽음의 자리가 없지만, 그 원리를 잃어버린 하사문도(下士聞道)는 깨닫지 못하여 죽음을 맞이하게 된다.

이기무사지.(以其無死地) - 제50장 참조.

"(善攝生者) 그에게는 죽음의 자리가 없기 때문이다."

사랑 안에 두려움이 없고 온전한 사랑이 두려움을 내어 쫓나니 두려움에는 형벌이 있음이라 두려워하는 자는 사랑 안에서 온전히 이루지 못하였느니라.(요한일서 4:18)

夫慈, 以戰則勝, 以守則固。(부자, 이전즉승, 이수즉고)
天將救之, 以慈衛之。(천장구지, 이자위지)

고린도전서 13:4~8에서의 사랑을 道의 용(用)인 德으로 바꾸어 새겨본다. 그런즉 성인은 德으로 경쟁하지 않으므로 모든 경쟁에서 이기고, 德으로 지켜 견고해지므로, 하늘도 그를 德으로 도우면서 쓰고, 지키면서 쓴다.

德은 오래 참고, 德은 온유하며 투기하는 것이 되지 아니하며, 德은 자랑하지 아니하며, 교만하지 아니하며, 무례히 행치 아니하며, 자기의 유익을 구하지 아니하며, 성

내지 아니하며, 악한 것을 생각지 아니하며, 불의를 기뻐하지 아니하며, 진리와 함께 기뻐하고, 모든 것을 참으며, 모든 것을 믿으며, 모든 것을 바라며, 모든 것을 견디느니라. 德은 언제까지든지 떨어지지 아니하나 예언도 폐하고 방언도 그치고, 지식도 폐하리라.(고린도전서 13:4~8)

도자, 만물지오(道者, 萬物之奧) - 제62장 참조.

"道라는 것은, 만물의 아랫목이니,"

선인지보, 불선인지소보(善人之寶, 不善人之所保)

"(아랫목-근원이란) 선한 사람에 있어서는 보배요, 선하지 못한 사람에 있어서도 보전되고 있는 바이다."

이렇듯 노자의 道는 선한 사람에게나 선하지 못한 사람에게나 그 아랫목(근원)을 내어 주므로, 세상 종교와 같지 아니하니(不肯) 선한 사람은 천국에 가고, 선하지 못한 사람은 지옥에 보내는 이원론적(二元論的) 사고가 없다. 그러므로 노자의 道는 너무 커서 세상 사람들이 道 같지 않아 보인다고 할 수밖에 없을 것이다.

제 68장

善爲士者不武, 善戰者不怒,(선위사자불무, 선전자불노)

도를(士-道) 잘(善-良) 행하는(爲-行) 자는(者) 무력으로 위세 하지(武-武威)
않으며(不), 경쟁을(戰-競) 잘하는(善-良) 자는(者) 성내지(怒-憤激) 않으며(不),

善勝敵者不與, 善用人者爲之下。(선승적자불여, 선용인자위지하)

상대를(敵) 잘(善-良) 이기는(勝) 자는(者) 간여하지(與-干與) 아니하며(不),
사람을(人) 잘(善-良) 다스리는(用-使) 자는(者) 밑(下)에서(之) 이룬다(爲-成).

是謂不爭之德,(시위부쟁지덕)

이를(是) 일컬어(謂) 다투지(爭-競) 않음(不)의(之) 덕이라(德-惠) 하고,

是謂用人之力,(시위용인지력)

이를(是) 일컬어(謂) 사람(人) 다스림(用-使)의(之) 힘이라(力-能力) 하며,

是謂配天, 古之極。(시위배천, 고지극)

이를(是) 일컬어(謂) 하늘의(天) 짝이며(配-匹),
(비롯함) 시작(古-始)의(之) 끝이라(極-終) 한다.

- 제 68장 풀이 -

제68장은 처음부터 무(武), 전(戰), 적(敵), 용인(用人) 등으로 도배하여 혹자
의 해석처럼, 병가(兵家)의 전략서(戰略書)처럼 보이지만, 마지막 문장인 시위
배천, 고지극(是謂配天, 古之極)을 설명할 수 없으니 결국은 道의 설명일 수밖
에 없다. 전쟁은 사람들의 바라는(欲) 것이 많아지므로 일어나는 비극이지, 천
지의 스스로 그러함(自然)이 원하는 바가 아니다. 무엇 때문에 노자가 병법을
위하여 시(詩)를 읊는단 말인가?

善爲士者不武, 善戰者不怒,(선위사자불무, 선전자불노)
善勝敵者不與, 善用人者爲之下。(선승적자불여, 선용인자위지하)
선비 사(士) 자(字)가 도덕경에 5번 나온다.
古之善爲士者(15) 上士聞道(41) 中士聞道(41) 下士聞道(41) 善爲士者不武(68)

한 번도 장군이나 무력을 쓰는 사람으로 해석되어야 할 곳이 없다. 선위사자(善爲士者)라는 표현은 제15장에 한 번 있었고, 이와 비슷한 선위도자(善爲道者)라는 표현이 제65장에 한 번 표현되지만, 제68장과 달리 장군으로 해석할 수 없는 문장들이다. 제68장은 무(武) 字 때문에 장군이나 무력을 쓰는 사람으로 하여도 훌륭한 해석이 나올 수 있음을 인정하지만, 이는 노자의 반어법적(反語法的) 시구(詩句)이며, 무(武), 전(戰), 적(敵), 용인(用人)을 비유로 사용한 사랑(道)의 모습이다.

그러므로 선위사자(善爲士者)는 제41장에 표현된 "큰선비는 도를 듣고 노력하면서 도를 행하는 사람," 즉 상사문도(上士聞道)를 이른다고 해석하는 것이 타당하다. 하사문도(下士聞道)에게 병법(兵法)을 전해 줄 이유가 전혀 없는 것이다. 그들은 기꺼이 전쟁으로 사람들을 못살게 할 분들이기 때문이다. 그러므로 무(武), 전(戰), 적(敵), 용인(用人) 등은 병법으로 해석하지 말고, 道의 입장에서 해석되어야 한다.

是謂不爭之德,(시위부쟁지덕)
是謂用人之力,(시위용인지력)
부유부쟁, 고천하막능여지쟁.(夫惟不爭, 故天下莫能與之爭) - 제22장, 66장 참조.
"무릇 다투지 않기 때문에, 고로 세상 만물은 능히 그와 더불어 다툴 수 없다."
장군(下士聞道)은 시비를 잠재우고, 무력을 과시하기 위하여 존재하지만, 道는 처음부터 만물과 다툴 의향이 전혀 없고, 부쟁(不爭)은 사람을 다스리는 능력(能力-德)이 되니, 스스로 그러함의 결과이다.

是謂配天, 古之極。(시위배천, 고지극)
도(道)의 비롯함(古-始-根源)이 천지(天地) 시작의 실마리(紀)이다.
집고지도, 이어금지유.(執古之道, 以御今之有) - 제14장 참조.
"옛 비롯함(古-始-根源)의 도를 지키면 그로 인하여 지금의 만물을 다스린다."
능지고시, 시위도기.(能知古始, 是謂道紀)
"시작의 비롯함을 능히 알면, 이를 일컬어 도의 실마리라 한다."

제 69장

用兵有言,(용병유언)

군대를(兵) 부리는(用-使) 옛 구절(言-一句) 있으니(有),

吾不敢爲主而爲客,(오불감위주이위객)

나는(吾) 구태여(敢-忍爲) 주체가(主-主體) 되지(爲) 않고(不) 오히려(而) 객체가(客-客體) 되며(爲)

不敢進寸而退尺。(불감진촌이퇴척)

함부로(敢-忍爲) 한 치도(寸) 나아가지(進-前進) 않고(不) 오히려(而) 한 자(尺) 물러난다(退-却).

是謂行無行,(시위행무행)

이를(是) 일컬어(謂) (군대를) 쓰지(行-用) 않는 듯(無-不) 쓴다고(行-用) 하며,

攘無臂, 扔無敵, 執無兵。(양무비, 잉무적, 집무병)

팔을(臂-肱) 없는 듯이(無-不) 걷어붙이고(攘-擾), 적을(敵) 없는 듯이(無-不) 끌어드리며(扔), 병기를(兵-兵器) 없는 듯이(無) 잡는다(執-操持).

禍莫大於輕敵, 輕敵幾喪吾寶。(화막대어경적, 경적기상오보)

적을(敵) 가볍게 여기는(輕-侮) 것보다(於) 큰(大) 재앙이(禍-災) 없나니(莫-無), 적을(敵) 가볍게 여기면(輕-侮) 백성의(吾) 귀한 것을(寶-貴) 모두(幾) 잃는다(喪-失).

故抗兵相加, 哀者勝矣!(고항병상가, 애자승의!)

고로(故) 군사를(兵-軍士) 서로(相-共) 더하여(加-增) 겨룬다면(抗-敵), (백성들의 생명과 재산 잃는 것을) 슬퍼하는(哀-痛) 자가(者) 이길(勝) 것이로다(矣)!

- 제 69장 풀이 -

제69장은 제31장과 유사하다. 아무리 음미하여도 道를 읊은 시구라 하기 어렵다. 삼국지에서 제갈공명의 공격을 수비로 막아낸 사마의를 보는 것 같다. 전쟁으로 고통받는 백성들을 바라보는 노자는 道로 해결할 수 없는 안타까움

을 옛 병서(兵書)를 인용했을 뿐, 도덕경은 병가(兵家)를 위한 책이라고 할 수 없다. 백성들의 생명과 재산을 잃는 것을 슬퍼하는 자가 결국은 승리할 것이라고 부르짖는 노자의 절규이다. 시이성인(是以聖人)이라는 시구가 없는 것을 보아 제69장의 수신자는 성인이 될 수 없고 통치자들과 권세를 부리는 자들이다.

用兵有言(용병유언)
吾不敢爲主而爲客(오불감위주이위객)
不敢進寸而退尺。(불감진촌이퇴척)

옛 병법의 용병술(用兵術)에 전쟁을 일으키는 잔인한 주체가 되지 말고 적이 쳐들어오기 때문에 어쩔 수 없이 참전하는 객체가 되고, 함부로 맞대응하지 않고 뒤로 물러서는 전략을 짠다. 이는 아군을 움직이게 하지 않고 적을 움직이게 하여 피곤하게 하는 전략이다. 병법(兵法)에 전하는 말이 있으니 "적과 싸우지 않고 온전히 굴복시키는"(不戰而屈人之兵) 방법이 으뜸의 계책이라고 한다. 전쟁은 인간들의 욕심이 만들어 놓은 인간사 최후의 막장이다. 굴복시킨다는 말 자체가 이미 다툼(爭)인데, 부쟁(不爭)하는 道와 거리가 먼 전쟁을 예로 들어 부쟁(不爭)을 설명하는 노자의 심정은 무엇일까? 전쟁 역시 억겁의 세월을 보내는 교육과정일 뿐이니 하지 않을 방법을 찾으라는 것인가? 전쟁도 측은지심(惻隱之心)을 가지고 하라는 것은 이해가 간다(哀者勝矣). 인간사는 권력자들의 욕심이 벌린 전쟁의 역사이다. 이 세상에 전쟁을 없애는 방법은 모든 인간의 차원상승(次元上昇) 즉 스스로 그러함을 깨닫는 일뿐이지만, 삼차원 물질세계에서는 절대 불가능한 일이다.

是謂行無行(시위행무행)
攘無臂, 扔無敵, 執無兵。(양무비, 잉무적, 집무병)

이는 병법의 기만전술일 뿐이지만, 노자는 전쟁을 부득이 하라는 것이다. 원래 공격하는 자는 두 배의 전력이 필요하므로 수비하는 자는 적군을 깊숙이 끌어들여 피곤하게 하고 보급을 어렵게 만들며, 전투력이 없는 듯이 행동하여 충돌을 피하는 것이 옳다고 하는 것이다.

禍莫大於輕敵, 輕敵幾喪吾寶。(화막대어경적, 경적기상오보)

그러나 적을 가볍게 생각하여 行無行, 攘無臂, 扔無敵, 執無兵을 한다면 백성들의 귀한 것, 즉 제67장에서의 아유삼보(我有三寶)를 모두 잃게 된다는 의미이다.

故抗兵相加, 哀者勝矣. (고항병상가, 애자승의)

전쟁을 할 수밖에 없다면, 백성들의 생명과 재산을 잃는 것을 슬퍼하는 통치자가 결국에는 승리할 것이다. 이는 백성들이 그 통치자의 마음을 읽고 전력을 다하여 싸울 것이기 때문이다.

살인지중, 이애비읍지.(殺人之衆, 以哀悲泣之) - 제31장 참조.

"많은 사람을 죽였으니, 불쌍함과 슬픔으로 울어야 한다."

전승, 이상례처지.(戰勝, 以喪禮處之)

"전쟁의 승리는, 거상의 의식을 표준으로 해야 한다."

이에 예수께서 이르시되 네 검을 도로 집에 꽂으라 검을 가지는 자는 다 검으로 망하느니라. (마태복음 26:52)

제 70장

吾言甚易知, 甚易行,(오언심이지, 심이행)
나의(吾-我) 말은(言-語) 참으로(甚) 알기(知-識) 쉽고(易-不難),
참으로(甚) 행하기(行) 쉬운데(易-不難),
天下莫能知, 莫能行。(천하막능지, 막능행) - 제78장 참조
세상 사람들은(天下) 능히(能) 알지(知-識) 못하고(莫-勿),
능히(能) 행하지(行) 못한다(莫).
言有宗, 事有君,(언유종, 사유군)
말에는(言-語) 근본이(宗-本) 있고(有),
일에는(事) 상대가(君-彼) 있으나(有),
夫唯無知, 是以不我知。(부유무지, 시이불아지)
대저(夫) (말의 근본과 일의 상대를) 알지(知-識) 못하기(無) 때문에(唯),
이런(是-此) 까닭에(以-因) 나를(我) 알지(知) 못한다(不).
知我者希, 則我者貴。(지아자희, 칙아자귀)
나를(我) 알아보는(知-識) 사람이(者) 드물어서(希-罕),
그런즉(則) 나 같은(我) 사람은(者) (상대적으로) 귀해진다(貴).
是以聖人被褐懷玉。(시이성인피갈회옥)
이런(是-此) 까닭에(以-因) 성인은(聖人),
굵은 베옷을(褐-毛布) 입고(被) 옥을(玉) 품었다 하는(懷-藏) 것이다.

- 제 70장 풀이 -

제70장은 "나의 말은 참으로 알기 쉽고, 참으로 행하기 쉬운데,"로 시작한다. 제 63, 64장을 참조하면 70장의 실마리가 풀린다.

吾言甚易知, 甚易行,(오언심이지, 심이행)
天下莫能知, 莫能行。(천하막능지, 막능행) - 제78장 참조
세상사 모든 것이 쉬운 것으로부터 시작하고, 미세한 것으로부터 시작되는

것이 道의 원리이고, 우주의 생성원리다. 사람과 사람과의 관계도 처음에는 쉬운 것부터 시작하여 복잡하게 얽히게 되는 것이 상식이다.

천하난사, 필작어이(天下難事, 必作於易) - 제63장 참조.

천하대사, 필작어세.(天下大事, 必作於細)

"세상 만물의 어려운 일은, 반드시 쉬운 것에서 비롯되고,"

"세상 만물의 큰일은, 반드시 미세한 것에서 비롯된다."

이렇게 쉽고 미세한 것으로부터 시작되어도 그것을 능히 알지도 못하고 행하지도 못하는 이유는 인간의 지식으로 인하여, 바라는(欲) 것이 많아져 눈과 귀가 어두워져 道를 알려고 하지 않기 때문이다. 욕심이 없으면 그 마음이 고요하여 세상 사는 일에 어려움이 없을 것이지만 눈과 귀가 어두워진 마음 때문에 매우 평평한 곳 위에서 더불어 편히 살 수 있는 것을 마다하고 작은 길 위에서 복잡하게 얽혀 사는 세상 사람들을 향한 노자의 한탄이다. 예수도 같은 한탄을 한다.

나는 마음이 온유하고 겸손하니 나의 멍에를 메고 내게 배우라 그러면 너희 마음이 쉼을 얻으리니 이는 내 멍에는 쉽고 내 짐은 가벼움이라 하시니라.(마태복음 11:29~30)

기안이지, 기미조이모.(其安易持, 其未兆易謀) - 제64장 참조.

"(不欲) 그 마음이 고요하여 지키기 쉽고, 그 마음이 드러나지 않아서 도모하기 쉽다."

대도심이, 이민호경.(大道甚夷, 而民好徑) - 제53장 참조.

"큰 도는 매우 평평한데도, 사람들은 (오히려) 작은 길을 서로 좋아한다."

言有宗, 事有君,(언유종, 사유군)

아래의 시구(詩句)가 도덕경이 가르치는 말(言)의 근본(宗)이다.

선언무하적(善言無瑕謫) - 제27장 참조.

"옳은 말은, 티 같은 허물도 없고,"

지자불언, 언자부지.(知者不言, 言者不知) - 제56장 참조.

"깨달은 자는 말하지 않고, 말하는 자는 깨닫지 않은 것이다."

시이욕상민, 필이언하지(是以欲上民, 必以言下之) - 제66장 참조.

"이런 까닭에 사람들보다 위가 되고자 한다면, 반드시 말을 낮추어 써야 하고,"

정언약반.(正言若反) - 제78장 참조.

"바른말은 틀리는 것 같다."

신언불미, 미언불신.(信言不美, 美言不信) - 제81장 참조.

"참된 말은 아름답지 않고, 아름다운 말은 참되지 않다."

모든 말은 근본을 떠나지 않으며, 하는 일에는 상대가 누구인지에 따라서 그에게 맞는 대응을 하므로, 道를 아는 사람과는 道로 대응하고, 德을 아는 사람과는 德으로 대응하고, 그 모두를 잃은 구질구질한 사람과는 구질구질하게 대응한다. 무위를 일삼아 사는 성인을 알아보는 사람이 드물어서 오히려 성인은 천덕꾸러기 취급을 당하는 귀한 별종이 된다.

시이성인처무위지사 (是以聖人處無爲之事) - 제2장 참조.

"이런 까닭에 성인은 무위를 일삼아 살고,"

고종사어도자, 도자동어도 (故從事於道者, 道者同於道) - 제23장 참조.

"그러므로 도를 좇아서 섬기는 사람은, 도를 아는 사람하고는 도로써 같아지고,"

夫唯無知, 是以不我知。(부유무지, 시이불아지)

知我者希, 則我者貴。(지아자희, 칙아자귀)

칙(則)의 의미를 "본받을 칙"으로 하여 "나를 본받는 자가 귀하다"로 할 수 있으나 문장의 행간으로 보아서 말의 근본과 일의 상대를 아는 성인은 상대적으로 홀대를 받아 귀해진다는 해석이 온당한 것 같다.

是以聖人被褐懷玉。(시이성인피갈회옥)

중인개유이, 이아독완사비.(衆人皆有以, 而我獨頑似鄙). - 제20장 참조.

"뭇 사람들은 모두 쓸모가 있는데, 나는 홀로 천덕꾸러기처럼 무딜 뿐이다."

아독이어인이귀식모(我獨異於人而貴食母)

"내가 홀로 뭇 사람과 다른 것은(만물을) 먹이는 어미를 공경할 뿐이다."

나는 홀로 천덕꾸러기처럼 무뎌 삼베옷(被褐)을 입은 것 같지만, 내가 홀로 뭇 사람과 다르게 옥을 품었다(懷玉) 함은 만물을 먹이는 어미(道)를 공경하기 때문이다. 성경에서 비유하는 천국도 마치 감추어진 보화와 같으니 그것을 발견한 성인이 소유를 포기하고 그 밭을 사는 모습이 삼베옷 속의 옥을 품은 것과 같다.

천국은 마치 밭에 감추인 보화와 같으니 사람이 이를 발견한 후 숨겨 두고 기뻐하여 돌아가서 자기의 소유를 다 팔아 그 밭을 샀느니라.(마태복음 13:44)

제 71장

知不知, 上, 不知知, 病。(지부지, 상, 부지지, 병)
알면서도(知-識) 알지(知-識) 못한다는 것이(不), 뛰어난(上) 것이고,
알지(知-識) 못하면서도(不) 안다고 하는 것이(知-識), 병이다(病-缺點).
夫唯病病, 是以不病。(부유병병, 시이불병)
대저(夫-大抵) 병은(病-缺點) 병일(病-缺點) 뿐이니(唯),
이런(是-此) 까닭에(以) 병이(病-缺點) 아니다(不).
聖人不病, 以其病病。(성인불병, 이기병병)
성인은(聖人) 병이(病-缺點) 없으니(不),
그(其) 병을(病-缺點) 병으로 알기(病-缺點) 때문이다(以).
是以不病。(시이불병)
이런(是-此) 까닭에(以) 병이(病-缺點) 아니다(不).

- 제 71장 풀이 -

知不知, 上, 不知知, 病。(지부지, 상, 부지지, 병)
제56장의 시구(詩句) 형식과 같다.
지자불언, 언자부지.(知者不言, 言者不知) - 제56장 참조.
"깨달은 자는 말하지 않고, 말하는 자는 깨닫지 않은 것이다."
지(知)를 식(識)으로 읽지 않고 각(覺)으로 읽으면 아래와 같아진다.
깨달아도(知-覺) 깨닫지(知-覺) 못한다는 것이(不), 뛰어난(上) 것이고, 깨닫지(知-覺)
못하면서도(不) 깨달았다고 하는 것이(知-覺), 병이다(病-缺點).

인간의 지식(知識)이 道를 도라고 하는 순간 늘 그러한 도(常道)가 비상도
(非常道)가 되듯이 깨달음이나 지식도 안다고 하는 순간 변한다. - 제1장 참조
　이것이 영성(靈性)에 관한 것이라면 말할 나위도 없다. 노자가 중묘지문(衆
妙之門-제1장 참조)의 안쪽을 안다고 하지 않은 이유이고, 예수나 싯달타도 언
어로 표현할 수 없는 고차원의 진리를 보았을 것이다. 깨달았다고 하는 순간
내가 옳다고 주장하면서, 상대방을 틀렸다고 할 것이다. 이것으로 흠이 되고

병이 된다. 그러므로 내가 옳다고도 하지 말고 상대방의 말을 틀렸다고도 하지 말아야 한다. 지(知)와 부지(不知)가 둘이 아니고(不二) 하나이기 때문이다. 그러므로 공성(功成-제2장 참조)을 위하여는 지, 부지가 문제 될 수 없으니, 살아 있는 동안 자기 때에 맞춰 열심히 살면 되지 않을까?

공성이불거, 부유불거, 시이불거.(功成而不居, 夫唯弗居, 是以不去) - 제2장 참조.

"(성인은 태어난) 공을 이루었으니 이로써 살지 않는다. 대저 살지 않을 뿐이니, 이런 까닭에 죽는 것도 아니다."

夫唯病病, 是以不病。(부유병병, 시이불병)
聖人不病, 以其病病。(성인불병, 이기병병)
是以不病。(시이불병)

얻음과 잃음 그 자체가 병일 뿐인데 어느 것이 더 괴로운 병일까? 성인은 병을 병으로 알기 때문에 얻던, 잃던, 넉넉하게 생각하므로 병이 될 수 없다. 이런 까닭에 병이 되지 않으니, 욕되지도 않고, 두렵지도 않아, 성인의 생명은 죽음의 자리가 없어(以其無死地.-제50장 참조) 넓고 오래 간다. 누구에게나 병이 아니지만, 일반인들은 병이 아님을 모르는 연고로 죽음의 자리를 두려워하는 자들에게 예수는 참새까지도 하나님이 사랑하고 있음을 강조한다.

참새 다섯이 앗사리온 둘에 팔리는 것이 아니냐 그러나 하나님 앞에는 그 하나라도 잊어버리시는 바 되지 아니하는도다. 너희에게는 오히려 머리털까지도 다 세신 바 되었나니 두려워하지 말라 너희는 많은 참새보다 귀하니라.(누가복음 12:6~7)

득여망숙병.(得與亡孰病?) - 제44장 참조.

"얻음과 잃음 어느 것이 괴로울까(病-苦)?"

지족불욕, 지지불태, 가이장구.(知足不辱, 知止不殆, 可以長久)

"(몸이) 넉넉함을 깨달으면 욕되지 않고, 한계를 깨달으면 두렵지 않으니(생명은) 가히 넓으며 오래간다."

예수도 하나님의 道를 지키는 사람의 생명은 영원하다고 가르치므로 노자의 道와 같은 의미가 된다.

진실로 진실로 너희에게 이르노니 사람이 내 말을 지키면 죽음을 영원히 보지 아니하리라.(요한복음 8:51)

제 72장

民不畏威, 則大威至。(민불외위, 즉대위지)
사람들이(民) (천지의) 법칙을(威-法則) 두려워하지(畏-懼) 않으면(不),
그런즉(則) 더 큰(大) 법칙이(威-法則) 도래한다(至-到).
無狎其所居, 無厭其所生。(무압기소거, 무염기소생)
(천지의 법칙대로) 그렇게(其) 늘 사는(居-常有) 바를(所-所以) 가볍게 여기지
(狎-輕) 않고(無-不), 그렇게(其) 태어난(生-出) 바를(所-所以) 싫어하지(厭-惡)
않는다(無-不).
夫唯不厭, 是以不厭。(부유불염, 시이불염)
대저(夫-大抵) 오직(唯) 싫어하지(厭-惡) 않으니(不),
이런(是) 까닭에(以-因) 싫어하는 것이(厭-惡) 아니다(不).
是以聖人自知, 不自見,(시이성인자지, 부자현)
이런(是-此) 까닭에(以) 성인은(聖人) 자기의(自-己) 깨달음을(知-覺),
스스로(自-躬親) 드러내지(見) 않고(不),
自愛, 不自貴。(자지불자현, 자애, 부자귀)
자기의(自-己) 사랑을(愛-吝),
스스로(自-躬親) 귀하게 여기지(貴-尊重) 않는다(不).
故去彼取此。(고거피취차) - 제12, 38장 참조
고로(故) 아닌 것은(彼-匪) 버리고(去-棄) 이것을(此-被之對) 거둔다(取-收).

- 제 72장 풀이 -

제72장은 스스로 그러함(道)의 법칙을 두려워하지 않는 사람들에 대한 경고
다. 황제나 권력자들의 법칙을 두려워하라는 자질구레한 경고가 아니다. 사람
들이 천지의 법칙이 두려운 바를 우습게 여기는 것은 옳지 않다는 의미다.

民不畏威, 則大威至。(민불외위, 대위지의)
인간들은 하늘 무서운 줄 모르고 스스로 그러함(自然)의 법칙을 파괴하고

있다. 인간 욕심의 극대화되어 나타나는 현상이 전쟁이며, 이로부터 자연은 훼손되기 시작하였고, 편리함만 찾으므로 인하여 발달한 문명은 지구의 환경을 극도로 오염시키고 있음을 알 수 있다. 아마도 하늘의 법칙을 두려워하지 않아서 오늘날 Corona19에 전 인류가 몸살을 앓고 있지만, 이도 두려워하지 않는다면 더 큰 하늘의 법칙으로 인류가 멸망할 수도 있을 것이다. 스스로 그러한 (自然) 하나님의 법칙을 오히려 두려워하여 깨닫기를 거부하고, 차라리 눈과 귀를 닫고 있는 사람들을 향하여 예수는 한탄하고 있다.

이 백성들의 마음이 완악하여져서 그 귀는 듣기에 둔하고 눈은 감았으니 이는 눈으로 보고 귀로 듣고 마음으로 깨달아 돌이켜 내게 고침을 받을까 두려워함이라 하였느니라.(마태복음 13:15)

無狎其所居, 無厭其所生。(무압기소거, 무염기소생)
夫唯不厭, 是以不厭。(부유불염, 시이불염)

성인의 삶은 천지의 법칙을 가볍게 여기지 않고, 그 법칙대로 태어난 것을 싫어하지 않는다. 그러므로 성인은 이 땅에 태어나 살면서, 스스로 그러함의 법칙대로 살아가기 때문에 세상 만물을 싫어하거나 미워할 이유가 전혀 없는 것이다. 제51장을 참조하면 道를 깨달은 성인은 삶을 가볍게 여기거나, 삶 자체를 싫어할 이유가 없으니 이를 현묘한 덕이라고 한다.

생이불유, 위이불시(生而不有, 爲而不恃) -제51장 참조.
"(道는) 낳았을 뿐 소유하지 않으며, 할 뿐 주장하지 않고,"
장이부재, 시위현덕.(長而不宰, 是謂玄德)
"키울 뿐 지배하지 않는다. 이를 일러 현묘한 덕이라 한다."

是以聖人自知, 不自見,(시이성인자지, 부자현)
自愛, 不自貴。(자지불자현, 자애, 부자귀)

성인의 삶은 道를 닮지 않을 수 없다. 그러므로 제72장 역시 道에 대한 시구(詩句)임이 확실하다. 예수의 가르침도 역시 동일하다.

너는 구제할 때에 오른손의 하는 것을 왼손이 모르게 하여 네 구제함이 은밀하게 하라 은밀한 중에 보시는 너의 아버지가 갚으시리라.(마태복음 6:3~4)

故去彼取此。(고거피취차) - 제12, 38장 참조.

그러므로 성인은 자지(自知)와 자애(自愛)를 버리고 부자지(不自知)와 부자귀(不自貴)를 취한다. 삼차원 물질세계의 환상을 버리고, 우주의 비롯함(始·根源) 즉 道를 택하기 때문에 본인의 깨달음을 스스로 드러내지 않고, 본인이 세상 만물을 사랑하는 마음에 대하여 스스로 귀하게 여기지 않는 것이다. 이는 세상 만물과 둘이 아님을(不二) 알기 때문이다.

제 73장

勇於敢則殺, 勇於不敢則活.(용어감즉살, 용어불감즉활)

(하늘은) 구태여 하는(敢-忍爲) 것에(於) 과감(勇-果敢)하면(則) 죽이고(殺-戮),
구태여 하지(敢-忍爲) 않을(不) 것에(於) 과감(勇-果敢)하면(則) 살린다(活-生),

此兩者, 或利或害.(차양자, 혹리혹해)

(敢에 용감한 것과 不敢에 용감한) 이(此-是) 두(兩) 가지는(者),
이로울 수도(利-吉) 있고(或-有) 해로울 수도(害-禍) 있다(或-有).

天之所惡, 孰知其故?(천지소오, 숙지기고?)

(敢에 용감한 것을) 하늘(天)이(之) 싫어하는(惡-忌避) 바(所-所以),
그(其) 까닭을(故-理由) 누가(孰-誰) 깨닫겠는가(知-覺)?

是以聖人猶難之.(시이성인유난지) - 제63장 참조

이런(是-此) 까닭에(以) 성인은(聖人) (不敢에 용감한 것조차도) 오히려(猶-尙)
어렵게(難) 여긴다(之-用),

天之道,(천지도)

하늘(天)의(之) 도는(道),

不爭而善勝, 不言而善應,(부쟁이선승, 불언이선응)

다투지(爭-競) 않아(不)도(而) 잘(善-良) 이기고(勝),
말을 하지(言-語) 않아(不)도(而) 잘(善-良) 응하며(應-物相感)

不召而自來, 繟然而善謀.(부소이자래, 천연이선모)

부르지(召-呼) 않아(不)도(而) 저절로(自-無勉强) 오고(來-至),
늘어지게(繟-帶緩) 하면서(然)도(而) 훌륭하게(善-良) 도모한다(謀-圖).

天網恢恢, 疏而不失.(천망회회, 소이불실)

하늘(天) 법망은(網-法) 얼기설기하게(恢恢),
트였지(疏-通)만(而) 빠트리지(失-漏) 않는다(不).

- 제 73장 풀이 -

제73장은 하늘(道)의 사랑 이야기로 시작한다.

아버지께서 나를 사랑하시는 것은 내가 다시 목숨을 얻기 위하여 목숨을 버림이라 이를 내게서 빼앗는 자가 있는 것이 아니라 내가 스스로 버리노라 나는 버릴 권세도 있고 다시 얻을 권세도 있으니.(요한복음 10:17~18)

勇於敢則殺, 勇於不敢則活。(용어감즉살, 용어불감즉활)

선한 사람은 마음의 쌓은 선에서 선을 내고 악한 자는 그 쌓은 악에서 악을 내나니 이는 마음의 가득한 것을 입으로 말함이니라.(누가복음 6:45)

감(敢-忍爲)은 "참으면서도(忍) 이루고자 하는(爲) 것"을 의미한다. 사람들이 구태여 하고자 하는 것(欲), 이 세상에서의 부귀와 권력이며, 깨달음(覺)이며, 열반이고, 천국이므로, 이것들에 과감하게 전념하는 사람들은 제명에 죽지 못하도록 하늘이 죽이는(殺) 일을 맡고 있다.

상유사살자살(常有司殺者殺) - 제74장 참조.

"(하늘은) 늘 죽일 자를 맡아서 홀로 죽인다."

반대로 구태여 하지 않을 것에 과감하게 전념하는 사람들의 행동은 노자의 삼보(我有三寶-제67장 참조)와 같은 것이므로 하늘이 살린다고 하는 이유이다. 이런 성인에게는 죽음의 자리가 없기 때문이다(以其無死地.-제50장 참조).

자고능용, 검고능광(慈故能勇, 儉故能廣) - 제67장 참조.

"사랑하기에 응당 과감하고, 검소하기에 응당 트이니,"

불감위천하선(不敢爲天下先)

"구태여(敢-忍爲) 세상보다(天下) 앞서(先-前) 하지(爲-助) 않는다(不)."

한 사람이 두 주인을 섬기지 못할 것이니 혹 이를 미워하며 저를 사랑하거나 혹 이를 중히 여기며 저를 경히 여김이라 너희가 하나님과 재물을 겸하여 섬기지 못하느니라.(마태복음 6:24)

此兩者, 或利或害。(차양자, 혹리혹해)

天之所惡, 孰知其故? (천지소오, 숙지기고?)

스스로 그러한(自然) 하나님이 무엇을 구태여(敢) 사랑하면 다른 것을 죽이는 결과를 초래하기 때문에, 구태여 무엇을 사랑하지 않는다(不敢). 하늘이 먼저 호랑이를 사랑하면 멧돼지가 죽고, 우선 멧돼지를 사랑하면 고구마가 남아 있지 못하는 까닭에 먼저 나서지 않는 것이다. 이로울(利) 수도 있고 해로울(害) 수도 있는 사랑을 하늘이 먼저 나서서 하지 않고 기피 하는 이유를 누가 깨닫겠는가(孰知其故)?

만물이 스스로 그러하면, 하늘은 방관하지만, 만물이 서로를 파괴하면 이윽고 간섭하는데 인자하지 않은 방법, 천재지변을 취한다. 그러므로 죽이기도(殺) 하고, 살리기도(活) 하므로 이롭기도(利) 하고, 해롭기도(害) 하다고 하는 것이다. 아마도 서로를 파괴하는 것(者)은 인간들 외에는 없을 것이다. 이 인자하지 않은 천지의 방법, 천재지변이 만물을 새롭게 살리는 사랑임을 성인은 깨달아 아는 것이다. 그러므로 하늘과 땅은 인자할 수 없는(天地不仁-제5장 참조) 것이다. 죽이는(殺) 것과 살리는(活) 것은 반자, 도지동(反者, 道之動-제40장 참조)의 원리에 의하여 이로울 수도 있고, 해로울 수도 있는 것이다. 살(殺)과 활(活), 이(利)와 해(害)는 둘이 아니고(不二) 하나이기 때문이다.

是以聖人猶難之。(시이성인유난지). - 제63장 참조.
죽이기도(殺) 하고 살리기도(活) 하는 하늘(道)의 병(病-缺點)을 병(病-缺點)으로 생각하여 오히려 어렵게 여기므로 성인에게는 아픔이 아니다. 하늘이 선인, 불선인 가리지 않고 천재지변으로 몰살시키는 잔인함을 보여주어도 성인에게는 아픔이 아니다.

성인불병, 이기병병, 시이불병 (聖人不病, 以其病病, 是以不病) - 71장 참조.
"성인은 병이 없으니, 그 병을 병으로 알기 때문이다. 이런 까닭에 병이 아니다."
시이성인유난지, 고종무난의 (是以聖人猶難之, 故終無難矣) - 제63장 참조.
"이런 까닭에 성인은 오히려 어렵게 여긴다, 고로 다하도록 어려움이 없는 것이다! "

天之道,(천지도)
예부터 천지도(天地道)를 귀하다고 한 이유가 무엇일까?
고지소이귀차도자하? (古之所以貴此道者何?) - 제62장 참조.
"옛날부터 이 도라는 것을 귀하다고 한 이유가 무엇일까?"
하나님이 그 해를 악인과 선인에게 비취게 하시며 비를 의로운 자와 불의한 자에게 내리우심이니라.(마태복음 5:45)

不爭而善勝, 不言而善應,(부쟁이선승, 불언이선응)
不召而自來, 繟然而善謀。(부소이자래, 천연이선모)
道는 다투지 않으면서(不爭), 뭇 사람들이 싫어하는 곳에도 아랑곳하지 않고 사는 가장 착한 물.(上善若水, 水善利萬物而不爭, 處衆人之所惡) - 제8장 참조.

이 물처럼 간여하지 않으며(不與), 아랑곳하지 않고, 훌륭하게 상대를 이기며(善勝),

선승적자불여(善勝敵者不與) - 제68장 참조.

"훌륭하게 상대를 이기는 자는 간여하지 아니하며,"

道는 말로 하지 않으면서도 가르치고 함이 없이도 이롭게 하니 잘 따라서 응하며,

불언지교, 무위지익, 천하희급지.(不言之教, 無爲之益, 天下希及之) - 제43장 참조.

"말로 하지 않음의 가르침, 함이 없음의 이로움은, 세상에 이 같은 것이 드물다."

道는 어떻게 만들어져도 물리치지 않으니 부르지도 않아도(不召) 저절로 온다.

만물작언이불사(萬物作焉而不辭) - 제2장 참조.

"(道는) 만물이 어떻게 만들어져도 물리치지 않고,"

道는 늘어지게 하면서도 구(求)하면 얻고(得), 잘못이 있어도(有罪) 너그럽게(繟然) 면(免)하도록 도모(圖謨)한다.

불왈이구득, 유죄이면야?(不曰以求得, 有罪以免耶?) - 제62장 참조.

"(도를 알면) 말하지 않아도 구하면 얻기 때문이고, 잘못이 있어도 면하기 때문이 아닌가?"

天網恢恢, 疏而不失。(천망회회, 소이불실)

하늘의 그물이(天網) 얼기설기한(恢恢) 것 같지만, 어떤 것도 하늘(道)의 섭리에서 한치도 벗어날 수 없는 이유는 천망(天網)은 안팎조차 없기 때문이다.

시위부쟁지덕 (是謂不爭之德) - 제68장 참조.

"이를 일컬어 다투지 않음의 덕이라 한다,"

제 74장

民不畏死, 奈何以死懼之?(민불외사, 내하이사구지?)
사람들이(民) 죽음을(死-終) 두려워하지(畏-懼) 않으면(不),
어찌(奈-那) 죽음(死-終)으로(以) 위협(懼-威脅)을(之) 하겠느냐(何)?

若使民常畏死, 而爲奇者,(약사민상외사, 이위기자)
만약(若) 사람으로(民-衆) 하여(使-令) 늘(常-恒) 죽음을(死-終) 두려워하게(畏-懼), 하면서(而-順接辭) 못된 짓을(奇-詭) 하는(爲-造) 자(者),

吾得執而殺之, 孰敢?(오득집이살지, 숙감?)
내가(吾) 잡아다가(得-捕) 처리(執-處理)하면서(而) 만일(之-萬一) 죽인다면(殺-戮), 누가(孰-誰) (못된 짓을) 구태여 할까(敢-忍爲)?

常有司殺者殺。(상유사살자살)
(하늘은) 늘(常-恒) 죽일(殺-戮) 자를(者) 맡아서(司-主) 홀로(有-獨) 죽인다(殺-戮).

夫代司殺者殺,(부대사살자살)
(사람이) 무릇(夫) 죽일(殺-戮) 자를(者) 맡아서(司-主) (하늘을) 대신하여(代-更) 죽인다면(殺-戮),

是謂代大匠斲。(시위대대장착)
이를(是-此) 일컬어(謂-稱) 큰(大) 목수를(匠-木工) 대신하여(代-更) (나무를) 자른다(斲-斫) 함이다.

夫代大匠斲者, 希有不傷其手矣。(부대대장착자, 희유불상기수의)
무릇(夫) 큰(大) 목수를(匠-木工) 대신하여(代-更) (나무를) 자르는(斲-削) 자(者), 그(其) 손(手) 다치지(傷-痛) 않을(不) 경우가(有-因緣) 드물(希-罕) 것이리라(矣)!

- 제 74장 풀이 -

제72장에서 사람들이 천지의 법칙을 두려워하지 않으면, 더 큰 하늘의 법칙이 도래할 것이라 하였다. 제73장에서는 구태여 세상 명리에 집착하면 제명대

로 살지 못하도록 하늘이 죽이는 일을 맡는다고 하였으며, 그 하늘의 그물에서 빠져나갈 틈이 없다고 하였다. 제74장은 하늘의 법칙을 무시하고 세상 명리에 집착하는 통치자들이 그들의 법칙으로, 사람들이 죽음을 두려워하지 않도록 폭압하고 있으며, 하늘이 맡아야 하는(司-主) 죽이는(殺) 일을 통치자인 왕들과 권력자들이 대신하여 남발(濫發)하고 있음을 노자가 통탄하고 있다. "이 도둑 놈들아, 하늘이 무섭지 않니?" 노자의 절규(絶叫)이다.

시위도과. 비도야재! (是謂盜夸。非道也哉!) - 제53장 참조.
"이를 일컬어 도적들의 사치라 한다. 도에 어긋나는 것이라 아니하겠느냐!"

하늘이 해야 할 대 목수(大匠)의 짓을 종교 지도자들까지도 거침없이 하고 있었기에 예수의 경고 또한 매섭다.

저희를 보시며 가라사대 그러면 기록된바 건축자들의 버린 돌이 모퉁이의 머릿돌이 되었느니라 함이 어찜이뇨 무릇 이 돌 위에 떨어지는 자는 깨어지겠고 이 돌이 사람 위에 떨어지면 저를 가루로 만들어 흩으리라 하시니라 서기관들과 대제사장들이 예수의 이 비유는 자기들을 가리켜 말씀하심인 줄 알고 즉시 잡고자 하되 백성을 두려워하더라.(누가복음 20:17~19).

民不畏死, 奈何以死懼之?(민불외사, 내하이사구지?)
若使民常畏死, 而爲奇者,(약사민상외사, 이위기자)
吾得執而殺之, 孰敢?。(오득집이살지, 숙감?)

민불외위, 즉대위지.(民不畏威, 則大威至) - 제72장 참조.
"사람들이 (천지의) 법칙을 두려워하지 않으면, 그런즉 더 큰 법칙이 도래한다."

하늘의 법칙을 두려워하는 것은 옳지만, 숭어가 뛰니까 망둥이도 뛴다. 통치자인 왕들이 가렴주구(苛斂誅求)를 위하여 법으로 혹독하게 다스리니, 백성들이 죽음도 두려워하지 않게 되었다. 세상을 德으로 다스리지 아니하고 법망으로 다스리니 천망(天網)이 이를 두고 볼 수 없을 것이다. 백성들로 하여 죽음의 공포를 늘 느끼게 하면서도, 그 못된 짓을 하는 통치자들을 모두 잡아다가 내가 죽인다면 누가 감히 그 짓을 하겠는가? 라고 하면서 道를 설명하려고 한다.

常有司殺者殺。(상유사살자살)
夫代司殺者殺,(부대사살자살)

是謂代大匠斲。(시위대대장착)

하늘은 죽일 자를 죽이고 살릴 자를 살린다고 이미 제73장에서 선언하였다.

용어감즉살, 용어불감즉활.(勇於敢則殺, 勇於不敢則活) - 제73장 참조.

"(하늘은) 구태여 하는 것에 과감하면 죽이고, 구태여 하지 않을 것에 과감하면 살린다."

죽이는 일은(殺-戮) 하늘이 맡아서(司-主) 주관하는 것이어서 때가 되면 한 사람도 빠져나갈 수 없이 죽을 수밖에 없다고 했다. 하늘을 대신하여 사람을 죽이는 일을 주관하는 자는 천민인 칼잡이 망나니가 아니고 왕과 권력자들임을 지적하면서, 이들이 큰 목수인 하늘을 대신하여 나무를 자른다고 하는 비유이다.

夫代大匠斲者, 希有不傷其手矣。(부대대장착자, 희유불상기수의)

통치자들의 학정과 전쟁으로 인하여 생명이 파괴되는 상황을 대 목수(大匠)인 하늘은 바라만 보지 않으며, 그들의 목숨 역시 한 치의 오차 없이 다치게 할 것이다. 사람의 생명을 판단하는 판검사들이 공정한 재판을 하지 않으면, 마땅히 그 목숨에 상처가 생길 것임을 명심해야 한다. 이것이 빠져나갈 수 없는 하늘의 道이며 인과응보(因果應報)임을 모르는 통치자들을 향한 노자의 경고이다.

천망회회, 소이불실.(天網恢恢, 疏而不失) - 제73장 참조.

"하늘 법망은 얼기설기하게, 트였지만 빠트리지 않는다."

인명은 재천이니, 사람이 사람을 죽이는 것은 道가 아니므로 하늘의 뜻을 따른다면 사형제도는 폐지되어야 마땅한 것이리라.

제 75장

民之饑, 以其上食稅之多,(민지기, 이기상식세지다)

사람들(民-衆)의(之) 굶주림은(饑-餓), 그(其) 위에서(上) 세금(稅-斂)을(之) 많이(多-過) 거둬 먹기(食-茹) 때문이니(以-因),

是以饑。(시이기)

이런(是-此) 까닭에(以) 굶주린다(饑-餓).

民之難治, 以其上之有爲,(민지난치, 이기상지유위) - 제65장 참조

사람들(民-衆)이(之) 다스리기(治) 어려운 것은(難), 위에서(上) (세금을 거두기 위하여) 그(其) 꾸미는 일(爲-造)을(之) 일삼기(有-獨) 때문이니(以-因),

是以難治。(시이난치)

이런(是-此) 까닭에(以-因) 다스리기(治) 어렵다(難).

民之輕死, 以其上求生之厚,(민지경사, 이기상구생지후)

사람들(民-衆)이(之) 죽음을(死-終) 얕보는 것은(輕-侮), 위에서(上) (有爲 하는) 그(其) 삶(生-生活)을(之) 많이(厚-多) 탐내기(求-貪) 때문이니,

是以輕死。(시이경사)

이런(是-此) 까닭에(以-因) 죽음을(死-終) 얕본다(輕-侮).

夫唯無以生爲者, 是賢於貴生。(부유무이생위자, 시현어귀생)

대저(夫) 오로지(唯) 삶(生-生活) 때문에(以-因) 꾸미지(爲-造) 않는(無-不) 것은(者), 그런(是) 삶을(生-生活) 귀히 여기는(貴-貴重) 것보다(於-比) 현명하다(賢-賢明).

- 제 75장 풀이 -

제73장에서 사람들이 구태여 하고자 하는 것(欲), 이 세상에서의 부귀와 권력이며, 깨달음(覺)이며, 열반이고, 천국이므로, 이것들에 과감하게 전념하는 사람들은 제명에 죽지 못하도록 하늘이 죽이는(殺) 일을 맡고 있다고 하였다(勇於敢則殺). 제74장은 하늘이 맡아야 하는(司-主) 죽이는(殺) 일을 통치자인 왕들이 대신하여 남발하고 있는 그들을 향한 노자의 경고가 있었다.(夫代大匠斲

者, 希有不傷其手矣) 제75장은 하늘에 의하여 제명에 죽지 못하는 일들을 구태여 하는 통치자들의 행위가 어떤 것인지 알려준다.

民之饑, 以其上食稅之多,(민지기, 이기상식세지다)
是以饑。(시이기)

춘향전(春香傳)에 어사 이몽룡이 남원 군수의 생일잔치 석상에서 읊은 시조이다. 이렇듯 통치자들은 백성들에게 구태여 하지 말아야 할 일을 거리낌 없이 하여 제명을 재촉한다.

금준미주천인혈.(金樽美酒千人血) 금 술잔의 아름다운 술 천 사람의 피요,
옥반가효만성고.(玉盤佳肴萬姓膏) 옥쟁반의 좋은 안주는 만백성의 고혈이니,
촉루락시민루락.(燭淚落時民淚落) 촛불 눈물 떨어질 때 백성 눈물 떨어지고,
가성고처원성고.(歌聲高處怨聲高) 노랫소리 높은 곳에 원망 소리 드높더라.

民之難治, 以其上之有爲,(민지난치, 이기상지유위) - 제65장 참조.
是以難治。(시이난치)
民之輕死, 以其上求生之厚,(민지경사, 이기상구생지후)
是以輕死。(시이경사)

민지난치, 이기지다 (民之難治, 以其智多) - 제65장 참조.
"(名을 밝히는) 사람들을 가리기 어려운 것은, 그들의 과한 기지 때문이다."
불귀난득지화, 사민불위도.(不貴難得之貨, 使民不爲盜) - 제3장 참조.
"얻기 어려운 재물이 귀하지 아니하면, 부리는 자와 백성들이 도둑질하지 않는다."

상위계층이 유위(有爲)로 술수를 부려 얻기 어려운 재물들을 독차지하고 부한 삶을 탐내는 까닭에 사람들이 굶주리게 되니, 백성들은 절망하여 죽음을 가볍게 여기게 되고, 역시 기지(奇智)를 부리기 때문에 다스리기 어렵게 된다.

민불외사, 내하이사구지?.(民不畏死, 奈何以死懼之?) - 제74장 참조.
"사람들이 죽음을 두려워하지 않으면, 어찌 죽음으로 위협을 하겠느냐?"
너희에게는 오히려 머리털까지도 다 세신 바 되었나니 두려워하지 말라 너희는 많은 참새보다 귀하니라.(누가복음 12:7)

저희는 함포고복(含哺鼓腹)하며 민생(民生)을 아랑곳하지 않으니 백성들이 죽음을 무릅쓰고 동학혁명, 광주항쟁 등을 일으키지 않겠는가?

夫唯無以生爲者, 是賢於貴生。(부유무이생위자, 시현어귀생)

사람이 태어나서 10명 중 9명은 제대로 된 삶을 지키지 못하고 죽는다.(제50장 참조) 스스로 그러한(自然) 하나님의 십일조가 10명 중 1명뿐인 이유는 그들의 삶이 부(富)하게 살았던, 가난하게 살았던 상관 없이 모두 풍요로움만 바라고 살았기 때문이다. 날마다 더하는 삶을 사는 것은 상서로운 것이 아니라 오히려 끔찍한 재앙이 된다.

이기생생지후.(以其生生之厚) - 제50장 참조.

"그 삶을 풍요롭게 살기에만 쓰기 때문이다."

익생왈상, 심사기왈강.(益生曰祥, 心使氣曰强) - 제55장 참조.

"더하는 삶을 일러 재앙이라 하고, 마음이 정기를 부리는 것을 일러 강제라 한다."

그러므로 삶이 풍성하면 재앙이 되고, 가난하더라도 만족함을 알면 부(富)한 삶이 되는 것이고, 그러한 바를 잃지 않는 자는 영원하며, 이들에게는 죽음의 자리가 없다는 것을 깨달아 현명한 삶을 살 수 있다.

지족자부, 강행자유지.(知足者富, 强行者有志) - 제33장 참조.

"(현재의) 족함을 아는 자는 넉넉하고(知足을) 힘써 행하는 자는 뜻이 있는 것이다."

부실기소자구, 사이불망자수.(不失其所者久, 死而不亡者壽)

"그러한(뜻) 바를 잃지 않는 자는 영원하고,

죽어도 (뜻이) 없어지지 않는 자는 생명이 길다."

이기무사지.(以其無死地) - 제50장 참조.

"(善攝生者) 그에게는 죽음의 자리가 없기 때문이다."

대저 오로지 삶 때문에 꾸미지 않는 것은(夫唯無以生爲者), 그런 삶을 귀히 여기는 것보다 현명하다(是賢於貴生).

제73장에서의 (하늘은) 구태여 하지 않을 것에 과감하면 살린다(勇於不敢則活)라는 의미의 해답이 된다. "꾸미지 않는 것은 = 구태여 하지 않을 것"과 의미가 같으며, 하지 않는 것이 현명한 일이므로 하늘은 그를 살린다. 여기의 사활(死活)은 육체의 삶과 죽음만을 의미하지 않는 것임을 알 수 있다.

누구든지 제 목숨을 구원코자 하면 잃을 것이요 누구든지 나를 위하여 제 목숨을 잃으면 찾으리라 사람이 만일 온 천하를 얻고도 제 목숨을 잃으면 무엇이 유익하리요 사람이 무엇을 주고 제 목숨을 바꾸겠느냐.(마태복음 16:25~ 26)

제 76장

人之生也柔弱, 其死也堅强。(인지생야유약, 기사야견강)
사람(人)이(之) 살려면(生-出) 역시(也-亦), 도를 좇아서(柔-順) 미약하고(弱-未壯), 사람이(其) 죽으려면(死-終) 역시(也-亦), 반드시(堅-必) 자기만 내세운다(强-自是).
萬物草木之生也柔脆, 其死也枯槁。(만물초목지생야유취, 기사야고고)
만물과(萬物) 초목(草木)의(之) 삶(生-出)이야(也), 부드럽고(柔-耎弱) 무르지만(脆-弱), 그(其) 죽음(死-終)이야말로(也), 쪼그라들고(枯-衰) 메마르다(槁-乾).
故堅强者死之徒, 柔弱者生之徒。(고견강자사지도, 유약자생지도)
고로(故) 반드시(堅-必) 자기만 내세우는(强-自是) 사람은(者) 죽음의(死-終) 무리요(徒-輩), 도를 좇아(柔-順) 미약(弱-未壯) 사람은(者) 삶(生-成長)의(之) 무리다(徒-輩).
是以兵强則不勝, 木强則兵。(시이병강즉불승, 목강즉병)
이런(是-此) 까닭에(以-因) 군사를(兵-戰鬪者) 내세운(强-自是) 즉(則) 이기지(勝) 못하고(不), 나무를(木) 내세운(强-自是) 즉(則) (도끼질에) 다친다(兵-傷).
强大處下, 柔弱處上。(강대처하, 유약처상)
내세울 만큼(强-自是) 크면(大) 밑에(下) 머물고(處-居),
도를 좇아(柔-順) 미약하면(弱-未壯) 위에(上) 머문다(處-居).

- 제 76장 풀이 -

제76장은 사람의 생(生)과 사(死)와 만물과 초목의 생과 사를 비교하였다. 사람의 유약(柔弱)과 견강(堅强), 생(生)과 사(死), 상(上)과 하(下)를 대비시켜 제50장을 재차 설명하고 있다.

人之生也柔弱, 其死也堅强。(인지생야유약, 기사야견강)
萬物草木之生也柔脆, 其死也枯槁。(만물초목지생야유취, 기사야고고)
만물, 초목은 동식물을 포함하여 무생물까지 포함하여 이르는 것이다. 그중에 생명이 없는 무생물 즉 돌이나 쇠붙이 등은 현상으로 나타날 때부터 굳고 메마른 상태이고, 동식물과 같이 생명이 있는 부류는 살아있으면 부드럽고 무르지만, 죽으면 쪼그라들고 메마르게 되는 것은, 만물과 초목은 스스로 그러함(自然)을 거스르지 않고 존재하기 때문이다. 세상 만물은 부드럽고 무른(柔脆) 것으로 시작하여, 쪼그라들고 메마르면(枯槁) 가는 것이(死-去) 이치이니, 이것이 반자, 도지동(反者, 道之動)의 원리다. 생명을 가진 동식물이나, 만물의 왕인 사람이나 모두 유약한 것으로부터 시작한다. 이것이 道의 쓰임(用)이며, 이를 잘 설명한 시구(詩句)가 제40장이다.

약자, 도지용. 천하만물생어유, 유생어무.(弱者, 道之用. 天下萬物生於有, 有生於無)

"연약한 것이 도의 쓰임이다. 천하 만물은 있음에서 나오고, 있음은 없음에서 나온다."

그런데 만물의 왕인 사람의 생과 사는 다른 모양으로 표현하고 있다. 사람만이 하늘의 섭리에 거역하면서도 살 수 있는 유일한 존재이기 때문이다. 유(柔)의 뜻에는 순(順)하고 착하다는 의미가 있는데, 이는 道의 섭리를 어기지 않고, 살려고 노력하지만, 아직 자라지 않은(弱-未壯) 사람의 모습이다. 여기에서 산다는 것은 이 땅에서 육체를 지니고 사는 것으로 한정하지 않는다. 반자, 도지동(反者, 道之動)에 의한 영원한 삶을 의미하고 있음을 이미 표현했다. 약한 것이(弱者) 道의 쓰임인 것을(道之用) 깨달은 사람은 죽음의 자리가 없다. (以其無死地-제50장 참조)

반대로 견(堅)의 뜻에는 반드시(必), 강(强)의 뜻에는 자기만 내세우는(自是) 의미가 담겨 있는데, 이들은 죽음의 무리인 것이다. 노자는 반드시(堅-必) 세상 부귀와 학문에 이르기까지, 강하고 높다고 자기부터 우선 내세우는(强-自是) 것은, 죽으려는 사람들의 행위라고 경고한다.

강량자부득기사, 오장이위교부.(强梁者不得其死, 吾將以爲教父) - 제42장 참조.

"강하고 굳센 것들은 그것을 얻지 못하고 죽을 것이니, 내가 장차 가르침의 근본으로 삼는 까닭이다."

이 죽음의 무리에게 약한 것이 도의 쓰임이니(弱者, 道之用) 삶의 무리에 끼고 싶으면 도를 좇으라고(柔-順) 한다.

故堅强者死之徒, 柔弱者生之徒。(고견강자사지도, 유약자생지도)

이미 만물과 초목에 관하여는 "부드럽고 무른(柔脆) 것으로 시작하여, 쪼그라들고 메마른"(枯槁) 것으로 마무리하였고, 견강(堅强)과 유약(柔弱)은 오직 만물의 왕인 사람들에 관한 시구(詩句)이다. 이들을 일러 제50장에 이미 설명하고 있다.

생지도십유삼, 사지도십유삼.(生之徒十有三, 死之徒十有三) - 제50장 참조.

"삶에 이르는 무리가 열에 셋이 있고(바로) 죽음에 이르는 무리가 열에 셋이 있으며."

인지생동지사지, 역십유삼.(人之生動之死地, 亦十有三).

"사람의 삶을 죽음 자리에 내모는 자, 역시 열에 셋이다."

그러나 이들은 영원한 삶을 살 수 있다고 하지 않았다.

부하고? 이기생생지후.(夫何故? 以其生生之厚) - 제50장 참조.

"대저 무슨 이유인가? 그 삶을 풍요롭게 살기에만 쓰기 때문이다."

약한 것이(弱者) 도의 쓰임인 것을(道之用) 깨달은 사람에게는 죽음의 자리가 없지만(以其無死地), 이는 열 명 중 한 명(1/10)으로 옳게 삶을 다스리는 자(善攝生者-제50장 참조)뿐이라고 하였다. 이를 깨닫지 못하고 제 이익만 내세우는(堅强) 사람들은 물론이고, 道를 좇아서 살려고 노력한다고 하여도 죽음의 자리가 없는 줄 깨닫지 못한다면, 열 명 중 아홉 명(9/10)의 무리일 수밖에 없다.

是以兵强則不勝, 木强則兵.(시이병강즉불승, 목강즉병)

강한 무력을 소유하지 않으면 평화를 지킬 수 없다는 것이 세간의 중론이지만, 강한 무력을 소지하되 소국의 밑에 머물러야, 대국으로 머물 수 있다는 전쟁론 학자들은 한 사람도 존재하지 않는다. 현 세상에서 미국, 중국, 러시아가 소국(小國) 밑에 머물고 있는가? 노자의 道를 이해하려면 불승(不勝)의 의미를 바르게 알아야 한다. 전쟁하는 당사국(當事國)들에 대한 승패(勝敗)를 말하고자 하는 것이 아니다. 인간 욕심의 극치인 전쟁을 해서 여러 나라를 취하여 흥청망청해도, 그 전쟁으로 말미암아 나타나는 생명의 폐해를 잊지 않아야 한다. 인류의 문명은 전쟁으로 인하여 발전되었고, 그 결과 지구는 몸살을 앓고 있다. 강(强)한 군사(兵)는 멸망의 원인이고, 크고 튼튼한(强-盛) 나무는 목수의 도끼질을 피할 수 없다. 아틀란타 대륙과 무우 대륙의 멸망 신화를 믿지 않는다고 하더라도, 로마와 징기스칸의 몽골제국이 영원하지 못했음을 역사는 알고 있다. 인간은 스스로 그러함(自然)에 이길 방법이 없다는(不勝) 의미이다. 베드로는 아직 죽음의 무리였기 때문에 검으로 하인의 귀를 벤다.

이에 예수께서 이르시되 네 검을 도로 집에 꽂으라 검을 가지는 자는 다 검으로 망하느니라.(마태복음 26:52)

이런 까닭에 죽음의 무리가 욕심으로 일으키는 전쟁으로 세상을 제압하고 억누른다 해도, 삶의 무리는 스스로 그러한 하나님에 의하여 그 생명을 빼앗기지 않으니, 죽음의 무리가 삶의 무리를 절대 이길 수 없을 뿐만 아니라, 오히려 크고 튼튼함을 내세우는 나무는 뿌리째 잘리는 수모를 당하는 것이다.

이미 도끼가 나무뿌리에 놓였으니 좋은 열매 맺지 아니하는 나무마다 찍어 불에 던지우리라.(마태복음 3:10)

보이는 名의 세계만 있다면, 죽음의 무리가 승리하겠지만, 보이지 않는 道의 세계도 존재한다는 것을 잊을 수 없는 것이다.

이도좌인주자, 불이병강천하.(以道左人主者, 不以兵强天下) - 제30장 참조.

"도를 알고 백성들을 돕고 지키는 자는, 전쟁으로써 천하를 억누르지 않는다."

强大處下, 柔弱處上。(강대처하, 유약처상)

예수가 하나님의 道를 마다하지 아니하고 현재진행형으로 영원히 사는 모습이다(柔弱處上). 그는 죽음의 자리가 없는 줄 알기 때문이다.

예수께서 베드로더러 이르시되 검을 집에 꽂으라 아버지께서 주신 잔을 내가 마시지 아니하겠느냐 하시니라.(요한복음 18:11)

제61장을 참조하면 풀리는 시구(詩句)이다.

부량자각득기소욕, 대자의위하.(夫兩者各得其所欲, 大者宜爲下) - 제61장 참조.

"대저 둘이 서로가 그 하고자 할 바를 얻으니, 큰 것이 아래 무리가 됨이 마땅하다."

하늘의 기운은 연하고 약하여 위에 존재하고, 굳고 강한 것들은 어쩔 수 없이 땅 위에 그 존재를 나타낼 수밖에 없는 道의 이치를 설명하고 있다. 왕필의 주석처럼, 나무의 뿌리는 굳고 강해서 아래에 있고, 잎은 연하고 약하여 위에 있다는 단순한 의미 정도가 아니다.

人大(人法地) ⇒ 地大(地法天) ⇒ 天大(天法道) ⇒ 道大(道法自然). - 제25장 참조.

강(强)한 것과 유(柔)한 것, 위(上)와 아래(下)는 둘이 아니고(不二) 하나이기 때문이다. 생명을 기르기 위하여 만들어진 우주의 섭리일 뿐이니, 유무상생, 고하상경(有無相生, 高下相傾 - 제2장 참조)의 원리이다.

삶의 무리인 1/10도 죽음의 무리인 9/10의 고(苦)로부터 비롯됨(始)을 깨닫는다. 크도다, 천지의 도여(道大)!

제 77장

天之道, 其猶張弓與。(천지도, 기유장궁여)
하늘(天)의(之) 도는(道),
마치(其-當) 활에(弓) 시위를 얹는 것(張-施弓弦) 같다(與-如).
高者抑之, 下者擧之。(고자억지, 하자거지)
높은(高-上) 것은(者) 이를(之-此) 누르고(抑-按)
낮은(下-上之對) 것은(者) 이를(之-此) 올린다(擧-扛).
有餘者損之, 不足者補之。(유여자손지, 부족자보지)
남아(餘-饒) 있는(有) 것은(者) 이를(之-此) 덜고(損-減),
차지(足-滿) 않은(不) 것은(者) 이를(之-此) 채운다(補-裨).
天之道,(천지도)
하늘(天)의(之) 도는(道),
損有餘而補不足。(손유여이보부족)
남도록(餘-饒) 지닌 것을(有-所持) 덜어내어(損-減) 차지(足-滿) 않은 것을
(不) 채울(補-裨) 따름이다(而).
人之道, 則不然, 損不足以奉有餘。(인지도, 즉불연, 손부족이봉유여)
사람(人)의(之) 도인(道) 즉(則) 그러하지(然) 못하니(不), 차지(足-滿) 않은
것을(不) 덜어낸 것(損-減)으로써(以-用) 남도록(餘-饒) 지닌 것을(有-保) 받든다
(奉-恭承).
孰能有餘以奉天下? 唯有道者。(숙능유여이봉천하? 유유도자)
누가(孰-誰) 능히(能) 남도록(餘-饒) 지닌 것(有-所持)으로써(以-用) 세상을
(天下) 받들겠는가(奉-恭承)? 도(道)를 지닌(有) 사람(者) 뿐이다(唯).
是以聖人,(시이성인)
이런(是-此) 까닭에(以) 성인은(聖人),
爲而不恃, 功成而不處,(위이불시, 공성이불처) - 제2장 참조
할(爲-造) 뿐(而) 주장하지(恃-主張) 않으며(不).(태어난) 공을(功-事) 이루었으
니(成-就) 이로써(而-乃) 살지(處-居) 않으니(不),
其不欲見賢。(기불욕현현)
그(其) 현명함이(賢) 드러남을(見) 바라지도(欲) 않는다(不).

- 제 77장 풀이 -

읽을수록 슬퍼진다. 인간의 욕심 때문에 도덕경의 가르침이 삼차원의 세계에서는 완성될 수 없다는 것을 알게 됨으로써, 이 인간들의 말로가 보이기 때문이다. 이론만 거창한 공산주의가 완성될 수 없는 까닭이 전적으로 인간의 욕심 때문이다. 자본주의 역시 인간의 욕심을 다 같이 조장하는 솔직한 면이 있지만, 그로 인한 불평등은 사람들을 금전의 노예를 만들어 악하게 한다. 내가 슬퍼진다고 하여도 역시 바람(欲) 때문에 졸고 있는 성지기와 같다. 고하(高下), 억거(抑擧), 유여(有餘)와 부족(不足), 손보(損補)를 가지고 천지의 도를 논하고 있다.

天之道, 其猶張弓與。(천지도, 기유장궁여)
활에 시위를 얹는 것을 비유하여 고하상경(高下相傾 - 제2장 참조)을 설명한다. 활줄을 걸 때 높은 곳은 눌러지고(抑) 낮은 곳은 솟아 올려져(擧) 탄성(彈性)이 생기므로 활을 쏠 수 있다. 천지도를 직설로 설명한 시구(詩句)가 아래와 같이 세 곳 더 있다.
공수신퇴, 천지도(功遂身退, 天地道) - 제9장 참조.
"(태어난) 일을 다 하고 몸은 죽는 것이, 천지의(天地) 도이다(道)."
천지도, 부쟁이선승, 불언이선응(天之道, 不爭而善勝, 不言而善應) - 제73장 참조.
부소이자래, 천연이선모(不召而自來, 繟然而善謀)
"하늘(天)의(之) 도는(道), 다투지 않아도 잘 이기고, 말을 하지 않아도 잘 응하며,"
"부르지 않아도 저절로 오고, 늘어지게 하면서도 훌륭하게 도모한다."
천지도, 이이불해(天之道, 利而不害) - 제81장 참조.
"하늘(天)의(之) 도는(道), 이로울 따름이지 해치지 않고,"

高者抑之, 下者擧之。(고자억지, 하자거지)
有餘者損之, 不足者補之。(유여자손지, 부족자보지)
누르고(抑), 올린다(擧), 활에 시위를 올리는(張弓) 비유대로, 누를 것은 누르고 올릴 것은 올리는 것이 천지의 道다. 덜고(損), 채운다(補). 제42장을 참조한다.
고물혹손지이익, 혹익지이손.(故物或損之而益, 或益之而損) - 제42장 참조.

"본래 만물은 혹 이를 덜어내도 남을 따름이고, 혹 이를 남겨도 덜어낼 따름이다."

인간이 바라는 것은(欲) 이를 철저히 외면하는데. 이것도 천지도의 일부분이 될까?

天之道,(천지도)
損有餘而補不足.(손유여이보부족)

지진(地震), 해일(海溢)이나 태풍(颱風) 등은 남는 것을 덜어서 모자라는 곳에 채우는 천지도의 섭리이므로 인간들에게는 공포를 주지만, 천장지구(天長地久)를 이룬다.

人之道, 則不然, 損不足以奉有餘.(인지도, 즉불연, 손부족이봉유여)

사람의 길(道)은 오히려 모자란 것을 착취하여 함포고복(含哺鼓腹)하는 자들을 받들므로(奉-恭承), 道의 입장으로 보면 이는 큰 속임수(有大僞)다.

대도폐, 유인의. 지혜출, 유대위.(大道廢, 有仁義. 智慧出, 有大僞) - 제18장 참조.

이는 지배계층의 학정(虐政)이 원인이다.

이기상구생지후.(以其上求生之厚) - 제75장 참조.

"위에서 (有爲 하는) 그 삶을 많이 탐내기 때문이니,"

이 지구는 인간의 욕심 때문에 필연코 깨어져 생명이 멸절에 가까운 화를 당하겠지만. 이는 모자란 것을 채우려는 스스로 그러함(自然-하나님)의 사랑일 뿐이다.

孰能有餘以奉天下? 唯有道者.(숙능유여이봉천하? 유유도자)

누가 능히 자기가 가진 것을 덜어서 세상을 받들겠는가? 도를 깨달은 사람이어야 가능한데, 성인이 정치를 할 수 있는 세상이 아니다. 가렴주구 하는 지배계급이 천지의 도를 들었으면서도 무시하고, 우선 보이는 세계에서의 부유함만 탐한다. 성경에서 착한 부자 청년도 재물을 팔아 세상을 받들라는 예수의 말씀에 근심하면서 제 길로 간다.

예수께서 그를 보시고 사랑하사 가라사대 네게 오히려 한 가지 부족한 것이 있으니 가서 네 있는 것을 다 팔아 가난한 자들을 주라 그리하면 하늘에서 보화가 네게 있으리라 그리고 와서 나를 좇으라 하시니 그 사람은 재물이 많은 고로 이 말씀을 인하여 슬픈 기색을 띠고 근심하며 가니라.(마가복음 10:21~22)

천하막부지, 막능행.(天下莫不知, 莫能行) - 제78장 참조.

"(그 사실을) 세상 만물이 알지 못할 리가 없지만, 능히 행함이 없다."

　　욕심에 눈이 어두워 보이지 않는 세계가 있다는 것을 무시하는, 하룻강아지 범 무서운 줄 모르는 지배계층이 어찌 가엽지 않겠는가?

　　是以聖人,(시이성인)

　　爲而不恃, 功成而不處,(위이불시, 공성이불처) - 제2장 참조.

　　其不欲見賢。(기불욕현현)

　　노자 같은 성인이 정치판에 낄 수 없는 이유가 여기에 있다. 할 뿐 주장하지 않고, 그 현명함을 드러내지도 않으며, 태어나 자연과 함께 사는 공을 다 이루면 죽을 뿐이다. 세상이 싫어하는 일을 하는 예수는 멍청한 것인가?

　　나는 선한 목자라 내가 내 양을 알고 양도 나를 아는 것이 아버지께서 나를 아시고 내가 아버지를 아는 것 같으니 나는 양을 위하여 목숨을 버리노라.(요한복음 10:14~15).

제 78장

天下莫柔弱於水,(천하막유약어수)
세상 만물(天下)에 물(水)보다(於) 부드럽고(柔-耎) 약한 것이(弱-懦) 없지만(莫-無),

而攻堅强者, 莫之能勝,(이공견강자, 막지능승)
그런데도(而) 굳고(堅-固) 강한(强) 것을(者) 치는데(攻-擊),
(물을) 이를(之-此) 능히(能-技倆) 이길 수(勝-優) 없음은(莫-無).

以其無以易之。(이기무이역지)
(자연의 법칙) 그것을(其) 바꿔서(易-換) 쓸(之-用) 수(以) 없기(無) 때문이다(以-因).

弱之勝强, 柔之勝剛,(약지승강, 유지승강) - 제36장 참조.
약함(弱-懦)이(之) 강함을(强) 이기고(勝-優),
부드러움(柔-耎)이(之) 단단함을(剛-堅) 이기니(勝-優),

天下莫不知, 莫能行。(천하막부지, 막능행)
(그 사실을) 세상 만물이(天下) 알지(知-識) 못할 리가(不) 없지만(莫-無),
능히(能) 행함이(行) 없다(莫-無).

是以聖人云,(시이성인운)
이런(是-此) 까닭에(以-因) 성인이(聖人) 이르기를(云-曰)

受國之垢, 是謂社稷主,(수국지구, 시위사직주)
세상(國-世上)의(之) 더러움을(垢-汚) 받아들이면(受-容物),
무릇(是) 사직(社稷-土穀神)이 우두머리로(主-主體) 고하고(謂-告),

受國不祥, 是爲天下王。(수국불상, 시위천하왕)
세상의(國-世上) 길하지(祥-吉) 않음을(不) 받아들이면(受-容物),
무릇(是) 세상 만물이(天下) 왕(으뜸)으로(王-長) 삼는다(爲-造).

正言若反。(정언약반)
바른(正-常) 말은(言-語) 틀리는 것(反-正之對) 같다(若-如).

- 제 78장 풀이 -

제76장에 이어 유약(柔弱)과 견강(堅强)으로 시작한다. 제78장은 주어가 물
(水)이지만, 제76장은 주어가 사람(人)이어서 해석의 차이가 나는 것을 유의해
야 한다. 유약한 것은 삶의 무리이지만, 견강한 것은 죽음의 무리임을 이미 밝
혔다.

고견강자사지도, 유약자생지도.(故堅强者死之徒, 柔弱者生之徒) - 제76장 참조.

"고로 반드시(堅-必) 자기만 내세우는(强-自是) 사람은 죽음의 무리요, 도를 좇아(柔-順)
미약한(弱-未壯) 사람은 삶의 무리다."

이를 물이 수만 년이 지나면 바위를 갊아 없앨 수 있으므로 단단한(堅) 바
위(石)가 부드러운 물(水)을 이길 수 없다고 표현한 것이, 노자가 알리고자 하
는 진정한 의도일까? 오직 비유로 물질을 적용하였을 뿐, 진정한 의도는 생명
으로 표현하는 것이 아닐까?

天下莫柔弱於水,(천하막유약어수)
而攻堅强者, 莫之能勝,(이공견강자, 막지능승)
以其無以易之。(이기무이역지)
弱之勝强, 柔之勝剛,(약지승강, 유지승강) - 제36장 참조.

유약한 물은 삶의 무리를 비유한 것이고, 견강한 바위는 죽음의 무리를 비
유했을 뿐이다. 무엇을 바꿔서 사용할 수 없어서 견강한 것이 유약한 것을 이
기지 못할까? 천하 만물은 유약한 것으로부터 생겨났기 때문이다. 그것은 생명
의 순환 때문에 삶과 죽음을 바꿔서 사용할 수 없는 이유이다(無以易之). 삶과
죽음도 둘이 아니고(不二) 하나이지만, 삶이 없는 죽음은 순서가 아니다. 그러
므로 죽음의 무리인 견강한 것이 삶의 무리인 유약한 것을 이길 수 없다는 것
이지, 바위와 물의 관계를 설명하기 위한 것이 아니다. 반자, 도지동(反者. 道之
動 - 제40장 참조)에 의하여 삶과 죽음이 순환하지만, 죽음이 생명보다 절대로
먼저일 수 없다.

시이후왕자위고.과.불곡 (是以候王自謂孤.寡.不穀) - 제39장 참조.

"그런 까닭에 (道를 존중하는) 사람은 스스로 외롭고, 약하고, 선하지 않고고 이른다."

삶의 무리에 속한 바울 사도의 힘들어하는 고백이다.

내가 부득불 자랑할진대 나의 약한 것을 자랑하리라.(고린도후서 11:30)

유약승강강.(柔弱勝剛强) - 제36장 참조.
"부드럽고 나약한 것이 단단하고 굳센 것을 이긴다."

天下莫不知, 莫能行。(천하막부지, 막능행)

세상이 이 사실을 알지 못할 리가 없지만 이를 능히 행할 준비가 되어있지 않음은 열 명 중 아홉 명은 물질세계의 유혹에 깊게 빠져서 헤어나지 못하는 죽음의 무리요, 1/10만이 삶의 무리이기 때문이다.

是以聖人云,(시이성인운)
受國之垢, 是謂社稷主,(수국지구, 시위사직주)
受國不祥, 是爲天下王。(수국불상, 시위천하왕)
正言若反。(정언약반)

사람이 세상의 더러움을 받아들이면 토신(土神)과 곡신(穀神)이 우두머리임을 고하며 승복한다. 이는 한 나라의 조정을 다스리는 왕을 지칭하는 자잘한 의미가 아니다. 세상의 더러움(垢-汚)과 세상의 흉사(不祥-凶事)를 받아들인다는 의미는 만물과 더불어 산다는 것이며, 이는 자연을 거스르지 않는 삶을 사는 성인이 주체(主)와 왕(王)이라는 의미이다. 이 성인의 책망이 바른 말이건만, 세상의 지배계급은 더러움과 흉사를 받아들이지 못하고, 깨끗함과 상서로움만 추구하기 때문에 노자의 충고가 귀에 거슬려 불쾌하게 들렸을 것이다. 세상 만물의 주체(主)와 왕(王-으뜸)인 예수께서 내 나라는 통치자들의 욕심으로 범벅이 된 이 세상 나라가 아니라고 한 까닭이다.

예수께서 총독 앞에 섰으매 총독이 물어 가로되 네가 유대인의 왕이냐 예수께서 대답하시되 네 말이 옳도다 하시고.(마태복음 27:11)

예수께서 대답하시되 내 나라는 이 세상에 속한 것이 아니라 만일 내 나라가 이 세상에 속한 것이었더면 내 종들이 싸워 나로 유대인들에게 넘기우지 않게 하였으리라 이제 내 나라는 여기에 속한 것이 아니니라.(요한복음 18:36)

맹자(孟子) 진심(盡心)에 이르기를,

민위귀, 사직차지, 군위경.(民爲貴, 社稷次之, 君爲輕)

"백성이 귀한 것이고, 土神과 穀神은 다음이요, 군주는 가벼운 것이다."

사직주(社稷主)와 천하왕(天下王)을 통치자에게서 찾을 수 없는 노자의 고뇌를 표현한 시구(詩句)가 정언약반(正言若反)이다. 역시 도덕경은 경세치국서가 아니다.

제 79장

和大怨, 必有餘怨,(화대원, 필유여원)
큰(大) 미움을(怨-恨) 풀어도(和-諧),
반드시(必-然) 미움의(怨-恨) 찌꺼기가(餘-殘) 있으니(有),
安可以爲善?(안가이위선)
그러니(可-肯) 어찌(安-何) 잘(善)한다고(爲-造) 하겠는가(以-爲)?
是以聖人執左契, 而不責於人。(시이성인집좌계, 이불책어인)
이런(是-此) 까닭에(以-因) 성인은(聖人) 왼쪽(左) 빚문서를(契-書契) 가지고
(執-持), 있되(而) (채무자인) 사람(人)에게(於) 조르지(責-求) 않는다(不).
有德司契, 無德司徹。(유덕사계, 무덕사철)
(지배계층이) 덕이(德-惠) 있으면(有-所持) 빚문서를(契-書契) 맡아주고(司-主),
(지배계층이) 덕이(德-惠) 없으면(無-無視) 현물을(徹) 맡는다(司-主).
天道無親, 常與善人。(천도무친, 상여선인)
하늘의(天) 도에는(道) 친함이(親-近) 없기에(無),
늘(常-恒) 착한(善-良) 사람과(人) 더불어 있다(與-以).

- 제 79장 풀이 -

원망할 원(怨) 字는 도덕경 전체에서 세 번 기록된다. 제63장에서 한 번 기
록되고 제79장에서 두 번이다. 제63장을 찬찬히 검토하면 제79장의 의미가 道
의 원리로 풀어진다.
대소다소, 보원이덕.(大小多少, 報怨以德) - 제63장 참조.
"크던, 작던, 많던, 적던, 미움을 덕으로써 갚는다."

和大怨, 必有餘怨,(화대원, 필유여원) **安可以爲善?**(안가이위선)
큰 미움(大怨)이란 무엇을 의미하는 것일까? 하늘은 크던, 작던, 많던, 적던,
미움을 덕으로써 갚지만, 사람의 미움은 반드시 찌꺼기(餘怨)를 남기게 되고,
이것이 업보(業報)가 되므로 큰 미움(大怨)이라 한다. 도(道- 하나님)의 원리에

의하여 위무위(爲無爲)하였다면, 미움 자체가 존재하지 않았을 것이다. 이는 하늘의 道가 아닌 사람의 道이기 때문이다(제77장 참조). 상대방과 미움을 풀었다고 해도 유위(有爲)로 하였으므로 찌꺼기가 남는 일을 잘했다고 할 수 있겠느냐?

네게 구하는 자에게 주며 네게 꾸고자 하는 자에게 거절하지 말라.(마태복음 5:42)
너는 구제할 때에 오른손의 하는 것을 왼손이 모르게 하여 네 구제함이 은밀하게 하라 은밀한 중에 보시는 너의 아버지가 갚으시리라.(마태복음 6:3~4)

위무위, 사무사, 미무미(爲無爲, 事無事, 味無味) - 제3, 63장 참조.
"함이 없음을 함으로 삼고, 일이 없음을 일로 삼고, 맛이 없음을 맛으로 삼는다."
천하막부지, 막능행.(天下莫不知, 莫能行) - 제78장 참조.
"(그 사실을) 세상 만물이 알지 못할 리가 없지만, 능히 행함이 없다."

선업(善業)을 쌓아도 유위(有爲)로 하면 앙금이 남는데, 하물며 미워하는 악업(惡業)이야 말할 것도 없다. 이런 사실을 세상 사람들이 모를 리 없지만 행하지 않는다. 道를 듣고 행하는 사람을 성인이라 하지만, 깔깔거리고 웃으면 하사문도(下士聞道)라 한다.

상사문도, 근이행지, 하사문도, 대소지(上士聞道, 勤而行之, 下士聞道, 大笑之)
"큰 선비는 도를 듣고, 노력하면서 도를 행하고, 못난 선비는 도를 듣고, 뽐내면서 도를 비웃는다." - 제41장 참조.

是以聖人執左契,(시이성인집좌계) **而不責於人。**(이불책어인)

그러므로 성인이 채권자로서 빚문서를 가지고 있다 하여도 채무자를 조르지 않는다는 것은 비유일 뿐이다. 성인은 물질의 빚문서인 왼쪽(左戒)을 가지고 있어야 할 능력은 처음부터 없다. 그가 부자라면 이미 성인이라고 할 수 없기 때문이다. 그러므로 그의 빚문서인 좌계(左戒)는 백성의 마음으로 자기를 다스리는 보이지 않는 빚문서이며, 모든 백성을 풀 강아지 쓰듯 하는 마음의 빚문서를 표현하였을 것이다.

성인무상심, 이백성심위심.(聖人無常心, 以百姓心爲心) - 제49장 참조.
"성인은 일정한 마음이 없이, 백성의 마음을 근거하여 (자기의) 마음을 다스린다."

有德司契, 無德司徹。(유덕사계, 무덕사철)

지배계층이 유덕자(有德者)이면 빚문서를 맡아주는 것으로 여유를 주지만, 무덕자(無德者)이면 현물로 매몰차게 징수하는데 이 모두를 하덕이라 한다.

상덕부덕, 시이유덕.(上德不德, 是以有德) - 제38장 참조.

"높은 덕은 덕스럽지 않으니, 이런 까닭에 덕이 있다."

하덕부실덕, 시이무덕.(下德不失德, 是以無德)

"낮은 덕은 덕을 잊지 않으니, 이런 까닭에 덕이 없다."

덕이 있다(有德)고 하여도, 낮은 덕(下德)은 빚문서를 받아놓고 여유는 주나 놓아주지 않고, 아예 덕이 없으면(無德) 현물로 빼앗는다. 이는 처음부터 빚을 만들지 않으며, 마음의 빚마저도 조르지 않는 성인(上德)과 다른 모습임을 알 수 있다.

*좌계(左契) : 요즘에 어음과 같은 것으로 서로 한 쪽씩 나누어 소지하고 있다가 채권자(債權者) 되는 사람이 좌계(左契)를 제시하고 권리를 주장할 수 있다.

*사계(司契) : 빚문서를 관리하는 사람. *사철(司徹) : 현물을 징수하는 사람.

天道無親, 常與善人。(천도무친, 상여선인)

천지불인, 이만물위추구.(天地不仁, 以萬物爲芻狗) - 제5장 참조.

"천지는 어질지 않으니 만물을 풀 강아지 쓰듯 한다."

성인불인, 이백성위추구.(聖人不仁, 以百姓爲芻狗)

"성인도 어질지 않으니 백성들을 풀 강아지 쓰듯 한다."

천지불인(天地不仁)이 천도무친(天道無親)을 잘 설명한다. 천도는 상덕(上德)인데, 늘 착한 사람과 더불어 있다(常與善人)는 왜 제62장의 설명과 다른 것 같은가? 선인과 불선인을 하늘은 차별하지 않는다.

인지불선, 하기지유?(人之不善, 何棄之有?) - 제62장 참조.

"사람이 비록 선하지 않다고 (아랫목-근원에서) 어찌 내버릴 수 있으랴?"

道가 불선인은 멀리하고 선인은 가까이하는 차별을 할 수 없는 것이, 그들 생명의 원천이 같은 아랫목-근원에서 시작되었기 때문이다. 善의 상대어는 惡이 아니라 불선(不善-제2장 참조)일 뿐이다. 불선은 선과 다를 뿐이다.

고선인자, 불선인지사(故善人者, 不善人之師) - 제27장 참조.

"고로 옳은 사람의 일은, 옳지 않은 사람의 스승이 되고,"

불선인자, 선인지자.(不善人者, 善人之資)

"옳지 않은 사람의 일은, 옳은 사람의 바탕이다."

선인과 불선인도 그 생명이 둘이 아니고(不二) 하나일진대, 하늘의 교육과정에 있을 뿐이다.

제 80장

小國寡民,(소국과민)

나라는(國-邦) 작고(小) 백성은(民) 드물어(寡-罕),

使有什佰之器而不用,(사유십백지기이불용)

가령(使-假定辭) 열사람(什-十人) 백사람 몫(佰-百人長)의(之) 인재가(器-才量) 있어(有-持)도(而) 부릴 데가(用-使) 없고(不),

使民重死而不遠徙。(사민중사이불원사)

부리는 자와(使) 백성들이(民) 죽음을(死-終) 신중하게(重-愼) 여겨(而) 멀리(遠-遙) 다니지(徙-步) 않는다(不).

雖有舟輿, 無所乘之,(수유주여, 무소승지)

배나(舟-船) 수레가(輿-車) 있을(有-持) 지라도(雖),

타는(乘-登) 것으로(所-語辭) 쓸 일이(之-用) 없고(無),

雖有甲兵, 無所陳之。(수유갑병, 무소진지)

갑옷 입은(甲-介冑) 병사들이(兵) 있을(有-持) 지라도(雖),

대열로(陳-隊列) 쓰이는(之-用) 바가(所) 없다(無).

使人復結繩而用之。(사인부결승이용지)

부리는 자와(使) 사람들이(人) 노끈을(繩-索) 거듭(復-再, 又) 매듭(結-締) 지어서(而) 사용(用-施行)한다(之-用).

甘其食, 美其服,(감기식, 미기복)

마땅히(其) 밥맛이(食-肴饌) 달고(甘-美味),

마땅히(其) 옷이(服-衣) 아름다우며(美-嘉),

安其居, 樂其俗。(안기거, 낙기속)

마땅히(其) 살 곳이(居-處) 편안하고(安),

마땅히(其) 풍속을(俗-慣) 즐긴다(樂-喜).

隣國相望, 鷄犬之聲相聞,(인국상망, 계견지성상문)

이웃(隣-近) 나라가(國-邦) 서로(相-共) 바라보이며(望-遠視), 닭들과(鷄) 개들(犬)의(之) 울음소리가(聲-音) 서로(相-共) 들려도 (聞-聲徹),

民至老死, 不相往來。(민지노사, 불상왕래)

사람들이(民) 늙어서(老-年高) 죽기에(死-終) 이르도록(至-到),

서로(相-共) 가고(去-往) 오지(來-至) 않는다(不).

- 제 80장 풀이 -

제80장은 특이하게도 상대어(相對語)를 나열시키지 않았다. 소(小)의 상대어
인 대(大)가 없으며, 원(遠)의 상대어인 근(近)이 없고, 유무(有無)도 상대적 의
미로 사용되지 않았다. 시구(詩句) 또한 해석을 포기하도록 어렵게 구성되어
있다. 유토피아를 상상한 것인지, 천국에 대하여 읊은 시구(詩句)인지 분간하기
어렵다. 어찌 되었든 삼차원 물질세계에서는 불가능한 현상들이다. 학대받는
백성들을 안타까워하면서 도원경(桃源境)을 그려 본 그 당시 노자의 심정일
것이라고 이해할 뿐이다.

小國寡民,(소국과민)
使有什佰之器而不用,(사유십백지기이불용)
각각의 사람이 늘 하고자 함이 없으면(常無欲-제1장 참조) 이름(名)을 내걸
고 나타나는 것이(民) 적어 작은 세상을(小國) 만들 수 있다. 늘 하고자 함이
있으면(常有欲) 수많은 것이(民) 이름(名)을 걸고 나타나 큰 세상을(大國) 이룬
다. 작은 세상에서는 열 사람, 백 사람의 그릇(什百之器)도 늘 하고자 함이 없
어 남아돌지만, 큰 세상에서는 만 사람, 억 사람의 그릇(萬億之器)도 모자란다.
늘 하고자 함이 넘치기 때문이다. 이같이 道를 깨친 사람은 절학무우(絶學無憂
-제20장 참조) 함으로 열 사람, 백 사람의 근심도 할 필요 없는 작은 세상으로
언제나 큰 세상을 얻는다. 노자의 의도는 마음 안에서 일어나는 소국(小國)을
의미하는 것이리라. 그렇지 않고는 제80장에서의 소국은 3차원 물질세계에서는
불가능한 일이다.

소국이하대국, 즉취대국.(小國以下大國, 則取大國) - 제61장 참조.
"작은 세상이 큰 세상 아래로 감으로써, 그러한즉 큰 세상을 얻게 된다."

使民重死而不遠徙。(사민중사이불원사)
雖有舟輿, 無所乘之,(수유주여, 무소승지)
雖有甲兵, 無所陳之。(수유갑병, 무소진지)

使民復結繩而用之。(사민부결승이용지)

道를 깨친 사람은 멀리 나갈 필요도 없고, 배나 수레를 탈 일도 없으며, 무력을 쓸 일도 없고 부릴 필요도 없고, 부리는 자(使)와 백성(民)이라도 배울 필요가 없으니(絶學) 문자도 필요 없어 노끈으로 매듭을 지어 의사소통하면 족하다. 이는 스스로 그러함에 의하여 살기 때문에 많은 도구가 있어야 할 필요가 없다. 그런 의미에서 지식과 문명은 오히려 폭력적이고 야만스러운 것이다.

불출호, 지천하, 불규유, 견천도(不出戶, 知天下, 不窺牖, 見天道) - 제47장 참조.
"집을 나가지 않아도, 세상을 깨닫고, 들창으로 엿보지 않아도, 하늘의 도를 본다."

甘其食, 美其服,(감기식, 미기복)
安其居, 樂其俗。(안기거, 낙기속)

옳게 삶을 다스리는 자는(善攝生者-제50장 참조) 늘 하고자 함이 없으므로 마땅히 밥맛이 달고(甘其食), 마땅히 옷이 아름다우며(美其服), 마땅히 살 곳이 편안하고(安其居), 마땅히 풍속을 즐기면서(樂其俗) 살 수 있다.

隣國相望, 鷄犬之聲相聞,(인국상망, 계견지성상문)
民至老死, 不相往來。(민지노사, 불상왕래)

제80장에서의 나라(國)는 사람 내면의 세상을 의미한다. 언제나 상대방의 국가를 볼 수 있고, 닭과 개들의 울음소리를 들을 수 있다고 함은 세상 만물과 하나가 되어, 살아있는 동안에 서로의 내면을 오고 갈 필요가 없음을 표현한 것이라고밖에 상상이 되지 않는다. 제80장으로 세상만사를 논하는 어리석은 일은 피하는 것이 좋다. 도덕경은 경세치국서가 아니기 때문이다.

시이성인불행이지, 불견이명, 불위이성.(是以聖人不行而知, 不見而名, 不爲而成)
"이런 까닭에 성인은 다니지 않고도 깨달으며, 만나보지 않고도 지칭하며(인위적으로) 하지 않고도 이룬다." - 제47장 참조.

그 때에 이리가 어린 양과 함께 거하며 표범이 어린 염소와 함께 누우며 송아지와 어린 사자와 살찐 짐승이 함께 있어 어린아이에게 끌리며 암소와 곰이 함께 먹으며 그것들의 새끼가 함께 엎드리며 사자가 소처럼 풀을 먹을 것이며 젖 먹는 아이가 독사의 구멍에서 장난하며 젖뗀 어린아이가 독사의 굴에 손을 넣을 것이라 나의 거룩한 산 모든 곳에서 해됨도 없고 상함도 없을 것이니 이는 물이 바다를 덮음같이 여호와를 아는 지식이 세상에 충만할 것임이니라.(이사야 11:6~9)

이 모든 일이 속사람 안에서 일어나는 비유임을 우리는 익히 알고 있다. 칠성 탑을 쌓는 것보다 부처님 말씀 한 번 듣는 것이 이롭다고 하였듯이, 도덕경을 통하여 노자 할아버지의 비유를 "들을 귀"로 들었다면 다행이라는 생각이 든다. 혼자서 지구를 살릴 수 있는 능력이 없으니, 지금 내 안에 볍씨라도 한 알 생겼으면 좋겠다.

제 81장

信言不美, 美言不信。(신언불미, 미언불신)
참된(信-眞) 말은(言-語) 아름답지(美-嘉) 않고(不),
아름다운(美-嘉) 말은(言-語) 참되지(信-眞) 않다(不).
善者不辯, 辯者不善。(선자불변, 변자불선)
선한(善-良) 사람은(者) 따지지(辯-辨別) 않고(不),
따지는(辯-辨別) 사람은(者) 선하지(善-良) 않다(不).
知者不博, 博者不知。(지자불박, 박자부지)
깨달은(知-覺) 사람은(者) 학문이 넓지(博-博學) 않고(不),
학문이 넓은(博-博學) 사람은(者) 깨닫지(知-覺) 못한다(不).
聖人不積,(성인부적)
성인은(聖人) 쌓지(積-累) 않고(不),
旣以爲人, 己愈有。(기이위인, 기유유)
이미(旣-已) 있는 것으로(以) 사람들을(人) 위하니(爲-助),
자신은(己-身) 더욱(愈-益) 넉넉하다(有).
旣以與人, 己愈多。(기이여인, 기유다)
이미(旣-已) 있는 것을(以) 사람들에게(人) 주니(與-以),
자신은(己-身) 더욱(愈-益) 많아진다(多-衆).
天之道, 利而不害,(천지도, 이이불해)
하늘(天)의(之) 도는(道), 이로울(利-吉) 뿐(而) 해치지(害-禍) 않고(不),
聖人之道, 爲而不爭。(성인지도, 위이부쟁)
성인(聖人)의(之) 도는(道), 할(爲-造) 뿐(而) 다투지(爭-競) 않는다(不).

- 제 81장 풀이 -

　제81장은 신언(信言)과 미언(美言), 선자(善者)와 변자(辯者), 지자(知者)와 박자(博者)를 대비(對比)하였다. 말 잘하는 사람, 따지기 좋아하는 사람, 먹물을 자랑하는 사람들은 언(言)을 쌓고(積), 변(辯)을 쌓고 박(博)을 쌓은 사람들

이다. 이들은 도덕경을 나름대로 분별할 수 있지만, 들을 귀가 없는 사람들이다. 노자가 수신자(受信者)들에게 날리는 마지막 펀치(Punch)이다. 도덕경의 수신자는 왕이나 권력자가 아니고 상위계층이다.

(上士聞道, 中士聞道, 下士聞道들이다. - 제41장 참조)

이들에게 德을 쌓는(積) 것만 못하다고 제59장에 그 이유를 설명하고 있다.

중적덕, 즉무불극, 무불극, 즉막지기극(重積德, 則無不克, 無不克, 則莫知其極)

"덕을 거듭 쌓게 되지만 못 이룰 것이 없고, 못 이룰 것이 없게 되지만, 그 근원을 드러내지 않는다." - 제59장 참조.

信言不美, 美言不信。(신언불미, 미언불신)

말이란 미언(美言)이건, 신언(信言)이건 될 수 있으면 하지 않는 것이 좋다. 그러므로 깨달은 자는 말로 하지 않는다.

불언지교, 무위지익, 천하희급지.(不言之敎, 無爲之益, 天下希及之) - 제43장 참조.

"말로 하지 않음의 가르침, 함이 없음의 이로움은, 세상에 이 같은 것이 드물다."

바른말(信言)이 틀리게 들려 오해를 사 비난받을 수 있다.

정언약반.(正言若反) - 제78장 참조.

"바른말은 틀리는 것 같다."

그러므로 성인(聖人)은 바른말(信言)이라도 하지 않고 말하지 않아도 훌륭하게 응한다.

지자불언, 언자부지.(知者不言, 言者不知) - 제56장 참조.

"깨달은 자는 말하지 않고, 말하는 자는 깨닫지 않은 것이다."

불언이선응(不言而善應) - 제73장 참조.

"말을 하지 않아도 잘 응한다."

깨닫지 못한 자는 말이 많아 자주 막힌다. 고로 말로 하는 자는 버려지기 마련이다.(不道早已 - 제30장 참조)

다언삭궁, 불여수중.(多言數窮, 不如守中) - 제5장 참조.

"말이 많으면 자주 막히니, 마음으로 지키느니만 같지 아니하다."

말이 많으면 허물을 면치 어려우나 그 입술을 제어하는 자는 지혜가 있느니라 의인의 혀는 천은과 같거니와 악인의 마음은 가치가 적으니라 의인의 입술은 여러 사람을 교육하나 미련한 자는 지식이 없으므로 죽느니라.(잠언 10:19~21)

善者不辯, 辯者不善。(선자불변, 변자불선)

선한 사람이라도 따지지 않는 정도이지만 道는 아예 따지는 소리도 내지 않는 차이를 보여준다. 눌(訥)은 "소리가 나오지 아니하는 모양"의 뜻도 있다.

대변약눌.(大辯若訥) - 제45장 참조.

"큰 변별은 말을 더듬거리는 것처럼 보인다."

知者不博, 博者不知.(지자불박, 박자부지)

학문이 많은(博-博學) 자는 다른 사람을 판단하는 사리엔 밝아도, 자기가 누구인지를 모르고, 깨달은 사람은 내가 누구인지를 안다.

지인자지, 자지자명.(知人者智, 自知者明).- 제33장 참조.

"남을 아는 자는 사리에 밝지만, 자기를 아는 자는 깨달은 것이다."

물질이나 지식의 족(足)함 알면 깨달아 넉넉해지고, 나를 알기 위하여 고행하는 사람은 오히려 큰 깨달음을 얻는다.

지족자부, 강행자유지.(知足者富, 强行者有志) - 제33장 참조.

"(현재의) 족함을 아는 자는 넉넉하고(知足을) 힘써 행하는 자는 뜻이 있는 것이다"

학문이 넓은(博-博學) 사람은 자기를 지킬 수 없으나, 깨달은 사람은 죽음의 자리가 없으므로(以其無死地 - 제50장 참조) 욕되지 않고, 위태롭지 않으면서 자기를 지킬 수 있다.

지족불욕, 지지불태(知足不辱, 知止不殆) - 제44장 참조.

"(몸이) 넉넉함을 깨달으면 욕되지 않고, 한계를 깨달으면 두렵지 않으니."

聖人不積,(성인부적)
旣以爲人, 己愈有.(기이위인, 기유유)
旣以與人, 己愈多.(기이여인, 기유다)

언(言)을 쌓고(積), 변(辯)을 쌓고 박(博)을 쌓은 사람들은 천지도(天地道)를 나름대로 분별할 수는 있지만, 들을 귀가 없는 사람들이다. 고로 성인은 자신을 위하여 쌓지 않고 오히려 다른 사람을 위하여 주기 때문에 들을 귀가 열려 저절로 쌓아지고 스스로 넉넉해진다.

아무사이민자부(我無事而民自富) - 제57장 참조.

"나는 (꾸미는) 일이 없었을 뿐인데, 백성들 스스로 넉넉해지고"

숙능유여이봉천하? 유유도자.(孰能有餘以奉天下? 唯有道者) - 제77장 참조.

"누가 능히 남도록 지닌 것으로써 세상을 받들겠는가? 도를 지닌 사람뿐이다."

天之道, 利而不害,(천지도, 이이불해)

하늘의 道의 예를 제9, 73장에서 설명하고 있다. 첫째는 일을 다 하고 죽는 것이고, 둘째는 남는 것을 덜어서 차지 않은 것을 채우는 것이다.

공수신퇴, 천지도.(功遂身退, 天地道) - 제9장 참조.

"(태어난) 일을 다 하고 몸은 죽는 것이, 천지의 도이다."

천지도, 손유여이보부족(天之道, 損有餘而補不足) - 제77장 참조.

"하늘의 도는, 남도록 지닌 것을 덜어내어 차지 않은 것을 채울 따름이다."

그러므로 道는 이롭게도 하지 않고, 해롭게도 하지 않으므로 이로울 뿐이다.

불가득이리, 불가득이해(不可得而利, 不可得而害) - 제56장 참조.

"이롭게도 하는 바 없고, 해롭게도 하는 바 없으며."

聖人之道, 爲而不爭。(성인지도, 위이부쟁)

스스로 그러함(道-하나님)과 달리, 태어나서 공을 세우고 몸이 죽을 수밖에 없지만, 성인은 죽음의 자리가 없다는 것을 알고 있다. 그러므로 세상과 더불어 다툴 이유가 없으며, 세상도 그와 더불어 다투지 못한다.

부유부쟁, 고천하막능여지쟁 (夫惟不爭, 故天下莫能與之爭) - 제22장 참조.

"무릇 다투지 않기 때문에, 고로 세상 만물은 능히 그와 더불어 다툴 수 없다."

이기부쟁, 고천하막능여지쟁.(以其不爭, 故天下莫能與之爭) - 제66장 참조.

그는 다투지 않기 때문에, 고로 세상 만물은 능히 그와 더불어 다툴 수 없다.

- 結言 -

도덕경 제1장은 道와 名으로 시작한다(道可道, 常道, 名可名, 常名). 도는 보이지 않는 태극(太極)의 세계이고, 명은 보이는 세계인 천지인(天地人)의 삼태극을 이른다. 보이는 것은 보이지 않는 것으로 비롯되었고(有生於無), 유무상생(有無相生)을 할 수밖에 없음은 도와 명이 둘이 아니고(不二) 하나이기 때문이다.

사람이 바라는 것이 없으면(無) 천지지시(天地之始)의 신비함(妙-神秘)을 볼 수 있고, - 상무욕이관기묘(常無欲以觀其妙)

그러나 사람이 바라는 것이 있으면(有) 천지지시(天地之始)의 변방만(徼-邊)이 보인다. - 상유욕이관기요(常有欲以觀其徼)

이 무욕(無欲)과 유욕(有欲)이 도덕경의 핵심 시구(詩句)가 된다.

무욕으로 사는 사람은 천지지시(天地之始)의 신비함(妙-神秘)이 보이기 때문에 죽음의 자리가 없다는 것을 깨닫게 된다.(以其無死地) - 제50장 참조.

그러나 유욕으로 사는 사람들은 자기들에게도 죽음의 자리가 없다는 것을 깨닫지 못하여 아등바등 살게 된다. 하지만 천지도(天地道)는 이 둘을 모두 포용하기 때문에 천하의 귀한(天下貴) 것이 된다.

불왈이구득, 유죄이면야? 고위천하귀.(不曰以求得, 有罪以免耶, 故爲天下貴) - 제62장.

어째서 그러한가(夫何故)? 역시 둘이 아니고(異而不二) 하나이기 때문이다.

(此兩者同, 出而異名) - 제1장 참조.

이같이 도덕경은 도덕경만으로 다 풀 수 있음을 알게 되므로 도경(道經)만 읽다가 그만두면 제대로 알 수 없다. 이렇게 넉넉한 도덕경은 815개의 글자를 총 5,107회 사용하여, 아름다운 81장의 시(詩)를 읊어 도(道)를 표현하였다.

인공지능(AI)과 유전자 조작으로 만들어질 미래의 인류인 호모 데우스는 (Homo Deus-신이 된 사람 : Yuval Noah Harari, 유발 하라리 作, 김명주 譯, 김영사 出版, 참조) 어떤 조직의 한 사람에 의하여 조정될 것이다. 그가 루시퍼 (에스겔28:13~19 참조)일 것이다. 호모 사피엔스(Homo Sapiens-슬기로운 사람)는 전(前) 문명의 유전자 조작의 산물은 설마 아니겠지!

노자께서 "아나 떡이다, 입 있는 자는 먹고 말을 줄일지어다" 하시며, 예수께서도 "귀 있는 자는 들을지어다" 하시며 거든다.

"샘솟는 생각도 즐겨라, 없어질 날이 오리니, 너는 말하고(音), 나는 듣고(聲), 얼쑤 지화자 좋다"

附錄

(老子의 道, 聖經의 道)

老子道德經 漢文冠註와 索引事典

目 次

序言

"노자(老子) 속의 성경(聖經) 속의 老子"의 글을 쓴 지 18년이 넘은 것 같다. 그 당시에도 도덕경의 한문(漢文) 관주(冠註)를 편집하였으나 컴퓨터 바이러스로 인하여 모두 지워졌다. 컴퓨터 복구를 여러 번 시도했지만 성공하지 못하고 십 년 이상을 그대로 지냈다. "노느니 보리밭이라도 지키자"는 심정으로 다시 매달려 6개월 만에 재생(再生 - 2018. 12. 7)하게 되었다.

이제는 모든 글을 강호제현(江湖諸賢)들과 공유하고자 한다. 이 도덕경 한문 冠註는 나의 주관이 없는 순수한 편집일 뿐이다. 이 관주(冠註)를 만든 이유는 아마추어 노자 해설가들의 이용과 수정, 편집, 끼어 쓰기 등을 스스로 하면서 "무소의 뿔처럼 혼자서 가는" 제현(諸賢)들의 다양한 노자 해설서가 태어나기를 기원함이다.

참고한 서적(書籍)은 아래와 같다.

1. 교학실용한자중사전(教學實用漢字中辭典). 85. 6. 25. 初版 發行, 92. 1. 25. 7版 發行. 編者 張三植.
註 : 한자의 뜻풀이가 다양하였으나 오자(誤字), 탈자(脫字), 등도 있었지만, 일일이 옮겼다. 갈(行), 멀(遠) 등(等)으로 표현(表現)된 뜻풀이와 영문번역(英文翻譯)은 거의 이 옥편(玉篇)을 적용(適用)하였다.

2. 명문신옥편(明文新玉篇) 52. 2. 28. 初版 發行, 89.4. 25. 38版 發行. 著者 金赫濟 / 註 : 뜻풀이는 간단하지만, 문자(文字)의 종류가 많아 희귀(稀貴)한 문자를 이해(理解)할 수 있었다.

3. 크라운 漢韓大字典 (漢, 日, 英, 中) 圖書出版 恩光社. 責任監修 李家源, 金宇烈

4. 네이버 한자 사전 / 註 : 일본식 간지, 중국식 간체자(簡體字)의 적용과 "가다", "멀다" 등(等)의 현대적(現代的) 뜻풀이는 거의 복사(複寫)하여 적용(適用)하였다.

5. 한컴오피스 한글 2018 / 註 : 한자(漢字)의 복사(複寫)와 편집(編輯), 일부의 뜻풀이를 적용하였다.

6. 한자 뜻풀이와 함께 도덕경에서 사용 용례를 일일이 배열해놨다.
예컨대 (가)可의 용례 - 道可道(1) 名可名(1) 不見可欲(3) 不可長保(9) … 여기서 괄호( )안의 숫자는 도덕경의 장을 의미한다.

老子道德經 漢文 音別 順序 및 適用回數

ㄱ

(가)可 -34회. (가)加-2회. (가)佳 - 1회. (가)家 - 4회. (각)各 - 2회.
(각)角 - 1회. (각)卻 - 1회. (간)間 - 2회. (갈)褐 - 1회. (갈)竭 - 1회.
(감)甘 - 2회. (감)敢 -10회. (갑)甲 - 2회. (강)江 - 2회. (강)降 - 1회.
(강)剛 - 2회. (강)强 -21회. (개)介 - 1회. (개)改 - 1회. (개)皆 - 8회.
(개)開 - 3회. (개)蓋 - 1회. (객)客 - 2회. (거)去 -10회. (거)居 -11회.
(거)車 - 1회. (거)據 - 1회. (거)擧 - 1회. (건)建 - 3회. (건)楗 - 1회.
(검)儉 - 3회. (검)劍 - 1회. (견)犬 - 1회. (견)見 -10회. (견)堅 - 4회.
(결)缺 - 2회. (결)結 - 2회. (겸)兼 - 1회. (경)徑 - 1회. (경)傾 - 1회.
(경)輕 - 8회. (경)驚 - 5회. (계)契 - 2회. (계)稽 - 2회. (계)谿 - 1회.
(계)鷄 - 1회. (고)古 - 8회. (고)固 - 8회. (고)孤 - 2회. (고)故 -63회.
(고)枯 - 1회. (고)高 - 4회. (고)槁 - 1회. (곡)曲 - 2회. (곡)谷 - 9회.
(곡)穀 - 2회. (곡)轂 - 1회. (골)骨 - 2회. (공)孔 - 1회. (공)公 - 4회.
(공)功 - 7회. (공)共 - 1회. (공)攻 - 1회. (공)拱 - 1회. (공)恐 - 6회.
(과)夸 - 1회. (과)果 - 6회. (과)過 - 4회. (과)跨 - 1회. (과)寡 - 5회.
(관)官 - 1회. (관)關 - 1회. (관)觀 - 9회. (광)光 - 4회. (광)狂 - 1회.
(광)廣 - 3회. (광)曠 - 1회. (교)巧 - 3회. (교)交 - 3회. (교)郊 - 1회.
(교)敎 - 5회. (교)徼 - 1회. (교)驕 - 2회. (구)九 - 1회. (구)口 - 2회.
(구)久 -11회. (구)求 - 3회. (구)咎 - 2회. (구)狗 - 2회. (구)垢 - 1회.
(구)救 - 4회. (구)懼 - 1회. (국)國 -19회. (군)君 - 5회. (군)軍 - 4회.
(굴)屈 - 2회. (궁)弓 - 1회. (궁)窮 - 2회. (궐)蹶 - 1회. (귀)鬼 - 2회.
(귀)貴 -21회. (귀)劇 - 1회. (귀)歸 -11회. (규)窺 - 1회. (균)均 - 1회.
(극)克 - 2회. (극)棘 - 1회. (극)極 - 5회. (근)根 - 5회. (근)筋 - 1회.
(근)勤 - 3회. (금)今 - 2회. (금)金 - 1회. (급)及 - 4회. (긍)矜 - 3회.
(기)己 - 2회. (기)企 - 1회. (기)伎 - 1회. (기)忌 - 1회. (기)其-139회.
(기)奇 - 4회. (기)紀 - 1회. (기)基 - 1회. (기)氣 - 3회. (기)豈 - 1회.
(기)起 - 2회. (기)寄 - 1회. (기)旣 - 6회. (기)幾 - 4회. (기)棄 - 6회.
(기)器 -11회. (기)饑 - 2회. (길)吉 - 1회. (1 ~ 133) - 666字.

ㄴ

(나)奈 - 1회. (낙)樂 - 3회. (난)難 -13회. (내)乃 -12회. (내)柰 - 1회.
(년)年 - 1회. (녕)寧 - 2회. (노)老 - 3회. (노)怒 - 1회. (농)聾 - 1회.
(누)累 - 1회. (눌)訥 - 1회. (능)能 -32회. (134 ~ 146) - 72字.

ㄷ

(다)多 -13회. (단)短 - 1회. (달)達 - 1회. (담)淡 - 2회. (담)湛 - 1회.
(담)澹 - 1회. (당)堂 - 1회. (당)當 - 1회. (대)大 -56회. (대)代 - 3회.
(대)帶 - 1회. (대)貸 - 1회. (대)臺 - 2회. (덕)德 -40회. (도)徒 - 4회.
(도)盜 - 4회. (도)道 -73회. (도)圖 - 1회. (독)毒 - 1회. (독)篤 - 1회.
(독)獨 - 6회. (돈)沌 - 1회. (돈)敦 - 1회. (동)冬 - 1회. (동)同 -12회.
(동)動 - 5회. (득)得 -33회. (등)登 - 1회. (147 ~ 174) - 268字.

ㄹ

(락)珞 - 1회. (락)樂 - 5회. (락)諾 - 1회. (란)亂 - 4회. (람)覽 - 1회.
(래)來 - 2회. (량)兩 - 1회. (량)梁 - 1회. (력)力 - 2회. (렬)裂 - 1회.
(렵)獵 - 1회. (령)令 - 2회. (령)靈 - 2회. (례)禮 - 5회. (로)露 - 1회.
(록)珠 - 1회. (뢰)牢 - 1회. (뢰)纇 - 1회. (료)飂 - 1회. (루)儽 - 1회.
(류)流 - 1회. (리)利 - 8회. (리)理 - 1회. (리)蒞 - 1회. (리)離 - 3회.
(리)贏 - 1회. (린)鄰 - 1회. (립)立 - 3회. (175 ~ 202) - 54字.

ㅁ

(마)馬 - 3회. (막)莫 -18회. (만)晩 - 1회. (만)萬 -21회. (만)滿 - 1회.
(말)末 - 1회. (망)亡 - 4회. (망)妄 - 1회. (망)望 - 1회. (망)網 - 1회.
(매)昧 - 2회. (맹)盲 - 1회. (맹)猛 - 1회. (면)免 - 1회. (면)綿 - 1회.
(멸)滅 - 1회. (명)名 -22회. (명)命 - 3회. (명)明 -12회. (명)冥 - 1회.
(모)母 - 7회. (모)牝 - 2회. (모)侮 - 1회. (모)謨 - 2회. (목)木 - 3회.
(목)目 - 3회. (몰)沒 - 2회. (묘)妙 - 4회. (무)武 - 1회. (무)無 -90회.
(무)蕪 - 1회. (문)文 - 2회. (문)門 - 5회. (문)聞 - 7회. (물)勿 - 4회.
(물)物 -35회. (미)未 - 7회. (미)味 - 3회. (미)美 - 7회. (미)迷 - 2회.

(미)微 - 4회. (미)彌 - 3회. (민)民 -31회. (민)悶 - 2회.
(203~246)-325字.

ㅂ

(박)泊 - 1회. (박)博 - 2회. (박)搏 - 2회. (박)樸 - 7회. (박)薄 - 2회.
(반)反 - 4회. (반)泮 - 1회. (발)拔 - 1회. (발)發 - 2회. (방)方 - 2회.
(방)妨 - 1회. (배)倍 - 1회. (배)配 - 1회. (백)白 - 3회. (백)百 - 7회.
(백)佰 - 1회. (백)魄 - 1회. (벌)伐 - 3회. (범)氾 - 1회. (법)法 - 5회.
(벽)壁 - 1회. (변)辯 - 3회. (병)兵 -13회. (병)竝 - 1회. (병)病 - 7회.
(보)保 - 4회. (보)甫 - 2회. (보)普 - 1회. (보)報 - 1회. (보)補 - 2회.
(보)輔 - 1회. (보)寶 - 3회. (복)伏 - 1회. (복)服 - 4회. (복)復 -13회.
(복)腹 - 2회. (복)福 - 3회. (복)輻 - 1회. (복)覆 - 1회. (본)本 - 3회.
(봉)奉 - 2회. (봉)蜂 - 1회. (부)夫 -30회. (부)不 -54회. (부)父 - 1회.
(부)負 - 1회. (부)富 - 3회. (부)復 - 2회. (분)紛 - 2회. (분)糞 - 1회.
(불)不-188회. (불)弗 - 1회. (비)比 - 1회. (비)非 -10회. (비)悲 - 1회.
(비)費 - 1회. (비)鄙 - 1회. (비)臂 - 2회. (비)譬 - 1회. (빈)牝 - 5회.
(빈)貧 - 1회. (빈)賓 - 1회. (빙)氷 - 1회. (빙)騁 - 2회.
(247~310)-428字.

ㅅ

(사)士 - 5회. (사)四 - 3회. (사)司 - 4회. (사)死 -18회. (사)社 - 1회.
(사)似 - 5회. (사)私 - 3회. (사)舍 - 3회. (사)使 -11회. (사)祀 - 1회.
(사)事 -20회. (사)蛇 - 1회. (사)師 - 3회. (사)徙 - 1회. (사)斯 - 2회.
(사)奢 - 1회. (사)嗄 - 1회. (사)肆 - 1회. (사)駟 - 1회. (사)辭 - 2회.
(삭)數 - 1회. (산)散 - 2회. (살)殺 - 7회. (삼)三 -11회. (상)上 -19회.
(상)尙 - 4회. (상)狀 - 2회. (상)相 -14회. (상)祥 - 3회. (상)常 -29회.
(상)爽 - 1회. (상)象 - 4회. (상)喪 - 3회. (상)傷 - 5회. (상)孀 - 1회.
(색)色 - 1회. (색)塞 - 1회. (색)嗇 - 2회. (생)生 -37회. (서)徐 - 2회.
(서)逝 - 2회. (석)石 - 1회. (석)昔 - 1회. (석)螫 - 1회. (석)釋 - 1회.
(선)先 - 7회. (선)埏 - 1회. (선)善 -51회. (선)鮮 - 1회. (섭)涉 - 1회.

(섭)攝 - 1회. (성)成 -17회. (성)姓 - 4회. (성)聖 -31회. (성)誠 - 1회.
(성)聲 - 3회. (세)細 - 3회. (세)稅 - 1회. (세)勢 - 1회. (소)小 -10회.
(소)少 - 4회. (소)召 - 1회. (소)所 -26회. (소)昭 - 1회. (소)笑 - 2회.
(소)素 - 1회. (소)疏 - 2회. (今)俗 - 3회. (今)屬 - 1회. (손)孫 - 1회.
(손)損 - 7회. (수)水 - 3회. (수)手 - 1회. (수)守 -11회. (수)受 - 2회.
(수)首 - 2회. (수)修 - 5회. (수)遂 - 2회. (수)壽 - 1회. (수)誰 - 1회.
(수)數 - 2회. (수)隨 - 3회. (수)雖 - 6회. (수)獸 - 1회. (숙)孰 -10회.
(순)淳 - 1회. (순)順 - 1회. (습)習 - 1회. (습)襲 - 1회. (승)乘 - 2회.
(승)勝 -16회. (승)繩 - 3회. (시)市 - 1회. (시)示 - 1회. (시)兒 - 2회.
(시)是 -68회. (시)始 - 7회. (시)恃 - 5회. (시)施 - 1회. (시)時 - 1회.
(시)視 - 3회. (식)式 - 4회. (식)食 - 5회. (식)埴 - 1회. (식)識 - 3회.
(신)臣 - 2회. (신)身 -19회. (신)信 -15회. (신)神 - 6회. (신)新 - 2회.
(신)愼 - 1회. (실)失 -16회. (실)室 - 2회. (실)實 - 2회. (심)心 - 9회.
(심)甚 - 8회. (심)深 - 3회. (십)十 - 4회. (십)什 - 1회.

(311 ~ 429) - 691字.

ㅇ

(아)我 -20회. (아)兒 - 3회. (아)阿 - 1회. (악)握 - 1회. (안)安 - 5회.
(압)狎 - 1회. (앙)央 - 1회. (앙)殃 - 1회. (애)哀 - 2회. (애)愛 - 5회.
(야)也 -15회. (야)耶 - 3회. (약)若 -41회. (약)約 - 1회. (약)弱 -10회.
(약)籥 - 1회. (양)兩 - 4회. (양)陽 - 1회. (양)養 - 2회. (양)攘 - 2회.
(어)於 -46회. (어)魚 - 1회. (어)御 - 1회. (억)抑 - 1회. (언)言 -21회.
(언)焉 -11회. (엄)儼 - 1회. (여)如 - 9회. (여)與 -15회. (여)餘 - 9회.
(여)輿 - 2회. (역)亦 -13회. (역)易 - 1회. (역)域 - 1회. (연)然 -13회.
(연)淵 - 3회. (연)燕 - 1회. (열)熱 - 1회. (열)閱 - 1회. (염)恬 - 1회.
(염)廉 - 1회. (염)厭 - 5회. (영)令 - 6회. (영)迎 - 1회. (영)盈 - 7회.
(영)榮 - 2회. (영)營 - 1회. (영)嬰 - 2회. (예)梲 - 1회. (예)銳 - 2회.
(예)豫 - 1회. (예)譽 - 1회. (오)五 - 3회. (오)吾 -22회. (오)惡 - 7회.
(오)奧 - 1회. (옥)玉 - 3회. (와)窪 - 1회. (완)頑 - 1회. (왈)曰 -21회.
(왕)王 -13회. (왕)往 - 3회. (왕)枉 - 1회. (외)外 - 1회. (외)畏 - 8회.
(요)妖 - 1회. (요)要 - 1회. (요)窈 - 1회. (요)寥 - 1회. (요)徼 - 1회.

(요)燿 - 1회. (욕)辱 - 4회. (욕)欲 -25회. (용)用 -22회. (용)勇 - 4회.
(용)容 - 5회. (우)又 - 2회. (우)尤 - 1회. (우)右 - 4회. (우)雨 - 1회.
(우)隅 - 1회. (우)愚 - 4회. (우)憂 - 1회. (운)云 - 2회. (운)芸 - 1회.
(웅)雄 - 1회. (원)怨 - 3회. (원)遠 - 5회. (위)威 - 2회. (위)爲 -102회.
(위)僞 - 1회. (위)謂 -33회. (위)衛 - 1회. (유)有 -83회. (유)柔 -11회.
(유)悠 - 1회. (유)惟 - 3회. (유)唯 -14회. (유)猶 - 6회. (유)淪 - 1회.
(유)愈 - 3회. (유)牖 - 2회. (유)遺 - 3회. (육)六 - 1회. (육)育 - 1회.
(육)陸 - 1회. (융)戎 - 1회. (은)隱 - 1회. (음)音 - 3회. (음)陰 - 1회.
(음)飮 - 1회. (읍)泣 - 1회. (응)應 - 2회. (의)衣 - 1회. (의)矣 -10회.
(의)宜 - 1회. (의)倚 - 1회. (의)義 - 5회. (이)二 - 3회. (이)已 - 9회.
(이)以-158회. (이)耳 - 2회. (이)而-118회. (이)夷 - 3회. (이)利 - 3회.
(이)易 - 9회. (이)異 - 2회. (이)餌 - 1회. (익)益 - 6회. (인)人 -81회.
(인)刃 - 1회. (인)仁 - 8회. (인)隣 - 1회. (일)一 -15회. (일)日 - 6회.
(입)入 - 4회. (잉)扔 - 2회. (430 ~ 566) - 1208字.

ㅈ

(자)子 - 8회. (자)字 - 1회. (자)自 -33회. (자)者 -93회. (자)疵 - 1회.
(자)滋 - 3회. (자)資 - 2회. (자)雌 - 2회. (자)慈 - 6회. (작)作 - 6회.
(장)丈 - 1회. (장)匠 - 2회. (장)壯 - 2회. (장)長 -16회. (장)張 - 2회.
(장)將 -23회. (장)藏 - 1회. (재)在 - 3회. (재)哉 - 7회. (재)宰 - 2회.
(재)財 - 1회. (재)載 - 1회. (쟁)爭 -10회. (저)柢 - 1회. (적)赤 - 1회.
(적)迹 - 1회. (적)寂 - 1회. (적)賊 - 3회. (적)敵 - 4회. (적)積 - 3회.
(적)謫 - 1회. (전)田 - 1회. (전)全 - 4회. (전)畋 - 1회. (전)前 - 3회.
(전)專 - 1회. (전)戰 - 3회. (절)絶 - 4회. (정)正 - 7회. (정)定 - 1회.
(정)政 - 2회. (정)貞 - 1회. (정)亭 - 1회. (정)精 - 3회. (정)靜 -10회.
(제)制 - 2회. (제)帝 - 1회. (제)除 - 2회. (제)祭 - 1회. (제)濟 - 1회.
(조)爪 - 1회. (조)兆 - 2회. (조)早 - 4회. (조)措 - 1회. (조)鳥 - 1회.
(조)朝 - 2회. (조)躁 - 3회. (족)足 -17회. (존)存 - 5회. (존)尊 - 2회.
(졸)拙 - 1회. (종)宗 - 2회. (종)從 - 4회. (종)終 -10회. (좌)左 - 5회.
(좌)佐 - 1회. (좌)坐 - 1회. (좌)挫 - 3회. (죄)罪 - 1회. (주)主 - 6회.
(주)舟 - 1회. (주)走 - 1회. (주)注 - 1회. (주)周 - 1회. (주)籌 - 1회.

(중)中 - 7회. (중)重 - 6회. (중)衆 - 9회. (즉)則 -30회. (지)之-238회.
(지)止 - 5회. (지)至 - 8회. (지)地-19회. (지)志 - 3회. (지)知 -54회.
(지)持 - 3회. (지)智 - 8회. (직)直 - 3회. (직)稷 - 1회. (진)眞 - 3회.
(진)陳 - 1회. (진)進 - 3회. (진)塵 - 2회. (진)鎭 - 1회. (질)質 - 1회.
(집)執 - 8회. (567 ~ 662) - 780字.

ㅊ

(차)且 - 5회. (차)次 - 1회. (차)此 -16회. (착)斲 - 2회. (착)鑿 - 1회.
(찰)察 - 2회. (창)倉 - 1회. (창)彰 - 3회. (채)綵 - 1회. (채)蠆 - 1회.
(책)責 - 1회. (책)策 - 1회. (처)處 -15회. (척)尺 - 1회. (척)滌 - 1회.
(천)川 - 2회. (천)千 - 1회. (천)天 -88회. (천)賤 - 3회. (천)繟 - 1회.
(철)輟 - 1회. (철)徹 - 1회. (철)轍 - 1회. (청)靑 - 1회. (청)淸 - 3회.
(청)聽 - 2회. (초)肖 - 3회. (초)草 - 1회. (초)超 - 1회. (촌)寸 - 1회.
(총)寵 - 2회. (추)推 - 1회. (추)芻 - 2회. (축)畜 - 4회. (춘)春 - 1회.
(출)出 - 7회. (충)沖 - 3회. (충)忠 - 2회. (췌)贅 - 1회. (취)吹 - 1회.
(취)取 -12회. (취)脆 - 2회. (취)揣 - 1회. (취)驟 - 1회. (층)層 - 1회.
(치)治 -13회. (치)致 - 5회. (치)置 - 1회. (치)馳 - 2회. (치)幟 - 1회.
(칙)則 - 1회. (친)親 - 5회. (칭)稱 - 1회. (663 ~ 715) - 232字.

ㅌ

(탁)託 - 1회. (탁)濁 - 2회. (탁)橐 - 1회. (탈)脫 - 2회. (탈)奪 - 1회.
(태)太 - 4회. (태)兌 - 3회. (태)殆 - 5회. (태)泰 - 1회. (토)土 - 1회.
(통)通 - 1회. (퇴)退 - 3회. (투)投 - 1회. (투)偸 - 1회. (특)忒 - 1회.
(716 ~ 730) - 28字.

ㅍ

(패)敗 - 5회. (팽)烹 - 1회. (편)偏 - 1회. (평)平 - 1회. (폐)閉 - 3회.
(폐)弊 - 1회. (폐)斃 - 1회. (폐)蔽 - 1회. (폐)廢 - 2회. (포)抱 - 6회.
(표)飄 - 1회. (풍)風 - 1회. (풍)豊 - 1회. (피)彼 - 3회. (피)被 - 2회.
(필)必 -14회. (731 ~ 746) - 44字.

ㅎ

(하)下 -79회. (하)何 -14회. (하)暇 - 1회. (학)學 - 3회. (한)寒 - 1회.
(할)割 - 2회. (함)含 - 1회. (합)合 - 3회. (합)闔 - 1회. (항)抗 - 1회.
(해)孩 - 2회. (해)害 - 5회. (해)海 - 3회. (해)解 - 3회. (행)行 -19회.
(향)鄕 - 2회. (허)虛 - 5회. (허)獻 - 1회. (헐)歇 - 1회. (현)玄 -11회.
(현)見 - 4회. (현)賢 - 3회. (협)狹 - 1회. (형)亨 - 1회. (형)形 - 2회.
(형)荊 - 1회. (혜)分 -21회. (혜)慧 - 1회. (호)戶 - 2회. (호)乎 - 8회.
(호)好 - 3회. (호)虎 - 2회. (호)毫 - 1회. (호)號 - 1회. (혹)或 -13회.
(혹)惑 - 1회. (혼)昏 - 3회. (혼)混 - 3회. (혼)渾 - 1회. (홀)惚 - 4회.
(화)化 - 3회. (화)和 - 8회. (화)貨 - 5회. (화)華 - 2회. (화)禍 - 4회.
(확)攫 - 1회. (환)患 - 3회. (환)渙 - 1회. (환)還 - 1회. (활)活 - 1회.
(황)況 - 1회. (황)恍 - 4회. (황)荒 - 1회. (회)恢 - 1회. (회)懷 - 1회.
(효)孝 - 2회. (후)厚 - 5회. (후)候 - 5회. (후)後 -10회. (휘)諱 - 1회.
(훼)虺 - 1회. (휴)隳 - 1회. (흉)凶 - 3회. (흑)黑 - 1회. (흠)歙 - 2회.
(흥)興 - 1회. (희)希 - 6회. (희)熙 - 1회. (힐)詰 - 1회.

(747 ~ 815) - 311字

老子道德經 漢文冠註 및 索引 事典

1 (가)可 :
*옳을 가{;오랑캐 극};부수口 (입구, 3획) 획수 총5획;[kě,kè] Right, may
1.옳을 2.허락할(許) 3.가히(肯) 4.바(所) 5.마땅할(宜) 6.착할(善) 7.만큼(程) 8.겨우(僅).
*오랑캐 극: 1.오랑캐 극 2.아내(妻)
【명사】【~하대형용사】
① 옳거나 좋음. *이 사람 말도 ~요 저 사람 말도 ~요 한다.
② 어떤 행위가 허용되거나 가능함. *연소자 관람 ~ *분할 상환 ~함. ↔불가(不可).
③ 찬성하는 의사의 표시. *~가 부(否)보다 많다. ↔부(否).
④ 성적을 매기는 등급의 하나《'수·우·미·양·가' 다섯 등급 중 가장 낮은 등급》.
道可道(1) 名可名(1) 不見可欲(3) 不可長保(9) 若可寄天下.(13) 若可託天下.(13) 不可致詰
(14) 繩繩不可名(14) 深不可識.(15) 夫唯不可識(15) 不可畏.(20) 可以爲天下母.(25) 善閉無
關楗而不可開(27) 善結無繩約而不可解(27) 不可爲也(29) 則不可以得志於天下矣.(31) 可以不
殆.(32) 可名於小.(34) 可名爲大.(34) 其可左右.(34) 魚不可脫於淵(36) 國之利器不可以示
人.(36) 可以長久.(44) 故不可得而親(56) 不可得而疏(56) 不可得而利(56) 不可得而害(56) 不
可得而貴(56) 不可得而賤(56) 可以長久(59) 可以有國.(59) 美言可以市(62) 尊行可以加人(62)
安可以爲善(79)

2 (가)加 :
*더할 가;부수力 (힘력, 2획) 획수 총5획;[jiā] Add
1.더할(增) 2.업신여길(凌) 3.미칠(及) 4.붙일(著) 5.침노할(侵) 6.당할(當) 7.더욱(益) 8.있다 9.
합할(算法) 10.처하다 11.입다 12.몸에 붙이다 13.가입하다 14.치다 15.쓸다 16.베풀다 17.거처
하다(居處) 18.가법(加法).
【명사】【~하대타동사】
① 〔수학〕'더하기'의 구용어.
② '가법(加法)'의 준말.
③ '가산(加算)'의 준말. *원금에 이자를 ~하다. ↔감(減).
尊行可以加人(62) 故抗兵相加(69)

3 (가)佳 :
*아름다울 가;부수(사람인변, 2획) 획수 총8획;[jiā] Good
1.아름다울(美) 2.기릴(褒). *착할 개: 1.착할(善) 2.좋을(好) 3.좋아할(好).
夫佳兵者(31)

4 (가)家 :

*집 가{여자 고};부수⺕ (갓머리, 3획) 획수 총10획;[jiā,gū,jiǎ,jiè] House, Home

1.집(住居) 2.가문,일족(一族) 3.남편(夫) 4.집안(內家) 5.건물 6.용한 사람(有專) 7.학파(學派)
8.문벌(門閥) 9.조정 10.도성(都城) 11.아내 12.마나님 13.살림살이 14.집을 장만하여 살다.

*여자 고;1.여자(女子)

【명사】 [법률] 같은 호적에 들어 있는 친족 집단. 가문, 일족(一族)

國家昏亂(18) 國家滋昏(57) 修於家(54) 以家觀家.(54)

5 (각)各 :

*각각 각;부수口 (입구, 3획) 획수 총6획;[gè,gě] Each

1.각각 2.각기(異) 3.여러 4.서로 5.마찬가지로 6.따로따로 7.모두, 다, 전부(全部)

【관형사】 각각의. 낱낱의. *~ 학교, *~ 가정, *~ 지방.

各復歸其根.(16) 夫兩者各得其所欲(61)

6 (각)角 :

*뿔 각{사람 이름 록, 꿩 우는소리 곡};부수角 (뿔각, 7획) 획수 총7획;[jiǎo,jué] Horn, Angle

1.뿔 2.찌를(觸) 3.비교할(較) 4.다툴(競) 5.모퉁이(隅) 6.대평소(吹器) 7.휘(量器) 8.오음(五音)
9.쌍쌍투각(頭巾) 10.별이름(宿名) 11.이마 뼈(額骨) 12.모(直,銳,鈍) 13.십전(什錢) 14.총각 15.
달팽이나 곤충의 촉각 16.한 모퉁이 17.받을 18.각도(角度) 19.술잔(-盞) 20.금수(禽獸) 21.콩
깍지 22.경쟁하다(競爭) 23.시험하다(試驗) 24.접촉하다(接觸) 25.뛰다.

*사람 이름 록(녹)

*꿩 우는 소리 곡

【명사】

① 뿔. *사슴의 ~이 돋다.

② 면이 만나 이루는 모서리. *~이 지다.

③ 〔수학〕 두 직선의 한 끝이 서로 만나는 곳.

④ '각도'의 준말. *~이 크다, *~을 맞추다.

⑤ '각성(角星)'의 준말.

⑥ 〔음악〕 동양 음악의 오음(五音)의 하나.

⑦ 〔음악〕 짐승의 뿔로 만든 취악기(吹樂器)의 하나.

兕無所投其角(50)

7 (각)卻 :

*물리칠 각;부수卩 (병부절) 획수 총9획;[què] Repulse 却의 本字

1.물리칠(退),2.사양할(不受),3.반대할(反對),4.그치다,5.발어사(發語辭),6.어조사(語助辭)　　7.도리

어 8.피하다(避) 9.돌아가다 10.뒤집다 11.틈 벌어진 사이.

卻走馬以糞(46)

8 (간)間 : (간체자) 間

*사이 간;부수門 (문문, 8획) 획수 총12획;[jiān,xián] Not busy, Between 閒의 俗字,
1.겨를 한(暇) 2.한가할 한(安) 3.사이(隙) 4.쇠뇌이름(弩) 5.사이할(隔) 6.가까울(厠) 7.갈마들일(迭) 8.사이길(間道) 9.이간할(反間) 10.병 나을(療) 11.나무랄(訾) 12.섞일(雜) 13.잠시(暫時) 14.대신(代) 15.때 16.동안 17.틈, 틈새 18.차별(差別) 19.간첩(間諜) 20.혐의 21.사사로이 22.몰래 비밀히(秘密) 23.간혹 24.사이에 두다, 끼이다 25.간소하다(簡素=簡) 26.검열하다(檢閱) 27.엿보다 28.살피다 29.참여하다(參與) 30.범하다(犯) 31.차도(差度)가 있다.
【명사】 '칸'의 잘못.
【의존명사】 '칸'의 잘못.
〔주의〕 '초가삼간 윗간 육간대청' 따위는 '간'임.

天地之間(5) 無有入無間.(43)

9 (갈)褐 :

*갈색 갈, 굵은 베 갈, 털옷 갈;부수衤 (옷의변, 5획) 획수 총14획;[hè] Furs, Serge
1.털베(毛布) 굵은베 2.천한사람(賤人) 3.갈옷(賤人服) 4.갈색 5.다색(茶色) 6.성(姓)의 하나 7.삼으로 결은 버선 모양의 신,

是以聖人被褐懷玉.(70)

10 (갈)竭 :

*다할 갈{다할 걸};부수立 (설립, 5획) 획수 총14획;[jié] Exhaust
1.다할(盡) 2.마를(涸) 3.없어지다 4.끝나다 5.엉기다 6.막히다 7.제거하다(除去) 8.망가지다 9.등에 짊어지다 10.말하다, 거론하다(擧論) 11.모두, 전부(全部).

將恐歇.(39)

11 (감)甘 :

*달 감;부수甘 (달감, 5획) 획수 총5획;[gān] Sweet
1.달(五味之一) 2.달게 여길(嗜) 3.맛 좋은 것(美味) 4.싫을(厭) 5.만족하다 6.마음 상쾌할(快意) 7.즐기며 지칠 줄을 모르다 8.맛의 중심이 되는 것 9.익다 10.들어서 기분 좋다 11.느리다 12.느슨하다 13.간사(奸詐)하다 14.감귤(柑橘).

天地相合以降甘露(32) 甘其食(80)

12 (감)敢 :

*감히 감;부수 攵 (등글월문, 4획) 획수 총11획;[gǎn] Dare
1.감히(冒昧辭) 2.구태어(忍爲) 3.과단성 있을(果敢) 4.날랠(勇) 5.범할(犯) 6.감행(敢行)하다 7.굳세다 8.용맹(勇猛)스럽다 8.결단성(決斷性)이 있다 9.함부로 10.감(敢)히 하지 아니하랴;
使夫智者不敢爲也(3) 不敢以取强.(30) 而不敢爲.(64) 不敢爲天下先(67) 三曰不敢爲天下
先(67) 吾不敢爲主而爲客(69) 不敢進寸而退尺.(69) 勇於敢則殺(73) 勇於不敢則活.(73) 孰
敢?.(74)

13 (갑)甲 :
*첫째 천간 갑, 갑옷 갑{친압할 압};부수 田 (밭전, 5획) 획수 총5획;[jiǎ] Armour, Begin
1.갑옷(介冑) 2.첫째 천간 갑(十干之首) 3.비롯할(始) 4.떡잎 날 5.법령(法令) 6.과거(科第) 7.첫째, 으뜸(第一) 8.껍질(殼) 9.대궐(殿) 10.아무(某) 11.씨의 껍질 11.거북의 등딱지 13.손톱.
*친압할 압;1.친압(親狎)-버릇없이 지나치게 친하다.
【명사】
① 차례나 등급의 첫째.
② 둘 이상의 사물 가운데 그 하나의 이름을 대신해 쓰는 말.
 *이하 피고를 ~, 원고를 을이라 칭한다.
③ 천간(天干)의 첫째.
④ 〔동물〕갑각(甲殼).
⑤ '갑방(甲方)'의 준말.
⑥ '갑시(甲時)'의 준말.
⑦ 〈옛〉 갑옷.
入軍不被甲兵(50) 雖有甲兵(80)

14 (강)江 :
*강 강; 氵(삼수변, 3획) 획수 총6획;[jiāng] Liver
1.강 2.큰 내 3.물 4.양자강(陽子江) 5.별 이름.
【명사】 넓고 길게 흐르는 큰 물줄기. *얼었던 ~이 풀리다 *~에 배를 띄우다.
♣ 강 건너 불구경 【관용구】 자기에게 상관없는 일이라 하여 무시하고 방관하는 모양.
♣ 강 건너 불 보듯 【관용구】 강 건너 불구경.
猶川谷之於江海.(32) 江海所以能爲百谷王者(66)

15 (강)降 :
*내릴 강{항복할 항}; 阝(좌부변, 3획) 획수 총9획;[jiàng,xiáng] Surrender, Fall
1.내릴(下) 2.떨어뜨릴(貶) 3.돌아갈(歸) 4.깎아내리다 5.떨어지다(落) 6.내려 주다 7.태어나다 8.하사하다(下賜) 9.하가하다(下嫁: 지체가 낮은 곳으로 시집가다) 10.중(重)히 여기다 11.크게

12.거동하다(擧動: 임금이 나들이하다) 13.내쫓다 14.(새가)죽다 15.이후(以後) 16.이하(以下).
*항복할 항;1.항복할(伏) 2.적에게 屈伏하다 3.화합하다 4.함께 하다. 5.기쁘다.
天地相合以降甘露(32)

16 (강)剛 : (간체자) 刚

*굳셀 강;刂(선칼도방, 2획) 획수 총10획;[gāng] Firm
1.굳을(堅) 2.굳셀(勁) 3.꼬장꼬장할(剛健) 4.바야흐로(方) 5.강철(鋼鐵) 7.억세다 7.강직하다(剛直) 8.단단하다 9.성하다(盛) 10.임금 11.소의 수컷 12.양(陽) 13.군이 14.겨우, 조금 15.강일(剛日: 일진(日辰)의 천간(天干)이 갑(甲)·병(丙)·무(戊)·경(庚)·임(壬)인 날)
柔弱勝剛强.(36) 柔之勝剛(78)

17 (강)强 :

*굳셀 강;弓(활궁, 3획) 획수 총11획;[qiáng,jiàng,qiǎng] Strong
1.강할(過優) 2.굳셀(不屈) 3.나머지(數餘) 4.바구미(蟲) 5.뻐득뻐득할(自是) 6.힘이 있는 자 7.성(盛)하다 8.세차다 9.강(强)하게 하다 10.힘쓰다 11.강제(强制)로 하다, 억지(抑止)로 시키다 12.굳다, 단단하다 13.순종(順從)하지 아니하다 14.권하다(勸) 15.강궁(强弓) 16.포대기(襁) 17.마흔 살 18.태세의 이름.
强其骨.(3) 故强爲之容.(15) 强爲之名曰大.(25) 或强或羸(29) 不以兵强天下.(30) 果而勿强.(30) 不敢以取强.(30) 自勝者强.(33) 强行者有志.(33) 柔弱勝剛强.(36) 必固强之.(36) 强梁者不得其死(42) 守柔曰强.(52) 心使氣曰强.(55) 其死也堅强(76) 故堅强者死之徒(76) 是以兵强則不勝(76) 木强則共(76) 强大處下(76) 而攻堅强者(78) 弱之勝强(78)

18 (개)介 :

*끼일 개, 낱 개;부수 人(사람인, 2획) 획수 총4획;[jiè,gà] Medium
1.끼일(際) 2.도울(助) 3.클(大) 4.맬(繫) 5.인할(因) 6.중매할(仲媒) 7.갑옷(甲) 8.딱지(鱗) 9.기슭(側畔) 10.절개(節介) 11.군을(堅確) 12.임금의 아들(王子) 13.사신(使臣) 14.홀로(孤立) 15.소개하다(紹介) 16.깔끔하다, 얌전하다 17.의지하다(依支) 18.크다 19.작다, 적다 20.묵다 21.모시다 22.강직하다(剛直) 23.견식(見識) 24.홀짐승 갑(無偶獸) 25.착하다 26.돕다 27.시중 28.신경(神經)을 쓰다 29.경계선(境界線) 30.한계(限界) 본분(本分) 31.미세(微細)한 것 32.몸짓 33.차례(次例) 34.근처(近處) 부근(附近) 35.낱(물건 세는 단위) 36.성질이 단단하고 깨끗할(耿),
【의존명사】① 낱으로 된 물건의 수효를 세는 말. *사탕 한 ~ *밤 두 ~.
　② 〔광물·광엽 〕 지금(地金) 열 냥쭝을 단위로 일컫는 말.
使我介然有知(53)

19 (개)改 :

*고칠 개;부수 攵(등글월문, 4획) 획수 총7획;[gǎi] Reform

1.고칠(更) 2.거듭할(再) 3.바꿀(易) 4.새롭게 할(新-改面目) 5.지을(造) 6.따로 7.새삼스럽게.
獨立不改.(25)

20 (개)皆 :

*다 개;부수 白(흰백, 5획) 획수 총9획 ;[jiē] All, every

1.다(總) 2.한가지 3.같을(同) 4.두루 미치다 5.함께 6.견주다 비교하다(比較).
天下皆知美之爲美(2) 天下皆知善之爲善(2) 百姓皆謂我自然.(17) 衆人皆有餘(20) 衆人皆有以
(20) 聖人皆孩之.(49) 百姓皆注其耳目焉(49) 天下皆謂我道大.(67)

21 (개)開 : (간체자) 开

*열 개[평평할 견];부수 門(문문, 8획) 획수 총12획;[kāi] Open

1.열(啓, 闢) 2.통할(通) 3.발할(發) 4.베풀(張) 5.풀(解) 6.시작(始) 7.필(開花) 8.비롯하다 9.개
간(開墾)하다 10.말하다 11.사라지다 12.소멸하다(消滅) 13.끓다 14.비등(沸騰)하다 15.깨우치
다, 타이르다 16.헤어지다, 떨어지다 17. 놓아주다, 사면하다(赦免) 18.비등하다(沸騰),
*평평할 견;1.평평하다(平平) 2.오랑캐의 이름 3.산(山)의 이름.
天門開闔(10) 善閉無關楗而不可開(27) 開其兌(52)

22 (개)蓋 : (간체자) 盖

*덮을 개[어찌 합];부수 艹(초두머리, 4획) 획수 총14획;[gài,gě] Lid

1.뚜껑, 덮개(覆) 2.이엉(白茅苫) 3.가리울(掩) 4.우산(傘) 5.대개(大凡) 6.이엉 덮을 합(苫覆) 7.
부들자리 합(蒲席) 8.덮어씌우다 9.용기의 아가리 덮개 10.숭상하다(崇尙) 11.뛰어나다 12.해치
다(害) 13.하늘 14.상천(上天) 15.모두 16.대략(大略) 17.그래서.
*어찌 합;1.어찌 2.문짝(門) 3.땅의 이름.
【명사】① 음식 그릇의 뚜껑. ②〔 역사 고제 〕 의장(儀仗)의 하나《모양이 양산(陽繖)과 같
음》.
蓋聞(50)

23 (객)客 :

*손 객;부수 宀(갓머리, 3획) 획수 총9획;[kè] Guest

1.손님(賓) 2.부칠(寄) 3.나그네(他鄕人) 4.지난(過去) 5.사람(人) 6.의탁하다 7.상객(上客) 8.한
자리의 공경 받는 사람 9.외계(外界) 10.주장(主張)이 아닌, 객쩍은 11.붙이다 12.의식(意識)이
나 행동(行動)의 대상(對象), 상대(相對),
【명사】① 찾아온 사람. 손. *낯선 ~이 찾아오다 *주인과 ~이 거꾸로 되다.
② 여행길을 가는 사람. 나그네. *길 가던 ~이 하룻밤 재워 주기를 청하다.
過客止.(35) 吾不敢爲主而爲客(69)

24 (거)去 :

*갈 거;부수 厶(마늘모, 2획) 획수 총5획;[qù] Go

1.갈(離, 行) 2.버릴(棄) 3.오래될(時隔) 4.떨어질(距) 5.도망갈(亡) 6.내쫓을(放逐) 7.예전(過時) 8.지나갈(通過) 9.덜(除) 10.감출(藏) 11잃다, 잃어버리다 12.배반하다 13.물리치다 14.죽이다 15.거두어들이다 16.(매었던 것을)풀다 17.피하다(避) 18.과거(過去) 19.거성(四聲)의 하나.

是以不去.(2)   故去彼取此(12)   故去彼取此(38)   相去幾何?(20)   相去若何?(20)   其名不去(21)

是以聖人去甚(29)   去奢(29)   去泰.(29)   故去彼取此.(72)

25 (거)居 :

*있을 거{어조사 기};부수 尸(주검시엄, 3획) 획수 총8획;[jū] Dwell

1.살(居) 2.곳(處) 3.앉을(坐) 4.항상 있을(常有) 5.놓을(置) 6.쌓을(貯蓄) 7.있다, 차지하다. 8.(벼슬을)하지 않다 5.자리 잡다 9.집 10.무덤 11.법(法) 12.이유(理由) 13.살아 있는 사람.

*어조사 기;1.어조사(語助辭)(의문).

功成而不居(2)   夫唯弗居(2)   居善地(8)   而王居其一焉.(25)   君子居則貴左(31)   偏將軍居左(31)

上將軍居右(31)   不居其薄(38)   不居其華(38)   無狭其所居(72)   安其居(80)

26 (거)車 : (간체자) 車

*수레 거{차};부수 車(수레거, 7획) 획수 총7획;[chē,jū] Waggon

1.수레(輅, 輿輪總名) 2.그물(覆車網名) 3.잇몸(齒齦) 4.성(姓) 5.장기(將棋 · 將碁)의 말

有車之用(11)

27 (거)據 : (간지) 據(간체자) 据

*의거할 거, 근거 거;부수 扌(재방변, 3획) 획수 총16획;[jù,jū] Depend

1.의지할 2.기댈(依) 3.웅거할(拒守) 4.의탁할(依託) 5.짚을(杖) 6.누를(按) 7.의거(依據)하다 8.사실에 근거(根據)하다 9.증거(證據)로 삼다 10.근원(根源),

猛獸不據(55)

28 (거)擧 : (간지) 擧

*들 거;부수 手(손수, 4획) 획수 총18획;[jǔ] Lift

1.들(扛) 2.받들(擎) 3.움직일(動) 4.일컬을(稱, 揚) 5.뺄(拔) 6.온통 7.모두(皆) 8.행할(行) 9.합할(合) 10.일으킬(起) 11.말할(言) 12.날을(鳥飛) 13.오르다. 14.낱낱이 들다 15.들추어내다 16.흥기하다(興起: 세력이 왕성해지다) 17.선거하다(選擧) 18.추천하다(推薦) 19.제시하다(提示). 20.제출하다(提出),

下者擧之(77)

29 (건)建 :

*세울 건;부수 廴(민책받침, 3획) 획수 총9획;[jiàn] Build

1.세울 2.설(立) 3.둘(置) 4.심을(樹) 5.별이름(星名) 6.북두성의 자루 쪽에 있는 여섯 개의 별
7.아뢰다(말씀드려 알리다) 8.개진하다(開陳) 9.끼우다, 사이에 두다 10.엎지르다 11.열쇠(=鍵)
12.월건(月建: 달의 간지(干支).

故建言有之(41) 建德若偸(41) 善建者不拔(54)

30 (건)楗 :

*문빗장 건;부수 木(나무목, 4획) 획수 총13획;[jiàn] Bar

1.문빗장(鎖門橫木) 2.문지방(木關) 3.방죽 4.말뚝 4.막다, 차단하다(遮斷) 5.절다, 절뚝거리다,
善閉無關楗而不可開(27)

31 (검)儉 : (간지) 俭(간체자) 俭

*검소할 검;부수 亻(사람인변, 2획) 획수 총15획;[jiǎn] Frugality

1.검소할(約) 2.흉년들(歲歉) 3.적을(少) 4.다할(乏) 5.가난할(清貧) 6.관하다 7.험하다(險) 8.낭
비(浪費)하지 않다 9.넉넉하지 못하다 10.흉작(곡식이 잘 익지 않는 일)
二曰儉(67) 儉故能廣(67) 舍儉且廣(67)

32 (검)劍 : (간지) 剑(간체자) 剑

*칼 검;부수 刂(선칼도방, 2획) 획수 총15획;[jiàn] Sword

1.칼(兵器) 2.칼로 찔러 죽일(斬殺) 3.검법(劍法) 4.찌르다 5.베다,
【명사】 무기로 쓰는 크고 긴 칼.
帶利劍(53)

33 (견)犬 :

*개 견;부수 犬 개견, 4획) 획수 총4획;[quǎn] Dog

1.큰개(大狗) 2.겸칭(謙稱 -자신(自身)이나 자식(子息)을 낮춤) 3.하찮은 것의 비유(比喩·譬
喩) 4.남을 멸시(蔑視)하는 말 5.서융(西戎)의 이름
鷄犬之聲相聞(80)

34 (견)見 :

*볼 견{뵈올 현};부수 見(볼견, 7획) 획수 총7획;[jiàn,xiàn] See,

1.볼(視) 2.만나볼(會見) 3.당할(當) 4.견해(見解) 5.생각해 보다 6.돌이켜 보다 7.변별하다 8.마
음에 터득하다 9.보는 바 10.소견 11.생각.
*뵈올 현;1.뵙다 2.나타나다 3.드러나다 4.보이다 5.소개하다(紹介) 6.만나다 7.현재 8.지금,

不見可欲(3) 視之不見(14) 迎之不見其首(14) 隨之不見其後.(14) 見素抱樸(19) 吾見其不得
已.(29) 視之不足見(35) 見天道.(47) 不見而名(47) 見小曰明(52)

35 (견)堅 : (간체자) 坚
*굳을 견;부수 土(흙토, 3획) 획수 총11획;[jiān] Solid
1.굳을(固) 2.굳셀(勁) 3.굳어지다 4.굳게 하다 5.단단하게 하다 6.반드시(必) 7.강할(剛) 8.변
(變)하지 아니하다 9.갑옷, 갑주(甲胄: 갑옷과 투구) 10.튼튼하게.
馳騁天下之至堅(43) 其死也堅强(76) 故堅强者死之徒(76) 而攻堅强者(78)

36 (결)缺 :
*이지러질 결{머리띠 규};부수 缶(장군부, 6획) 획수 총10획;[quē] Broken, Miss
1.이지러지다(虧) 2.그릇이 깨뜨려지다(器破) 3.깨어질 4.이 빠질(毁) 5.번개 번쩍거릴(電光) 6.
모자라다 7.부족하다(不足) 8.틈 9.흠 10.결점 11.없다 12.없어지다 13.비다 14.아니하다,15.나
오지 않다 16.빠지다,
*머리띠 규;
 【명사】빠져서 부족함. *20명 정원에 두 명 ～이다.
大成若缺(45) 其民缺缺(58)

37 (결)結 : (간체자) 结
*맺을 결{상투 계};부수 糸(실사변, 6획) 획수 총12획;[jié,jiē] Bind, Tie
1.맺을(締) 2.마칠(終結) 3.나중(結局) 4.맺히다 5.열매를 맺다 6.묶다, 매다. 7.마음에 뭉쳐있다,
8.사귀다 9.끝내다 10.완성하다 11.다지다 12.단단히 하다 13.막다 14.못하게 하다 15.굽다 16.
구부러지다 17.엉기다 18.모으다 19.늘어세우다 20.바로잡다, 책하다(責) 21.결구(結句),
22.번뇌(煩惱),
*상투 계;1.상투. 2.매다, 연결하다
 【명사】'결전(結錢)'의 준말.
 【의존명사】〔역사 고제〕조세를 계산하기 위한 논밭의 면적 단위. 목.
善結無繩約而不可解(27) 使人復結繩而用之(80)

38 (겸)兼 :
*겸할 겸;부수 八(여덟팔, 2획) 획수 총10획;[jiān] Combine
1.겸할(兼) 2.아우르다 3.둘 얻다(兩得) 4.불을(增) 5.모을(總) 6.둘러싸다 7.포용하다(包容) 8.
겸용하다(兼用) 9.얻다 10.쌓다 11.포개다 12.겹치다 13.배가 되게 하다 14.아울러 15.나란히
하다 16.배향하다(配享) 17.다하다, 18진하다(津) 19.겸하다 20.쌓다 21.같다,
 【의존명사】

명사나 어미 '—ㄹ' 뒤에 쓰여, 한 가지 일 외에 또 다른 일을 아울러 함을 나타내는 말.
*아침 ～ 점심 *산책 ～ 외출했네.
大國不過欲兼畜人(61)

39 (경)徑 : (간지) 徑(간체자) 徑
*지름길 경, 길 경;부수 彳(두인변,3획) 획수 총10획;[jìng] Short, Cut
1.지름길(小路), 질러가는 길 2.지날(行過), 지나가다 3.곧을(直) 4.마침내(竟) 5.길, 논두렁길 6.
지름, 직경 7.곧바로, 바로 8.가다, 길을 가다 9.건너다, 건너서 가다 10.바르다, 정직하다 11.
빠르다(疾走) 12.간사(奸邪) 13.연유하다(緣由), 기인하다(起因) 14.쉽다.
而民好徑.(53)

40 (경)傾 : (간체자) 傾
*기울 경;부수 亻(사람인변, 2획) 획수 총13획;[qīng] Incline
1.기울어질(側) 2.엎드려질(伏) 3.무너질(圯) 4.곁눈질할(流視) 5.귀기울여들을(聽) 6.잠깐(少選)
7.약하게 할(弱) 8.섞을(交) 9.없을(無) 10.다할(盡) 11.엷을(薄) 12.위태할(危) 13.뒤집히다 14.
높다 15.비스듬하다 16.바르지 않다 17.다투다 18.다치다 19.잠깐.
高下相傾(2)

41 (경)輕 : (간지) 輕(간체자) 輕
*가벼울 경;부수 車(수레거, 7획) 획수 총14획;[qīng] Light
1.가벼울(不重) 2.천할(賤) 3.빠를(疾) 4.업신여길(侮) 5.모자라다 6.손쉽다 7.재빠르다 8.경솔하
다 9.가벼이 하다 10.가벼운 수레 11.성(姓)의 하나.
【접두사】 '가벼운·간편한' 등의 뜻. *～기관총 *～공업 *～음악 *～양식.
重爲輕根(26) 而以身輕天下?(26) 輕則失本(26) 夫輕諾必寡信(63) 禍莫大於輕敵(69)
輕敵幾喪吾寶.(69) 民之輕死(75) 是以輕死(75)

42 (경)驚 : (간체자) 惊
*놀랄 경;부수 馬(말마, 10획) 획수 총23획;[jīng] Astonish
1.두려울(惶, 懼) 2.놀랄(駭) 3.말 놀랄(馬駭) 4.동요(動搖)하다 5.어지러워지다 6.떠들다 7.일어
서다 8.빠르다 9.신속하다 10.위험(危險)하고 다급하다(多急) 11.경계하다(警戒) 12.경기(驚氣)
寵辱若驚(13) 何謂寵辱若驚(13) 得之若驚(13) 失之若驚(13) 是謂寵辱若驚(13)

43 (계)契 :
*맺을 계(애쓸 결, 부족이름 글, 사람이름 설);부수 大(큰대, 3획) 획수 총9획;[xiè] Contract
1.계약할(約) 2.문서(券, 書契) 3.합할(合) 4.근심하고 괴로워할(契契憂苦) 5.인연을 맺다 6.맞

다(合致) 7.약속, 언약 8.조각하다(彫刻・雕刻) 9.소원하다 10.부합하다(符合). 11.계(契) 12.교
분(交分), 교제(交際) 13.두터운 정 14.정리, 정분,
*애쓸 결;1.애쓰다, 애써 노력하다(努力) 2.근고하다(勤苦: 마음과 몸을 다하며 애쓰다) 3.자르
다, 끊다, 가르다 4.오래 헤어져 있다 5.잡다, 쥐다.
*부족이름 글;1.부족이름(部族).
*사람이름 설;1.사람이름
【명사】
① 예부터 있어 온 상호 협조 조직의 한 가지. 여럿이 일정한 목적 아래 일정 액수의 돈이나
물품 따위를 추렴하여 운용함《상포계(喪布契)・혼인계・종계(宗契) 등》.
② 금전 융통을 목적으로 일정한 인원으로 구성된 조직. *~ 모임 *~가 깨지다.
◦ [속담][계 타고 집 판다] 처음에는 이(利)를 보았다가 나중에는 도리어 손해를 본다는 말.
♣ 계(를) 타다 【관용구】 계에서, 자기 차례가 되어 곗돈을 받다. *계를 타서 혼수를 마련
하다.

是以聖人執左契(79) 有德司契(79)

44 (계)稽 :
*머무를, 상고할 계;부수 禾(벼화, 5획) 획수 총15획;[jī,qǐ] Examine
1.상고할(詳考), 조사할(調査) 2.계교할(計) 3.의논할(議論), 상의할(相議) 4.이를(至) 5.같을(同)
6.익살부릴(滑稽轉貌) 7.저축할(留止貯滯) 8.헤아리다 9.묻다, 점을 치다 9.머무르다, 머무르게
하다 10.쌓다, 저축하다 11.셈하다, 세다 12.견주다(어떠한 차이가 있는지 알기 위하여 서로 대어
보다).
亦稽式(65) 能知稽式(65)

45 (계)谿 :
*시내 계{다툴 혜, 송장메뚜기 혜};부수 谷(골곡, 7획) 획수 총17획;[xī] Stream, Brook
1.시내(川澗水注) 2.활 이름(谿子孫) 3.막힌 시내 4.마른 시내 5.내에 흘러 들어가는 시내 6.산
골 물 7.비다, 공허(空虛)하다 8.살(肉)이 깊어 골이 진 곳.
*다툴 혜;1.다투다 2.송장메뚜기
爲天下谿.(28)

46 (계)鷄 : (간지) 鷄 (간체자) 鸡
*닭 계;부수 鳥(새조, 11획) 획수 총21획;[jī] Cock, Hen
1.닭(꿩과의 새) 2.화계(花鷄): 되새. 되샛과의 겨울 철새) 3.가금(家禽) 4.폐백(幣帛)의 하나 5.
성(姓)의 하나 6.현(縣)의 이름 7.산(山)의 이름 8.물의 이름.

鷄犬之聲相聞(80)

47 (고)古 :

*옛 고;부수 口(입구, 3획) 획수 총5획;[gǔ] Antiquity

1.옛(昔) 2.옛일(古事) 3.선조(先祖) 4.하늘(天) 5.비롯할(始) 6.묵다 8.순박하다(淳朴·淳樸) 9.잠시(暫時) 10.우선.

【접두사】 '오랜'·'오래된'의 뜻. *~서적 *~시조

能知古始(14) 執古之道(14) 古之善爲士者(15) 自古及今(21) 古之所謂曲則全者(22)

古之所以貴此道者何?(62) 古之善爲道者(65) 古之極.(68)

48 (고)固 :

*굳을 고;부수 囗(큰입구몸, 3획) 획수 총8획;[gù] Solid

1.굳을(堅) 2.막힐(險塞) 3.굳이(再辭) 4.고집할(執一不通) 5.심할(甚) 6.고루할(固陋) 7.셀(强) 8.진실로(本然之辭) 9.이미(已然之辭) 10.떳떳할(常然之辭) 11.완고할(頑固) 12.고질(固疾) 13.천할(禮儀不得心) 14.단단하다 15.방비(防備), 수비(守備) 16.오로지 17.한결같이 18.우기다 19.독점하다(獨占) 20.감금하다(監禁) 21.진압하다(鎭壓) 22.평온하다(平穩) 23.쇠퇴하다(衰退) 24.버려지다 25.고질병(痼疾病) 26.반드시, 틀림없이 27.처음부터 28.이에, 도리어.

必固張之.(36) 必固强之.(36) 必固興之.(36) 必固與之.(36) 骨弱筋柔而握固.(55) 其日固久.(58)

是謂深根固柢(59) 以守則固.(67)

49 (고)孤 :

*외로울 고;부수 子(아들자, 3획) 획수 총8획;[gū] Solitude

1.외로울(獨) 2.고아(孤兒) 3.배반할(背) 4.우묵할(特) 5.나(王后之謙稱) 6.벼슬이름 7.외따로 8.돌보다, 염려하다(念慮) 9.버리다, 벌하다(罰) 10.저버리다, 배반하다(背反·背叛) 11.작다. 12.고루(固陋)하고 무지하다(無知) 13.어리석다 14.나랏일을 하다 죽은 이의 자식(子息) 15.늙어 자식(子息)이 없는 사람 16.단독(單獨).

【인칭대명사】 예전에, 임금이나 제후가 스스로를 겸손히 일컫던 말.

是以候王自謂孤,寡,不穀.(39) 唯孤,寡,不穀(42)

50 (고)故 :

*옛 고;부수 攵(등글월문, 4획) 획수 총9획;[gù] reason, Ancient

1.예(舊) 2.연고(緣故) 3.일(事) 4.사건(事件) 5.변사(變事) 6.옛 습관(先例) 7.죽을(物故死) 8.까닭(理由) 9.그러므로(承上起下語) 10.짐짓(固爲之) 11.과실(過失) 12.초상날(大故喪事) 13.글의 뜻(指義) 14.옛, 예전의, 옛날의 15.원래(元來), 본래(本來) 16.도리(道理), 사리(事理) 17.친숙한 벗, 잘 아는 교우 18.관례(慣例), 관습(慣習), 선례(先例) 19.사건(事件). 20.끝 21.거짓, 꾸

민 계획(計劃) 22.훈고(訓詁), 주해(註解) 23.반드시 24.확실히(確實) 25.처음부터 26.써 27.시키다, 하게 하다.

【관형사】 이미 세상을 떠난. *~ 김○○ 선생 추모식.고

故常無欲以觀其妙(1) 故有無相生(2) 故能長生.(7) 故成成其私.(7) 故幾於道.(8) 故無尤.(8) 故有之以爲利(11) 故去彼取此(12) 故貴以身爲天下(13) 故混而爲一.(14) 故强爲之容.(15) 故能蔽不新成.(15) 故令有所屬.(19) 不自見故明(22) 不自是故彰(22) 不自伐故有功(22) 不自矜故長.(22) 故天下莫能與之爭.(22) 故飄風不終朝(23) 故從事於道者(23) 故有道者不處.(24) 故道大(25) 故無棄人.(27) 故無棄物.(27) 故善人者(27) 故大制不割.(28) 故物或行或隨(29) 故有道者不處.(31) 故能成其大.(34) 故失道而後德(38) 故去彼取此.(38) 故貴以賤爲本(39) 故致數輿無輿.(39) 故建言有之(41) 故物或損之而益(42) 是故甚愛必大費(44) 故知足之足(46) 夫何故?(50) 夫何故?(50) 故道生之(51) 故以身觀身(54) 故不可得而親(56) 故爲天下貴.(56) 故聖人云(57) 故德交歸焉.(60) 故大國以下小國(61) 故或下以取(61) 大者宜爲下.(61) 故立天子(62) 故爲天下貴.(62) 故終無難矣.(63) 故能成其大.(63) 故無敗.(64) 故無失.(64) 故以智治國(65) 故能爲百谷王.(66) 故天下莫能與之爭.(66) 故似不肖(67) 慈故能勇(67) 故能成器長.(67) 故抗兵相加(69) 故去彼取此.(72) 孰知其故(73) 故堅强者死之徒(76)

51 (고)枯 :
*마를 고;부수 木(나무목, 4획) 획수 총9획;[kū] Dead tree, Dry
1.마른나무(槀木) 2.마를(乾) 3.몸이 여윌(身弱) 4.죽다 5.쇠하다(衰) 7.텅 비다 8.오래 되다. 9.효시하다(梟示) 10.해골(骸骨: 죽은 사람의 살이 썩고 남은 앙상한 뼈),
其死也枯槁.(76)

52 (고)高 :
*높을 고;부수 高(높을고, 10획) 획수 총10획;[gāo] High, Tall
1.높을(崇) 2.위(上) 3.멀(遠) 4.높일(敬) 5.높이(底之對) 6.고상할(高尙) 7.비쌀(物價不廉) 8.姓 9.높아지다, 뽐내다 뛰어나다 10.크다 11.깊다 12.위엄(威嚴).
【명사】 높이.
高下相傾(2) 王侯無以貴高(39) 高以下爲基(39) 高者抑之(77)

53 (고)槁 : 槀와 同字
*마를 고;부수 木(나무목, 4획) 획수 총14획;[gǎo] Dry wood
1.마른나무(枯木) 2.말린 고기(乾魚) 3.쌓일(積) 4.마르다, 말라 죽다 5.말리다, 물기를 없애다 6.위로하다 7.여위다, 파리하다(핏기가 전혀 없다) 8.때리다, 치다 9.학대하다(虐待) 10.초솔하다(草率: 거칠고 엉성하여 볼품이 없다) 7.짚(이삭을 떨어낸 줄기와 잎),
其死也枯槁.(76)

54 (곡)曲 :

*굽을 곡, 누룩 곡;부수 曰(가로왈, 4획) 획수 총6획;[qū,qǔ] Bent, Tune

1.굽을(不直) 2.곡절(委曲節目) 3.누에발(養蠶器) 4.곡조, 가락(歌詞調) 5.휘다, 굽히다 6.마음이 바르지 아니하다, 사악하다 7.도리(道理)에 맞지 않다 8.바르지 않다 9.불합리하다 10.그릇되게 하다 11.자세하다(仔細) 12.구석 13.누룩(발효제) 14.잠박(蠶箔: 누에 기르는 채반) 15.재미있는 재주

【명사】

① '곡조'의 준말.

② '악곡'의 준말.

③ 악곡·노래를 세는 단위《의존 명사적으로도 씀》. *노래 두 ~을 이어 부르다.

曲則全(22) 古之所謂曲則全者(22)

55 (곡)谷 :

*골 곡(성 욕, 나라이름 욕, 벼슬이름 녹);부수 谷(골곡, 7획) 획수 총7획;[gǔ,yù] Valley

1.골(谿谷, 山間水道) 2.궁진할(窮) 3.기를(養) 4.골짜기 5.홈, 홈통 6.좁은 길 7.깊은 굴 8.경혈(經穴: 경맥(經脈)에 속해 있는 혈(穴)을 이르는 말) 9.곡식(穀食)(=穀) 10.곤궁(困窮) 11. 동풍(東風) 12.키우다 13.성장시키다(成長) 14.곤궁하다(困窮) 15.막히다. 16.성(姓),
*나라이름 욕;1.나라이름(國名),
*벼슬이름 녹;1.벼슬이름

谷神不死.(6) 其若谷.(15) 爲天下谷.(28) 猶川谷之於江海.(32) 谷得一以盈(39) 谷無以盈(39)
上德若谷(41) 江海所以能爲百谷王者(66) 故能爲百谷王.(66)

56 (곡)穀 : (간체자) 谷

*곡식 곡{어린아이 누};부수 禾(벼화, 5획) 획수 총15획;[gǔ] Pader, maulberry

1.곡식(穀食) 2.닥나무(楮) 3.성(姓) 4.양식(糧食) 5.착하다 6.녹(祿), 복록(福祿) 7. 녹미(祿米) 8.정성(精誠) 9.기르다, 양육하다(養育) 10.살다, 생장하다(生長) 11.정성스럽다(精誠) 12.좋다.
*어린아이 누;1.어린아이 2.젖 3.젖 먹이다.
是以候王自謂孤,寡,不穀.(39) 唯孤,寡,不穀(42)

57 (곡)轂 : (간체자) 毂

*바퀴통 곡;부수 車(수레거, 7획) 획수 총17획;[gǔ,gū] Hub

1.바퀴통(車輻所湊) 2.속 바퀴 3.천거할(推薦人) 4.곡식(穀食) 5.밀다 6.묶다 7.통괄하다(統括) 8.모으다 9.맞붙다 10.수레, 차량,
三十輻共一轂(11)

58 (골)骨 :

*뼈 골;부수 骨(뼈골, 10획) 획수 총10획;[gǔ,gū] Bone

1.뼈(肉之覈) 2.신라귀족(骨品) 3.살, 요긴할(事物之骨子) 4.꼿꼿할(剛直) 5.골격(骨格·骨骼)
6.기골(氣骨), 의기(義氣) 7.사물(事物)의 중추(中樞), 중심(中心), 골수(骨髓) 8.인품(人品) 9.
몸, 구간(軀幹: 머리와 사지를 제외한 몸통 부분) 11.굳다, 강직하다(剛直) 12.(글씨가)힘차다
13.문장(文章)의 체격(體格),

强其骨.(3) 骨弱筋柔而握固.(55)

59 (공)孔 :

*구멍 공;부수 子(아들자, 3획) 획수 총4획;[kǒng] Hole

1.구멍(穴) 2.매우, 심히(甚) 3.통할(通) 4.성(姓) 5.공자(孔子)의 약칭(略稱) 6.동전(銅錢) 7.새
의 이름, 공작(孔雀) 8.비다, 공허하다(空虛) 9.깊다 10.크다, 성대하다(盛大) 11.아름답다.

孔德之容(21)

60 (공)公 :

*공변될 공;부수 力(힘력, 2획) 획수 총5획;[gōng] Impartiality

1.공변될(平分無私) 2.한 가지(共) 3.밝을(明白) 4.벼슬이름(五爵之首, 諸侯) 5.마을(官所) 6.어
른(尊稱) 7.그대(相呼之稱) 8.아비(父) 9.시아비공(婦謂舅) 10.동배의 존댓말(同輩) 11.숨김없
이 드러내 놓다 12.함께 하다 13.공적(公的)인 것 14.귀인(貴人) 15.관청(官廳) 16.널리 17.여
럿.

【명사】
① 여러 사람에게 관계되는 국가나 사회의 일. *~과 사를 구분하다. ↔사(私).
② '공작(公爵)'의 준말.
【인칭대명사】① 당신. 그대. ② 남자 삼인칭의 공대말.

容乃公(16) 公乃王(16) 而王公以爲稱.(42) 置三公(62)

61 (공)功 :

*공 공;부수 力(힘력, 2획) 획수 총5획;[gōng] Services, Merits

1.공(勞之積) 2.공치사할(自以爲功之) 3.복 입을(喪服) 4.일할(事) 5.사업의 공로(功績) 6.이용
할(利用) 7.직무 8.경대부(卿大夫)의 옷 9.보람, 업적(業績), 성적(成績) 10.공부(工夫) 11.상복
(尙服: 궁중의 의복에 대한 일을 맡아보던 종오품 벼슬) 12.공의(公義) 13.정교하다(精巧),

【명사】
① '공로'의 준말. *~을 다투다 *~이 크다 *혁혁한 ~을 세우다.
② '공력(功力)'의 준말. *~이 들다 *~을 들이다.
♣ 공(을) 닦다 【관용구】 노력과 정성을 들이다.

♣ 공(을) 쌓다 【관용구】 공(을) 닦다.
功成而不居(2) 功遂身退(9) 功遂事遂(17) 不自伐故有功(22) 自伐者無功(24) 功成不名有.(34)
功成而不處(77)

62 (공)共 :
*함께 공;부수 八(여덟팔, 2획) 획수 총6획;[gòng] Together
1.한가지, 함께(同) 2.향할(向) 3.다(皆) 4.모둘(合) 5.공변될(公) 6.무리(衆) 7.공경(敬) 8.법 될
(法) 9.(은대의)나라의 이름 10.주대의 지명 11.공손하다(恭遜) 12.정중하다(鄭重). 13.이바지하
다 14.베풀다(供) 15.바치다, 올리다 16.맞다, 맞아들이다.
三十輻共一轂(11)

63 (공)攻 :
*칠 공;부수 攵(등글월문, 4획) 획수 총7획;[gōng] Attack
1.칠(擊) 2.남의 허물을 말할(摘人過失) 3.익힐(習) 4.다스릴(治) 5.굳을(堅) 6.지을(作) 7.갈(硏)
8.거세(去勢)하다 9.책망하다(責望) 10.닦다 11.불가다.
而攻堅强者(78)

64 (공)拱 :
*두 손 맞잡을 공, 보옥 공;부수 扌(재방변, 3획) 획수 총9획;[gǒng] Fold one's arms
1.팔짱 낄 2.손길 잡을(兩手大指相拄) 3.아름(兩手合把;두 발로 껴안을 정도의 둘레 감) 4.껴
안다 5.거두다, 가지다 6. 아무 일도 하지 않는 모양 7.보옥(寶玉).
雖有拱壁以先駟馬(62)

65 (공)恐 :
*두려울 공;부수 心(마음심, 4획) 획수 총10획;[kǒng] Feat
1.두려울(懼) 2.겁을 낼(怯) 3.놀라게 할(恐嚇) 4.염려할(慮) 5.의심 낼(疑) 6.속대중할(憶度) 7.
아마도 8.의심컨대 9.염려하다(念慮) 10.조심하다.
將恐裂.(39) 將恐發.(39) 將恐歇.(39) 將恐竭(39) 將恐滅(39) 將恐蹶(39)

66 (과)夸 :
*자랑할 과{아름다울 후, 노래할 구};부수 大(큰대, 3획) 획수 총6획;[kuā] Boast
1.큰체할(夸多自大) 2.사치할(奢) 3.아첨할(諛) 4.자랑하다 5.자만하다(自慢) 6.공허하다(空虛)
7.약하다(弱) 8.뻗다 9.거칠다 10.겨루다 11.퍼지다,
*아름다울 후;1.아름답다 2.예쁘고 곱다.
*노래할 구;1.노래하다.

是謂盜夸(53)

67 (과)果 :
*실과 과, 열매과{강신제 관};부수 木(나무목, 4획) 획수 총8획;[guǒ] Fruit
1.열매, 열음, 실과(木實) 2.감히 할(敢) 3.과연(驗), 정말로 4.냅뜰(勇) 5.결단할(決) 6.맺힐(因) 7.짐승이름(獸名) 8.배 불룩할(果然飽腹) 9.모실(女侍) 10.결과(結果) 11.마침내 12.굳세다. 13. 만약(萬若), 가령(假令) 14.과단성(果斷性)이 있다, 과감하다(果敢) 15.이루다, 실현하다(實現) 16.(속에 넣어)싸다 17.시중들다.
*강신제 관;1.강신제(降神祭)
【명사】① 결과. ② 〔불교〕 원인에 따른 결과. ↔인(因).
善有果而已.(30) 果而勿矜(30) 果而勿伐(30) 果而勿驕.(30) 果而不得已(30) 果而勿强.(30)

68 (과)過 : (간체자) 过
*지날 과{재앙 화};부수 辶(책받침, 3획) 획수 총11획;[guò,guō,guó] Pass, Fault
1.넘을(越) 2.그릇할(誤失) 3.허물(罪愆) 4.지날(經) 5.(지나는 길에)들르다 6.왕래하다(往來) 7. 교제하다(交際) 8.초과하다(超過) 9.지나치다 10.(분수에)넘치다 11.나무라다 12.돌이켜 보다 13.낫다 14.빠져나가다 15.여유가 있다 16.심하다 17.동떨어지다 18.실수하다 19.틀리다 20.분 수를 잃다 21.잘못하여 법을 어기다 22.옮기다 23.괘(卦)의 이름(巽下兌上) 24.예전.
*재앙 화;1.재앙(災殃).
【접두사】
① '지나친·과도한'의 뜻을 나타내는 말. *~보호 *~소비 *~적재.
② 〔화학〕 산소가 과다하게 결합한 상태를 나타내는 말. *~산화물 *~인산.
過客止.(35) 大國不過欲兼畜人(61) 小國不過欲入事人(61) 復衆人之所過(64)

69 (과)跨 :
*타넘을 과{걸터앉을 고};부수 𧾷 (발족) 획수 총13획;[kuà] stride over
1.넘을(越) 2.걸터앉을(騎) 3.머뭇거릴(踦跨不進) 4.타고 넘다 5.자랑하다 4.사타구니(=샅. 두 다리의 사이)
*걸터앉을 고;1.걸터앉다 2.점거하다(占據) 3.빼앗아 소유하다(所有),
跨者不行.(24)

70 (과)寡 :
*적을 과;부수 宀(갓머리, 3획) 획수 총14획;[guǎ] Few
1.적을(少) 2.드물(罕) 3.과부(喪夫者) 4.늙은 과부(寡婦) 5.나(諸候自稱) 6.작다 7.약하다(弱) 8. 돌보다, 돌아보다 9.주상(主上),

少私寡欲.(19)　是以候王自謂孤,寡,不穀.(39)　唯孤,寡,不穀(42)　夫輕諾必寡信(63)　小國寡民(80)

71 (관)官 :
*벼슬 관;부수 宀(갓머리, 3획) 획수 8획;[guān,guān] Official

1.벼슬(職) 2.官家, 마을(朝廷治事處) 3.부릴(使) 4.공변될(公) 5.일(事) 6.맡을(司),

7.임금, 아버지, 시아버지 8.관능(官能), 이목구비 등 사람의 기관 9.본받다 10.담당하다(擔當)

11.벼슬을 주다, 임관하다(任官) 12.섬기다, 벼슬살이하다.

【명사】 정부나 관청 따위를 이르는 말.

♣ 관 물(을) 먹다 【관용구】 국가의 관료로 생활을 하다. 관청 물(을) 먹다.

♣ 관 물(이) 들다 【관용구】 오랜 관리 생활로 관료적인 영향을 받다.

則爲官長.(28)

72 (관)關 : (간지) 関(간체자) 关
*빗장 관, 관계할 관{당길 완};부수 門(문문, 8획) 획수 총19획;[guān] Relate to

1.통할(通) 2.굴대소리(開關車, 聲) 3.사뢸, 고할(白) 4.겪을(涉) 5.말미암을(由) 6.관문(界上門)

7.새우는 소리(關關鳥鳴聲) 8.빗장 9.기관(機關) 10.자동장치 11.닫다 12.잠그다.

*당길 완;1.화살먹일(關矢持弓) 2.문지방(局) 3.수톨쩌기(牡) 4.빗장(揆) 5.관계될(要會處)

【명사】 전에, 국경이나 요지의 통로에 두어 드나드는 사람과 짐 등을 조사하던 곳.

善閉無關楗而不可開(27)

73 (관)觀 : (간지) 観(간체자) 观
*볼 관;부수 見(볼견, 7획) 획수 총25획;[guān,guàn] Observe, Watch

1.볼(視) 2.보일(示) 3.대궐(闕) 4.집(樓觀道宮) 5.태자의 궁관(甲觀春宮) 6.무덤(京觀積尸封土)

7.모양(儀觀, 容貌) 8.놀(遊) 9.구경(壯觀, 奇觀) 10.괘 이름(卦名) 11.명시하다 12.점치다(占)

13.생각 14.황새.

【명사】 도교의 사원.

故常無欲以觀其妙(1)　常有欲以觀其徼.(1)　吾以觀復.(16)　雖有榮觀(26)　故以身觀身(54)　以家觀家.(54)　以鄉觀鄉(54)　以國觀國(54)　以天下觀天下(54)

74 (광)光 :
*빛 광;부수 儿(어진사람인발, 2획) 획수 총6획;[guāng]

1.빛(明意) 2.빛날(華釆) 3.색(景色) 4.기운(勢) 5.문물의 아름다울(文化) 6.영광(名譽) 7.비칠(照) 8.위엄(威) 9.세월(歲月) 10.경치(景致) 11.풍경(風景) 12.명예(名譽), 영예(榮譽) 13.빛깔, 번쩍거리는 빛 14.어른어른하게 비치는 윤기(潤氣) 15.크다, 넓다 16.멀다.

【명사】 ① 〔물리〕 빛. ② 화투의 스무 끗짜리 패.

和其光(4)　用其光(52)　和其光(56)　光而不燿.(58)

75 (광)狂 :

*미칠 광{개 달릴 곽};·부수 犭(개사슴록변, 3획) 획수 총7획;[kuáng] Mad

1.미칠(心病) 2.경망할(躁妄) 3.정신 잃을(失情錯亂) 4.사나울(暴) 5.사리 분별을 못하다 6.상규(常規)를 벗어나다 7.경솔하다 8.황급하다(遑急), 허둥거리다 9.거만하다(倨慢) 10.어리석다. 11.정처(定處) 없이 떠돌다 12.미친 병(病), 광병(狂病) 13.골몰(汨沒)한 사람 14.진취적(進取的)인 사람 15.수리부엉이(올빼밋과의 새).

*개 달릴 곽;1.개가 달리다 2.개가 달리는 모양.

【접미사】 '열광적으로 정신을 쏟는 사람'의 뜻. *야구~ *영화~.

馳騁畋獵令人心發狂(12)

76 (광)廣 :

*넓을 광;부수 广(엄호, 3획) 획수 총15획;[guǎng] Wide

1.넓을(闊) 2.넓이(橫量) 3.클(大) 4.공허하다(空虛) 5.비다 6.빛나다 7.널리 9.무덤 10.직경 11.광서성(廣西省)의 약칭(略稱).

【명사】 ① 넓이. ② 너비. *~이 넓은 피륙.

廣德若不足(41) 儉故能廣(67) 舍儉且廣(67)

77 (광)曠 : (간지) 廣(간체자) 广

*밝을 광, 빌 광;부수 日(날일, 4획) 획수 총18획;[kuàng] Vacant

1.밝을(明), 빌(空) 3.멀(遠) 4.클(大) 5.오랠(久) 6.넓을, 휑할(豁) 7.홀아비(曠夫男壯無室) 8.황폐(荒弊), 황량하다(荒凉) 9.허비하다, 헛되이 지내다 10.멀다 11.너그럽다, 관대하다(寬大).

曠兮(15)

78 (교)巧 :

*공교할 교;부수 工(장인공, 3획) 획수 총5획;[qiǎo] Skill, Tactful

1.교묘할(拙之反) 2.훌륭한 솜씨(巧妙, 技巧) 3.거짓말을 꾸밀 4.재능(技能) 5.공교할(機巧) 6.똑똑할(黠慧) 7.어여쁠(好) 8.아름답다 9.약삭빠르다 10.책략(策略).

絶巧棄利(19) 大巧若拙.(45) 人多伎巧(57)

79 (교)交 :

*사귈 교;부수 亠(돼지해머리, 2획) 획수 총6획;[jiāo] Intercourse

1.사귈(相合) 2.벗할(俱) 3.서로 주고받을(往來) 4.바꿀(更代) 5.서로 만나는 곳(會合之處) 6.혼례할(媾合) 7.한 달이 바뀌어지는 때 8.날아서 왕래할(鳥飛貌) 9.옷깃(衣領), 10.인접하다(隣接) 11.서로 맞대다 12.엇걸리다 13.맡기다 14.넘기다, 건네다, 15.내다, 제출하다(提出) 16.섞이다, 교차하다(交叉).

長短相交(2) 故德交歸焉.(60) 天下之交(61)

80 (교)郊 :
*들 교, 성밖 교;부수 阝(우부방, 3획) 획수 총9획;[jiāo] Suburbs
1.들(郊外) 2.시외(市外) 3.근교(近郊) 4.시골 5.교통(交通)의 요충지(要衝地) 6.국경(國境) 7.교사(郊祀: 천지(天地)의 제사(祭祀) 8.(땅이)메마르다 9.교활 10.끝.
戎馬生於郊(46)

81 (교)教 : (간자) 教
*가르침 교;부수 攵(등글월문, 4획) 획수 총11획;[jiào,jiāo] Teach, Religion
1.본받을(效) 2.하여금(使爲) 3.가르칠(訓) 4.알릴(告) 5.훈계할(訓戒) 6.학문(學) 7.도덕(道德) 8.줄(授) 9.종교(宗敎) 10.법령(敎令) 11.교서(王命) 12.하여금,
　【명사】 '종교'의 준말. *자네는 무슨 ~를 믿고 있는가.
行不言之敎.(2) 人之所敎(42) 我亦敎之.(42) 吾將以爲敎父.(42) 不言之敎(43)

82 (교)皦 :
옥석 흴 교, 밝을 교;부수 白(흰백, 5획) 획수 총18획;[jiǎo] Bright
1.옥석 흴(玉石之白), 밝을(明) 3.흴(皎) 4.또렷하다
註 : 暞(교)와 동자(同字).
其上不皦(14)

83 (교)驕 : (간체자) 骄
*교만할 교{사냥개 효, 성한 모양 효};부수 馬(말마, 10획) 획수 총22획;[jiāo] Proud
1.교만할(自矜) 2.방자할(逸傲縱姿) 3.키가 여섯 자 되는 말(馬高六尺) 4.(말이)굳세다 5.(말이)길들여지지 않다 6.경시하다(輕視), 7.제멋대로 하다 8.속이다, 기만하다(欺瞞) 9.씩씩하다 10.사랑하다, 총애하다(寵愛). 11.잘난 체하다,
*1.부리 짧은 사냥개 효(短喙田犬) 2.성한 모양 효(盛),
　【명사】【~하다형용사】 '교만'의 준말.
富貴而驕(9) 果而勿驕.(30)

84 (구)九 :
*아홉 구{모을 규};부수 乙(새을, 1획) 획수 총2획;[jiǔ] Nine
1.아홉(數名) 2.아홉 번 3.수효의 끝 4. 많은 수 5.남방(南方), 남쪽(南) 6. 오래된 것 7.많다 8.양효(陽爻), 주역(周易)의 양수(陽數) 9.늙다,
*모을 규;1.모으다, 모이다 2.합하다(合), 합치다(合).

【수사】【관형사】아홉.
九層之臺(64)

85 (구)口 :
*입 구;부수 口(입구, 3획) 획수 총3획;[kǒu] mouth
1.입(人所以言食) 2.인구(人口) 3.어귀(洞口, 港口) 4.말할(辯舌) 5.구멍(孔穴) 6.실마리 7.주둥이, 부리, 아가리 8.자루, 칼 등을 세는 단위(單位) 8.말하다 9.드나드는 목의 첫머리,
【접미사】
① 일부 명사 뒤에 붙어, '작은 구멍·구멍이 나 있는 곳'을 나타내는 말. *접수~ *통풍~ *하수~
② 일부 명사 뒤에 붙어, '드나드는 곳'을 나타내는 말. *출입~ *비상~ *승강~.
五味令人口爽.(12) 道之出口(35)

86 (구)久 :
*오랠 구;부수 ノ(삐침별, 1획) 획수 총3획;[jiǔ] Long
1.오랠(暫之反) 2.기다릴(待) 3.가리다 4.막다 5.변(變)하지 아니하다 6.오랫동안,
7.오래된, 옛날의 8.시간(時間), 기간.
天長地久(7) 天地所以能長且久者(7) 孰能安以久(15) 道乃久.(16) 天地尙不能久(23)
不失其所者久(33) 可以長久.(44) 其日固久.(58) 可以長久(59) 長生久視之道.(59) 久矣其細也夫.(67)

87 (구)求 :
*구할 구; 부수 水(아래물수, 5획) 획수 총7획;[qiú] Get, Ask
1.구할(覓) 2.구걸할(乞) 3.찾을(索) 4.쩍(等) 5.책할(咎) 6.요할(要) 7.탐낼(貪) 8.바랄(所望) 9.청하다(請) 10.취하다(取) 11.모으다, 모이다 12.가리다, 선택하다(選擇) 13.묻다 14.부르다 15.힘쓰다 16.갖옷(짐승의 털가죽으로 안을 댄 옷) 17.끝, 종말(終末).
常善求人(27) 不曰以求得(62) 以其上求生之厚(75)

88 (구)咎 :
*허물 구{순임금 신하 고, 큰북 고};부수 口(입구, 3획) 획수 총8획;[jiù] Reprove
1.허물(愆) 2.재앙(災) 3.미워할(仇) 4.근심거리 5.책망하다(責望) 6.종족(種族)의 이름 7.꾸짖다 8.비난하다(非難) 9.벌하다(罰).
*순임금 신하 고, 1.순임금 신하(舜臣咎繇).
*큰북 고;1.대형의 북 2.사람의 이름.
自遺其咎.(9) 咎莫大於欲得(46)

89 (구)狗 :

*개 구;부수 犭(개사슴록변, 3획) 획수 총8획;[gǒu] Dog

1.개(犬) 2.강아지(未成毫犬) 3.범의 새끼 4.곰의 새끼 5.개새끼(행동이 나쁜 사람 비유) 6.별의 이름 7.역(易)에서 간(艮)에 해당한다

以萬物爲芻狗(5) 以百姓爲芻狗.(5)

90 (구)垢 :

*때 구;부수 土(흙토, 3획) 획수 총9획;[gòu] Dirt

1.때(塵滓) 2.더러울(汚) 3.부끄러울(恥) 4.나쁘다

受國之垢(78)

91 (구)救 :

*건질 구;부수 攵(등글월문, 4획) 획수 총11획;[jiù] Save, Aid

1.건질(拯) 2.구원할(援) 3.그칠(止) 4.도울(助) 5.두둔할(護) 6.바를(正) 7.치료(治療)하다 8.막다 9.못하게 하다, 금지하다(禁止).

是以聖人常善救人(27) 常善救物(27) 終身不救.(52) 天將救之(67)

92 (구)懼 : (간체자) 惧

*두려워할 구;부수 忄(심방변, 3획) 획수 총21획;[jù] Fearful

1.두려울(恐) 2.근심할(憂) 3.조심할(愼) 4.깜짝 놀랄(驚) 5.위태로워하다, 위태롭게 여기다 6.으르다(무서운 말이나 행동으로 위협하다), 위협하다(威脅) 7.경계하다(警戒),

奈何以死懼之?(74)

93 (국)國 : (간지) 國(간체자) 國

*나라 국;부수 囗(큰입구몸, 3획) 획수 총11획;[guó] Nation

1.나라(邦) 2.고향(故國) 3.서울, 도읍(都邑) 4.고장, 지방(地方) 5.세상(世上), 세계(世界) 6.나라를 세우다,

【접미사】‘나라’의 뜻. *공화~ *약소~.

愛民治國(10) 國家昏亂(18) 國之利器不可以示人(36) 修之於國(54) 以國觀國(54) 以正治國(57) 國家滋昏(57) 可以有國.(59) 有國之母(59) 治大國(60) 大國者下流(61) 大國不過欲兼畜人(61) 小國不過欲入事人(61) 故以智治國(65) 國之賊(65) 不以智治國(65) 國之福(65) 受國之垢(78) 受國不祥(78) 小國寡民(80) 隣國相望(80)

94 (군)君 :

*임금 군;부수 口(입구, 3획) 획수 총7획;[jūn] King, You

1.임금(至尊) 2.아버지(嚴父) 3.아내(妻) 4.남편(夫) 5.선조(先祖稱) 6.그대(彼此通稱) 7.귀신의 존칭(湘君) 8.세자 9.군자(君子) 10 어진 이, 현자(賢者) 11.봉작(封爵).
【명사】〔역사·고제〕조선 때, 왕의 서자의 봉작에 붙이던 존칭. 왕자군(王子君).
【의존명사】성이나 이름 뒤에 쓰여, 친구나 손아랫사람을 부르는 호칭어. *이 ~.
【인칭대명사】그대. 자네. *~의 건투를 빈다.
靜爲躁君.(26) 躁則失君.(26) 君子居則貴左(31) 非君子之器(31) 事有君(70)

95 (군)軍 : (간체자) 军

*군사 군;부수 車(수레거, 7획) 획수 총9획;[jūn] Army, Military
1.군사(衆旅) 2.진칠(師所駐) 3.송대(宋代)의 행정 구획의 이름.
【명사】
① '군대'의 준말. *~에 입대하다.
② '군부'의 준말. *~의 동태 *~의 지지를 받다.
③ 육군의 최고 편성 단위. 군단의 위.
④ '군사령부'의 준말.
大軍之後(30) 偏將軍居左(31) 上將軍居右(31) 入軍不被甲兵(50)

96 (굴)屈 :

*굽을 굴{옷 이름 궐};부수 尸(주검시엄, 3획) 획수 총8획;[qū] Bend, Bow
1.굽을(曲) 2.굽힐(屈節) 3.짧을(短) 4.다할(竭) 5.줄일(縮) 6.강할(强) 7.물러나다 8.베다 9.자르다 10.오그라들다, 움츠리다 11.쇠하다(衰), 쇠퇴하다(衰退·衰頹) 12.꺾다, 억누르다 13.거두다, 거두어 다스리다 14.뒤섞다 15.솟아나다 16.지명(地名) 17.이상한, 색다른.
*옷의 이름 궐;1.옷의 이름.
虛而不屈(5) 大直若屈(45)

97 (궁)弓 :

*활 궁;부수 弓(활궁, 3획) 획수v 총3획;[gōng] Bow
1.활(射器弧) 2.땅재는 자(量地數) 3.성(姓) 4.궁술, 활을 쏘는 법이나 기술 4.활의 길이 5.여덟 자; 길이의 단위(單位) 6.구부정하게 하다.
【명사】활.
其猶張弓與(77)

98 (궁)窮 : (간체자) 穷

*다할 궁, 궁할 궁;부수 穴(구멍혈, 5획) 획수 총15획;[qióng] Exhausted
1.다할(極) 2.궁구할(究) 3.마칠(竟) 4.막힐(因屈) 5.끝나다 6.그치다 7.떨어지다 8.끝 9.궁하다

(窮: 가난하고 어렵다) 10.(이치에)닿지 아니하다 11.궁벽하다(窮僻) 12.어려움을 겪다 13.작다, 좁다 14.연구하다(研究) 15.드러나다 16.의지(依支)할 데 없는 사람 17.크게, 매우. 18. 궁려(窮廬: 허술하게 지은 집, 가난한 집) 19.나라의 이름,

【명사】 가난한 상태. 또는 그런 기색. *~이 들다 *~을 떨다.

♣ 궁(이) 끼다 【관용구】 곤궁하게 되다.

多言數窮(5) 其用無窮.(45)

99 (궐)蹶 :

*넘어질 궐, 일어설 궐{움직일 궤};[부수] 足 (발족변) 총 획수19획;[jué,juě] Spring up
1.쓰러질(僵) 2.미끄러질(跌) 3.뺄(拔) 4.뜀(跳) 5.넘어지다 6.엎어지다 7.기울어져 다하다 8.탕진하다 9.밟다, 10.차다 11.일어서다. 12.달리다.
*움직일 궤, 일어날 궤;1.움직일(動) 2.급히 걸을(行濾). 허둥지둥 할

將恐蹶(39)

100 (귀)鬼 :

*귀신 귀;부수 鬼(귀신귀, 10획) 획수 총9획;[guǐ] Ghost
1.귀신(精魂所歸) 2.혼백(魂魄), 죽은 사람의 넋 3.도깨비 4.상상(想像)의 괴물(怪物) 5.별의 이름 6.먼 곳 7.지혜롭다(智慧) 8.교활하다(狡猾) 9.귀신을 믿다 10.멀다 11.먼 곳.

其鬼不神(60) 非其鬼不神(60)

101 (귀)貴 : (간체자) 贵

*귀할 귀;부수 貝(조개패, 7획) 획수 총12획;[gui,guǐ] Precious
1.귀할, 높을(位高存) 2.귀히 여길(物不賤) 3.중요하다(重要), 귀중하다(貴重) 4.숭상하다(崇尙) 5.공경하다(恭敬), 존중하다(尊重) 6.비싸다, 값이 높다 7.바라다. 8.존칭(尊重)의 접두어(接頭語).

【관형사】 상대편을 높이는 말. *~ 출판사.

不貴難得之貨(3) 富貴而驕(9) 貴大患若身.(13) 故貴以身爲天下(13) 其貴言.(17) 我獨異於人而貴食母.(20) 不貴其師(27) 君子居則貴左(31) 用兵則貴右.(31) 王侯無以貴高(39) 故貴以賤爲本(39) 德之貴(51) 是以萬物莫不存道而貴德.(51) 不可得而貴(56) 故爲天下貴.(56) 故爲天下貴.(62) 古之所以貴此道者何?(62) 不貴難得之貨(64) 則我者貴(70) 不自貴(72) 是賢於貴生.(75)

102 (귀)劌 : (간체자) 刿

*상처 입힐 귀{상처 입힐 궤};부수 刂(선칼도방, 2획) 획수 총15획;[gui] Tear
1.사뿐히 찌를(利傷) 2.베일(割) 3.찢을(破),

*상처 입힐 궤;1.상처(傷處) 입히다 2.쪼개다, 가르다 3.만나다 4.가시 침
廉而不劌(58)

103 (귀)歸 : (간자) 歸(간체자) 归

*돌아갈 귀{먹일 궤};부수 止(그칠지, 4획) 획수 총18획;[guī] return
1.돌아올, 돌아갈(還) 2.돌려보낼(還所取之物) 3.던질(投) 4.붙, 쫓을(附) 5.허락할(許) 6.시집갈
(嫁) 7.사물의 끝 8.괘 이름(卦名) 9.반환하다 10.몸을 의탁하다(依託·依托) 11.맡기다, 위임
하다(委任) 12.마치다, 끝내다 13.편들다. 14.맞다, 적합하다(適合--) 15.합치다(合) 16.선물하다
(膳物)(음식을)보내다 17.자수하다(自首) 18.죽다 19.부끄러워하다,
*먹일 궤;1.먹일(餉).
復歸於無物.(14) 各復歸其根.(16) 歸根曰靜(16) 若無所歸.(20) 誠全而歸之.(22) 復歸於嬰
兒.(28) 復歸於無極.(28) 復歸於樸.(28) 萬物歸焉而不爲主(34) 復歸其明(52) 故德交歸焉.(60)

104 (규)窺 : (간체자) 窥

*엿볼 규;부수 穴(구멍혈, 5획) 획수 총16획;[kuī] Peep, Spy
1.엿볼(小視) 2.훔쳐보다 3.살펴보다 4.꾀하다 5.반걸음 내디디다 6.반걸음.
不窺牖(47)

105 (균)均 :

*고를 균{운 운, 따를 연};부수 土(흙토, 3획) 획수 총7획;[jūn,jùn,yùn] Even
1.고를(調) 2.반듯할, 평평할(平) 3.두루할(徧) 4.기와를 만드는 틀(造瓦具) 5.장단(節樂器) 6.싸
움 옷(戎服) 7.평등할 8.학교이름(學名) 9.가지런히 하다, 조절하다(調節) 10.군복(軍服) 11.비
교하다(比較), 따지다 12.(밭을)갈다, 김매다(논밭의 잡풀을 뽑아내다) 13.널리, 빠짐없이 14.녹
로대(轆轤臺;오지그릇을 만드는 데 쓰는 물레) 15.조율기(調律器) 16.악기(樂器)의 이름.
*운 운;1.운(韻): 음절에서 성모(聲母)를 제외한 부분) 2.운치(韻致) 3.정취(情趣) 4.운문(韻文)
5.소리, 음향(音響) 6.소리의 울림, 여운(餘韻) 7.기품(氣品) 8.기호(嗜好), 취향(趣向),
*따를 연;1.따르다 2.물을 따라 내려가다.
民莫之令而自均.(32)

106 (극)克 :

*이길 극;부수 儿(어진사람인발, 2획) 획수 총7획;[kè] Overcome
1.이길(勝) 2.능할(能) 3.마음을 억누를(心抑) 4.세금 많이 받을 5.멜(肩任) 6.해내다 7.참고 견
디다 8.능력(能力)이 있다 9.이루어내다 10.다스리다 11.정돈하다(整頓) 12.승벽(勝癖: 지기 싫
어하는 성질) 13.그램.
則無不克(59) 無不克(59)

107 (극)棘 :

*멧대추나무 극, 가시나무 극;부수 木(나무목, 4획) 획수 총12획;[jí] Thorny brambless

1.가시나무(小棘叢生) 2.큰창(大戟) 3.가시성 쌓을(執囚之處;감옥) 4.곧(速) 5.약 이름(藥名天棘) 6.대추나무의 일종으로 키가 대추나무보다 작다 7.공경(公卿)의 자리 6.야위다 7.위급하다(危急) 8.벌여놓다.

【명사】〔어류〕물고기의 지느러미를 이루는 단단하고 끝이 날카로운 기조(鰭條).

荊棘生焉(30)

108 (극)極 : (간체자) 极

*다할 극, 극진할 극;부수 木(나무목, 4획) 획수 총12획;[jí] Utmost, Point, Pole

1.대마루, 한마루(棟) 2.덩어리(天地未分前) 3.한가운데(大中) 4.한끝(方隅) 5.별(辰) 6.멀(遠) 7.지극할(至) 8.다할(盡) 9.궁진할(盡) 10.마칠(終) 11.떨어지다 12.남아있지 않다 13.이르다 14.극, 전극(電極), 자극(磁極) 15.미치게 하다 16.혹독하다(酷毒). 17.일의 결과 18.용마루. 19.죽이다, 징벌하다(懲罰) 20.바로잡다 21.병들다(病) 22.괴롭히다 23.내놓다 24.잦다 25.하늘 26.남북(南北)의 두 끝 27.별의 이름, 북극성(北極星) 28.정점(頂點) 29.제위(帝位) 30.대들보 31.근본(根本) 32.흉사(凶事) 33.깍지(활 쏠 때 사용하는 기구), 장갑(掌匣·掌甲) 34.매우, 심히.

【명사】

① 정도가 더 할 수 없는 지경. *화가 ~에 달하다.

② 〔지리·지학〕지축의 양쪽 끝. 남극과 북극. *지구의 양~.

③ 〔물리〕전극. 양극과 음극.

④ 〔물리〕자석(磁石)에서 자기력이 가장 센 두 끝. 남극과 북극.

⑤ 〔수학〕구(球)의 대원(大圓) 및 소원(小圓)의 평면에 수직되는 지름의 양 끝.

*극(極)하다.

♣ 극과 극을 달리다 【관용구】서로 완전히 다르다. *논조가 ~.

致虛極(16) 復歸於無極.(28) 孰知其極?(58) 則莫知其極(59) 古之極.(68)

109 (근)根 :

*뿌리 근;부수 木(나무목, 4획) 획수 총10획;[gēn] Root, Base

1.뿌리(柢) 2.밑, 밑둥(本) 3.그루(木株) 4.시작할(始) 5.별이름(星名) 6.능력(能力), 마음 6.뿌리박다 7.뿌리째 뽑아 없애다 8.생식기(生殖器) 6.근(부스럼 속에서 곪아 단단하여진 망울) 7.근거하다(根據),

【명사】

① 부스럼 속에서 곪아 단단하게 된 망울. *~이 빠지다.

② 〔식물〕뿌리.

③ 〔화학〕기(基).

④ 〔수학〕방정식을 만족시키는 미지수의 값.

⑤〔수학〕 거듭제곱근.
⑥〔불교〕 어떤 작용을 일으키는 강력한 힘. 육근(六根)의 능력.
是謂天地根.(6) 各復歸其根.(16) 歸根曰靜(16) 重爲輕根(26) 是謂深根固柢(59)

110 (근)筋 :
*힘줄 근;부수 竹(대죽, 6획) 획수 총12획;[jīn] Muscle
1.힘줄(骨絡肉力) 2.힘, 기운(力) 3.체력 4.살 5.(식물)섬유질(纖維質) 4.정맥(靜脈).
【명사】〔생물·생리〕 힘줄. 근육.
骨弱筋柔而握固.(55)

111 (근)勤 :
*부지런할 근;부수 力(힘력, 2획) 획수 총13획;[qín] Diligent
부지런할(勞力) 2.도타울(篤厚) 3.수고할(勤勞, 勤役) 4.위로하다(慰勞), 수고를 치하하다(致賀)
5.근심하다(속을 태우거나 우울해하다), 걱정하다 6.괴롭다 7. 은근하다(慇懃: 깊고 그윽하다)
8.일, 직책(職責), 임무(任務) 9.괴로움, 고생,
用之不勤.(6) 勤而行之(41) 終身不勤.(52)

112 (금)今 :
*이제 금;부수 人(사람인, 2획) 획수 총4획;[jīn] Now
1.이제(對古之稱) 2.곧(急辭卽) 3.말머리에 쓰이는 말(發語) 4.오늘(今日) 5.혹은 6.현대 7.이,
이에(사물을 가리키는 말) 8.곧, 바로 8.저(發語辭).
【접두사】 '지금의'의 뜻. *~세기(世紀).
以御今之有.(14) 今舍慈且勇(67) 自古及今(21)

113 (금)金 :
*쇠 금{성씨 김};부수 金(쇠금, 8획) 획수 총8획;[jīn] Gold, Money
1.쇠(五金西方之行) 2.한근(斤) 3.병장기(兵) 4.금나라(國名) 5.금(黃金) 6.돈(貨幣),
7.귀할(貴, 華) 8.오행(五行之一),
*성 김;1.성(姓) 2.땅이름(地名).
방위는 서·계절은 가을·성음은 상(商)·간지는 경신(庚辛), 황금색
金玉滿堂(9)

114 (급)及 :
*미칠 급;부수 又(또우, 2획) 획수 총4획;[jí] Reach
1.미칠(逮), 이르다 2.미쳐갈(覃被), 미치게 하다 3.죄 미칠(連累) 4. 및, 와, 과(兼辭) 5.찰(滿)

6.때 가까울(時來) 7.더불어(與) 8.같을(如). 9.급제(及第)의 준말.

【부사】 '및'의 뜻의 접속 부사.

及吾無身(13) 自古及今(21) 天下希及之(43) 及其有事(48)

115 (긍)矜 :

*자랑할 긍,{창자루 근, 앓을 관};부수 矛(창모, 5획) 획수 총9획;[jīn,qín,quān] Pity, Pride

1민망할(愍) 2.자랑할(自賢) 3.아낄(惜) 4.공경할(敬) 5.곱송거릴(竦) 6.높힐(尙) 7.불쌍할(哀) 8.꾸밀(飾) 9.교만할(驕) 10.괴로워하다 11.괴로워하다 12.엄숙하다(嚴肅) 13.위태하다(危殆).

*창자루 근;1.창자루(戟鋋杷, 矛柄 끝에 달린 손잡이).

*홀아비 관;1.홀아비(老無妻). 2.앓다.

不自矜故長.(22) 自矜者不長.(24) 果而勿矜(30)

116 (기)己 :

*자기 기;부수 己(몸기, 3획) 획수 총3획;[jǐ] Self

1.몸, 저(身) 2.사사(私) 3.마련할(紀) 4.여섯째 천간(天干第六位) 5.다스리다 6.사욕(私慾) 7.어조사(語助辭),

【명사】〔민속〕천간(天干)의 여섯째.

己愈有(81) 己愈多.(81)

117 (기)企 :

*꾀할 기;부수 人(사람인, 2획) 획수 총6획;[qǐ] Plan

1.바랄(擧踵望;발돋움하다) 2.계획할(計劃) 3.절실하게 생각할 4.꾀하다 5.도모하다(圖謀) 6.기대하다(期待·企待) 7.마음에 두다 8.기도하다(祈禱) 9.바라다 10.희망하다(希望).

企者不立(24)

118 (기)伎 :

*재주 기;부수 亻(사람인변, 2획) 획수 총6획;[jì] Tact

1.재주(才) 2.배우, 광대, 기생(藝者) 3.천천한 모양(舒貌) 4.육발(跂;발가락이 많은 기형) 5.방술(方術) 6.음악(音樂) 7.걸음걸이가 느긋한 모양 8.천천히 걷다.

人多伎巧(57)

119 (기)忌 :

*꺼릴 기;부수 心(마음심, 4획) 획수 총7획;[jì] Shun

1.미워할(憎惡) 2.질투할(嫉) 3.꺼릴(憚) 4.원망할(怨) 5.경계할(戒) 6.공경할(敬) 7.제사(忌日) 8.싫어하다 9.증오하다 10.시새우다 11.생각, 뜻.

【명사】기중(忌中). 상중(喪中).

天下多忌諱(57)

120 (기)其 :
*그 기;부수 八(여덟팔, 2획) 획수 총8획;[qí,jī] It, The

1.그, 그것(指物辭) 2.어조사(語助辭). 3.토씨(助辭) 4.만약(萬若), 만일(萬一) 4.아마도, 혹은 (或) 5.어찌, 어째서 6.마땅히 7.장차(將次), 바야흐로 8.이미 9.이에, 그래서 10.기약하다(期約).

【지시 대명사】그, 그것(指物辭),

【관형격 조사】의(語助辭),

【강세 조사】그(感歎辭),

故常無欲以觀其妙(1) 常有欲以觀其徼(1) 虛其心(3) 實其腹(3) 弱其志(3) 强其骨.(3) 挫其銳 (4) 解其紛(4) 和其光(4) 同其塵.(4) 其猶橐籥乎!(5) 以其不自生(7) 後其身而身先(7) 外其身 而身存.(7) 非以其無私耶?(7) 故能成其私.(7) 不如其已(9) 自遺其咎.(9) 當其無(11) 其上不皦 (14) 其下不昧.(14) 迎之不見其首(14) 隨之不見其後.(14) 其若樸.(15) 其若谷.(15) 其若容.(15) 各復歸其根.(16) 其若濁.(15) 其次(17) 其貴言.(17) 其未央哉!(20) 其未兆(20) 澹兮其若海(20) 其中有象.(21) 其中有物.(21) 其中有精.(21) 其精甚眞(21) 其中有信.(21) 其名不去(21) 其在道 也(24) 吾不知其名(25) 而王居其一焉.(25) 不貴其師(27) 不愛其資(27) 知其雄(28) 守其雌(28) 知其白(28) 守其黑(28) 知其榮(28) 守其辱(28) 吾見其不得已.(29) 其事好還.(30) 不失其所者 久(33) 其可左右.(34) 以其終不自爲大(34) 故能成其大.(34) 淡乎其無味.(35) 是以大丈夫處其 厚(38) 不居其薄.(38) 處其實(38) 不居其華(38) 其致之.(39) 强梁者不得其死(42) 其用不 弊.(45) 其用無窮.(45) 其出彌遠(47) 其知彌少.(47) 及其有事(48) 爲天下渾其心.(49) 百姓皆注 其耳目焉(49) 以其生生之厚.(50) 兕無所投其角(50) 虎無所措其爪(50) 兵無所用其刃.(50) 以 其無死地.(50) 旣得其母(52) 以知其子(52) 旣知其子(52) 復守其母(52) 塞其兌(52) 閉其門(52) 開其兌(52) 開其兌(52) 濟其事(52) 用其光(52) 復歸其明(52) 其德乃眞(54) 其德乃餘(54) 其 德乃長(54) 其德乃豊(54)其德乃普(54) 和其光(56) 同其塵(56) 塞其兌(56) 閉其門(56) 挫其銳 (56) 解其紛(56) 吾何以知其然哉(57) 其政悶悶(58) 其民淳淳(58) 其政察察(58) 其民缺缺(58) 孰知其極?(58) 其無正.(58) 其日固久矣.(58) 則莫知其極(59) 其鬼不神(60) 非其鬼不神(60) 其 神不傷人(60) 非其神不傷人(60) 夫兩者各得其所欲(61) 圖難於其易(63) 爲大於其細.(63) 故 能成其大.(63) 其安易持(64) 其未兆易謀(64) 其脆易泮(64) 其微易散(64) 以其智多(65) 以其 善下之(66) 以其不爭(66) 久矣其細也夫.(67) 以其病病(71) 無狎其所居(72) 無厭其所生.(72) 孰知其故(73) 希有不傷其手矣.(74) 以其上食稅之多(75) 以其上之有爲(75) 以其上求生之厚 (75) 其死也堅强(76) 其死也枯槁.(76) 其猶張弓與(77) 其不欲見賢.(77) 以其無以易之.(78) 甘 其食(80) 美其服(80) 安其居(80) 樂其俗.(80)

121 (기)奇 :
*기이할 기{의지할 의};부수 大(큰대, 3획) 획수 총8획;[qí,jī] Strange

1.이상할(異) 2.괴상(詭) 3.숨길(秘) 4.홀수(偶數之對) 5.때 못 만날(不遇) 6.기만하다(欺瞞) 7.정년미만(丁年未滿)의 남자 8.기특하다(奇特), 기이하다(奇異) 9.새롭다 10.뛰어나다 11.알아주다 13.갑자기. 14.성(姓) 15.여수(餘數-남은 수) 16.속임수 17.짝 18.심히.
*의지할 의;1.의지하다(依支).
以奇用兵(57) 奇物滋起(57) 正復爲奇(58) 而爲奇者(74)

122 (기)紀 : (간체자) 纪
*벼리 기;부수 糹(실사변, 6획) 획수 총9획;[ji,jī] record
1.벼리(維;그물 코를 꿴 굵은 줄·일이나 글의 뼈대가 되는 줄거리) 2.기록할(記) 3.터(基) 4.열두 해(十二年) 5.법(法, 網) 6.해(歲) 7.다스릴(理) 8.지질의 연대 9.작은 벼릿줄 10.실마리를 잡다, 실마리 11.밑바탕 12.단서(端緒) 13.도덕(道德) 10.규율(規律) 11.계통(系統).
【명사】
① 법칙. 규칙.
② 기전체(紀傳體) 역사에서, 제왕의 사적(事績)을 기록한 글.
③〔지리·지학〕지질 시대를 구분한 단위《대(代)와 세(世)의 사이로 쥐라기·백악기·따위가 있음》.
是謂道紀.(14)

123 (기)基 :
*터 기;부수 土(흙토, 3획) 획수 총11획;[jī] Basis
1.터(址) 2.근본(本) 3.업(業) 4.웅거할(據) 5.호미, 쟁기(田器, 鎡基) 6.풍류 이름(樂名立基) 7.기초(基礎), 토대(土臺) 8.사업(事業) 9.꾀 10.일주년(一周年) 11.기(탑, 무덤 등을 세는 단위) 12.자리를 잡다 13.비롯하다, 기인하다(起因), 근거하다(根據) 14.꾀하다.
【명사】
〔화학〕화학 반응에서, 다른 화합물로 변화될 때 분해되지 않고 마치 한 원자처럼 작용하는 원자단《메틸기·히드록시기 따위》.
【의존명사】
① 무덤·비석·탑 따위를 세는 단위.
② 원자로·유도탄 따위를 세는 단위.
高以下爲基(39)

124 (기)氣 : (간지) 氣(간체자) 气
*기운 기{보낼 희};부수 气(기운기엄, 4획) 획수 총10획;[qi] air, breath, Weather
1.날씨, 기후(候) 2.숨(息;공기를 들이마시고 내쉬는 기운) 3.공기(空氣) 5.힘(活動力) 6.생기, 정기(生之元精氣) 7.기운(눈에는 보이지 않으나 오관(五官)으로 느껴지는 현상) 8.힘 9.기백

(氣魄) 10.기세(氣勢) 10.냄새 11.바람 12.대기 13.자연(自然) 현상(現狀) 14.기체(氣體) 15.가스(gas) 16.성내다.
*보낼 희;1.음식을 보내다(餼) 2.음식물(飮食物).

【명사】

① 활동하는 힘. 또는 뻗어 나가는 기운. *~가 세다 *~가 살다 *~가 왕성하다 *~를 꺾다 *~가 죽다 *~가 질리다 *~가 허하다.

② 숨 쉴 때 나오는 기운. *~가 막히다 *~가 통하다.

③ 막연한 전체적인 느낌. 분위기. *살벌한 ~가 돌다.

④ 중국에서 15일을 일기(一期)로 하던 명칭《이를 삼분(三分)해 그 하나를 후(候)라 하였음》.

⑤ 〔철학〕 동양 철학에서, 만물을 생성하는 근원이 되는 기운. 원기(元氣).
*이기(理氣).

♣ 기(가) 꺾이다 【관용구】 기세가 수그러지다.

♣ 기(가) 나다 【관용구】 의욕이 일거나 기세가 오르다. *기가 나서 덤벼들다.

♣ 기(가) 차다 【관용구】 하도 어이가 없어 말이 나오지 않다.
*기가 차서 말을 못하겠다.

♣ 기(를) 살리다 【관용구】 기를 펴고 뽐내도록 만들다. *선수들의 기를 살리다

♣ 기(를) 쓰다 【관용구】 있는 힘을 다하다. *기를 쓰고 공부하다.

♣ 기(를) 펴다 【관용구】 억눌림이나 곤경에서 벗어나 마음을 편히 가지다.
*기를 펴고 살자
專氣致柔(10) 沖氣以爲和.(42) 心使氣曰强.(55)

125 (기)豈 :

*어찌 기{개가 개};부수 豆(콩두, 7획) 획수 총10획;[qǐ,kǎi] How
1.어찌(焉, 非然辭) 2.일찍(曾) 3.반어(反語)의 조사(助詞) 4.그, 발어(發語)의 조사 5.바라다.
*개가 개;1.개가(凱歌) 2.승전악(勝戰樂) 3.화락하다(和樂: 화평하게 즐기다).
豈虛言哉!(22)

126 (기)起 :

*일어날 기;부수 走(달릴주, 7획) 획수 총10획;[qǐ] rise, Occur
1. 일, 일어날(興) 2.기동할(起居擧事動作) 3.설(立) 4.일으킬(建築) 5.(일을)시작하다(始作) 6.비롯하다 7.일다(없던 현상이 생기다) 8.발생하다(發生) 9.출세하다(出世) 10.입신하다(立身) 11.우뚝 솟다 12.기용하다(起用) 13.파견 14.날아오르다 15.내닫다 16.가다, 17.분기(奮起)하다 18.병을 고치다 19.소생시키다 20.계발하다 21.값이 오르다.
【명사】 ① 한시(漢詩)의 첫째 구(句). ② 논설문에서 문제를 제기하는 부분.

奇物滋起(57) 起於累土(64)

127 (기)寄 :
*부칠 기;부수 宀(갓머리, 3획) 획수 총11획;[jì] request, Rely

1.붙어 있을(寓) 2.부칠(送) 3.줄(與) 4.맡길(付託) 5.전할(傳) 6.방게(小蟹) 7.향할(向) 8.부탁할 (請寄猶, 囑託) 9.기우러질(傾) 10.모을(集) 11.기대다, 의지하다(依支) 12.주다, 보내다 13.이 르다(어떤 장소나 시간에 닿다), 도달하다(到達) 14.임시로 얹혀살다 15.빌리다,

若可寄天下.(13)

128 (기)旣 : (간지) 既
*이미 기{쌀 희};부수 旡(이미기방, 4획) 획수 총11획;[jì] Already

1.이미(已,벌써) 2.다할(盡) 3.끝날(畢) 4.적게 먹을(小食) 5.원래, 처음부터 6.그러는 동안에 7. 이윽고,

*쌀 희;1.쌀(米) 2.녹미(祿米: 녹봉으로 받는 쌀)

名亦旣有(32) 用之不足旣(35) 旣得其母(52) 旣知其子(52) 旣以爲人(81) 旣以與人(81)

129 (기)幾 : (간체자) 几
*기미 기, 몇 기;부수 幺(작을요, 3획) 획수 총12획;[jǐ,jī] Some, Several

1.얼마(幾何多少) 2.얼마 못될(無幾, 物無多) 3.기미(幾微, 낌새) 4.위태할(危) 5.기약할(期) 6. 자못(殆) 7.거의, 거진(庶幾尙) 8.가까울(近) 9.살필(察) 10.어찌 11.자주, 종종 12.가, 언저리. 13.조용히, 조용하고 공손(恭遜)하게 14.바라건대, 원하건대 15.고동(기계 장치), 기틀, 요령(要 領) 16.때, 기회(機會) 17.헌걸차다(매우 풍채가 좋고 의기가 당당한 듯하다) 18.시작하다(始 作). 19.다하다, 끝나다.

故幾於道.(8) 相去幾何?(20) 常於幾成而敗之(64) 輕敵幾喪吾寶.(69)

130 (기)棄 :
*버릴 기;부수 木(나무목, 4획) 획수 총12획;[qì] Abandon

1.버릴(捐) 2.잊어버릴(忘) 3.잃을(遺) 4.그만두다 5.폐하다 6.꺼리어 멀리하다 7.물리치다.

絶聖棄智(19) 絶仁棄義(19) 絶巧棄利(19) 故無棄人.(27) 故無棄物.(27) 何棄之有?(62)

131 (기)器 :
*그릇 기;부수 口(입구, 3획) 획수 총16획;[qì] Vessel

1.그릇(成形皿) 2.도량기(度量) 3.쓰일(使用物, 道具) 4.그릇다울(才量) 5.중히 여길(重), 6.그릇 으로 쓰다 7.그릇으로 여기다 8.생물체의 기관(器官)

【접미사】

① 기계나 기구의 뜻. *각도~ *분도~ *분무~.
② 생물체의 한 기관을 나타내는 말. *생식~ *호흡~.
埏埴以爲器(11) 有器之用(11) 樸散則爲器.(28) 天下神器(29) 不祥之器(31) 非君子之器(31)
國之利器不可以示人(36) 大器晩成(41) 民多利器(57) 故能成器長.(67) 使有什佰之器而不用
(80)

132 (기)饑 : (간체자) 饥
*주릴 기;부수 飠(밥식변, 8획) 획수 총20획;[jī] Starve, Hungry
1.흉년들(穀不熟) 2.주릴, 굶주릴(餓) 3.흉년, 기근(饑饉)
民之饑(75) 是以饑(75)

133 (길)吉 :
*길할 길;부수 口(입구, 3획) 획수 총6획;[jí] Good
1.길할(嘉祥) 2.즐거울(慶) 3.이할(利) 4.초하루 날(朔日) 5.착할(善) 6.복(福), 행복(幸福) 7.혼
인(婚姻) 8.제사(祭祀) 9.아름답거나 착하거나 훌륭하다 10.오례(五禮)의 하나.
吉事尙左(31)

134 (나)奈 :
*어찌 나{어찌 내};부수 大(큰대, 3획) 획수 총8획;[nài] Why, How
1.어찌(那) 2.어찌 할고(如何, 奈何) 3.나락(奈落, 那落) 4.지옥(地獄),
*어찌 내;1.어찌 2.능금나무(장미과의 낙엽 활엽 교목) 3.대처하다(對處), 대응하다(對應) 4.견
디어 내다
奈何以死懼之?(74)

135 (낙)樂 :
*즐길 낙{좋아할 요},;부수 木(나무목, 4획) 획수 총15획;[lè,yào,yuè] Music, Peasure
1.즐길(喜) 2.즐겁게 하다 3.편안하다(便安) 4.풍년(豐年) 5.즐거움.
*풍류 악;1.풍류(八音之總名) 2.풍류인(風流人) 3. 음악 4.사람이름(人名). 4.연주하다(演奏). 5.
악기(樂器) 6.아뢰다(말씀드려 알리다).
*좋아할 요;1.좋아할(好) 2.하고자 할(欲),
【명사】즐거움이나 위안. *인생의 ~ *고생 끝에 ~이 온다 *꽃 가꾸기가 유일한 ~ ↔고
(苦).
樂與餌(35) 是以天下樂推而不厭(66) 樂其俗.(80)

136 (난)難 : (간체자) 难

*어려울 난{우거질 나};부수 隹(새추, 8획) 획수 총19획;[nán,nàn,nuó] Difficult

1.어려울(艱難不易) 2.구슬이름(珠名木難) 3.근심(患) 4.막을(阻) 5.꾸짖을(責) 6.힐난할(詰難)
7.재앙 8.성하다 9.타다. 10.꺼리다 11.싫어하다 12.괴롭히다 13.물리치다 14.막다 15.나무라다
16.삼가다(몸가짐이나 언행을 조심하다) 17.공경하다(恭敬), 황공해하다(惶恐). 18.병란(兵亂),
난리(亂離) 19.적, 원수(怨讐).

*우거질 나;1.우거지다. 2.굿하다 3.어찌.

【접두사】 '어려운'의 뜻을 나타내는 말. *~문제 *~공사.

難易相成(2) 不貴難得之貨(3) 難得之貨令人行妨(12) 圖難於其易(63) 天下難事(63) 多易必多
難.(63) 是以聖人猶難之.(63) 故終無難矣.(63) 不貴難得之貨(64) 民之難治(65) 猶難之.(73) 民
之難治(75) 是以難治.(75)

137 (내)乃 :

*이에 내{노 젓는 소리 애};부수 丿(삐침별, 1획) 획수 총2획;[nǎi] Hereupon

1.이에 2.어조사(語助辭) 3.곧(卽) 4.겨우 5.옛(古) 6.너(汝), 당신(當身) 7.접때 8.그래서 9.더구
나 10.도리어 11.비로소 12.의외로, 뜻밖에 13.또 14.다만 15.만일(萬一) 16.어찌 17.이전에 18.
와 같다.

*노 젓는 소리 애;1.노 젓는 소리.

容乃公(16) 公乃王(16) 王乃天(16) 天乃道.(16) 道乃久.(16) 常德乃足(28) 其德乃眞(54) 其德
乃餘(54) 其德乃長(54) 其德乃豊(54) 其德乃普(54) 然後乃至大順(65)

138 (내)柰 :

*능금나무 내, 어찌 내{어찌 나}, 어찌 내;부수 木(나무목, 4획) 획수 총9획;[nài] How

1.어찌, 어떻게(那) 2.어찌할꼬 3.능금나무(果名) 4.말리(茉莉: 물푸레나뭇과의 상록 관목) 5.대
처하다(對處), 대응하다(對應) 6.견디어 내다.

*어찌 나;1.어찌(那) 2.지옥(地獄), 나락(那落·奈落).

柰何萬乘之主(26)

139 (년)年 :

*해 년{아첨할 녕, 영};부수 干(방패간, 3획) 획수 총6획;[nián] year, Age

1.해(穀一熟歲) 2.나이(齡) 3.나아갈(進) 4.365일 5.새해, 신년 6.때, 시대(時代) 7.잘 익은 오곡
(五穀) 8.콧마루 9.사격의 하나 10.사람의 이름 10.익다 11.오곡(五穀)이 잘 익다.

*아첨할 녕(영);1.아첨(阿諂)할.

【의존명사】 (주로 한자어 뒤에 쓰여) '해'를 세는 단위. *오십 ~ *죽은 지 삼 ~이 되었다.

必有凶年.(30)

140 (녕)寧 : (간체자) 宁

*편안할 녕{영, 령};·부수 宀(갓머리, 3획) 획수 총14획;[níng,nìng] Peaceful

1.편안할(安) 2.차라리(願詞) 3.문안할(省視) 4.어찌(何) 5.거상할(居喪矛寧) 6.정녕(諄復丁寧)
7.저리할(如何) 8.친정가다,

地得一以寧(39) 地無以寧(39)

141 (노)老 :

*늙은이 노{로};·부수 老(늙을로, 6획) 획수 총6획;[lǎo] Old, Aged

1. 늙을(年高) 2.늙은이, 늙으신네(尊稱) 3.어른(老父, 長長) 4.익숙하다(熟練, 老鍊),
5.쭈그러질(疲, 衰) 6.대접하다(待接) 7.노인을 공경하다(恭敬), 양로하다(養老) 8.오래 되다 9.
늙어서 벼슬을 그만두다 10.생애(生涯)를 마치다 11.군게 하다 12.노자(老子)의 학설(學說) 13.
신의 우두머리 14.항상(恒常), 늘 15.접두사(接頭辭) 16.접미사(接尾辭).

【접두사】 '늙은'·'나이가 많은'의 뜻. *~총각 *~부부.

物壯則老.(30) 物壯則老.(55) 民至老死(80)

142 (노)怒 :

*성낼 노;·부수 心(마음심, 4획) 획수 총9획;[nù] Angry

1. 성낼, 짜증낼(憤激) 2.뽐낼(奮) 3.힘쓰다 4.떨쳐 일어나다 5.꾸짖다, 나무라다,
6.세차다, 기세(氣勢)가 오르다 7.곤두서다 8.가시.

善戰者不怒(68)

143 (농)聾 :

*귀머거리 농{롱};·부수 耳(귀이, 6획) 획수 총22획;[lóng] Deaf

1.귀막힐(耳聾無聞) 2.캄캄하다 3.어리석다 4.무지하다(無知) 5.우매하다(愚昧),
6. 귀머거리(청각에 이상이 생겨 소리를 듣지 못하는 사람).

五音令人耳聾(12)

144 (누)累 :

*묶을 누{루},,{벌거벗을 라, 땅이름 렵};·부수 糸(실사, 6획) 획수 총11획;[lèi,léi,lěi] Tie

1.맬, 동여맬(係累繫) 2.더할(增) 3.여러 것이 포갤(疊) 4.더럽힐(玷) 5.얽힐(縈) 6.연좌할(緣坐)
7.여럿(多貌) 8.자주 9.거듭하다 10.폐를 끼치다 11.연하다(連: 잇닿아 있다) 13.연루(連累·緣
累) 14.새끼를 찾는 어미 소, 수컷을 좇는 암컷의 새끼 15.늘다, 늘리다.

*벌거벗을 라;1.벌거벗다.

*땅의 이름 렵;1.땅이름(地名).

【명사】 정신적, 물질적으로 입는 피해나 괴로움. *~가 미치다 *~가 되다 *~를 끼치다.

起於累土(64)

145 (눌)訥 : (간체자) 讷

*말 더듬을 눌;부수 言(말씀언, 7획) 획수 총11획;[nè] Stammer

1.말을 더듬을(遲鈍言難) 2.과묵하여 말을 경솔하게 하지 않다 3.소리가 나오지 아니하는 모양 .

大辯若訥.(45)

146 (능)能 :

*능할 능{견딜 내};부수 月(육달월, 4획) 획수 총10획;[néng] Able to

1.능할(勝任) 2. 착할(善) 3.재능(才能)이 있다 4.곰(熊屬足似鹿) 5.능(能)히 할 수 있다 6.기량(技倆・伎倆)을 보이다 7.화목하게 지내다 8.응당 ~해야 한다 9.인재(人才) 10.에너지.

*견딜 내;1.견디다(耐).

【명사】① 재능. *놀고먹는 게 ~이 아니다. ② 능력.

天地所以能長且久者(7) 故能長生.(7) 故能成其私.(7) 事善能(8) 莫之能守(9) 能無離乎!(10) 能嬰兒乎!(10) 能無疵乎!(10) 能無知乎!(10) 能爲雌乎!(10) 能知古始(14) 孰能濁以靜之徐淸?(15) 孰能安以久(15) 故能蔽不新成.(15) 故天下莫能與之爭.(22) 天地尙不能久(23) 天下莫能臣也.(32) 侯王若能守之(32) 故能成其大.(34) 侯王若能守之(37) 故能成其大.(63) 能知稽式(65) 江海所以能爲百谷王者(66) 故能爲百谷王.(66) 故天下莫能與之爭.(66) 慈故能勇(67) 儉故能廣(67) 故能成器長.(67) 天下莫能知.(70) 莫能行.(70) 孰能有餘以奉天下?(77) 莫之能勝(78) 莫能行.(78)

147 (다)多 :

*많을 다;부수 夕(저녁석, 3획) 획수 총6획;[duō] Abundant

1. 많을(衆) 2.뛰어나다(勝) 3.단지(但只), 마침, 다만 4.넓을(廣) 5.아름다울(稱美) 6.과할(過) 7.도량이 넓다 8.겹치다, 포개다 9.많게 하다 10.두텁다 11.붇다, 늘어나다 12.중히 여기다 13.크다 14.남다 15.공훈(功勳), 전공(戰功). 16.나머지 17.때마침.

【접두사】명사 앞에 붙어, 많음의 뜻을 나타내는 말. *~목적 *~방면 *~용도

多言數窮(5) 多則惑.(22) 身與貨孰多(44) 多藏必厚亡.(44) 天下多忌諱(57) 民多利器(57) 人多伎巧(57) 盜賊多有(57) 大小多少(63) 多易必多難.(63) 以其智多(65) 以其上食稅之多(75) 己愈多.(81)

148 (단)短 :

*짧을 단;부수 矢(화살시, 5획) 획수 총12획;[duǎn] Short

1.짧을(不長促) 2.남의 허물 지목할(指人過失) 3.잘못(缺點) 4.젊어서 죽을(夭死) 5.숨이 가쁘다 6.오래 되지 아니하다 7.적다, 부족하다 8.가깝다 9.짧게 하다 10.뒤떨어지다 11.모자라다. 12.어리석다, 천박하다(淺薄--) 13.헐뜯다. 14.요절(夭折: 젊은 나이에 죽음).

【명사】화투에서, 같은 종류의 띠 석 장을 갖춘 약《홍단·초단·청단 따위》.
長短相交(2)

149 (달)達 : (간체자) 达
*통달할 달;부수 辶(책받침, 3획) 획수 총12획;[dá,tà] Attain, Reach
1.사무칠, 통달할(通) 2.결단할(決) 3.날(生) 4.나타날(顯) 5.천거할(薦) 6.방자할(挑達, 放恣) 7.이를(到達) 8.보낼(配送) 9.환하게 알다 10.통용되다(通用) 11.현달하다(賢達) 12.이루다 13.구비하다(具備) 14.대범하다(大汎, 豁達) 15.능숙하다(能熟) 16.드러나다 17.마땅하다 18.방자하다(放恣) 19.촐싹거리는 모양 20.어린 양 21.다다르다 22.미치다 23.나오다 24.꿰뚫다 25.자라다 26.깨닫다 27.생기다 28.정통하다 29.통하게 하다 30.길이 엇갈리다.
明白四達(10)

150 (담)淡 :
*묽을 담{질펀히 흐를 염};부수 氵(삼수변, 3획) 획수 총11획;[dàn] Insipid
1.물 맑을(水淨) 2.싱거울, 슴슴할(薄味) 3.물 질펀할(安流平滿貌) 4.묽을(濃之對) 5.(빛깔이)엷다 6.담백하다(淡白) 7.거친 음식 8. 맛없는 음식.
*질펀히 흐를 염;1.질펀히 흐르다 2.어렴풋하다 3.물이 감도는 모양 4.(그림자가)희미한 모양.
【접두사】빛이 엷음을 나타내는 말. *~홍색. *~청색.
恬淡爲上.(31) 淡乎其無味.(35)

151 (담)湛 :
*괼 담{빠질 침, 장마 음};부수 氵(삼수변, 3획) 획수 총12획;[dàn,tán] Deep, Clear
1.즐거울(樂) 2.빠지다 3.술에 빠지다 4.괴다(특별히 귀여워하고 사랑하다) 5.탐닉하다(耽溺) 6.더디다 7.느릿하다.
*빠질 침, 잠길 침;1.빠지다(沒) 2.잠기다(漬) 3.가라앉히다 4. 미혹되다(迷惑). 5.없애다. 6.깊이 빠지다 7.깊이, 깊게.
*편안할 잠, 맑을 잠;1.편안하다(安) 2.맑을(澹) 3.이슬 흠치르르할(露盛貌) 4.성(姓).
*장마 음;1.장마(雨期). 2.넘치다 3.파도(波濤) 치다.
*담글 점;1.담그다. 2.적시다.
湛兮(4)

152 (담)澹 :
*맑을 담, 담박할 담{넉넉할 섬};부수 氵(삼수변, 3획) 획수 총16획;[dàn,tán] Pure, tranquil
1.맑을(淡水) 2.싱거울(薄味) 3.담박할(恬靜) 3.움직일(動) 4.엉길(凝) 5.성(複姓-澹臺) 6.조용하다 7.안존하다(安存).
*넉넉할 섬;1.넉넉하다 2.채우다.

澹兮其若海(20)

153 (당)堂 :
*집 당;부수 土(흙토, 3획) 획수 총11획;[táng] Hall
1.마루(正寢) 2.번듯할, 정당할(正) 3.집무하는 곳(政事堂) 4.가까운 친척(堂內, 堂弟, 堂叔) 5.훌륭한 태도(容儀, 容貌) 7.집 8.향(鄕)의 학교 9.평평하다 10.남의 어머니 11.문설주. 12.명당(明堂), 좋은 묏자리나 집터 13.평지(平地) 14.풍채(風采)가 의젓한 모양 15.당당하다 15. 아랫입술의 우하의 곳 16.높이 드러나는 모양 17.땅의 이름,
【명사】
① '당집'의 준말. *~을 세우다. ② 대청(大廳). ③ 서당.
④ 큰 절의 문 앞에, 그 절의 이름난 승려를 세상에 알리기 위해 세우는 기.
⑤ 〔불교〕신불 앞에 세우는 기의 하나.
金玉滿堂(9)

154 (당)當 : (간지) 씀(간체자) 씀
*당할 당;부수 田(밭전, 5획) 획수 총13획;[dāng,dàng] Undertake, Right
1.마땅(理合如是) 2.대적할(敵) 3.적합할, 순응할(順應) 4.당할(値) 5.방비할, 막을(防) 6.법(奏當, 斷罪) 7.마땅할(適可) 8.번들(當直, 夕直) 9.다닥칠(抵) 10.이을(承) 11.주장할(主) 12.전당할(典當, 出物質當) 13.뽑힐(選) 14.일 도맡아 할(幹事) 15.밑바탕, 바다 16.이, 그 17.갚음, 보수(報酬) 18.갑자기 19.주관하다(主管) 20.주장하다(主掌) 21.대하다 22.균형 있다 23.대적하다 24.맡다 25.지키다, 26쫙하다 27.비기다 28.만나다 29.갚음 30.보수 31.마땅히 -하여야 한다, 곧 -하려 한다
【관형사】
① '그·바로 그·이·지금의' 등의 뜻. *~ 회사의 제품입니다.
② 그 당시의 나이를 나타내는 말. *~ 25세의 신체 건강한 청년.
當其無(11)

155 (대)大 :
*큰 대{클 태};부수 大(큰대, 3획) 획수 총3획;[dà,dài] Big, Large
1.큰(小之對) 2.지날(過) 3.길(長) 4.높이는 말(尊稱) 5.넓다 6.두루 7.높다, 존귀하다(尊貴) 8.훌륭하다, 뛰어나다 9.자랑하다, 뽐내다, 교만하다(驕慢) 10.많다, 수효(數爻)가 많다 11.중(重)히 여기다, 중요시하다(重要視) 12.지나다 13.거칠다, 성기다 14.늙다, 나이를 먹다 15.대강(大綱), 대략(大略) 16.크게, 성(盛)하게 17.하늘 18.존경하거나 찬미(讚美)할 때 쓰는 말.
*클 태(다);1.크다(太) 2.심하다(甚) 3.지나치게 4.극치(極致), 극도(極度).
【명사】큼. 큰 것. *~를 살리기 위해서는 소를 희생하지 않으면 안 될 때가 있다.
貴大患若身.(13) 吾所以有大患者(13) 大道廢(18) 有大僞.(18) 强爲之名曰大.(25) 大曰逝(25)

故道大(25) 天大(25) 地大(25) 王亦大.(25) 域中有四大(25) 雖智大迷.(27) 故大制不割.(28) 大軍之後(30) 大道氾兮(34) 可名爲大.(34) 以其終不自爲大(34) 故能成其大.(34) 執大象(35) 是以大丈夫處其厚(38) 大笑之(41) 大方無隅(41) 大器晚成(41) 大音希聲(41) 大象無形(41) 是故甚愛必大費(44) 大成若缺(45) 大盈若沖(45) 大直若屈(45) 大巧若拙.(45) 大辯若訥.(45) 禍莫大於不知足(46) 咎莫大於欲得(46) 行於大道(53) 大道甚夷(53) 治大國(60) 大國者下流(61) 故大國以下小國(61) 小國以下大國(61) 取大國.(61) 大國不過欲兼畜人(61) 大者宜爲下.(61) 大小多少(63) 爲大於其細.(63) 天下大事(63) 是以聖人終不爲大(63) 故能成其大.(63) 然後乃至大順(65) 天下皆謂我道大.(67) 夫唯大(67) 禍莫大於輕敵(69) 則大威至.(72) 是謂代大匠斲(74) 夫代大匠斲者(74) 强大處下(76) 和大怨(79)

156 (대)代 :

*대신할 대;부수 亻(사람인변, 2획) 획수 총5획;[dài] Substitute, Generation

1.대신(代身, 代理) 2.갈아들(更, 替) 3.번갈을(交替) 4.댓수(世代) 5.맥이 순조롭지 못할(脈不定) 6.시대(時代) 7.일생(一生) 8.대리(代理) 9.대금(代金) 10. 계승(繼承)의 차례(次例) 11.번갈아,

【명사】

① 한 집안에서 이어 내려오는 혈통과 계보 *~를 잇다 *~가 끊기다.

② 임금의 치세. *세종 ~.

【의존명사】

① 사람의 나이를 십 년 단위로 끊어 나타내는 말. *십 ~ 소녀 *70~ 노인.

② 가계나 지위를 이어받은 순서를 나타내는 말. *오~ 할아버지 *6~ 국회의원. *삼~째 가보

夫代司殺者殺(74) 是謂代大匠斲(74) 夫代大匠斲者(74)

157 (대)帶 : (간지) 帶(간체자) 带

*띠 대;부수 巾(수건건, 3획) 획수 총11획;[dài] Belt

1.띠(紳) 2.찰(佩) 3.데릴(隨行) 4.뱀(蛇) 5.둘레(圓) 6.쪽(邊, 寒帶, 熱帶) 7.골이름(朝鮮君名) 8.가질(持, 携帶) 9.대하증(婦人病) 10.풀이름(草名) 11.근처(近處) 12.장식하다(裝飾) 13.지구 표면을 구분(區分)한 이름 14.데리고 있다. 15.붙어 다니다.

【접미사】 '띠 모양의 부분'이나 '지대'의 뜻을 나타내는 말. *화산~ *주파수~.

帶利劍(53)

158 (대)貸 : (간체자) 贷

*빌릴 대, 꿀 대{빌릴 특};부수 貝(조개패, 7획) 획수 총12획;[dài] Lend

1.빌릴, 꿀(借施) 2.갚을(以物與人更還) 3.주다 4.용서하다(容恕) 5.베풀다 6.빌린 금품(金品)

7.느슨하다, 관대(寬大)히 다스리다 8.금품을 대여하다 9.높은 사람에게 재물을 바치다,
*빌 특;1.빌(借) 2.틀리다 3.어긋나다 4.빌다, 구걸하다(求乞).
夫唯道善貸且成.(41)

159 (대)臺 : (간체자) 台
*돈대 대;부수 至(이를지, 6획) 획수 총14획;[tái,tāi] Eminence
1.돈대(높고 평평한 건축물), 집 2.종, 하인(與對賤稱) 3.코골(鼾息聲) 4.잔디(莎草) 5.관청(官
廳) 6.고관(高官) 7.사람을 부르는 존칭(尊稱) 8.물건을 얹는 대, 받침대 9.높고 평평한 곳(墩
臺) 10.무대(舞臺) 11.탁자 12.마을 13.성문(城門) 14.방송국(放送局) 15.능 16.어른 17.횟수(回
數),
【명사】① 높이 쌓은 곳. *~를 쌓다. ② 물건을 받치거나 올려놓는 것의 총칭. *촛~.
如春登臺.(20) 九層之臺(64)

160 (덕)德 : (간지) 德
*큰 덕, 덕 덕;부수 彳(두인변, 3획) 획수 총15획;[dé] Virtue
1.큰(行道有得) 2.품행(品行) 3.은혜(惠) 4.덕 되게 여길(何恩), 5,날(生) 6.덕 있는 사람, 군자
7.좋은 가르침(感化) 8.별이름(木星) 9.덕을 베풀다 10.고맙게 생각하다 11.오르다, 타다 12.덕
(德), 도덕(道德) 13.복(福), 행복(幸福) 14.선행(善行) 15.행위(行爲) 16.능력(能力, 作用) 17.정
의(正義) 18.주역(周易) 건괘(乾卦)의 상.
【명사】
① 인간으로서의 도리를 행하려는 어질고 올바른 마음이나 훌륭한 인격.
*~이 높은 사람 *겸양의 ~을 갖추다 *~을 함양하다.
② 은혜. *선배의 ~을 입다 *~을 베풀다.
③ 덕택. *원님 ~에 나팔 분다 *염려해 주신 ~입니다.
④ 공덕(功德). *적선(積善)으로 ~을 쌓다 *부처님의 ~을 찬양하다.
♣ 덕(을) 보다 【관용구】 남에게서 이득이나 혜택을 얻다.
*오히려 그에게서 덕을 보게 되었다. 시세가 올라 덕을 본 상인이 많다.
♣ ♣ 덕(이) 되다 【관용구】 이익이나 도움이 되다.
是謂玄德(10) 孔德之容(21) 德者同於德(23) 同於德者(23) 德亦樂得之(23) 常德不離(28) 常
德不忒.(28) 常德乃足(28) 上德不德(38) 是以有德.(38) 下德不失德(38) 是以無德.(38) 上德無
爲而無以爲(38) 下德爲之而有以爲(38) 故失道而後德(38) 失德而後仁(38) 上德若谷(41) 廣德
若不足(41) 建德若偸(41) 德善.(49) 德信.(49) 德畜之.(51) 是以萬物莫不存道而貴德.(51) 德之
貴(51) 是謂玄德.(51) 其德乃眞(54) 其德乃餘(54) 其德乃長(54) 其德乃豊(54) 其德乃普(54)
含德之厚(55) 謂之重積德(59) 重積德(59) 故德交歸焉.(60) 報怨以德.(63) 是謂玄德(65) 玄德
(65) 是謂不爭之德(68) 有德司契(79) 無德司徹(79)

161 (도)徒 :
*무리 도;부수 彳(두인변, 3획) 획수 총10획;[dào] Group
1.걸어 다닐(步行) 2.보병(步兵) 3.무리(輩) 4.다만(但) 5.종(隷) 6.제자(弟子) 7.동류(同類) 8.형벌의 이름(徒刑名) 9.일꾼, 인부(人夫) 10.맨손, 맨발 11.죄수(罪囚) 12.헛되이, 보람 없이 13.홀로 14.곁, 옆 15.따르는 이가 없다.
生之徒十有三(50) 死之徒十有三.(50) 柔弱者生之徒(76) 故堅强者死之徒(76)

162 (도)盜 : (간지) 盜
*훔칠 도;부수 皿(그릇명, 5획) 획수 총12획;[dào] Steal, Rob
1.도적, 훔칠(盜賊) 2.비적(匪賊: 떼 지어 다니는 도적) 3.밀통하다,
使民不爲盜(3) 盜賊無有.(19) 是謂盜夸(53) 盜賊多有(57)

163 (도)道 :
*길 도;부수 辶(책받침, 3획) 획수 총13획;[dào] Road, way
1.길(路) 2.이치(理) 3.순할(順) 4.도(仁義忠孝之德義) 5.말할(言) 6.말미암을(由) 7.좇을(從) 8.근원 9.기능 10.방법 11.사상 12.기예 13.깨닫다 14.다스리다 15.따르다 16.말하다 17.완벽한 글 18.의존하다(依存) 19.이끌다, 인도하다(引導) 20.정통하다(精通) 21.행정(行政) 22.통하다(通), 다니다 23.재주 24.제도(制度) 25.기예(技藝) 26.도교(道敎) 27.교설(敎說) 28.정령(政令) 29.행정(行程) 30.바둑·장기에서 行馬의 길,
【명사】
① 마땅히 지켜야 할 도리(道理). *~에 어긋난 행동은 삼가야 한다.
② 종교적으로 깊이 깨달은 이치. 또는 그런 경지. *~를 깨치다.
③ 무술이나 기예 따위를 행하는 방법. *검술에 ~가 트이다.
道可道(1) 非常道(1) 道沖而用之(4) 故幾於道.(8) 天地道.(9) 是謂道紀(14) 執古之道(14) 保此道者不欲盈.(15) 天乃道.(16) 道乃久.(16) 大道廢(18) 惟道是從.(21) 道之爲物(21) 故從事於道者(23) 道者同於道(23) 同於道者(23) 道亦樂得之(23) 其在道也(24) 有道者不處.(24) 字之曰道(25) 故道大(25) 天法道(25) 道法自然.(25) 以道佐人主者(30) 是謂不道.(30) 不道早已.(30) 故有道者不處(31) 道常無名.(32) 譬道之在天下(32) 大道氾兮(34) 道之出口(35) 道常無爲(37) 故失道而後德(38) 道之華而愚之始.(38) 道之動(40) 道之用.(40) 上士聞道(41) 中士聞道(41) 下士聞道(41) 不足以爲道(41) 明道若(41) 進道若退(41) 夷道若(41) 道隱無名(41) 道生一(42) 夫唯道善貸且成.(41) 天下有道(46) 天下無道(46) 見天道.(47) 爲道日損(48) 道生之(51) 是以萬物莫不存道而貴德.(51) 道之尊(51) 故道生之(51) 行於大道(53) 大道甚夷(53) 非道也哉.(53) 謂之不道(55) 不道早已.(55) 長生久視之道(59) 以道莅天下(60) 道者, 萬物之奧(62) 不如坐進此道(62) 古之所以貴此道者何?(62) 古之善爲道者(65) 天下皆謂我道大.(67) 天之道(73) 天之道(77) 人之道(77) 唯有道者(77) 天道無親(79) 天之道(81) 聖人之道(81)

164 (도)圖 : (간자) 図 (간체자) 图

*그림 도;부수 □(큰입구몸, 3획) 획수 총14획;[tú] Picture

1.그림(畵) 2.꾀할(謀) 3.다스릴(除治) 4.헤아릴(度) 5.지도(版圖簿籍) 6.탑(浮圖寺塔) 7.고안할
(考) 8.도장(圖章) 9.서적(書籍) 10.책(册) 11.규칙(規則) 12.그리다 13.베끼다 14.대책(對策)과
방법(方法)을 세우다 15.계산하다(計算) 13.세다 14.얻다.

【접미사】 '그림·도형'의 뜻. *미인~ *산수~ *설계~.

圖難於其易(63)

165 (독)毒 :

*독 독{거북 대};부수 毋(말무, 4획) 획수 총9획;[dú] poison, Evil

1.독할, 악할(惡) 2.해할(害) 3.아플(痛) 4.괴로울(苦) 5.한할(恨) 6.미워할(憎) 7.기를(育) 8.나라
이름(國名) 9.비참(悲慘)하고 참혹(慘酷)한 방법(方法) 10.유독(有毒)하게 하다 11.근심하다
12.원망하다(怨望) 13.한탄하다(恨嘆), 개탄하다(慨歎) 14.난폭하다(亂暴) 15.다스리다, 부리다
16.작은 분량으로 (병을)고치다 17.죽이다.

*거북 대;1.거북(거북목의 동물 총칭)

【명사】

① 건강이나 생명에 해가 되는 성분. *온몸에 ~이 퍼지다.

② '독약'의 준말. *~을 마시다 *음식에 ~을 타다.

③ '독기'의 준말. *~을 품다.

④ '해독(害毒)'의 준말.

♣ 독(을) 올리다 【관용구】

㉠독이 오르게 하다.

㉡남을 집적거려 독기가 치밀어 오르게 하다.

♣ 독(이) 오르다 【관용구】 독기가 치밀다.

毒之(51)

166 (독)篤 : (간체자) 笃

*도타울 독;부수 竹(대죽, 6획) 획수 총16획;[dǔ] warm, Hearted

1.도타울(厚) 2.굳을(固) 3.순전할(純) 4.병이 위독할(疾甚) 5.말 걸음 느릴(馬行頓遲) 6.진심(眞
心)이 깃들어 있다 7.단단하다, 견실하다(堅實) 8.살피다, 감독하다(監督) 9.고생하다 10.매우,
몹시 11.인정이 많다 12.오로지,

守靜篤(16)

167 (독)獨 : (간자) 独 (간체자) 独

*홀로 독;彳부수(개사슴록변, 3획) 획수 총16획;[dú] Only, Solitary

1.홀로(單) 2.외로울(孤) 3.독 짐승(獸名, 食猿) 4.나라이름(獨逸) 5.어찌 6.다만, 오직 7.장차

(將次) 8.어느 9.그 10.홀몸, 홀어미 11.외로운 사람 12.(개가)싸우다,
13.외발 사람, 월형(刖刑: 발꿈치를 베는 형벌)을 받은 사람 14. 전단하다(專斷: 혼자 마음대로 결정하고 단행하다), 독재하다(獨裁).
【명사】〔지리·지학〕'독일(獨逸)'의 준말.
我獨泊兮(20) 而我獨若遺.(20) 我獨昏昏.(20) 我獨悶悶.(20) 而我獨頑似鄙.(20) 獨立不改.(25)

168 (돈) 沌 :

*어두울 돈{내 이름 전}, 엉길 돈;부수 氵(삼수변, 3획) 획수 총7획;[dùn,zhuàn] Meander
1.기운 덩어리(混沌元氣未判) 2.물 기운(水勢形容) 3.뭉킬(不開通貌) 4.돌(轉轉) 5.막힐(不通塞) 6. 엉기다(한 덩어리가 되면서 굳어지다) 7.(사리에)어둡다 8.혼탁(混濁·渾濁)하고 어지럽다 9.어리석다 10.만물(萬物) 생성(生成)의 근거(根據)가 아직 나누어 지지 않은 모양 11.우매(愚昧)한 모양 12.물결치는 모양 13.빙빙 도는 모양.
*내 이름 전;1.내(川)이름
沌沌兮!(20)

169 (돈) 敦 :

*도타울 돈{다스릴 퇴, 옥쟁반 대, 모을 단, 아로새길 조, 덮을 도}; 부수 攵(등글월문, 4획) 획수 총12획;[dūn,duì] easteem
1.도타울(厚) 2.성낼(怒) 3.꾸짖을, 알소할(詆) 4.꼽박할(迫) 5.힘쓸(勉) 6.누구(誰何) 7.클(大) 8.뒤섞일(渾-不開通貌) 9.막연한 모양*混沌) 10.세울(豎),
*다스릴 퇴;1.다스릴(治) 2.조을(琢) 3.모을(聚) 4.끊을(斷) 5.곱송거릴(敦然獨宿貌) 6.성낼(怒).
*옥쟁반 대: 1.옥쟁반(玉敦槃類) 2.서직담는 그릇(盛黍稷器)
*모을 단: 1.모을(聚) 2.외 주렁주렁 달릴(瓜繁蔓貌),
*아로새길 조: 1.아로새길(彫), 그림 그리는 활(畫弓),
*덮을 도: 1. 덮을(蓋)
敦兮(15)

170 (동) 冬 :

*겨울 동;부수 冫(이수변, 2획) 획수 총5획;[dōng] Winter
1.겨울(閉藏節), 겨울지낼(過冬) 3.동면하다(冬眠) 4.북소리 5.소리의 형용(形容).
若冬涉川.(15)

171 (동) 同 :

*한 가지 동;부수 口(입구, 3획) 획수 총6획;[tóng,tòng] same
1.한 가지(共) 2.모을(會合) 3.무리(輩) 4.가지런히 할(齊) 5.화할(和) 6.같이 할(等) 7.함께(同)

8.그 9.전한 바와 같은 10.균일(均一)하게 하다 11.회동하다 12.성(姓).
【관형사】 명사 앞에 붙어, '같은'의 뜻을 나타내는 말.
*2006년 3월 1일부터~12월 30일까지 *~ 대학원 졸업.
此兩者同(1) 同謂之玄(1) 同其塵.(4) 道者同於道(23) 德者同於德(23) 失者同於失.(23) 同於道
者(23) 同於道者(23) 同於德者(23) 同於失者(23) 同其塵(56) 是謂玄同(56)

172 (동)動 : (간체자) 动
*움직일 동;부수 力(힘력, 2획) 획수 총11획;[dòng] Move
1.움직일(靜之對) 2.지을(作) 3.감응(感應) 4.나올(出) 5.마음 진정치 않을(搖) 6.난리(亂) 7.행
동(行動, 擧動) 8.동물(動物) 9.움직이게 할(動之) 10.옮기다 11.흔들리다 12.떨리다 13.느끼다
14.일하다 15.변하다(變) 16.일어나다 17.시작하다(始作) 18.나타나다 19.어지럽다 20.살다, 살
아나다 21.변하다.
動而愈出.(5) 動善時.(8) 動之徐生.(15) 道之動(40) 人之生動之死地(50)

173 (득)得 :
*얻을 득;부수 彳(두인변, 3획) 획수 총11획;[dé,dè,děi] Gain
1.얻을(獲) 2.탐할(貪) 3.상득할(與人契合) 4.만족할(滿足) 5.잡을(捕) 6.잘할(能) 7.깨닫다 8.고
맙게 여기다 9.알다 10.분명해지다(分明) 11.적합하다(適合) 12.이르다, 도달하다(到達) 13.이
루어지다 14.만나다 15.탐하다(貪), 탐내다(貪) 16.덕(德), 덕행(德行) 17.이득(利得),
註 : 옛날에 德과 서로 바꾸어 사용함.
【명사】 소득이나 이득. *~을 보다 *~보다 실이 많다. ↔실(失).
不貴難得之貨(3) 難得之貨令人行妨(12) 得之若驚(13) 搏之不得(14) 少則得(22) 道亦樂得之
(23) 德亦樂得之(23) 失亦樂得之.(23) 吾見其不得已.(29) 果而不得已(30) 不得已而用之(31)
則不可以得志於天下矣.(31) 昔之得一者(39) 天得一以淸(39) 地得一以寧(39) 神得一以靈(39)
谷得一以盈(39) 萬物得一以生(39) 侯王得一以爲天下貞.(39) 强梁者不得其死(42) 得與亡孰病
(44) 咎莫大於欲得(46) 旣得其母(52) 故不可得而親(56) 不可得而疏(56) 不可得而利(56) 不可
得而害(56) 不可得而貴(56) 不可得而賤(56) 夫兩者各得其所欲(61) 不曰以求得(62) 不貴難得
之貨(64) 吾得執而殺之(74)

174 (등)登 :
*오를 등;부수 癶(필발머리, 5획) 획수 총12획;[dēng] rise
1.오를(昇) 2.나아갈(進) 3.벼슬에 오를(登位) 4.이룰(成) 5.높을(高) 6.익을(熟) 7.높일(尊) 8.탈
(乘) 9.담 쌓는 소리(築牆用力相應聲) 10.많을, 무리(衆) 11.기재하다(記載) 12.올리다 13.윗사
람에게 바치다 14.싣다 15.사람을 끌어올려 쓰다 16.더하다 17.보태다.
如春登臺.(20)

175 (락)珞 :
*구슬 목걸이 락{조약돌 력};부수 王(구슬옥변, 4획) 획수 총10획;[luò] Jade, Necklace
1.구슬 목걸이(頸飾, 瓔珞) 2.단단한 모양.
*조약돌 력(역);조약돌(작고 동글동글한 돌)
珞珞如石.(39)

176 (락)樂 :
*즐길 락{좋아할 요,풍류 악};부수 木(나무목, 4획) 획수 총15획;[lè,yào,yuè] Music, Peasure
1.즐길(喜) 2.즐겁게 하다 3.편안하다(便安) 4.풍년(豐年) 5.즐거움.
*풍류 악;1.풍류(八音之總名) 2.풍류인(風流人) 3. 음악 4.사람이름(人名). 4.연주하다(演奏). 5.악기(樂器) 6.아뢰다(말씀드려 알리다).
*좋아할 요;1.좋아할(好) 2.하고자 할(欲),
【명사】즐거움이나 위안. *인생의 ~ *고생 끝에 ~이 온다 *꽃 가꾸기가 유일한 ~ ↔고(苦).
道亦樂得之(23) 德亦樂得之(23) 失亦樂得之.(23) 是樂殺人.(31) 夫樂殺人者(31)

177 (락)諾 :
*대답할 락{낙};부수 言(말씀언, 7획) 획수 총16획;[nuò] Answer
1.대답할(應辭答) 2.허락할(許) 3.동의하다(同意) 4.따르다, 순종하다 5.허가(許可)의 서명(署名). 6.머리를 끄덕이는 일,
夫輕諾必寡信(63)

178 (란)亂 : (간지) 亂(간체자) 乱
*어지러울 란{난};부수 乙(새을, 1획) 획수 총13획;[luàn] Confuse
1.어지러울(不治) 2.얽힐(糸) 3.섞어둘(混) 4.내를 가로 건널(橫流而濟) 5.난리(兵寇) 6.음란할(淫行) 7.다스릴(治) 8.풍류가락(樂章). 9.반역(反逆) 10.손상시키다(損傷) 11.무도하다(無道), 포악하다(暴惡) 12.가득 차다, 널리 퍼지다 13.위해(危害), 재앙(災殃) 14.버릇없는 행동(行動) 15.요지(要旨) 16.함부로, 마구잡이로.
使民心不亂(3) 國家昏亂(18) 而亂之首(38) 治之於未亂(64)

179 (람)覽 : (간지) 覽(간체자) 览
*볼 람{남};부수 見(볼견, 7획) 획수 총21획;[lǎn] See, Together
1.두루 볼(周觀) 2.바라보다 3.전망하다(展望) 4.받다, 5받아들이다 6.대강(大綱) 훑어보다 7.전망(展望) 8.경관(景觀),
滌除玄覽(10)

180 (래)來 : (간지) 來(간체자) 來

*올 래(내){이르를 리};부수 人(사람인, 2획) 획수 총8획;[lái,lài] Come

1.올(至) 2.부를(呼) 3.돌아올(還) 4.보리(麥名) 5.오대 손(孫) 6.부터(自) 7.위로할(撫其至者) 8. 어세를 강하게 하기 위하여 붙이는 뜻없는 토씨 9.앞으로 10.미래(未來) 11.후세(後世) 12. 보리(벗과의 두해살이풀).

*이르를 리;1.이르를(至).

不召而自來(73) 不相往來.(80)

181 (랑)兩 : (간지) 兩(간체자) 兩

*두 량(양){화폐단위 냥, 무게단위 냥};부수 入(들입, 2획) 획수 총8획;[liǎng] Both

1.둘(再) 2.쌍(雙) 3.짝(耦) 4.길이(匹) 5.수레(車數) 6.동등한(同等) 7.기량(技倆, 伎倆, 機能) 8. 대(隊: 편제 단위. 25인) 9.장식하다(裝飾) 10.아울러, 겸하여,

*화폐의 단위 냥;1.근냥(斤兩, 무게의 단위),

*무게의 단위 냥;1.냥(錢數百分, 화폐의 단위)

夫兩者各得其所欲(61)

182 (량)梁 :

*대들보 량(양);부수 木(나무목, 4획) 획수 총11획;[liáng] Ridgepole

1.대들보(負棟木) 2.나무다리(木橋) 3.돌다리, 징검다리(石絶水爲梁) 4.발담(以笱捕魚, 魚梁) 5. 달음박질할(難走貌) 6.팔팔뛸(跳梁) 7.굳셀(彊梁) 8.제방(堤防), 둑 9.관골(顴骨: 광대뼈) 6.양 (모자 등에 가로로 둥긋하게 마루가 진 부분), 7활 모양 8.기장(벗과의 한해살이풀) 9.양주(陽 鑄: 주금(鑄金)에서, 겉면에 무늬나 명문(銘文) 따위를 약간 두드러지게 함) 10.왕조(王朝)의 이름, 양나라(梁) 11.성(姓) 12.노략질하다(擄掠) 13.(다리를)놓다.

强梁者不得其死(42)

183 (력)力 :

*力 힘 력{역};부수 力(힘력, 2획) 획수 총2획;[lì] Strength, Power

1.힘(筋力) 2.육체력(體力) 3.부지런할(勤) 4.심할(甚) 5.종 부릴(僕役) 6.물건의 특유한 일(殊) 7.일할(勞) 8.덕(恩德) 9.위엄(權威) 10.용기(勇氣) 11.힘쓸(盡力) 12.작용할(作用) 13.일꾼, 인 부(人夫) 14.군사(軍士), 병사(兵士) 15.있는 힘을 다하여, 애써.

【접미사】 '능력·힘' 따위의 뜻. *단결~ *인내~ *지도~.

勝人者有力(33) 是謂用人之力(68)

184 (렬)裂 :

*찢을 렬{열};부수 衣(옷의, 6획) 획수 총12획;[liè,liě] Be torn

1.찢어질(破) 2.비단 자투리(繪餘) 3.갈릴(分裂) 4.쪼개다, 분할하다(分割) 5.터지다,
6.헤지다, 무너지다 7.마르다(옷감이나 재목 따위의 재료를 치수에 맞게 자르다), 재단하다(裁
斷) 8.거열(車裂: 수레에 사지를 묶어 찢던 형벌) 9.찢어진 틈 10.자투리,
將恐裂.(39)

185 (렵)獵 : (간지) 獵(간체자) 猎
*사냥 렵{엽};부수 犭(개사슴록변, 3획) 획수 총18획;[liè] Hunting
1.사냥, 사냥 잘 할(捷取禽獸) 2.진동할(震) 3.어긋날(相差次) 4.바람소리(風聲) 5.잡다, 사로잡
다 6.찾다, 추구하다(追求) 7.스쳐 지나다, 거치다 8.(손으로)쥐다 9.밟다, 짓뭉개다 10.놀라게
하다 11. 학대하다(虐待), 해치다(害) 12.섭렵하다(涉獵), 대충 훑어보다 13.(바람이)불다 14.휘
날리다.
馳騁畋獵令人心發狂(12)

186 (령)令 : (간체자) 令
*하여금 령{영};부수 人(사람인, 2획) 획수 총5획;[ling,lǐng] Ordination
1.하여금(使) 2.시킬, 하게끔 할(俾) 3.가령(假令) 4.개 목소리(犬聲) 5.명령할(命) 6.법률(法律)
7.벼슬이름, 원(官名) 8.착할(善) 9.철(時) 10.성(復姓, 令狐) 11.벽돌 12.남을 높이는 말 13.방
울 소리 14.포고하다(布告・佈告: 널리 알리다) 15.아름답다 16.좋다 17.착하다 18.부리다, 일
을 시키다.
【접미사】 '법령·명령'의 뜻. *금지~ *총동원~ *시행~.
故令有所屬.(19) 民莫之令而自均.(32) 法令滋彰(57)

187 (령)靈 : (간지) 靈(간체자) 灵
*신령 령{영};부수 雨(비우, 8획) 획수 총24획;[líng] Spirit, Divine
1.신령(神) 2.혼백(魂魄) 3.좋을(善) 4.신통할(神之精明) 5.괼(寵) 6.귀신, 유령(幽靈), 도깨비 7.
존엄(尊嚴) 8.영적인 존재(存在) 9.죽은 사람에 대한 높임말 10.복(福), 도움 11.위세(位勢) 12.
법령(法令) 13. 총명하다(聰明), 통달하다(通達) 14.아름답다, 훌륭하다 15.목숨, 명수(命數)
神得一以靈(39) 神無以靈(39)

188 (례)禮 : (간지) 礼(간체자) 礼
*예도 례{예};부수 礻(보일시변, 4획) 획수 총17획;[lǐ] Good manners
1.예도(節文仁義) 2.절, 인사(敬禮, 禮拜) 3.예물(禮物) 4.의식(儀式) 5.책의 이름(禮記) 6.경전
(經典)의 이름 7.단술(甘酒) 8.예우하다(禮遇) 9.(신을)공경하다(恭敬) 10.절하다, 11.폐백.
言以喪禮處之.(31) 以喪禮處之.(31) 上禮爲之而莫之應(38) 失義而後禮.(38) 夫禮者(38)

189 (로)露 :

*이슬 로{노};부수 雨(비우, 8획) 획수 총21획;[lù,lòu] Dew, Open
1.이슬(陰之液霜之始) 2.이슬 줄(雨露膏澤) 3.드러낼(暴露, 彰, 現) 4.나라이름(國名, 러시아)
7.진액(津液) 8.좋은 술 9.허무함의 비유 10.보잘것없음의 비유 11.드러나다 12.나타나다 13.은
혜(恩惠)를 베풀다 14.고달프다, 고달프게 하다 15.적시다, 젖다 16.허물어지다, 부서지다.
天地相合以降甘露(32)

190 (록)琭 :
*옥 록;부수 王(임금왕, 4획) 획수 총12획;[lù] Gem.
1.자질구레한 옥(玉貌) 2.옥, 옥의 모양 3.구슬이 데굴데굴 구르는 모양(琭琭).
不欲琭琭如玉(39)

191 (뢰)牢 :
*우리 뢰{뇌}, 우리 로;부수 牛(소우, 4획) 획수 총7획;[láo] Prison, Firm
1.굳을(堅固) 2.애오라지, 귀 울(聊) 3.우리(養獸圈) 4.옥(猪牢) 5.소(牛, 太牢) 6.양(羊, 少牢)
7.바다짐승(海獸名, 蒲牢) 8.감옥(監獄) 9.굳다 10.희생(犧牲)(소, 양, 돼지의 희생) 11.에워싸
다 12.쓸쓸하다 13.안온하다(安穩: 조용하고 편안하다)
註;뢰(뇌)와 로(노)는 뜻이 동일(同一)함.(俗音)
如亨太牢(20)

192 (뢰)纇 : (간체자) 纇
*실마디 뢰{뇌};부수 糸(실사, 6획) 획수 총21획;[lèi] Knot
1.실마디(絲節) 2.죽은 깨(疵) 3.어그러질(戾) 4.흠 5.잘못 6.꽃봉오리 7.치우치다 8.깊다.
夷道若纇(41)

193 (료)飂 :
*바람소리 료{요, 류};부수 風(바람풍, 9획) 획수 총20획;[liáo,liù] Sound of blowing wind
1.바람소리(風聲) 2.서풍 3.비다 4.공허(空虛)하다.
*높은 바람 류;1.높은 바람(高風). 2.성(姓).
飂兮若無止.(20)

194 (루)儽 : 傫(루, 뢰), 傜(루)와 동자(同字).
*고달플 누{게으를 래, 내};부수 亻(사람인변, 2획) 획수 총23획;[lèi] Lazy
1.고달프다 2.앓아 지치다 3.피로하다(疲勞) 4.나른하다.
*게으를 래{내};1.게으를(傜) 2.드리우다(아래로 늘어지다) 3.옷을 벗다 4.깨뜨리다, 속이다 5.
높은 곳에 서다 6.드리워진 모양 7.높은 데 많이 선 모양.

儻儻兮(20)

195 (류)流 :
*흐를 류{유};부수 氵(삼수변, 3획) 획수 총10획;[liú] flow
1.흐를(水行) 2.번져나갈(覃) 3.구할(求) 4.내릴(下) 5.내칠(放). 6.펼(布) 7.달아날(走) 8.무리(類)
9.귀양 보낼(刑罰之一流配) 10.근거 없을(不確實流言) 11.등급(等級上流, 下流) 12.은혜(恩澤)
13.돌림(移行) 14.갈래(派) 15.전하다(傳) 16.방랑하다(放浪) 17.거침없다 18.사회 계층 19.물이
낮은 데로 흐르다 20.떠내려가다 21.시간이 지나가다,
【접미사】어떤 사람·유파의 특유한 방식·경향의 뜻. *자기~ *영국~.
大國者下流(61)

196 (리)利 :
*날카로울 리{이};부수 刂(선칼도방, 2획) 획수 총7획;[lì] Benefit
1.날카로울, 날랠(銛) 2.길, 이로울, 좋을(吉) 3.탐할(貪) 4.편리할(便好) 5.이자(子金) 6.통하다
(通) 7.이기다 8.이익(利益) 9.승전.
水善利萬物而不爭(8) 故有之以爲利(11) 民利百倍(19) 絶巧棄利(19) 國之利器(36) 帶利劍(53)
不可得而利(56) 或利或害(73)

197 (리)理 :
*다스릴 리(이);부수 王(구슬옥변, 4획) 획수 총11획;[lǐ] Rule, Reason
1.다스릴(治) 2.바를(正) 3.무늬 낼(治玉) 4.성품(性) 5.이치, 도리(道) 6.고칠, 수리할(修理整理)
7.처치할(處置) 8.나무 결(木理) 9.힘 입을(賴) 10.깁다 11.깨닫다 12.의뢰하다(依賴) 13.사리
14.도리(道理) 15.이치(理致) 16.매개(媒介), 17거동(擧動) 18.잔금 19.과목(科目)의 약칭(略稱)
20.통하다 21.재판하다 22.구별하다 23.길,
【의존명사】어미 '―ㄹ' 뒤에 붙어, '까닭·이치'의 뜻으로 쓰는 말
《반드시 부정이나 반문하는 말로 뒤가 이어짐》. *올 ~가 없다 *회사가 망할 ~가 있나.
千理之行(64)

198 (리)蒞 :
*다다를 리(이);부수 艹(초두머리, 4획) 획수 총14획;[lì] Attend
1.닿을, 임할(臨) 2.자리(位) 3.임석할(臨席) 4.임군으로서 아래 사정을 돌볼 5.녹,
6.수목이 바람에 흔들리는 소리
註;莅의 俗字
以道蒞天下(60)

199 (리)離 : (간체자) 离

*떼놓을 리{이}(붙을 려, 맹수 치};부수 隹(새추, 8획) 획수 총19획;[lí] Leave, Separate

1.베풀(陳) 2.걸릴(麗) 3.지날(歷) 4.떠날(別) 5.떠돌아다닐(流離, 散) 6.아름다울(陸離美貌) 7.둘(兩) 8.반벙어리(侏離語言不分明) 8.외손(外孫) 9.귀신이름(神名長離) 10.말 이름(馬名纖離) 11.땅이름(地名鐘離) 12.풀이름(草名江離) 13.떼어놓다, 떨어지다 14.늘어놓다 15.잃다, 버리다 16.만나다, 맞부딪다 17.지나다, 겪다 18.근심 19.성(姓) 20.괘(卦)의 이름,

*붙을 려;1.붙다, 달라붙다.

*교룡 치;1.교룡(蛟龍: 상상 속 동물)

*맹수 치;1.맹수(猛獸).

能無離乎!(10) 不離輜重(26) 常德不離(28)

200 (리)羸 :

*파리할 리, 여윌 리{이};부수 羊(양양, 6획) 획수 총19획;[léi] Emaciated

1.파리할(瘦) 2.뒤집을(覆) 3.앓을(病) 4.약할(弱) 5.고달프다 6.지치다 7.엎지르다 8.괴롭다.

或强或羸(29)

201 (린)鄰 : (간체자) 邻

*이웃 린{인};부수 阝(우부방, 3획) 획수 총15획;[lín] Neighbourhood

1.이웃(近) 2. 이웃할(親比) 3.도울(臣鄰輔弼) 4.수레 구르는 소리(車聲). 5.보필(輔弼) 6.이웃하다 7.주대(周代)의 행정(行政) 구획(區劃)의 이름 8.근접(近接)한 9.인접한.

若畏四鄰.(15)

202 (립)立 :

설 립{입}{자리 위};부수 立(설립, 5획) 획수 총5획;[lì] Stand, Set

1.설(起住) 2.세울(樹, 建) 3.이룰(成) 4.군을(堅) 5.곧(速意) 6.밝힐(明) 7.정할(設定) 8.멈추어 서다 9.전해지다(傳) 10.임하다(臨) 11.즉위하다(卽位) 12.존재하다(存在) 13.출사하다(出仕) 14.나타나다 15.낟알(껍질을 벗기지 아니한 곡식의 알) 16.바로 17.리터(ℓ)의 약호(略號) 18.닢(납작한 물건을 세는 단위),

*자리 위;1.자리

企者不立(24) 獨立不改.(25) 故立天子(62)

203 (마)馬 : (간체자) 马

*말 마;부수 馬(말마, 10획) 획수 총10획;[mǎ] Horse

1.말(武獸乘畜生) 2.아지랑이(野田浮氣) 3.추녀 끝(屋四角) 4.벼슬이름(官命, 司馬),

5.나라이름(馬韓, 朝鮮古國名) 6.산가지(투호(投壺)를 할 때 득점을 세는 물건) 7.큰 것의 비

유(比喩・譬喩) 8.성(姓).
【명사】 '馬' 자를 새긴 장기짝.
卻走馬以糞(46) 戎馬生於郊(46) 雖有拱璧以先駟馬(62)

204 (막)莫 :

*없을 막{저물 모, 덮을 먹};부수 艹(초두머리, 4획) 획수 총11획;[mò] Not, Very
1.없을(無) 2.말(勿) 3.정할(定) 4.무성할(莫莫茂) 5.꾀할(謨) 6.클(大) 7.엷을(薄). 8.불가하다 9.편안하다(便安), 안정되다(安定) 10.조용하다 11.드넓다 12.아득하다 13.막(膜) 14.장막(帳幕).
*나물 모, 저물 모;1.푸성귀(茶) 2.저물(日且冥).
*덮을 먹;1.덮다(蓋) 2.봉하다(封: 열지 못하게 꼭 붙이거나 싸서 막다)
莫之能守(9) 故天下莫能與之爭.(22) 天下莫能臣也.(32) 民莫之令而自均.(32) 上禮爲之而莫之應(38) 禍莫大於不知足(46) 咎莫大於欲得(46) 是以萬物莫不存道而貴德.(51) 夫莫之命而常自然.(51) 莫若嗇(59) 則莫知其極(59) 故天下莫能與之爭.(66) 莫大於輕敵(69) 天下莫能知.(70) 莫能行.(70) 天下莫柔弱於水(78) 天下莫不知(78) 莫之能勝(78) 莫能行.(78)

205 (만)晚 :

*저물 만;부수 日(날일, 4획) 획수 총12획;[wǎn] Evening
1.저물, 늦을(暮) 2.뒤질(後) 3.저녁(夕) 4.끝날(末) 5.늙다, 쇠하다(衰) 6.해질녘, 황혼(黃昏) 7.늦은 밤, 깊은 밤 8.노년(老年), 만년(晚年) 9.끝 10.시간상의 끝.
大器晚成(41)

206 (만)萬 : (간체자) 万

*일만 만;부수 艹(초두머리, 4획) 획수 총13획;[wàn,mò] Ten thousand
1.일만(千之十配) 2.벌(蜂名) 3.춤 이름(舞名) 4.많을, 여럿(多數萬邦) 5.만약(若) 6.성(姓) 7.사천성에 있는 현(縣)의 이름 8.만무(萬無: 절대로 없음) 9.대단히, 매우 10.절대로 11.전혀,
【수사】【관형사】 천의 열 배. *～ 원짜리 돈 *～에 하나라도
萬物之母(1) 萬物作焉而不辭(2) 似萬物之宗.(4) 以萬物爲芻狗(5) 水善利萬物而不爭(8) 萬物並作(16) 奈何萬乘之主(26) 萬物將自賓.(32) 萬物恃之而生(34) 衣養萬物而不爲主.(34) 萬物歸焉而不爲主(34) 萬物將自化(37) 萬物得一以生(39) 萬物無以生(39) 天下萬物生於有(40) 三生萬物.(42) 萬物負陰而抱陽(42) 是以萬物莫不存道而貴德.(51) 道者, 萬物之奧(62) 以輔萬物之自然(64) 萬物草木之生也柔脆(76)

207 (만)滿 : (간지) 滿(간체자) 满

*찰 만;부수 氵(삼수변, 3획) 획수 총14획;[mǎn] Full
1.넘칠(盈溢) 2.찰, 가득할(充) 3.교만할(慢) 4.땅이름(地名 滿洲) 5.풍족하다(豐足),

6.만족하다(滿足) 7.흡족하다(洽足) 8.일정(一定)한 한도(限度)에)이르다 9.모두의 10.아주 11.
전혀 12.둥그레지다 13.곡식이 익다 14.활을 힘껏 당기다 15.속이다.
【명사】(주로 '만으로'의 꼴로 쓰여) 시기나 햇수가 꽉 참을 나타내는 말. *~으로 열 살.
【관형사】정해진 기간이 꽉 참을 나타내는 말. *~ 스무 살 *~ 하루 만에 끝내다.
金玉滿堂(9)

208 (말)末 :

*끝 말;부수 木(나무목, 4획) 획수 총5획;[mò,mè] End, Final
1.끝, 꼭대기(木端) 2.이마(顚) 3.다할(盡) 4.마칠(終) 5.덜(減) 6.장사(商) 7.없을(無) 8.늘그막 9.
마지막, 하위(下位) 10.시간(時間)의 끝 11.지엽(枝葉), 중요(重要)하지 않은 부분(部分) 12.말
세(末世), 어지러운 세상(世上) 13.사지(四肢), 수족(手足) 14.등(背) 15.마침내, 드디어 16.신하
(臣下), 백성(百姓) 17.가루 18.보잘것없다, 낮다 19.천하다(賤) 20.얇다, 박하다(薄) 21.칠하다,
문지르다 22.늙다 23.서 있는 물건의 꼭대기,
【의존명사】어떤 기간의 끝이나 끝 무렵.
*학년 ~ *고려 ~ 조선 초 *9회 ~.
生於毫末(64)

209 (망)亡 :

*망할 망;없을 무;부수 ㅗ(돼지해머리, 2획) 획수 총3획;[wáng,wú] Perish
1.죽일(殺) 2.없어질(失) 3.죽은 사람(亡人) 4.망할(滅) 5.죽을(死) 6.도망할(逃亡) 7.도망하다(逃
亡), 달아나다 8.잃다, 없어지다 9.없애다 10.잊다 11.업신여기다, 경멸하다(輕蔑),
*없을 무;1.없을(無) 2.가난할(貧).
死而不亡者壽.(33) 若存若亡(41) 得與亡孰病(44) 多藏必厚亡(44)

210 (망)妄 :

*망령될 망, 허망할 망;부수 女(계집녀, 3획) 획수 총6획;[wàng] Dotage
1.망령될(虛誕) 2.허망할(虛妄) 3.성실하지 않을(不誠實) 4.범상할(凡) 5.속일(罔) 6.법에 어긋
날 7.괘이름(卦名) 8.잊다, 잊어버리다 9.거짓 10.제멋대로, 함부로 11.대개(大槪), 모두 12.무
릇.
妄作凶.(16)

211 (망)望 :

*바랄 망, 보름 망;부수 月(달월, 4획) 획수 총11획;[wàng] Hope, Watch
1.볼(瞻) 2.원망할(怨) 3.바라볼(遠視) 4.이름(名) 5.우러러 볼(爲人所仰) 6.보름달(弦望月體) 7.
책망할(責) 8.망제(祭名) 9.돌아보지 않고 감(去而不顧) 10.기대할(期待 ‧ 企待), 희망할(希望)
11.그리워하다 12.망보다(望), 엿보다 13.전망(展望), 풍경(風景) 14.풍채(風采) 15.명성(名聲)

16.부끄러워하는 모양 17.천망(薦望: 벼슬아치를 윗자리에 천거하던 일)
【명사】
① 상대편의 동태를 알기 위해 멀리서 동정을 살피는 일. *~을 보다 *~을 세우다.
② 명망(名望). ③ 〔 역사 고제 〕 천망(薦望).
♣ 망에 들다 【관용구】 후보자로 지목되어 삼망(三望) 안에 끼이다. 망이 돌다.
♣ 망(을) 서다 【관용구】 일정한 곳에서 동정을 살피다.
♣ 망이 돌다 【관용구】 망에 들다.
隣國相望(80)

212 (망)網 : (간체자) 网
*그물 망;부수 糸(실사변, 6획) 획수 총14획;[wǎng] Net
1.그물(佃魚) 2.그물 칠(張網) 3.법(法) 4.온통(網羅) 5.망태기(網彙) 6.포위망(包圍網) 7.계통
(系統) 8.조직(組織) 9.싸다, 덮다, 가리다 10.날과 씨가 빗겨 엇갈리는 무늬 11.규칙,
【명사】 그물 모양으로 만들어 가리거나 치는 물건의 통칭. *창문에 ~을 치다.
天網恢恢(73)

213 (매)昧 :
*어두울 매, 새벽 매;부수 日(날일, 4획) 획수 총9획;[mèi] Dawn
1.어두울(冥) 2.먼동 틀(昧爽徽明) 3.무릅쓸(貪冒) 4.둔할(愚) 5.찢다 6.별의 이름 7.새벽 8.악곡
(樂曲)의 이름 9.어둡다, 어두컴컴하다.
其下不昧(14) 明道若昧(41)

214 (맹)盲 :
*소경 맹{바라볼 망};부수 目(눈목, 5획) 획수 총8획;[máng] Blind
1.청맹과니, 판수, 장님(目無瞳) 2.어둘(暗) 3.몽매할(蒙昧) 4.사리에 어둡다 5.무지하다(無知)
6.빠르다,
*바라볼 망;1.바라보다(望)
五色令人目盲(12)

215 (맹)猛 :
*사나울 맹;부수 犭(개사슴록변, 3획) 획수 총11획;[měng] Fierce
1.날랠(勇) 2.엄할(嚴) 3.모질, 사나울(惡) 4.위엄스러울(威) 5.짐승이름(獸名 猛氏如熊) 6.고을
이름(縣名) 7.건장하다(健壯) 8.굳고 강하다(强) 9.엄격하다(嚴格), 준엄하다(峻嚴) 10.갑자기
11.사나운 개. 12.성내다.
【접두사】 '맹렬함'·'정도가 매우 심한'의 뜻. *~활약 *~연습.

猛獸不據(55)

216 (면)免 :

*면할 면;[해산할 문];부수 儿(어진사람인발, 2획) 획수 총7획;[miǎn] Escape

1.벗을(脫) 2.면할(免) 3.피할(避) 4.놓을(縱) 5.죄를 용서할(宥) 6.허가하다(許可) 7.벗다 8.해직하다(解職) 9.내치다 10.힘쓰다, 노력하다(努力).

*해산할 문;1.해산하다(娩) 2.통건 쓰다(喪冠). 3.관을 벗고 머리를 묶다.

有罪以免耶(62)

217 (면)綿 : (간체자) 绵

*이어질 면, 솜 면;부수 糸(실사변, 6획) 획수 총14획;[mián] Cotton

1.솜(纊), 솜옷 2.동일, 얽을(纏) 3.끊어지지 않을, 연(連綿) 4.잘(細) 5.두르다, 걸치다 6.퍼지다, 만연하다(蔓延·蔓衍) 7.약하다(弱), 박약하다(薄弱) 8.멀다, 아득하다 9.연속하다.

【명사】무명이나 무명실. *~으로 지은 옷 *~은 땀을 잘 흡수한다.

綿綿若存(6)

218 (멸)滅 : (간체자) 灭

*멸망할 멸, 꺼질 멸;부수 氵(삼수변, 3획) 획수 총13획;[miè] Detroy

1.멸할, 다할(盡) 2.끊을(絶) 3.빠트릴(沒) 4.불 꺼질(火熄) 5.없어지다 6.숨기다 7.죽다 8.잠기다 9.열반(涅槃). 10.제거하다.

將恐滅(39)

219 (명)名 :

*이름 명;부수 口(입구, 3획) 획수 총6획;[míng] Name, Famous

1.이름(聲稱號) 2.이름 지을(命名) 3.공(功) 4.사람(名 수를 나타낼 때 씀) 5.글(文字) 6.명령할(命令) 7.말뿐(虛, 有名無實) 8.평판(評判), 소문(所聞) 9.외관(外觀), 외형(外形) 10.명분(名分) 11.공적(功績) 12.이름나다, 훌륭하다 13.이름하다, 지칭하다(指稱) 14.인륜상, 신분상에서 쓰이는 부자, 군신, 존비, 귀천 등의 명칭.

【명사】이름 *학교~ *동물~ *단체~.

名可名(1) 非常名.(1) 無名(1) 有名(1) 出而異名.(1) 名曰夷.(14) 名曰希.(14) 名曰微.(14) 繩繩不可名(14) 其名不去(21) 吾不知其名(25) 强爲之名曰大.(25) 道常無名.(32) 始制有名.(32) 名亦旣有(32) 功成不名有.(34) 可名於小.(34) 可名爲大.(34) 吾將鎭之以無名之樸.(37) 道隱無名(41) 名與身孰親(44) 不見而名(47)

220 (명)命 :

*목숨 명;부수 口(입구, 3획) 획수 총8획;[míng] Life. Command

1.목숨(天之所賦人所稟受) 2.시킬(使) 3.명령할(敎令) 4.이름(名) 5.도(道) 6.운수(運) 7.일러 보일(告示) 8.표적(標的), 목표물(目標物) 9.성질(性質), 천성(天性) 10.말, 언약(言約) 11.규정(規定), 규칙(規則) 12.가르침 13.작위(爵位), 작위(爵位)의 사령서나 그 신표(信標) 14. 하늘의 뜻, 천명(天命) 15.호적(戶籍) 16.이름짓다, 이름을 붙이다.

【명사】

① 목숨1. *~이 길다 *~이 다하다.

② '운명'의 준말.

③ '명령'의 준말. *천자의 ~을 받다.

♣ 명 붙이다 【관용구】

㉠목숨을 잇다.

㉡자신의 몸을 남에게 의지하다.

是謂復命.(16) 復命曰常(16) 夫莫之命而常自然(51)

221 (명)明 :

*밝을 명;부수 日(날일, 4획) 획수 총8획;[míng] Bright, Clear

1.밝을(照) 2.분별할(辨) 3.총명할(聰) 4.나타날(著) 5.확실할(確) 6.볼(視) 7.밝힐(顯) 8.날이 샐(夜明) 9.낮(晝) 10.현세(現世) 11.신령스러울(神靈) 12.왕조의 이름(中國王朝名) 13.깨달을(曉) 14.빛(光) 15.흴(白) 16.통할(通) 17.똑똑하다 18.깨끗하다, 결백하다(潔白) 19.질서(秩序)가 서다 20.갖추어지다 21.높이다, 숭상하다(崇尙), 존중하다(尊重) 21.맹세하다(盟誓) 22.밝은 곳, 양지(陽地) 23.밝고 환한 모양 24.성(盛)한 모양 24.해, 달, 별 25. 시력(視力) 26.밖, 겉,

【명사】〔불교〕① 지혜. ② 진언(眞言).

明白四達(10) 知常曰明.(16) 不自見故明(22) 自見者不明(24) 是謂襲明.(27) 自知者明.(33) 是謂微明.(36) 明道若昧(41) 見小曰明(52) 復歸其明(52) 知常曰明.(55) 非以明民(65)

222 (명)冥 :

*어두울 명{어두울 면};부수 冖(민갓머리, 2획) 획수 총10획;[míng] dark

1.어둘(昏晦) 2.밤(夜) 3.어릴(幼) 4.바다(海) 5.지식이 없을(無知, 愚冥, 頑冥) 6.하늘(天地) 7.어리석을(愚) 8.물귀신(水神) 9.저승(他界) 10.그윽하다 11.아득하다 12.(생각에)잠기다 13.깊숙하다 14.신(神)의 이름, 명귀(冥鬼: 저승에 산다는 귀신)

*어두울 면 : 1.(눈이)어둡다 2.미혹되다(迷惑)

窈兮冥兮(21)

223 (모)母 :

*어미 모;부수 毋(말무, 4획) 획수 총5획;[mǔ] Mother

1.어미, 어머니(父之配) 2.장모(妻母) 3.암컷(禽獸之牝) 4.모체(母體) 5.어머니뻘의 여자(女子) 6. 할머니, 나이 많은 여자(女子) 7.유모(乳母) 8.근본(根本), 근원(根源) 9.본전(本錢), 원금(元金) 10. 표준(標準) 11.엄지손가락 12.기르다, 양육하다(養育) 13.모방하다(模倣·摸倣·摹倣), 【명사】어머니.
萬物之母.(1) 我獨異於人而貴食母.(20) 可以爲天下母.(25) 以爲天下母.(52) 旣得其母.(52) 復守其母.(52) 有國之母.(59)

224 (모)牡 :
*수컷 모;부수 牛(소우, 4획) 획수 총7획;[mǔ] Male of animals
1.숫 짐승, 수컷(雄畜) 2.빗장(門關鍵) 3.열쇠(鍵) 4.모란(牡丹) 5.양(陽), 양성(陽性), 6.자지(남성의 생식기), 남근(男根) 7.언덕 8.왼쪽.
未知牝牡之合而全作(55) 牝常以靜勝牡(61)

225 (모)侮 :
*업신여길 모;부수 亻(사람인변, 2획) 획수 총9획;[wǔ] Despice
1. 업신여길(慢易) 2.앓다 3.조롱하다(嘲弄).
侮之.(17)

226 (모)謨 : (간체자) 謀
*꾀 모;부수 言(말씀언, 7획) 획수 총16획;[mó] Plot, Stratagem
1.꾀(計) 2.도모할(圖) 3.의논할(議) 4.계책(計策) 5.널리 책모하다 6.계획하다 7.속이다 8. 본보기(模) 9.묻다 10.살피다 11.의논하다(議論), 상의하다(相議·商議) 12.모호하다(模糊) 13.모이다, 접촉하다(接觸).
其未兆易謀(64) 繟然而善謀(73)

227 (목)木 :
*나무 목;부수 木(나무목, 4획) 획수 총4획;[mù] Tree, Wood
1.나무(木) 2.질박할(木訥質樸) 3.뻣뻣할(不和柔貌) 4.무명(綿織) 5.모과(木瓜) 6.목성(木星) 7.널(시체를 넣는 관이나 곽 따위를 통틀어 이르는 말), 관(棺) 8.오행(五行)의 하나(東方位) 9.제(木製) 악기(樂器) 10.형구(刑具: 형벌을 가하거나 고문을 하는 데에 쓰는 여러 가지 기구) 10.질박하다(質樸·質朴: 꾸민 데가 없이 수수하다) 11.꾸밈이 없다.
【명사】
① 오행(五行)의 하나《방위로는 동쪽, 계절로는 봄, 색으로는 청(靑)이 됨》.
② '목요일'의 준말.
合抱之木(64) 萬物草木之生也柔脆(76) 木强則共(76)

228 (목)目 :

*눈 목;부수 目(눈목, 5획) 획수 총5획;[mù] Eye, See

1.눈(眼) 2.눈동자(人眼瞳子) 3.눈여겨볼(注視目之) 4.조목(條件) 5.제목(品藻, 題目), 6.지금, 당장(目下) 7.두목(首魁) 8.종요로울(要) 9.그물코(網目) 10.명색(名目) 11.요점(要點) 11.견해(見解),안목(眼目) 12.옹이, 그루터기(풀이나 나무 따위의 아랫동아리) 12.목록(目錄) 13.조목(條目), 중요(重要) 항목(項目) 14.이름, 명칭(名稱) 15.품평(品評), 평정(評定) 16. 일컫다, 지칭하다(指稱) 17.부릅뜨다 18.말하다.

【명사】
① 예산 편제상의 단위《항(項)과 절(節)의 사이》.
② 〔생물·생리〕 생물 분류학상의 단위《강(綱)과 과(科)의 사이》. *나비~.
【의존명사】 바둑에서, 바둑판의 눈이나 바둑돌의 수를 셀 때 쓰는 말.
*오(五) ~ 반(半) 덤.
五色令人目盲(12) 是以聖人爲腹不爲目.(12) 百姓皆注其耳目焉(49)

229 (몰)沒 :

*가라앉을 몰, 빠질 몰;부수 氵(삼수변, 3획) 획수 총7획;[méi,mò] Sink, Die

1.잠길(沈) 2.다할(盡) 3.지날(過) 4.乾으로 빼앗을(乾沒;남의 돈이나 물건을 代價없이 빼앗음) 5.명이 끝날(死) 6.마칠(悉) 7.숨을(隱) 8.망할(泯) 9.잠수하다(潛水), 무자맥질하다 10.없다 11. 패망하다(敗亡), 멸망시키다(滅亡) 12.함락되다(陷落) 13.탐하다(貪) 14. 지나치다 15.들어가다 16.다하다 17.없어지다,
【접두사】 (일부 명사 앞에 붙어) '없음'을 강조하는 말. *~상식 *~염치 *~지각.
沒身不殆.(16) 沒身不殆(52)

230 (묘)妙 :

*묘할 묘;부수 女(계집녀, 3획) 획수 총7획;[miào] Strange

1.묘할(神化不測) 2.신비할(神秘) 3.정미할(精微) 4.예쁠(美) 5.간들거릴(纖婚) 6.젊을(少年) 7. 아득히 멀다 8.작다, 세소하다(細小)
【명사】 말할 수 없이 빼어나고 교묘함. *조화(造化)의 ~ *구상의 ~
故常無欲以觀其妙(1) 衆妙之門(1) 微妙玄通(15) 是謂要妙.(27)

231 (무)武 :

*굳셀 무, 호반 무;부수 止(그칠지, 4획) 획수 총8획;[wǔ] Bravery, Military

1.건장할(健) 2.위엄스러울(威) 3.날랠(勇) 4.강할(剛) 5.자취(迹) 6.이을(繼) 7.무단할(武斷) 8. 풍류이름(樂名) 9.현무(北方星名 玄武) 10.호반(虎班: 무관(武官)의 반열(班列)) 11.무인(武人) 12.무사(武士), 병사(兵士) 13.군대(軍隊)의 위용(威容), 무위(武威) 14.병법(兵法), 전술(戰術) 15.무예(武藝), 무술(武術) 16.병장기(兵仗器), 무기(武器) 17.발자취, 발자국 18.반보(半步) 19.

무왕(武王)의 준말 20.군사를 부리다, 지휘하다(指揮·指麾) 21.잇다, 계승하다(繼承) 22.자만하다 23.남을 업신여기다,

【명사】 전쟁에 관한 일 또는 무술과 병법을 일컫는 말. ↔문(文).

善爲士者不武(68)

232 (무)無 : (간체자) 无

*없을 무,부수 灬(연화발, 4획) 획수 총12획;[wú,mó] None, Lack

1.없을(有之對) 2.아닐(不) 3.말(勿) 4.빌(空虛) 5.풀이름(草名文無) 6.무시하다(無視),업신여기다 7.~에 관계없이(關係) 8.~를 막론(莫論)하고 9.~하든 간에 10.비록, 비록 ~하더라도 11.차라리 12.발어사(發語辭) 13.허무(虛無) 14.(주검을 덮는)덮개 15.무려(無慮), 대강(大綱). 16.말라 17.허무(虛無)의 道 18.금지하는 말.

【명사】【~하다형용사】 없음. 존재하지 않음. *~에서 유(有)를 창조하다. ↔유(有).

無名(1) 故常無欲以觀其妙(1) 故有無相生(2) 是以聖人處無爲之事(2) 常使民無知無欲(3) 爲無爲(3) 則無不治.(3) 非以其無私耶?(7) 故無尤.(8) 能無疵乎!(10) 能無知乎!(10) 當其無(11) 無之以爲用.(11) 及吾無身(13) 復歸於無物.(14) 是謂無狀之狀(14) 盜賊無有.(19) 絕學無憂.(20) 若無所歸.(20) 飂兮若無止.(20) 自伐者無功(24) 善行無轍迹(27) 善言無瑕讁(27) 善閉無關楗而不可開(27) 善結無繩約而不可解(27) 故無棄人.(27) 故無棄物.(27) 復歸於無極.(28) 道常無名.(32) 常無欲(34) 淡乎其無味.(35) 道常無爲(37) 而無不爲.(37) 吾將鎭之以無名之樸.(37) 夫亦將無欲.(37) 是以無德.(38) 上德無爲而無以爲(38) 天無以淸(39) 地無以寧(39) 神無以靈(39) 谷無以盈(39) 萬物無以生(39) 侯王無以貴高(39) 故致數輿無輿.(39) 有生於無.(40) 大方無隅(41) 大象無形(41) 道隱無名(41) 無有入無間.(43) 吾是以知無爲之有益.(43) 無爲之益(43) 天下無道(46) 以至於無爲(48) 無爲而無不爲.(48) 取天下常以無事(48) 聖人無常心(49) 兕無所投其角(50) 虎無所措其爪(50) 兵無所用其刃.(50) 以其無死地.(50) 無遺身殃(52) 以無事取天下(57) 我無爲而民自化(57) 我無事而民自富(57) 我無欲而民自樸(57) 其無正.(58) 則無不克(59) 無不克(59) 爲無爲(63) 事無事(63) 味無味(63) 故終無難矣.(63) 無爲(64) 故無敗.(64) 無執(64) 故無失.(64) 則無敗事.(64) 是謂行無行(69) 攘無臂(69) 仍無敵.(69)執無兵(69) 夫唯無知(70) 無狎其所居(72) 無厭其所生.(72) 夫唯無以生爲者(75) 以其無以易之.(78) 無德司徹(79) 天道無親(79) 無所乘之(80) 無所陳之.(80)

233 (무)蕪 : (간체자) 芜

*거칠어질 무,부수 艹(초두머리, 4획) 획수 총16획;[wú] Barren

1.덧거칠, 황무지(蕪穢荒) 2.난잡할, 어지러울(亂雜) 3.번성할(繁茂) 4.무우(蕪菁) 5.달아나다 4.순무(십자화과의 한해살이풀 또는 두해살이풀) 5.잡초가 우거지다,

田甚蕪(53)

234 (문)文 :

*글월 문;부수 文(글월문, 4획) 획수 총4획;[wén] Literature
1.글, 글월(錯書) 2.글자(文字書契) 3.문채(文章) 4.어귀(語句) 5.빛날(華) 6.법(法, 繁文縟禮) 7.착할(善) 8.아롱질(斑) 9.현상(現象, 天文, 地文, 人文) 10.꾸밀(飾) 11.아름다울(美) 12.채색(彩色) 13.결(理) 14.무늬 15.학문(學問)이나 예술(藝術) 16.조리(條理) 17.산문(散文) 18.결, 나뭇결 19.돈의 한 가지, 그 돈의 개수(個數)를 나타내는 말 20.신발의 치수의 단위(單位) 21.주문왕의 약칭(略稱) 22.빛나다, 화려하다(華麗) 23.몸에 새기다 24.입묵(入墨), 자자(刺字) 25. 어지러워지다.
【명사】
① 문자. 글.
② 〔언어학〕 문장.
③ 학문·문화·예술 등을 무(武)에 상대하여 이르는 말. *~은 무(武)보다 강하다. ↔무(武).
以爲文(19) 服文綵(53)

235 (문)門 : (간체자) 门
*문 문;부수 門(문문, 8획) 획수 총8획;[mén] Gate, Door
1.문(戶在區域曰) 2.집(家) 3.집안(家族一門) 4.가문(門閥) 5.무리(孔文輩) 6.길(門外漢其道) 7.전문(專門) 8.방법(方法) 9.가지 10.과목(科目) 11.부문(部門) 12.종류(種類) 13.분류(分類) 14.비결(祕訣) 15.요령(要領: 가장 긴요하고 으뜸이 되는 골자나 줄) 16.성(姓).
【명사】
① (집이나 건물 따위에서) 드나들거나 통할 수 있게 만든 여닫는 시설《방문·대문 따위》. *~을 쾅 닫다 *~을 꼭 잠그다 *~을 두드리다.
② 거쳐야 할 관문이나 고비. *취업의 좁은 ~을 뚫다.
♣ 문(을) 닫다 【관용구】
㉠하루의 영업을 마치다. *문 닫을 시간이 되다.
㉡사업을 그만두다. 폐업하다. *불경기로 ~.
♣ 문(을) 열다 【관용구】
㉠하루의 영업을 시작하다. ㉡개업하다. ㉢문호를 개방하다.
衆妙之門(1) 玄牝之門(6) 天門開闔(10) 閉其門(52) 閉其門(56)

236 (문)聞 : (간체자) 闻
*들을 문;부수 耳(귀이, 6획) 획수 총14획;[wén] Hear
1.들을(聽聞, 耳受聲) 2.들릴(聲徹) 3.이름날(令聞, 名達) 4.소문(風聞) 5.알다, 깨우치다 6.(냄새를)맡다 7.방문하다(訪問), 소식을 전하다(傳) 8.묻다, 질문하다(質問) 9.아뢰다, 알리다 10.(틈을)타다(기회를)노리다 11.식견(識見) 있는 사람 12.찾다,
聽之不聞(14) 聽之不足聞(35) 上士聞道(41) 中士聞道(41) 下士聞道(41) 蓋聞(50) 鷄犬之聲相

聞(80)

237 (물)勿 :

*말 물{털 몰};부수 勹(쌀 포, 2획) 획수 총4획;[wù] Don't

1.없을(毋) 2.말(禁言) 3.깃발(州里建旗) 4.정성스러울(慇愛貌) 5.급한 모양(急貌),
6.근심하는 모양 7.창황(悄怳)한 모양, 부지런히 힘쓰는 모양 8.분주(奔走)한 모양 9.깃발,
*털 몰;1.먼지를 털다

果而勿矜(30) 果而勿伐(30) 果而勿驕.(30) 果而勿强.(30)

238 (물)物 :

*만물 물;부수 牛(소우, 4획) 획수 총8획;[wù] Substance, Thing

1.만물, 물건(有形萬物) 2.일(事) 3.무리(類) 4.재물(財) 5.헤아릴(相度) 6.만날(相) 7.색깔 8.기
(旗) 9.활 쏘는 자리 10.얼룩소 11.사람 12.보다 13.살피다, 변별하다 14.종류 15. 헤아리다, 견
주다(어떠한 차이가 있는지 알기 위하여 서로 대어 보다).

【명사】〔철학〕인간의 감각으로 느낄 수 있는 실재적 사물. 또는 느낄 수 없어도 그 존재
를 사유할 수 있는 일체의 것.

萬物之母.(1) 萬物作焉而不辭(2) 似萬物之宗.(4) 以萬物爲芻狗(5) 水善利萬物而不爭(8) 復歸
於無物.(14) 萬物並作(16) 夫物芸芸(16) 道之爲物(21) 其中有物.(21) 物或惡之(24) 有物混成
(25) 常善救物(27) 故無棄物.(27) 故物或行或隨(29) 物壯則老.(30) 物或惡之(31) 萬物將自
賓.(32) 萬物恃之而生(34) 衣養萬物而不爲主.(34) 萬物歸焉而不爲主(34) 萬物得一以生(39)
萬物無以生(39) 天下萬物生於有(40) 三生萬物.(42) 萬物負陰而抱陽(42) 故物或損之而益(42)
物形之(51) 是以萬物莫不存道而貴德.(51) 物壯則老.(55) 奇物滋起(57) 道者, 萬物之奧(62)
以輔萬物之自然(64) 與物反矣(65) 萬物草木之生也柔脆(76)

239 (미)未 :

*아닐 미;부수 木(나무목, 4획) 획수 총5획;[wèi] Not, Yet

1.아닐, 못할(不) 2.여덟째 지지(地支第八位) 3.아직 ~하지 못하다 4.아직 그러하지 아니하다
5.아니냐? 못하느냐? 6.미래(未來), 장차(將次) 7.여덟째 지지(地支), 오후 1-3시

【명사】① 지지(地支)의 여덟째. 양을 상징함. ② '미방(未方)'의 준말. ③ '미시(未時)'의 준
말.

其未央哉!(20) 其未兆(20) 如嬰兒之未孩.(20) 未知牝牡之合而全作(55) 其未兆易謀(64) 爲之
於未有(64) 治之於未亂.(64)

240 (미)昧 :

*맛 미{광택 매};부수 口(입구, 3획) 획수 총8획;[wèi] Taste

1.맛(滋味物之精液) 2.기분(氣分) 3.뜻(意味) 4.맛볼 5.취향(趣向) 6.육진의 하나 7.오랑캐 음악
8.맛들이다,
*광택(光澤) 매, 윤 매;1.광택, 윤 2.빛깔.
五味令人口爽.(12) 淡乎其無味(35) 味無味(63)

241 (미)美 :
*아름다울 미;부수 羊(양양, 6획) 획수 총9획;[měi] Good, Beauty
1.아름다울(嘉) 2.예쁠, 좋을(好) 3.맛날(甘) 4.경사스럽다(慶事) 5.즐기다 6.기리다 7.좋은 일 8.
미국(美國)의 약칭(略稱).
【명사】
① 아름다움. *~소년 *각선~ *교양~ *조화의 ~ *자연의 ~를 추구하다
② 〔철학〕 지각·감각·정감을 자극해서 내적 쾌감을 주는 대상.
③ 〔지리·지학〕 '미국'을 줄여서 이르는 말.
④ 평점의 하나. 우(優)의 아래, 양(良)의 위.
天下皆知美之爲美(2) 勝而不美(31) 而美之者(31) 美言可以市(62) 美其服(80)
信言不美(81) 美言不信.(81)

242 (미)迷 :
*미혹할 미;부수 辶(책받침, 3획) 획수 총9획;[mí] Wander
1.반할, 미혹할(惑) 2.희미할(亂) 3.망서릴(未決) 4.헤매다, 길을 잃다 5.흐릿하다 6.혼미(昏迷)
7.열중하여 빠지다, 심취하다(心醉) 8.전념하다,
雖智大迷.(27) 人之迷也(58)

243 (미)微 :
*작을 미;부수 彳(두인변, 3획) 획수 총13획;[wēi] Delicate
1.은미할(隱) 2.작을, 가늘(細) 3.희미할(不明) 4.쇠약할(衰) 5.아닐(非) 6.없을(無),
7.기찰할(伺察) 8.숨길(匿) 9.천할(賤) 10.정교하다(精巧), 정묘하다(淨妙), 자세하고 꼼꼼하다
11.적다, 많지 않다 12.어둡다, 밝지 아니하다 13.엿보다, 몰래 살피다 14.상처(傷處)를 입다
15.조금 16.없다고 하면 17.처음, 시초(始初) 18.발, 대발 19.종기(腫氣), 다리가 부어오르는 병
19.소수의 이름(=0.000001),
【수사】【관형사】소수의 단위의 하나. 홀(忽)의 십분의 일, 섬(纖)의 십 배. 곧 10^{-6}.
名日微.(14) 微妙玄通(15) 是謂微明.(36) 其微易散.(64)

244 (미)彌 : (간자) 弥(간체자) 弥
*두루 미, 미륵 미;부수 弓(활궁, 3획) 획수 총17획;[mí] All around

1.활 부릴(弛弓) 2.두루(徧) 3.더할(益) 4.오랠(久) 5.마칠(終) 6.기울(補闕) 7.꿰맬(彌縫) 8.조금
(稍) 9.그칠(止) 10.미륵(彌勒) 11.멀리 12.갓난아이 13.장식(裝飾) 14.물이 꽉 찬 모양 15.지내
다 16.다하다, 극에 다다르다 17.차다, 가득 메우다 18.거두다, 거두어들이다 19.드리우다(한쪽
이 위에 고정된 천이나 줄 따위가 아래로 늘어지다), 늘어뜨리다 20.퍼지다 22.얽히다, 휘감기
다 21.걸리다, ~동안 계속되다(繼續),
其出彌遠(47) 其知彌少.(47) 而民彌貧(57)

245 (민)民 :
*백성 민;부수 氏(각시씨, 4획) 획수 총5획;[mín] People
1.백성(衆庶黎首) 2.역(易)에서의 곤(坤) 3.사람 4.직업인 5.나(자신).
【인칭대명사】 자기 조상의 무덤이 있는 곳에 사는 백성이 그 고을 원에게 자기를 일컫던
말.
使民不爭(3) 使民心不亂(3) 常使民無知無欲(3) 愛民治國(10) 民利百倍(19) 民復孝慈(19) 民
莫之令而自均.(32) 而民好徑(53) 而民彌貧(57) 民多利器(57) 我無爲而民自化(57) 我好靜而
民自正(57) 我無事而民自富(57) 我無欲而民自樸(57) 其民淳淳(58) 其民缺缺(58) 民之從事
(64) 非以明民(65) 民之難治(65) 是以欲上民(66)欲先民(66) 是以聖人處上而民不重(66) 處前
而民不害.(66) 民不畏威(72) 民不畏死(74) 若使民常畏死(74) 民之饑(75) 民之難治(75) 民之
輕死(75) 小國寡民(80) 使民重死而不遠徙.(80) 民至老死(80)

246 (민)悶 : (간체자) 闷
번민할 민, 답답할 민;부수 心(마음심, 4획) 획수 총12획;[mèn,mèn] Agonize
1.민망할(懣) 2.속 답답할(心煩鬱) 3.번민할(煩悶) 4.사리에 어둡다 5.깨닫지 못하다 6.혼미하
다(昏迷) 7.민망하다(憫憫) 8.뒤섞이다 9.잠시 뒤에.
我獨悶悶.(20) 其政悶悶(58)

247 (박)泊 :
*배 댈 박{잔물결 백}, 머무를 박;부수 氵(삼수변, 3획) 획수 총8획;[bó] Anchour a vassel
1.배 머무를(舟附岸) 2.그칠(止) 3.말쑥할(澹) 4.떠돌아다닐(流寓) 5.고요할(靜) 6.쉴(休宿) 7.뒤
섞이다 8.얇다 9.조용하다 10.물의 모양 11.호수(湖水),
*잔물결 백;1.잔물결 2.빽빽한 모양.
【의존명사】 객지에서 묵는 밤의 횟수를 세는 말. *3~ 4일의 일정.
我獨泊兮(20)

248 (박)博 :
*넓을 박;부수 十(열십, 2획) 획수 총12획;[bó] Comprehensive
1.넓을(廣) 2.많을(多) 3.장기(局戱) 4.무역할(貿易) 5.통할(通) 6.클(大) 7.학문 있을(博學) 8.노

름(賭博) 9.거문고 곡조(曲) 10.(크게)얻다 11.평평함(平平), 평탄함(平坦),
知者不博(81) 博者不知.(81)

249 (박)搏 :
*두드릴 박, 잡을 박, 어깨 박;부수 扌(재방변, 3획) 획수 총13획;[bó] Stroke
1.어루만질(拊) 2.두드릴(拍) 3.취할(取) 4.손바닥으로 칠(手擊) 5.잡을(捕) 6.쥐다 7.잡다 8.박, 악기(樂器)의 하나 9.박자(拍子), 음악(音樂)의 리듬 10.병기(兵器), 11어깨, 어깻죽지 12.가지다 13.때리다.
搏之不得(14) 攫鳥不搏.(55)

250 (박)樸 : (간체자) 朴
*통나무 박{떡갈나무 복}, 순박할 박;부수 木(나무목, 4획) 획수 총16획;[pǔ,piáo,pō]
1.나무등치, 통나무(木素) 2.바탕(質) 3.순박할(朴) 4.질박하다(質樸·質朴) 5.다듬다 6.본디대로 7.켜거나 짜개지 아니한 나무 8.생긴 그대로의 것 9.다루다 10.다듬다 11.다스리다.
*떡갈나무 복;1.떡갈나무(叢木) 2.나무 빽빽 들어섬(木密). 3.달라붙다. 4.더부룩하게 나다 5.떨기나무(灌木)
其若樸(15) 見素抱樸(19) 復歸於樸.(28) 樸散則爲器.(28) 樸雖小(32) 吾將鎭之以無名之樸(37) 我無欲而民自樸.(57)

251 (박)薄 :
*엷을 박{동자기둥 벽, 풀이름 보};부수 艸(초두머리, 4획) 획수 총17획;[báo,bó,bò] Thin
1.엷을(不厚) 2.적을(少) 3.가벼울(輕) 4.힘입을, 외오라지(聊) 5.모을(集) 6.입힐(被) 7.풀 서리(林薄草叢) 8.혐의(嫌) 9.발(帷薄, 簾) 10.빨리 달릴(疾驅) 11.다닥칠, 핍박할(迫) 12.땅거미(薄暮晩) 13.누에발(蔟) 14.넓을(博) 15.야박하다(野薄) 16.싱겁다, 맛없다 17.갈보다 18.척박하다(瘠薄) 19.가까워지다 20.숲 21.대그릇(대로 만든 그릇) 22.천하다 23.담박하다 24.땅이 박히다 25.낮다, 좁다 26.정이 박히다 27.등한히 하다,
*동자기둥 벽;1.동자기둥(童子: 들보 위에 세우는 짧은 기둥),
 2.두공(枓栱·杜空·枓工: 기둥 위에 지붕을 받치며 차례로 짜올린 구조)
*풀의 이름 보;1.풀이름 2.박하(薄荷: 꿀 풀과의 여러해살이풀)
忠信之薄(38) 不居其薄.(38)

252 (반)反 :
*돌이킬 반, 돌아올 반{뒤칠 번, 삼갈 판};부수 又(또우, 2획) 획수 총4획;[fǎn] Opposition
1.돌이킬(正之對) 2.엎을, 덮을(覆) 3.배반할(叛, 謀反, 反對之類) 4.돌아올(還) 5.제법(果) 6.그런데 7.돌아볼(內省) 8.생각할(思考) 9.듬직할, 진중할(愼重) 10.어기다, 어긋나다 11.반대하다(反對) 12.물러나다, 후퇴하다(後退) 13.보복하다(報復) 14.꾸짖다, 나무라다 15.보답하다(報答)

16.바꾸다, 고치다 17.죄를 가벼이 하다 18.휘다 19.구르다, 뒤척이다 20.기울다 21.뒤기다 22.
생각하다, 유추하다(類推) 23.대답하다(對答) 24.기인하다(起因) 25.번(횟수를 세는 단위) 26.
반대로(反對), 도리어 27.더한층, 더욱더.
*뒤칠 번;1.뒤칠, 이치에 뒤칠(平反理枉) 2.어렵다, 곤란하다(困難).
*삼갈 판;1.삼가다(몸가짐이나 언행을 조심하다), 조심하다 2.팔다.
【명사】〔철학〕변증법의 논리 전개의 세 단계 가운데, 부정을 뜻하는 단계. 반정립. ↔정
(正).
遠曰反.(25) 反者(40) 與物反矣(65) 正言若反.(78)

253 (반)泮 :
*물가 반, 녹을 반, 학교 반;부수 氵(삼수변, 3획) 획수 총8획;[pàn] Melt
1.학교(泮水諸侯學宮, 중국 주대(周代) 제후의 국학(國學) 2.얼음 풀릴(氷解) 3.반(半) 4.물가
(물이 있는 곳의 가장자리) 5.녹다 6.얼음이 녹다.
其脆易泮(64)

254 (발)拔 : (간지) 拔
*뺄 발(밋밋할, 무성할 패};부수 扌(재방변, 3획) 획수 총8획;[bá] Pull out
1.뺄, 뽑을(抽) 2.돌아올(廻) 3.빠를(疾) 4.덜어버릴(除) 5.빼어날(挺且特立貌) 6.가릴(擢) 7.오늬
(午末, 화살의 머리를 활시위에 끼도록 에어 낸 부분) 8.쳐서 빼앗다, 공략하다 9.흩어지다
10.기울다, 기울어지다 11.흩어지다 12.머무르다, 살다 13.쥐다, 손으로 잡다 13.묘사하다(描寫)
14.활을 당겨 구부정한 모양 15.특출하다.
*밋밋할 패, 무성할 패;1.밋밋할(挺然) 2.휘어 꺾을(拂取) 3.무성하다(茂盛), 성하다(盛) 4.우거
지다 5.성(盛)한 모양, 가지와 잎이 무성(茂盛)한 모양
善建者不拔(54)

255 (발)發 : (간지) 發(간체자) 發
*필 발, 쏠 발;부수 癶(필발머리, 5획) 획수 총12획;[fā] occur, Issue
1.일어날(起) 2.찾아낼(發見) 3.일으킬(興) 4.펼(舒) 5.열(開) 6.쏟을(洩) 7.밝힐(明) 8.떠날(行) 9.
들날릴(揚) 10.활 쏠(放矢) 11.빠를(發疾貌) 12.나타나다 13.드러내다 14.들추다 15.가다 16.계
발하다(啓發) 17.베풀다(일을 차리어 벌이다, 도와주어서 혜택을 받게 하다) 18.빠른 발모양
19.파견하다.
【의존명사】총알·포탄·화살 따위의 수효를 나타내는 말. *한 ~의 총알.
馳騁畋獵令人心發狂(12) 將恐發.(39)

256 (방)方 :

*모 방, 본뜰 방{괴물 망};부수 方(모방, 4획) 획수 총4획;[fāng] Square, direction
1.모(矩) 2.방위(嚮) 3.이제(今) 4.떳떳할(常) 5.견줄(比) 6.또한, 바야흐로(且) 7.있을(有) 8.배 아울러 맬(併舟) 9.방법(術法) 10.책(簡策) 11.방서(醫書) 12.국가(國家) 13.장소(場所) 14.도리(道理) 15.법(法) 16.쪽, 상대방 17.목판(木板) 18.둘레 19.두루 20.모두 21.바르다 22.본뜨다, 모방하다(摸倣) 23.대등하다(對等) 24.나란히 하다 25.(이삭이)패다 26.차지하다 27.헐뜯다 28.거스르다, 거역하다(拒逆) 29.성(姓).
*괴물 망;1.괴물(怪物)
大方無隅(41) 方而不割(58)

257 (방)妨 :
*방해할 방;부수 女(계집녀, 3획) 획수 총7획;[fāng,fáng] Disturb
1.해로울(害) 2.방해할(障害) 3.거리낄(礙) 4. 헤살을 놓다.
難得之貨令人行妨.(12)

258 (배)倍 :
*곱 배{어길 패};부수 亻(사람인변, 2획) 획수 총10획;[bèi] Double
1.곱, 갑절(加等, 加) 2.겸할(兼) 3.더욱 더(益) 4.햇무리 5.더하다 6.많게 하다, 배가하다(倍加) 7.곱하다 8.모시다(=배(陪)의 고자(古字)) 9.물어주다, 배상하다(賠償) 10.등지다 11.배반하다,
*어길 패;1.어길(背) 2.떨어질(絶) 3.비패할(鄙俗) 4.암송할(暗誦).
【명사】① 갑절 또는 곱절. *값이 ~나 비싸다.
② (의존 명사적으로 쓰여) 일정한 수나 양이 그 수만큼 거듭됨을 나타내는 단위.
*힘이 두 ~는 드는 일.
民利百倍(19)

259 (배)配 :
*나눌 배, 짝 배;부수 酉(닭유, 7획) 획수 총10획;[pèi] Pair, mate
1.짝(匹) 2.짝할(配之) 3.도울(侑) 4.귀양 보낼(遊刑隷) 5.나누다 6.걸맞다 7.견주다 8.종사하다(從事) 9.딸리다(예속함) 10.보충하다(補充) 11.아내 12.적수(敵手) 13.술의 빛깔,
是謂配天(68)

260 (백)白 :
*흰 백{땅 이름 배};부수 白(흰백, 5획) 획수 총5획;[bái] White
1.흴(西方色素) 2.분명할(明) 3.밝을(光線) 4.깨끗할, 결백할(潔) 5.말할, 아뢸(告) 6.성(姓) 7.아무 것도 없을(無) 8.책이름(書名飛白) 9. 날이 새다 10.진술하다 11.술잔(盞) 12.볶은 쌀 13.흘겨보다, 경멸하다(輕蔑) 14.대사(臺詞·臺辭) 15.비단(緋緞), 견직물(絹織物) 16.부질없이 17.소대(小隊: 군대 편성 단위의 하나) 18.거저, 대가(代價) 없이,

*땅이름 배;1.땅이름(白川),

【명사】

① '백색'의 준말. *흑과 ~의 조화. ② '백지'의 준말. *~을 잡고 두다. ↔흑(黑).

③ '백군'의 준말.

明白四達(10) 知其白(28) 太白若辱(41)

261 (백)百 :

*일백 백(힘쓸 맥);부수 白(흰백, 5획) 획수 총6획;[bǎi,bó] Hundred

1.일백(十之十倍) 2.모든 3.백 번 4.온갖 5.백 배 하다.

*힘쓸 맥;1.힘쓸(勵) 2.길잡이(行杖道驅人曰五百) 3.노력할(努力)

【수사】【관형사】열의 열 배. *~ 개 *모인 인원이 ~이 넘는다.

◦ [속담][백 번 듣는 것이 한 번 보는 것만 못하다] 듣는 것보다는 직접 보는 것이 확실하다.

◦ [속담][백에 하나] 매우 희귀함의 비유.

以百姓爲芻狗.(5) 百姓皆謂我自然.(17) 民利百倍(19) 以百姓心爲心(49) 百姓皆注其耳目焉(49) 江海所以能爲百谷王者(66) 故能爲百谷王.(66)

262 (백)佰 :

*일백 백(밭두둑 맥);부수 亻(사람인변, 2획) 획수 총8획;[bǎi] Hundred

1.백 사람의 어른(百人長) 2.백(百) 3.논밭의 동서경계가 되어있는 길(田地界) 4.우두머리,

*밭두둑 맥;1.밭두둑, 밭두렁(陌) 2.거리(距離)

使有什佰之器而不用(80)

263 (백)魄 :

*넋 백(넋 잃을 박, 영락할 탁);부수 鬼(귀신귀, 10획) 획수 총14획;[pò,bó,tuò] Soul

1.넋(附形之靈人生始化心之精爽) 2.몸 3.형체 4.달 5.달빛

*넋 잃을 박;1.넋을 잃다(落魄, 志行衰惡). 2.재강(술을 거르고 남은 찌끼) 3.찌꺼기 4.넓다(薄)

*영락할 탁;1.영락하다(零落: 보잘것없이 되다),

載營魄抱一(10)

264 (벌)伐 :

*칠 벌;부수 亻(사람인변, 2획) 획수 총6획;[fā,fá] Fell

1.칠(征) 2.벨(斫木) 3.공(功) 4.자랑할(自矜) 5.방패(干) 6.갈아 눕힌 흙(耦土) 7.북을 치다 8.찌르다, 찔러 죽이다 9.비평하다(批評) 10.모순되다(矛盾), 저촉되다(抵觸) 11.무너지다 12.치료하다(治療),

不自伐故有功(22) 自伐者無功(24) 果而勿伐(30)

265 (범)氾 :

*넘칠 범, 땅 이름 범;부수 氵(삼수변 3획) 획수 총5획;[fàn] Overflow

1.넘칠(氾濫水漫延) 2.들뜰(未定之辭) 3.넓을(汎) 4.물 이름(濟陰水名) 5.땅이름(鄭地名) 6.성(姓) 7.물에 뜨다, 물에 띄우다 8.물로 씻다 9.우묵하다 10.두루, 널리 11.흔들리는 모양.

大道氾兮(34)

266 (법)法 :

*법 법;부수 氵(삼수변, 3획) 획수 총8획;[fǎ,fǎ,fa] Raw, Rule

1.법(制度憲章) 2.본받을(效) 3.형벌(刑) 4.떳떳할(常) 5.형상(象) 6.가사, 장삼(法衣) 7.방법(方法) 8.불교(佛敎)의 진리(眞理) 9.모형(模型·模形) 10.본받다, 11.예의 12.도리 13.모범 14.품등(品騰) 15.법을 지키다 16.법대로 행하다.

【명사】① 법률·법령·조례 등 구속력을 갖는 온갖 규칙과 규범. *~의 존엄성
*~을 제정하다 *~을 준수하다 *~을 어기다 *~ 앞에 모든 사람은 평등하다.
② 〔불교〕 삼보(三寶)의 하나. ③ 〔불교〕 물·심(心)·선·악의 모든 사상(事象).
【의존명사】
① 어미 '一는'·'一ㄴ' 뒤에 붙어, '으레 그렇게 됨' 또는 '으레 그러함'의 뜻을 나타내는 말.
*마음이 고운 사람이 아름다운 ~ *겨울이 가면 봄이 오는 ~이다
*남을 해치려 하면 오히려 제가 먼저 해를 입는 ~이다.
② 어미 '一는'·'一ㄴ' 뒤에 붙어, 태도나 습성 따위를 나타내는 말《흔히, '있다'·'없다'가 따름》.
*아무리 급해도 뛰는 ~이 없다.
③ 어미 '一는'·'一ㄴ' 뒤에 붙어, 해야 할 도리나 정해진 이치.
*굶어 죽으라는 ~은 없다 *혼자 갔다니 그런 ~이 어딨소 *기대가 크면 실망도 큰 ~이다.
④ 어미 '一는' 뒤에 붙어서, '방법'·'방식'을 나타내는 말. *쓰는 ~ *요리하는 ~.
⑤ 어미 '一ㄹ'·'一을' 뒤에 붙어, 추측이나 가능성을 나타내는 말.
*그게 될 ~이나 한 말이오 *알아들을 ~도 한데 *날이 저물었으니 돌아올 ~도 하다.
◦ [속담][법은 멀고 주먹은 가깝다] 사리를 따지기 전에 완력을 먼저 쓴다.
♣ 법 없이 살다 【관용구】 마음이 착하고 곧아 법의 규제가 없어도 바르게 산다.

人法地(25) 地法天(25) 天法道(25) 道法自然.(25) 法令滋彰(57)

267 (벽)璧 :

*구슬 벽;부수 玉(구슬, 5획) 획수 총18획;[bì] Round Jade

1.도리옥, 둥근 옥(瑞玉圜器) 2.별 이름(星名-東璧) 3.구슬 4.아름다운 옥 5.아름다운 것의 비유 6.주름 7.쌓다 8.되돌려주다.

【명사】
① 고리 모양으로 만든 옥(玉). 예전에 중국에서 주로 제기(祭器)나 장식품으로 썼다.

② 한자 부수의 하나. '瑩 ', '璧' 따위에 쓰인 '玉'을 이른다. '珍'
③ 現' 따위에 쓰일 때는 자형이 '王'으로, 명칭은 '구슬옥변'으로 바뀐다.

얇게 고리 모양으로 만든 옥(玉). 중국(中國) 주(周)나라 때부터 한(漢)나라 때에 걸쳐 제기(祭器)·보물(寶物)·장식품(裝飾品)으로서 애호(愛好)되었음. 여러 가지 무늬가 있음
雖有拱璧以先駟馬(62)

268 (변)辯 : (간체자) 辩

*말 잘할 변{두루 편};부수 辛(매울신, 7획) 획수 총21획;[biàn] Eloquence
1.말 잘할(美言) 2.풍유할(諷諭) 3.논쟁할(論爭) 4.가릴(分辨) 5.이리저리 둘러대는 말 6.문체(文體)의 이름 7.교묘(巧妙)하게 말하다 8.슬기롭다, 민첩하다(敏捷) 9.송사하다(訟事) 10.분별하다(分別), 변별하다(辨別) 11.명석하다(明晳), 밝다 12.변하다(變), 변화하다(變化) 13.나누다 14.다스리다.
*두루 편;1.두루 미치다(영향이나 작용 따위가 대상에 가하여지다) 2.두루.
　【명사】 옳고 그름이나 참되고 거짓됨을 가릴 목적으로 쓴 한문체. *사퇴의 ~을 피력하다.
大辯若訥.(45) 善者不辯(81) 辯者不善.(81)

269 (병)兵 :

*군사 병, 병사 병;부수 八(여덟팔, 2획) 획수 총7획;[bīng] Soldier
1.군사(從伐戰鬪者) 2.무기(伐器) 3.재난(災) 4.전쟁(戰爭) 5.도적(寇) 6.적을 무찌를(擊敵) 7.상하다(傷), 다치다 8.치다(무기로써)죽이다,
　【명사】〔군사〕'병장·상등병·일등병·이등병'을 일컫는 말.
不以兵强天下.(30) 夫佳兵者(31) 用兵則貴右.(31) 兵者(31) 入軍不被甲兵(50) 兵無所用其刃.(50) 以奇用兵(57) 用兵有言(69) 執無兵(69) 故抗兵相加(69) 是以兵强則不勝(76) 木强則兵(76) 雖有甲兵(80)

270 (병)竝 : (간자) 並

*아우를 병{짝할 반, 연할 방};부수 立(설립, 5획) 획수 총10획;[bìng] Coexist, Together
1.견줄(比) 2.아우를(倂) 3.다(皆) 4.붙들(相扶) 5.함께(偕) 6.가까울(近) 7.아우르다 8.견주다 9.나란히 10.겸하다(兼) 11.떼 지어 모이다 12.어울리다 13.병합하다(倂合), 합병하다(合倂) 14.물리치다(屛)
*짝할 반;1.짝할(與人同處) 2.상반하다(相伴) 3.고을 이름(牂柯郡名),
*연할 방;1.곁(連, 近) 2.곁 하다 3.잇다
萬物竝作(16)

271 (병)病 :

*병 병;부수 疒(병질엄, 5획) 획수 총10획;[bìng] Disease, Illness

1.병들, 병 더칠, 앓을(疾加) 2.근심할(憂) 3.괴로울(苦) 4.곤할(困) 5.아플(痛) 6.병통(短處 缺點) 7.흠, 결점(缺點), 하자(瑕疵) 8.손해(損害) 9.피로하다(疲勞), 지치다 10.시들다 11.괴롭히다 12.어려워하다, 꺼리다 13.헐뜯다, 책망하다(責望) 14.원망하다(怨望) 15.(손해를)입히다 16.굶주리다,

【명사】

① 생물체의 전신 또는 일부분에 기능 장애가 생겨 고통을 느끼는 상태.

*불치의 ~ *~이 나다 *~에 걸리다 *~이 낫다 *~을 고치다 *~을 심하게 앓다.

② 사물에 생기는 탈. 고장.

③ '병집'의 준말. *술을 너무 좋아하는 게 ~이다 *의심이 많은 것도 ~이다.

④ (일부 명사 뒤에 붙어) '질병'의 뜻을 나타내는 말. *눈~ *위장~.

。 [속담][병 주고 약 준다] 해를 입히고 어루만진다는 뜻으로, 교활한 자의 행동을 비유한 말.

得與亡孰病.(44) 不知知, 病(71) 夫唯病病(71) 是以不病(71) 聖人不病(71) 以其病病(71) 是以不病.(71)

272 (보)保 :

*지킬 보;부수 亻(사람인변, 2획) 획수 총9획;[bǎo] Keep

1.보둘(任) 2.지닐(持) 3.보전할(保全) 4.도울(佑) 5.편할(安) 6.기를(養) 7.머슴(傭),

8.가까이서 일보는 사람(保姆) 9.중매인(中媒人) 10.작은 성 이름(小城名), 11보호하다(保護) 12.보증하다(保證), 책임지다(責任) 13.보증(保證)을 서다 14.붙다 15.점유하다(占有) 16.믿다 17. 보증인(保證人) 18.보험(保險) 19.조합(組合) 20.보(조선 시대 장정의 조직 단위) 21.포대기.

【명사】① 보증. *~를 서다. ② 보증인(人).

不可長保(9) 保此道者不欲盈.(15) 不善人之所保(62) 持而保之(67)

273 (보)甫 :

*클 보{채마밭 포};부수 用(쓸용, 5획) 획수 총7획;[fǔ] Great

1.클(大) 2.아무개(男子美稱) 3.많을, 무리(衆) 4.나(我) 5.또(且) 6.처음, 비로소(始) 7.사나이 8.겨우 9.막, 갓.

*채마밭 포;채마밭(菜麻-: 채마, 채소, 남새를 심어 가꾸는 밭),

【의존명사】예전에, 평교간이나 손아랫사람을 부를 때 성이나 이름 뒤에 붙이던 말.

以閱衆甫.(21) 吾何以知衆甫之狀哉?(21)

274 (보)普 :

*널리 보;부수 日(날일, 4획) 획수 총12획;[pǔ] General

1.넓을(博, 普天之下, 普遍, 普通) 2.클(大) 3.두루(徧) 4.침침할(日無色) 5.보통 6.중간 7.나라

의 이름(프러시아, 普魯士의 약칭) 8.널리 미치다,
其德乃普(54)

275 (보)報 : (간체자) 报
*갚을, 대답할, 알릴 보{빠를 부};부수 土(흙토, 3획) 획수 총12획;[bào] Repay, Report
1.갚을(復) 2.고할(告) 3.대답할(酬答) 4.합할(合) 5.供招를 받아 올릴(論囚) 6.치붙을(下淫上)
7.알리다 8.여쭈다 9.재판하다 10.판가름하다 11.간음하다(姦淫) 12.나아가다, 급(急)히 가다
13.신문, 신문지 14.처형.
*빠를 부;1.빠를(急疾),
報怨以德.(63)

276 (보)補 : (간체자) 补
기울 보, 도울 보;부수 衤(옷의변, 5획) 획수 총12획;[bǔ] Help, Mend
1.기울, 꿰맬(綴) 2.도울(裨) 3.수선할(修繕) 4.수 이름(數名) 5.꾸미다 6.보태다 7.맡기다 8.채
우다 9.보탬. 10.고이다 11.책의 내용을 증정(增訂)하다 12.수(繡) 13.자수(刺繡)하다 14.임명하
다, 관직에 임명하다.
【명사】【~하다타동사】관직에 임명함. *임(任) 서기관, ~ 서무 과장. 보
不足者補之.(77) 損有餘而補不足(77)

277 (보)輔 : (간체자) 辅
*덧방나무 보;부수 車(수레거, 7획) 획수 총14획;[fǔ] Cheekbone
1.광대뼈(頰骨) 2.도울(弼, 助) 3.바퀴 덧방나무(兩旁夾車木;수레의 양쪽 가장자리에 덧대는
나무) 4.재상(宰相) 5.아전(衙前: 조선 시대(時代)에, 중앙과 지방의 관아에 속한 구실아치) 6.
경기(京畿) 7.힘을 빌리다 8.바르게 하다 9.보좌, 보조역 10.벗, 친구,
以輔萬物之自然(64)

278 (보)寶 : (간지) 宝(간체자) 宝
*보배 보;부수 宀(갓머리, 3획) 획수 총20획;[bǎo] Treasure
1.보배(珍, 瑞) 2.귀할(貴) 3.옥새(符璽) 4.돈(錢幣) 5.높임말 6.도(道) 7.진귀한(珍貴) 8.신(神)
9.보(寶: 특정 목적의 기금 마련를 위한 재단),
【명사】〔역사고제〕신라·고려 때, 나라에서 사업 기금을 위해, 돈·곡식 등을 백성에게 꾸
어 주고 그 변리를 이용하던 재단《신라의 공덕보, 고려의 학보(學寶)·제위보(濟危寶) 따위》.
善人之寶(62) 我有三寶(67) 輕敵幾喪吾寶.(69)

279 (복)伏 :

*엎드릴 복{새가 알을 품을 부};부수 亻(사람인변, 2획) 획수 총6획;[fú] Prone

1.엎드릴(踣, 僵) 2.공경할(伏慕, 伏望) 3.숨을(隱匿) 4.숨은 죄(隱秘) 5.복(時令之名, 初,中, 末伏) 6.굴복할(屈伏) 7.인정하다(認定) 8.살피다, 엿보다 9.내려가다, 낮아지다 10.편지(便紙·片紙) 중의 존경어.

*새가 알을 품을 부;1. 알을 품다(鳥抱卵) 2.알을 안다.

【명사】 '복날'의 준말.

禍之所伏(58)

280 (복)服 :

*옷 복;부수 月(달월, 4획) 획수 총8획;[fú] Clothes

1.옷(衣) 2.수레 첫째 멍에(車右騎) 3.직분(職) 4.생각할(思) 5.다스릴(治) 6.익힐(習) 7.행복할(行) 8.좇을(從) 9.일(事) 10.갓(冠) 11.제후나라(邦國) 12.동개(盛矢器, 箭筒) 13.친숙할(親) 14.한 번에 마시는 약의 분량(分量) 15.일용품(日用品) 16.올빼미 17.구역(區域) 18.차다(몸에)매달다 19.(멍에를)메우다 20.복종하다(服從) 21.겸양하다(謙讓) 22.익숙해지다 23.항복하다(降伏) 24.물러나다 25.사용하다(使用) 26.(복을)입다 27.잡다, 쥐다 28.기다(匐) 29.제 것으로 하다 30.들어맞다, 합당하다(合當) 31.일용품(日用品)

【명사】 ① '복제(服制)'의 준말. ② 상복(喪服).

♣ 복(을) 벗다 【관용구】 복제에 따라 첫 1년 동안 상복을 입게 되어 있는 기간이 지나가다.

♣ 복(을) 입다 【관용구】 복제에 따라 첫 1년 동안 입게 되어 있는 상복을 입다.

服文綵(53) 是謂早服.(59) 早服(59) 美其服(80)

281 (복)復 : (간체자) 夏

*돌아올 복{부}{다시, 또 부};부수 彳(두인변, 3획) 획수 총12획;[fú] Revive

1.돌아올(返) 2.대답할(答) 3.되풀이할(反) 4.회복할(興復) 5.아뢸(白) 6.제할(除) 7.거듭될(重) 8.고하다(告), 초혼하다(招魂) 9.(은혜나 원한을)갚다 10.보충하다(補充) 11.머무르다 12.뒤집다 13.가라앉다, 여유(餘裕)를 갖다 14.실천하다 15.면제하다(免除) 16.성하다(盛) 17.복명(復命) 18.복(復), 복괘(復卦: 육십사괘(六十四卦)의 하나) 19.흙을 쌓아 지은 집.

*다시 부, 또 부;1.다시(再, 又) 2.거듭, 거듭하여 3.거듭하다, 다시 또 하다.

復歸於無物.(14) 吾以觀復.(16) 各復歸其根.(16) 是謂復命.(16) 復命曰常(16) 民復孝慈(19) 復歸於嬰兒.(28) 復歸於無極.(28) 復歸於樸.(28) 復歸其明(52) 正復爲奇(58) 善復爲妖(58) 復衆人之所過(64)

282 (복)腹 :

*배 복;부수 月(육달월, 4획) 획수 총13획;[fú] Helly

1.배(五臟六腑) 2.두터울(厚) 3.안을(抱) 4.마음, 속마음 5.가운데 6.앞 7.두텁다, 두껍다 8. 받

아들이다, 수용하다(受容) 9.(아이를)배다, 임신하다(妊娠·姙娠),

【명사】〔물리〕'배5'의 한자 이름.

實其腹(3) 是以聖人爲腹不爲目.(12)

283 (복)福 :

*복 복{간직할 부};부수 礻(보일시변, 4획) 획수 총13획;[fú] Fortune, happiness

1.복(祐) 2.아름다울(休) 3.착할(善) 4.상서(祥) 5.제사에 쓰는 고기(祭祀胙肉) 6.폭(幅) 7.같다
8.(복을)내리다, 돕다 9.음복하다(飮福),

*간직할 부;1.간직하다 2.모으다 3.저장하다(貯藏).

【명사】

① 편안하고 만족한 상태와 그에 따른 기쁨. 좋은 운수. 복조(福祚).

*~ 받은 사람 *~을 빌다 *~이 터지다 *~을 타고나다 *새해 ~ 많이 받으세요.

② 배당되는 몫이 많음의 비유. *먹을 ~은 타고났나 보다.

福之所倚(58) 福兮(58) 國之福(65)

284 (복)輻 : (간체자) 辐

*바퀴살 복{바퀴살통 폭, 몰려들 부};부수 車(수레거, 7획) 획수 총16획;[fú] Spokes

1.바퀴살(輪轑) 2.모여들다, 바퀴살이 바퀴통으로 모여들듯이 많은 것이 한 곳으로 몰려들다.

*바퀴살통 폭;1.바퀴살통(輻輳競聚),

*몰려들 부;1.몰려들다 2.다투어 모이다.

【명사】〔동물〕 불가사리·갓걸이·별 불가사리 등의 극피동물에서 팔처럼 돌출한 부분.

三十輻共一轂(11)

285 (복)覆 :

*뒤집힐, 다시 복{덮을, 가릴 부};부수 襾(덮을아, 6획) 획수 총18획;[fù] Repeat, Turn over

1.돌이킬(反覆) 2.엎칠(敗) 3.엎지를(倒) 4.오히려(反對) 5.살필(檢覆, 審) 6.먹국할(射覆) 7.다시
8.넘어지다 9.되풀이하다 10.사뢰다 11.알리다 12.배반하다(背反·背叛). 13.망하다.

*덮을 부, 가릴 부;1.덮다, 가리다(蓋) 2.쌀(包) 3.고루고루 퍼질(布) 4.엎드릴(伏兵). 5.옷.

覆之.(51)

286 (본)本 :

*밑 본;부수 木(나무목, 4획) 획수 총5획;[běn] Root, Origin

1.밑, 뿌리(草木根柢) 2.비롯할(始) 3.옛(舊) 4.아래(下) 5.장본(張本豫爲後地) 6.밑천(資本) 7.
정말(眞正) 8.나(本國我) 9.체법(書畵法帖) 10.당자(本人當者) 11.이(本日今) 12.책(册). 13.본
래(本來) 14.근원(根源) 15.시초(始初) 16.본성(本性) 17.바탕 18.조상(祖上) 19.관향(貫鄕) 20.

그루(초목을 세는 단위) 21.판본(版本) 22.본(서화를 세는 단위) 23.본전(本錢) 24. 본가(本家)
25.농업(農業) 26.근거하다(根據) 27.소지(素地).

【명사】

① 본보기가 될 만한 올바른 방법. *~을 따르다 *형의 ~을 받다.

② '본보기'의 준말. *~을 보이다.

③ 본보기로 오려 만든 종이. 형지(型紙). *버선의 ~을 뜨다.

④ 관향(貫鄕). *그와는 ~이 다르다 *~이 어디십니까.

⑤ '본전'의 준말. *따지도 않고 잃지도 않고 딱 ~이다.

輕則失本(26) 故貴以賤爲本(39) 此非以賤爲本邪(39)

287 (봉)奉 :

*받들 봉;부수 大(큰대, 3획) 획수 총8획;[feng] Respect, Support

1.받들(恭承) 2.드릴(獻) 3.높힐(尊) 4.봉양할(養) 5.기다릴(待) 6.살아갈(奉身儉薄),

7.록(祿, 秩祿, 給料) 8.(제사를)지내다 9.양육하다(養育) 10.이바지하다 11.돕다 12.편들다 13.
준수하다(遵守), 14,보전하다(保全) 15.대우하다(待遇) 16.손위 어른의 일에 대한 높임 말 17.
씀씀이 18.임금이나 신불(神佛),

損不足以奉有餘(77) 孰能有餘以奉天下?(77)

288 (봉)蜂 :

*벌 봉: 부수 虫(벌레훼, 6획) 획수 총13획;[feng] Bee

1.벌(벌목의 곤충 가운데 개미류를 제외한 곤충) 2.꿀벌 3.봉망(鋒鋩: 창, 칼 따위의 뾰족한
끝) 4.크다(=封) 5.날카롭다(=鋒) 6.붐비다 7.잡담하다,

蜂蠆虺蛇不螫(55)

289 (부)夫 :

*지아비 부;부수 大(큰대, 3획) 획수 총4획;[fū] Man, Husband

1.사내(男子統稱, 丈夫) 2.지아비(配匹) 3.선생(先生夫子) 4.일군 5.군인(軍人) 6.어조사(語助
辭) 7.저(其, 3인칭 대명사) 8.계집벼슬(女職, 夫人) 9.부역(負役) 10.100묘(畝)의 밭 10. 다스
리다 11. 대저(大抵: 대체로 보아서), 발어사(發語辭) 12.~도다, ~구나(감탄사) 13. 많다.

【명사】 혼인 관계에 있는 남자. 남편.

夫唯弗居(2) 使夫智者不敢爲也(3) 夫唯不爭(8) 夫唯不可識(15) 夫唯不盈(15) 夫物芸芸(16)
夫惟不爭(22) 夫佳兵者(31) 夫樂殺人者(31) 夫亦將知止.(32) 夫亦將無欲(37) 夫禮者(38) 是
以大丈夫處其厚(38) 夫唯道善貸且成.(41) 夫何故?(50) 夫何故?(50) 夫莫之命而常自然.(51)
夫唯嗇(59) 夫兩不相傷(60) 夫兩者各得其所欲(61) 夫輕諾必寡信(63) 夫唯大(67) 久矣其細也
夫.(67) 夫慈(67) 夫唯無知(70) 夫唯病病(71) 夫唯不厭(72) 夫代司殺者殺(74) 夫代大匠斲者
(74) 夫唯無以生爲者(75)

290 (부)不 :

*아닐 부{아닐 불, 클 비};부수 一(한일, 1획) 획수 총4획;[bù] Not

1.뜻이 정하지 않을(未定辭) 2.아니, 않을(未, 非) 3.없다 4.이르지 아니하다 5.크다 6.불통(不通: 과거에서 불합격의 등급) 7.꽃받침, 꽃자루 8.새 이름.

使民不爭(3) 吾不知誰之子(4) 以其不自生(7) 水善利萬物而不爭(8) 夫唯不爭(8) 長而不宰(10) 搏之不得(14) 不知常(16) 信不足焉(17) 足(19) 夫惟不爭(22) 故飄風不終朝(23) 驟雨不終日.(23) 自矜者不長.(24) 吾不知其名(25) 吾見其不得已.(29) 果而不得已(30) 是謂不道.(30) 不道早已.(30) 不得已而用之(31) 不失其所者久(33) 視之不足見(35) 聽之不足聞(35) 用之不足旣.(35) 上德不德(38) 下德不失德(38) 自謂孤寡不穀(39) 不足以爲道(41) 廣德若不足(41) 强梁者不得其死(42) 知足不辱(44) 知止不殆(44) 禍莫大於不知足(46) 不足以取天下.(48) 是以萬物莫不存道而貴德.(51) 長而不宰(51) 謂之不道.(55) 不道早已.(55) 言者不知(56) 是以聖人處上而民不重(66) 以其不爭(66) 是謂不爭之德(68) 知不知, 上(71) 不知知, 病(71) 不自見(72) 不自貴(72) 不爭而善勝(73) 不足者補之(77) 損有餘而補不足(77) 損不足以奉有餘(77) 天下莫不知(78) 博者不知.(81) 聖人不積(81) 爲而不爭.(81)

291 (부)父 :

*아비 부, 아버지 부{자 보};부수 父(아비부, 4획) 획수 총4획;[fu,fŭ] Father

1.아비, 아버지(生己子) 2.늙으신네, 할아범(老叟指稱) 3.만물(萬物)을 화육(化育)하는 근본(根本) 4.친족의 어른 5.관장(官長) 6.창시자(創始者),

*자 보;1.자(=甫, 남자에 대한 미칭) 2.나이 많은 남자(男子)에 대한 경칭(敬稱) 3.시작(始作) 4.직업에 종사(從事)하는 사람의 총칭(總稱)

【명사】 아버지.

吾將以爲敎父.(42)

292 (부)負 : (간체자) 负

*질 부;부수 貝(조개패, 7획) 획수 총9획;[fù] carry, Incur

1.짐질(背貨物) 2.빚질(受貸不償) 3.저버릴(背恩) 4.질(敗) 5.믿을(有所恃) 6.떠맡다 7.업다 8.힘입다 9.(부상을)입다 10.근심하다 11.짐 12.지는 일 13.씌우다, 덮어씌우다.

【명사】 〔수학〕 '음(陰)'의 구용어.

【의존명사】 〔역사 고제 〕 짐.

萬物負陰而抱陽(42)

293 (부)富 :

*가멸 부, 부유할 부;부수 宀(갓머리, 3획) 획수 총12획;[fù] Rich

1.많을(豊) 2.넉넉할(裕) 3.충실할(滿足) 4.부자(豊財) 5.어릴(年幼) 6.가멸다(재물이 넉넉하다) 7.성하다(盛) 8.세차다 9.행복(幸福).

【명사】 ① 특정한 경제 주체가 가진 재산의 총계.

② 재산이 많음. 넉넉한 재산. 오복(五福)의 하나. *~를 누리다.

富貴而驕(9) 知足者富(33) 我無事而民自富(57)

294 (부)復 :

*돌아올 부{돌아올 복};부수 彳(두인변, 3획) 획수 총12획;[fù] Revive

1.다시(再, 又) 2.거듭, 거듭하여 3.거듭하다, 다시 또 하다. 4.돌아오다 5.덮다 6.되풀이하다 7.대답하다 8.갚다 9.덜다 10.돌려보내다 11.뒤집다. *돌아올 복;1.돌아올(返) 2.대답할(答) 3.되풀이할(反) 4.회복할(興復) 5.아뢸(白) 6.제할(除) 7.거듭될(重) 8.고하다(告), 초혼하다(招魂) 9.(은혜나 원한을)갚다 10.보충하다(補充) 11.복(復) 12.머무르다 13.뒤집다 14.가라앉다, 여유(餘裕)를 갖다 15.실천하다 16.면제하다(免除) 17.성하다(盛) 18.복명(復命), 복괘(復卦: 육십사괘(六十四卦)의 하나) 19.흙을 쌓아 지은 집.

復守其母(52) 使人復結繩而用之(80)

295 (분)紛 : (간체자) 纷

*어지러워질 분;부수 糸(실사변, 6획) 획수 총10획;[fēn] Confused

1.분잡할(雜) 2.많을(衆) 3.어지러울(紛紛亂) 4.어지러워진 모양 5.섞이다 6.엉클어지다 7.왕성하다(旺盛) 8.깃발(旗) 9.술(장식으로 다는 여러 가닥의 실) 10.패건(차는 수건) 11.실띠 12.행주(그릇, 밥상 따위를 닦는데 쓰는 헝겊) 13.분규(紛糾), 다툼 14.재난(災難), 화란(禍亂),

解其紛(4) 解其紛(56)

296 (분)糞 : (간체자) 粪

*똥 분;부수 米(쌀미, 6획) 획수 총17획;[fēn]

1.똥(糞土, 穢) 2.거름 줄(治, 培) 3.쓸(掃除) 4.비료(肥料) 5.치다 6.제거하다(除去) 7.더럽다 8.떨다.

【명사】 똥.

卻走馬以糞(46)

297 (불)不 :

*아닐 불{아닐 부, 클 비};부수 一(한일, 1획) 획수 총4획;[bù] Not

1.뜻이 정하지 않을(未定辭) 2.아니, 않을(未, 非) 3.없다 4.이르지 아니하다 5.크다 6.불통(不通: 과거에서 불합격의 등급) 7.꽃받침, 꽃자루 8.새 이름.

【명사】 ① 〔 역사 고제 〕 강경과(講經科) 다섯 등급의 성적 가운데 최하 등급《낙제에 속함》.

② 활쏘기에서, 살 다섯 대를 쏘아 한 대도 맞히지 못한 성적.

斯不善已(2) 行不言之教.(2) 萬物作焉而不辭(2) 生而不有(2) 爲而不恃.(2) 功成而不居(2) 是

以不去.(2) 不尙賢(3) 不貴難得之貨(3) 使民不爲盜(3) 不見可欲(3) 使民心不亂(3) 使夫智者不敢爲也(3) 則無不治.(3) 或不盈.(4) 天地不仁(5) 聖人不仁(5) 虛而不屈(5) 不如守中.(5) 谷神不死(6) 不如其已(9) 不可長保(9) 生而不有(10) 爲而不恃(10) 是以聖人爲腹不爲目.(12) 視之不見(14) 聽之不聞(14) 不可致詰(14) 其上不皦(14) 其下不昧(14) 繩繩不可名(14) 迎之不見其首(14) 隨之不見其後.(14) 深不可識.(15) 夫唯不可識(15) 保此道者不欲盈(15) 夫唯不盈(15) 故能蔽不新成.(15) 沒身不殆(16) 有不信焉.(17) 六親不和(18) 不可不畏.(20) 其名不去(21) 不自見故明(22) 不自是故彰(22) 不自伐故有功(22) 不自矜故長.(22) 天地尙不能久(23) 信不足焉(23) 有不信焉.(23) 企者不立(24) 跨者不行.(24) 自見者不明(24) 自是者不彰(24) 故有道者不處.(24) 獨立不改.(25) 周行而不殆(25) 不離輜重(26) 善數不用籌策(27) 不善人之師(27) 不善人者(27) 不貴其師(27) 不愛其資(27) 常德不離(28) 常德不忒(28) 故大制不割.(28) 不可爲也(29) 不以兵强天下.(30) 不敢以取强.(30) 不祥之器(31) 故有道者不處.(31) 勝而不美(31) 則不可以得志於天下矣.(31) 可以不殆.(32) 死而不亡者壽.(33) 而不辭.(34) 功成不名有.(34) 衣養萬物而不爲主.(34) 萬物歸焉而不爲主(34)往而不害(35) 以其終不自爲大(34) 魚不可脫於淵(36) 國之利器不可以示人.(36) 而無不爲.(37) 不欲以靜(37) 不居其薄.(38) 不居其華(38) 不欲琭琭如玉(39) 是以候王自謂孤,寡,不穀(39)不笑(41) 唯孤,寡,不穀(42) 不言之敎(43) 知足不辱(44) 其用不弊.(45) 其用不窮.(45) 不出戶(47) 不窺牖(47) 是以聖人不行而知(47)不見而名(47) 不爲而成.(47) 無爲而無不爲.(48) 不善者(49) 不信者(49) 陸行不遇兕虎(50) 入軍不被甲兵(50) 生而不有(51) 爲而不恃(51) 沒身不殆(52) 終身不勤.(52) 終身不救.(52) 善建者不拔(54) 善抱者不脫(54) 子孫以祭祀不輟.(54) 蜂蠆虺蛇不螫(55) 猛獸不據(55) 攫鳥不搏.(55) 終日號而不嗄(55) 知者不言(56) 高不可得而親(56) 不可得而疏(56) 不可得而利(56) 不可得而害(56) 不可得而貴(56) 不可得而賤(56) 知者不言(56) 方而不割(58) 廉而不劌(58) 而不肆(58) 光而不燿.(58) 則無不克(59) 無不克(59) 非其鬼不神(60) 其神不傷人(60) 非其神不傷人(60) 聖人亦不傷人.(60) 夫兩不相傷(60) 大國不過欲兼畜人(61) 小國不過欲入事人(61) 不善人之所保.(62) 人之不善(62) 不如坐進此道(62) 是以聖人終不爲大(63) 欲不欲(64) 不貴難得之貨(64) 學不學(64) 而不敢爲.(64) 不以智治國(65) 處前而民不害.(66) 是以天下樂推而不厭(66) 似不肖.(67) 故似不肖(67) 曰不敢爲天下先.(67) 不敢爲天下先(67) 善爲士者不武(68) 善戰者不怒(68) 善勝敵者不與(68) 不敢爲主而爲客(69) 不敢進寸而退尺.(69) 是以不我知(70) 是以不病(71) 聖人不病(71) 是以不病.(71) 民不畏威(72) 夫唯不厭(72) 是以不厭(72) 勇於不敢則活.(73) 不言而善應(73) 不召而自來(73) 疏而不失.(73) 民不畏死(74) 希有不傷其手矣.(74) 是以兵强則不勝(76) 則不然(77) 爲而不恃(77) 功成而不處(77) 其不欲見賢.(77) 受國不祥(78) 而不責於人.(79) 使有什佰之器而不用(80) 使民重死而不遠徙(80) 不相往來.(80) 信言不美(81) 美言不信.(81) 善者不辯(81) 辯者不善.(81) 知者不博(81) 利而不害(81)

298 (불)弗 :

*아닐 불;부수 弓(활궁, 3획) 획수 총5획;[fú] Violate

1.어길(違) 2.말, 아니(不) 3.버릴(去) 4.미국화폐 명($) 4.근심하다(속을 태우거나 우울해하다)

5.다스리다 6.떨다, 떨어버리다 7.빠른 모양, 세차고 성(盛)한 모양.
【의존명사】 '달러(dollar)'의 한자(漢字)식 이름. *십만 ~.
夫唯弗居(2)

299 (비)比 :
*견줄 비{차례 필};부수 比(견줄비, 4획) 획수 총4획;[bǐ,bì]
1.고를(和) 2.아우를(比鄰並) 3.차례(次) 4.범의 가죽(虎皮) 5.혁대 갈구리(胡革帶鉤) 6.비교할(較) 7.무리(類) 8.의방할(方) 9.견줄(比例) 10.빽빽할(密) 11.미칠(及) 12.기다릴(待) 13.무리(黨) 14.편벽될(偏) 15.가까울(近) 16.가지런할(齊) 17.본뜨다, 모방하다(模倣·摸倣) 18.나란히 하다 19.고르다, 가려 뽑다 20.갖추다 21.대등하다(對等) 22.친하다(親) 23.따르다 24.엮다, 편집하다(編輯) 25.돕다 26.아첨하다(阿諂), 편들다 27.(줄을)서다 28.접하다 29.앞서다 30.즐거워하다 31.친하게 지내다 32.합당하다(合當) 33.섞다 34.조사하다(調査) 35.오늬(화살의 머리를 활시위에 끼도록 에어 낸 부분) 36.선례(先例) 37.괘(卦)의 이름 38.언제나 39.자주, 빈번히 40.위하여, 때문에 41.좇다.
*차례 필;1.차례(櫛比次).
【명사】
① 〔수학〕 어떤 두 개의 수나 양을 서로 비교해 몇 배인가를 보이는 관계.
② '비괘(比卦)'의 준말. ③ '비례·비율'의 준말.
比於赤子(55)

300 (비)非 :
*아닐 비;부수 非(아닐비, 8획) 획수 총8획;[fēi] Not, None
1.아닐(不是) 2.나무랄(訾) 3.어길(違) 4.그를(不正) 5.없을(無) 6.몹쓸(惡) 7.배반하다(背反) 8.어긋나다 9.벌하다(罰) 10.비방하다(誹謗) 11.헐뜯다 12.아닌가, 아니한가? 13.원망하다(怨望) 14.숨다 15.거짓 15.허물, 잘못 16.부정(否定)의 조사,
【명사】 잘못되거나 그른 것. *시(是)와 ~를 가리다. ↔시(是).
非常道(1) 非常名.(1) 非以其無私耶?(7) 非君子之器(31) 此非以賤爲本邪(39) 非乎.(39) 非道也哉.(53) 非其鬼不神(60) 非其神不傷人(60) 非以明民(65)

301 (비)悲 :
*슬플 비;부수 心(마음심, 4획) 획수 총12획;[bēi] Sorrow, Pathetic
1.슬플(痛) 2.불쌍히 여길 3.한심할(寒心) 4.슬픔, 비애 5.동정(同情),
以哀悲泣之.(31)

302 (비)費 : (간체자) 费

*쓸 비;부수 貝(조개패, 7획) 획수 총12획;[fei,bi] Cost, Consume

1.비끌(魯邑名) 2.없앨, 허비할(散財用耗損) 3.소비하다(消費) 4.소모하다(消耗) 5.닳다 6.빛나다, 7손상하다(損傷), 해치다(害) 8.널리 쓰이다 9.비용(費用), 용도(用途) 10.재화(財貨), 재보(財寶) 11.쓸데없는 말을 지껄이는 일 12.빛나는 모양,

【접미사】 '비용'의 뜻. *하숙~ *생활~ *교통~.

是故甚愛必大費(44)

303 (비)鄙 :

*더러울 비;부수 阝(우부방, 3획) 획수 총14획;[bi,bi] Vulgar, Mean

1.더러울, 더럽힐(陋) 2.시골(道之對) 3.변방(邊鄙, 邊邑) 4.인색할(鄙吝嗇財) 5.비천할(鄙賤) 6.비루하다(鄙陋) 7.속되다 8.촌스럽다 9.깔보다, 얕보다 10.질박하다(質樸) 11.(도랑이)좁다 12.고집(固執)이 세다, 고루하다(固陋) 13.문벌(門閥)이 낮다 14.성 밖, 교외(郊外) 15.행정구역(行政區域)의 이름 16.저, 자신(自身)의 겸사(謙辭) 17.짐승이 내닫는 모양.

而我獨頑似鄙.(20)

304 (비)臂 :

*팔 비;부수 月(육달월, 4획) 획수총 17획;[bi,bei] Forearm

1.팔뚝(肱) 2.팔(어깨와 손목 사이의 부분) 3.희생의 앞발,

4.쇠뇌(여러 개의 화살이나 돌을 잇따라 쏘는 큰 활) 자루(끝에 달린 손잡이)

則攘臂而仍之.(38) 攘無臂(69)

305 (비)譬 :

*비유할 비;부수 言(말씀언, 7획) 획수 총20획;[pi] Metaphor

1.비유할, 휘어대어 말할(喻) 2.깨우칠(曉) 3.짝(匹),

譬道之在天下(32)

306 (빈)牝 :

*암컷 빈;부수 牛(소우, 4획) 획수 총6획;[pin] Female of animal

1. 암 짐승, 암컷(獸之雌) 2.골(虛牝, 谿谷) 3.열쇠구멍(鑰孔) 4.음(陰),

是謂玄牝(6) 玄牝之門(6) 未知牝牡之合而全作(55) 天下之牝(61) 牝常以靜勝牡(61)

307 (빈)貧 : (간체자) 贫

*가난할 빈;부수 貝(조개패, 7획) 획수총 11획;[pin] Poor

1.가난할, 구차할(無財乏) 2.모자라다 3.부족하다(不足) 4.천하다(賤) 5.품위가 없다 6.말이 많다7.인색하다(吝嗇) 8.수다스럽다.

而民彌貧(57)

308 (빈)賓 : (간체자) 宾
*손 빈;부수 貝(조개패, 7획) 획수 총14획;[bīn] Guest
1.손, 손님(客) 2.인도할(寅賓導) 3.복종할(賓服懷德) 4.배척할(擯斥) 5.율 이름(律名蔡賓) 6.성(姓) 7.사위 8.물가(濱) 9.손으로 대접하다(待接) 10.객지살이하다(客地) 11.물리치다 12.존경하다(尊敬) 13.어울리다, 화친하다(和親) 14.손을 모으다.
【명사】〔역사·고제〕관례(冠禮) 때, 그 절차를 잘 알아서 모든 일을 주선하던 사람.
萬物將自賓.(32)

309 (빙)氷 :
*얼음 빙{엉길 응};부수 水(물수, 4획) 획수 총5획;[bīng] Ice
1.얼음(凍) 2.살통 뚜껑(矢箭蓋) 3.기름 4.지방(脂肪) 5.식히다 6.깨끗하다, 투명하다(透明),
*엉길 응;1.엉기다(한 덩어리가 되면서 굳어지다) 2.얼어붙다
若氷之將釋.(15)

310 (빙)騁 : (간체자) 骋
*달릴 빙;부수 馬(말마, 10획) 획수 총17획;[chěng] Hurry to
1.달릴(直馳, 走) 2.펴다, 제멋대로 하다 3.신장하다(伸張) 4.(마음을)달리다(회포를)풀다 5.다하다, 이르다(어떤 정도나 범위에 미치다) 6.극도에 이르다 7.평평하다.
馳騁畋獵令人心發狂(12) 馳騁天下之至堅(43)

311 (사)士 :
*선비 사;부수 士(선비사, 3획) 획수 총3획;[shì] Scholar, Knight
1.선비(儒, 四民之首) 2,벼슬(官之總名) 3.일(事) 4.군사(士氣, 勇士, 兵士) 5.남자(尊稱) 6.살필(察) 7.일, 직무(職務) 8.칭호(稱號)나 직업(職業)의 이름에 붙이는 말 9.군인(軍人)의 계급 10.일삼다, 종사하다(從事),
【명사】① 선비. ② 장기에서, 궁밭 안에서 궁을 호위하는 두 개의 말.
古之善爲士者(15) 上士聞道(41) 中士聞道(41) 下士聞道(41) 善爲士者不武(68)

312 (사)四 :
*넉 사;부수 囗(큰입구몸, 3획) 획수 총5획;[sì] Four
1. 넉, 넷(數名) 2.사방(四方) 3.네 번
【수사】【관형사】넷. 넷째. *~ 년 *~ 권 *~ 등 *~ 미터.
明白四達(10) 若畏四鄰.(15) 域中有四大(25)

313 (사)司 :

*맡을 사;부수 口(입구, 3획) 획수 총5획;[sī] Take charge of

1.맡을(主) 2.벼슬(有司職事) 3.엿 볼(伺) 4.차지할(占) 5.마을(府) 6.지키다, 수호하다(守護) 7.관아(官衙),

常有司殺者殺(74) 夫代司殺者殺(74) 有德司契(79) 無德司徹(79)

314 (사)死 :

*죽을 사;부수 歹(죽을사변, 4획) 획수 총6획;[sǐ] Die, Death

1.죽을(漸精氣窮) 2.끊일(節) 3.마칠(終) 4.다할(盡) 5.기운 흩어질(氣散) 6.위태할(危險) 7.나라 이름 8.목숨을 걸다.

【명사】 죽음. *생과 ~의 갈림길에 서다. ↔생(生).

谷神不死(6) 死而不亡者壽.(33) 强梁者不得其死(42) 出生入死.(50) 死之徒十有三.(50) 人之生動之死地(50) 以其無死地.(50) 死矣(67) 民不畏死(74) 奈何以死懼之?(74) 若使民常畏死(74) 民之輕死(75) 是以輕死(75) 其死也堅强(76) 其死也枯槁.(76) 故堅强者死之徒(76) 使民重死而不遠徙(80) 民至老死(80)

315 (사)社 :

*모일 사, 토지의 신 사;부수 礻(보일시변, 4획) 획수 총7획;[shè] Earthly, deities

1.땅 귀신, 사직(社稷, 主土神) 2.사일(社日) 3.둘레, 모일(結社, 賓朋聚會) 4.단체(社團, 會社) 5.세상(社說) 6.제사(祭祀)를 지내다 7.사창(社倉: 각 고을의 환곡(還穀)을 저장하여 두던 곳집) 8.사학(社學) 9.행정(行政)의 단위(單位) 10.어머니.

【명사】① '회사'의 준말. *우리 ~의 경영 방침.

② 옛 중국에서, 토지의 수호신 및 그 제사. 또는 그 수호신을 중심으로 한 스물다섯 가구의 부락을 이르던 말.

是謂社稷主(78)

316 (사)似 :

*같을 사;부수 亻(사람인변, 2획) 획수 총7획;[sì] Similar

1.같을(肖) 2.본 딸(模倣) 3.이을(嗣) 4.드릴(捧) 5.받들(奉) 6.비슷하다 7.잇다 8.상속하다. 9.보이다.

似萬物之宗.(4) 似或存.(4) 而我獨頑似鄙.(20) 似不肖.(67) 故似不肖(67)

317 (사)私 :

*사사 사;부수 禾(벼화, 5획) 획수 총7획;[sī] private

1.사사, 사정(不公) 2.나(己稱) 3.간사할(自營姦衰) 4.형제의 남편(女子之姉妹夫謂社) 5.가족 6.

간통(姦通) 7.편복(便服) 8.은혜(恩惠) 9.가신(家臣) 10.사처(私處) 11.오줌 12.음부(陰部) 13.총애(寵愛)하는 것 14.홀로 15.사곡(邪曲) 16.비밀 17.은밀히.

【명사】 ① 사사로움. *공(公)과 ~의 구별. ↔공(公).

② 개인적인 욕심과 이익만을 꾀하는 일. *~가 없는 사람.

非以其無私耶?(7) 故能成其私(7) 少私寡欲(19)

318 (사)舍 :

*집 사, 버릴 사{벌려놓을 석};부수 舌(혀설, 6획) 획수 총8획;[shè,shě] House

1.집(屋) 2.놓을(釋) 3.쉴(止息) 4.베풀(施) 5.폐할(廢) 6.둘(置) 7.삼십 리(一舍=三十里) 8.용서할(赦) 9.여관 10.버릴 11.포기하다(抛棄) 12.기부하다(寄附) 13.바치다 14.(화살을)쏘다 15.관청.

*벌여놓을 석;1.벌려놓다 2.풀리다(의심이)사라지다.

今舍慈且勇(67) 舍儉且廣(67) 舍後且先(67)

319 (사)使 :

*하여금 사{보낼 시};부수 亻(사람인변, 2획) 획수 총8획;[shǐ,shì] Employ

1.부릴(役) 2.하여금(令) 3.가령(假定辭) 4.심부름꾼, 하인(下人) 5.벼슬의 이름 6.순종하다(順從) 7.방종하다(放縱--), 제멋대로 하다 8.쓰다, 운용하다 9.좇다.

*보낼 시;1.사신(將命者) 2.심부름 시킴(命).

【명사】〔 역사 고제〕고려·조선 때, 목(牧)·도호부(都護府) 등 지방 관아의 으뜸 벼슬.

使民不爭(3) 使民不爲盜(3) 使民心不亂(3) 常使民無知無欲(3) 使夫智者不敢爲也(3)

使我介然有知(53) 心使氣日强.(55) 若使民常畏死(74) 使有什佰之器而不用(80) 使民重死而不遠徙.(80) 使人復結繩而用之(80)

320 (사)祀 :

*제사 사;부수 礻(보일시변, 4획) 획수 총7획;[si] Shrine

1.봄 제사(春祭名) 2.사당(廟) 3.제사(祭祀) 4.해, 년(年) 5.세(世), 대(代) 6.제사(祭祀) 지내다,

子孫以祭祀不輟.(54)

321 (사)事 : (간체자) 事

*일 사;부수 亅(갈고리궐, 1획) 획수 총8획;[shì] Work, Affair

1.일(動作云爲) 2.일삼을 3.섬길(奉仕) 4.벼슬, 직업(職) 5.큰 일, 변사(異變) 6.다스릴(治) 7.경영할(營) 8.반역(叛逆) 9.재능(才能) 10.경치(景致), 흥치(興致) 11.벌(옷을 세는 단위) 12.일을 시키다 13.글을 배우다 14.노력하다(努力) 15.시집가다(媤), 출가하다(出家) 16.꽂다.

【의존명사】

('―ㄹ'·'―을'의 뒤에 쓰여) '일'·'것' 따위의 뜻을 나타내는 말.

*정시(定時)에 귀가할 ~.

是以聖人處無爲之事(2) 事善能(8) 功成事遂(17) 故從事於道者(23) 其事好還.(30) 吉事尙左(31) 凶事尙右.(31) 取天下常以無事(48) 及其有事(48) 濟其事(52) 以無事取天下(57) 我無事而民自富(57) 治人事天(59) 小國不過欲入事人(61) 事無事(63) 天下難事(63) 天下大事(63) 民之從事(64) 則無敗事.(64) 事有君(70)

322 (사)師 : (간체자) 师

*스승 사;부수 巾(수건건, 3획) 획수 총10획;[shī] Teacher

1.스승, 선생님(敎人以道者範) 2.본받을(效) 3.어른(長) 4.군사(軍旅稱衆) 5.서울(京師) 6.벼슬 이름(官名-太師, 小師) 7.신 이름(神名) 8.괘 이름(卦名) 9.뭇사람(衆人) 10.사자(獅子) 11.전문적인 기예를 닦은 사람 12.악관(樂官), 악공(樂工) 13.스승으로 삼다, 모범(模範)으로 삼다 14.기준(基準)으로 삼고 따르다, 법으로 삼게 하다 15.수효가 많다.

【명사】① 스승. ② '사괘(師卦)'의 준말.

不善人之師(27) 不貴其師(27) 師之所處(30)

323 (사)蛇 :

*긴 뱀 사{구불구불 갈 이}: 부수 虫(벌레훼, 6획) 획수 총11획: [shé,yí] Snake

1. 긴 뱀 2. 자벌레(자벌레나방의 애벌레) 3. 별의 이름

*구불구불 갈 이: 1.구불구불 가다 2.느긋하다 3.자유롭다 4.(생각이)천박하다(淺薄--), 얕다 5.구불구불 가는 모양.

蜂蠆虺蛇不螫(55)

324 (사)徙 :

*옮길 사, 고을 이름 사;부수 彳(두인변, 3획) 획수 총11획;[xǐ] Remove

1.옮길(遷移) 2.귀양 갈(謫) 3.의지할(倚) 4.넘을(躧) 5.교화되다(敎化) 6.배회하다(徘徊) 7.잡다, 취하다(取), 빼앗다 8.(나뭇가지가)한쪽으로 쏠리다 9.고을의 이름.

使民重死而不遠徙.(80)

325 (사)奢 :

*사치할 사;부수 大(큰대, 3획) 획수 총11획;[shē] Luxury

1.사치할(侈) 2.조카사위(媼婿阿奢) 3.과분하다(過分) 4.넉넉하다 5.많다, 크다 6.자랑하다 7.오만하다(傲慢) 8.낫다 9.아름답다,

去奢(29)

326 (사)斯 :

*이 사, 천할 사;부수 斤(날근, 4획) 획수 총12획;[sī] This
1.이(此-代名詞) 2.쪼갤(析) 3.곧(卽) 4.말 그칠(語已辭) 5.천할(賤) 6.잠시(暫時) 7.죄다, 모두
8.떠나다, 떨어지다 9.희다, 하얗다 10.다하다 11.떨어지다 12.낮다 13.어조사, 則과 같은 뜻을
나타낸다,
斯惡已(2) 斯不善已(2)

327 (사)嗄 :

*목 잠길 사{목쉴 애, 밥 먹을 하};부수 口(입구, 3획) 획수 총13획;[á,shà] Get hoarse
1.목 잠길, 목 갈릴(聲變) 2.목메다 3.목이 막히다.
*목쉴 애;1.목이 쉬다(氣逆聲敗) 2.목메다 3.(울어서 목이)쉬다.
*밥 먹을 하;1.밥을 먹다 2.반찬(飯饌)
終日號而不嗄(55)

328 (사)肆 :

*방자할 사;부수 聿(붓율, 6획)획수 총13획;[si] Licentious
1.방자할(放恣) 2.베풀(陳) 3.늦춰줄(綏) 4.저자(市) 5.말끝 고칠(更端辭) 6.외양간(廐, 厩) 7.고
로(故) 8.벌릴(展) 9.길(長) 10.궁구할(究) 11.시험하다(試驗) 12.곧다 13.찌르다 14.가게 15.넉
16.드디어 17.극에 달하다 18.거리낌 없이 마음대로 말하다.
直而不肆(58)

329 (사)駟 : (간체자) 驷

*사마 사;부수 馬(말마, 10획) 획수 총15획;[si] Coach & four
1.사마(一乘四馬, 한 수레에 메우는 네 마리의 말) 2.별 이름(房四星-天駟) 3.말(말과의 포유
류) 4.용(龍) 네 마리 5.(네 사람이)함께 수레를 타다 6.쫓다,
雖有拱璧以先駟馬(62)

330 (사)辭 : (간지) 辭(간체자) 辞

*말 사;부수 辛(매울신, 7획) 획수 총19획;[cí] Word, Speech
1.말씀(言) 2.사퇴할(別去) 3.사양할(却不受) 4.글(文章) 5.감사할(謝禮) 6.거절할(不應) 7.논술
8.하소연하다 9.핑계 10.알리다 11.청하다(請) 12.타이르다.
【명사】① 사상을 말이나 글로 나타낸 것. ② 〔문학〕 한문의 한 체《흔히 운어(韻語)를
씀》.
萬物作焉而不辭(2) 而不辭.(34)

331 (삭)數 :

*자주 삭{셀 수, 촘촘할 촉};부수 攵(등글월문, 4획) 획수 총15획;[shù,shǔ,shuò] Count,
1.자주, 여러 번(頻繁) 2.빠를(疾) 3.빨리 하다 4.황급하다(遑急) 5.바삐 서두르다 6.다가서다 7.
접근하다(接近),
*셀 수;1.헤아릴, 셈칠(計) 2.수죄할(責) 3.몇, 두어(幾) 4.셈(算數) 5.이치(理致) 6.팔자(命數) 7.
운수(運數) 8.기술(術) 9.역법(曆法) 10.등급(等級), 구분(區分) 11.규칙(規則), 예법(禮法) 12.
정세, 되어 가는 형편(形便) 13.꾀, 책략(策略) 14.수단(手段), 방법(方法) 15.헤아리다 16.조사
(調査)하여 보다,
*촘촘할 촉;1.빽빽할(細密),
多言數窮(5)

332 (산)散 :
*흩을 산;부수 攵(등글월문, 4획) 획수 총12획;[sǎn,sàn] Scatter
1.흩어질, 펼(布) 2.허탄할(誕) 3.헤어질(分離) 4.방출할(放-發散, 四散) 5.없어질(消) 6.짬(暇-閑
散) 7.쓸모가 없을(散木, 散人) 8.가루약(藥石屑-散藥) 9.거문고 곡조(琴曲名廣陵散) 10.놓을
(放) 11.어슷거릴, 한가할(閑散) 12.도망가다(逃亡) 13.절룩거리다 14.나누어 주다 15.뒤섞여
혼잡하다(混雜) 16.천하다(賤) 17.어둡다 18.엉성하다 19.산문 20.술잔의 이름(散盞)
【명사】 〔 한의학 〕
① 땀을 내는 일. ② '가루약'의 딴 이름. ③ 막히고 엉긴 것을 푸는 일.
樸散則爲器.(28) 其微易散.(64)

333 (살)殺 : (간체자) 杀
*죽일, 감할 살,{빠를 쇄, 맴 도는 모양 설, 윗사람 죽일 시};부수 殳(갖은등글월문, 4획) 획수
총10획;[shā,shài] Kill
1.죽일(戮) 2.살촉(矢鏃) 3.어수선할, 흩어질(散貌) 4.늘어질(垂貌) 5.죽다. 6.없애다 7.지우다 8.
감하다(減) 9.얻다 10.베다 11.어조사(語助辭).
*내릴 쇄;1.내릴(降) 2.감할(減) 3.빠를(疾) 4.옷에 솔기 댈(剪縫) 5.심하다(甚) 6.매우 7.널하
모막이(輻尸之具上曰質, 下曰殺) 8.대단히,
*죽일 시;1.죽일(殺) 2.윗사람 죽일.
*맴 도는 모양 설;1.맴 도는 모양
是樂殺人.(31) 夫樂殺人者(31) 殺人之衆(31) 勇於敢則殺(73) 吾得執而殺之(74) 有司殺者殺
(74) 夫代司殺者殺(74)

334 (삼)三 :
*석 삼;부수 一(한일, 1획) 획수 총3획;[sān] Three, Third
1.석, 셋, 세 번(二之加一) 2.자주(頻) 3.재삼, 여러 번, 몇 번이고

【수사】 【관형사】 셋. *~에 ~을 더하다 *~ 개월.
◦ [속담][삼 년 가뭄에는 살아도 석 달 장마에는 못 산다]가뭄보다 장마피해가 더 무섭다는 말.
三十輻共一轂(11) 此三者(14) 此三者(19) 二生三(42) 三生萬物.(42) 生之徒十有三(50) 死之徒十有三.(50) 亦十有三.(50) 置三公(62) 我有三寶(67) 三曰不敢爲天下先(67)

335 (상)上 :
*위 상;부수 一(한일, 1획) 획수 총3획;[shàng,shǎng,shàng] Upper
1.위, 높을(下之對) 2.물건의 위 3.바깥(外) 4.임금(君) 5.윗사람 6.뛰어나서 좋을 7.오를(昇) 8.드릴(進) 9.앞 10.첫째 11.옛날 12.이전 13.군주(君主) 14.사성의 일종(一種) 15.올리다 16.진헌하다(進獻: 임금께 예물을 바치다) 17.탈것을 타다 18.하늘,
　【명사】 ① '상감(上監)'의 준말.
② 품질이나 등급 따위가 가장 빼어남. *이 제품의 품질 등급은 ~이다.
③ 물체의 위나 위쪽을 이르는 말. *지구 ~ *도로 ~. ↔하(下).
上善若水.(8) 其上不皦(14) 太上(17) 恬淡爲上.(31) 上將軍居右(31) 上德不德(38) 上德無爲而無以爲(38) 上仁爲之而有以爲(38) 上義爲之而有以爲(38) 上禮爲之而莫之應(38) 上士聞道(41) 上德若谷(41) 是以欲上民(66) 是以聖人處上而民不重(66) 知不知, 上(71) 以其上食稅之多(75) 以其上之有爲(75) 以其上求生之厚(75) 柔弱處上.(76)

336 (상)尙 : (간지) 尚
*오히려 상;부수 小(작을소, 3획) 획수 총8획;[shàng] Rather, respect
1.일찍(曾) 2.거의(庶幾) 3.높일(尊) 4.숭상할(崇) 5.더할(加) 6.귀하게 여길(貴) 7.꾸밀(飾) 8.짝지을(配) 9.자랑할(矜伐) 10.가상히 할(嘉) 11.오히려(猶) 12.또한 13.아직 14.풍습(風習) 15.관할(主-임금의 衣服, 食物등을 감독함) 16.장가들다 17.바라다 18.성(姓).
不尙賢(3) 天地尙不能久(23) 吉事尙左(31) 凶事尙右.(31)

337 (상)狀 : (간체자) 状
*형상 상,{문서 장};부수 犬(개견, 4획) 획수 총8획;[zhuàng] Form, Shape
1.형상, 모양(形) 2.형용할(形容之) 3.용모(容貌) 4.정상(情狀) 5.사실에 의한 근거(根據) 6.공적(功績) 7.나타내다 8.모방하다(模倣・摸倣・摹倣) 9.같을(類) 10.베풀(陳).
*문서 장;1.문서(文書) 2.편지(便紙・片紙) 3.문투(文套: 글에 나타나는 특징적인 버릇) 4.문체(文體)의 이름 5.숨기다,
　【접미사】 '모양'・'상태'의 뜻을 나타내는 말. *연쇄~ *나선~ *포도~.
是謂無狀之狀(14) 吾何以知衆甫之狀哉?(21)

338 (상)相 :

서로 상,{빌 양};부수 目(눈목, 5획) 획수 총9획;[xiāng,xiàng] Mutual, Aspect

1.서로(共) 2.바탕(質) 3.볼(視) 4.도울(助) 5.손님 맞는 사신(儐, 接待役) 6.인도할(導). 7.붙들(扶) 8.정승(官名-政丞) 9.상볼(相術) 10.담당자(擔當者) 11.모양, 형상(形象・形像) 12.방아타령 13.악기(樂器)의 이름 14.다스리다 15.가리다, 고르다 16.따르다 17.생각하다,

*빌 양;1.빌다, 기원하다(祈願) 2.푸닥거리하다.

【명사】① 관상에서, 얼굴의 생김새. *얼굴이 부자될 ～이다.

② 그때그때 나타나는 얼굴의 표정.

♣ 상(을) 보다 【관용구】 사람의 얼굴·골격·체격·지세(地勢)를 살펴보고 그 운명·길흉을 점치다.

♣ 상(을) 보이다 【관용구】 관상쟁이 같은 사람에게 상을 보게 하다.

故有無相生(2) 難易相成(2) 長短相交(2) 高下相傾(2) 音聲相和(2) 前後相隨.(2) 相去幾何?(20) 相去若何?(20) 天地相合以降甘露(32) 夫兩不相傷(60) 故抗兵相加(69) 隣國相望(80) 鷄犬之聲相聞(80) 不相往來.(80)

339 (상)祥 : (간체자) 详

*상서로울 상;부수 礻(보일시변, 4획) 획수 총10획;[xiáng] Good luck

1.복(福) 2.상서(吉) 3.착할(善) 4.재앙(災) 5.상 제사(祭名) 6.조짐(兆朕) 7.자세하다(仔細).

【명사】소상(小祥)과 대상(大祥)의 총칭.

不祥之器.(31) 益生曰祥(55) 受國不祥(78)

340 (상)常 :

항상 상, 떳떳할 상;부수 巾(수건건, 3획) 획수 총11획;[cháng] Always

1.항상, 늘(恒久) 2. 떳떳할(庸) 3.두 길(數名倍尋) 4.아가위(棠-나무이름) 5.오랠(久), 6.법 7.불변의 도 8.벼슬이름(官名-太常) 9.일정하다(一定) 10.범상하다(凡常) 11.숭상하다(崇尚) 12.일찍이(=嘗) 13.평소(平素) 14.길이의 단위(單位) 15.천자(天子)의 기(旗) 16.땅의 이름.

非常道(1) 非常名.(1) 故常無欲以觀其妙(1) 常有欲以觀其徼(1) 常使民無知無欲(3) 復命曰常(16) 知常曰明(16) 不知常(16) 知常容(16) 常善求人(27) 常善救物(27) 常德不離(28) 常德不忒.(28) 常德乃足(28) 道常無名.(32) 常無欲(34) 道常無爲(37) 常足矣.(46) 取天下常以無事(48) 聖人無常心(49) 夫莫之命而常自然.(51) 是爲習常.(52) 知和曰常(55) 知常曰明.(55) 牝常以靜勝牡(61) 常於幾成而敗之(64) 若使民常畏死(74) 常有司殺者殺(74) 常與善人.(79)

341 (상)爽 :

시원할 상;부수 爻(점괘효, 4획) 획수 총11획;[shuǎng] Bright

1.밝을(明) 2.어기어질, 어길(差, 忒) 3.지나칠(過) 4.새벽(早旦) 5.시원할(淸快爽塏) 6.매울(烈)

7.잃어버릴(失) 8.광활할(廣貌) 9.혼이 밝을(神靈明) 10.반짝일(輝) 11.명백하다 12.맑다 13.(마음이)밝다 14.군세다 15.덜다, 줄어들다 16.망가지다 17.(말이)없다 18.준마(駿馬)의 이름 19.높고 밝다 20.머리가 맑다 21.날래다 22.남보다 뛰어나 용맹스럽다.
五味令人口爽.(12)

342 (상)象 :
*코끼리 상;부수 豕(돼지시, 7획) 획수 총11획;[xiàng] Elephant
1.코끼리(南方大獸長鼻牙) 2.법 받을(法) 3.빛날(光耀) 4.형상할(形) 5.상춤(舞名) 6.역법(曆法) 7.상술준(樽名-술잔) 8.역관(譯官-通言官) 9.망상이(罔象水怪-물고기이름) 10.상아(象牙) 11.얼굴 모양, 초상(肖像) 12.징후(徵候), 조짐(兆朕) 13.도리(道理) 14.점괘(占卦) 15.본받다 16.문궐(門闕): 교령을 게시하는 곳) 17.유추하다(類推) 18.본뜨다, 그리다 19.표현하다(表現) 20.따르다 21.같다, 비슷하다.
【명사】 '象' 자를 새긴 장기짝의 하나. 양편에 각각 둘씩 넷이 있고, 앞으로 세 칸, 옆으로 두 칸 건너 있는 밭으로 다님.
象帝之先.(4) 其中有象.(21) 執大象(35) 大象無形(41)

343 (상)喪 : (간체자) 丧
*죽을 상, 잃을 상;부수 口(입구, 3획) 획수 총12획;[sāng,sàng] Lose, Die
1.상사, 복 입을(持服曰喪) 2.죽을(亡) 3.없어질, 잃어버릴(失) 4.도망하다(逃亡) 5.잊어버리다 6.허비하다(虛費) 7.초상(初喪) 8.시체(屍體) 9.재해(災害).
【명사】 ① '거상(居喪)'의 준말. *~을 당하다.
② 부모·승중(承重)의 조부모·증조부모와 맏아들의 상사에 대한 의례. *~을 치르다.
言以喪禮處之.(31) 以喪禮處之.(31) 輕敵幾喪吾寶.(69)

344 (상)傷 : (간체자) 伤
*상처 상, 다칠 상;부수 亻(사람인변, 2획) 획수총 13획;[shāng] Be injured
1.아플(痛) 2.근심할(憂思) 3.상할(創損) 4.해할(戕害) 5.애태우다 6.근심하다 7.불쌍히 여기다 8.상처(傷處). 9.닿다 10.이지러지다.
其神不傷人(60) 非其神不傷人(60) 聖人亦不傷人.(60) 夫兩不相傷(60)
希有不傷其手矣.(74)

345 (상)孀 :
*과부 상, 홀어머니 상;부수 女(계집녀, 3획) 획수 총20획;[shuāng] Widow
1.과부(寡婦) 2.홀어머니 3.수절하다(守節).
如孀兒之未孩.(20)

346 (색)色 :

*빛 색;부수 色(빛색, 6획) 획수 총6획;[sè,shǎi] Colour

1.낯 색(顔氣) 2.어여쁜 계집(美女) 3.빛(五彩數) 4.핏대 올릴(作色怒) 5.모양(行色) 6.기색(氣色) 7.윤, 광택(光澤) 8.모양, 상태(狀態) 9.색정(色情), 여색(女色), 정욕(情慾) 10.갈래, 종류(種類) 11.화장하다(化粧) 12.색칠하다 13.물이 들다 14.(생기가)돌다 15.꿰매다 16.평온하다(平穩),

【명사】① 빛. *짙은 ~ *~이 바래다 *~을 칠하다 *벽지를 밝은 ~으로 고르다.

② 같은 부류를 가리키는 말. *그 친구는 ~이 다르다.

③ 색정이나 여색(女色), 색사(色事) 따위를 이르는 말. *~에 빠지다 *~을 밝히다.

④〔불교〕오온(五蘊)의 하나. 눈에 보이는 현상(現象) 세계, 곧 물질 세계.

♣ 색(을) 갈다 【관용구】이것저것 색다르게 바꾸다.

♣ 색(을) 쓰다 【관용구】㉠성교를 하다. ㉡〈속〉성적 교태를 부리다.

五色令人目盲(12)

347 (색)塞 :

*막힐 색(변방 새);부수 土(흙토, 3획) 획수 총13획;[sāi,sài,sè] Fortress

1.막을(塡, 窒) 2.채울, 찰(滿) 3.막힐(阨, 險) 4.성채(城砦).

*변방 새;1.변방(邊界) 2.주사위(戱具) 3.요새(要塞) 4.보루(堡壘) 5.성(姓) 6.굿을 하다(賽) 7.사이가 뜨다 8.거리를 띄우다.

塞其兌(56)

348 (색)嗇 :

*아낄 색;부수 口(입구, 3획) 획수 총13획;[sè] Stingy, Mean

1.아낄(愛) 2.인색할(吝嗇, 慳) 3.탐낼(貪) 4.곡식(穀食)을 거두다(穡) 5.흡흡하다,

莫若嗇(59) 夫唯嗇(59)

349 (생)生 :

*날 생;부수 生(날생, 5획) 획수 총5획;[shēng] Born, Live

1.낳을(産) 2.날(出). 3.익지 않을, 날 것(未熟, 未烹) 4.살(死之對) 5.목숨(生命) 6.생활(生活) 7.어조사(語助辭) 8.끝이 없을(無窮) 9.접때(平生疇昔) 10.닭이 낳을(鷄産卵) 11.자랄(成長) 12.나(自己謙稱) 13.저절로(天然) 14.기르다 15.서투르다 16.싱싱하다 17.만들다 18.백성(百姓) 19.선비(학식은 있으나 벼슬하지 않은 사람을 이르던 말).

【명사】① 생명. *~을 받다 *~을 누리다.

② 삶. *~과 사(死) *~에 대한 회의 *~을 마감하다. ↔사(死).

故有無相生(2) 生而不有(2) 以其不自生(7) 故能長生.(7) 生之畜之(10) 生而不有(10) 動之徐

生.(15) 先天地生.(25) 荊棘生焉(30) 萬物恃之而生(34) 萬物無以生(39) 萬物得一以生(39) 天下萬物生於有(40) 有生於無.(40) 道生一(42) 一生二(42) 二生三(42) 三生萬物.(42) 戎馬生於郊(46) 出生入死(50) 生之徒十有三(50) 人之生動之死地(50) 以其生生之厚.(50) 善攝生者(50) 道生之(51) 故道生之(51) 生而不有(51) 益生曰祥(55) 長生久視之道(59) 生於毫末(64) 無厭其所生.(72) 以其上求生之厚(75) 是賢於貴生.(75) 夫唯無以生爲者(75) 人之生也柔弱(76) 柔弱者生之徒,(76) 萬物草木之生也柔脆(76)

350 (서)徐 :
*천천할 서;부수 彳(두인변, 3획) 획수 총10획;[xú] Slow
1.천천할(安行) 2.천천히(緩) 3.한가할(安穩貌) 4.찬찬할(威儀貌) 5.더딜(遲緩) 6.땅이름(地名) 7.성(姓) 8.다, 모두 9.나라이름(國名).
孰能濁以靜之徐淸?(15) 動之徐生.(15)

351 (서)逝 :
*갈 서;부수 辶(책받침, 3획) 획수 총10획;[shì] Pass away, Demise
1.갈(往, 行) 2.지나갈(過) 3.죽을(死) 4.이에(發語辭) 5.날다 6.달리다, 뛰다 7.맹세하다(盟誓),
大曰逝(25) 逝曰遠(25)

352 (석)石 :
*돌 석;부수 石(돌석, 5획) 획수 총5획;[shí,dàn] Stone
1.돌(山骨) 2.저울(衡名, 百돌二로十 斤) 3.단단할(心如鐵石) 4.섬(量名, 十斗) 5.돌 바늘 6.경쇠석(樂器八音之一) 7.돌비석(碑石) 8.돌팔매 9.숫돌(연장을 갈아 날을 세우는 데 쓰는 돌) 10.녹봉(祿俸: 벼슬아치에게 주던 급료) 11.쓸모없음을 나타내는 말 12.굳다 13.(돌을)내던지다.
【의존명사】섬. *공양미 300 ~.
珞珞如石.(39)

353 (석)昔 :
*예 석{섞일 착};부수 日(날일, 4획) 획수 총8획;[xī] Old, Ancient
1.옛, 이(古) 2.오랠(久) 3.어제(去日) 4.밤(夜) 5.옛적(前代) 6.접때(嚮) 7.비롯할(始) 8.끝 9.말린 고기, 포 10.성(姓).
*섞일 착;1. 섞이다, 교착하다(交錯) 2.쇠뿔 비틀릴(牛角理錯)
昔之得一者(39)

354 (석)螫 :

*쏠 석;부수 虫(벌레훼, 6획) 획수 총17획;[zhē,zhè,shè,shi] Sting
1.벌레 쏠(蟲行毒) 2.성내다 3.노하다(怒) 4.독(毒) 5.해독(害毒) 6.석어(螫魚-자가사리)
蜂蠆虺蛇不螫(55)

355 (석)釋 : (간지) 釋(간체자) 釋
*풀 석{기뻐할 역};부수 釆(분별할변, 7획) 획수 총20획;[shì] Interpret, Explain
1.놓을(捨) 2.주낼(註解) 3.내놓을(放) 4.둘(舍, 置) 5.풀릴(消散) 6.부처의 호칭(釋迦, 佛號) 7.
(의심 등이)사라지다, 벗다 8.용서하다(容恕) 9.석방하다(釋放) 10.쫓기다, 추방하다(追放) 11.
(쌀을)씻다 12.깔다, 펴다 13.따르다, 쫓다 14.적시다 15.(활을)쏘다,
*기뻐할 역;1.기뻐하다 2.즐거워하다.
【명사】【~하다자동사】〔불교〕
① 아침저녁으로 부처 앞에 예불하는 일.
② 불법에 귀의한 사람이 석가의 제자임을 나타내기 위해서 성(姓)으로 쓰는 말.
③ 새벽에 목탁이나 종을 쳐서 사람을 깨우는 일.
若氷之將釋.(15)

356 (선)先 :
*먼저 선;부수 儿(어진사람인발, 2획) 획수 총6획;[xiān] Previous
1.먼저(始, 祖先) 2.비로서(始) 3.선죠(先祖) 4.앞(前) 5.이를(早) 6.우두머리(頭) 7.옛(古) 8.이끌
(導) 9.끝(端) 10.먼저 할(先之) 11.동서(娣姨, 同壻) 12.앞에 있을(前) 13.죽은 아버지 14.될
것이 앞에 될 15.선구(先驅) 16.형수(兄嫂) 17.높이다, 중(重)히 여기다 18.성(姓).
【명사】【~하다자동사】
① 첫째 차례. 선번(先番).
② 바둑이나 장기를 시작할 때 상대편보다 먼저 두는 일. 또는 그 사람.
········● ~을 정하다
········● ~을 잡다.
③ 화투를 칠 때, 패를 돌리고 먼저 패를 떼는 사람《보통 앞 판에서 이긴 사람이 선이 됨》.
④ 윷놀이에서, 맨 처음에 다른 사람보다 먼저 노는 일. 또는 그 사람.
象帝之先(4) 先天地生.(25) 雖有拱璧以先駟馬(62) 欲先民(66) 三曰不敢爲天下先(67) 不敢
爲天下先(67) 舍後且先(67)

357 (선)埏 :
*질그릇 만들 선{땅 끝 연};부수 土(흙토, 3획) 획수 총10획;[yán,shān] Edge of earth
1.흙 이길(水和土) 2.부드러운 흙(柔土) 3.질그릇 만들(土燒器埏埴),
*땅 끝 연;1.땅의 가장자리(地際) 2.광중(墓道-무덤 속으로 통하는 길),
埏埴以爲器(11)

358 (선)善 :

*착할 선;부수 口(입구, 3획) 획수 총12획;[shàn] Good, Nice, Kind hearted

1.착할(良) 2.길할(吉) 3.많을(多) 4.좋을, 좋아할(好) 5.옳게 여길(先之) 6.성(姓) 7.훌륭하다 8.잘하다 9.아끼다 10.친하다(親) 11.착하고 정당하여 도덕적(道德的) 기준(基準)에 맞는 것.

【명사】 【~하대형용사】

① 착하고 올바름. 어질고 좋음. 또는 그런 일. *~을 행하다 〔쌓다〕 *악을 ~으로 갚다.
② 〔철학〕 도덕적 생활의 최고 이상. ↔악.

天下皆知善之爲善(2) 斯不善已(2) 上善若水.(8) 水善利萬物而不爭(8) 居善地(8) 心善淵(8) 與善仁(8) 言善信(8) 正善治(8) 事善能(8) 動善時.(8) 古之善爲士者(15) 善之與惡(20) 善行無轍迹(27) 善言無瑕讁(27) 善數不用籌策.(27) 常善求人(27) 善閉無關楗而不可開(27) 善結無繩約而不可解(27) 常善救物(27) 故善人者(27) 不善人之師(27) 不善人者(27) 善人之資.(27) 善有果而已.(30) 夫唯道善貸且成.(41) 善者(49) 吾善之.(49) 不善者(49) 吾亦善之.(49) 德善.(49) 善攝生者(50) 善建者不拔(54) 善抱者不脫(54) 善復爲妖(58) 善人之寶(62) 不善人之所保.(62) 人之不善(62) 古之善爲道者(65) 以其善下之(66) 善爲士者不武(68) 善戰者不怒(68) 善勝敵者不與(68) 善用人者爲之下.(68) 不爭而善勝(73) 不言而善應(73) 繟然而善謀(73) 安可以爲善(79) 常與善人.(79) 善者不辯(81) 辯者不善.(81)

359 (선)鮮 : (간체자) 鲜

*고울 선, 생선 선;부수 魚(물고기어, 11획) 획수 총17획;[xiān,xiǎn] Bright

1.생선(生魚) 2.나라이름(國名) 3.조촐할(潔) 4.고을, 빛날(明) 5.새(新) 6.적을(少) 7.좋다 8.선명하다(鮮明) 9.깨끗하다 10.싱싱하다 11.드물다 12.날 것 13.물고기의 이름. 14.뚜렷하다.

若烹小鮮(60)

360 (섭)涉 : (간자) 涉

*건널 섭{피 흐르는 모양 첩};부수 氵(삼수변, 3획) 획수 총10획;[shè] Cross

1.물 건널(渡水) 2.거칠, 지나쳐 볼(經) 3.돌아다닐 4.경과할(經過) 5.간섭할(干涉) 6.겪다 7.길을 떠나다 8.이르다, 미치다 9.섭렵하다(涉獵) 10.넓다 11.나루,

*피 흐르는 모양 첩;1.흐르는 모양

若冬涉川.(15)

361 (섭)攝 : (간자) 摄(간체자) 摄

*잡을 섭, 다스릴 섭{가질 녑, 깃 꾸미개 삽};부수 扌(재방변, 3획) 획수 총21획;[shè] Draw,

1.몰아 잡을(摠持) 2.끌(引持) 3.단정히 할(整飾) 4.겸할(兼) 5.거둘(收斂) 6.꾸일(假貸) 7.기록할(錄) 8.쫓아 잡을(追捕) 9.항복할(降伏) 10.이을(結) 11.기를(養) 12.다스리다 13.걷다 14.돕다 15.거느리다 16.성내다 17.대신하다(代身) 18.끼다 19.잡아매다 20.두려워하다. 21.쥐다 22.굳게 지키다, 굳건히 유지하다.

*가질 녑;1.가질(持) 2.고요할(靜謐貌) 3.편안하다(便安),
*깃 꾸미개 삽;1.깃 꾸밀.
善攝生者(50)

362 (성)成 :

*이룰 성;부수 戈(창과, 4획) 획수 총6획;[chéng] Achieve, Complete
1.이룰(就, 畢) 2.평할(平) 3.거듭(重) 4.마칠(終) 5.사방십리 땅(方十里) 6.될(爲) 7.익다 8.화목할(和睦) 9.정리되다(整理) 10.비대해지다(肥大) 11.무성해지다(茂盛) 12.흥기하다(興起) 13.진보하다(進步) 14.가지런하다 15.정하여지다 16.기대하다(期待) 17.성인(成人)이 되다 18.크다 19.층계지다(層階) 20.정성(精誠) 21.재판(裁判) 22.균형(均衡) 23.총계(總計) 24.층 25. 북두칠성(北斗七星)이 술의 방위(方位)를 가리키는 날 26.참으로 27.큰 28. 길제(吉祭: 죽은 지 27개월 만에 지내는 제사).
【접미사】은이나 황금의 순도(純度)를 나타내는 말《십성(十成)이면 순은이나 순금임》.
難易相成(2) 功成而不居(2) 故能成其私(7) 故能蔽不新成.(15) 功成事遂(17) 有物混成(25) 功成不名有.(34) 故能成其大.(34) 大器晚成(41) 夫唯道善貸且成.(41) 大成若缺(45) 不爲而成.(47) 勢成之.(51) 故能成其大.(63) 常於幾成而敗之(64) 故能成器長.(67) 功成而不處(77)

363 (성)姓 :

*성 성;부수 女(계집녀, 3획) 획수 총8획;[xìng] Family name
1.성씨(氏系統稱) 2.일가(一族) 3.아이 낳을(生子) 4.백성(百姓) 5.거레 6.타고난 천성(天性).
【명사】한 혈통을 잇는 거레붙이의 칭호《김(金)·이(李) 등》. *이름도 ~도 모른다.
♣ 성을 갈겠다 【관용구】단언할 때나, 다시는 하지 않겠다고 다짐할 때에, 굳은 맹세를 간곡하게 이르는 말. *앞으로 담배를 다시 피우면 ~.
以百姓爲芻狗.(5) 百姓皆謂我自然.(17) 以百姓心爲心(49) 百姓皆注其耳目焉(49)

364 (성)聖 : (간체자) 圣

*성인 성, 성스러울 성;부수 耳(귀이, 6획) 획수 총13획;[shèng] Saint
1.성인(智德過人, 人格最高者) 2.착할(睿) 3.통할(通) 4.지극할(至極之稱) 5.거룩할(至聖) 6.잘할(其道之長者-詩聖, 樂聖) 7.임금(天子尊稱) 8.약주(超凡曰聖-淸酒異名) 9.슬기, 기술(技術) 10.걸출(傑出)한 인물(人物) 11.신선(神仙) 12.슬기롭다, 총명하다(聰明) 13.약다, 약삭빠르다.
【명사】① 지덕이 가장 뛰어나 천하가 우러러 사표로 삼음. 또는 그 사람.
② 그 방면에 가장 걸출한 인물. *시(詩)~.
③ '신성(神聖)'의 준말.
④ '성인(聖人)'의 준말.
是以聖人處無爲之事(2) 是以聖人之治(3) 聖人不仁(5) 是以聖人(7) 是以聖人爲腹不爲目(12)

絶聖棄智(19) 是以聖人抱一(22) 是以聖人.(26) 是以聖人(27) 聖人用之(28) 是以聖人去甚(29) 是以聖人不行而知(47)聖人無常心(49) 聖人在天下歙歙(49) 聖人皆孩之.(49) 故聖人云(57) 是以聖人(58) 聖人亦不傷人.(60) 是以聖人終不爲大(63) 是以聖人猶難之(63) 是以聖人(64) 是以聖人處上而民不重(66) 是以聖人被褐懷玉.(70) 聖人不病(71) 是以聖人自知(72) 是以聖人(73) 是以聖人(77) 是以聖人云(78) 是以聖人執左契(79) 聖人不積(81) 聖人之道(81)

365 (성)誠 : (간체자) 诚
*정성 성;부수 言(말씀언, 7획) 획수 총13획;[chéng] Sincere
1.미쁠(信) 2.공경할(敬) 3.살필(審) 4.진실(眞實) 5.정성(純一無僞) 6.참으로 7.만약(萬若) 8.참되게 하다 9.삼가다 10.자세하다(仔細),
誠全而歸之.(22)

366 (성)聲 : (간지) 聲(간체자) 声
*소리 성;부수 耳(귀이, 6획) 획수 총17획;[shēng] Sound, Voice
1.소리(音) 2.풍류(樂) 3.명예, 기릴(名譽) 4.소리 들릴(聲敎) 5.노래 6.이름 7.사성 8.말하다 9.소리를 내다 10.선언하다 11.펴다 12.밝히다 13.탄식하는 따위의 소리,
音聲相和(2) 大音希聲(41) 鷄犬之聲相聞(80)

367 (세)細 : (간체자) 细
*가늘 세;부수 糸(실사변, 6획) 획수 총11획;[xi] Thin, Slender
1.가늘, 세밀할(微, 密) 2.잘, 작을(小) 3.잡놈(奸細) 4.미미하다(微微) 5.적다(少) 6.드물다 7.장황하다(張皇), 번거롭다 8.천하다(賤) 9.가는 실 10.소인(小人) 11.자세히(仔細·子細).
爲大於其細.(63) 必作於細.(63) 久矣其細也夫.(67)

368 (세)稅 : (간지) 税
*구실 세{추복 입을 태, 풀 탈, 기뻐할 열};부수 禾(벼화, 5획) 획수 총12획;[shui] Tax
1.구실, 부세, 세납(租) 2.거둘(斂) 3.농을(舍) 4.쉴(稅駕, 休息) 5.징수하다 6.두다 7.방치하다.
*추복 입을 태;1.추복(追服-당상(當喪)한 일을 늦게 알고 그때부터 복을 입는 일)을 입다.
*풀 탈, 끄를 탈;1.풀다, 끄르다(解-옷 따위를 벗다),
*기뻐할 열;1.기뻐하다.
*수의를 입을 수;1.수의(壽衣)를 입다
【명사】① 〔역사·고제〕사전(私田)의 수확물을 일정한 비율로 나라에 바치게 한 구실.
② '조세(租稅)'의 준말.
以其上食稅之多(75)

369 (세)勢 : (간체자) **势**

*기세 세;부수 力(힘력, 2획) 획수 총13획;[shi] Power

1.권세(權力) 2.위엄(氣焰) 3.형세(形勢-地勢, 姿勢) 4.불알(外腎) 5.기회(機會) 6.당연할(當然)
7.위력(威勢) 8.전장에 나가는 군인(軍隊) 9.동향(動向) 10.시기(時期) 11.언저리 12.무리,
【명사】① '세력'의 준말. *~를 꺾다 *~를 펴다 *~가 대단하다 *~가 꺾이다.
② 인원수. 병력. *~가 불리하다. ③ 형세. *그런 경향은 자연의 ~이다.
勢成之.(51)

370 (소)小 :

*작을 소;부수 小(작을소, 3획) 획수 총3획;[xiǎo] Small, Little

1.작을(微) 2.잘(細) 3.좁을(狹隘) 4.짧을(短, 短小) 5.적을(少, 少數) 6.어릴(幼, 幼兒) 7.천할
(賤) 8.적게 여길(輕之) 9.첩(妾) 10.삼가다, 주의하다(注意) 11.소인(小人) 12.조금 13.조그마한
14.음력(陰曆)에서 그 달이 날수가 30일이 못 되는 달 15.겸양(謙讓)의 뜻을 나타내는 접두어.
【명사】 크기에 따라 세 가지 또는 두 가지로 나눌 때의 가장 작은 것. *대, 중, ~.
樸雖小(32) 可名於小.(34) 見小曰明(52) 若烹小鮮(60) 故大國以下小國(61) 則取小國(61) 小
國以下大國(61) 小國不過欲入事人(61) 大小多少(63) 小國寡民(80)

371 (소)少 :

적을 소, 젊을 소;부수 小(작을소, 3획) 획수 총4획;[shǎo,shào] Little, Young

1.적을(不多) 2.조금 3.멸시할(蔑視) 4.잠깐(暫時) 5.작게 여길(短之) 6.젊을(老之對) 7.버금(副
貳) 8.줄다, 적어지다 9.비난하다, 헐뜯다, 경멸하다(輕蔑) 10.빠지다 11.잠시(暫時),
少私寡欲.(19) 少則得(22) 其知彌少.(47) 大小多少(63)

372 (소)召 :

*부를 소{대추 조};부수 口(입구, 3획) 획수 총5획;[zhào,shào] Call

1.부를(呼) 2.청할(招) 3.과부(寡婦召史) 4.초래하다(招來), 불러들이다 5.알리다,
*대추 조;1.대추(棗) 2.높을(高). 3.땅의 이름(地名).
不召而自來(73)

373 (소)所 :

*바 소;부수 戶(지게호, 4획) 획수 총8획;[suǒ] Place

1.바, 것(語辭) 2.곳(處) 3.쯤(許) 4.연고(所以) 5.가질(所有) 6.얼마(幾何) 7.관아(官衙) 8.자리
9.장소(場所)를 세는 단위(單位) 10.기초(基礎) 11.도리(道理), 사리(事理) 12.경우(境遇) 13.만
일 14.있다, 거처하다(居處) 15.~을 당하다(當).
【접미사】 '어떤 일을 하는 장소 또는 기관'의 뜻. *연구~ *사무~ *교습~.

天地所以能長且久者(7)　處衆人之所惡(8)　吾所以有大患者(13)　故令有所屬.(19)　人之所畏(20) 若無所歸.(20)　古之所謂曲則全者(22)　師之所處(30)　不失其所者久(33)　人之所惡(42)　人之所 敎(42)　兕無所投其角(50)　虎無所措其爪(50)　兵無所用其刃.(50)　福之所倚(58)　禍之所伏(58) 夫兩者各得其所欲(61)　不善人之所保(62)　古之所以貴此道者何?(62)　復衆人之所過(64)　江海 所以能爲百谷王者(66)　無狎其所居(72)　無厭其所生.(72)　天之所惡(73)　無所乘之(80)　無所陳 之.(80)

374 (소)昭 :
*밝을 소{비출 조};부수 日(날일, 4획) 획수 총9획;[zhāo] Bright, luminous
1.소명할(詳) 2.소목(昭穆, 廟位) 3.태평세월(昭代) 4.밝다 5.밝게 빛나다 6.분명(分明)하게 하 다 7.나타내다 8.돕다, 인도하다(引導) 9.부지런히 힘쓰다 10.신주차례(神主) 11.뚜렷이.
*비출 조;1.나타나다(著) 2.빛날(光) 3.깰(曉) 4.밝을(明) 5.비추다, 비치다
俗人昭昭(20)

375 (소)笑 :
*웃을 소;부수 竹(대죽, 6획) 획수 총10획;[xiào] laugh
1.웃음, 웃을(喜而解顏啓齒欣) 2.꽃이 피다 3.개가 사람을 반겨 짖는 소리 4.조소하다(嘲笑) 5. 비웃다,
大笑之(41)　不笑(41)

376 (소)素 :
*흴 소, 본디 소;부수 糸(실사, 6획) 획수 총10획;[sù] white, Source
1.흴(白) 2.생초(生帛) 3.빌(空) 4.질박할(物朴) 5.바탕, 본디(本) 6.성심(誠) 7.원래(元來) 8.순색 (無色) 9.원소(元素) 10.생명주 11.한 빛깔의 무늬가 없는 피륙 12.성질(性質) 13.처음 14.평소 (平素) 15.넓다 16.부질없다 17.옳다. 18.기물에 장식이 없는 것도 이른다.
【명사】[~하다자동사] ① 흰 빛의 비단. ② 흰 빛. ③ 꾸미지 않고 수수한 것.
④ 음식에 고기나 생선 따위를 쓰지 않고 채소류만으로 만든 음식. *~로 끓인 콩나물국.
⑤ 상중(喪中)에 고기나 생선 따위를 먹지 않음.
見素抱樸(19)

377 (소)疏 :
*트일 소, 소통할 소;부수 疋(짝필, 5획) 획수 총12획;[shū] Drain, Part
1.뚫릴(通) 2.나눌(分) 3.멀(遠) 4.추할(麤) 5.드물(稀) 6.주낼(記注, 註釋) 7.상소할(上訴, 條陳) 8.트이다 9.성기다(물건의 사이가 뜨다) 10.깔다 11.새기다 12.빗질 13.채소(菜蔬) 14.늦다 15. 친하지 않다 16.서투르다 17.길다,
*疎와 同字

不可得而疏(56) 疏而不失.(73)

378 (속)俗 :

*풍속 속;부수 亻(사람인변, 2획) 획수 총9획;[sú] Manners,

1.익을(習) 2.버릇(行習) 3.풍속(慣) 4.세상(世上) 5.평범할(平凡) 6.속인(俗人) 7.하고자 할(欲)
8.저급하다(低級) 9.새로운 맛이 없다 10.잇다.

俗人昭昭(20) 俗人察察(20) 樂其俗.(80)

379 (속)屬 : (간자) 属(간체자) 属

*무리 속, 엮을 속[이을 촉];부수 尸 (주검시엄, 3획) 획수 총21획;[shǔ,zhǔ] Belong

1.무리(儕等, 類) 2.좇을(從) 3.붙이(親眷) 4.동관(官僚, 親屬) 5.거느릴(部曲) 6.마침(適) 7.엮을
(綴文字曰屬文) 8.붙다 9.부착하다(附着·付着) 10.수행하다(遂行) 11.나누다 12.사랑하다.
*이을 촉;1.이을(續) 2.닿을(接, 相連) 3.붙일(附著) 4.부탁할(託) 5.모을(會) 6.돌볼(恤) 7.조심
할(屬屬恭貌) 8.글을 짓다 9.흡족하다(洽足) 10.원한(怨恨)을 맺다 11.권하다(勸) 12.때마침, 마
침.
【명사】① '속관'의 준말. ②〔생물·생리〕생물의 분류 단위. 과(科)와 종(種)의 중간.
故令有所屬.(19)

380 (손)孫 : (간체자) 孙

*손자 손;부수 子(아들자, 3획) 획수 총10획;[sūn] Grandson

1.손자(子之子) 2.움돋을(物再生, 如稻孫-벼를 베어 낸 뿌리에서 나는 싹) 3.겸손할(謙遜) 4.순
할(順) 5.피할(避) 6.자손(後孫) 7.맥락(脈絡) 8.공손하다(恭遜), 순종하다(順從) 9.달아나다 10.
물려주다 11.~보다 못하다. 12.성(姓)
【명사】'후손(後孫)'의 준말. *~이 귀한 집 *~이 끊기다.
子孫以祭祀不輟.(54)

381 (손)損 : (간체자) 损

*덜 손;부수 扌(재방변, 3획) 획수 총13획;[sǔn] Injure, Loss

1.덜, 감할(減) 2.잃어버릴(失) 3.피곤할(疲困) 4.삼가 할(愼) 5.상할(傷) 6.깨어질(破, 破損) 7.
괘 이름(卦名) 8.헐뜯다, 비난하다 9.낮추다, 겸손하다(謙遜) 10.손해를 보다.
【명사】① '손해'의 준말. ②〔민속〕'손괘(損卦)'의 준말.
故物或損之而益(42) 或益之而損.(42) 爲道日損(48) 損之又損(48) 有餘者損之(77) 損有餘而
補不足(77) 損不足以奉有餘.(77)

382 (수)水 :

*물 수;부수 水(물수, 4획) 획수 총4획;[shuǐ] Water, Liver

1.물(地之血氣) 2.강(河川) 3.홍수(大水) 4.물길을(水汲) 5.국물(漿液) 6.고를(橫平準) 7.수성(水星: 태양에 가장 가까운 별) 8.별자리의 이름 9.적시다, 축이다 10.헤엄치다 11.물로써 공격하다(攻擊, 水攻) 12.오행(五行)의 하나 13.성(姓).

【명사】

① 〔민속〕오행(五行)의 하나. 방위는 북쪽, 계절로는 겨울, 빛깔로는 검정을 가리킴.

② '수요일'의 준말.

上善若水.(8) 水善利萬物而不爭(8) 天下莫柔弱於水(78)

383 (수)手 :

*손 수;부수 手(손수, 4획) 획수 총4획 [shǒu] hand

1.손(肢) 2.잡을(執) 3.칠(擊) 4.재주, 솜씨 5.수단(手段), 방법(方法), 계략(計略) 6.사람 7.힘, 도움이 될 힘이나 행위(行爲) 8.필적(筆跡) 9.권한(權限), 권능(權能) 10.가락, 곡조(曲調) 11. (바둑돌이나 장기 말을 한 번씩 두는)번수 12.손수, 스스로 13.속박하다(束縛), 묶어 두다,

【명사】 바둑·장기 등을 두는 기술. *멋진 ~ *~를 읽다 *~가 깊다.

【의존명사】

바둑·장기 등을 번갈아 두는 횟수를 세는 말. *한 ~ 물러 주게 *몇 ~ 앞을 내다보다.

♣ 수가 세다 【관용구】 남을 휘어잡거나 다루는 힘이 세차다.

希有不傷其手矣.(74)

384 (수)守 :

*지킬 수;부수 宀(갓머리, 3획) 획수 총6획;[shǒu] Depend, Keep

1.지키다(護也勿失) 2.보살필(主管其事) 3.원수(官名) 4.서리(官之署理) 5.기다릴(待) 6.머무르다 7.거두다, 손에 넣다 8.청하다(請), 요구하다(要求) 9.직책(職責), 임무(任務) 10.정조(貞操) 11.벼슬의 지위(地位)는 낮고 관직(官職)은 높음을 나타내는 말 12.임시, 가짜.

不如守中.(5) 莫之能守(9) 守靜篤(16) 守其雌(28) 守其黑(28) 守其辱(28) 侯王若能守之(32) 侯王若能守之(37) 復守其母(52) 守柔曰强.(52) 以守則固.(67)

385 (수)受 :

*받을 수;부수 又(또우, 2획) 획수 총8획;[shòu] Receive

1.이을(繼承) 2.얻을(得) 3.담을(盛) 4.용납할(容物) 5.받을(相附) 6.입을(被) 7.회수하다(回收) 8.주다, 내려 주다, 수여하다(授與) 9.담보하다(擔保) 10.응하다(應), 들어주다 11.잇다, 이어받다 12.이루다 13.등용하다(登用) 14.인연(因緣)의 하나 15.이익을 누리다 16.받아들이다.

受國之垢(78) 受國不祥(78)

386 (수)首 :

*머리 수;부수 首(머리수, 9획) 획수 총9획;[shǒu] Head, Chief

1.머리(頭) 2.먼저(先) 3.비롯할, 처음(始) 4.임금(君) 5.우두머리(首領) 6.괴수(戎首, 魁帥) 7.향할(嚮) 8.꾸벅거릴, 자백할(有咎自首) 9.시 한편(詩歌一篇) 10.항복할(降服) 11.칼자루 12.요처(要處) 13.끈, 줄 14.마리(짐승을 세는 단위) 15.근거하다(根據) 16.나타내다, 드러내다 17.향하다(向) 18.곧다, 바르다.

【의존명사】① 시나 노래를 세는 단위. *시조 한 ~. ② 마리. *오리 한 ~.

迎之不見其首(14) 而亂之首(38)

387 (수)修 :

*닦을 수;부수 亻(사람인변, 2획) 획수 총9획;[xiū] Cultivate

1.닦을(飭) 2.옳게 할(正) 3.정리할(整理) 4.꾸밀(飾) 5.엮을(編纂) 6.다스릴(葺理) 7.길(長) 8.훌륭한 사람을 일컬을 9.키 높이(身長) 10.고치다, 손질하다 11.갖추다, 베풀다 12.길다, 높다 13.(도덕, 품행을)기르다 14.뛰어나다 15.행하다(行), 거행하다(擧行).

修之於身(54) 修之於家(54) 修之於鄕(54) 修之於國(54) 修之於天下(54)

388 (수)遂 :

*이룰 수, 드디어 수, 따를 수;부수 辶(책받침, 3획) 획수 총12획;[suì,suí] Accomplish

1.사무칠(達) 2.나아갈(進) 3.이룰(成就從志) 4.마침내(竟) 5.인할(因) 6.마칠(結果) 7.다할(盡) 8.자랄(生育) 9.갖출(具) 10.실개천(小溝) 11.드디어, 마침내 12.두루, 널리 13.가다; 떠나가다 14.오래되다 15.답습하다(踏襲) 16.멀다, 아득하다 17.망설이다 18.따르다, 순응하다(順應) 19.전횡하다(專橫), 마음대로 하다 20.오로지하다 21.천거하다(薦擧), 기용하다(起用) 22.편안하다(便安) 23.떨어지다, 추락하다(墜落).

功遂身退(9) 功成事遂(17)

389 (수)壽 : (간지) 壽(간체자) 寿

*목숨 수;부수 士(선비사, 3획) 획수 총14획;[shòu] Life

1.목숨(命) 2.명이 길(長命) 3.나이(年齡) 4.오래 살(長生) 5.축복할(祝福) 6.수명(壽命) 7.머리 8.윗사람에게 잔 드릴(獻壽) 9.별의 이름 9.축수하다(祝壽--: 오래 살기를 빌다)

【명사】① 오복의 하나로 오래 사는 일. *~를 누리다.

② 늙은 사람의 나이를 높이어 일컫는 말. ③ '수명'의 준말. *~를 다하다.

死而不亡者壽.(33)

390 (수)誰 : (간체자) 谁

*누구 수;부수 言(말씀언, 7획) 획수 총15획;[shéi,shuí] Who

1.누구(孰) 2.무엇(何) 3.누구요(誰何詰問) 4.발어사(發語辭, 誰昔-옛날),
吾不知誰之子(4)

391 (수)數 : (간지) 數(간체자) 数

*셀 수{자주 삭, 촘촘할 촉};부수 攵(등글월문, 4획) 획수 총15획;[shù,shǔ,shuò] Count,
1.헤아릴, 셈 칠(計) 2.수죄할(責) 3.몇, 두어(幾) 4.셈(算數) 5.이치(理致) 6.팔자(命數) 7.운수
(運數) 8.기술(術) 9.역법(曆法) 10.등급(等級), 구분(區分) 11.규칙(規則), 예법(禮法) 12.정세,
되어 가는 형편(形便) 13.꾀, 책략(策略) 14.수단(手段), 방법(方法) 15.헤아리다 16.조사(調査)
하여 보다,
*자주 삭;1.자주, 여러 번(頻繁) 2.빠를(疾) 3.빨리 하다 4.황급하다(遑急) 5.바삐 서두르다 6.
다가서다 7.접근하다(接近),
*촘촘할 촉;1.빽빽할(細密),
善數不用籌策.(27) 故致數輿無輿.(39)

392 (수)隨 ;(간지) 隨(간체자) 随

*따를 수{게으를 타};부수 阝(좌부변, 3획) 획수 총15획;[suí] Follow
1.따를(從, 順) 2.괘 이름(卦名) 3.나라이름(國名) 4.맡길(任命) 5.좇다, 추구하다(追求) 6.발꿈
치 7.부화하다(附和: 주견이 없이 경솔하게 남의 의견에 따르다) 8.따라서 9.즉시, 곧바로,
*게으를 타;1.게으르다 2.타원형(楕圓形)
【명사】〔민속〕'수괘(隨卦)'의 준말.
前後相隨.(2) 隨之不見其後.(14) 故物或行或隨(29)

393 (수)雖 : (간체자) 虽

비록 수, 벌레 이름 수{짐승 이름 유};부수 隹(새추, 8획) 획수 총17획;[suī] Even, If
1.비록(設兩辭假令) 2.벌레이름(蟲名) 3.아무리 ~하여도 4.그러나 5.도마뱀붙이 6.밀다 7.추천
하다(推薦) 8.=라 하더라도, =라 할지라도,
雖有榮觀(26) 雖智大迷.(27) 樸雖小(32) 雖有拱壁以先駟馬(62) 雖有舟輿(80) 雖有甲兵(80)

394 (수)獸 : (간지) 獸(간체자) 兽

*짐승 수;부수 犬(개견, 4획) 획수 총19획;[shòu] Beast, Animal
1.짐승(四足而毛) 2.가축(家畜) 3.야만(野蠻) 4.하류(下流) 5.짐승 같은, 야만스러운 6.사냥하다
7.포(脯), 포육(脯肉: 얇게 저미어서 양념을 하여 말린 고기)
猛獸不據(55)

395 (숙)孰 :

*누구 숙, 익을 숙;부수 子(아들자, 3획) 획수 총11획;[shú] What, Who
1.누구(誰) 2.어느(何) 3.살필(審) 4.익을(熟) 5.무엇 6.정통하다 7.무르게 되다 8.곯여 먹다.
孰能濁以靜之徐靑?(15) 孰能安以久(15) 孰爲此者?(23) 名與身孰親(44) 身與貨孰多(44) 得與
亡孰病.(44) 孰知其極?(58) 孰知其故(73) 孰敢?.(74) 孰能有餘以奉天下?(77)

396 (순)淳 :
*맑을 순, 순박할 순(폭 준);부수 氵(삼수변, 3획) 획수 총11획;[chún] Pure, genuine
1.맑을(淸) 2.순박할, 순할(質樸) 3.짠땅(鹹地) 4.빙빙 돌(流動貌) 5.깨끗하다, 맑다 6.크다 7.인
정이 도탑다 8.짜다, 소금기가 있다 9.(물을)대다 10.(물을)뿌리다 11.흠뻑 적시다,
*폭 준;1.직물(織物)의 너비.
其民淳淳(58)

397 (순)順 : (간체자) 顺
*순할 순, 순박할 순;부수 頁(머리혈, 9획) 획수 총12획;[chún] Obey, Gentle
1.좇을(從) 2.화할(和) 3.순할(循理不逆) 4.차례(次第, 順席) 5.순박하다 6.순응하다(順應) 7.교
도하다(敎導) 8.잇다, 이어받다 9.제멋대로하다 10.편안하다(便安) 11.온화(溫和)하다 12.물러
나다, 피하다(避) 13.바르다, 옳다 14.귀여워하다 15.도리(道理) 16.실마리, 단서(端緖) 17.도리
(道理)에 따르는 사람 18.아름다운 눈 19.성(姓),
【접미사】어떤 말 뒤에 붙어 차례를 나타내는 말. *가나다~ *선착~.
然後乃至大順(65)

398 (습)習 : (간체자) 习
*익힐 습;부수 羽(깃우, 6획) 획수 총11획;[xí] Exercise, Train
1.날기 익힐(學習鳥數飛) 2.거듭(重) 3.익을(慣) 4.가까이 할(近習, 狎) 5.슬슬 불(和舒貌) 6.배
우다 7.겹치다 8.능하다(能) 9.버릇 10.습관(習慣) 11.풍습(風習) 12.항상(恒常) 13.늘 14.배우
다 15.닦다 16.손에 익다 17.친압하다 18.물들다 19.옳다.
是爲習常.(52)

399 (습)襲 : (간체자) 袭
*합할 습, 엄습할 습;부수 衣(옷의, 6획) 획수 총22획;[xí] Accede to, invade
1.옷 덧입을(重衣) 2.합할(合) 3.인할(因) 4.엄습할(斂尸) 5.엄습할(掩其不備) 6.치다 7.맞다 8.
벼슬 대물릴(嗣爵) 9.인습(因襲) 10.잇다, 물려받다 11.덮어 숨기다 12.거듭하다, 되풀이하다
13.들어가다 14.익숙해지다 15.겹, 층 16.벌(옷을 세는 단위) 17.큰 상자(箱子).
是謂襲明.(27)

400 (승)乘 : (간지) 乘

*탈 승;부수 丿(삐침별, 1획) 획수 총10획;[chéng,shèng] Ride
1.탈, 오를(登) 2.올릴 3.꾀할(計) 4.곱할(算) 5.멍에 맬(駕) 6.인할(因) 7.다스릴(治) 8.수레 9.대(輛-수레의 臺數) 10.한 쌍(物雙) 11.같은 물건 네 개 12.사기(史) 13.헤아리다 14.이기다 15.업신여기다 16.기수사(基數辭: 수량을 셀 때 쓰는 수사), 양수사(量數辭: 기수사) 17.불법(佛法),
【명사】【-하대타동사】〔수학〕① '승법(乘法)'의 준말. ② '곱하기'의 구용어.
奈何萬乘之主(26) 無所乘之(80)

401 (승)勝 : (간체자) 胜
*이길 승;부수 力(힘력, 2획) 획수 총12획;[shèng,shēng] Win, Overcome
1.이길(負之對) 2.나을(優) 3.경치 좋을(勝景) 4.화관(首飾) 5.새 이름(鳥名-戴勝) 6.맡을(任) 7.가질(持) 8.들(擧) 9.남지 않을(悉) 10.뛰어나다 11.훌륭하다 12.넘치다 13.지나치다 14.곧다 15.견디다 16.바르다 17.기회(機會)를 활용하다(活用) 18.뛰어난 것 19.부인(婦人)의 머리꾸미개 20.모두, 온통, 죄다.
【명사】승부 따위에서 이기는 일. *첫 ~을 올리다 *바둑에서 흑이 반집 ~을 거두었다.
【의존명사】운동 경기에서, 이긴 횟수를 세는 단위. *5전 4~ 1패. ↔패(敗).
勝而不美(31) 戰勝(31) 勝人者有力(33) 自勝者强.(33) 柔弱勝剛强.(36) 躁勝寒.(45) 靜勝熱.(45) 牝常以靜勝牡(61) 以戰則勝(67) 善勝敵者不與(68) 哀者勝矣.(69) 不爭而善勝(73) 是以兵强則不勝(76) 莫之能勝(78) 弱之勝强(78) 柔之勝剛(78)

402 (승)繩 : (간지) 繩(간체자) 繩
*줄 승, 노끈 승;부수 糸(실사변, 6획) 획수 총19획;[shéng] Rope, String
1.줄, 노끈(索) 2.먹줄(直) 3.법(法) 4.다스릴(彈) 5.많을(衆多) 6.칭찬할(譽) 7.이을(繼) 8.잇다 9.바로잡다 10.계승하다(繼承) 11.계속하다(繼續) 12.기리다 13.재다 14.판단하다(判斷).
繩繩不可名(14) 善結無繩約而不可解(27) 使人復結繩而用之(80)

403 (시)市 :
*저자 시;부수 巾(수건건, 3획) 획수 총5획;[shi] Market, City
1.저자, 시장(賣買所之市場) 2.흥정할(賣買) 3.인가(人家)가 많은 번화한 동리(都邑, 城市, 都市) 4.값, 가격(價格) 5.벼슬의 이름, 사시(私諡)의 약칭(略稱) 6.행정(行政) 구획(區劃)의 단위(單位) 7.사다 8.팔다 9.장사하다, 거래하다(去來) 10.벌다, 돈벌이를 하다,
美言可以市(62)

404 (시)示 :
*보일 시{땅 귀신 기, 둘 치};부수 示(보일시, 5획) 획수 총5획;[shi] Show
1.보일(垂示) 2.바칠(呈) 3.가르칠(教) 4.보다, 간주하다(看做) 5.알리다 6.베풀다 7.고시(告示)

9.지시(指示), 명령(命令).

*땅 귀신 기;1.땅 귀신(神示) 2.지신(地神), 토지신(土地神)

*둘 치;1.두다(寘).

國之利器不可以示人.(36)

405 (시)兕 :
*외뿔들소 시;부수 儿(어진사람인발, 2획) 획수 총7획;[sì] Rhinoceros
1.외뿔들소(一角野牛) 2.무소의 암컷
陸行不遇兕虎(50) 兕無所投其角(50)

406 (시)是 :
이 시, 옳을 시;부수 日(날일, 4획) 획수 총9획;[shì] This, Right
1.이(此) 2.바를(正) 3.곧을(直) 4.옳을(非之對) 5.여기 6.무릇 7.이에(接續詞) 8.바로잡다 9.다스리다. 10.그럴.
【명사】 옳거나 맞는 일. *~와 비를 가리다. ←비(非).
是以聖人處無爲之事(2) 是以不去.(2) 是以聖人之治(3) 是謂玄牝(6) 是謂天地根.(6) 是以聖人(7) 是謂玄德.(10) 是以聖人爲腹不爲目(12) 是謂寵辱若驚(13) 是謂無狀之狀(14) 是謂惚恍.(14) 是謂道紀.(14) 是謂復命.(16) 惟道是從.(21) 是以聖人抱一(22) 不自是故彰(22) 自是者不彰.(24) 是以聖人.(26) 是以聖人(27) 是謂襲明.(27) 是謂要妙.(27) 是謂不道.(30) 是以聖人去甚(29) 是樂殺人.(31) 是謂微明.(36) 是以有德(38) 是以無德(38) 是以大丈夫處其厚(38) 是以候王自謂孤,寡,不穀(39) 吾是以知無爲之有益(43) 是故甚愛必大費(44) 是以聖人不行而知(47) 是以萬物莫不存道而貴德(51) 是謂玄德.(51) 是爲習常.(52) 唯施是畏.(53) 是謂盜夸(53) 是謂玄同(56) 是以聖人(58) 是謂早服.(59) 是謂深根固柢(59) 是以聖人終不爲大(63) 是以聖人猶難之.(63) 是以聖人(64) 是謂玄德(65) 是以欲上民(66) 是以聖人處上而民不重(66) 是以天下樂推而不厭(66) 是謂不爭之德(68) 是謂用人之力(68) 是謂配天(68) 是謂行無行(69) 是以不我知.(70) 是以聖人被褐懷玉(70) 是以不病(71) 是以不厭(72) 是以聖人自知(72) 是以聖人猶難之.(73) 是謂代大匠斲(74) 是以饑.(75) 是以難治.(75) 是以輕死(75) 是賢於貴生.(75) 是以兵强則不勝(76) 是以聖人(77) 是以聖人云(78) 是謂社稷主(78) 是謂天下王.(78) 是以聖人執左契(79)

407 (시)始 :
*처음 시, 비로소 시;부수 女(계집녀, 3획) 획수 총8획;[shǐ] Beginning
1.비로소, 처음(初) 2.시작할(新起) 3.풍류이름(樂名華市) 4.별이름(星名旬始) 5.바야흐로(方) 6.근본(根本), 근원(根源) 7.먼저, 앞서서 8.일찍, 일찍부터 9.옛날에, 당초에 10.일으키다.
天地之始(1) 能知古始(14) 始制有名.(32) 道之華而愚之始(38) 天下有始(52)
始於足下.(64) 愼終如始.(64)

408 (시)恃 :

*믿을 시, 어머니 시;부수 ↑(심방변, 3획) 획수 총9획;[shì] Request
1.믿을(賴) 2.의지할(依) 3.어머니(母) 4.자부하다(自負).
爲而不恃.(2) 爲而不恃(10) 萬物恃之而生(34) 爲而不恃(51) 爲而不恃(77)

409 (시)施 :

*베풀 시{옮길 이};부수 方(모방, 4획) 획수 총9획;[shī] Bestow
1.베풀(設) 2.쓸(用). 3.더할(加) 4.안팎곱사등이(戚施不能仰) 5.벙글거릴(施施喜悅貌) 6.성(姓)
7.버릴(捨) 8.줄(與) 9.펼(布) 10.은혜(惠) 11.공로(勞) 12.실시하다(實施) 13.나누어 주다 14.번
식하다(繁殖) 15.드러내다 16.뽐내다, 과장하다(誇張) 17.기뻐하다 18.탄핵하다(彈劾) 19.효시
하다(梟示) 20.흩뿌리다 21.좋아하는 모양 22.널리 전하여지다 23.행하다.
*옮길 이;1.옮길(移) 2.잘난 체 할(施施自得貌) 3.비뚤어질(斜) 4.벗을(延) 5.미칠(及) 6.끌다 7.
연장하다(延長) 8.만연하다(蔓延·蔓衍) 9.버리다 10.해제하다(解除) 11.바르지 아니하다.
唯施是畏.(53)

410 (시)時 : (간체자) 时

*때 시;부수 日(날일, 4획) 획수 총10획;[shí] Time, Period
1.때, 끼니(辰, 時間) 2.기약(期) 3.이(是) 4.엿볼(伺) 5.가끔(往往) 6.철(季節) 7.기한(期限) 8.세
대(世代), 시대(時代) 9.기회(機會) 10.시세(時勢) 11.당시(當時) 12.때마다 13.때를 맞추다 14.
좋다 15.훌륭하다 16.관장하다(管掌), 주관하다(主管) 17.쉬다, 휴식하다(休息).
【명사】① 사람이 태어난 시각. ② 때. *～를 잘 만나다.
【의존명사】① 시간의 단위. 하루의 1/24. *지금 몇 ～냐 *벌써 두 ～가 넘었다.
② (일부 명사나 '─을' 뒤에 쓰여) 어떤 일·현상이 일어난 때나 경우.
*차량 운전 ～ 휴대 전화 사용을 금함 *결근할 ～에는 사전에 알릴 것.
動善時.(8)

411 (시)視 :

*볼 시;부수 礻(보일시변, 4획) 획수 총12획;[shì] Look, Sight
1.볼(瞻) 2.견줄(比) 3.본받을(效) 4.대접(懇待) 5.엿보다 6.간주하다(看做) 7.맡아보다 8.성(姓)
9.자세히 살피다 10.조사하여 보다 11.주관하다 12.문안하다 13.대우(待遇)하다, 대접하다 14.
돌보다, 기르다.
【접미사】'그렇게 여김'·'그렇게 봄'의 뜻을 나타내는 말. *등한～ *백안～ *중요～.
視之不見(14) 視之不足見(35) 長生久視之道.(59)

412 (식)式 :

*법 식;부수 弋(주살익, 3획) 획수 총6획;[shì] System, Ceremony
1.법(法) 2.씀(用) 3.제도(制度) 4.구푸릴(敬而俛) 5.수레의 손잡이 나무(車前橫木) 6.의식(儀式)
7.발어사(發語辭) 8.형상(形狀) 9.점치는 기구(器具) 10.본뜨다 11.본받다 12.삼가다 13.절하다
14.드러내다, 표창하다(表彰) 15.닦다, 걸레질하다 16.악하다(惡), 나쁘다 17.써, ~(으)로써.
【명사】① 일정한 전례·표준·규정. ② '의식'의 준말. *~을 올리다 *~이 거행되다.
③〔수학〕숫자·문자·기호 따위를 써서 이들 사이의 수학적 관계를 나타낸 것. 산식(算式).
*x를 구하는 ~을 써라.
【의존명사】일정한 방식이나 투.
*그런 ~이라면 나도 할 수 있다 *자기는 모르겠다는 ~으로 뒤로 물러섰다.
爲天下式.(22) 爲天下式.(28) 亦稽式(65) 能知稽式(65)

413 (식)食 :
*밥 식{먹일 사, 사람이름 이};부수 食(밥식, 9획) 획수 총9획;[shí,sì,yì] Eat, Food
1.밥(肴饌) 2.먹을(茹) 3.씹을(啗) 4.제(祭日血食) 5.헛말할(食言) 6.음식(飮食) 7.벌이 8.생활(生
活) 9.생계 10.현혹케하다(眩惑) 11.지우다 12.갉다 13.깨물다 14.새김질하다.
*먹일 사;1.먹일(以食與人飯) 2.먹이, 밥 3.기르다 4.양육하다(養育).
*사람의 이름 이;1.사람의 이름
我獨異於人而貴食母.(20) 曰餘食贅行.(24) 厭飮食(53) 以其上食稅之多(75) 甘其食(80)

414 (식)埴 :
*찰흙 식{치};부수 土(흙토, 3획) 획수 총11획;[zhí] Clay
1.찰진 흙(黏土) 2.흙을 이길(埏埴) 3.더듬어서 걸을(瞽者冥行) 4.견고하다(堅固), 단단하다.
*찰흙 치;1.뜻은 같음.
埏埴以爲器(11)

415 (식)識 : (간체자) 识
*알 식{기록할 지, 깃발 치};부수 言(말씀언, 7획) 획수 총19획;[shí,zhì]
1.알(見識, 知, 認) 2.친분(親分). 3.판별하다 4.자세히 하다 5.명확히 하다 6.서로 낯이 익다,
*기록할 지;1.기록할(記) 2.적다 3.표시하다(表示) 4.표지(標識).
*깃발 치;1.깃발(旗).
【명사】〔불교〕사물을 인식하거나 이해하는 마음의 작용.
深不可識.(15) 夫唯不可識(15) 前識者(38)

416 (신)臣 :
*신하 신;부수 臣(신하신, 6획) 획수 총6획;[chén] Subject, Retainer
1.신하(事君指稱) 2.두려울(主臣惶恐之辭) 3.백성(百姓) 4.하인(下人) 5.포로(捕虜),

【명사】 신하.
【인칭대명사】 신하가 임금에게 대하여 자기를 일컫던 말.
有忠臣.(18) 天下莫能臣也.(32)

417 (신)身 :
*몸 신{나라이름 건};부수 身(몸신, 7획) 획수 총7획;[shēn,yuán] Body
1.몸(躬) 2.아이 밸(有身懷孕) 3.칙지, 교지(告身給符) 4.몸소(親) 5.줄기, 주(主)된 부분(部分)
6.나, 1인칭 대명사(代名詞) 7.자기(自己), 자신(自身) 8.출신(出身), 신분(身分) 9.나이 10.체험
하다(體驗) 11.자기의 능력·이익·성행(性行) 12.칼날,
*나라의 이름 건;1.건독(身毒: 인도의 옛 이름)
後其身而身先(7) 外其身而身存.(7) 功遂身退(9) 何謂貴大患若身.(13) 爲吾有身.(13) 及吾無
身(13) 故貴以身爲天下(13) 愛以身爲天下(13) 沒身不殆.(16) 而以身輕天下?(26) 名與身孰親
(44) 身與貨孰多(44) 沒身不殆(52) 終身不勤.(52) 終身不救(52) 無遺身殃(52) 修於身(54) 故
以身觀身(54) 必以身後之.(66)

418 (신)信 :
*믿을 신;부수 亻(사람인변, 2획) 획수 총9획;[xìn] Believe
1.믿을(不疑) 2.참될(眞) 3.밝힐(明) 4.징험할(驗) 5.도장(印) 6.맡길(任) 7.이틀 밤을 잘(再宿) 8.
소식(消息) 9.사신(使) 10.펼(伸) 11.신봉하다(信奉) 12.성실하다(誠實) 13.~에 맡기다 14.확실
하다(確實) 15.마음대로 하다 16.알다 17.신의(信義), 신표(信標) 18.편지(便紙) 19.정보(情報)
20.기호(記號), 증거(證據) 21.서류(書類) 22.확실히(確實) 23.정말로
【명사】 오상(五常)의 하나. 믿음성이 있고 성실함.
言善信(8) 信不足焉(17) 有不信焉.(17) 其中有信.(21) 信不足焉(23) 有不信焉.(23) 忠信之薄
(38) 信者(49) 吾信之(49) 不信者(49) 吾亦信之.(49) 德信.(49) 夫輕諾必寡信(63) 信言不美
(81) 美言不信.(81)

419 (신)神 :
*귀신 신;부수 礻(보일시변, 4획) 획수 총9획;[shén] god, Spirit
1.천신, 하느님(天神, 引出萬物者) 2.영검할(靈) 3.신명, 신통할(神明) 4.정신(神經) 5.귀신(鬼
神) 6.정신(精神), 혼(魂) 7.마음 8.덕이 높은 사람 9.해박한 사람 10.초상(肖像) 11.표정(表情)
12.불가사의(不可思議)한 것 13.신품(神品) 14.신운(神韻: 신비스러운 운치) 15.화하다(化) 16.
삼가다(몸가짐이나 언행을 조심하다) 17.소중(所重)히 여기다 18.영험이 있다.
【명사】 ① 종교의 대상으로 우주를 주재하는 초인간적·초자연적인 존재. *~의 조화.
② 귀신. ③ 〔기독교〕 하나님. ④ '신명'의 준말.
♣ 신(이) 내리다 【관용구】 신이 무당에게 붙어 영적(靈的)인 행동을 하다.

♣ 신(이) 지피다 【관용구】 신이 사람에게 내려, 모든 것을 알도록 영이 통하다.
谷神不死(6) 天下神器(29) 神得一以靈(39) 非其鬼不神(60) 其神不傷人(60) 非其神不傷人(60)

420 (신)新 :

*새 신;부수 斤(날근, 4획) 획수 총13획;[xīn] New, Fresh
1.새, 처음, 새로울(初) 2.고울(鮮) 3.새롭게 할(革其舊) 4.나라이름 5.새해 6.새로 개간한 땅 7.
새로워지다, 개선되다 8.친하다(親), 친하게 지내다.
【접두사】 '새로운'의 뜻. *~세계 *~기록. ↔구一(舊).
故能蔽不新成.(15) 敝則新(22)

421 (신)愼 : (간지) 愼

*삼갈 신{땅이름 진};부수 忄(심방변, 3획) 획수 총13획;[shèn] Discreet
1.삼갈(謹) 2.정성스러울(誠) 3.고요할(靜) 4.생각할(思) 5.삼가하게할(禁戒) 6.두려워하다 7.근
심하다 8.따르다 9.성(姓) 10.진실로(眞實) 11.부디, 제발,
*땅의 이름 진;
愼終如始(64)

422 (실)失 :

*잃을 실, {놓을 일};부수 大(큰대, 3획) 획수 총5획;[shī] Miss, Forget
1.잃을(得之反) 2.그릇될(錯) 3.틀릴(差誤) 4.허물(過) 5.잊을(忘) 6.도망치다(逃亡) 7.남기다 8.
오인하다(誤認) 9.틀어지다 10.가다, 떠나다 11.어긋나다 12.(마음을)상하다(傷) 13.바꾸다 14.
지나침.
*놓을 일;1.놓다 2.놓아주다, 풀어놓다 3.달아나다, 벗어나다 4.즐기다, 좋아하다.
【명사】 ① 노름판에서 잃은 돈. ② 손실. 잃음. *득과 ~ *득보다 ~이 많다.
失之若驚(13) 失者同於失.(23) 同於失者(23) 失亦樂得之.(23) 輕則失本(26) 躁則失君.(26) 執
者失之.(29) 不失其所者久(33) 下德不失德(38) 故失道而後德(38) 失德而後仁(38) 失仁而後
義(38) 失義而後禮(38) 執者失之.(64) 故無失.(64) 疏而不失.(73)

423 (실)室 :

*집 실;부수 宀(갓머리, 3획) 획수 총9획;[shì] Room, Office
1.집(家宮) 2.방(房) 3.아내(夫謂婦) 4.묘의 구멍(墓穴) 5.칼집(鞘) 6.토굴(土窟, 石室, 水室) 7.
거처(居處) 8.가족(家族) 9.신체(身體) 10.가재(家財) 11.구덩이 12.별의 이름 13.장가들다 14.
시집보내다 15.교접하다(交接), 성교하다(性交).
【명사】 관청·회사의 사무를 분담해서 처리하는 부서의 하나.
鑿戶牖以爲室(11) 有室之用.(11)

424 (실)實 : (간지) 實(간체자) 實

*열매 실{이를지};·부수 宀(갓머리, 3획) 획수 총14획;[shí] Fruit, Real

1.열매, 씨(草木子) 2.넉넉할(富) 3.찰(充滿, 充實) 4.참스러울(誠) 5.사실(事蹟) 6.물건(物品) 7.실상(名實) 8.당할(當) 9.공물(貢物) 10.재물(財物), 재화(財貨) 11.내용(內容) 12.본질(本質) 13.녹봉(祿俸) 14.자취, 행적(行跡) 15.곡식(穀食)이 익다 16.굳다 17.자라다 18.튼튼하다 19.실제로 행하다(行) 20.책임을 다하다 21.밝히다 22.적용하다 23.그릇에 넣다 24.드디어,

*이를 지;1.이르다(어떤 장소나 시간에 닿다) 2.다다르다 3.도달하다(到達).

【명사】① 실질. *명분보다 ~을 취하다. ② 〔수학〕피승수 또는 피제수(被除數).

③ 〔수학〕실수(實數). ↔허(虛).

實其腹(3) 處其實(38)

---

425 (심)心 :

*마음 심;부수 心(마음심, 4획) 획수 총4획;[xīn] Mind

1.마음(形之君而神明之主) 2.가운데(中) 3.염통(臟) 4.가지 끝(木尖刺) 5.근본(根本) 6.생각 7.가슴 8.도(道)의 본원(本源) 9.꽃술, 꽃 수염 10.별자리의 이름 11.고갱이, 알맹이 12.진수(眞修: 보살이 행하는 관법(觀法) 수행)

【명사】① 죽에 곡식 가루를 잘게 뭉쳐 넣은 덩이《팥죽의 새알심 따위》.

② 종기 구멍에 약을 발라 찔러 넣은 헝겊이나 종잇조각.

③ 나무의 고갱이.

④ 무 따위의 뿌리 속에 섞인 질긴 줄기.

⑤ 양복저고리의 어깨나 깃에 빳빳하게 하려고 넣는 헝겊. *양복 깃에 ~을 넣다.

⑥ 연필 따위 대의 가운데 있는, 글씨를 쓰게 된 부분. *~이 진하다.

⑦ '촉심(燭心)'의 준말. *~이 다 타다.

⑧ '심성(心星)'의 준말.

使民心不亂(3) 虛其心(3) 心善淵(8) 馳騁畋獵令人心發狂(12) 我愚人之心也哉!(20) 聖人無常心(49) 以百姓心爲心(49) 爲天下渾其心.(49) 心使氣曰强.(55)

---

426 (심)甚 :

*심할 심;부수 甘(달감, 5획) 획수 총9획;[shèn,shén,shí] Extremely

1.심할(劇) 2.몹시, 더욱(尤) 3.무엇(何) 4.깊고 두텁다 5.초과하다(超過) 6.사납다 7.많다 8.탓하다, 꾸짖다 9.참으로 10.성하다 11.지나치다 12.편안하고 즐겁다 13.중후하다.

其精甚眞(21) 是以聖人去甚(29) 是故甚愛必大費(44) 大道甚夷(53) 朝甚除(53) 田甚蕪(53) 倉甚虛.(53) 吾言甚易知(70) 甚易行(70)

---

427 (심)深 :

*깊을 심;부수 氵(삼수변, 3획) 획수 총11획;[shēn] Deep
1.으슥할(邃) 2.깊을(淺之對) 3.멀(遠) 4.감출(藏) 5.잴(度淺深) 6.(색이)짙다 7.정도가 지나치다
8.두텁다, 후하다(厚) 9.무성하다(茂盛) 10.많다, 넉넉하다 11.(책임이)중하다 12.(도랑을)치다
13.통하다(通), 자세(仔細)히 알다 14.높다 15.오래되다 16.심오(深奧)한 이치(理致) 17.매우,
深不可識.(15) 是謂深根固柢(59) 深矣(65)

428 (십)十 :
*열 십;부수 十(열십, 2획) 획수 총2획;[shí] Ten
1.열(數名) 2.열 번 3.완전할(完全) 4.열 배(十倍) 5.네거리(十字街) 6.전부(全部), 일체(一切),
【수사】【관형사】열. *~의 2배는 20이다 *~ 년의 세월.
。 [속담][십 년 세도(勢道) 없고 열흘 붉은 꽃 없다]
三十輻共一轂(11) 生之徒十有三(50) 死之徒十有三.(50) 亦十有三.(50)

429 (십)什 :
*열 사람 십{세간 집};부수 亻(사람인변, 2획) 획수 총4획;[shí,shén] Ten
1.열 사람(十人) 2.열(十) 3.책권(卷, 詩歌, 詩篇) 4.다종다양(多種多樣)한, 잡다(雜多)한 5. 여
러 가지, 가지각색(各色) 6.무엇, 무슨.
*세간 집;1.세간(什物器類) 2.가구,
使有什佰之器而不用(80)

430 (아)我 :
*나 아;부수 戈(창과, 4획) 획수 총7획;[wǒ] I, Self
1.나(自謂己身) 2.이쪽(此側) 3.고집 쓸(執) 4.우리(我軍, 我輩) 5.나의 6.굶주리다.
百姓皆謂我自然.(17) 我獨泊兮(20) 而我獨若遺.(20) 我愚人之心也哉!(20) 我獨昏昏.(20) 我獨
悶悶.(20) 而我獨頑似鄙.(20) 我獨異於人而貴食母.(20) 我亦教之.(42) 使我介然有知(53) 我無
爲而民自化(57) 我好靜而民自正(57) 我無事而民自富(57) 我無欲而民自樸(57) 天下皆謂我道
大.(67) 我有三寶(67) 是以不我知.(70) 知我者希(70) 是以不我知.(70) 則我者貴(70)

431 (아)兒 : (간자) 兒(간체자) 儿
*아이 아{어릴 예};부수 儿(어진사람인발, 2획) 획수 총8획;[ér,ní] Child, Infant
1.아이, 아기(孩子) 2.어버이에 대한 아이의 자칭(自稱) 3.남을 낮잡아 이르는 말 4.젖먹이 5.
젊은 남자(男子)의 애칭 6.나이가 어린 사람 7.명사(名詞)에 덧붙이는 조사(助詞) 8. 약소하다
9.연약하다(軟弱).
*어릴 예;1.어릴(幼弱) 2.성(姓), 다시 난 이.
【접미사】① '어린아이'의 뜻을 나타내는 말 *신생~.

② '사나이' 또는 '젊은 남자'의 뜻을 나타내는 말 *풍운~ *행운~.
能嬰兒乎!(10) 如嬬兒之未孩.(20) 復歸於嬰兒.(28)

432 (아)阿 :
*언덕 아{호칭 옥};부수 阝(좌부변, 3획) 획수 총8획;[ā,à,ē] Bank, Hill
1.언덕(大陵水岸曲阜) 2.아첨할(比, 曲) 3.기둥(棟) 4.가지 죽죽 뻗을(阿然美貌) 5.성(姓) 6.항아(月御曰職阿) 7.건성으로 대답할(慢應聲) 8.가는 비단(細繒) 9.벼슬이름(商官名阿衡) 10.물가 11.대답(對答)하는 소리 12.집, 가옥(家屋) 13.처마, 차양(遮陽) 14.마룻대 15.아름답다 16.의지하다(依支) 17.두둔하다(斗頓), 편들다 18.한쪽이 높다 19.구석 20.산비탈.
*호칭 옥;호칭(呼稱)
唯之與阿(20)

433 (악)握 :
*쥘 악{작을 옥};부수 扌(재방변, 3획) 획수 총12획;[wò] Grasp
1.쥠, 움큼(掌) 2.조그마할(少貌) 3.주먹 4.손아귀 5.수중 6.손잡이 7.장막(帳幕) 8.휘장(揮帳) 9.악슈(握手)
*작을 옥;1.작다(小) 2.악착스럽다(齷齪) 3.작은 모양.
【명사】검도(劍道)에서, 손에 끼는 가죽으로 만든 장갑.
骨弱筋柔而握固.(55)

434 (안)安 :
*편안할 안;부수 宀(갓머리, 3획) 획수 총6획;[ān] Peaceful, Comfortable
1.편안할(危之對) 2.고요할(靜, 徐, 定) 3.즐거울(佚樂) 4.무엇, 어찌(何) 5.값 쌀(廉價, 安價) 6.자리 잡을(位置其物, 安置, 安放) 7.좋아하다 8.즐거움에 빠지다 9.안존하다(安存) 10.이에(乃) 11.어디에 12.안으로, 속으로
孰能安以久(15) 安,平,太(35) 其安易持(64) 安可以爲善(79) 安其居(80)

435 (압)狎 :
*익숙할 압{익숙할 합};부수 犭(개견, 4획) 획수 총8획;[xiá] Be familiar with
1.친압할(親狎-버릇없이 너무 지나치게 친하다) 2.익힐(習) 3.가볍게 여길, 업신여길(輕), 소홀하게 여길(忽) 5.다시(更) 6.편안할(安) 7.익숙할 8.희롱할(戲弄) 9.수결할(手決) 10.번갈아.
*익숙할 합; 1.익숙하다 2.희롱하다(戲弄). 古音:흡(洽)
無狎其所居(72)

436 (앙)央 :

가운데 앙(선명한 모양 영);부수 大(큰대, 3획) 획수 총5획;[yāng] Center
1.가운데(中) 2.반(半) 3.다할(盡) 4.넓을(廣) 5.맑고 밝을(鮮明) 6.재앙(災殃) 7.온화한 모양 8.다하다, 끝나다 9.없어지다 10.오래다 11.멀다 12.넓다 13.온화하다(溫和) 14.원하다(願) 15.시간적으로 멀다.
其未央哉!(20)

437 (앙)殃 :
*재앙 앙;부수 歹(죽을사변, 4획) 획수 총9획;[yāng] Misfortune
1.허물(咎) 2.재앙(禍) 3.벌 내릴(罰) 4.신불(神佛)의 질책 5.해치다(害) 6.괴롭히다.
7.죽은 이에게서 나오는 악기(惡氣).
無遺身殃(52)

438 (애)哀 :
*슬플 애;부수 口(입구, 3획) 획수 총9획;[ai] Pitiful
1.서러울(傷) 2.민망할(憫惘) 3.슬플(痛) 4.불쌍할(憐) 5.사랑할(愛) 6.기중(喪中) 7.가엾다.
以哀悲泣之.(31) 哀者勝矣.(69)

439 (애)愛 : (간체자) 爱
*사랑 애;부수 心(마음심, 4획) 획수 총13획;[ai] Love
1.사랑(仁之發) 2.친할(親) 3.은혜(恩) 4.어여삐 여길(憐) 5.괴일(寵) 6.사모할(慕) 7.아낄(吝,惜)
8.측은히 여길(愍) 9.좋아할, 기뻐할(喜) 10.몰래 간통할(密通) 11.탐욕(貪慾) 12.사모하다(思慕)
13.역성들다 14.즐기다 15.몽롱하다(朦朧), 어렴풋하다,
【접미사】 '자애'·'사랑' 등의 뜻. *동성~ *모성~ *조국~ *인류~. 인
愛民治國(10) 愛以身爲天下(13) 不愛其資(27) 是故甚愛必大費(44) 自愛(72)

440 (야)也 :
*잇기 야, 라 야, 어조사 야(잇달을 이);부수 乙(새을, 1획) 획수 총3획;[yě]
1.잇기(한곳에 대어 잇거나 한곳에 닿아서 붙는 일) 2.語助辭(~이다, ~느냐?, ~도다, ~구나) 3.라(--라 한귀의 끝에 붙여서 결정의 뜻을 나타냄) 4.형용(形容)의 뜻을 강하게 하는 토 5.또한, 역시(亦 - 시(詩) 또는 속어(俗語)에서 亦과 같이 씀) 6.발어사(發語辭) 7.딴, 다른
*잇달을 이;1.잇달다(다른 사물에 이어서 달다) 2.대야(둥글넓적한 그릇)
使夫智者不敢爲也(3) 我愚人之心也哉!(20) 其在道也(24) 不可爲也(29) 天下莫能臣也.(32) 而亂之首也(38) 非道也哉.(53) 和之至也.(55) 精之至也.(55) 人之迷也(58) 久矣其細也夫.(67) 人之生也柔弱(76) 其死也堅强(76) 其死也枯槁.(76) 萬物草木之生也柔脆(76)

441 (야)耶 :

*어조사 야;(간사할 사};부수 耳(귀이, 6획) 획수 총9획;[yé,yē] Particle

1.어조사(語助辭) 2.그런가(疑辭), 3,아버지(爺) 4.예수, 야소교(耶蘇敎) 5.간사하다(奸邪)(=邪)
6.사특하다(邪慝 : 요사스럽고 간특하다). 7.옛 명검(名劍) 이름.

非以其無私耶?(7) 此非以賤爲本耶(39) 有罪以免耶(62)

442 (약)若 :

*같을 약{반야 야};부수 卅(초두머리, 4획) 획수 총9획;[ruò,rě] Same

1.같을(如) 2.너(汝) 3.순할(順) 4.및(豫及辭) 5.두약풀, 향풀(杜若, 香草) 6.더북할(若若盛多) 7.젊을(少年) 8.만약(假說辭) 9.바다귀신(鬼神) 10.좇다 11.이에(及) 12.어조사(語助辭).
*반야 야;1.반야(般若-梵語) 2.난야(蘭若: 절(僧居) 3.인끈 술 늘어진 모양(若若綏貌) 4.성(姓).

綿綿若存(6) 上善若水.(8) 何謂寵辱若驚(13) 何謂貴大患若身.(13) 是謂寵辱若驚.(13)得之若驚(13) 失之若驚(13) 若可寄天下.(13) 若可託天下.(13) 若冬涉川.(15) 若畏四隣.(15) 其若容.(15) 若氷之將釋.(15) 其若樸.(15) 其若谷.(15) 其若濁.(15) 相去若何?(20) 若無所歸.(20) 而我獨若遺.(20) 澹兮其若海(20) 飂兮若無止.(20) 侯王若能守之(32) 侯王若能守之(37) 若存若亡(41) 明道若眜(41) 進道若退(41) 夷道若纇(41) 上德若谷(41) 太白若辱(41) 德若不足(41) 建德若偸(41) 質直若渝(41) 大成若缺(45) 大盈若沖(45) 大直若屈(45) 大巧若拙(45) 大辯若訥(45) 莫若嗇(59) 若烹小鮮(60) 若肖(67) 若使民常畏死(74) 正言若反.(78)

443 (약)約 : (간체자) 约

맺을 약{부절 요, 기러기발 적};부수 糸(실사변, 6획) 획수 총9획;[yuē,yāo] Promise,

1.검소할(儉) 2.간략할(簡) 3.나긋나긋할(淖若, 柔弱) 4.단속할, 묶을, 다발(縛) 5.맹세할(誓) 6.기약할(期) 7.대략(大率) 8.덜(減) 9.구차할(貧窮) 10.맺다 11.약속하다(約束) 12.오그라들다 13.인색하다(吝嗇), 아끼다 14.멈추다 15.쇠하다(衰) 16.갖추다 17.구부리다 18.나눗셈하다 19.따르다, 준거하다(準據) 20.아름답다 21.어음, 증서(證書) 22.고생, 빈곤(貧困) 23.장식(裝飾) 24.노끈(실, 삼, 종이 따위를 가늘게 비비거나 꼬아서 만든 끈), 새끼(주로 볏짚으로 꼬아 만든 줄)
*부절 요, 약속할 요;1.부절(符節: 돌이나 대나무, 옥 따위로 만들어 신표로 삼던 물건) 2.고동, 사북(교차된 곳에 박아 돌쩌귀처럼 쓰이는 물건) 3.약속할, 미쁠(契, 信),
*기러기발 적;1.기러기발(거문고, 가야금, 아쟁 따위의 줄을 고르는 기구)
【명사】 (수와 관련(關聯)되는 어떤 명사(名詞) 앞에 쓰이어)대강 대략(大略)의 뜻

善結無繩約而不可解(27)

444 (약)弱 :

*약할 약;부수 弓(활궁, 3획) 획수 총10획;[ruò] Weak

1.약할(强之對, 虛弱) 2.못생길(尫劣) 3.어릴(未壯) 4.나약할(懦) 5.부실(體柔貌) 6.절름발이(跛)

7.죽을(喪) 8.패할(敗) 9.몸져누울(瘻) 10.활이름(弓名-繁弱) 11.침노할(侵) 12.수가 모자라다
13.잃다 14.날쌘하다 15.약한 자.
弱其志(3) 將欲弱之(36) 柔弱勝剛强.(36) 弱者(40) 骨弱筋柔而握固.(55) 人之生也柔弱(76) 柔
弱者生之徒(76) 柔弱處上.(76) 天下莫柔弱於水(78) 弱之勝强(78)

445 (약)籥 :
*피리 약;부수 竹(대죽, 6획) 획수 총23획;[yuè] Flute
1.피리(管籥, 樂器似笛) 2.자물쇠(열쇠) 3.뛰다 4.성(姓) 5.잠그다, 쇠를 채우다
【명사】〔음악〕아악기에 속하는 피리의 하나. 단소와 비슷하며 구멍이 세 개 또는 여섯
개가 나 있음. 황죽(黃竹)으로 만든 중국 고대의 악기《고려 때 우리나라에 들어왔음》.
其猶橐籥乎!(5)

446 (양)兩 : (간지) 兩(간체자) 兩
*두 양(량){화폐단위 냥, 무게단위 냥};부수 入(들입, 2획) 획수 총8획;[liǎng] Both
1.둘(再) 2.쌍(雙) 3.짝(耦) 4.길이(匹) 5.수레(車數) 6.동등한(同等) 7.기량(技倆, 伎倆, 機能) 8.
대(隊: 편제 단위. 25인) 9.장식하다(裝飾) 10.아울러, 겸하여,
*화폐의 단위 냥;1.근냥(斤兩, 무게의 단위),
*무게의 단위 냥;1.냥(錢數百分, 화폐의 단위)
此兩者同(1) 夫兩不相傷(60) 知此兩者(65) 此兩者(73)

447 (양)陽 : (간체자) 陽
*볕 양;부수 阝(좌부변, 3획) 획수 총12획;[yáng] Sunlight
1.볕, 해(日) 2.밝을(明) 3.거짓(佯) 4.양양할(陽陽自得) 5.환할(文章貌) 6.양지(陰之對) 7.봄(靑
陽春) 8.양지쪽(山南水北) 9.낮, 한낮 10.남성(男性) 11.하늘 12.인간(人間) 세상(世上) 13.음력
(陰曆) 시월(十月)의 딴 이름 14.봄과 여름 15.돋을새김 16.나라의 이름 17.따뜻하다 18.드러
내다 19.맑다 20.선명하다(鮮明) 21.양각하다(陽刻) 22.군세고 사납다.
【명사】
① 〔철학〕역학(易學)에서, 태극(太極)이 나뉜 두 가지 성질, 또는 기운의 하나《천(天)·남
(男)·주(晝)·동(動) 등의 능동적·남성적인 것을 상징하는 데 씀》.
② 〔물리〕'양극(陽極)'의 준말.
③ 〔수학〕양수(陽數)를 나타내는 말.
④ 〔한의학〕체질·약성(藥性)·증상의 활발하고 덥고 적극적인 속성. ↔음(陰).
萬物負陰而抱陽(42)

448 (양)養 : (간체자) 養
*기를 양;부수 食(밥식, 9획) 획수 총14획;[yǎng] Bring up, Foster

1.기를, 자랄(育, 長) 2.취할(取) 3.마음 수란할(憂) 4.몸 위할(養生) 5.살찔(滋養) 6.하인(廝賤) 7.수양하다(修養) 8.봉양하다(奉養) 9.가르치다 10.맡다, 관장하다(管掌) 11.치료하다(治療) 12. 숨기다, 은폐하다(隱蔽) 13.가렵다 14.즐기다 15.(시간적으로)길다 16.땔나무 산지(山地) 17.사육하다 18.진휼(賑恤)하다 19.회유하다 20.밥을 짓다.
【접두사】남의 자녀를 자기 자녀로 만들 때 상호 간의 연고 관계를 나타내는 말.
*~아버지
衣養萬物而不爲主.(34) 養之(51)

449 (양)攘 :

*물리칠 양{어지러울 녕(영)};부수 扌(재방변, 3획) 획수 총20획;[rǎng] repulse
1.밀칠(推) 2.훔칠(竊) 3.물리칠(剋) 4.잡아 다닐 5.덜(除) 6.그칠(止) 7.쫓을(逐) 8.흔들(攪) 9.겸손할(遜) 10.호번할(浩攘繁冗) 11.침탈하다(侵奪), 빼앗다 12.물러나다 13.양하다(辭讓) 14.걷다, 걷어 올리다 15.많다 16.(음식을)보내다, 보내주다.
*어지러울 녕(영);1.어지럽다, 혼란스럽다(混亂) 2.어수선하다.
則攘臂而仍之.(38) 攘無臂(69)

450 (어)於 :

*어조사 어{기뻐할 오};부수 方(모방, 4획) 획수 총8획;[yú,wú,yū] On, At, In
1.어조사(語助辭), -에(句讀), -에서(處所格), -보다(比較格), -를(目的格), -에게(與格), 있어서, 있어서 하다, 이에, 이에 있어서 2.거할, 살(居) 3.갈(往) 4.대신할(代) 5.여기(此) 6.이보다(比) 7.기대다, 의지하다(依支) 8.따르다 9.있다, 존재하다(存在). 10.성(姓).
*기뻐할 오;1.기뻐 할(歡辭) 2.땅이름(地名-商於) 3.탄식하다(歎息·嘆息) 4. 아아(감탄사) 5.까마귀.
【어조사】한문(漢文) 투의 문장(文章)에서 장소(場所)를 표시(表示)하는 말이 얹히어서의 뜻을 나타내는 말
故幾於道.(8) 復歸於無物.(14) 我獨異於人而貴食母.(20) 而況於人乎!(23) 同於道者(23) 故從事於道者(23) 道者同於道(23) 德者同於德(23) 失者同於失.(23) 同於德者(23) 同於失者(23) 復歸於嬰兒.(28) 復歸於無極.(28) 復歸於樸.(28) 則不可以得志於天下矣.(31) 猶川谷之於江海.(32) 可名於小.(34) 魚不可脫於淵(36) 天下萬物生於有(40) 有生於無.(40) 戎馬生於郊(46) 禍莫大於不知足(46) 咎莫大於欲得(46) 以至於無爲(48) 行於大道(53) 修之於身(54) 修之於家(54) 修之於鄉(54) 修之於國(54) 修之於天下(54) 比於赤子(55) 圖難於其易(63) 爲大於其細.(63) 必作於易(63) 必作於細.(63) 爲之於未有(64) 治之於未亂(64) 生於毫末(64) 起於累土(64) 始於足下.(64) 常於幾成而敗之(64) 禍莫大於輕敵(69) 勇於敢則殺(73) 勇於不敢則活.(73) 是賢於貴生.(75) 天下莫柔弱於水(78) 而不責於人.(79)

451 (어)魚 :

*고기 어;부수 魚(물고기어, 11획) 획수 총11획;[yú] Fish

1.물고기, 생선(鱗蟲總名) 2.좀(衣魚, 蠹名) 3.어대(魚袋: 관리가 차는 고기 모양의 패물) 4.말의 이름 5.별의 이름 6.나(인칭대명사) 7.고기잡이하다 8.물에 빠져 죽다. 9.성(姓).

魚不可脫於淵(36)

452 (어)御 :

*거느릴 어, 모실 어, 막을 어;부수 彳(두인변, 3획) 획수 총12획;[yù] Reign

1.모실(侍) 2.거느릴, 다스릴(統) 3.나아갈(進) 4.주장할(主) 5.마부(使馬) 6.부인을 사랑할(寵愛) 7.왕후(后) 8.어거하다(馭車: 수레를 메운 소나 말을 부리어 몰다) 9.짐승을 길들이다 10.드리다 11.거동하다(擧動: 임금이 나들이하다) 12.교합하다(交合: 성교하다(性交) 13.시중들다 14.권하다(勸), 종용하다(慫慂) 15.막다, 저지하다(沮止) 16.제압하다 17.시비(侍婢) 18.벼슬아치. 19.경칭(敬稱) 20.성(姓).

*맞을 아 ;1.맞을(迎) 2.영합하다(迎合) 3.아첨하다(阿諂).

以御今之有.(14)

453 (억)抑 :

*누를 억;부수 扌(재방변, 3획) 획수 총7획;[yì] Oppress

1.누를(按) 2.억울할(屈) 3.핍박할(逼) 4.덜릴(損) 5.물러갈(退) 6.막을(遏) 7.그칠(止) 8.또한(轉語亦然辭) 9.문득(發語辭) 10.삼갈(抑抑愼密貌) 11.굽히다, 숙이다 12.가라앉다 13.아름답다, 예쁘다 14.조심하다, 삼가다 15.우울해지다(憂鬱),

高者抑之(77)

454 (언)言 :

*말씀 언{화기애애할 은};부수 言(말씀언, 7획) 획수 총7획;[yán] Speech, say

1.말할(語) 2.말씀(辭章) 3.어조사(語助辭) 4.한마디, 한 구절(一句) 5.나(我) 6.우뚝할(言高大貌) 7.견해(見解), 의견(意見) 8.언론(言論) 9.맹세(盟誓)의 말 10.호령(號令) 11.하소연 12.허물 13.건의(建議), 계책(計策) 14.혐극(嫌隙: 서로 꺼리고 싫어하여 생긴 틈) 15.이에 16.여쭈다 17.요컨대, 다시 말하면 18.기재하다(記載) 19.소송하다(訴訟) 20.이간하다(離間) 21.알리다 22.예측하다(豫測) 23.조문하다(弔問), 위문하다(慰問),

*화기애애할 은;1.심사 화평할(意氣和悅貌) 2.화기애애(和氣靄靄)하면서 삼가는 모양 3.위엄(威嚴)이 있는 모양.

行不言之教.(2) 多言數窮(5) 言善信(8) 其貴言.(17) 豈虛言哉!(22) 希言自然.(23) 善言無瑕謫(27) 言以喪禮處之.(31) 故建言有之(41) 不言之教(43) 知者不言(56) 言者不知(56) 美言可以市(62) 必以言下之(66) 用兵有言(69) 吾言甚易知(70) 言有宗(70) 不言而善應(73) 正言若反.(78) 信言不美(81) 美言不信.(81)

455 (언)焉 :

*어찌 언{오랑캐 이};부수 灬(연화발, 4획) 획수 총11획;[yān] How, Why

1.어찌, 어디(何) 2.의심적을 언(疑) 3.이에(於是) 4.어조사(語助辭) 5.보다, ~보다 더 6. ~느냐? 7.이에, 그래서 8.이(指示代名詞) 9. ~도다! 10.그러하다, ~와 같다.

*오랑캐 이;1.오랑캐.

萬物作焉而不辭(2) 豫焉(15) 信不足焉(17) 有不信焉.(17) 信不足焉(23) 有不信焉.(23) 而王居 其一焉.(25) 莉棘生焉(30) 萬物歸焉而不爲主(34) 百姓皆注其耳目焉(49) 故德交歸焉.(60)

456 (엄)儼 : (간체자) 俨

공경할 엄, 의젓할 엄;부수 亻(사람인변, 2획) 획수 총21획;[yǎn] Solemn

1.공경할(恭, 敬) 2.엄전할(矜莊) 3.엄연하다(儼然: 의젓하고 점잖다) 4.근엄하다(謹嚴) 5.삼가 다 6.공근하다(恭謹: 공손하고 조심성이 있다) 7.몸가짐이나 언행을 조심하다 8.바로잡다 9.아 리땁다 10.마치 ~와 같다 11.정제(整齊)한 모양.

儼兮(15)

457 (여)如 :

*같을 여{말 이을 이};부수 女(계집녀, 3획) 획수 총6획;[rú] Likewise

1.같을(似) 2.무리들(等) 3.맞먹을, 등비 할(等比) 4.만약(若) 5.그러할(語助辭, 然) 6.이를(至) 7.어떠할(疑問詞, 如何) 8.갈(行) 9.미칠(及) 10.부처이름(釋迦如來) 11.첩(如夫人) 12.어떠하다 13.이월(二月名) 14.닿다, 15.좇다, 따르다 16.당연히 ~하여야 한다 17.비슷하다 18.어찌 19.마 땅히 20.곧, 이것이 21.~과, ~와 함께 22.보다, ~보다 더 23.이에, 그래서,

*말 이을 이: 1.잇다(而).

不如守中.(5) 不如其已(9) 如亨太牢(20) 如春登臺.(20) 如嬰兒之未孩.(20) 不欲琭琭如玉(39) 珞珞如石.(39) 不如坐進此道(62) 愼終如始.(64)

458 (여)與 : (간지) 与(간체자) 与

*줄 여, 더불어 여;부수 臼(절구구변, 6획) 획수 총14획;[yǔ,yú,yù] Give, Together

1.더불어(以) 2.줄(施予) 3.너울너울할(翼翼蕃廡貌) 4.어조사(語助辭) 5.헌출하게 보일 6.좋아할 (善) 7.허락할(許, 從) 8.미칠(及) 9.같을(如) 10.기다릴(待) 11.화할(和) 12.셈할(數) 13.무리(衆) 14.한적할(容與, 間適) 15.참여할(參與干) 16.간여하다(干與), 간섭하다(干涉) 17.돕다, 협조하 다 18.기리다, 찬양하다(讚揚) 19.기뻐하다 20.기록하다, 등재하다 21.좇다 22.친하다(親) 23.의 심하다 24.만일(萬一), 가령(假令) 25.미리, 앞서 26.위하여 27.~보다는 28. 및 29.무리(모여서 뭉친 한 동아리), 동아리(같은 뜻을 가지고 모여서 한패를 이룬 무리)

【명사】 '여당1'의 준말. *~와 야의 국회의원들이 모이다.

與善仁(8) 唯之與阿(20) 善之與惡(20) 故天下莫能與之爭.(22) 樂與餌(35) 必固與之.(36) 名與 身孰親(44) 身與貨孰多(44) 得與亡孰病(44) 與物反矣(65) 故天下莫能與之爭.(66) 善勝敵者

不與(68) 其猶張弓與(77) 常與善人.(79) 旣以與人(81)

459 (여)餘 : (간체자) 余
*남을 여;부수 ﾠ(밥식변, 8획) 획수 총16획;[yú] Rest, Excess
1.나머지(殘) 2.남을(饒) 3.끝(末) 4.나라이름(夫餘, 朝鮮古國名) 5.나머지 시간(時間) 6.여가 7.여분 8.정식 이외의 9.다른 10.결말 11.결국, 죄다, 남김없이 12.성(姓).
【접미사】한자로 된 수사 뒤에 붙어, 그 이상이란 뜻을 나타내는 말.
*백~ 명의 학생 *한 시간~를 기다리다.
衆人皆有餘(20) 曰餘食贅行.(24) 財貨有餘(53) 其德乃餘(54) 有餘者損之(77) 損有餘而補不足(77) 損不足以奉有餘(77) 孰能有餘以奉天下?(77) 必有餘怨(79)

460 (여)輿 : (간체자) 輿
*수레바탕 여{명예 예};부수 車(수레거, 7획) 획수 총17획;[yú] Sedan, Chair
1.수레바탕(車低) 2.천지(堪輿, 天地總名) 3.기운어릴(扶輿佳氣) 4.무리(衆) 5.비롯할(權輿始) 6.짐질(負荷) 7.남여(昇輿-가마) 8.차상(車上: 타거나 물건을 싣는 수레 윗부분) 9.노비(奴婢) 10.(수레를 모는)하인(下人) 11.수레를 만드는 사람 12.기본(基本) 13.싣다, 실어 나르다 14.정기(旌旗: 정(旌)과 기(旗)를 아울러 이르는 말) 15.들어 올리다. 16.마주 들다 17.많다,
*명예 예;1.명예(名譽) 2.영예(榮譽).
故致數輿無輿(39) 雖有舟輿(80)

461 (역)亦 :
*또 역{겨드랑이 액};부수 亠(돼지해머리, 2획) 획수 총6획;[yi] Too, Also
1.또(又) 2.또한(承上之辭) 3.클(大) 4.모두(總) 5.어조사(語助辭) 6.만약(萬若), 가령(假令) 7.~도 역시(亦是) 8.단지(但只), 다만 ~뿐 9.이미 10.쉽다 11.크다 12.다스리다. 13.대단히.
*겨드랑이 액;1.겨드랑이(腋).
【부사】또한. 역시(亦是).
道亦樂得之(23) 德亦樂得之(23) 失亦樂得之.(23) 王亦大.(25) 名亦旣有(32) 夫亦將知止.(32) 夫亦將無欲(37) 我亦教之.(42) 吾亦善之(49) 德善矣.(49) 吾亦信之.(49) 亦十有三.(50) 聖人亦不傷人.(60) 亦稽式(65)

462 (역)易 :
*바꿀 역, 변할 역{쉬울 이};부수 日(날일, 4획) 획수 총8획;[yi] Change, Easy
1.바꿀(換, 交換) 2.변할(變) 3.형상할(象) 4.물 이름(逐郡水名) 5.역서(易書, 易經), 6.전파하다(傳播) 7.다르다 8.어기다, 배반하다(背反) 9.주역(周易), 역학(易學) 10.점(占) 11.점쟁이 12.만상(萬象)의 변화(變化) 13.국경(國境) 14.겨드랑이 15.도마뱀(파충류).

*쉬울 이;1.쉬울(不難) 2.다스릴(治) 3.홀하게 여길, 쉽게 여길(忽) 4.게으를(輕惰) 5.편할(安) 6.기쁘다 7.생략하다(省略), 간략(簡略)하게 하다 8.평평하다(平平), 평탄하다(平坦).
以其無以易之.(78)

463 (역)域 :
*지경 역;부수 土(흙토, 3획) 획수 총11획;[yù] Boundary
1.지경(界局) 2.범위(範圍), 구역(區域) 3.나라(邦域) 4.경계를 만들 5.땅 가장자리 6.묘지(墓地) 7.보전하다(保全) 8.차지하다 9.살다, 거처하다(居處),
域中有四大(25)

464 (연)然 :
*그러할 연, 불탈 연;부수 灬(연화발, 4획) 획수 총12획;[rán] Burn, Certainly
1.사를(燒) 2.그럴, 그렇다할(言如是) 3.허락할(許) 4.그럴듯할(如) 5.그러나(承上接語) 6.이렇다할(斷定) 7.그렇게(而) 8.체(假飾) 9.어미에 붙여 꾸밈(修飾爲添語句尾, 接尾辭) 10.산 이름(山名, 燕然) 11.뱀 이름(蛇名, 率然) 12.명백하다(明白), 분명하다(分明) 13.~이다 14.밝다 15.그런데, 드디어 16.그러하면, 그리하여 17.그러고 나서, 연후(然後)에 18.그런데도 19.원숭이의 일종(一種).
【접미사】(일부 명사 뒤에 붙어) '그것인 체함', '그것인 것처럼 뽐냄'의 뜻을 나타냄. *학자 ~.
百姓皆謂我自然.(17) 希言自然.(23) 道法自然.(25) 燕處超然.(26) 靜勝熱.(45) 莫之命而常自然.(51) 使我介然有知(53) 吾何以知天下然哉(54) 吾何以知其然哉(57) 以輔萬物之自然(64) 然後乃至大順(65) 繟然而善謀(73) 則不然(77)

465 (연)淵 : (간체자) 渊
*못 연;부수 氵(삼수변, 3획) 획수 총12획;[yuān] Pond
1.못(池) 2.깊을(深) 3.북소리 둥둥할(鼓聲) 4.모래톱(江中沙地) 5.소(沼: 늪) 6.모이는 곳 7.근원(根源), 근본(根本) 8.출처(出處) 9.조용하다 10.물건이 많이 모이는 곳,
淵兮(4) 心善淵(8) 魚不可脫於淵(36)

466 (연)燕 :
*제비 연;부수 灬(연화발, 4획) 획수 총16획;[yàn,yān] Swallow
1.제비(玄鳥) 2.편안할(安) 3.쉴(息) 4.잔치(宴) 5.나라이름(國名, 燕) 6.땅이름(地名, 直隷省) 7.주연(酒宴) 8.즐겁게 하다 9.예쁘다, 아름답다, 얌전하다 10.함부로 대하다(對), 업신여기다.
【명사】〔 역사 고제 〕
① 중국 춘추 전국 시대 칠웅(七雄)의 하나《진시황에게 망함》.

② 중국 오호 십육국 시대에 선비족의 모용씨(慕容氏)가 건설한 전연·후연·서연·남연·북연의 다섯 나라《4세기 초에서 5세기 초에 걸쳐 있었음》.
燕處超然.(26)

467 (열)熱 : (간체자) 热

*더울 열;부수 灬(연화발, 4획) 획수 총15획;[rè] Hot, Heat

1.더울, 뜨거울(溫) 2.더위(暑度) 3.불김(炎氣) 4.흥분할(激昻) 5.정성(誠) 6.친밀해지다(親密) 7.쏠릴, 하고자 할(一心) 8.태우다 9.바쁘다, 성하다(盛) 10.흥분하다(興奮) 11.높은 체온(體溫).

【명사】

① 〔물리〕 온도가 다른 두 물체가 접촉했을 때, 고온의 물체에서 저온의 물체로 이동하는 에너지《이동 방법은 전도(傳導)·대류(對流)·복사(輻射) 따위가 있음》.

② 흥분한 상태. ~을 올리다.

③ '신열(身熱)'의 준말. 독감으로 ~이 대단하다.

④ '열성(熱誠)'의 준말. ~과 성을 다하다.

⑤ '열화(熱火)'의 준말.

靜勝熱.(45)

468 (열)閱 : (간지) 閲(간체자) 阅

볼 열, 셀 열, 검열할 열;부수 門(문문, 8획) 획수 총15획;[yuè] Peruse

1.겪을, 지낼(歷) 2.군대 점호할(大閱簡軍實) 3.용납할(容) 4.벌열(閥閱) 5.볼(觀) 6.읽을(讀) 7.검열하다(檢閱) 8.가리다, 분간하다(分揀) 9.지내다 10.모으다 11.지체하다(遲滯) 12.들어가다 13.공로하다(空老: 아무 일도 해 놓은 것이 없이 헛되이 늙다) 14.지체하다(遲滯) 15.거느리다 16.(수효를 낱낱이 세어)조사하다(調査) 17.문서를 견주며 교감하다 18.공적, 또는 근무의 경력

以閱衆甫.(21)

469 (염)恬 :

*편안할 염{념};부수 忄(심방변, 3획) 획수 총9획;[tián] Peaceful

1.편안(安) 2.편안할 3.고요할(靜) 4.태평한 모양 5.평온하다(平穩) 6.담담하다(淡淡) 7.조용하다

恬淡爲上.(31)

470 (염)廉 :

*맑을 염{렴}, 청렴할 염{렴}, 살필 염{렴};부수 广(엄호, 3획) 획수 총13획;[lián] Integrity

1.맑을(淸) 2.조촐할(潔) 3.청렴할(不貪) 4.검소할(儉) 5.모서리(廉偶稜) 6.살필(察) 7.서슬(嚴) 8.값쌀(安價) 9.곧다, 바르다 10.살피다, 살펴보다 11.날카롭다, 예리하다(銳利) 12.끊어지다 13.

모나다(말이나 짓 따위가 까다롭다) 14.염치(廉恥) 15.곁, 옆 16.계산법(計算法)의 한 가지.
廉而不劌(58)

471 (염)厭 : (간체자) 厌
*싫을 염{누를 엽, 빠질 암};부수 厂(민엄호, 2획) 획수 총14획;[yàn] Dislike
1.싫을(厭) 2.찰(滿) 3.아름다울(美) 4.게으를(倦) 5.편안할(安) 6.만족할(足) 7.미워할(惡) 8.넉넉
할(足) 9.물리다 10.조용하다 11.가리다 12.막다 13.가위눌리다.
*누를 엽;1.누를(鎭壓) 2.제사할(禳) 3.모을(合) 4.덜(損) 5.축축할(濕意) 6.괴로울(疲) 7.마를(乾)
8.괴로울(疲) 9.끊을(節) 10.업신여길 11.가까워질(近迫) 12.나쁜 꿈꿀(惡夢) 13.숨길(藏) 14.따
르다 15.마음에 들다.
*빠질 암;1.빠질(沈溺) 2.막힐(閉) 3.검붉을.
厭飲食(53) 是以天下樂推而不厭(66) 無厭其所生.(72) 夫唯不厭(72) 是以不厭.(72)

472 (영)令 : (간체자) 令
*하여금 영{령};부수 人(사람인, 2획) 획수 총5획;[ling,lǐng] Ordination
1.하여금(使) 2.시킬, 하게끔 할(俾) 3.가령(假令) 4.개 목소리(犬聲) 5.명령할(命) 6.법률(法律)
7.벼슬이름, 원(官名) 8.착할(善) 9.철(時) 10.성(復姓, 令狐) 11.벽돌 12.남을 높이는 말 13.방
울 소리 14.포고하다(布告·佈告: 널리 알리다) 15.아름답다 16.좋다 17.착하다 18.부리다, 일
을 시키다.
【접미사】 '법령·명령'의 뜻. *금지~ *총동원~ *시행~.
五色令人目盲(12) 五音令人耳聾(12) 五味令人口爽.(12) 馳騁畋獵令人心發狂(12)
難得之貨令人行妨.(12)

473 (영)迎 :
*맞이할 영;부수 辶(책받침4, 4획) 획수 총8획;[yíng] Welcome, receive
1.맞을(迓也接) 2.만날(逢) 3.장가들러 올(親迎壻迓婦) 4.마중 나갈(出迎) 5.영접하다(迎接) 6.
맞추다 7.~를 향하여 8.~쪽으로 9.마음으로 따르다 10.헤아리다 11.추산하다
迎之不見其首(14)

474 (영)盈 :
*찰 영;부수 皿(그릇명, 5획) 획수 총9획;[yíng] Full, Fill
1.찰, 가득할(充滿) 2.넘칠(溢) 3.남을(盈縮) 4.물 흐를(流水貌) 5.충만하다(充滿), 피둥피둥하다
6.여유(餘裕)가 있다 7.불어나다, 증가하다(增加) 8.미치다(영향, 작용 따위가 대상에 가하여지
다) 9.교만하다(驕慢) 10.이루다 11.예쁜 모양 12.자라다 13.펴지다.
或不盈.(4) 持而盈之(9) 保此道者不欲盈.(15) 夫唯不盈(15) 窪則盈(22)

谷得一以盈(39) 大盈若沖(45)

475 (영)榮 : (간지) 榮(간체자) 荣
*영화 영, 꽃 영;부수 木(나무목, 4획) 획수 총14획;[róng] Glory, Honour
1.영화(辱之反) 2.오동나무(桐木) 3.추녀(居棼之兩頭起者) 4.꽃다울(華) 5.무성할(茂) 6.명예(名
譽) 7.피(血氣) 8.영예(榮譽), 영광(榮光) 9.꽃 10.싱싱하다 11.피다 12.나타나다,
雖有榮觀(26) 知其榮(28)

476 (영)營 : (간지) 營(간체자) 营
*지을 영, 경영할 영{별이름 형};부수 火(불화, 4획) 획수 총16획;[yíng] Manage, camp
1.지을(造) 2.헤아릴(度) 3.다스릴(治) 4.경영할(經營) 5.오락가락할(往來貌) 6.영문, 진(軍壘) 7.
황송할(惶恐意屛營) 8.짓다 9.꾀하다 10.계획하다(計劃) 11.변명하다(辨明) 12.재다 13.현혹하
다(眩惑) 14.갈다(주로 밭작물의 씨앗을 심어 가꾸다) 15.고을의 이름 16.주택.
*별이름 형;1.별이름(星名, 營惑).
【명사】 '영문(營門)'의 준말.
載營魄抱一(10)

477 (영)嬰 : (간체자) 婴
*갓난아이 영;부수 女(계집녀, 3획) 획수 총17획;[yīng] Infant
1.어릴(孩, 男曰孩女曰嬰) 2.더할(加) 3.찌를(觸) 4.두를(繞) 5.얽힐(絆) 6.머리치장 할(女首飾)
7.걸릴(縈) 8.병에 걸릴(罹) 9.물 요괴(水怪) 10.빙 둘러치다 11.목에 걸다 12.잇다 13.지니다
14.더하다 15.닿다 16.안다 17.연약하다(軟弱).
能嬰兒乎!(10) 復歸於嬰兒.(28)

478 (예)棁 : (간체자) 棁
*날카로울 예{쪼구미 절, 벗을 탈,};부수 木(나무목, 4획)획수 총11획;[rui,tuō,zhuó] King post
1.날카롭다 2.예리하다(銳利).
*쪼구미 절;1.동자(童子)기둥(梁上侏儒柱, 쪼구미-들보 위에 세워 상량이나 오량 따위를 받치
는 짧은 기둥),
*작대기 탈;1.작대기(大杖), 벗다.
揣而棁之(9)

479 (예)銳 : (간지) 銳(간체자) 锐
*날카로울 예{창 태};부수 金(쇠금, 8획) 획수 총15획;[ruì] Sharp, Acute
1.날카로울, 뾰족할(凡物鐵利者) 2.날쌜(利) 3.가시랭이, 까끄라기(芒) 4.빠르다 5.민첩하다(敏

捷) 6.급박하다(急迫), 절박하다(切迫) 7.왕성하다(旺盛) 8.작다 9.치밀하다(緻密) 10.예리한 무기 11. 잗달다(하는 짓이 잘고 인색하다) 12.군대가 날래고 용맹하다 13.나아가다.
*창태;1.창(槍, 矛屬, 무기의 하나)
挫其銳(4) 挫其銳(56)

480 (예)豫 : (간지) 予

*기쁠 예, 미리 예{펼 서};부수 豕(돼지시, 7획) 획수 총16획;[yù] Before, hand
1.기쁠(悅) 2.편안할(逸, 安) 3.미리, 먼저(早, 先) 4.놀(遊) 5.참여할(參與) 6.머뭇거릴(猶豫) 7.괘 이름(卦名, 坤下震上) 8.싫어하다 9.땅의 이름.
*펼 서;1.펴다.
豫焉(15)

481 (예)譽 : (간지) 譽(간체자) 譽

*기릴 예, 명예 예;부수 言(말씀언, 7획) 획수 총21획;[yù] Honour, Glory
1.기릴, 칭찬할(聲美稱) 2.이름날(令聞) 3.즐길(樂) 4.즐기다(豫) 5.찬양하다(讚揚) 6.바로잡다 7.명예(名譽), 영예(榮譽) 8.좋은 평판 9.바로잡다 10.가상히 여기다.
親而譽之.(17)

482 (오)五 :

*다섯 오;부수 二(두이, 2획) 획수 총4획;[wǔ] Five
1.다섯(數名) 2.다섯 번(五回) 3.별 이름 4.제위(帝位) 5.다섯 번 하다, 여러 번 하다 6.오행(五行: 우주의 만물을 이루는 다섯 가지 원소)
五色令人目盲(12) 五音令人耳聾(12) 五味令人口爽.(12)

483 (오)吾 :

*나 오{친하지 않을 어, 땅이름 아};부수 口(입구, 3획) 획수 총7획;[wú] I, Self
1.나(我) 2.내(自己) 3.아들(子稱) 4.웅얼거릴(伊吾讀書聲) 5.벼슬이름(官名, 執金吾) 6.그대 7.우리 8.짐승의 이름 9.막다, 멈추게 하다.
*친하지 않을 어;1.친하지 않다. 2.친하려고 하지 않다. 3.소원(疏遠)한 모양.
*땅이름 아;1.땅이름.
吾不知誰之子(4)   吾所以有大患者(13)   爲吾有身.(13)   及吾無身(13)   吾有何患!(14)   吾以觀復.(16)   吾何以知衆甫之狀哉?(21)   吾不知其名(25)   吾見其不得已.(29)   吾將鎭之以無名之樸(37)   吾將以爲敎父.(42)   吾是以知無爲之有益.(43)   吾善之.(49)   吾亦善之.(49)   吾信之(49)   吾亦信之.(49)   吾何以知天下然哉(54)   吾何以知其然哉(57)   吾不敢爲主而爲客(69)   輕敵幾喪吾寶.(69)   吾言甚易知(70)   吾得執而殺之(74)

558 老子의 道, 聖經의 道

484 (오)惡 :

*미워할 오;악할 악;;부수 心(마음심, 4획) 획수 총12획;[è,ě,wū,wù] Bad, Evil

1.미워할(憎) 2.부끄러울(恥) 3.욕설할(辱) 4.어찌(何) 5.허허(歎辭) 6.헐뜯다 7.기피하다(忌避)
8.두려워하다 9.불길하다(不吉) 10.불화하다(不和) 11.비방하다(誹謗) 12.어느, 어디. 13.싫어하
다 14.어찌,

*악할 악: 1.모질(不善) 2.더러울(醜陋) 3.나쁠(不良) 4.못생기다 5.흉년(凶年) 들다 6.병들다
(病) 7.죄인(罪人)을 형벌(刑罰)로써 죽이다 8.똥, 대변(大便) 9.병(病), 질병(疾病) 10.재난(災
難),화액 11.잘못, 바르지 아니한 일 12.악인, 나쁜 사람 13.위세(位勢), 권위(權威).

【명사】① 착하지 않음. 올바르지 않음. *~의 화신.
②〔윤리〕양심을 좇지 않고 도덕률을 어기는 일. ↔선(善).
。 [속담][악으로 모은 살림 악으로 망한다]

斯惡已(2) 處衆人之所惡(8) 善之與惡(20) 物或惡之(24) 物或惡之(31) 人之所惡(42) 天之所惡
(73)

485 (오)奧 : (간지) 奧

*속 오;따스할 욱;부수 大(큰대, 3획) 획수 총13획;[ào] Profundity

1.속(內) 2.아랫목(室隅) 3.물이 굽이쳐 들어간 낭떠러진 곳 4.비밀(秘密) 5.맨 끝(極所, 極點)
6.깊을(深) 7.알기 어려울(幽明, 深遠) 8.쌓을(積聚) 9.삶을(烹和) 10.돼지우리 11.그윽하다 12.
흐리다 13.쌓다 14.깊숙한 안쪽 15.구석 16.나라의 안. 17.안,

*따스할 욱;1.따스할(暖) 2.모퉁이(隅). 3.덥다 4.절이다 5.물굽이(강물이 굽이지어 흐르는 곳).
道者, 萬物之奧(62)

486 (옥)玉 :

*구슬 옥, 옥 옥;부수 玉(구슬옥, 5획) 획수 총5획;[yù] jewel, Precious Stone

1.구슬 옥, 옥 옥(石之美者) 2.사랑할(愛) 3.이룰(成) 4.아름다운 덕(德) 5.소중(所重)히 하다 6.
미칭(美稱), 상대편의 것을 높여 이른 말 7.옥(玉)과 같은 사물(事物)의 비유(比喩·譬喩) 8.
아름답다 9.훌륭하다 10.가꾸다,

【명사】① 구슬. 보석. *~같이 고운 손.
② 경옥(硬玉)·연옥(軟玉)·백옥·비취·황옥(黃玉) 따위의 총칭. 。 [속담][옥도 갈아야 빛이 난
다]
㉠소질이 좋아도 닦고 기르지 않으면 훌륭한 것이 될 수 없다는 말.
㉡고생을 겪으며 노력을 기울여야 뜻을 이룰 수 있다는 말.
。 [속담][옥에도 티가 있다] 아무리 훌륭한 사람이나 좋은 물건일지라도 조그만 흠은 있다.
。 [속담][옥에 티] 본바탕은 썩 좋은데 아깝게도 흠이 있다는 뜻.
金玉滿堂(9) 不欲珠珠如玉(39) 是以聖人被褐懷玉.(70)

487 (와)窪 : (간체자) 洼
*웅덩이 와, 도랑 와;부수 穴(구멍혈, 5획) 획수 총14획;[wā] cave, Deep
1.웅덩이(窊) 2. 도랑(溝) 3.깊을(深) 4.맑은 물(清水) 5.깊은 못(深池) 6.낮다 7.우묵하다(가운데가 둥그스름하게 푹 패거나 들어가 있다) 8.소 발자취에 괴인 물(牛跡水)
窪則盈(22)

488 (완)頑 : (간체자) 顽
*완고할 완;부수 頁(머리혈, 9획) 획수 총13획;[wán]
1.완고할(固陋) 2.완악할(鈍, 愚) 3.탐할(貪) 4.미련하다 5.무디다 6.둔하다(鈍) 7.욕심이 많다 8.놀다 9.악하다(惡), 사납다, 10.무지막지한 사람 11.재주가 없다.
而我獨頑似鄙.(20)

489 (왈)曰 :
*가로 왈;부수 曰(가로왈, 4획) 획수 총4획;[yuē] It is said, Say
1.가로되, 가라사대(語端) 2.이를(謂) 3.일컬을(稱) 4.에(於) 5.의(之) 6.말낼(發語辭) 7.얌전하지 못한 계집(曰字, 曰牌) 8.~라 하다
【불완전자동사】 '가로되'·'가라사대'의 뜻. *공자 ~.
【부사】 소위. 이른바. *~ 학자라는 사람이 그럴 수가 있는가.
名曰夷.(14) 名曰希.(14) 歸根曰靜(16) 復命曰常(16) 知常曰明.(16) 曰餘食贅行.(24) 字之曰道(25) 强爲之名曰大.(25) 大曰逝(25) 逝曰遠(25) 遠曰反.(25) 見小曰明(52) 守柔曰强.(52) 知和曰常(55) 知常曰明.(55) 益生曰祥(55) 心使氣曰强.(55) 不曰以求得(62) 一曰慈(67) 二曰儉(67) 三曰不敢爲天下先.(67)

490 (왕)王 :
*임금 왕{옥 옥};부수 王(구슬옥변, 4획) 획수 총4획;[wáng,wàng] king
1.임금(君) 2.할아버지(祖父之尊稱-王父) 3.왕 노릇할(五覇身臨天下) 4.어른(長) 5.갈(往) 6.으뜸 7.수령(首領) 8.바로 고치다 9.왕성하다(旺盛) 10.크다 11.(보다)낫다 12.(향하여)가다,
*옥 옥;1.옥(玉)
【명사】① 〔역사 고제〕 군주. 임금. *~을 옹립하다.
② 장(長). 우두머리.
③ 으뜸. *백수(百獸)의 ~ *먹는 데는 내가 ~이다.
公乃王(16) 王乃天(16) 王亦大.(25) 而王居其一焉.(25) 侯王若能守之(32) 侯王若能守之(37) 侯王得一以爲天下貞.(39) 侯王無以貴高(39) 是以候王自謂孤,寡,不穀.(39) 而王公以爲稱.(42) 江海所以能爲百谷王者(66) 故能爲百谷王.(66) 是謂天下王.(78)

491 (왕)往 :

*갈 왕;부수 彳(두인변, 3획) 획수 총8획;[wǎng] go
1.갈(去) 2.옛(昔) 3.이따금(時時) 4.후(後) 5.향할(向) 6.(물품을)보내다 7.일찍 8.언제나.
天下往(35) 往而不害(35) 不相往來.(80)

492 (왕)枉 :
*굽을 왕{미칠 광};부수 木(나무목, 4획) 획수 총8획;[wǎng] Curve
1.굽을(曲) 2.원통할, 원굴할(寃屈) 3.굽힐(枉駕) 4.굽히다, 복종하다(服從) 5.사특하다(邪慝) 6.
능멸하다(凌蔑) 7.(누명을)씌우다 8.잘못, 과실(過失) 9.헛되이, 부질없이.
*미칠 광;1.미치다(말과 행동이 보통 사람과 다르게 되다) 2.어지러운 모양.
枉則直(22)

493 (외)外 :
*밖 외;부수 夕(저녁석, 3획) 획수 총5획;[wài] Outside, Exterior
1.바깥(內之對) 2.다를(他) 3.겉(表面) 4.다른 나라(他國) 5.멀리할(疏斥遠之) 6.잊을(忘) 7.버릴
(棄) 8.제할(除) 9.아버지(父) 10.남, 타인(他人) 11.외가(外家) 12.바깥채 13.타향(他鄕) 14.언
행(言行), 용모(容貌) 15.앞, 이전(以前) 16.민간(民間), 조정(朝廷)에 대한 재야(在野) 17. 안
일에 대한 바깥일, 사사(私事)에 대한 공사(公事) 18.멀리하다 19.벗어나다, 빗나가다 20.잊다,
망각하다(忘却), 21.용의(容儀), 차림.
【의존명사】 일정한 범위나 한계를 벗어남을 나타내는 말. 밖. *그 ~에도 할 일이 많다.
外其身而身存.(7)

494 (외)畏 :
*두려워할 외;부수 田(밭전, 5획) 획수 총9획;[wèi] Dread, Fear
1.두려울(懼) 2.겁낼(怯) 3.놀랄(驚) 4.꺼릴(忌) 5.경외하다(敬畏) 6.심복하다(心服) 7.조심하다
8.으르다, 위협하다(威脅) 9.죽다 10.옥사(獄死)하는 일 11.억울한 죄로 죽음을 당하는 일.
若畏四鄰.(15) 畏之.(17) 人之所畏(20) 不可不畏.(20) 唯施是畏(53) 民不畏威(72) 民不畏死
(74) 若使民常畏死(74)

495 (요)妖 :
*아리따울 요, 요사할 요{어릴 오};부수 女(계집녀, 3획) 획수 총7획;[yāo] Premature, Death
1.아리따울, 어여쁠(少好貌妖妖) 2.얼굴빛 화할(色愉妖妖) 3.무성할(茂盛) 4.재앙(災) 5.굴할
(屈) 6.일찍 죽을(短折) 7.배속에 든 아이(胎兒) 8.요사하다(妖邪) 9.요염하다(妖艶) 10.괴이하
다(怪異) 11.요괴(妖怪).
善復爲妖(58)

496 (요)要 :

*구할 요, 요긴할 요;부수 襾(덮을아, 6획) 획수 총9획;[yào,yāo] Request, Important
1.구할(求) 2.살필(察) 3.겁박할(怯) 4.언약할(言約) 5.옳게 밝힐, 취조할(取調) 6.모일, 모을(會)
7.허리(腰) 8.억지로 할(勒) 9.기다릴(待) 10.부를(招) 11.시골(要服圻外) 12.종요로울(樞) 13.반
드시, 꼭(要當, 必) 14.통계, 회계(統計. 會計) 15.하고자 할(欲) 16.요긴하다(要緊) 17.요약하
다(要約) 18.원하다(願) 19.적중하다(的中) 20.바루다 21.취득하다(取得) 22.이루다 23.잠복(潛
伏)하여 노리다 24.규찰하다(糾察) 25.책망하다(責望) 26.통괄하다(統括) 27.으르다 28.금하다
(禁) 29.누르다 30.굽히다 31.잡다 32.근본(根本) 33.생략(省略), 간략(簡略) 34.증권 36.요컨대.
【명사】(주로 '요는'의 꼴로 쓰여) '요점·요지·대요' 등의 뜻. *~는 누가 적임자이냐?
是謂要妙.(27)

497 (요)窈 :
*그윽할 요;부수 穴(구멍혈, 5획) 획수 총10획;[yǎo] Secluded
1.고요할(窈窈, 靜) 2.깊을(深) 3.안존할(窈窕, 幽閒) 4.그윽하다, 심원하다(甚遠) 5.얌전하다 6.
어둡다, 희미하다(稀微) 7.구석지다 8.아름답다, 아리땁다 9.고상하다(高尙) 10.고운 마음씨 11.
누긋하다(성질이나 태도가 좀 부드럽고 순하다),
窈兮冥兮(21)

498 (요)寥 :
*쓸쓸할 요, 고요할 요{료};부수 宀(갓머리, 3획) 획수 총14획;[liáo] Quiet
1.고요할, 쓸쓸할(空寂) 2.감출(藏) 3.아득할(深遠貌) 4.휑하다 5.공허하다(空虛) 6.넓다 7.성기
다(물건의 사이가 뜨다) 8.잠잠하다 9.둘러싸다. 10.교란시키다(攪亂) 11.하늘, 공중(空中).
寂兮寥兮(25)

499 (요)徼 :
*구할 요, 돌 요;부수 彳(두인변, 3획) 획수 총16획;[jiào,jiǎo] Patrol
1.구할(要求) 2.돌아다닐(循) 3.순라(邏卒) 4.변방(邊) 5.맞을(迎) 6.가릴 7.훔치다(抄) 8.돌다,
순찰하다(巡察) 9.막다, 차단하다(遮斷) 10.미묘하다(微妙) 11.변방(邊方) 12.샛길 13.심원한 경
지나 곳.
常有欲以觀其徼(1)

500 (요)燿 :
*빛날 요{녹일 삭};부수 火(불화, 4획) 획수 총18획;[yào] Glorious
1.비칠(照) 2.빛날(光貌, 炫燿) 3.환할(明貌熠燿), 4,빛. 5.밝다.
*녹일 삭;1.녹이다.
光而不燿.(58)

501 (욕)辱 :

욕되게 할 욕;부수 辰(별진, 7획) 획수 총10획;[rǔ] Disgrace, Shame

1.욕될(恥) 2.굽힐(屈) 3.더럽힐(汚) 4.욕할(僇) 5.고마워할(辱知) 6.모욕(侮辱)을 당하다(當) 7.무덥다 8.황공하다(惶恐) 9.거스르다 10.치욕(恥辱), 수치(羞恥).

【명사】 【~하다｜자동사】

① '욕설'의 준말. *~을 먹다 *~을 퍼붓다 *함부로 ~하지 마라.

② 부끄럽고 불명예스러운 일. *~을 당하다 *이름을 ~되게 하다.

③ 〈속〉 수고

何謂寵辱若驚(13) 是謂寵辱若驚(13) 守其辱(28) 太白若辱(41) 知足不辱(44)

502 (욕)欲 :

*하고자 할 욕;欠 (하품흠, 4획) 획수 총11획;[yù] Want, Desire

1.탐낼, 욕심낼(貪) 2.하고자 할(祈願) 3.사랑할(愛) 4.장차(將欠) 5.필요할(要) 6.순하다(順) 7.하기 시작하다(始作) 8.온순하다(溫順), 정숙하다(貞淑) 9.편안하다(便安) 10.희구(希求) 11.욕심(欲心・慾心)(=慾), 욕망(欲望・慾望) 12.애욕(愛慾), 색욕(色慾) 13.마땅히, ~해야 한다.

【접미사】 욕구 또는 욕망의 뜻. *명예~ *성취~.

故常無欲以觀其妙(1) 常有欲以觀其徼(1) 不見可欲(3) 常使民無知無欲(3) 保此道者不欲盈.(15) 少私寡欲.(19) 將欲取天下而爲之(29) 常無欲(34) 將欲歙之(36) 將欲弱之(36) 將欲廢之(36) 將欲奪之(36) 化而欲作(37) 夫亦將無欲.(37) 不欲以靜(37) 不欲琭琭如玉(39) 咎莫大於欲得(46) 我無欲而民自樸(57) 大國不過欲兼畜人(61) 小國不過欲入事人(61) 夫兩者各得其所欲(61) 欲不欲(64) 是以欲上民(66) 欲先民(66) 其不欲見賢.(77)

503 (용)用 :

*쓸 용;부수 用 (쓸용, 5획) 획수 총5획;[yòng] Use, Consume

1.쓸(可施行) 2.쓰일, 부릴(使, 利用) 3.써(以) 4.재물(貨) 5.그릇, 도구(器) 6.맡길(任) 7.일하다 8.통할(通) 9.베풀다, 시행하다(施行) 10.등용하다(登用) 11.다스리다 12.들어주다 13.행하다(行) 14.작용(作用), 능력(能力) 15.용도(用度), 쓸데 16.방비(防備), 준비(準備) 17.재산(財産), 밑천 18.효용(效用) 19.씀씀이, 비용(費用) 20.도구(道具), 연장(어떠한 일을 하는 데에 사용하는 도구)

【접미사】 '쓰임'의 뜻. *자가~ *아동~ *사무~ *업무~.

道沖而用之(4) 用之不勤.(6) 有車之用(11) 有器之用(11) 有室之用.(11) 無之以爲用.(11) 善數不用籌策.(27) 聖人用之(28) 用兵則貴右.(31) 不得已而用之(31) 用之不足旣(35) 道之用.(40) 其用不弊.(45) 其用無窮.(45) 兵無所用其刃.(50) 用其光(52) 以奇用兵(57) 善用人者爲之下.(68) 是謂用人之力(68) 用兵有言(69) 使有什佰之器而不用(80) 使人復結繩而用之(80)

504 (용)勇 :

*날쌜 용;부수 力(힘력, 2획) 획수 총9획;[yǒng] Bravery

1.날낼(氣健, 銳) 2.용맹할(果敢, 高踏勇退) 3.용기(勇氣) 4.기운차게 할 5.억센 사람(猛士) 6.과감하다(果敢) 7.결단력(決斷力)이 있다 8.강하다(强) 9.다툼 10.용사(勇士), 병사(兵士).
　【명사】 '용기(勇氣)'의 준말.
慈故能勇(67)　今舍慈且勇(67)　勇於敢則殺(73)　勇於不敢則活.(73)

505 (용)容 :

*얼굴 용;부수 宀(갓머리, 3획) 획수 총10획;[róng] Figure

1.얼굴(貌) 2.모양(儀) 3.놓을(置) 4.용납할(受, 容諫) 5.용서할(宥) 6.쓸(用) 7.내용(內容) 8.안존할(安). 9.펄렁거릴(飛揚貌) 10.천천할(從容) 11.조사(助詞) 12.몸가짐 13.용량 14.속내 15.어찌 16.혹(或), 혹은(그렇지 아니하면) 17.담다, 그릇 안에 넣다 18.치장하다(治粧) 19.조용하다, 누긋하다(성질이나 태도가 좀 부드럽고 순하다) 20.권하다(勸), 종용하다(慫慂) 21.쉽다, 손쉽다 22.어렵지 아니하다,
故强爲之容.(15)　其若容.(15)　知常容(16)　容乃公(16)　孔德之容(21)

506 (우)又 :

*또 우{다시 역};부수 又(또우, 2획) 획수 총2획;[yòu] And

1.또(更) 2.용서할(宥) 3.다시 4.용서하다 5.오른손, 오른쪽(右) 6.더욱 7.거듭하다, 두 번하다.
*다시 역;1.다시(復)
玄之又玄(1)　損之又損(48)

507 (우)尤 :

*더욱 우;부수 尢(절름발이왕, 3획) 획수 총4획;[yóu] Most, Blame

1.가장(最) 2.더욱(甚), 한층 더 3.탓할(咎) 4.허물할(怨) 5.오히려, 도리어 6.허물, 과실(過失) 7.훌륭한 사람, 뛰어난 것 8.으뜸 9.같지 않다, 달리하다 10.멀리 떨어지다 11.나쁘다 12.특히 13.주저하다(躊躇), 망설이다 14.가까이하다(마음을)사로잡히다 15.그 중에서도,
故無尤.(8)

508 (우)右 :

*오른쪽 우{도울 우};부수 口(입구, 3획) 획수 총5획;[yòu] Right

1.오른쪽(左之對) 2.높일(尊) 3.강할(强) 4.도울(助, 佑) 5.위(上) 6.곁(側) 7.서쪽(西) 8.굽다 9.귀하다(貴) 10.권하다(勸) 11.오른쪽에 적은 글이나 내용.
　【명사】 ① 오른쪽. *~로 향하다. ② 〔정치〕 우익. *~도 좌(左)도 아니다.
用兵則貴右.(31)　凶事尚右.(31)　上將軍居右(31)　其可左右.(34)

509 (우)雨 :

*비 우;부수 雨(비우, 8획) 획수 총8획;[yǔ,yù] Rain

1.비(水蒸爲雲降爲雨) 2.비 올(自上而下) 3.많은 모양의 비유(比喩·譬喩) 4.흩어짐의 비유 5.
가르침의 비유 6.벗의 비유 7.(하늘에서)떨어지다 8.(물을)대다 9.윤택(潤澤)하게 하다,
驟雨不終日.(23)

510 (우)隅 :

*모퉁이 우;부수 阝(좌부변, 3획) 획수 총12획;[yú] Corner

1.모퉁이(方) 2.모(廉稜) 3.기슭(猶岸), 구석, 벼랑 4.절개(節介) 5.정조(貞操)
大方無隅(41)

511 (우)愚 :

*어리석을 우;부수 心 (마음심, 4획) 획수 총13획;[yú] Foolish

1.어리석을(癡) 2.고지식할(愚直) 3.어두울(闇眛) 4.우준할(蠢) 5.업신여길(愚弄),
6.나(자기의 겸칭) 7.자기(自己)에 관계(關係)되는 사물(事物)에 붙이는 겸칭.
【명사】어리석음. *~를 범하다.
我愚人之心也哉!(20) 道之華而愚之始.(38) 陸行不遇兕虎(50) 將以愚之(65)

512 (우)憂 : (간체자) 忧

*근심할 우;부수 心(마음심, 4획) 획수 총15획;[yōu] Anxious

1.근심(愁思) 2.걱정할 3.상제될(居喪) 4.병(疾) 5.그윽할(幽) 6.욕될(辱) 7.고통(苦痛), 괴로움
8.가엾게 여기다.
絶學無憂.(20)

513 (운)云 :

이를 운, 구름 운;부수 二(두이, 2획) 획수 총4획;[yún] Tell

1.이를(曰) 2.움직일(運) 3.이러저러할(衆言) 4.여기에(뜻이 없는 토) 5.흥하는 모양(興貌) 6.돌
아갈(歸) 7.이와 같다 8.다다르다 9.도착하다(到着) 10.운행하다(運行) 11.있다 12.하늘 13. 운
운(등등) 14.어조사(語助辭) 15.구름 16.은하수(銀河水) 17.친하다.
故聖人云(57) 是以聖人云(78)

514 (운)芸 :

*향초 이름 운(재주 예, 심을 예};부수 艹(초두머리, 4획) 획수 총8획;[yún] Fragrant, grass

1.향초, 궁궁이(香草, 芎藭: 산형과의 여러해살이풀) 2.많은 모양(多貌) 3.꽃 성할(花盛貌) 4.
성(姓) 5.평지(십자화과의 두해살이풀) 6.향기(香氣) 7.운향(시의 신비로운 운치와 음조) 8.김매

다(논밭의 잡풀을 뽑아내다) 9.많다 10.촘촘하다.
夫物芸芸(16)

515 (웅)雄 :

*수컷 웅;부수 隹(새추, 8획) 획수 총12획;[xióng] Male, Brave

1.수컷(雌雄翼屬之牡) 2.웅장할(武稱) 3.영웅(英雄) 4.이기다, 승리하다 5.우수하다, 뛰어나다
6.두목 7.씩씩하다 8.용감하다(勇敢),
知其雄(28)

516 (원)怨 :

*원망할 원{쌓을 온};부수 心(마음심, 4획) 획수 총9획;[yuàn] Grudge

1.원망할(恨) 2.원수(仇) 3.분낼(恚) 4.고깝게 여기다 5.책망하다(責望) 6.나무라다 7.미워하다
7.슬퍼하다 8.위배되다(違背) 9.어긋나다 10.헤어지다 11.풍자하다(諷刺),
*쌓을 온;1.쌓다 2.축적하다(蓄積).
【명사】'원한'의 준말.
報怨以德.(63) 和大怨(79) 必有餘怨(79)

517 (원)遠 : (간체자) 远

1. 멀 원;부수 辶(책받침, 3획) 획수 총13획;[yuǎn] far, Distant

1.멀(遙) 2.심오할, 깊을(高奧) 3.멀리할(遠之, 離) 4.멀다 5.많다 6.세월이 오래되다 7.싫어하다
8.내쫓다, 추방하다(追放) 9.어긋나다 10.선조(先祖) 11.이목이 미치지 못하다 12.번거롭다,
逝曰遠(25) 遠曰反.(25) 其出彌遠(47) 遠矣(65) 使民重死而不遠徙.(80)

518 (위)威 :

*위엄 위;부수 女(계집녀, 3획) 획수 총9획;[wēi] Dignity

1.위엄(尊嚴) 2.세력(勢) 3.거동(儀) 4.두려워할(懼, 畏) 5.공덕(功德) 6.법칙(法則) 7.형벌(刑罰)
8.시어머니 9.쥐며느리(쥐며느릿과의 절지동물) 10.진동하다(振動), 떨치다 11.구박하다(驅迫)
12.으르다(무서운 말이나 행동으로 위협하다), 협박하다(脅迫) 13.험하다(險), 가파르다.
民不畏威(72) 則大威至.(72)

519 (위)爲 : (간지) 爲(간체자) 为

*할 위;부수 爪(손톱조, 4획) 획수 총12획;[wéi,wèi] Do, Act, For

1.할(造) 2.다스릴(治) 3.하여금(使) 4.어조사(語助辭) 5.어미 원숭이(母猴) 6.인연(緣) 7.지을(著
作) 8.만들(生産) 9.이룰(成) 10.행할(行) 11.이름 지을(名稱) 12.생각할(思) 13.삼다 14.배울(學)
15.써(所以) 16.흉내 낼(擬) 17.위할(助) 18.호위할(護), 19.속하다 20.있다 21.병을 고치다 22.

해설하다,

天下皆知美之爲美(2) 天下皆知善之爲善(2) 是以聖人處無爲之事(2) 爲而不恃.(2) 使民不爲盜(3) 使夫智者不敢爲也(3) 爲無爲(3) 以百姓爲芻狗.(5) 以萬物爲芻狗(5) 能爲雌乎!(10) 爲而不恃(10) 埏埴以爲器(11) 鑿戶牖以爲室(11) 故有之以爲利(11) 無之以爲用.(11) 是以聖人爲腹不爲目.(12) 爲吾有身.(13) 寵爲下(13) 故貴以身爲天下(13) 愛以身爲天下(13) 故混而爲一.(14) 古之善爲士者(15) 故强爲之容.(15) 以爲文(19) 道之爲物(21) 爲天下式.(22) 孰爲此者?(23) 可以爲天下母.(25) 强爲之名曰大.(25) 重爲輕根(26) 靜爲躁君.(26) 爲天下谿.(28) 爲天下式.(28) 爲天下谷.(28) 樸散則爲器.(28) 則爲官長.(28) 不可爲也(29) 將欲取天下而爲之(29) 爲者敗之(29) 恬淡爲上.(31) 衣養萬物而不爲主.(34) 萬物歸焉而不爲主(34) 可名爲大.(34) 以其終不自爲大(34) 道常無爲(37) 而無不爲.(37) 上德無爲而無以爲(38) 下德爲之而有以爲(38) 上仁爲之而有以爲(38) 上義爲之而有以爲(38) 上禮爲之而莫之應(38) 此非以賤爲本邪(39) 侯王得一以爲天下貞.(39) 故貴以賤爲本(39) 高以下爲基(39) 不足以爲道(41) 沖氣以爲和.(42) 而王公以爲稱.(42) 吾將以爲敎父.(42) 吾是以知無爲之有益(43) 無爲之益(43) 淸靜爲天下正.(45) 不爲而成.(47) 爲學日益(48) 爲道日損.(48) 以至於無爲(48) 無爲而無不爲.(48) 以百姓心爲心(49) 爲天下渾其心(49)爲而不恃(51) 以爲天下母(52) 是爲習常.(52) 故爲天下貴.(56) 我無爲而民自化(57) 正復爲奇(58) 善復爲妖(58) 以靜爲下.(61) 大者宜爲下.(61) 故爲天下貴.(62) 爲無爲(63) 爲大於其細(63) 是以聖人終不爲大(63) 爲之於未有(64) 爲者敗之(64) 無爲(64) 而不敢爲.(64) 古之善爲道者(65) 江海所以能爲百谷王者(66) 故能爲百谷王.(66) 三曰不敢爲天下先(67) 不敢爲天下先(67) 善爲士者不武(68) 善用人者爲之下.(68) 吾不敢爲主而爲客(69) 而爲奇者(74) 以其上之有爲(75) 夫唯無以生爲者(75) 爲而不恃(77) 是爲天下王.(78) 安可以爲善(79) 旣以爲人(81) 爲而不爭.(81)

520 (위)僞 : (간지) 僞(간체자) 僞

*거짓 위{잘못될 와};부수 亻(사람인변, 2획) 획수 총14획;[wěi] Falsehood
1.거짓(假) 2.속일(詭) 3.사투리(訛) 4.잘못 5.작위(作爲) 6.그릇되게 바뀌다,
7.그런 양 나타내 보이다.
*잘못 될 와;1.잘못되다 2.틀리다 3.고치다, 변화시키다(變化).
有大僞.(18)

521 (위)謂 : (간체자) 謂

*이를 위;부수 言(말씀언, 7획) 획수 총16획;[wèi] Tell
1.고할(告) 2.이를(與之言) 3.일컬을(稱) 4.가리키다 5.논평하다(論評) 6.설명하다(說明) 7.하다 8.생각하다 9.힘쓰다 10.근면하다(勤勉) 11.어찌하랴 12.이름(이르는 바) 13.까닭, 이유(理由) 14.함께 15.취지 16.명칭.
同謂之玄(1) 是謂玄牝(6) 是謂天地根.(6) 是謂玄德.(10) 何謂寵辱若驚(13) 何謂貴大患若身(13) 是謂寵辱若驚(13) 是謂無狀之狀(14) 是謂惚恍.(14) 是謂道紀.(14) 是謂復命.(16) 百姓皆

謂我自然.(17) 古之所謂曲則全者(22) 是謂襲明.(27) 是謂要妙.(27) 是謂不道.(30) 是謂微明.(36) 是以候王自謂孤,寡,不穀(39) 是謂玄德.(51) 是謂盜夸(53) 謂之不道(55) 是謂玄同(56) 是謂早服(59) 謂之重積德(59) 是謂深根固柢(59) 是謂玄德(65) 天下皆謂我道大.(67) 是謂不爭之德(68) 是謂用人之力(68) 是謂配天(68) 是謂行無行(69) 是謂代大匠斲(74) 是謂社稷主(78)

522 (위)衛 : (간체자) 卫

*지킬 위;부수 行(다닐행, 6획) 획수 총15획;[wèi] Guard, Protect

1.지킬, 막을(捍, 防) 2.호위할(宿衛, 侍衛, 護) 3.핏기운(血氣) 4.나라이름(康叔所封) 5.아름답다 6.좋다 7.의심하다(疑心) 8.경영하다(經營) 9.덮다 10.성(姓).

以慈衛之.(67)

523 (유)有 :

*있을 유;부수 月(달월, 4획) 획수 총6획;[yǒu,yòu] Is, Have

1.있을(無之對) 2.얻을(得) 3.과연(果然) 4.가질(保, 所持) 5.친할(親) 6.또(又) 7.존재하다(存在) 8.독차지하다(獨) 9.많다, 넉넉하다 10.알다 11.소유(所有) 12.자재(資財), 소유물(所有物), 13.경역(境域: 경계 안의 지역) 14.어조사(語助辭) 15.어떤 16.인연(因緣)의 하나.

【명사】 ① 있거나 존재함. *무(無)에서 ~를 창조하다. ↔무(無).

② 〔철학〕 직접 경험에 나타나는 실재(實在).

③ 〔불교〕 미(迷)로서의 존재. 십이 인연의 하나. ↔공(空).

有名(1) 常有欲以觀其徼(1) 故有無相生(2) 生而不有(2) 生而不有(10) 有車之用(11) 有器之用(11) 有室之用.(11) 故有之以爲利(11) 吾所以有大患者(13) 爲吾有身.(13) 吾有何患(13) 以御今之有.(14) 下知有之(17) 有不信焉.(17) 有仁義(18) 有大僞.(18) 有孝慈(18) 有忠臣.(18) 盜賊無有.(19) 故令有所屬.(19) 衆人皆有餘(20) 衆人皆有以(20) 其中有象.(21) 其中有物.(21) 其中有精.(21) 其中有信.(21) 不自伐故有功(22) 有不信焉.(23) 故有道者不處.(24) 有物混成(25) 域中有四大(25) 雖有榮觀(26) 必有凶年.(30) 善有果而已.(30) 故有道者不處.(31) 始制有名.(32) 名亦旣有(32) 勝人者有力(33) 强行者有志(33) 功成不名有.(34) 是以有德(38) 下德爲之而有以爲(38) 上仁爲之而有以爲(38) 上義爲之而有以爲(38) 天下萬物生於有(40) 有生於無.(40) 故建言有之(41) 吾是以知無爲之有益(43) 無有入無間(43) 天下有道(46) 及其有事(48) 亦十有三.(50) 生之徒十有三(50) 死之徒十有三.(50) 生而不有(51) 天下有始(52) 使我介然有知(53) 財貨有餘(53) 盜賊多有(57) 可以有國.(59) 有國之母(59) 何棄之有?(62) 雖有拱璧以先駟馬(62) 有罪以免耶(62) 爲之於未有(64) 我有三寶(67) 用兵有言(69) 言有宗(70) 事有君(70) 常有司殺者殺(74) 希有不傷其手矣.(74) 以其上之有爲(75) 有餘者損之(77) 損有餘而補不足(77) 損不足以奉有餘(77) 唯有道者(77) 孰能有餘以奉天下?(77) 必有餘怨(79) 有德司契(79) 使有什佰之器而不用(80) 雖有舟輿(80) 雖有甲兵(80) 已愈有(81)

524 (유)柔 :

*부드러울 유;부수 木(나무목, 4획) 획수 총9획;[róu] Soft

1.부드러울(强之反) 2.순할(順) 3.편안할(安) 4.연약할(耎弱) 5.싹 나올(草木新生) 6.복종할(服)
7.사랑하다 8.쌍일(雙日: 짝숫날) 9.성질이 화평하고 순하다 10.무르다 11.좇다,

專氣致柔(10) 柔弱勝剛强.(36) 天下之至柔(43) 守柔曰强.(52) 骨弱筋柔而握固.(55) 人之生也
柔弱(76) 柔弱者生之徒(76) 柔弱處上.(76) 萬物草木之生也柔脆(76) 天下莫柔弱於水(78) 柔
之勝剛(78)

525 (유)悠 :

*멀 유;부수 心(마음심, 4획) 획수 총11획;[yōu] Far

1.멀(遠) 2.생각할(思) 3.아득할(眇邈無期貌) 4.한가할(閑暇貌) 5.근심하는 모양 6.많다 7.나부
끼다, 펄럭이다 8.많은 모양,

悠兮(17)

526 (유)惟 :

*생각할 유;부수 忄(심방변, 3획) 획수 총11획;[wéi] Considerate, Only

1.생각할(思) 2.꾀, 꾀할(謨) 3.오직(獨) 4.~이 되다 5.늘어세우다 6.마땅하다, 들어맞다 7.이(語
助辭=伊, 是) 8.~와(접속사) 9.~으로써, 때문에 10.예, 대답(對答).

惟道是從.(21) 惟恍惟惚.(21) 夫惟不爭(22)

527 (유)唯 :

*오직 유(누구 수);부수 口(입구, 3획) 획수 총11획;[wéi] Only

1.오직, 뿐(專辭獨) 2.허락할(許) 3.어조사(語助辭) 4.비록 ~하더라도 5. 때문에 6.바라건대 7.
예, 공손(恭遜)하게 대답(對答)하는 말 8.생각하다.

*누구 수;1.누구(誰)

夫唯弗居(2) 夫唯不爭(8) 夫唯不可識(15) 唯之與阿(20) 夫唯道善貸且成.(41) 唯孤寡不穀(42)
唯施是畏.(53) 夫唯嗇(59) 夫唯大(67) 夫唯無知(70) 夫唯病病(71) 夫唯不厭(72) 夫唯無以生
爲者(75) 唯有道者(77)

528 (유)猶 : (간체자) 犹

*오히려 유, 원숭이 유(움직일 요);부수 犭(개사슴록변, 3획) 획수 총12획;[yóu] Yet, Monkey

1.오히려(尙) 2.같을(似) 3.어미 원숭이(猱屬) 4.가히(可) 5.느릿느릿 할(舒遲) 6.한 가지(同一)
7.머뭇거릴(不快猶豫) 8.다만 9.이미 10.크게, 지나치게 11.~부터 12.마치 -와 같다 13.써(以)
14.마땅히 -야 한다(應) 15.그대로 16.원숭이(구세계 원숭이과와 신세계 원숭이과의 총칭(總稱)
17. 태연(泰然)한 모양 18.허물 19.꾀하다 20.말미암다(由) 21.그림을 그리다 22.조차 23.지금
도 역시 24.그 위에 더,

*움직일 요;1.움직이다(搖) 2.흔들리다.

其猶橐籥乎!(5) 猶兮(15) 猶川谷之於江海.(32) 是以聖人猶難之.(63) 是以聖人猶難之.(73) 其猶張弓與(77)

529 (유)渝 :
*변할 유{변할 투};부수 氵(삼수변, 3획) 획수 총12획;[ú] Change
1.빛 변할(變) 2.더러워질(汚) 3.고을이름(蜀州名) 4.바뀌다, 달라지다 5.변경하다(變更) 6.넘치다 7.원한을 풀다 8.풀리다, 벗기다 9.즐겁다 10.구차하다(苟且),
註 : 유와 투 音만 다르고 뜻은 같이함.
質直若渝(41)

530 (유)愈 :
*나을 유{구차할 투};부수 心(마음심, 4획) 획수 총13획;[yù] Get well
1.(남보다)나을, 뛰어날(勝, 過) 2.어질(賢) 3.더욱(益) 4.심할(甚) 5.병 나을(病差) 6.고치다 7.유쾌하다(愉快) 8.즐기다, 9.근심하다(속을 태우거나 우울해하다), 괴로워하다 11.더욱, 점점 더, 12,근심하는 모양,
*구차할 투;1.구차하다(苟且).
動而愈出.(5) 已愈有(81) 已愈多.(81)

531 (유)牖 :
*들창 유;부수 片(조각편, 4획) 획수 총15획;[yǒu] Lattice, Window
1.엇살창(穿壁以木而交窓) 2.들창(들어서 여는 창), 바라지(壁窓) 3.향할(向) 4.인도할(導) 5.밝을, 깨우칠(開明) 6.남쪽으로 난 창 7.성(姓).
鑿戶牖以爲室(11) 不窺牖(47)

532 (유)遺 : (간체자) 遗
*끼칠 유, 남길 유{따를 수};부수 辶(책받침, 3획) 획수 총15획;[yí,wèi] Survive
1.끼칠, 줄, 남길(贈) 2.잃어버릴(失) 3.남을(餘) 4.더할(加) 5.자취(陣迹) 6.잊을(忘) 7.먹일(饋) 8.버리다, 유기하다(遺棄) 9.두다, 놓다 10.떨어지다 11.빠지다 12.쇠퇴하다(衰退) 13.빠르다 14.오줌 15.실수(失手) 16.후세에 전하다,
*따를 수;1.따르다 2.좇다.
自遺其咎.(9) 而我獨若遺.(20) 無遺身殃(52)

533 (육)六 :
*여섯 육{륙};부수 八(여덟팔, 2획) 획수 총4획;[liù,lù] Six
1.여섯(數名) 2.여섯 번(六次) 3.나라 이름(春秋國名) 4.죽이다(戮).

六親不和(18)

534 (육)育 :
*기를 육;부수 月(육달월, 4획) 획수 총8획;[yù,yò] Rear, Grow
1.기를(養) 2.날(生) 3.자랄(育成) 4.어리다,
育之(51)

535 (육)陸 :
*뭍 육(륙);부수 阝(좌부변, 3획) 획수 총11획;[lù,liù] Land
1.뭍(高平曰陸-지구의 표면에서 바다를 뺀 나머지 부분. 섬이 아닌 본토) 2.길(路) 3.뛸(陸梁跳) 4.어긋날(陸離參差) 5.녹녹할(陸陸磋錄) 6.두터울(厚) 7.언덕 8.길 9.여섯(六과 통용) 10.뛰다 11.성(姓).
陸行不遇兕虎(50)

536 (융)戎 :
*병장기 융, 오랑개 융;부수 戈(창과, 4획) 획수 총6획;[róng] Weapons
1.병장기(兵, 軍器의 總稱) 2.싸움 수레(元戎, 小戎, 軍車名) 3.클(大) 4.너(汝) 5.도울(相) 6.서쪽 오랑캐(蠻族,-東夷, 西戎, 南蠻, 北狄) 7.되(북방 오랑캐) 8.군사(軍士), 병사(兵士) 9.싸움 10.난잡하다(亂雜),
【명사】① 싸움. ② 병기(兵器). ③ 예전에, 중국 서쪽에 있던 종족.
戎馬生於郊(46)

537 (은)隱 : (간지) 隱(간체자) 隱
*숨길 은;부수 阝(좌부변, 3획) 획수 총17획;[yǐn] Hide
1.숨을(藏) 2.은미할(微) 3.아낄(私) 4.숨길(隱諱蔽匿) 5.속 걱정할(隱憂痛) 6.점칠(隱度占) 7.불쌍히 여길(惻隱仁心) 8.음흉하다(陰凶) 9.쌓다 10.무게 있다 11.기대다 12.수수께끼 13.비밀로 하다 14.속에 넣어두다 15.닫다 16.사사로이 하다 17.칭찬하지 않다 18.벗어나다 19.떠나다 20.한쪽으로 치우치다 21.그늘지다 22.흐려지다, 희미함. 22.성(姓).
道隱無名(41)

538 (음)音 :
*소리 음;부수 音(소리음, 9획) 획수 총9획;[yīn] Sound
1.소리(聲) 2.말소리(音聲) 3.편지, 소식(音信) 3.음(訓之對, 文字讀聲) 4.음악(音樂) 5.그늘 6.성(姓)
【명사】① 귀로 느낄 수 있는 소리.

② 사람이 말을 하기 위하여 내는 소리. 목소리. ③ 자음(字音).
音聲相和(2) 五音令人耳聾(12) 大音希聲(41)

539 (음)陰 : (간체자) 阴
*응달 음{침묵할 암};부수 阝(좌부변, 3획) 획수 총11획;[yīn] Shade, Cloudy
1.응달, 음지(水南山北) 2.음기(陽之對, 地道, 妻道, 臣道) 3.부인에게 예 가르칠(陰敎婦禮) 4.
가만히 할(默) 5.그늘 할, 가릴(蔭) 6.그늘(影) 7.비 등어리(碑背) 8.음침할(闇) 9.흐릴(曇) 10.
세월(光陰) 11.그림자, 해 그림자 12.어둠 13.생식기(生殖器), 음부(陰部) 14.암컷 15.뒷면 16.
음각(陰刻) 17.저승 18.가을과 겨울 19.두루미, 학(鶴) 20.덮다, 비호하다(庇護) 21.축축함 22.
묻다, 매장하다(埋葬)
*침묵할 암;1.침묵하다(沈默) 2.입을 다물다.
【명사】 ↔양(陽).
① 〔철학〕 역학(易學)에서, 태극이 나누인 두 기운 가운데의 하나《어둠·땅·없음 등 소극적
인 것을 상징함》.
② 〔수학〕 음수(陰數)를 나타내는 말.
③ 〔한의학〕 체질이나 약의 성질, 병의 증상 따위가 정적이고 차고 소극적인 것.
④ 〔물리〕 '음극'의 준말.
♣ 음으로 양으로 【관용구】 남이 모르는 가운데. *~ 도와주다.
萬物負陰而抱陽(42)

540 (음)飲 : (간지) 饮(간체자) 飲
*마실 음;부수 飠(밥식변, 9획) 획수 총13획;[yǐn] Drink
1.마실(咽水藪) 2.마시게 할(予人以歠) 3.호흡하다(呼吸) 4.머금다, 품다 5.숨기다 6.술자리 7.
음식(飲食), 음식물(飲食物)의 총칭(總稱) 8.음료(飲料), 마실 것 9.잔치,
厭飲食(53)

541 (읍)泣 :
울 읍{바람 빠를 입, 원활하지 않을 삽};부수 氵(삼수변, 3획) 획수 총8획;[qì] Weep
1.눈물 줄줄 흘릴, 소리 없이 울(無聲出涕) 2.부글부글 끓는 소리(沸聲) 3.울(哭) 4.별자리 이
름 5.근심하다(속을 태우거나 우울해하다), 걱정하다.
以哀悲泣之.(31)

542 (응)應 : (간지) 应(간체자) 應
*응할 응;부수 心(마음심, 4획) 획수 총17획;[yīng] Answer, Permit
1.응당, 꼭(料度辭, 當) 2.사랑할(愛) 3.대답할(答) 4.응할(物相感) 5.승낙할(承諾, 應諾) 6.받다
7.풍류이름(樂名應鼓) 8.맞장구치다 9.응당 ~하여야 한다. 10.아마도 11.조짐(兆朕) 12.성(姓).

13.나라의 이름. 14.거두어 가지다,
上禮爲之而莫之應(38) 不言而善應(73)

543 (의)衣 :
*옷 의;부수 衣(옷의, 6획) 획수 총6획;[yī,yì] Clothes
1.옷(衣裳, 庇身上下) 2.입을(服之) 3.깃털, 우모(羽毛) 4.옷자락 5.살갗, 표피(表皮) 6.이끼 7.
덮다 8.행하다(行), 실천하다(實踐) 9.예복, 나들이 옷, 가사(袈裟),
【명사】① '의복'의 준말. ② '책의(册衣)'의 준말.
衣養萬物而不爲主.(34)

544 (의)矣 :
*어조사 의;부수 矢(화살시, 5획) 획수 총7획;[yǐ]
1.말 그칠(語已辭) 2.어조사(語助辭) 3.~었다 4.~리라 5.~이다 6.~뿐이다 7.~도다! 8.~느냐? 9.~
여라 10.단정·결정·한정·의문·반어의 뜻을 나타냄 11.구(句) 끝에서 다음 말을 일으키는
말 12. 구(句) 가운데서, 또는 다른 조사 위에 쓰이어 영탄의 뜻을 나타냄,
則不可以得志於天下矣.(31) 常足矣.(46) 故終無難矣.(63) 深矣(65) 遠矣(65) 與物反矣(65) 久
矣其細也夫.(67) 死矣(67) 哀者勝矣.(69) 希有不傷其手矣.(74)

545 (의)宜 :
*마땅할 의, 옳을 의;부수 宀(갓머리, 3획) 획수 총8획;[yí] Suitable
1.마땅할(當), 옳을(所安適理) 3.유순할(和順) 4.일할(事) 5.제 이름(祭名) 6.좋아할(好) 7.거의
8.화목하다(和睦) 9.형편(形便)이 좋다 10.아름답다 11.과연(果然), 정말 12.안주(按酒),
大者宜爲下.(61)

546 (의)倚 :
의지할 의{기이할 기};부수 亻(사람인변, 2획) 획수 총10획;[yǐ] dependance
1.기댈(依) 2.인할(因) 3.의지할(依支) 4.믿을(恃) 5.장단에 맞출(合調) 6.더할(加) 7.치우치다 8.
기울다 9.맡기다 10.인하다(因: 어떤 사실로 말미암다) 11.곁,
*설 기;1.설(立) 2.기이하다(奇異) 3.불구 4.奇, 畸와 通함.
福之所倚(58)

547 (의)義 : (간체자) 义
*옳을 의;부수 羊(양양, 6획) 획수 총13획;[yì] rightness
1.옳을(由仁得宜) 2.의리(人所可行道理) 3.뜻(意味) 4.선량하다(善良) 5.순응하다(順應) 6.맺다,
7.해 넣다 8.섞다, 혼합하다(混合) 9.간사하다(奸邪), 옳지 않다 10.거동(擧動▼: 임금의 나들
이) 11.용모(容貌), 행동거지(行動擧止) 12.공적인 것 13.인공적인 것 14.가짜. 15.평평하다.

【명사】① 사람으로서 행하여야 할 바른 도리. *~를 행하다.
② '도의(道義)'의 준말. ③ 남과 맺은 혈연과 같은 관계. *형제의 ~를 맺다.
④ 글자나 글의 뜻. ⑤ 군신(君臣) 사이의 바른 도리.
⑥〔역사 고제〕경서(經書)의 뜻을 해석시키던, 과거 시문(試問)의 하나.
有仁義(18) 絶仁棄義(19) 上義爲之而有以爲(38) 失仁而後義(38) 失義而後禮.(38)

548 (이)二 :
*두 이;부수 二(두이, 2획) 획수 총2획;[er] Two
1.두, 둘(數, 一之加一) 2.풍신(風神) 3.같을(同) 4.두 마음(異心) 5.의심할(疑) 6.둘로 나눌(分)
7.거듭(重) 8.버금(으뜸의 바로 아래)
【수사】둘.
【관형사】두. *~ 개월 *~ 학년 *~ 층.
一生二(42) 二生三(42) 二曰儉(67)

549 (이)已 :
*이미 이;부수 己(몸기, 3획) 획수 총3획;[yǐ] Already
1.이미(過事語辭) 2.그칠(止, 訖) 3.말(卒事之辭) 4.버릴(去) 5.너무(太過) 6.조금 있다가(踰時)
7.뿐, 따름(啻) 8.병 나을(病愈) 9.반드시 10.써, 써서 11.이, 이것 12.용서(容恕)하지 아니하다
13.불허하다(不許),
斯惡已(2) 斯不善已(2) 不如其已(9) 吾見其不得已.(29) 善有果而已.(30) 果而不得已(30) 不道
早已.(30) 不得已而用之(31) 不道早已.(55)

550 (이)以 :
*써 이;부수 人(사람인, 2획) 획수 총5획;[yǐ] With
1.써, 쓸(用) 2.할(爲) 3.까닭(因) 4.함께(與) 5.거느릴(率) 6.생각할(思) 7.~을 ~로 하다 8.~써,
~로, ~를 가지고, ~를 근거(根據)로 9.~에 따라, ~에 의해서, ~대로 10.~부터 11.~때문에, ~까
닭에, ~로 인하여 12.~하여, ~함으로써, ~하기 위하여 13.~라 여기다 14.~에게 ~을 주다 15.말
다 16.닮다 17.(시간, 장소, 방향, 수량의)한계(限界)를 나타냄.
故常無欲以觀其妙(1) 常有欲以觀其徼(1) 是以聖人處無爲之事(2) 是以不去.(2) 是以聖人之
治(3) 以萬物爲芻狗(5) 以百姓爲芻狗.(5) 以其不自生(7) 是以聖人(7) 非以其無私耶?(7) 埏埴
以爲器(11) 鑿戶牖以爲室(11) 故有之以爲利(11) 無之以爲用.(11) 是以聖人腹不爲目(12)
吾所以有大患者(13) 故貴以身爲天下(13) 愛以身爲天下(13) 以御今之有.(14) 孰能濁以靜之徐
靑?(15) 孰能安以久(15) 吾以觀復.(16) 以爲文(19) 衆人皆有以(20) 以閱衆甫.(21) 吾何以知衆
甫之狀哉?(21) 以此.(21) 是以聖人抱一(22) 可以爲天下母.(25) 是以聖人.(26) 而以身輕天
下?(26) 是以聖人(27) 是以聖人去甚(29) 以道佐人主者(30) 不以兵强天下.(30) 不敢以取
强.(30) 則不可以得志於天下矣.(31) 言以喪禮處之.(31) 以哀悲泣之.(31) 以喪禮處之.(31) 天

地相合以降甘露(32) 可以不殆.(32) 以其終不自爲大(34) 國之利器不可以示人.(36) 吾將鎭之以無名之樸(37) 不欲以靜(37) 是以有德.(38) 是以無德.(38) 上德無爲而無以爲(38) 下德爲之而有以爲(38) 上仁爲之而有以爲(38) 上義爲之而有以爲(38) 是以大丈夫處其厚(38) 天得一以淸(39) 地得一以寧(39) 神得一以靈(39) 谷得一以盈(39) 萬物得一以生(39) 侯王得一以爲天下貞.(39) 天無以淸(39) 地無以寧(39) 神無以靈(39) 谷無以盈(39) 萬物無以生(39) 是以候王自謂孤,寡,不穀(39) 侯王無以貴高(39) 故貴以賤爲本(39) 高以下爲基(39) 此非以賤爲本邪(39) 不以爲道(41) 沖氣以爲和.(42) 而王公以爲稱.(42) 吾是以知無爲之有益.(43) 可以長久.(44) 卻走馬以糞(46) 是以聖人不行而知(47) 以至於無爲(48) 取天下常以無事(48) 不足以取天下.(48) 以百姓心爲心(49) 以其生生之厚.(50) 以其無死地.(50) 是以萬物莫不存道而貴德.(51) 以爲天下母.(52) 以知其子(52) 子孫以祭祀不輟(54) 故以身觀身(54) 以家觀家.(54) 以鄕觀鄕(54) 以國觀國(54) 以天下觀天下(54) 以此(54) 吾何以知天下然哉(54) 以正治國(57) 以奇用兵(57) 以無事取天下(57) 吾何以知其然哉(57) 以此(57) 是以聖人(58) 可以有國.(59) 可以長久(59) 以道蒞天下(60) 牝常以靜勝牡(61) 以靜爲下.(61) 故大國以下小國(61) 小國以下大國(61) 故或下以取(61) 美言可以市(62) 尊行可以加人(62) 雖有拱璧以先駟馬(62) 不曰以求得(62) 古之所以貴此道者何?(62) 有罪以免耶(62) 報怨以德.(63) 是以聖人終不爲大(63) 是以聖人猶難之.(63) 是以聖人(64) 以輔萬物之自然(64) 非以明民(65) 將以愚之(65) 以其智多(65) 故以智治國(65) 不以智治國(65) 江海所以能爲百谷王者(66) 以其善下之(66) 是以欲上民(66) 是以聖人處上而民不重(66) 必以言下之(66) 必以身後之.(66) 是以天下樂推而不厭(66) 以其不爭(66) 以戰則勝(67) 以守則固.(67) 以慈衛之.(67) 是以不我知.(70) 是以聖人被褐懷玉.(70) 是以不病(71) 以其病病(71) 是以不病.(71) 是以不厭(72) 是以聖人自知(72) 是以聖人(73) 奈何以死懼之?(74) 是以饑.(75) 是以難治.(75) 是以輕死(75) 以其上食稅之多(75) 以其上之有爲(75) 以其上求生之厚(75) 夫唯無以生爲者(75) 是以兵强則不勝(76) 損不足以奉有餘(77) 孰能有餘以奉天下?(77) 是以聖人(77) 以其無以易之.(78) 是以聖人云(78) 安可以爲善(79) 是以聖人執左契(79) 旣以爲人(81) 旣以與人(81)

551 (이)耳 :

귀 이{팔 대째 손자 잉};부수 耳(귀이, 6획) 획수 총6획;[ěr] Ear
1.귀(主聽) 2.조자리(凡附於兩旁如人耳者亦曰耳) 3.말 그칠, 뿐(語決辭) 4.훌부들(耳耳, 柔從)
5.성할(盛) 6.귀, 오관(五官)의 하나 7.귀에 익다, 듣다 8.곡식이 싹 나다. 9.귀같이 생긴 쥘 손,
*팔 대째 손자 잉;1.팔 대째 손자(孫子)
五音令人耳聾(12) 百姓皆注其耳目焉(49)

552 (이)而 :

말 이을 이{능히 능};부수 而(말이을이, 6획) 획수 총6획;[ér] And, Also
1.말 이을, 또(承上起下辭因, 是辭抑又辭) 2.어조사(語助辭) 3.너(汝) 4.에(於) 5.같을(如) 6.이에(乃) 7.구레나룻 8.만약(萬若), 만일(萬一) 9.뿐, 따름 10.그리고 11.~로서, ~에 12.~하면서

13.그러나; 그런데도 14.순접·역접의 접속사 15.구 말에 붙여 어세를 돕는 조사;

出而異名.(1) 萬物作焉而不辭(2) 生而不有(2) 爲而不恃.(2) 功成而不居(2) 道沖而用之(4) 虛
而不屈(5) 動而愈出.(5) 持而盈之(9) 外其身而身存.(7) 水善利萬物而不爭(8) 揣而梲之(9) 富
貴而驕(9) 生而不有(10) 爲而不恃(10) 長而不宰(10) 故混而爲一.(14) 親而譽之(17) 而我獨若
遺.(20) 而我獨頑似鄙.(20) 我獨異於人而貴食母.(20) 誠全而歸之.(22) 而況於人乎!(23) 周行
而不殆(25) 而王居其一焉.(25) 而以身輕天下?(26) 善閉無關楗而不可開(27) 善結無繩約而不
可解(27) 將欲取天下而爲之(29) 善有果而已.(30) 果而勿矜(30) 果而勿伐(30) 果而勿驕.(30)
果而勿强.(30) 果而不得已(30) 不得已而用之(31) 勝而不美(31) 而美之者(31) 民莫之令而自
均.(32) 死而不亡者壽.(33) 萬物恃之而生(34) 而不辭.(34) 衣養萬物而不爲主.(34) 萬物歸焉而
不爲主(34) 往而不害(35) 而無不爲.(37) 化而欲作(37) 上德無爲而無以爲(38) 下德爲之而有
以爲(38) 上仁爲之而無以爲(38) 上義爲之而有以爲(38) 上禮爲之而莫之應
(38) 則攘臂而仍之.(38) 失德而後仁(38) 失仁而後義(38) 失義而後禮(38) 而亂之首(38) 道之
華而愚之始.(38) 勤而行之(41) 萬物負陰而抱陽(42) 而王公以爲稱.(42) 故物或損之而益(42)
或益之而損.(42) 是以聖人不行而知(47)不見而名(47) 不爲而成.(47) 無爲而無不爲.(48) 是以
萬物莫不存道而貴德.(51) 夫莫之命而常自然.(51) 生而不有(51) 爲而不恃(51) 長而不宰(51)
而民好徑.(53) 骨弱筋柔而握固.(55) 未知牝牡之合而全作(55) 終日號而不嗄(55) 故不可得而
親(56) 不可得而疏(56) 不可得而利(56) 不可得而害(56) 不可得而貴(56) 不可得而賤(56) 無爲
而民自化(57) 而民彌貧(57) 我好靜而民自正(57) 我無事而民自富(57) 我無欲而民自樸.(57)
方而不割(58) 廉而不劌(58) 直而不肆(58) 光而不燿.(58) 或下而取(61) 常於幾成而敗之(64)
而不敢爲.(64) 是以聖人處上而民不重(66) 處前而民不害.(66) 是以天下樂推而不厭(66) 持而
保之(67) 吾不敢爲主而爲客(69) 不敢進寸而退尺.(69) 不爭而善勝(73) 不言而善應(73) 不召
而自來(73) 繟然而善謀(73) 疏而不失.(73) 而爲奇者(74) 吾得執而殺之(74) 損有餘而補不足
(77)爲而不恃(77) 功成而不處(77) 而攻堅强者(78) 而不責於人.(79) 使有什佰之器而不用(80)
使民重死而不遠徙.(80) 使人復結繩而用之(80) 利而不害(81) 爲而不爭.(81)

553 (이)夷 :
*평평할 이, 오랑캐 이;부수 大(큰대, 3획) 획수 총6획;[yí] Savage
1.평평할(平), 동쪽 오랑캐(東方蠻人) 3.기꺼울(悅) 4.상할(傷) 5.베풀(陳) 6.무리(等) 7.벨(芟) 8.
멸할(誅滅) 9.괘 이름(卦名) 10.잘못 11.죽이다 12.깎다 13.온화하다(溫和) 14.크다,
名曰夷.(14) 夷道若纇(41) 大道甚夷(53)

554 (이)利 :
*날카로울 이{리};부수 刂(선칼도방, 2획) 획수 총7획;[lì] Benefit
1.날카로울, 날랠(銛) 2.길, 이로울, 좋을(吉) 3.탐할(貪) 4.편리할(便好) 5.이자(子金) 6.통하다
(通) 7.이기다 8.이익(利益) 9.승전.
國之利器不可以示人(36) 民多利器(57) 利而不害(81)

555 (이)易 :

*쉬울 이{바꿀 역, 변할 역};부수 日(날일, 4획) 획수 총8획;[yì] Easy, Change

1.쉬울(不難) 2.다스릴(治) 3.홀하게 여길, 쉽게 여길(忽) 4.게으를(輕惰) 5.편할(安) 6.기쁘다 7.생략하다(省略), 간략(簡略)하게 하다 8.평평하다(平平), 평탄하다(平坦)

*바꿀 역;1.바꿀(換, 交換) 2.변할(變) 3.형상할(象) 4.물 이름(涿郡水名) 5.역서(易書, 易經) 6.전파하다(傳播) 7.다르다 8.어기다, 배반하다(背反) 9.주역(周易), 역학(易學) 10.점(占) 11.점쟁이 12.만상(萬象)의 변화(變化) 13.국경(國境) 14.겨드랑이 15.도마뱀(파충류).

難易相成(2) 圖難於其易(63) 必作於易(63) 多易必多難(63) 其安易持(64) 其未兆易謀(64) 其脆易泮(64) 其微易散.(64) 吾言甚易知(70) 甚易行(70)

556 (이)異 :

*다를 이;부수 田(밭전, 5획) 획수 총11획;[yì] Difference, Strange

1.다를(不同) 2.괴이할(怪) 3.나눌(分) 4.기이할(奇) 5.뛰어나다 6.진귀하다(珍貴) 7.딴 것 8.특별하게 다루다, 우대하다(優待) 9.거스르다, 거역하다(拒逆) 10.재앙(災殃), 천재(天災) 11.의심하다, 이상하게 여기다. 12.성(姓)

出而異名.(1) 我獨異於人而貴食母.(20)

557 (이)餌 : (간체자) 饵

*먹이 이, 미끼 이;부수 𩙿(밥식변, 8획) 획수 총14획;[ěr] Bait

1.미끼, 이깝(釣餌啗漁具) 2.흰떡(粉餠) 3.먹일(食) 4.먹이(飼料) 5.힘줄 6.꾀다 7.이익 8.경단(瓊團) 가루를 반죽하여 엿물을 바른 밤톨만 한 떡) 9.(물고기를)낚다 10.유혹하다(誘惑) 11.정당한 수단에 의하지 아니하고 얻은 이익.

樂與餌(35)

558 (익)益 :

*더할 익;부수 皿(그릇명, 5획) 획수 총10획;[yì]

1.더할(增加) 2.나아갈(進) 3.넉넉할(饒) 4.많을(多) 5.넘칠(盈溢) 6.괘 이름(卦名) 7.이롭다 8.돕다, 보조하다(補助) 9.(상으로)주다 10.가로막다 11.이익(利益) 12.성(姓) 13.더욱, 한결,

故物或損之而益(42) 或益之而損.(42) 吾是以知無爲之有益.(43) 無爲之益(43) 爲學日益(48) 益生曰祥(55)

559 (인)人 :

*사람 인;부수 人(사람인, 2획) 획수 총2획;[rén] Man, People

1.사람(動物最靈者) 2.나라사람(國民) 3.남(己之對) 4.성질(性質) 5.잘난 사람(賢良人) 6.사람 됨됨이(爲人) 7.사람 수를 헤아릴 때 씀 8.관명(官名, 職業) 9.딴 사람 10.그 사람 11.남자(男

子) 12.어른, 성인(成人) 13.인격(人格) 14.낯, 체면(體面), 명예(名譽) 15.건강(健康) 16.아랫사람, 부하(部下), 동류(同類)의 사람 17.어떤 특정한 일에 종사(從事)하는 사람 18.일손,
【명사】 '사람'을 예스럽게 한문 투로 일컫는 말. *~의 장막.
【의존명사】 사람의 수효를 나타내는 말. *삼십삼 ~.
是以聖人處無爲之事(2) 是以聖人之治(3) 聖人不仁(5) 是以聖人(7) 處衆人之所惡(8) 五色令人目盲(12) 五音令人耳聾(12) 五味令人口爽.(12) 馳騁畋獵令人心發狂(12) 難得之貨令人行妨.(12) 是以聖人爲腹不爲目(12) 人之所畏(20) 衆人熙熙(20) 衆人皆有餘(20) 我愚人之心也哉!(20) 俗人昭昭(20) 俗人察察(20) 衆人皆有以(20) 我獨異於人而貴食母.(20) 是以聖人抱一(22) 而況於人乎!(23) 人法地(25) 是以聖人.(26) 是以聖人(27) 常善求人(27) 故無棄人.(27) 不善人之師(27) 不善人者(27) 善人之資.(27) 故善人者(27)聖人用之(28) 是以聖人去甚(29) 以道佐人主者(30) 是樂殺人.(31) 夫樂殺人者(31) 殺人之衆(31) 知人者智(33) 國之利器不可以示人.(36) 人之所惡(42) 人之所敎(42) 是以聖人不行而知(47)聖人無常心(49) 聖人在天下歙歙(49) 人之生動之死地(50) 人多伎巧(57) 故聖人云(57) 人之迷也(58) 是以聖人(58) 治人事天(59) 其神不傷人(60) 非其神不傷人(60) 聖人亦不傷人.(60) 大國不過欲兼畜人(61) 小國不過欲入事人(61) 尊行可以加人(62) 善人之寶(62) 不善人之所保.(62) 人之不善(62) 是以聖人終不爲大(63) 是以聖人猶難之.(63) 是以聖人(64) 復衆人之所過(64) 是以聖人處上而民不重(66) 善用人者爲之下.(68) 是謂用人之力(68) 是以聖人被褐懷玉.(70) 聖人不病(71) 是以聖人自知(72) 是以聖人(73) 人之生也柔弱(76) 人之道(77) 是以聖人(77) 是以聖人云(78) 是以聖人執左契(79) 常與善人.(79) 契而不責於人.(79) 使人復結繩而用之(80) 旣以爲人(81) 旣以與人(81) 聖人不積(81) 聖人之道(81)

560 (인)刃 :
*칼날 인;부수 刀(칼도, 2획) 획수 총3획;[rèn] Edge, Blade
1.칼날(刃鋒) 2.미늘(刀加距-빠지지 않게 만든 작은 갈고리) 3.병장기(兵) 4.칼질하다 5.베다.
兵無所用其刃.(50)

561 (인)仁 :
*어질 인;부수 亻(사람인변, 2획) 획수 총4획;[rén] Humane
1.어질, 착할(心之德愛) 2.사람됨의 근본(人道之根本) 3.동정할(同情) 4.덕 있는 사람(有德人) 5.사람(人) 6.열매 씨(果核中實) 7.감각(感覺)이 있다, 민감하다(敏感) 8.사랑하다 9.현자(賢者) 10.불쌍히 여기다 11.자네 12.만물을 낳다.
【명사】
① 〔윤리〕 공자가 주장한 유교의 정치상·윤리상의 이상(理想). 극기복례(克己復禮)를 내용으로 하는 윤리적 모든 덕(德)의 기초가 되는 심적 상태.
② 남을 사랑하고 어질게 행동하는 일《어짊·착함·박애》.

天地不仁(5) 聖人不仁(5) 與善仁(8) 有仁義(18) 絶仁棄義(19) 失德而後仁(38) 上仁爲之而有以爲(38) 失仁而後義(38)

562 (인)隣 : (간체자) **邻** 鄰의 俗字
*이웃 인{린};부수 阝(우부방, 3획) 획수 총15획;[lín] Neighbourhood
1.이웃(近) 2. 이웃할(親比) 3.도울(臣鄰輔弼) 4.수레 구르는 소리(車聲). 5.보필(輔弼) 6.이웃하다 7.주대(周代)의 행정(行政) 구획(區劃)의 이름 8.근접(近接)한 9.인접한.
隣國相望(80)

563 (일)一 :
*한 일;부수 一(한일, 1획) 획수 총1획;[yī] One, Only
1.한(數之始) 2.정성스러울(誠) 3.순전할(純) 4.오로지(專) 5.같을(同) 6.온통(統括之辭) 7.만약(或然之辭) 8.첫째(第之本) 9.낱낱(個個) 10.다른, 또 하나의 11.잠시(暫時), 한번 12.좀, 약간(若干) 13.만일(萬一) 14.혹시(或時) 15.어느 16.모두,
【수사】하나.
【관형사】'한'의 뜻.
載營魄抱一(10) 三十輻共一轂(11) 故混而爲一.(14) 是以聖人抱一.(22) 而王居其一焉.(25) 昔之得一者(39) 天得一以淸(39) 地得一以寧(39) 神得一以靈(39) 谷得一以盈(39) 萬物得一以生(39) 侯王得一以爲天下貞.(39) 道生一(42) 一生二(42) 一曰慈(67)

564 (일)日 :
*날 일, 해 일;부수 日(날일, 4획) 획수 총4획;[rì] Sun, Day
1.날, 해(太陽精人君象, 日月星辰, 日光) 2.하루, 날자 3.먼저(往者) 4.날 점칠 5.낮 6.달력 7.기한(期限) 8.낮의 길이 9.십이장(十二章)의 하나 10.나날이 11.뒷날에, 다른 날에 12.접때(오래지 아니한 과거의 어느 때), 앞서, 이왕에(已往-)
【명사】① '일요일'의 준말. ② 날. 하루. *1~ 2회 복용할 것.
【의존명사】날짜 날수를 셀 때 쓰는 말 *십오(十五) ~.
驟雨不終日.(23) 終日行(26) 爲學日益(48) 爲道日損.(48) 終日號而不嗄(55) 其日固久.(58)

565 (입)入 :
들 입;부수 入(들입, 2획) 획수 총2획;[rù] Enter
1.들(出之對) 2.넣을 3.드릴(納) 4.뺏을(取) 5.빠질(沒) 6.받을(受) 7.해칠(侵害) 8.들을(廳) 9.간여하다(干與) 10.시집보내다 11.떨어지다 12.투신하다(投身) 13.섬기다, 벼슬하다 14.죽다 14.공략하다(攻略) 15.수입(收入) 16.입성(入聲: 사성(四聲)의 하나).
無有入無間.(43) 出生入死(50) 入軍不被甲兵(50) 小國不過欲入事人(61)

566 (잉)扔 :

*당길 잉;부수 手(손수변, 3획) 획수 총5획;[réng] Draw

1.당길(引) 2.나아감(就) 3.격을(撅) 4.끌어당기다 5.부수다 6.깨트리다 7.내버리다 8.버리다,
則攘臂而扔之.(38) 扔無敵.(69)

567 (자)子 :

*아들 자;부수 子(아들자, 3획) 획수 총3획;[zǐ,zi] Son

1.아들, 자식(嗣, 息) 2.종자, 씨(卵子, 種子) 3.당신(男子美稱, 孔子, 老子) 4.임자(夫婦互稱)
5.어르신네(子孫稱其先人曰子, 先子, 先君子) 6.자네(貴公). 7.사람(人, 士子) 8.쥐(鼠) 9.벼슬
이름(公候伯子男) 10.첫째 지지(地支第一位, 正北의 方角, 正午) 11.열매(草木之實) 11.칠, 기
를(人君愛養百姓曰子) 12.스승 13.이자(利子) 14.접미사(接尾辭) 15.어조사(語助辭) 16.번식하
다(繁殖) 17.양자로 삼다 18.어리다 19.사랑하다 20.맏아들,
　【명사】① 아들 또는 자식. ② 민법에서, 적출자·서자·양자 등의 총칭.
　③ 공자(孔子)의 존칭. *~왈(曰). ④ '자작(子爵)'의 준말. ⑤ 십이지(十二支)의 첫째.
　⑥ '자방(子方)'의 준말. ⑦ '자시(子時)'의 준말.
吾不知誰之子(4)　君子居則貴左(31)　非君子之器(31)　以知其子(52)　既知其子(52)　子孫以祭祀
不輟.(54)　比於赤子(55)　故立天子(62)

568 (자)字 :

*글자 자;부수 子(아들자, 3획) 획수 총6획;[zì] Letter

1.글자, 글씨(文字) 2.자(副名, 實名 外의 一名) 3.시집보낼(女子許嫁笄而字 故許嫁亦曰字) 4.
젖 먹일(乳) 5.사랑할(愛) 6.암컷(畜牝) 7.기를(養育) 8.낳다 9.아이를 배다,
　【명사】사람의 본이름 외에 부르는 이름《흔히 장가든 뒤에 본이름 대신으로 부름》.
字之曰道(25)

569 (자)自 :

*스스로 자;부수 自(스스로자, 6획) 획수 총6획;[zì] Oneself, From

1.스스로(躬親) 2.몸소(己) 3.부터, 좇을(由, 從) 4.저절로(自自, 無勉强) 5.~서부터 6.써, 7.진실
로(眞實) 8.본연(本然) 9.처음, 시초(始初) 10.출처(出處) 11.말미암다, ~부터 하다 12.코(비)(鼻)
의 고자(古字) 13.인하다(因) 14.사용하다(使用), 쓰다,
以其不自生(7)　自遺其咎.(9)　百姓皆謂我自然.(17)　自古及今(21)　不自見故明(22)　不自是故彰
(22)　不自矜故長.(22)　不自伐故有功(22)　希言自然.(23)　自見者不明(24)　自是者不彰.(24)　自伐
者無功(24)　自矜者不長.(24)　道法自然.(25)　萬物將自賓.(32)　民莫之令而自均.(32)　自知者
明.(33)　自勝者强.(33)　以其終不自爲大(34)　萬物將自化(37)　天下將自定.(37)　是以候王自謂孤,
寡,不穀(39)　夫莫之命而常自然.(51)　我無爲而民自化(57)　我好靜而民自正(57)　我無事而民自
富(57)　我無欲而民自樸.(57)　以輔萬物之自然(64)　是以聖人自知(72)　不自見(72)　自愛(72)　不

自貴(72) 不召而自來(73)

570 (자)者 :

*놈 자;부수 耂(늙을로엄, 4획) 획수 총8획;[zhě] This, One

1.놈, 것(卽物之辭) 2.이(此) 3.어조사(語助辭) 4.곳, 장소(場所) 5.허락하는 소리 6.여러, 무리
7.~면(接續詞) 8.~와 같다 9.기재하다(記載), 적다. 10.일 또는 물건을 가리켜 이른다,
【의존명사】 사람을 얕잡아 이르는 말. *힘으로는 그에게 당할 ~가 없다.

此兩者同(1) 使夫智者不敢爲也(3) 天地所以能長且久者(7) 吾所以有大患者(13) 此三者(14)
古之善爲士者(15) 保此道者不欲盈.(15) 此三者(19) 古之所謂曲則全者(22) 孰爲此者?(23) 故
從事於道者(23) 道者同於道(23) 德者同於德(23) 失者同於失.(23) 同於道者(23) 同於德者(23)
同於失者(23) 企者不立(24) 跨者不行.(24) 自見者不明(24) 自是者不彰.(24) 自伐者無功(24)
自矜者不長.(24) 故有道者不處.(24) 故善人者(27) 不善人者(27) 爲者敗之(29) 執者失之.(29)
以道佐人主者(30) 夫佳兵者(31) 故有道者不處.(31) 兵者(31) 而美之者(31) 夫樂殺人者(31)
知人者智(33) 自知者明.(33) 勝人者有力(33) 自勝者強.(33) 知足者富(33) 強行者有志.(33) 不
失其所者久(33) 死而不亡者壽.(33) 夫禮者(38) 前識者(38) 昔之得一者(39) 反者(40) 弱者(40)
強梁者不得其死(42) 善者(49) 不善者(49) 信者(49) 不信者(49) 善攝生者(50) 善建者不拔(54)
善抱者不脫(54) 知者不言(56) 言者不知(56) 知者不言(56) 言者不知(56) 大國者下流(61) 夫兩
者各得其所欲(61) 大者宜爲下.(61) 道者, 萬物之奧(62) 古之所以貴此道者何?(62) 爲者敗之
(64) 執者失之.(64) 古之善爲道者(65) 知此兩者亦楷式(65) 江海所以能爲百谷王者(66) 善爲
士者不武(68) 善戰者不怒(68) 善勝敵者不與(68) 善用人者爲之下.(68) 哀者勝矣.(69) 知我者
希(70) 則我者貴(70) 此兩者(73) 而爲奇者(74) 常有司殺者殺(74) 夫代大匠斲者(74) 夫唯無以
生爲者(75) 故堅強者死之徒(76) 柔弱者生之徒(76) 高者抑之(77) 下者擧之(77) 有餘者損之
(77) 不足者補之(77) 唯有道者(77) 而攻堅強者(78) 善者不辯(81) 辯者不善.(81) 知者不博
(81) 博者不知.(81)

571 (자)疵 :

허물자, 흠 자{노려볼 제, 앓을 새};부수 疒(병질엄, 5획) 획수 총11획;[cī] Flaw, Blemish
1.죽은 깨, 사마귀(黑類疾) 2.흠, 흠집(瘢痕) 3.병(病) 4.허물, 결점(缺點) 5.흉 6.재앙(災殃) 7.
알랑거리다 8.헐뜯다, 비난하다(非難).
*노려볼 제;1.노려보다.
*앓을 새;1.앓다.
能無疵乎!(10)

572 (자)滋 :

*맛 자, 불을 자;부수 氵(삼수변, 3획) 획수 총12획;[zī] Nourish, Abundant

1.맛(味旨) 2.많을(多) 3.번성할(蕃) 4.진액(液) 5.잠길(浸) 6.더할(益) 7.흐릴(濁) 8.자라다 9.붙다, 증가하다(增加) 10.무성하다(茂盛) 11.심다(씨를)뿌리다 12.여물다 13.사랑하다 14.윤기(潤氣)가 있다 15.맛있다 16.흐리다 17.맛있는 음식(飮食) 18.더욱 더, 점점 더.
國家滋昏(57) 奇物滋起(57) 法令滋彰(57)

573 (자)資 : (간체자) 资
*재물 자;부수 貝(조개패, 7획) 획수 총13획;[zī] capital, Resources
1.재물(貨) 2.취할(取) 3.쓸(用) 4.도울(助) 5.자품(稟) 6.의뢰(賴, 憑) 7.자본(資本) 8.바탕 9.비용(費用) 10.주다,
善人之資.(27) 不愛其資(27)

574 (자)慈 :
*사랑 자;부수 心(마음심, 4획) 획수 총13획;[cí] Humane, Love
1.사랑(愛) 2.착할(善) 3.어질(仁) 4.부드러울(柔) 5.어머니(母) 6.불쌍할(憐) 7.자비(慈悲) 8.인정(人情), 동정(同情) 9.자식 10.성(姓).
有孝慈.(18) 民復孝慈(19) 一曰慈(67) 慈故能勇(67) 今舍慈且勇(67) 夫慈(67)

575 (자)雌 :
*암컷 자;부수 隹(새추, 8획) 획수 총14획;[cí] Female
1.암컷(牝) 2.약할(弱) 3.약 이름(藥名雌黃) 4.쇠약해지다(衰弱) 5.패배하다(敗北),
能爲雌乎!(10) 守其雌(28)

576 (작)作 :
*지을 작{저주 저, 만들 주, 할 자};부수 亻(사람인변, 2획) 획수 총7획;[zuó,zuō,zuò] make
1.지을(造) 2.이룰(成) 3.비롯할(始) 4.일할(事) 5.일어날(興起) 6.창작하다(創作) 7.행하다(行) 8.부리다, ~하게 하다 9.이르다(어떤 정도나 범위에 미치다) 10.임명하다(任命) 11.닮다 12.농사(農事) 13.저작(著作), 작품(作品),
*할 자;1.할(爲) 2.지을(做),
*만들 주;1.만들(造),
*저주 저;1.저주, 저주하다(詛呪),
【의존명사】 제작이나 저작의 뜻. *이광수 ~ '무정'.
萬物作焉而不辭(2) 萬物並作(16) 妄作凶.(16) 化而欲作(37) 未知牝牡之合而全作(55) 必作於易(63) 必作於細.(63)

577 (장)丈 :

*어른 장;부수 一(한일, 1획) 획수 총3획;[zhàng] Length

1.길, 열 자(十尺) 2.어른(長老尊稱) 3.지팡이(杖) 4.장자(長子) 5.남편(男便) 6.남자(男子)의 키
7.장인(丈人), 장모(丈母) 8.길이 9.토지를 측량하다(測量).

【의존명사】① 길이의 단위. 한 자 [尺] 의 열 배로 약 3m에 해당함.

② 한자로 된 숫자 뒤에 붙어 '길'의 뜻을 나타내는 말. *천(千) ~의 심해(深海).

是以大丈夫處其厚(38)

578 (장)匠 :

*장인 장;부수 匚(튼입구몸, 2획) 획수 총6획;[jiàng] Artisan

1.장인, 장색, 바치-물건을 만드는 것을 업으로 삼는 사람(作器) 2.대목(木工) 3.직공(職工) 4.
만들(製作) 5.고안할(考案) 6.기술자(技術者) 7.고안(考案), 궁리(窮理) 8.우두머리 9.가르침.

是謂代大匠斲(74) 夫代大匠斲者(74)

579 (장)壯 : (간지) 壯(간체자) 壮

*장할 장, 씩씩할 장;부수 士(선비사, 3획) 획수 총7획;[zhuàng] Prosperous

1.장할, 클(大) 2.굳셀(强) 3.왕성할(血氣盛) 4.성하게 할(盛) 5.젊을(盛年, 壯丁) 6.상할(傷) 7.
팔월의 다른 이름(八月別稱) 8.굳세다 9.크다 10.견고하다(堅固) 11.웅장하다(雄壯) 12. 찜질
13.단단하다 14.매우 갸륵하다 15.성(姓)

物壯則老.(30) 物壯則老.(55)

580 (장)長 : (간체자) 长

*길 장, 어른 장;부수 長(길장, 8획) 획수 총8획;[cháng,zhǎng] Long

1.길, 길이(短之對) 2.늘, 장천(常) 3.길(永, 遠) 4.클(大) 5.오랠(久) 6.착할(善) 7.넉넉할(優) 8.
맏(孟) 9.나아갈(進) 10.기를(養) 11.높을(尊) 12.벼슬 이름(官名庶長) 13.낫다 14.자라다 15.어
른 16.처음 17.늘이다.

【명사】 길이

長短相交(2) 天長地久(7) 天地所以能長且久者(7) 故能長生.(7) 不可長保(9) 長而不宰(10) 不
自矜故長.(22) 自矜者不長.(24) 則爲官長.(28) 可以長久.(44) 長之(51) 長而不宰(51) 其德乃長
(54) 可以長久(59) 長生久視之道.(59) 故能成器長.(67)

581 (장)張 : (간체자) 张

*베풀 장;부수 弓(활궁, 3획) 획수 총11획;[zhāng] Hold, Widen

1.베풀(施) 2.활시위 얹을(施弓弦) 3.벌일(開) 4.자랑할(夸, 誇張) 5.벌, 장(計物數張) 6.속일(誑)
7.어기어질(相戾) 8.고칠(更) 9.차려 놓을(設) 10.큰 체할(自大) 11.별이름(星名) 12.휘장(揮帳)
13.기세(氣勢)가 오르다 14.크게 떠벌이다 15.내밀다, 드러내다 16.부어오르다, 불룩해지다.

【의존명사】 종이나 유리 따위의 얇고 넓적한 조각으로 생긴 물건을 세는 단위.

*가마니 두 ~ *B4 용지 석 ~.
必固張之.(36) 其猶張弓與(77)

582 (장)將 : (간자) 將(간체자) 將

*장차 장;부수 寸(마디촌, 3획) 획수 총11획;[jiāng,jiàng] Future, General
1.장차(漸) 2.거의(幾) 3.문득(抑然辭) 4.또(且) 5.기를(養) 6.도울(助) 7.보낼(送) 8.클(大) 9.받들(奉) 10.이을(承) 11.곧(卽) 12.거느릴(領) 13.나아갈(進) 14.행할(行) 15.가질(持) 16.곁붙을(扶持) 17.함께 할 18.청컨대(請) 19.쟁그렁 할(聲) 20.으리으리할 21.장수(將帥) 22.거느릴(將之) 23.무릇, 대저(大抵) 24.만약(萬若), 혹은(或) 25.인솔하다(引率) 26.지키다 27.동반하다同伴) 28.발전하다(發展) 29.취하다(取) 30.막하려 한다 31.어찌(何) 32.오히려.
【명사】 ① 장수(將帥). ② 장기에서 ‘초(楚)’·‘한(漢)’ 자를 새긴 짝.
③ ‘장군(將軍)’의 준말.
若水之將釋.(15) 將欲取天下而爲之(29) 偏將軍居左(31) 上將軍居右(31) 萬物將自賓.(32) 夫亦將知止.(32) 將欲歙之(36) 將欲弱之(36) 將欲廢之(36) 將欲奪之(36) 萬物將自化.(37) 吾將鎭之以無名之樸(37) 夫亦將無欲(37) 天下將自定.(37) 將恐裂.(39) 將恐發.(39) 將恐歇.(39) 將恐竭(39) 將恐滅.(39) 將恐蹶(39) 吾將以爲教父.(42) 將以愚之(65) 天將救之(67)

583 (장)藏 : (간자) 藏

*감출 장;부수 艹(초두머리, 4획) 획수 총18획;[cáng,zàng]
1.감출(隱, 蓄) 2.장풀(似薍草名) 3.곳집, 광(物所蓄, 庫間) 4.숨다 5.서장(西藏)의 약칭(略稱) 6.오장(五臟) 7.간직하다 8.품다 9.저장하다.
多藏必厚亡(44)

584 (재)在 :

*있을 재;부수 土(흙토, 3획) 획수 총6획;[zài] Be, Stay
1.있을(存) 2.살(居) 3.살필(察) 4.곳(所) 5.찾다 6.안부를 묻다 7.제멋대로 하다 8.가까스로 9.~에, 처소(處所)
【명사】 물건이나 돈 따위의 쓰고 남은 나머지.
其在道也(24) 譬道之在天下(32) 聖人在天下歙歙(49)

585 (재)哉 :

*어조사 재;부수 口(입구, 3획) 획수 총9획;[zāi] For the first time
1.비로소(始) 2.닫다(間隙辭) 3.그런가(疑辭) 4.어조사(語助辭) 5.처음 6.비롯하다 7.재난(災難) 8.재앙(災殃).
其未央哉!(20) 我愚人之心也哉!(20) 吾何以知衆甫之狀哉?(21) 豈虛言哉!(22) 非道也哉.(53) 吾何以知天下然哉(54) 吾何以知其然哉(57)

586 (재)宰 :

*재상 재;부수 宀(갓머리, 3획) 획수 총10획;[zǎi] Minister

1.주관할(主) 2.다스릴(治) 3.재상(宰相) 4.으뜸(首) 5.잡을(屠) 6.삶을(烹) 7.가신(家臣) 8.우두머리 9.요리사(料理師) 10.무덤, 분묘(墳墓) 11.(고기를)저미다 12.썰다.

長而不宰(10) 長而不宰(51)

587 (재)財 : (간체자) 财

*재물 재;부수 貝(조개패, 7획) 획수 총10획;[cái] Finance, Property

1.재물(貨) 2.뇌물(賄) 3.보배(人所寶), 4.녹(祿) 5.물품(物品) 6.재능(才能) 7.재료(材料) 8.성(姓) 9.겨우 10.비로소 11.재단하다(裁斷),

【명사】① 보배. 재산. ② 가재(家財). ③ 인간의 욕망을 만족시킬 수 있는 물건.

財貨有餘(53)

588 (재)載 : (간체자) 载

*실을 재{떠받들 대};부수 車(수레거, 7획) 획수 총13획;[zài,zǎi] Load, Record

1.실을(乘) 2.이길(勝) 3.비롯할(始) 4.일(事) 5.가득할(滿) 6.운전할(運) 7.어조사(語助辭) 8.받을(受) 9.쓸(記) 10.곧(則) 11.해(年) 12.머리에 이다(戴) 13.행하다(行) 14.개시하다(開始) 15.맡다 16.진설하다(陳設) 17.갈무리하다 18.완성하다(完成) 19.처하다(處), 있다 20.알다 21.휴대하다(携帶) 22.쌓다, 더하다 23.세우다 24.경작하다(耕作) 25.꾸미다 26.일, 사업(事業) 27.화물(貨物) 28.탈 것 29.담틀(흙담을 쌓을 때 양쪽에 세운 널로 된 틀) 30.재앙(災殃) 31.거듭,
*떠받들 대;1.떠받들다.

【수사】【관형사】 십진급수의 한 단위. 극(極)의 아래. 정(正)의 만 배. 곧, 10^{44} .

載營魄抱一(10)

589 (쟁)爭 : (간지) 爭

*다툴 쟁;부수 爪(손톱조, 4획) 획수 총8획;[zhēng] Fight

1.다툴(競) 2.다스릴(理) 3.분별할(辨) 4.싸울(戰) 5.옳다 그르다할(諍難) 6.간할(諍) 7.모자라다 8.차이(差異)나다 9.어찌 10.어떻게 11.하소연 12.잡아끌다 13.소송하다,

使民不爭(3) 水善利萬物而不爭(8) 夫唯不爭(8) 夫惟不爭(22) 故天下莫能與之爭.(22) 以其不爭(66) 故天下莫能與之爭.(66) 是謂不爭之德(68) 不爭而善勝(73) 爲而不爭.(81)

590 (저)柢 :

*뿌리 저;부수 木(나무목, 4획) 획수 총9획;[dǐ] Root

1.뿌리(根) 2.밑(물체의 아래나 아래쪽) 3.근본(根本), 기초(基礎) 4.싹트다 5.뿌리를 내리다 6.바탕으로 하여 생겨나다.

是謂深根固柢(59)

591 (적)赤 :
*붉을 적;부수 赤(붉을적, 7획) 획수 총7획;[chì] Red
1.붉을(南方色) 2.빨갈, 비다(空盡無物) 3.금치(根茎) 4.벌거벗다 5.베다 6.멸하다(滅) 7.어린애
8.염탐하다(廉探) 9.실하다, 충성스럽다(忠誠) 10.충심(衷心) 11.경기(京畿) 12.확실(確實)하게
13.척후(斥候) 14.한(漢) 왕조(王朝) 15.분명히(分明) 16.자(尺),
　【명사】 '적색(赤色)'의 준말.
比於赤子(55)

592 (적)迹 :
*자취 적;부수 辶(책받침, 3획) 획수 총9획;[jì] Traces
1.자취(凡有形可見者曰迹) 2.발자국(足迹) 3.업적(成業) 4.보기(先例) 5.뒤따를(追後) 6.좇다 7.
관습(慣習), 선례 8.길, 정도(正道) 9.왕래(往來) 10.명성(名聲) 11.상고하다(詳考) 12.소문 13.
도달하다(到達) 14.살펴보다,
善行無轍迹(27)

593 (적)寂 :
*고요할 적;부수 宀(갓머리, 3획) 획수 총11획;[jì] Desolate
1.고요할(靜, 安) 2.쓸쓸할(寥) 3.적막할(寂寞) 4.죽다 5.한가롭다(閑暇) 6.열반(涅槃) 7.평온함.
寂兮寥兮(25)

594 (적)賊 : (간체자) 贼
*도적 적;부수 貝(조개패, 7획) 획수 총13획;[zéi] Thief
1.도적(寇賊, 盜) 2.해칠(殘賊傷害) 3.역적(逆賊) 4.벌레의 이름(마디를 갉아먹는 해충) 5.나쁜
6.사악한(邪惡) 7.학대하다(虐待) 8.그르치다. 9.죽이다.
　【명사】 도둑. 도적.
盜賊無有.(19) 盜賊多有(57) 國之賊(65)

595 (적)敵 : (간체자) 敌
*대적할 적{다할 활};부수 攴(등글월문, 4획) 획수 총15획;[dí] Enemy
1.대적할(當) 2.원수(仇) 3.대할(對) 4.무리(輩) 5.막을(拒抵) 6.겨루다 7.대등하다(對等) 8.필적
하다(匹敵: 능력이나 세력이 엇비슷하여 서로 맞서다) 9.거역하다(拒逆) 10.보답하다(報答) 11.
짝 12.상대방,
　【명사】 ① 서로 싸우거나 해치고자 하는 상대.

*~을 섬멸하다 *~과 치열한 교전을 벌이다 *~의 수중에 떨어지다.
② 어떤 것에 해를 끼치는 요소의 비유. *피로는 건강의 ~이다.
③ 경기나 시합 따위에서, 승부를 겨루는 상대편.
善勝敵者不與(68) 仍無敵.(69) 禍莫大於輕敵(69) 輕敵幾喪吾寶.(69)

596 (적)積 : (간체자) 积
*쌓을 적{저축 자};부수 禾(벼화, 5획) 획수 총16획;[jī] Pile up, Load
1.쌓을, 모을(累聚堆疊) 2.넓이(積量, 面積) 3.부피(容積) 4.많다 5.머무르다 6.울적하다(鬱寂)
7.병이 들다 8.심하다(甚) 9.더미 10.곱하여 얻은 수 11.자취 12.병(病)의 이름 13.주름.
*저축할 자;1.저축할(委積儲) 2.쌓을 3.모으다,
【명사】〔수학〕'곱'의 구용어. ↔상(商).
謂之重積德(59) 重積德(59) 聖人不積(81)

597 (적)謫 : (간체자) 谪
*귀양 갈 적;부수 言(말씀언, 7획) 획수 총18획;[zhé] Exile, banish
1.귀양 갈(咎, 罪) 2.꾸짖을(譴責) 3.재앙(災殃) 4.흠볼(瑕) 5.책망하다(責望) 6.벌하다(罰) 7.결
점(缺點) 8.운기, 기상(氣象)의 변화(變化) 9.허물.
善言無瑕謫(27)

598 (전)田 :
*밭 전;부수 田(밭전, 5획) 획수 총5획;[tián] Field, Farm
1.밭(耕地) 2.사냥할(獵) 3.북 이름(鼓名) 4.수레이름(車名) 5.연잎 둥글둥글 할(蓮葉貌) 6.논전
(水田) 7.봉토(封土) 8.농사일(農事-)을 맡아보는 관리(官吏) 9.면적(面積)의 단위(單位) 10.단
전(丹田) 11.밭을 갈다 12.많다. 13.심다.
【명사】밭.
田甚蕪(53)

599 (전)全 :
*온전할 전;부수 入(들입, 2획) 획수 총6획;[quán] All
1.온전, 온통(完) 2.순전할(純) 3.갖출(具) 4.생명을 잃지 않을(保) 5.상하지 않을(不傷) 6.모두
(全) 7.무사하다(無事) 8.(병이)낫다 9.흠이 없는 玉,
【관형사】(한자어 명사 앞에 쓰여)'모든'·'전체'의 뜻을 나타내는 말. *~ 국민 *~ 인류
曲則全(22) 古之所謂曲則全者(22) 誠全而歸之.(22) 未知牝牡之合而全作(55)

600 (전)畋 :

*사냥할 전, 밭 갈 전;부수 攵(등글월문, 4획) 획수 총9획;[tián] Hunt
1.사냥할(獵) 2.평 밭(平田) 3.밭 갈다 4.수렵의 통칭 5.봄 사냥
馳騁畋獵令人心發狂(12)

601 (전)前 :
*앞 전;부수 刂(선칼도방, 2획) 획수 총9획;[qián] Front, Previous
1.앞설(後之對) 2.일찌기(嘗) 3.앞설(先之) 4.옛(故) 5.인도할(導) 6.軟검은빛(淺黑色) 7.가위 8.가는 것(行先) 9.걸을(步) 10.나아가다 11.뵙다, 찾아뵙다 12.소멸하다(消滅) 13.자르다.
【명사】 ① 이전. *조금 ~ *며칠 ~ *10년 ~ *공연이 시작되기 ~.
② 막연히 과거의 어느 때를 이르는 말. *~에 만난 일이 있다.
③ 편지나 사연을 상대 앞으로 보냄을 높여 이르는 말. *부모님 ~상서(上書).
前後相隨.(2) 前識者(38) 處前而民不害.(66)

602 (전)專 : (간지) **專**(간체자), **専**
*오로지 전{모일 단};부수 寸(마디촌, 3획) 획수 총11획;[zhuān] Entirely, Only
1.오로지(獨) 2.전일할(壹, 誠) 3.주로 할(主) 4.저대로 할(擅) 5.사사로이 6.한 장, 한 겹 7.독점하다(獨占) 8.하나로 되다 9.가득 차다 10.섞이지 아니하다 11.다스리다 12.마음대로 12.권세(權勢)가 많다.
*모일 단;1.모이다 2.둥글다.
專氣致柔(10)

603 (전)戰 : (간지) **战**(간체자) **戦**
*싸울 전;부수 戈(창과, 4획) 획수 총16획;[zhàn] Fight, battle
1.싸움(鬪) 2.경쟁할(競) 3.무서워 떨(戰戰懼) 4.동요하다(動搖) 5.흔들리다.
【접미사】 '전투'·'시합'·'경쟁'의 뜻을 나타내는 말.
*산악~ *충격~ *장기~ *청백~
戰勝(31) 以戰則勝(67) 善戰者不怒(68)

604 (절)絶 : (간체자) **绝**
*끊을 절;부수 糹(실사변, 6획) 획수 총12획;[jué] Cut, Break off
1.끊을(斷) 2.으뜸(冠) 3.뛰어날(超) 4.지날(過) 5.막을(謝絶) 6.멸할(滅) 7.극진할(極) 8.폐할(廢, 絶食) 9.막힐(隔) 10.가를(橫斷) 11.기이할(奇) 12.그칠(止) 13.결단할(決) 14.건너다 15.아득할(相距遙遠) 16.단절하다(斷切) 17.숨이 끊어지다, 죽다 18.기발하다(奇拔) 19.매우 20.결코 21.절구(시의 한 체) 22.사이를 띄우다 22.없애다 23.버리다 24.물이 마르다 25.없다 26.떨어지다 27.말라 죽다 28.곧바로 가다
絶聖棄智(19) 絶仁棄義(19) 絶巧棄利(19) 絶學無憂.(20)

605 (정)正 :

*바를 정;부수 止(그칠지, 4획) 획수 총5획;[zhèng,zhēng] Right, True, Straight

1.첫, 정월(歲首) 2.과녁(射畫布中) 3.남쪽 창(室向明處) 4.바를(方直不曲) 5.평할(平) 6.정할(定) 7.마땅할(當) 8.어른(長) 9.떳떳할(常) 10.분별할(分辨) 11.질정할(平質) 12.미리 작정할(預期) 13.살고기(正肉) 14.시우쇠(正鐵) 15.바로잡다 16.서로 같다 17.다스리다 18.결정하다(決定) 19.순수하다(純粹) 20.(자리에)오르다 21.제지하다(制止) 22.정벌하다(征伐) 23.정실(正室) 24.관장(官長: 시골 백성이 고을 원을 높여 이르던 말) 25.맏아들, 적장자(嫡長子) 26.정치(政治) 27.본(本), 정(正), 주(主)가 되는 것 28.증거(證據) 29.상례(常例), 표준(標準) 30.세금(税金) 31.노역(勞役), 부역(負役) 32.네모 33.군대(軍隊) 편제(編制) 단위(單位) 34.바로, 막, 때마침 35.가운데 36.가령(假令), 설혹(設或), ~하더라도

【명사】① 옳은 길. 올바른 일. ↔사(邪). ② 〔철학〕 정립(定立).

【수사】【관형사】 십진급수의 단위의 하나. 재(載)의 아래, 간(澗)의 만 배.

正善治(8) 淸靜爲天下正.(45) 以正治國(57) 我好靜而民自正(57) 其無正.(58) 正復爲奇(58) 正言若反.(78)

606 (정)定 :

*정할 정;부수 宀 (갓머리, 3획) 획수 총8획;[dìng] Arrange, Fix

1.정할(決) 2.바를(正) 3.편안할(安) 4.그칠(止) 5.이마(額) 6.익은 고기(定熟肉) 7.별이름(宿名) 8.다스리다 9.평정하다(平定) 10.머무르다 11.준비하다(準備) 12.자다 13.반드시.

天下將自定.(37)

607 (정)政 :

*정사 정{칠 정};부수 攵(둥글월문, 4획) 획수 총9획;[zhèng] Administration

1.정사(以法政民, 民政) 2.바르게 할(正) 3.조세(租税) 4.법규(法規) 5.부역(負役), 노역(勞役) 6.벼슬아치의 직무(職務)나 관직(官職) 7.정사(政事)를 행하는 사람, 임금, 관리(官吏) 8.가르침 9.확실히(確實), 틀림없이, 정말로,

*칠 정;1.치다, 정벌하다(征伐).

其政悶悶(58) 其政察察(58)

608 (정)貞 : (간체자) 贞

*곧을 정;부수 貝(조개패, 7획) 획수 총9획;[zhēn] Virtuous

1.곧을(正) 2.굳을(固) 3.충정하다(忠正) 4.점치다(占) 5.정절(貞節) 6.성심(誠心) 7.인정하다,

侯王得一以爲天下貞.(39)

609 (정)亭 :

*정자 정;부수 亠(돼지해머리, 2획) 획수 총9획;[tíng] Arbour

1.정자(觀覽處) 2.여관(宿所) 3.평평할(平) 4.고를(調) 5.곧을(直) 6.이를(至) 7.자라날(育) 8.우뚝할(聳立貌) 9.역마을 10.초소(哨所) 11.한가운데 12.양육하다(養育) 13.적당하다(適當) 14.균등하다(均等) 15.(물이)머무르다.

【접미사】정자의 이름을 이루는 말. *세검~ *월송~ *총석~ *팔각~.
亭之(51)

610 (정)精 :

*정할 정, 찧을 정;부수 米(쌀미, 6획) 획수 총14획;[jīng] Fine & Delicate

1.정할, 가릴(擇) 2.세밀할(細) 3.전일할(專一) 4.정교할(精巧) 5.정미할(精米) 6.신령(神靈) 7.정, 신정, 정기(眞氣) 8.밝을(明) 9.성실할(誠實) 10.익숙할(熟) 11.깨끗할, 희다(潔) 12.찧다 13.정충, 정액(精蟲) 14.우수하다(優秀) 15.가장 좋다, 훌륭하다 16.총명하다(聰明) 17.도깨비 18.세밀하다(細密) 19.능하다(能) 20.순수한 21.몹시,

【명사】
① '정수(精髓)'의 준말. ② '정액(精液)'의 준말. ③ '정기(精氣)'의 준말.
④ '정령(精靈)4'의 준말.
其中有精.(21) 其精甚眞(21) 精之至也.(55)

611 (정)靜 : (간지) 静(간체자) 静

*고요할 정;靑(푸를청, 8획) 획수 총16획;[jìng] Quiet, Still

1.고요할, 조용할(動之對, 寂) 2.꾀할(謨) 3.편안할(安) 4.쉴(息) 5.깨끗하다 6.맑다,
7.단청(丹靑)이 정밀하다.
孰能濁以靜之徐靑?(15) 守靜篤(16) 歸根曰靜(16) 靜爲躁君.(26) 不欲以靜(37) 靜勝熱.(45) 淸靜爲天下正(45) 我好靜而民自正(57) 牝常以靜勝牡(61) 以靜爲下.(61)

612 (제)制 :

*마를 제;부수 刂(선칼도방, 2획) 획수 총8획;[zhì] Enactment

1.마름질 할(裁-자료를 필요한 규격대로 베거나 자르다) 2.지을(造) 3.절제할(節) 4.어거할(御) 5.단속할(檢) 6.금할(禁) 7.맡다 8.법도(成法) 9.제서(制書王言) 10.직분(職分) 11.모양(形) 11.제 마음대로 할 13.바로잡다 14.규정(規定) 15.천자(天子)의 말,

【접미사】'제도'의 뜻을 나타내는 말. *양원~ *대통령~ *단임(單任)~.
故大制不割.(28) 始制有名.(32)

613 (제)帝 :

*임금 제;부수 巾(수건건, 3획) 획수 총9획;[dì] Emperor

1.임금, 제왕(王天下之號君) 2.하느님(上帝天) 3.오제(五帝)의 약칭 4.크다.
象帝之先.(4)

614 (제)除 :

*섬돌 제, 덜 제{음력 사월 여};부수 阝(좌부변, 3획) 획수 총10획;[chú] Exclude, Devide
1.섬돌(階) 2.문 안뜰(門屛間) 3.벼슬 줄(拜官) 4.버릴(去) 5.젯법(乘除籌法) 6.다스릴(修除治)
7.바뀔(歲除易-섣달 그믐날) 8.덜다, 없애다 9.감면하다(減免) 10.숙청하다(肅淸) 11.나누다 12.
가다, 지나가다 13.손질하다, 청소하다(淸掃) 14.치료하다(治療) 15.털갈이하다 16.주다 17.길,
도로,
*음력 사월 여;
【명사】 【~하다타동사】① 〔수학〕'제법(除法)'의 준말. ② '제거(除去)'의 준말.
滌除玄覽(10) 朝甚除(53)

615 (제)祭 :

*제사 제(읍 이름 채};부수 示(보일시, 5획) 획수 총11획;[ji] Sacrifice, Service
1.제사, 기고(祠) 2.서로 접하다 3.사귀다 4.미루어 헤아리다 5.갚다, 보답하다(報答),
*읍 이름 채;1.읍 이름(邑名) 2.성(姓). 3.땅 이름
【명사】'제사'의 범연한 일컬음. *~를 올리다 *~를 지내다.
子孫以祭祀不輟.(54)

616 (제)濟 : (간지) 濟(간체자) 济

*정할 제, 건널 제;부수 氵(삼수변, 3획) 획수 총17획;[jì,jǐ] Cross a stream
1.정할(定) 2.건널(渡) 3.그칠(止) 4.단정할(多威儀) 5.물 이름(水名) 6.구할(救) 7.일 이룰(事遂)
8.돕다 9.성공하다(成功) 10.더하다 11.소용(所用) 있다 12.유익하다(有益) 13.많다 14.나루 15.
원조(援助) 16.도움,
濟其事(52)

617 (조)爪 :

*손톱 조;부수 爪(손톱조, 4획) 획수 총4획;[zhǎo,zhuǎ] Nail
1.손발톱(手足甲) 2.긁어 다릴, 할퀼(覆手治物扒) 3.메뚜기(물건이 벗겨지지 않도록 꽂는 기구)
4.갈퀴 5.움켜잡다 6.돕고 지키다 7.깍지,
虎無所措其爪(50)

618 (조)兆 :

*조짐 조, 조 조;부수 儿(어진사람인발, 2획) 획수 총6획;[zhào] Symptoms

1.조짐(未作意) 2.점괘(卜筮) 3.뫼(塋域) 4.조(十億) 5.빌미(兆朕未作意) 6.많을(衆) 7.백성(民),
【수사】【관형사】 억의 만 배가 되는 수(의).
其未兆(20) 其未兆易謀(64)

619 (조)早 :
*새벽 조;부수 日(날일, 4획) 획수 총6획;[zǎo] Early
1.새벽, 일찍, 이를(晨) 2.먼저(先) 3.서두르다 4.젊다 5.젊어서, 젊었을 때에.
不道早已.(30) 不道早已.(55) 是謂早服(59) 早服(59)

620 (조)措 :
*둘 조{섞을 착, 잡을 책, 찌를 척};부수 扌(재방변, 3획) 획수 총11획;[cuò] Put
1.둘(置) 2.들(擧) 3.베풀(施布) 4.정돈할(頓) 5.처리하다(處理), 조처하다 6.그만두다 7.행동거
지(行動擧止) 8.가난한 선비(학식은 있으나 벼슬하지 않은 사람).
*섞을 착;1.섞다, 섞이다.
*쫓아 잡을 책;쫓아 잡을(追捕). 2.사이에 두다, 끼우다.
*찌를 척;1.찌르다 2.해치다(害).
虎無所措其爪(50)

621 (조)鳥 : (간체자) 鸟
*새 조{땅 이름 작, 섬 도};부수 鳥(새조, 11획) 획수 총11획;[niǎo,diǎo] Bird
1.새(羽族總名) 2.봉황(鳳凰) 3.나라의 이름 4.벼슬의 이름 5.별의 이름.
*땅의 이름;1.땅 이름(地名).
*섬 도;1.섬(島).
攫鳥不搏.(55)

622 (조)朝 :
*아침 조{고을 이름 주};부수 月(달월, 4획) 획수 총12획;[zhāo,cháo] Morning, Court
1.아침, 이를(早) 2.보일(臣下觀君) 3.조회 받을(朝會人君視政) 4.조정(朝廷) 5.찾을(訪) 6.하루
7.나라이름(朝鮮) 8.임금의 재위(在位) 기간(期間) 9.모이다, 회동하다(會同) 10.흘러들다,
*고을의 이름 주;
【접미사】 '왕명(王名)' 또는 '왕조'를 나타내는 말 뒤에 붙어, '통치 기간' 또는 '왕조'의 뜻
을 나타냄. *고려~ *조선~ *세종~.
故飄風不終朝(23) 朝甚除(53)

623 (조)躁 :

*움직일 조, 성급할 조;부수 足(발족, 7획) 획수 총20획;[zào] Be nervous
1.움직일(動) 2.바시댈(不安靜) 3.빠를(急進疾) 4.성급하다 5.조급하다 6.떠들다 7.시끄럽다
靜爲躁君.(26) 躁則失君.(26) 躁勝寒.(45)

624 (족)足 :

*발 족{지나칠 주};부수 足(발족, 7획) 획수 총7획;[zú] Foot
1.발(趾) 2.흡족할(滿) 3.그칠(止) 4.넉넉할(無欠) 5.뿌리, 근본(根本) 6.산기슭 7.가다, 달리다 8.
족하다(분수를)지키다 9.물리다, 싫증나다 10.이루다, 되게 하다 11.밟다, 디디다.
*더할 주;1.더하다(添物益) 2.아당할(足恭便僻) 3.지나치다 4.과도하다(過度) 5.배양하다(培養)
6.북(식물의 뿌리를 싸고 있는 흙)을 돋우다(도드라지거나 높게 하다).
【명사】소·돼지 따위의 무릎 아랫부분을 식용으로 이르는 말. *~을 고다.
【의존명사】켤레. *버선 한 ~.
信不足焉(17) 不足(19) 信不足焉(23) 常德乃足(28) 知足者富(33) 視之不足見(35) 聽之不足聞
(35) 用之不足旣.(35) 不足以爲道(41) 廣德若不足(41) 知足不辱(44) 常足矣.(46) 禍莫大於不
知足(46) 故知足之足(46) 不足以取天下.(48) 始於足下.(64) 不足者補之.(77)

625 (존)存 :

*있을 존;부수 子(아들자, 3획) 획수 총6획;[cún] Exist
1.있을(在) 2.존문할(告存恤問, 存問) 3.보존할(保存) 4.살필(省) 5.살아 있다 6.편안하다(便安)
7.관리하다(管理), 관장하다(管掌) 8.생각하다, 그리워하다 9.가엾게 여기다 10.마음이 쏠리다
11.세우다, 설치하다(設置) 12.이르다(어떤 장소나 시간에 닿다), 다다르다.
似或存.(4) 綿綿若存(6) 外其身而身存.(7) 若存若亡(41) 是以萬物莫不存道而貴德(51)

626 (존)尊 :

*높을 존{술그릇 준};부수 寸(마디촌, 3획) 획수 총12획;[zūn] Respect
1.높을(貴, 高) 2.어른(君父稱) 3.공경할(敬) 4.중(重)히 여기다 5.따르다, 좇다 6.향하다(向) 7.
관리(官吏), 벼슬아치.
*술그릇 준;1.술잔(酒器) 2.술 그릇 3.술통(桶) 4.술 단지(목이 짧고 배가 부른 작은 항아리),
道之尊(51) 尊行可以加人(62)

627 (졸)拙 :

*옹졸할 졸;부수 (재방qus, 3획) 획수 총8획;[zhuō] Bad
1.못날, 졸할(不巧, 壅拙) 2.무딜(物屈不用, 鈍) 3.나(自己謙稱) 4.어리석다 5.질박하다(質樸) 6.
서툴다 7.불우하다(不遇), 곤궁하다(困窮) 7.소용이 없다, 쓸모가 없다.
大巧若拙.(45)

628 (종)宗 :

*마루 종;부수 宀(갓머리, 3획) 획수 총8획;[zōng] Root, Family

1.마루, 밑 둥, 밑(本) 2.높을(尊) 3.일가, 겨레(同姓) 4.학파(學派) 5.종묘(宗廟) 6.교파(敎派) 7.우러러 받들(奉) 8.조회 볼(朝見) 9.으뜸 10.제사(祭祀) 11.시조(始祖)의 적장자(嫡長子) 12.선조(先祖) 중의 덕망(德望)이 있는 조상(祖上) 13.우두머리, 가장 뛰어난 것 14.갈래 15.제사(祭祀)하는 대상(對象) 16.향하다(向).

似萬物之宗.(4) 言有宗(70)

629 (종)從 : (간지) 從(간체자) 从

*좇을 종;부수 彳(두인변, 3획) 획수 총11획;[cóng] Obey

1.좇을, 따를(隨) 2.말을 들을(相聽) 3.허락할(許) 4.나갈(就) 5.부터(自) 6.순할(順) 7.일하다 8.종용할(舒緩貌) 9.상투가 우뚝할(髻高) 10.친척(同宗) 11.따르는 사람(隨行者) 12.시중들다 13.놓다 14.모이다 15.근심하다 16.높고 크다 17.방종하다(放縱) 18.따라서 죽다 19.오래다 20.세로, 남북(南北) 21.자취, 흔적(痕跡) 22.버금 23.높고 큰 모양;

惟道是從.(21) 故從事於道者(23) 民之從事(64) 愼終如始則無敗事.(64)

630 (종)終 : (간체자) 终

*끝날 종;부수 糸(실 사, 6획) 획수 총11획;[zhōng] End, Finish

1.마지막, 다할(窮極) 2.마칠, 마침내(竟) 3.죽을(卒) 4.끝(末) 5.완성되다(完成) 6.채우다 7.사방 백 리의 땅 8.열두 해 9.윤달(閏) 10.항상(恒常), 늘 11.비록 12.종국에는 끝까지.

故飄風不終朝(23) 驟雨不終日.(23) 終日行(26) 以其終不自爲大(34) 終身不勤.(52) 終身不救.(52) 終日號而不嗄(55) 是以聖人終不爲大(63) 故終無難矣.(63) 愼終如始(64)

631 (좌)左 :

*왼 좌;부수 工(장인공, 3획) 획수 총5획;[zuǒ] Left

1.왼(右之對) 2.왼쪽 갈(左行) 3.그를, 어긋날(反) 4.심술궂을, 패리(悖理, 左道) 5.도울(助) 6.물리칠(黜, 左遷) 7.증거 할(證) 8.낮은 자리, 아랫자리 9.곁, 근처(近處) 10.옳지 못하다 11.진보적이고 혁명적인 경향(傾向) 12.낮추다 13.멀리하다 14.불편하다(不便) 15.돕다.

【명사】 '왼쪽'의 뜻. *~로 돌다. ↔우(右).

君子居則貴左(31) 吉事尙左(31) 偏將軍居左(31) 其可左右.(34) 是以聖人執左契(79)

632 (좌)佐 :

*도울 좌;부수 亻(사람인변, 2획) 획수 총7획;[zuǒ] Help, Aid

1.도울(輔) 2.보좌관(輔臣) 3.버금(貳) 4.권하다(勸) 5.다스리다 6.속료(屬僚), 속관(屬官) 7.부차적(副次的)인 것.

以道佐人主者(30)

633 (좌)坐 :
*앉을 좌;부수 土(흙토, 3획) 획수 총7획;[zuò] Sit
1.앉을(行之對) 2.무릎 꿇을(跪) 3.자리(席) 4.지킬(守護) 5.죄를 입을(被罪人) 6.자리(行所止)
7.대심할(罪人對理) 8.손발을 움직이지 않을(手足不動) 9.머무르다 10.드디어 11.잠깐, 우선
12.사물(事物)을 세는 단위(單位) 13.저절로 14.앉아서 아무 일도 하지 않고서 무릎 꿇다.
【명사】묏자리나 집터 등의 등진 방위. ↔향(向).
不如坐進此道(62)

634 (좌)挫 :
*꺾을 좌;부수 扌(재방변, 3획) 획수 총10획;[cuò] Break
1.꺾을, 꺾어질(摧折) 2.바로잡을(捌) 3.창피(猖披)를 주다, 손상시키다(損傷) 4.창피를 주다 5.
문지르다, 주무르다 6.묶다, 결박하다(結縛),
挫其銳(4) 或挫或隳(29) 挫其銳(56)

635 (죄)罪 :
*허물 죄;부수 罒(그물망머리, 5획) 획수 총13획;[zuì] Crime, Sin
1.허물, 죄 줄(罰惡) 2.그물(魚網) 3.잘못, 과실(過失) 4.죄인(罪人) 5.재앙(災殃), 온갖 불행한
일 6.허물을 탓하다, 떠넘기다.
【명사】① 양심이나 도의에 벗어난 행위. *~와 벌 *~를 짓다.
② 벌을 받을 만한 일. *지각한 ~로 청소를 하다.
③〔법률〕법률에 위반되어 처벌을 면치 못하는 불법 행위. 범죄.
④〔불교〕도리에 거슬리어 괴로움의 과보(果報)를 부르는 나쁜 행위.
⑤〔기독교〕하나님의 계명을 거역하고 그의 명령을 지키지 않는 행위.
∘ [속담][죄는 지은 데로 가고 덕은 닦은 데로 간다]
有罪以免耶(62)

636 (주)主 :
*주인 주, 임금 주;부수 丶(점주, 1획) 획수 총5획;[zhǔ] Host, Load
1.주인(賓之對) 2.거느릴(領) 3.임금(君) 4.임금의 딸(公主) 5.주장할(主張) 6.어른(一家之長) 7.
지킬(守) 8.신주(神靈宿所) 9.맡을(寄) 10.높일(宗) 11.우두머리 12.상전(上典) 13.주체(主體)
14.여호와, 하느님, 알라(Allah) 15.당사자(當事者), 관계자(關係者) 16.결혼(結婚) 상대자(相對
者) 17.자신(自身) 18.위패(位牌) 19.주견(主見), 줏대(主) 20.주관적인(主觀的) 21.가장 주요한
22.예시하다(例示) 23.공경대부.

【명사】 ① 주요하거나 기본이 되는 것. *~가 되는 요지 *~를 이루는 이론.
② 〔기독교〕 만백성의 주인이라는 뜻으로, 하나님 또는 예수를 이르는 말.
【관형사】 주요한. 일차적인. *~ 무기 *~ 관심 사항.
奈何萬乘之主(26) 以道佐人主者(30) 衣養萬物而不爲主.(34) 萬物歸焉而不爲主(34) 吾不敢爲
主而爲客(69) 是謂社稷主(78)

637 (주)舟 :
*배 주;부수 舟(배주, 6획) 획수 총6획;[zhōu] Ship
1.배(周流船) 2.잔대(尊下帶) 3.띠(帶) 4.반(제기(祭器)인 준을 받쳐놓는 그릇) 5.성(姓) 6.싣다
7.배 타고 건너다,
雖有舟輿(80)

638 (주)走 :
*달릴 주;부수 走(달릴주, 7획) 획수 총7획;[zǒu] Run, hurry
1.달릴(奔) 2.종(僕) 3.달아날(疾趨) 4.갈(往) 5.떠나가다, 나아가다 6.길짐승 7.심부름꾼 8.종종
걸음 9.저, 자신(自身)의 겸칭(謙稱) 10.달리기의 등급(等級),
卻走馬以糞(46)

639 (주)注 :
*물 댈 주;부수 氵(삼수변, 3획) 획수 총8획;[zhù] irrigate, Intend
1.물댈(灌) 2.물 쏟을(水流射) 3.뜻을 둘意所置 4.기록할(記) 5.조처할(措置) 6.끼우다 7.주낼,
풀이할(釋經典) 8.붓다(액체나 가루 따위를 다른 곳에 담다) 9.흐르다 10.모으다 11.비가 내리
다 12.치다 13.주를 달다 14.별의 이름 15.그릇 16.부리 17.흐름 18.성(姓),
【명사】
① 글이나 말의 뜻을 자세히 풀어 주거나 보충 설명을 더하여 주는 글이나 말.
*~를 참조하다.
② '주석·주해'의 준말.
♣ 주를 달다 【관용구】 본문의 뜻을 설명 또는 보충하는 글을 적어 넣다.
百姓皆注其耳目焉(49)

640 (주)周 :
*두루 주;부수 口(입구, 3획) 획수 총8획;[zhōu] Round
1.두루(匝) 2.주밀할(密) 3.두루 할(徧) 4.미쁠(忠臣) 5.구할(救助) 6.구부러질(曲所) 7.골고루 8.
나라이름(國名, 周) 9.널리 10.둘레 11.진실(眞實), 참 12.돌다, 두르다 13.둥글게 에워싸다 14.
끝내다, 온전(穩全)히 다하다 15.더할 나위 없다, 지극하다(至極) 16.친하다(親), 가까이하다

17.합당하다(合當), 알맞다 18.삼가다(몸가짐이나 언행을 조심하다) 19.마음씨가 두루 미치다.
【명사】〔수학〕 물건 둘레의 길이.
周行而不殆(25)

641 (주)籌 : (간체자) 筹

*투호 살 주;부수 竹(대죽, 6획) 획수 총20획;[chóu] Counting, Stick
1.투호(投壺) 살(壺矢) 2.셈대, 산가지(筭) 3.셈 놓을(籌畫) 4.모략할(籌略) 5.제비(籤) 6.꾀 7.징발하다 8.세다, 헤아리다.
【명사】 예전에, 산가지로 셈을 치던 일. *~를 놓다.
善數不用籌策.(27)

642 (중)中 :

*가운데 중;부수 丨(뚫을곤, 1획) 획수 총4획;[zhōng,zhòng] Midst, In
1.가운데(四方之央) 2.안쪽(內) 3.마음(心) 4.바른 덕(正德) 5.맞출(至的) 6.응할(應) 7.당할(當) 8.사이 9.진행(進行) 10.몸, 신체(身體) 11.내장(內臟) 12.중도(中途) 13.절반(折半) 14.뚫다 15.장정(壯丁) 16.관아의 장부(帳簿), 안건(案件) 17.가운데 등급(等級) 18.중매(仲媒), 중개(仲介) 19.중국(中國) 20.버금, 둘째 21.가운데에 있다 22.부합하다(符合), 일치하다(一致) 23.바르다 24.급제하다(及第), 합격하다(合格) 25.가득 차다 26.이루다 27.고르게 하다 28.해치다(害) 29.간격(間隔)을 두다
【명사】① 가치·등급·순위·정도 등이 중간 정도임. *성적이 ~에 든다.
② '중등(中等)'의 준말. ③ '중국(中國)'의 준말. *주~(駐中) 대사.
④ 장기판의 끝에서, 둘째 가로줄. *포를 ~으로 옮기다.
【의존명사】① 안이나 속. *공기 ~의 산소
② 현재 진행되고 있음. 무엇을 하는 동안《'―는 중'·'―던 중'의 꼴로도 씀》.
*회의 ~ *작업 ~ *임신 ~ *이야기하던 ~ 알게 되다.
③ 어떤 범주에 속함. 여럿 가운데. *불행 ~ 다행 *꽃 ~의 꽃.
④ (주로 '중으로'의 꼴로 쓰여) 시간의 한계를 넘지 않는 동안.
*내일 ~으로 마치자.
不如守中.(5) 其中有象.(21) 其中有物.(21) 其中有精.(21) 其中有信.(21) 域中有四大(25) 中士聞道(41)

643 (중)重 :

*무거울 중{아이 동};부수 里(마을리, 7획) 획수 총9획;[zhòng,chóng] Heavy, Double
1.무거울(輕之對) 2.거듭(複, 疊) 3.늦 곡식(後熟穀) 4.삼갈(愼) 5.두터울(厚) 6.두 번(再) 7.소중하다(所重), 귀중하다(貴重) 8.보태다, 곁들이다 9.붓다, 부어오르다 10.더디다 11.겹치다 12.

(아이를)배다 13.많다 14.심히 15.젖 16.짐 17.위세(位勢), 권력(權力) 18.임시 신위(神位) 19.사형(死刑).

*아이 동;1.아이(童)

【접두사】 무엇이 겹쳤거나 둘이 합쳤음의 뜻. *~수소 *~모음.

重爲輕根(26) 不離輜重(26) 謂之重積德(59) 重積德(59) 是以聖人處上而民不重(66) 使民重死而不遠徙.(80)

644 (중)衆 : (간체자) 衆

*무리 중;부수 血(피혈, 6획) 획수 총12획;[zhòng,zhōng] Crowd, many

1.무리(衆人) 2.많을(多) 3.민심(庶民之心) 4.고비뿌리(貫中, 藥名) 5.군신(群臣), 백관(百官) 6.백성(百姓), 서민(庶民) 7.많은 물건(物件) 8.많은 일 9.차조(찰기가 있는 조) 10.땅, 토지 11.장마 12.성(姓),

衆妙之門(1) 處衆人之所惡(8) 衆人熙熙(20) 衆人皆有餘(20) 衆人皆有以(20) 以閱衆甫.(21)
吾何以知衆甫之狀哉?(21) 殺人之衆(31) 復衆人之所過(64)

645 (즉)則 : (간체자) 則

*곧 즉{법칙 칙, 본받을 측};부수 刂(선칼도방, 2획) 획수 총9획;[zé] Regulation

1.곧, 어조사(語助辭) 2.만일(萬一) ~이라면 3.~하면, ~할 때에는

*법칙 칙;1.법칙(常法) 2.본받을(法可當效) 3.법(千里) 4.모범(模範) 5.때(時) 6.그 후(其後) 7.혹은(或) 8.조목(條目) 9.준칙(準則) 10.이치(理致) 11.대부(大夫)의 봉지(封地) 12.성(姓)

則無不治(3) 曲則全(22) 枉則直(22) 窪則盈(22) 敝則新(22) 少則得(22) 多則惑.(22) 輕則失本(26) 躁則失君.(26) 樸散則爲器.(28) 則爲官長.(28) 物壯則老.(30) 君子居則貴左(31) 用兵則貴右.(31) 則不可以得志於天下矣.(31) 則攘臂而仍之.(38) 物壯則老.(55) 則無不克(59) 則莫知其極(59) 則取小國(61) 則取大國.(61) 則無敗事.(64) 以戰則勝(67) 以守則固.(67) 勇於敢則殺(73) 則大威至(72) 勇於不敢則活.(73) 是以兵强則不勝(76) 木强則共(76) 則不然(77)

646 (지)之 :

*갈 지;부수 丿(삐침별, 1획) 획수 총4획;[zhī] This, of

1.갈(往) 2.이를(至) 3.이(此, 指示代名詞) 4.어조사(語助辭) 5.~의(所有格) 6.이에(於) 7.~을 8.그리고 9.가, 이(是) 10.에, ~에 있어서 11.와, ~과 12.이에, 이곳에 13.영향을 끼치다 14.쓰다, 사용하다 15.이르다(어떤 장소나 시간에 닿다), 도달하다(到達) 16.만일(萬一),

天地之始(1) 萬物之母.(1) 同謂之玄(1) 玄之又玄(1) 衆妙之門(1) 行不言之敎(2) 天下皆知美之爲美(2) 天下皆知善之爲善(2) 是以聖人處無爲之事(2) 不貴難得之貨(3) 是以聖人之治(3) 道沖而用之(4) 似萬物之宗.(4) 吾不知誰之子(4) 象帝之先.(4) 天地之間(5) 玄牝之門(6) 用之不勤.(6) 處衆人之所惡(8) 持而盈之(9) 揣而梲之(9) 莫之能守(9) 生之畜之(10) 有車之用(11)

有器之用(11) 有室之用.(11) 故有之以爲利(11) 無之以爲用.(11) 難得之貨令人行妨(12) 得之若驚(13) 失之若驚(13) 視之不見(14) 聽之不聞(14) 搏之不得(14) 是謂無狀之狀(14) 隨之不見其後.(14) 迎之不見其首(14) 執古之道(15) 古之善爲士者(15) 故強爲之容.(15) 若氷之將釋(15) 孰能濁以靜之徐淸?(15) 動之徐生.(15) 下知有之(17) 親而譽之.(17) 畏之.(17) 侮之.(17) 唯之與阿(20) 善之與惡(20) 人之所畏(20) 如嬰兒之未孩.(20) 孔德之容(21) 道之爲物(21) 吾何以知衆甫之狀哉?(21) 故天下莫能與之爭.(22) 誠全而歸之.(22) 古之所謂曲則全者(22) 道亦樂得之(23) 德亦樂得之(23) 失亦樂得之.(23) 物或惡之(24) 字之曰道(25) 強爲之名曰大.(25) 奈何萬乘之主(26) 不善人之師(27) 善人之資.(27) 聖人用之(28) 將欲取天下而爲之(29) 爲者敗之(29) 執者失之(29) 師之所處(30) 大軍之後(30) 不祥之器(31) 物或惡之(31) 非君子之器(31) 而美之者(31) 不得已而用之(31) 言以喪禮處之.(31) 殺人之衆(31) 以哀悲泣之.(31) 以喪禮處之.(31) 侯王若能守之(32) 民莫之令而自均.(32) 譬道之在天下(32) 萬物恃之而生(34) 道之出口(35) 視之不足見(35) 聽之不足聞(35) 用之不足旣.(35) 將欲歙之(36) 將欲弱之(36) 將欲廢之(36) 將欲奪之(36) 必固張之(36) 必固强之(36) 必固興之(36) 必固與之.(36) 國之利器不可以示人(36) 侯王若能守之(37) 吾將鎭之以無名之樸(37) 上仁爲之而有以爲(38) 上義爲之而有以爲(38) 上禮爲之而莫之應(38) 則攘臂而仍之.(38) 忠信之薄(38) 而亂之首(38) 道之華而愚之始.(38) 昔之得一者(39) 其致.(39) 道之動(40) 道之用.(40) 勤而行之(41) 大笑之(41) 故建言有之(41) 人之所惡(42) 人之所敎(42) 故物或損之而益(42) 或益之而損.(42) 我亦敎之(42) 天下之至柔(43) 馳騁天下之至堅(43) 無爲之益(43) 吾是以知無爲之有益.(43) 不言之敎(43) 天下希及之(43) 故知足之足(46) 損之又損(48) 吾善之(49) 吾亦善之.(49) 吾信之(49) 吾亦信之.(49) 聖人之在天下(49) 聖人皆孩之.(49) 生之徒十有三(50) 死之徒十有三.(50) 人之生動之死地(50) 以其生生之厚.(50) 道生之(51) 畜之.(51) 物形之(51) 勢成之.(51) 道之尊(51) 德畜之.(51) 德之貴(51) 夫莫之命而常自然.(51) 故道生之(51) 長之(51) 育之(51) 亭之(51) 毒之(51) 養之(51) 覆之.(51) 旣知其子(52) 修之於身(54) 修之於家(54) 修之於鄉(54) 修之於國(54) 修之於天下(54) 含德之厚(55) 和之至也.(55) 未知牝牡之合而全作(55) 精之至也.(55) 和之至也.(55) 謂之不道(55) 福之所倚(58) 禍之所伏(58) 人之迷也(58) 謂之重積德(59) 有國之母(59) 長生久視之道.(59) 天下之交(61) 天下之牝(61) 道者, 萬物之奧(62) 善人之寶(62) 不善人之所保(62) 人之不善(62) 何棄之有?(62) 是以聖人猶難之(63) 爲之於未有(64) 治之於未亂(64) 合抱之木(64) 九層之臺(64) 千理之行(64) 爲者敗之(64) 執者失之.(64) 民之從事(64) 常於幾成而敗之(64) 不貴難得之貨(64) 復衆人之所過(64) 以輔萬物之自然(64) 古之善爲道者(65) 將以愚之(65) 民之難治(65) 國之賊(65) 國之福(65) 以其善下之(66) 必以言下之(66) 以以身後之.(66) 故天下莫能與之爭.(66) 持而保之(67) 天將救之(67) 善用人者爲之下.(68) 是謂不爭之德(68) 是謂用人之力(68) 古之極.(68) 天之所惡(73) 是以聖人猶難之.(73) 天之道(73) 奈何以死懼之?(74) 吾得執而殺之(74) 民之饑(75) 民之輕死(75) 以其上食稅之多(75) 以其上之有爲(75) 以其上求生之厚(75) 民之難治(75) 人之生也柔弱(76) 萬物草木之生也柔脆(76) 故堅强者死之徒(76) 柔弱者生之徒(76) 天之道(77) 高者抑之(77) 下者擧之(77) 有餘者損之(77) 不足者補之.(77) 人之道(77) 莫之能勝(78) 以其無以易之.(78) 弱之

勝强(78)　柔之勝剛(78)　受國之垢(78)　無所乘之(80)　無所陳之.(80)　使有什佰之器而不用(80)
使人復結繩而用之(80)　鷄犬之聲相聞(80)　聖人之道(81)　天之道(81)

647 (지)止 :
*그칠 지, 말 지;부수 止(그칠지, 4획) 획수 총4획;[zhǐ] Stop
1.말(已)　2.그칠(停)　3.고요할(靜)　4.쉴(息)　5.살(居)　6.마음 편할(心安)　7.머무를(留)　8.예절(禮節)　9.거동(行儀)　10.이를(至)　11.어조사(語助辭)　12.금하다(禁)　13.억제하다(抑制)　14.없어지다, 없애다　15.숙박하다(宿泊)　16.만류하다(挽留)　17.모이다　18.사로잡다, 손에 넣다　19.되돌아오다　20.병이 낫다　21.떨어버리다　22.만족하다(滿足)　23.꼭 붙잡다　24.기다리다　25.한계(限界)　26.겨우, 오직.
飂兮若無止.(20)　夫亦將知止.(32)　知止(32)　過客止.(35)　知止不殆(44)

648 (지)至 :
*이를지{덜렁대는 모양 질};부수 至(이를지, 6획) 획수 총6획;[zhì] Reach, Extremely
1.이를(到)　2.지극할(極)　3.절기(節氣多至)　4.영향을 미치다　5.과분하다(過分)　6.힘쓰다, 다하다　7.이루다　8.지향하다(志向)　9.주다, 내려 주다　10.친근하다(親近)　11.표하다(表)　12.반드시　13.진실(眞實), 지극(至極)한 도(道)　14.실체(實體), 본체(本體)　15.지극히(至極), 성대(盛大)하게　16.크게　17.최고(最高)로, 가장　18.마침내　19.새가 땅에 내려앉다　20.도래하다　21.두루 미치다　22.닿다　23.끝 가다;
天下之至柔(43)　馳騁天下之至堅(43)　以至於無爲(48)　精之至也.(55)　和之至也.(55)　然後乃至大順(65)　則大威至.(72)　民至老死(80)

649 (지)地 :
*땅 지;부수 土(흙토, 3획) 획수 총6획;[dì,de,dì] Earth
1.땅(天之對, 載萬物昆)　2.뭍(陸)　3.아래(下)　4.나라(領土)　5.곳(所)　6.예비할(豫備)　7.노정(路程)　8.논밭　9.토지(土地)의 신(神)　10.처지(處地)　11.본래(本來)의 성질(性質)　12.분별(分別)　13.다만　14.신분(身分), 자리, 문벌(門閥), 지위(地位)　15.거주하다(居住);
【명사】병풍 하단에 붙이는 천. 병풍 치마.
天地之始(1)　天地不仁(5)　天地之間(5)　是謂天地根.(6)　天長地久(7)　天地所以能長且久者(7)　居善地(8)　天地道(9)　天地!(23)　天地尙不能久(23)　先天地生.(25)　地大(25)　人法地(25)　地法天(25)　天地相合以降甘露(32)　地得一以寧(39)　地無以寧(39)　人之生動之死地(50)　以其無死地.(50)

650 (지)志 :
*뜻 지{기치 치};부수 心(마음심, 4획) 획수 총7획;[zhì] Will
1.뜻(心之所之)　2.뜻할(意向)　3.맞출(中)　4.기록할(記)　5.살촉(箭鏃)　6.원할, 희망할(希望)　7.마

음 8.기억할(記憶) 9.본심(本心) 10.사사로운 생각 11.표지(標識), 표기(標旗) 12.문체(文體)의 이름 13.뜻하다, 뜻을 두다 14.알다 15.의로움을 지키다, 절개(節介)가 있다,

*기치 치;1.기치(旗幟: 군대에서 사용하던 기, 幟)

弱其志(3) 則不可以得志於天下矣.(31) 强行者有志.(33)

651 (지)知 :

*알 지;부수 矢(화살시, 5획) 획수 총8획;[zhī] Know

1.알(識) 2.깨달을(覺) 3.생각할(生覺) 4.기억할(記憶) 5.이를(諭) 6.하고자 할(欲) 7.주장할(主)
8.나타내다, 드러내다 9.맡다, 주재하다(主宰) 10.주관하다(主管) 11.대접하다(待接) 12.사귀다
13.병이 낫다 14.친한 친구(親舊) 15.(나를)알아주는 사람 16.짝, 배우자(配偶者) 17.대접(待接)
18.슬기, 지혜(知慧) 19.지식(知識), 앎 20.지사(知事) 21.어조사(語助辭),

天下皆知美之爲美(2)　天下皆知善之爲善(2)　常使民無知無欲(3)　吾不知誰之子(4)　下知有
之.(17) 能無知乎!(10) 能知古始(14) 知常曰明.(16) 不知常(16) 知常容(16) 吾何以知衆甫之狀
哉?(21) 吾不知其名(25) 知其雄(28) 知其白(28) 知其榮(28) 夫亦將知止.(32) 知止(32) 知人者
智(33) 自知者明.(33) 知足者富(33) 吾是以知無爲之有益.(43) 知足不辱(44) 知止不殆(44) 禍
莫大於不知足(46) 故知足之足(46) 知天下(47) 其知彌少.(47) 是以聖人不行而知(47) 以知其
子(52) 旣知其子(52) 使我介然有知(53) 吾何以知天下然哉(54) 未知牝牡之合而全作(55) 知和
曰常(55) 知常曰明.(55) 知者不言(56) 言者不知(56) 吾何以知其然哉(57) 孰知其極?(58) 則莫
知其極(59) 知此兩者(65) 能知稽式(65) 吾言甚易知(70) 天下莫能知莫能行.(70) 夫唯無知(70)
是以不我知.(70) 知我者希(70) 知不知, 上(71)不知知, 病(71) 是以聖人自知(72) 孰知其故(73)
天下莫不知(78) 知者不博(81) 博者不知.(81)

652 (지)持 :

*가질 지;부수 扌(재방변, 3획) 획수 총9획;[chí] Hold

1.가질, 잡을(執) 2.물지게(軍持及水具) 3.지킬(守) 4.버티다, 대립하다(對立) 5.보전하다(保全)
6.유지하다(維持) 7.균형(均衡)이 깨지지 아니하다, 형편(形便)에 변화(變化)가 없다 8.돕다 9.
괴롭히다, 구박하다(驅迫) 10.믿다, 의지하다(依支) 11.주장하다(主張) 12.주관하다(主管) 13.억
누르다, 제어하다(制御) 14.쌓다, 비축하다(備蓄) 15.모시다 16.인솔하다(引率) 17.바루다,

持而盈之(9) 其安易持(64) 持而保之(67)

653 (지)智 :

*슬기 지;부수 日(날일, 4획) 획수 총12획;[zhì] Wisdom

1.슬기(心有所知 知有所合) 2.사리에 밝음(聰明, 叡智) 3.재능(才能) 4.꾀, 기지(奇智), 모략(謀
略) 5.지혜(智慧·知慧)로운 사람, 총명(聰明)한 사람 6.알다,

【명사】 사물의 도리·시비·선악을 잘 판단하고 처리하는 능력. 지혜. 슬기.

使夫智者不敢爲也(3) 智慧出(18) 絶聖棄智(19) 知人者智(33) 雖智大迷.(27) 以其智多(65) 故

以智治國(65) 不以智治國(65)

654 (직)直 :
*곧을 직;부수 目(눈목, 5획) 획수 총8획;[zhí] Straight, Honest
1.바를(正) 2.곧을(不曲) 3.당할(準當) 4.다만(但) 5.펼(伸) 6.곧게 할(理枉) 7.번들(恃, 當直) 8.바로(卽, 直接, 直面) 9.꾸미지 아니하다 10.온순하다(溫順) 11.억울함을 씻다 12.곧, 즉시 13.대적하다(對敵) 14.일부러 15.바른 도(道), 바른 행위(行爲) 16.세로.
*값 치;1.값(物價) 2.품삯 3.만나다, 당하다(當).
枉則直(22) 大直若屈(45) 直而不肆(58)

655 (직)稷 :
*기장 직{기울 측};부수 禾(벼화, 5획) 획수 총15획;[ji] Millet
1.피, 기장(黍粟五穀之長-벼과의 한해살이풀) 2.농관(后稷農官) 3.사직, 흙 귀신(社稷, 土神) 4.곡신(穀神: 오곡의 신) 5.빠르다 6.삼가다 7.합하다(合).
*기울 측;1.해가 기울다.
是謂社稷主(78)

656 (진)眞 : (간지) 眞
*참 진;부수 目(눈목, 5획) 획수 총10획;[zhēn] True, Real
1.참(僞之反) 2.진실할(實) 3.정신(神) 4.정할(精) 5.바를(正) 6.초상(肖像) 7.순박할(淳) 8.천진, 근본(本元, 原質, 天眞) 9.진서(楷書, 書體之一) 10.하늘(眞宰, 天) 11.명료하다(明瞭) 12.또렷하다 13.똑똑하다 14.변하지 아니하다 15.생긴 그대로.
【명사】참
其精甚眞(21) 質眞若渝(41) 其德乃眞(54)

657 (진)陳 : (간체자) 陣
*진칠 진;부수 阝(좌부변, 3획) 획수 총10획;[chén] Encampment
1.진칠(師旅行列) 2.영문(軍營) 3.진(陣), 대열(隊列) 4.무리 5.싸움, 전투(戰鬪) 6.전쟁(戰爭) 7.권세가(權勢家)의 논밭 8.한차례(-次例), 한바탕 9.늘어놓다 10.펴다 11.넓게 깔다.
無所陳之.(80)

658 (진)進 : (간체자) 進
*나아갈 진{선사 신};부수 辶(책받침, 3획) 획수 총11획;[jin] Advance
1.나아갈(前進) 2.오를(登進) 3.천거할(薦) 4.본받을(效) 5.더할(加) 6.가까이 할(近) 7.벼슬하다 8.힘쓰다 9.움직이다 10.이기다 11.선(善)으로 나아가다 12.다하다 13.진력하다

*선사 신;1.선사, 선물(膳物).
進道若退(41) 不如坐進此道(62) 不敢進寸而退尺.(69)

659 (진)塵 : (간체자) 尘

*티끌 진;부수 土(흙토, 3획) 획수 총14획;[chén] Dust
1.티끌, 먼지(埃) 2.때 낄(塵垢) 3.오래될(久) 4.더러울(汚) 5.시끄러울(喧) 6.때, 시간(時間) 7.유업 8.소수의 이름 9.묵다 10.속사(俗事), 속세(俗世).
【수사】【관형사】 소수(小數)의 단위. '사(沙)'의 십분의 일. '애(埃)'의 열 배. 곧, 10⁻⁹.
同其塵.(4) 同其塵(56)

660 (진)鎭 : (간지) 鎮(간체자) 镇

*진압할 진{매울 전};부수 金(쇠금, 8획) 획수 총18획;[zhèn] Repress
1.누를, 진압할(按, 壓) 2.진정할(安) 3.홀(玉塵寶器) 4.수자리(戌) 5.변방(藩鎭) 6.진정시킬(安之) 7.무거울(重) 8.지키다 9.안택(安宅)하다 10.진영 11.요해지(要害地) 12.눌러 두는 물건(物件) 13.오래 14.언제나 15.항상(恒常).
*메울 전;1.메우다 2.박아넣다 3.따르다, 순종하다(順從) 4.채우다, 가득 차다.
【명사】
① 지난날, 한 지역을 지키던 군대. 또는 그 군대의 우두머리를 이르던 말.
② '진영(鎭營)'의 준말.
吾將鎭之以無名之樸(37)

661 (질)質 : (간체자) 质

*바탕 질{폐백 지};부수 貝(조개패, 7획) 획수 총15획;[zhì] Quality
1.바탕(主, 璞) 2.이룰(成) 3.문서(質劑券) 4.바를(正) 5.질박할(朴) 6.미쁠, 믿을(信) 7.이루다 8.증험할(驗) 9.품질(品質) 10.성질(性質), 품성(稟性) 11.저당물(抵當物) 12.맹세(盟誓) 13.모양 14.소박하다(素朴) 15.대답하다(對答) 16.솔직하다 17.정하다(定) 18.저당잡히다(抵當) 19.진실,
*폐백 지;1.폐백(幣帛, 交質以物上贄) 2.전당잡는 3.예물(禮物).
【명사】① 사물의 근본을 이루는 성질. *양보다 ~이 우선이다.
② 사람의 됨됨이를 이루는 바탕. *~이 나쁜 사람.
質直若渝(41)

662 (집)執 : (간체자) 执

*잡을 집;부수 土(흙토, 3획) 획수 총11획;[zhí] Catch
1.잡을(操持) 2.지킬(守) 3.잡을(捕) 4.막을(塞) 5.벗(友) 6.가지다 7.맡아 다스리다 8.사귀다 9.처리하다(處理) 10.두려워하다.

執古之道(14)　執者失之.(29)　執大象(35)　執者失之.(64)　無執(64)　執無兵(69)　吾得執而殺之(74)　是以聖人執左契(79)

663 (차)且 :

*또 차{공손할 저, 도마 조};부수 一(한일, 1획) 획수 총5획;[qiě,jū] And

1.또, 또한(又) 2.그 위에 3.바야흐로 4.거의(幾) 5.여기에(此) 6.未定의 뜻을 가짐 7.우선 8.장차(將次) 9.만일(萬一) 10.구차하다(苟且) 11.잠깐.

*공손할 저;1..공손할(恭) 2.토씨(語助辭) 3.나아가지 않을(不進) 4.많을(多) 5.파초(芭蕉) 6.공경스럽다(恭敬) 7.머뭇거리다,

*도마 조;1.도마(제사의 희생을 올려놓는 제기),

  2.적대(炙臺: 제사 때 산적을 담는 그릇).

天地所以能長且久者(7)　夫唯道善貸且成.(41)　今舍慈且勇(67)　舍儉且廣(67)　舍後且先(67)

664 (차)次 :

*버금 차;부수 欠(하품흠, 4획) 획수 총6획;[cì] Next, Secondary

1.버금(亞) 2.차례(第) 3.군사 머무를(師止) 4.이를(至) 5.장막(幄) 6.가슴, 속(中) 7.위치(位置) 8.갑자기(急遽貌) 9.머리 꾸밀(編髮) 10.곳(所) 11.행차(行) 12.거처(居處) 13.자리, 위계(位階) 14.부차적(副次的)인 것 15.성좌(星座), 성수(星宿) 16.여관(旅館) 17.빈소(殯所) 18.기회(機會) 19.번, 횟수(回數) 20.가, 근처(近處) 21.재료(材料), 감 22.차례(次例)를 정하다(定) 23. 잇다 24.늘어놓다, 줄지어 세우다 25.엮다, 편찬하다(編纂) 26.머뭇거리다 27. 다음에,

【의존명사】

① (주로 '―던' 뒤에 쓰여) 어떤 일을 하던 기회나 계제를 뜻하는 말.

*나가려던 ~인데

② 〔수학〕 차수(次數)를 가리키는 말 *일~ 방정식.

其次(17)

665 (차)此 :

*이 차;부수 止(그칠지, 4획) 획수 총6획;[cǐ] This

1.이(彼之對) 2.그칠(止) 3.이에(發語辭) 4.이곳 5.이것 6.가까운 사물을 가리킴 7.그래서,

【지시대명사】 이. 이것, 사(斯)와 비슷하게 쓰여 접속의 뜻을 나타낸다.

此兩者同(1)　故去彼取此(12)　此三者(14)　保此道者不欲盈.(15)　此三者(19)　以此(21)　執爲此者?(23)　故去彼取此(38)　此非以賤爲本邪(39)　以此(54)　以此(57)　不如坐進此道(62)　古之所以貴此道者何?(62)　知此兩者(65)　故去彼取此(72)　此兩者(73)

666 (착)斲 :

*깎을 착;부수 斤(날근, 4획) 획수 총14획;[zhuó] Slice off

1.깎을(削) 2.쪼갤, 벨(斫) 3.새기다 4.연장 5.아로새기다.
是謂代大匠斲(74) 夫代大匠斲者(74)

667 (착)鑿 : (간체자) 凿
*뚫을 착(구멍 조, 새길 촉);부수 金(쇠금, 8획) 획수 총28획;[záo] Bore, Drill
1.뚫을(穿) 2.끌(所以穿木) 3.얼음 뜰(取冰) 4.깎을(刳木爲舟) 5.깨끗할(鑿鑿鮮明) 6.뚜렷하다
7.쓿은 쌀(精米). 8.집요하게 파헤치다 9.요란(搖亂)하게 두드리다 10.자세(仔細・子細)히 따지
다 11.명확하다(明確) 12.마음 13.경형(黥刑) 14.얼굴에 죄명(罪名)을 자자(刺字)하는 형벌
*새길 촉;1.새기다 2.상감하다(象嵌).
*구멍 조;1.구멍(穿孔)
鑿戶牖以爲室(11)

668 (찰)察 :
*살필 찰;부수 宀(갓머리, 3획) 획수 총14획;[chá] Watch
1.살필(監) 2.알(知) 3.볼(觀) 4.밝힐(明) 5.환히 드러날(昭著) 6.깨끗할(潔貌) 7.상고할(考) 8.편
벽되게 볼(偏見苟察) 9.조사하다(調査) 10.천거하다(薦擧) 11.성(姓).
俗人察察(20) 其政察察(58)

669 (창)倉 : (간체자) 仓
*곳집 창;부수 人(사람인, 2획) 획수 총10획;[cāng] Warehouse
1.곳집(穀藏) 2.갑자기(卒) 3.졸급 할(遽) 4.초상날(喪) 5.슬퍼할(愴) 6.옥(獄) 7.선창(船倉) 8.바
다 9.푸른색 10.꾀꼬리 11.당황하다(唐慌),
【명사】① 곳집. ② 예전에, 서울 남대문 시장을 흔히 이르던 말.
倉甚虛.(53)

670 (창)彰 :
*밝을 창, 드러날 창;부수 彡(터럭삼, 3획) 획수 총14획;[zhāng] Bright
1.밝을(明) 2.드러낼(著明之) 3.나타낼(著) 4.문채(文飾, 織文鳥彰) 5.선명하다(鮮明) 6.가로막
다 7.게시하다(揭示) 8.무늬. 9.밝히다.
不自是故彰(22) 自是者不彰.(24) 法令滋彰(57)

671 (채)綵 :
*비단 채;부수 糸(실사, 6획) 획수 총14획;[cǎi] Colored, Silk
1.오색비단(繪繪五彩緋緞) 2.무늬,
服文綵(53)

672 (채)蠆 :

*전갈 채: 부수 虫(벌레훼, 6획) 획수 총19획: [chài,tà], Scorpion

1. 전갈(全蠍: 전갈과의 동물) 2. 잠자리의 유충 3. 가시

蜂蠆虺蛇不螫(55)

673 (책)責 : (간체자) 责

*꾸짖을 책{빚 채};부수 貝(조개패, 7획) 획수 총11획;[zé] Condemn, Duty

1.꾸짖을(誚) 2.조를(求) 3.맡을(任) 4.나무랄(誅) 5.재촉할(追取) 6.제 탓할(自訟) 7.힐뜯다 8.취하다(取) 9.받아내다 10.요구하다(要求) 11.권하다(勸) 12.책임을 지우다 13.의무 14.책임, 직책(職責) 15.처벌 16.따져 밝히다 17.규명하다,

*빚 채;1.빚(負債). 2.빌려 준 금품(金品) 3.빌려 줌 4.빌리다.

【명사】【~하대타동사】① '책임'의 준말. ② '책망(責望)'의 준말.

而不責於人.(79)

674 (책)策 :

*꾀 책, 채찍 책;부수 竹(대죽, 6획) 획수 총12획;[cè] Plan

1.꾀(謨, 籌策) 2.책(簡册) 3.채찍(馬箠) 4.시초(龜策, 蓍草) 5.잎 떨어지는(策策落葉聲) 6.별이름 7.쇠 지팡이(金策, 錫杖) 8.채찍질하다 9.제비뽑다. 10.점대(占치는 댓가지) 11.산가지(算가지) 12.수효(數爻), 숫자(數字) 13.임금의 명령서(命令書) 14.(과거를)보이다 15.포상하다(褒賞) 16.헤아리다, 예측하다(豫測) 17.기록하다(記錄) 18.꾀하다, 기획하다(企劃) 19.독촉하다(督促),

【명사】〔역사 고제〕'책문'의 준말.

善數不用籌策.(27)

675 (처)處 : (간지) 処(간체자) 处

*살 처;부수 虍(범호엄, 6획) 획수 총11획;[chù,chǔ] Place, Live

1.살(居) 2.그칠(止) 3.정할(定) 4.처치할(處置分別) 5.처자, 처녀(女未家) 6.구처할(區處) 7.곳(處所) 8.때, 시간(時間) 9.지위(地位), 신분 10.부분(部分) 11.일정(一定)한 표준(標準) 12.휴식하다(休息), 정착하다 13.머무르다 14.은거(隱居)하다 15.향유하다(享有) 16.다스리다 17.담당하다(擔當) 18.대비하다(對備) 19.돌아가다 20.사귀다 21.보살피다 22.차지하다 23.두다, 보지하다(保持) 24.모이다 25.자처하다(自處) 26.결단하다(決斷) 27.병을 앓다 28.나누다 29.야(野)에 있다 30.벼슬을 하지 않다 31.저축하다.

【명사】① 중앙 관서의 하나《법제처·국가 보훈처 따위》.

② 육군의 사단급 이상 사령부의 참모 부서의 이름《작전처·인사처 따위》.

③ 대학 따위의 조직에서, 일정한 사무를 보는 부서를 분류하는 단위의 하나《교무처·학생처》.

是以聖人處無爲之事(2) 處衆人之所惡(8) 故有道者不處.(24) 燕處超然.(26) 師之所處(30) 故有道者不處.(31) 言以喪禮處之.(31) 以喪禮處之.(31) 是以大丈夫處其厚(38) 處其實(38) 是以聖人處上而民不重(66) 處前而民不害.(66) 强大處下(76) 柔弱處上.(76) 功成而不處(77)

676 (척)尺 :

*자 척;부수 尸(주검시엄, 3획) 획수 총4획;[chǐ,chě,chè] Ruler

1.자(度名, 十寸爲尺) 2.가까울(近距離) 3.법(法) 4.법(法), 법도(法度) 5.맥(脈)의 한 부위(部位), 6.편지(便紙), 서간(書簡) 7.기술자(技術者) 8.증명서(證明書) 9.짧다 10.작다 11.조금.

　【의존명사】 자. *6~ 대어(大魚).

不敢進寸而退尺.(69)

677 (척)滌 : (간체자) 涤

*씻을 척{물 이름 조};부수 氵(삼수변, 3획) 획수 총13획;[dí] wash

1.씻을(洗) 2.닦을(除) 3.바싹바싹 마를(旱氣) 4.바람이 훈훈할(煖風) 5.우리(牧養室) 6.청소하다 7.행구다 8.방탕하다 9.음란하다 10.일설에는 가락이 빠르다.

*물의 이름 조;1.물 이름(水名).

滌除玄覽(10)

678 (천)千 :

*일천 천;부수 十(열십, 2획) 획수 총3획;[qiān] Thousand

1. 일천(數名十配) 2.천번 3.많을(數多) 4.길(南北通路) 5.성(姓) 6.아름다운 모양 7.그네(韆) 8.초목(草木)이 무성(茂盛)한 모양 9.밭두둑, 밭두렁(밭이랑의 두둑한 부분) 10.반드시, 기필코 11.여러 번 12.수효(數爻)가 많다.

　【수사】 【관형사】 백의 열 배(의). *~ 원 *~에 백을 보태다.

◦ [속담][천 길 물속은 알아도 한 길 사람의 속은 모른다]

♣ 천 갈래 만 갈래 【관용구】 아주 많은 여러 갈래. *~로 찢어질 듯한 아픈 마음.

千理之行(64)

679 (천)川 :

*내 천;부수 川(내천, 3획) 획수 총3획;[chuān] Stream

1.내(通流水) 2.굴(坑, 깊숙하게 패인 곳) 3.물귀신(鬼神) 4.들판, 평원(平原) 5.느릿한 모양 6.사천성(泗川省)의 약칭(略稱) 7.계속(繼續)해서 8.끊임없이.

　【접미사】 어떤 말 뒤에 붙어, '내'의 이름을 나타내는 말. *청계~.

若冬涉川.(15) 猶川谷之於江海.(32)

680 (천)天 :

*하늘 천;부수 大(큰대, 3획) 획수 총4획;[tiān] Heaven, Sky

1.하늘(乾) 2.만물의 근본(萬物之根本) 3.조물주(造物主) 4.진리(眞理) 5.아버지(父) 6.날(出生) 7.임금의 경칭(帝王之敬稱, 天顔, 天聽) 8.운명(運命) 9.지아비 10.중요할(重要) 11.자연(自然) 12.천체(天體)의 운행(運行) 13.성질(性質) 14.의지(意志) 15.형벌(刑罰)의 이름 16.태양.

【명사】 ① 하늘1. ② 〔불교〕미계(迷界)인 오취 육도(五趣六道)의 하나. 천왕 및 천인. 또는 그들이 살고 있다는 승묘(勝妙)한 세계.

天地之始(1) 天下皆知美之爲美(2) 天下皆知善之爲善(2) 天地不仁(5) 天地之間(5) 是謂天地根.(6) 天長地久(7) 天地所以能長且久者(7) 天地道.(9) 天門開闔(10) 故貴以身爲天下(13) 若可寄天下.(13) 愛以身爲天下(13) 若可託天下.(13) 王乃天(16) 天乃道(16) 爲天下式.(22) 故天下莫能與之爭.(22) 天地!(23) 天地尙不能久(23) 先天地生.(25) 可以爲天下母(25) 地法天(25) 天法道(25) 而以身輕天下?(26) 爲天下谿.(28) 爲天下式.(28) 爲天下谷.(28) 將欲取天下而爲之(29) 天下神器(29) 不以兵强天下.(30) 則不可以得志於天下矣.(31) 天下莫能臣也.(32) 譬道之在天下(32) 天地相合以降甘露(32) 天下往(35) 天下將自定.(37) 天得一以淸(39) 侯王得一以爲天下貞.(39) 天無以淸(39) 天下萬物生於有(40) 天下之至柔(43) 馳騁天下之至堅(43) 天下希及之(43) 淸靜爲天下正.(45) 天下有道(46) 天下無道(46) 知天下(47) 見天道(47) 取天下常以無事(48) 不足以取天下.(48) 聖人在天下歙歙(49) 爲天下渾其心.(49) 天下有始(52) 以爲天下母.(52) 修於天下(54) 以天下觀天下(54) 吾何以知天下然哉(54) 故爲天下貴.(56) 以無事取天下(57) 天下多忌諱(57) 治人事天(59) 以道莅天下(60) 天下之交(61) 天下之牝(61) 故立天子(62) 故爲天下貴.(62) 天下難事(63) 天下大事(63) 是以天下樂推而不厭(66) 故天下莫能與之爭.(66) 天下皆謂我道大.(67) 三曰不敢爲天下先.(67) 不敢爲天下先(67) 天將救之(67) 是謂配天(68) 天下莫能知.(70) 天之所惡(73) 天之道(73) 天網恢恢(73) 疏而不失.(73) 天之道(77) 孰能有餘以奉天下?(77)

天下莫柔弱於水(78) 天下莫不知(78) 是謂天下王.(78) 天道無親(79) 天之道(81)

681 (천)賤 : (간체자) 贱

*천할 천;부수 貝(조개패, 7획) 획수 총15획;[jiàn] Bean, Humble

1.천할(不貴卑下) 2.흔할(價底) 3.첩(賤率) 4.경시하다(輕視) 5.비열하다(卑劣) 6.야비하다(野卑) 7.낮다 8.혈하다 9.신분이 낮다 10.자기를 겸칭하는 접두어 11.신분이 낮은 사람.

故貴以賤爲本(39) 此非以賤爲本邪(39) 不可得而賤(56)

682 (천)綧 :

*띠 늘어질 천;부수 糹(실사변, 6획) 획수 총18획;[chén] Lengthen

1.띠가 늘어질(帶綏) 2.넉넉할, 너그러울(寬綽),

綧然而善謀(73)

683 (철)輟 : (간체자) 辍

*그칠 철;부수 車(수레거, 7획) 획수 총15획;[chuò] Rest, Stop
1.그칠(止) 2.거들(歇) 3.버리다 4.깁다(꿰매다) 5.부서진 수레를 고친 것 6.하던 일을 멈추다,
子孫以祭祀不輟.(54)

684 (철)徹 : (간체자) 彻
*통할 철;부수 彳(두인변, 3획) 획수 총15획;[chè] Pierce
1.통할(通) 2.사무칠(達) 3.다스릴(治) 4.버릴(去) 5.벗겨 갈(剝取) 6.벌릴(列) 7.관통할(貫通) 8.
주나라 세금(周稅徹田) 9.꿰뚫다 10.뚫다 11.부수다 12.거두다 13.치우다. 14.환하다, 밝다.
無德司徹(79)

685 (철)轍 : (간체자) 辙
*바퀴 자국 철;부수 車(수레거, 7획) 획수 총19획;[zhé] Wheel marks
1.바퀴 자국(車迹) 2.궤도(軌道) 3.차도(車道) 4.흔적(痕迹, 行跡) 5.노선(路線) 6.진로(進路),
善行無轍迹(27)

686 (청)靑 : (간지) 青
*푸를 청;부수 靑(푸를청, 8획) 획수 총8획;[qīng] Blue
1.푸를(東方木色) 2.대껍질(竹皮) 3.죽력(汗青, 殺青, 簡書) 4.젊을(青年), 5.고요하다 6.푸른빛
7.봄 8.동쪽(東) 9.땅의 이름 10.푸른 흙 11.녹청(綠青) 12.동록(銅綠)
【명사】 '청색(青色)'의 준말.
孰能濁以靜之徐青?(15)

687 (청)淸 : (간지) 清
*맑을 청;부수 氵(삼수변, 3획) 획수 총11획;[qīng] Clear, Pure
1.맑을(去濁遠穢澄) 2.고요할(靜) 3.조출할(潔) 4.청렴할(廉直) 5.깨끗하다 6.사념이 없다 7.빛
이 선명하다(鮮明) 8.분명하다(分明) 9.한가하다(閑暇) 10.끝장을 내다 11.거스르다 12.꿀 13.
뒷간 14.차갑다 15.한랭하다(寒冷) 16.맑은 술 17.청나라(淸) 18.탐욕이 없다.
【명사】 〔 역사 고제 〕 중국 최후의 왕조 청국.
天得一以淸(39) 天無以淸(39) 淸靜爲天下正(45)

688 (청)聽 : (간지) 聽(간체자) 听
*들을 청;부수 耳(귀이, 6획) 획수 총22획;[tīng] Listen, Hear
1.들을(聆) 2.받을(受) 3.좇을(從) 4.결단할(斷) 5.꾀할(謀) 6.기다릴(待) 7.수소문할(偵察) 8.맡
길(任) 9.판결하다(判決) 10.다스리다 11.허락하다(許諾) 12.용서하다(容恕) 13.기다리다 14.살
피다, 밝히다 15.염탐하다(廉探) 16.마을 17.관청(官廳) 18.염탐꾼(廉探), 간첩(間諜) 16.이목

(耳目) 17.자세히 듣다 18.받다 19.받아들이다.
聽之不聞(14) 聽之不足聞(35)

689 (초)肖 :
*닮을 초, 같을 초{꺼질 소};부수 月(육달월, 4획) 획수 총7획;[xiào,xiāo] Similar, Small
1.닮을(類似) 2.작을(小) 3.같지 않을(子不似父謂之不肖, 易曰不肖) 4.본받을(模倣) 5.꺼지다
6.모양이 같다 7.없어지다 8.골상(骨相), 육체가 닮다.
*쇠약할 소;1.쇠약하다(衰弱) 2.쇠하다(衰) 3.흩어지다 4.작다;
似不肖.(67) 故似不肖(67) 若肖(67)

690 (초)草 :
*풀 초;부수 艹(초두머리, 4획) 획수 총10획;[cǎo] Grass
1.풀, 새(百卉總名) 2.추할(草率粗) 3.초조할(草草苟簡) 4.글씨 솜(文藁) 5.초서(草書) 6.거친
풀 7.황야(荒野) 8.풀숲, 초원(草原) 9.시초(始初) 10.초고(草稿), 초안(草案) 11.암컷 12.풀을
베다 13.천하다(賤), 미천하다(微賤)
【명사】【~하다타동사】① '기초(起草)'의 준말. *~를 잡다. ② '초서(草書)'의 준말.
萬物草木之生也柔脆(76)

691 (초)超 :
*뛰어넘을 초;부수 走(달릴주, 7획) 획수 총12획;[chāo] Excel, Superior
1.뛰어넘을(跳過越) 2.높을(超然卓) 3.뛰어나다, 빼어나다 4.신속하다(迅速) 5.멀리 떨어지다 6.
멀다 7.서글퍼하다, 근심스러워하다 8.지나가다 9.승진되다(昇進), 발탁되다(拔擢) 10.넘다,
【접두사】'훨씬 뛰어난'·'동떨어져 관계가 없는'·'초월한'의 뜻. *~당파 *~특급 *~음속.
燕處超然.(26)

692 (촌)寸 :
*마디 촌;부수 寸(마디촌, 3획) 획수 총3획;[cùn] Korean inch, little
1.마디(節) 2.치(度名十分) 3.헤아릴(忖) 4.조금(少) 5.촌수(혈족의 세수를 세는 말) 6.마음 7.근
소(僅少) 8.헤아리다 9.손가락 하나의 굵기의 폭 10.경맥(經脈)의 한 부분.
【의존명사】① 친족 관계의 멀고 가까움을 나타내어 세는 말. *너와 몇 ~ 사이인가.
② 치.
不敢進寸而退尺.(69)

693 (총)寵 : (간체자) 宠
*사랑할 총(현 이름 룡(용)};부수 宀(갓머리, 3획) 획수 총19획;[chǒng] Favour
1.사랑할(愛) 2.임금께 총애 받을(君主之愛) 3.은혜(恩) 4.영화로울(尊) 5.첩(俗謂妾曰寵) 6.괴

다(특별히 귀여워하고 사랑하다) 7.교만하다(驕慢) 8.높이다 9.성(姓).
*현 이름 룡;1.현(縣) 이름.
【명사】【~하다타동사】 '총애(寵愛)'의 준말. *임금의 ~을 입다.
何謂寵辱若驚(13) 寵爲下(13) 是謂寵辱若驚(13)

694 (추)推 :
*옮길 추;부수 扌(재방변, 3획) 획수 총11획;[tuī] Push, Chose
1.옮길(順遷) 2.가릴(擇) 3.기릴(獎) 4.궁구할(尋繹) 5. 파 물을(窮詰) 6.밀다 7.천거하다(薦擧)
8.넓히다, 확충하다(擴充) 9.추측하다(推測) 10.받들다 11.꾸미지 아니하다 12.꾸짖다, 꼬집다
13.성(盛)한 모양 14.변천하다,
*밀 퇴;1.밀(排) 2.밀어젖히다.
是以天下樂推而不厭(66)

695 (추)蒭 : (간체자) 芻
*꼴 추;부수 艹(초두머리, 4획) 획수 총10획;[chú] Fodder
1.꼴(蒭蕘刈草) 2.짐승먹이(蒭豢獸食) 3.중(僧曰芯蒭) 4.꼴꾼(말, 소에게 먹일 꼴을 베는 사람)
5.짚(이삭을 떨어낸 줄기와 잎) 6.기르다.
以萬物爲蒭狗(5) 以百姓爲蒭狗.(5)

696 (축)畜 :
*쌓을 축(기를 휵);부수 田(밭전, 5획) 획수 총10획;[chù,xù] Accumulate, domestic animal
1.쌓을(積) 2.육축, 가축(六畜, 家畜) 3.그칠(止) 4.개간(開墾)한 밭 5.비축(備蓄) 6.간직하다 7.
제지하다(制止), 말리다 8.모으다 9.준비해 두는 일.
*기를 휵;1.기를(養) 2.용납할(容) 3.먹이다, 치다 4.아끼다, 사랑하다 5.효도하다(孝道) 6.부지
런히 힘쓰는 모양,
*기름직한 짐승 휴;1.기름직한 짐승(獸可養).
*집짐승 추;1.집짐승(家養畜).
生之畜之(10) 德畜之.(51) 畜之.(51) 大國不過欲兼畜人(61)

697 (춘)春 :
*봄 춘(움직일 준);부수 日(날일, 4획) 획수 총9획;[chūn] Spring
1.봄(歲之始, 四時首) 2.남녀의 정사(男女情事) 3.술(酒之異名) 4.화할(和) 5.해(歲) 6.동녘 7.
젊은 나이 8.정욕(情慾) 9.성(姓),
*움직일 준;1.움직이다 2.진작하다(振作: 떨쳐 일어나다) 3.분발하다(奮發).
如春登臺.(20)

698 (출)出 :

*날 출{내보낼 추, 단락 척};부수 凵(위튼입구몸, 2획) 획수 총5획;[chū] Exit

1.날(進) 2.게울, 토할(吐) 3.도망할(逃) 4.물러갈(出之) 5.낳을(生) 6.보일(見) 7.밖에 나갈 8.갈
릴(離) 9.잃을(失) 10.갈(往) 11.표할(表) 12.발족할(發足) 13.자손(子孫) 14.생질(甥) 15.자리에
서 떠날(退席) 16.내놓다 17.내쫓다, 추방하다(追放) 18.돌려보내다 19.셈을 치르다 20.버리다
21.샘솟다, 뛰어나다 21.이루다 22.시집가다(媤) 23.꽃잎 24.간행하다.

*내보낼 추;1.내보낼(自內而外之),

*단락 척;1.(희곡(戲曲)의 한)단락(段落) 2.연극의 한 장면.

出而異名.(1) 動而愈出.(5) 智慧出(18) 道之出口(35) 不出戶(47) 其出彌遠(47) 出生入死(50)

699 (충)沖 :

*빌 충, 화할 충, 찌를 충;부수 氵(삼수변, 3획) 획수 총7획;[chōng,chòng] Deep

1.빌(虛) 2.화할(和) 3.깊을(深) 4.흔들릴(搖動) 5.위로 나를(上飛) 6.드리울(垂飾貌) 7.중간 8.어
릴(幼少) 9.겸허하다(謙虛) 10.담백하다(淡白) 11.공허하다(空虛) 12.높이 날다 13.꺼리다, 14,
찌르다, 부딪치다 15.사물(事物)을 형용(形容)하는 말

道沖而用之(4) 沖氣以爲和.(42) 大盈若沖(45)

700 (충)忠 :

*충성 충;부수 心(마음심, 4획) 획수 총8획;[zhōng] Royal

1.충성(盡心不敢) 2.곧을(直) 3.정성껏 할(竭誠) 4.공변될(無私) 5.공평(公平) 6.충성하다(忠誠)
7.진심 8.참마음 9.진실,

有忠臣.(18) 忠信之薄(38)

701 (췌)贅 : (간체자) 赘

*혹 췌;부수 貝(조개패, 7획) 획수 총17획;[zhuì] Superfluous

1.혹(附體疣瘤-병적으로 불거져 나온 살덩어리) 2.붙일(屬) 3.데릴사위 4.모을(會) 5.군더더기
6.회유하다(懷柔) 7.꿰매다 8.저당 잡히다(抵當) 9.갖춰지다 10.잇다 11.책망하다(責望) 12.쓸모
없다 13.불필요하다 14.번거롭다 14.장황하다 15.행동이 온당하지 않다,

曰餘食贅行.(24)

702 (취)吹 :

*불 취;부수 口(입구, 3획) 획수 총7획;[chuī] Blow, Exhale

1.불(出氣噓) 2.숨쉴(息吐) 3.악기 불(奏) 4.부름(鼓吹) 5.바람(風) 6.충동할, 부추길(衝) 7.불 때
다, 불태우다 8.과장하다(誇張) 9.퍼뜨리다 10.관악(管樂), 관악기(管樂器),

或歔或吹(29)

703 (취)取 :
*거둘 취, 취할 취;부수 又(또우, 2획) 획수 총8획;[qǔ] Take
1.거둘(收) 2.받을(受) 3.찾을(索) 4.빼앗을(奪) 5.들(擧) 6.장가들(娶) 7.가지다, 손에 들다 8.취하다(取) 9.의지하다(依支), 돕다 10.채용하다(採用), 골라 뽑다 11.받아들이다 12.이기다 13.다스리다 14.멸망시키다(滅亡) 15.어조사(語助辭) 16.인연(因緣) 17.춘추(春秋)의 필법(筆法),
故去彼取此(12) 將欲取天下而爲之(29) 不敢以取强.(30) 故去彼取此(38) 取天下常以無事(48) 不足以取天下.(48) 以無事取天下(57) 則取小國(61) 則取大國.(61) 故或下以取(61) 或下而取(61) 故去彼取此.(72)

704 (취)脆 :
*연할 취, 무를 취;부수 月(육달월, 4획) 획수 총10획;[cui] Fragile
1.연할, 쉬울(小耎物易斷) 2.약할(弱) 3.무르다 4.가볍다 5.부드럽다.
其脆易泮(64) 萬物草木之生也柔脆(76)

705 (취)揣 :
*잴 취(췌){때릴 추, 헤아릴 타, 뭉칠 단};부수 扌(재방변, 3획) 획수 총12획;[chuāi,chuǎi,chuài,tuán] Measure
1.잴(量) 2.시험할(試) 3.요량할(忖) 4.성(姓) 5.높이를 측량하다 6.생각하다 7.뜻을 알아보다.
*때릴 추;1.때리다 2.불리다.
*헤아릴 타;1.헤아릴(忖度).
*뭉칠 단;1.뭉치다.
揣而梲之(9)

706 (취)驟 : (간체자) 骤
*달릴 취;부수 馬(말마, 10획) 획수 총24획;[zhòu] Drive a horse
1.달릴(奔) 2.몰아갈(馬疾步) 3.별안간(突然, 急遽) 4.자주 5.여러 번 6.신속하다.
驟雨不終日.(23)

707 (층)層 : (간체자) 层
*층 층;부수 尸(주검시엄, 3획) 획수 총15획;[céng] Ply, Stairs
1.겹(累) 2.거듭(重) 3.층층대(級) 4.층집 5.계단(階段) 6.높다,
【명사】① 물체가 거듭 포개져 생긴 켜.
② 사물이 같지 않거나 수평을 이루지 못해서 나는 차이. *머리를 ~이 지게 자르다.
③ 위로 높이 포개어 지은 건물에서, 같은 높이를 이루는 부분. *꼭대기 ~
④ 위로 포개어 지은 건물에서, 같은 높이의 켜를 세는 말《의존 명사적으로 씀》.

*5~ 건물
九層之臺(64)

708 (치)治 :
*다스릴 치{강 이름 이};부수 氵(삼수변, 3획) 획수 총8획;[zhi] Govern
1.다스릴, 가릴(理) 2.칠, 다듬을(攻) 3.효험(理效) 4.익을(慣習) 5.비교할(較) 6.치료할(治療) 7.도읍(所都處) 8.고을(州郡所駐) 9.돕다 10.성해지다(盛) 11.수양하다(修養) 12.구걸하다(求乞) 13.공(功), 공적(功績) 14.정사(政事), 정치(政治) 15.정도(正道) 16.조서(調書) 17.언사(言辭) 18.감영(監營),
*강 이름 이;1.강(江)의 이름.
是以聖人之治(3) 則無不治.(3) 正善治(8) 愛民治國(10) 以正治國(57) 治人事天(59) 治大國(60) 治之於未亂(64) 民之難治(65) 故以智治國(65) 不以智治國(65) 民之難治(75) 是以難治.(75)

709 (치)致 :
*이를 치, 빽빽할 치;부수 至(이를지, 6획) 획수 총10획;[zhi] Reach, Extremes
1.이를(至) 2.극진할(極) 3.버릴(委) 4.불러올(使之至) 5.풍치(風致趣) 6.드릴(納) 7.보낼(送) 8.연구할(硏究) 9.일으킬(生起) 10.다하다 11.부르다 12.그만두다 13.깁다 14.빽빽하다 15.면밀하다(綿密) 16.곱다 17.배다 18.정취(情趣), 흥미(興味), 취미(趣味) 19.헌옷.
專氣致柔(10) 不可致詰(14) 致虛極(16) 其致之.(39) 故致數輿無輿.(39)

710 (치)置 :
*둘 치, 베풀 치;부수 罒(그물망머리, 5획) 획수 총13획;[zhi] Put
1.둘, 안치할(止, 安) 2.베풀(設) 3.버릴(棄) 4.역말(關驛) 5.내버려 두다 6.폐기하다(廢棄) 7.사면하다(赦免), 석방하다(釋放) 8.설치하다(設置) 9.사다, 사들이다 10.위탁하다(委託), 맡기다 11.임명하다(任命) 12.식물을 심다 13.만들다, 마련하다 14.값, 값어치 15.용서하다 16.세우다,
置三公(62)

711 (치)馳 : (간체자) 驰
*달릴 치;부수 馬(말마, 10획) 획수 총13획;[chí] Scuttle
1.달릴(馳騖, 疾驅) 2.거동 길(馳路, 御路) 3.전할(傳達) 4.질주하다(疾走) 5.경과하다(經過) 6.쫓다, 추격하다 7.빨리 몰다 8.방자하다(放恣), 제멋대로 하다 9.베풀다 10.전하다(傳),
馳騁畋獵令人心發狂(12) 馳騁天下之至堅(43)

712 (치)輜 : (간체자) 辎
*짐수레 치;부수 車(수레거, 7획) 획수 총15획;[zī] Freight waggon

1.짐수레(載衣物車) 2.휘장 친 수레(覆車) 3.관을 싣는 수레 4.수레의 범칭(汎稱) 5.바퀴살 끝
6.고요함.
不離輜重(26)

713 (칙)則 : (간체자) 则

*법칙 칙, 본받을 측(곧 즉);부수 刂(선칼도방, 2획) 획수 총9획;[zé]
1.법칙(常法) 2.본받을(法可當效) 3.법(千里) 4.모범(模範) 5.때(時) 6.그 후(其後) 7.혹은(或) 8.
조목(條目) 9.준칙(準則) 10.이치(理致) 11.대부(大夫)의 봉지(封地) 12.성(姓)
*곧 즉;1.곧, 어조사(語助辭) 2.만일(萬一) ~이라면 3.~하면, ~할 때에는
則我者貴(70)

714 (친)親 : (간체자) 亲

*친할 친;부수 見(볼견, 7획) 획수 총16획;[qīn,qìng] Familiar, parents
1.친할(近) 2.사랑할(愛) 3.몸소(躬) 4.겨레, 일가(親戚九族) 5.스스로, 손수(自他) 6.사돈(婚家)
7.육친(六親, 父母兄弟妻子) 8.친정(親庭) 9.가깝다 10.손에 익다 11.숙달되다 12.신부(新婦)
13.사이좋게 지내다 14.화목하다.
【접두사】 ① 친족 관계를 나타내는 명사 앞에 붙어, '혈연관계로 맺어진'의 뜻을 나타내는
말. *~할아버지 *~동생.
② 어떤 명사 앞에 붙어, '그것에 찬성하는' 또는 '그것을 돕는'의 뜻을 나타내는 말. *~정부
파.
親而譽之.(17) 六親不和(18) 名與身孰親(44) 故不可得而親(56) 天道無親(79)

715 (칭)稱 : (간자) 称(간체자) 称

*일컬을 칭;부수 禾(벼화, 5획) 획수 총14획;[chēng,chèn] Call, Praise
1.일컬을(言) 2.저울질 할(銓) 3.날릴(揚) 4.들(擧) 5.이름 할(名號) 6.저울(衡) 7.헤아릴(量度) 8.
부르다 9.칭찬하다(稱讚) 10.드러내다 11.걸맞다, 부합하다(符合) 12.훌륭하다 13.명성(名聲)
14.무게의 단위(單位) 15.벌(의복을 세는 단위).
而王公以爲稱.(42)

716 (탁)託 :

*부탁할 탁;부수 言(말씀언, 7획) 획수 총10획;[tuō] Request
1.부탁할, 부칠(憑依寄) 2.맡길(信任委) 3.핑계할(稱託) 4.의탁하다(依託) 5.우의하다 6.받치다
7.당부하다 8.붙다, 붙이다. 9.성(姓).
若可託天下.(13)

717 (탁)濁 : (간체자) 浊

*흐릴 탁;부수 氵(삼수변, 3획) 획수 총16획;[zhuó] Impure
1.흐릴(水不淸) 2.더러울(汚) 3.물 이름(蒲州水名) 4.혼탁하다(混濁) 5.혼란하다(混亂) 6.흐림 7.바보스럽다 8.불결(不潔), 추악(醜惡)한 행동(行動).
其若濁.(15) 孰能濁以靜之徐靑?(15)

718 (탁)橐 :
*전대 탁;부수 木(나무목, 4획) 획수 총16획;[tuó] Sack, Bag
1.전대, 자루(無底囊, 纏帶) 2.도가니(冶器). 3.공이(절구)소리(杵聲) 4.짐승이름(獸名) 5.풀무.
其猶橐橐籥乎!(5)

719 (탈)脫 :
*벗을 탈{천천할 태, 기뻐할 태};부수 月(육달월, 4획) 획수 총11획;[tuō] Slip off, Undress
1.벗을, 벗어날(免) 2.간략할(略) 3.뼈 바를, 파리할(肉去骨) 4.풀어질(物自解) 5.끼칠(遺) 6.그르칠(誤) 7.혹 그럴듯할(或然之辭) 8.사면하다(赦免) 9.나오다 10.빠지다 11.떨어지다 12.거칠다 13.소홀하다(疏忽) 14.잃다 15.혹시(或是) 16.만일(萬一) 17.전부(全部) 18.매우 19.옷을 벗다 20.살이 빠지다 21.껍질을 벗기다.
*천천할 태;1.천천할, 더딜(舒遲貌) 2.기뻐하다 3.허물을 벗다(蛻).
【접두사】'벗어남'·'자유로워짐' 등의 뜻을 나타내는 말. *~냉전 *~공업화.
魚不可脫於淵(36) 善抱者不脫(54)

720 (탈)奪 : (간체자) 夺
*빼앗을 탈{좁은 길 태};부수 大(큰대, 3획) 획수 총14획;[duó] Rob
1.빼앗을(强取) 2.잃어버릴(失) 3.빼앗길 4.좁은 길(狹路) 5.깎을(削除) 6.갈(去) 7.없어지다 8.관직(官職)을 삭탈하다 9.징수하다(徵收) 10.탈진하다.
*좁은 길 태;1.좁은 길(狹路)
將欲奪之(36)

721 (태)太 :
*클 태;부수 大(큰대, 3획) 획수 총4획;[tài] Big, Thick
1.클(大) 2.굵을(細之對) 3.심할(甚) 4.처음(最初) 5.콩(大豆) 6.통하다(通) 7.첫째,
太上(17) 如亨太牢(20) 安,平,太(35) 太白若辱(41)

722 (태)兌 :
*기쁠 태{날카로울 예, 기뻐할 열};부수 儿(어진사람인발, 2획) 획수 총7획;[duì] Glad
1.기쁠(悅) 2.지름길 3.모일(聚) 4.통할(通) 5.곧을(直) 6.구멍(穴) 7.바꿀(易) 8.괘 이름(卦名) 9.

바꾸다, 교환하다(交換) 10.서방(西方), 서쪽(西) 11.빛나다 12.기름지다,

*날카로울 예;1.날카롭다 2.데치다, 삶다.

*기뻐할 열;1.기뻐하다 2.즐거워하다.

【명사】〔민속〕① '태괘(兌卦)'의 준말. ② '태방(兌方)'의 준말.

塞其兌(52) 開其兌(52) 塞其兌(56)

723 (태)殆 :

*위태할 태, 거의 태;부수 歹(죽을사변, 4획) 획수 총9획;[dài] Near, danger

1.위태할(危) 2.가까이 할(近) 3.자못(幾) 4.비롯할(始) 5.장차(將) 6.거의, 대개(大槪) 7.반드시
8.해치다(害) 9.의심하다(疑心) 10.피곤하다(疲困) 11.두려워하다(懼) 12.게으르다 13.가까이하
다,

沒身不殆.(16) 周行而不殆(25) 可以不殆(32) 知止不殆(44) 沒身不殆(52)

724 (태)泰 :

*클 태;부수 水(아래물수, 5획) 획수 총10획;[tài] Peaceful, Huge

1.클(大) 2.통할(通) 3.심할(甚) 4.너그러울(寬) 5.편안할(安) 6.사치할(侈) 7.산 이름(山名) 8.괘
이름(卦名) 9.서양(泰西) 10.교만하다(驕慢) 11.술동이 12.넉넉하다,

【명사】① '태괘(泰卦)'의 준말. ② 〔지리·지학〕'태국(泰國)'의 준말.

去泰.(29)

725 (토)土 :

*흙 토(뿌리 두, 쓰레기 차; ;부수 土(흙토, 3획) 획수 총3획;[tǔ] Earth

1.흙(五行之一, 地) 2.뿌리(根) 3.나라(邦土) 4.곳(場所) 5.땅 신(地神) 6.뭍(陸) 7.고향(故鄕) 8.
악기(八音之一, 흙을 구워서 만든 樂器) 9.땅(生物繁殖適所) 10.평지(平地) 11.지방(地方) 12.
토착민(土着民) 13.별의 이름 14.자리 잡고 살다 15.측량하다(測量) 16.토목공사를 하다,

*뽕나무 뿌리 두;1.뽕나무 뿌리(桑根),

*쓰레기 차;1.쓰레기 2.찌꺼기 3.하찮다.

【명사】① 〔민속〕오행(五行)의 하나 《방위로는 중앙, 색(色)으로는 황색을 가리킴》.
② '토요일'의 준말.

起於累土(64)

726 (통)通 :

*통할 통;부수 辶(책받침, 3획) 획수 총10획;[tōng,tòng] Through

1.통할, 뚫릴, 사무칠(達) 2.형통할(亨) 3.통찰할(暢) 4.사귈(交好) 5.다닐(往來) 6.모두(總) 7.지
날(通過) 8.널리(普通) 9.간음할(姦通) 10.번(文書數詞一通, 통(편지 따위를 세는 단위) 11.알
리다 12.두루 미치다 13.걷다 14.보급되다 15.탈 없이 통하다 16.환히 비치다,

【명사】 과거(科擧) 강서과(講書科)의 매기던 등급의 둘째 《순(純)·통(通)·약(略)·조(組)·불(不)》.
微妙玄通(15)

727 (퇴)退 :

*물러날 퇴;부수 辶(책받침, 3획) 획수 총9획;[tuì] Retreat
1.물러날(却) 2.갈(去) 3.겸양할(謙退遜讓) 4.물리칠(退之) 5.바래다(褪) 6.겸양하다(謙讓) 7.떨어뜨리다 8.쇠하다(衰) 9.움츠리다 10.줄어들다 11.닿다 12.그만두다 13.피하다 14.옮기다 15.떠나가다 16.돌아가다 17.뉘우치다 18.멀리하다 19.나긋나긋한 모양.
　【명사】 ① 물림. ② '툇마루'의 준말. ③ '뒷간'의 준말.
功遂身退(9) 進道若退(41) 不敢進寸而退尺.(69)

728 (투)投 :

*던질 투{머무를 두};부수 扌(재방변, 3획) 획수 총7획;[tóu] Throw
1.던질(擲) 2.버릴(棄) 3.줄(贈) 4.의탁할(適, 託) 5.뛰어들다 6.가담하다(加擔) 7.합치다(合) 8.보내다 9.받아들이다 10.임하다(臨), 이르다, 닿다 11.떨치다 12.투호(投壺).
*머무를 두;1.머무르다, 멈추다 2.구두(句讀).
兕無所投其角(50)

729 (투)偸 :

*훔칠 투;부수 亻(사람인변, 2획) 획수 총11획;[tōu] Steal, Thin
1.훔칠(盜) 2.엷을(薄) 3.구차할(苟且) 4.인정이 경박할 5.도적(盜賊) 6.사통할(私通) 7.깔보다 8.탐내다(貪) 9.교활하다(狡猾) 10.엷다 11.남몰래.
建德若偸(41)

730 (특)忒 :

*변할 특;부수 心(마음심, 4획) 획수 총7획;[tuī,tè,tēi] Deviate
1.변할(變) 2.어기어질(差) 3.의심할(疑) 4.틀릴(違) 5.사악하다(邪惡) 6.매우, 몹시.
常德不忒.(28)

731 (패)敗 : (간체자) 败

*멸망할 패, 패할 패, ;부수 攵(등글월문, 4획) 획수 총11획;[bài] Defeat
1.멸망할(滅亡) 2.헐어질(毁) 3.무너질(壞, 潰) 4.깨어질(破) 5.덜릴(損) 6.엎드러질(覆) 7.썩을(腐) 8.부수다 9.떨어지다 10.해치다(害) 11.기근(飢饉) 12.재앙(災殃) 13.흉년(凶年).
　【명사】 어떤 일을 실패함. 싸움이나 승부를 가리는 경기 등에서 짐. *일방적인 ～
　【의존명사】 운동 경기에서, 진 횟수를 세는 단위. *1승 2～. ↔승(勝).

爲者敗之(29) 爲者敗之(64) 故無敗.(64) 常於幾成而敗之(64) 則無敗事.(64)

732 (팽)烹 :
*삶을 팽;부수 灬(연화발, 4획) 획수 총11획;[pēng] Boil, Cook
1.삶을(煮) 2.요리(料理) 3.삶아서 죽이는 벌 4.(쇠붙이를)불리다 5.요리, 익힌 음식(飮食)
若烹小鮮(60)

733 (편)偏 :
*치우칠 편;부수 亻(사람인변, 2획) 획수 총11획;[piān] Lean
1.치우칠(側) 2.불공평할(不公平) 3.반신(半體) 4.무리(屬) 5.오십 명(오십 명을 한 반을 일컬음) 6.간사한 모양(邪) 7.넓을(廣) 8.한마음(專心) 9.왼쪽 획(旁-오른쪽 획의 對) 10.편향되다(偏向) 11.먼저 실례하다(失禮) 12.속이다 13.나부끼다 14.곁, 가 15.반, 절반(折半) 16.한쪽, 한편 17.하나, 한 사람 18.보좌(補佐) 19.남은 겨레 20.반신불수(半身不隨) 21.시골, 궁벽(窮僻)한 곳 22.외곬 23.기어코, 일부러, 꼭 24.마침, 공교(工巧)롭게, 뜻밖에 25.조차, 마저도 26.비정식의 27.보좌(補佐)의 버금(으뜸의 바로 아래)의.
【의존명사】‘편짝'의 준말. *이 ~이 훨씬 낫다.
偏將軍居左(31)

734 (평)平 :
*평탄할 평{다스릴 편};부수 干(방패간, 3획) 획수 총5획;[píng] Even, Flat
1.평탄할(坦) 2.바를(正) 3.화할(和) 4.다스릴(治) 5.고를(均) 6.쉬울(易) 7.화친할(解怨和成) 8.풍년들(歲稔) 9.중도위(定物價) 10.벼슬이름(官名 廷尉平) 11.재판관(裁判官) 12.정하다(定) 13.소리(發音上半聲 四聲中一) 14.정리되다(整理) 15.편안하다(便安) 16.평정하다(平定) 17.쉽다 18.제정하다(制定) 19.이루어지다 20.갖추어지다 21.사사로움이 없다 22.표준(標準) 23.들판 24.산제(山祭: 산에 지내는 제사) 25.보통(普通) 때, 평상시(平常時),
*편편할 편;1.편편할(辨) 2.다스리다, 관리하다(管理) 3.나누다, 골고루 다스려지다.
安,平,泰(35)

735 (폐)閉 : (간체자) 闭
*닫을 폐;부수 門(문문, 8획) 획수 총11획;[bì] Shut, Close
1.닫을(闔門) 2.마칠(閉會, 終) 3.덮을, 가릴(掩) 4.막다 5.감추다 6.입추(立秋), 입동(立冬) 7.자물쇠 8.도지개(트집난 활을 바로잡는 틀) 9.잠그다 10.끊다 12.단절하다 13.오므라들다 14.지키다 15.간직하다 16.맺음, 매듭.
善閉無關楗而不可開(27) 閉其門(52) 閉其門(56)

736 (폐)敝 :

*해질 폐;부수 攵(등글월문, 4획) 획수 총12획;[bì,bié] Worn, Out
1.무너질(壞) 2.버릴(棄) 3.옷 헤질(敗衣) 4.파할(罷) 5.실패할(失敗) 6.깨지다 7.지다 8.활 줌통(弓握處-활의 한가운데 손으로 잡는 부분) 9.황폐하다(荒廢) 10.가리다 11.패배하다 12.겸사(자기의 겸칭으로 쓰이는 접두사)
敝則新(22)

737 (폐)弊 :

*폐단 폐, 해질 폐{닦을 별};부수 廾(스물입발, 3획) 획수 총14획;[bì] Wear out
1.해질(壞廢) 2.폐단(惡) 3.곤할(困) 4.곰곰이 궁리할(弊弊經營貌) 5.결단할(斷) 6.엎드릴(頓仆) 7.부정행위(不正行爲) 8.해(害) 9.자기(自己), 사물(事物)의 겸칭(謙稱) 10.힘쓰는 모양 11.끊다 12.나쁘다 13.넘어지다 14.숨다 15.죽다 16.옷이 낡다,
*닦을 별;1.닦다 2.흔들다 3.치다 4.때리다 5.휘두르다 6.삐치다 7.삐침(한자의 필획).
【명사】① '폐단(弊端)'의 준말. ② 남에게 끼치는 신세나 괴로움. *~를 끼치다 *~가 되다
其用不弊.(45)

738 (폐)蔽 :

*가리 울 폐, 폐단 폐{닦을 별};부수 艹 (스물입발, 3획) 획수 총14획;[bì] Cover
1.가리 울(掩) 2.다할(盡) 3.정할(定) 4.폐단(弊端) 5.부정행위(不正行爲) 6.해(害) 7.폐해(弊害) 8.자기(自己), 사물(事物)의 겸칭(謙稱) 9.힘쓰는 모양 10.해지다, 닳다(磨損) 11.나쁘다 12.곤하다(困) 13.끊다 14.넘어지다 15.숨다 16.죽다,
*닦을 별;1.닦다 2.흔들다 3.치다 4.때리다 5.휘두르다 6.삐치다 7.삐침(한자의 필획).
故能蔽不新成.(15)

739 (폐)廢 : (간지) 廢(간체자) 废

*폐할 폐;부수 广 (엄호, 3획) 획수 총15획;[fèi] Dilapidate
1.폐할(止) 2.집 쏠릴(屋傾) 3.내칠(放) 4.클(大) 5.떨어질(墜) 6.못 쓰게 되다 7.버리다 8.그치다 9.부서지다 10.떨어지다 11.무너지다 12.쇠퇴하다(衰退) 13.고질병(痼疾病) 14.크게 15.매우 16.그만두다,
大道廢(18) 將欲廢之(36)

740 (포)抱 :

*안을 포;扌 (재방변, 3획) 획수 총8획;[bào] Embrace
1.안을, 품을(懷持) 2.아람, 둘러쌀(圍) 3.낄(挾) 4.알 안을(伏鷄) 5.가지다, 손에 넣다 6.지키다 7.받들다 8.던지다, 버리다 9.되돌리다, 되돌아오다 10.아름 11.품, 가슴 12.마음, 생각.
載營魄抱一(10) 見素抱樸(19) 是以聖人抱一(22) 萬物負陰而抱陽(42) 善抱者不脫(54) 合抱之木(64)

741 (표)飆 : (간체자) 飙

*회오리바람 표;부수 風(바람풍, 9획) 획수 총20획;[piāo] Whirl, Wind

1.회오리바람(回風吹) 2.나부낌(飄颻風貌) 3.떨어질(落) 4.빠르다 5.방랑하다(放浪) 6.질풍(疾風) 7.바람 부는 모양 8.일정하지 않은 바람.

故飄風不終朝(23)

742 (풍)風 : (간체자) 风

*바람 풍;부수 風(바람풍, 9획) 획수 총9획;[fēng] Wind, Manners

1.바람(大塊噓氣) 2.흘레할(牝牡相誘) 3.울릴(王者聲敎) 4.풍속(風俗) 5.경치(風景) 6.위엄(威風) 7.병풍(中風病名) 8.모양(容姿) 9.가르침 10.모습 11.기질(氣質) 12.기세(氣勢) 13.절조(節操) 14.노래, 악곡(樂曲), 여러 나라민요(民謠) 15.뜻, 낌새 16.풍도(風度) 17.소식(消息), 풍문(風聞) 18.멋대로, 거리낌 없이 19.풍간하다(諷諫) 20.감화시키다(感化), 교육하다(敎育) 21.암송하다 22.유전하다(流轉), 떠돌다,

【명사】 '허풍'의 준말. *그놈은 밤낮 ~만 떨고 다닌다 *워낙 ~이 센 사람이다.

故飄風不終朝(23)

743 (풍)豊 :

*풍년 풍,{예도 례, 굽 높은 그릇 례};부수 豆(콩두, 7획) 획수 총13획;[fēng] Abundant

1.풍년(有年) 2.왕콩(豆之豊滿者) 3.두터울(厚) 4.더북할(盛) 5.괘 이름(卦名) 6.읍 이름(邑名) 7.잔대(盞臺: 술잔을 받치는 데 쓰는 그릇) 8.우거지다, 무성하다(茂盛) 9.살지다, 풍만하다(豐滿) 10.부들(부들과의 여러해살이풀), 왕골(사초과의 한해살이풀) 11.넉넉하다 12.가득하다 13.크다,

*예도 례(예);1.예도(禮度) 2.예절(禮節) 3.절(남에게 공경하는 뜻으로 몸을 굽혀 하는 인사) 4.인사 5.예물(禮物) 6.의식(儀式) 7.굽 높은 그릇 8.책의 이름(예기(禮記)) 9.경전(經典)의 이름 10.단술, 감주(甘酒) 11.예우하다(禮遇) 12.신을 공경하다(恭敬) 13.절하다.

註 : 禮의 古字, 풍년, 豐의 俗字

其德乃豊(54)

744 (피)彼 :

*저 피;부수 彳(두인변, 3획) 획수 총8획;[bǐ] He, That

1.저(此之對) 2.저 것(外之辭) 3.그 4.저쪽 5.덮다 6.아니다(匪) 7.삼인칭 대명사,

故去彼取此(12) 故去彼取此(38) 故去彼取此(72)

745 (피)被 :

*이불 피, 입을 피;부수 衤(옷의변, 5획) 획수 총10획;[bèi] Wear, Be done

1.이불(寢衣) 2.덥힐(覆) 3.미칠(及) 4.나타날(著) 5.창피할(裼被不帶) 6.딴 머리(首飾) 7.닿다 8.더할(加) 9.상처받을(傷) 10.(옷을)입다 11.당하다(當) 12.더하다, 베풀다 13.받아 가지다 14.꽉 차다, 두루 퍼지다 15.합치다(合), 맞다 16.주다 17.두루 갖추다 18.떠맡다 19.등지다 20.의지하다(依支) 21.흐트러뜨리다 22.풀어 헤치다 23.옷 24.겉, 거죽 25.길고 큰 모양 26.저, 저것 27.잠옷,

【접두사】 피동의 뜻을 나타내는 말. *~상속인 *~선거권.

入軍不被甲兵(50) 是以聖人被褐懷玉.(70)

746 (필)必 :

*반드시 필;부수 心(마음심, 4획) 획수 총5획;[bi] Must

1.반드시(定辭) 2.그럴(然) 3.오로지(專) 4.살필(審) 5.기약 할(期必) 6.가벼이, 소홀히(疏忽), 必有凶年.(30) 必固張之(36) 必固强之.(36) 必固興之.(36) 必固興之.(36) 是故甚愛必大費(44) 多藏必厚亡.(44) 必作於易(63) 必作於細.(63) 夫輕諾必寡信(63) 多易必多難.(63) 必以言下之(66) 必以身後之.(66) 必有餘怨(79)

747 (하)下 :

*아래 하;부수 一(한일, 1획) 획수 총3획;[xià] Under

1.아래, 밑(上之對) 2.낮을(賤) 3.떨어질, 잃을(墜) 4.내릴(自上而下) 5.하늘에서 떨어질(降) 6.뒤, 끝 7.임금 8.귀인(貴人)의 거처(居處) 9.하급(下級) 10.조건(條件), 환경(環境) 등을 나타내는 말 11.못하다 12.없애다, 제거하다(除去) 13.물리치다 14.손대다, 착수하다(着手) 15.항복하다.

【명사】 ① 아래. 밑.

② 품질이나 등급을 나눌 때, 아래 또는 맨 끝. *성적이 ~에서 맴돌다.

天下皆知美之爲美(2) 天下皆知善之爲善(2) 高下相傾(2) 寵爲下(13) 若可寄天下.(13) 故貴以身爲天下(13) 愛以身爲天下(13) 若可託天下.(13) 其下不昧(14) 下知有之.(17) 爲天下式.(22) 故天下莫能與之爭.(22) 可以爲天下母.(25) 而以身輕天下?(26) 爲天下谿(28) 爲天下式.(28) 爲天下谷.(28) 將欲取天下而爲之(29) 天下神器(29) 不以兵强天下.(30) 則不可以得志於天下矣.(31) 天下莫能臣也.(32) 譬道之在天下(32) 天下往.(35) 天下將自定.(37) 下德不失德(38) 下德爲之而有以爲(38) 侯王得一以爲天下貞.(39) 高以下爲基(39) 天下萬物生於有(40) 下士聞道(41) 天下之至柔(43) 馳騁天下之至堅(43) 天下希及之(43) 清靜爲天下正.(45) 天下有道(46) 天下無道(46) 知天下(47) 取天下常以無事(48) 不足以取天下.(48) 聖人在天下歙歙(49) 爲天下渾其心.(49) 天下有始(52) 以爲天下母.(52) 修於天下(54) 以天下觀天下(54) 吾何以知天下然哉(54) 故爲天下貴.(56) 以無事取天下(57) 天下多忌諱(57) 以道莅天下(60) 大國者下流(61) 天下之交(61) 天下之牝.(61) 以靜爲下.(61) 故大國以下小國(61) 小國以下大國(61) 故或下以取(61) 或下而取(61) 大者宜爲下.(61) 故爲天下貴.(62) 天下難事(63) 天下大事(63) 始於足下.(64) 以其善下之(66) 必以言下之(66) 是以天下樂推而不厭(66) 故天下莫能與之爭.(66) 天

下皆謂我道大.(67)　三曰不敢爲天下先.(67)　不敢爲天下先(67)　善用人者爲之下.(68)　天下莫能知.(70)　强大處下(76)　下者擧之(77)　孰能有餘以奉天下?(77)　天下莫柔弱於水(78)　天下莫不知(78)　是謂天下王.(78)

748 (하)何 :

*어찌 하,부수 亻(사람인변, 2획) 획수 총7획;[hé] What
1.어찌, 무엇(曷) 2.누구, 어느(孰) 3. ---뇨(詰辭) 4.어찌하지 못할(莫敢) 5.꾸짖을(譴責) 6.멜(擔) 7.얼마 안 되어서(未多時) 8.어떤, 어떠한 9.언제 10.얼마, 약간 11.왜냐하면 12.잠시 13.꾸짖다(呵) 14.받다, 맡다 15.당하다(當), 해당하다(該當) 16.걸다, 내어 걸 다 17.성(姓).
何謂寵辱若驚(13)　何謂貴大患若身(13)　吾有何患!(14)　相去幾何(20)　相去若何?(20)　吾何以知衆甫之狀哉?(21)　奈何萬乘之主(26)　夫何故?(50)　夫何故?(50)　吾何以知天下然哉(54)　吾何以知其然哉(57)　何棄之有?(62)　古之所以貴此道者何?(62)　奈何以死懼之?(74)

749 (하)瑕 :

*티 하,부수 王(구슬옥변, 4획) 획수 총13획;[xiá] Blemish
1.옥에 티(玉玷) 2.붉은 옥(赤玉) 3.허물(過) 4.멀(遠) 5.티(조그마한 흠) 6.틈, 틈새 7.어찌 8.거 리, 시간 정도가 차이 나는 모양.
善言無瑕謫(27)

750 (학)學 : (간지) 學(간체자) 学

*배울 학, {가르칠 교, 고지새 핳};부수 子(아들자, 3획) 획수 총16획;[xué] Learn
1.배울(效, 受教傳覺悟) 2.글방(庠序總名) 3.공부(法律學, 學理) 4.흉내내다(效) 5.모방하다(模倣) 6.가르침 7.학교(學校), 학문(學問), 학자(學者), 학통(學統), 학파(學派).
*가르칠 교;1.가르치다(敎).
*고지새 핳;1.고지새(되샛과의 새).
【명사】지식의 체계. 학문.
絶學無憂.(20)　爲學日益(48)　學不學(64)

751 (한)寒 :

*찰 한,부수 宀(갓머리, 3획) 획수 총12획;[hán] Cold
1.추울(暑之對) 2.찰(冷) 3.떨릴(戰慄, 心寒) 4.뼈에 사무칠 5.쓸쓸할 6.가난할(窮窘) 7.어려울 8.그만 둘(歇) 9.추워서 얼(飢寒) 10.식히다 11.불에 굽다, 삶다 12.중지하다(中止), 그만두다 13.침묵하다(沈默), 울지 않다 14.천하다(賤) 15.추위 16.절기(節氣)의 이름,
躁勝寒.(45)

752 (할)割 :

*벨 할, 나눌 할;부수 刂(선칼도방, 2획) 획수 총12획;[gē] Devide, Part

1.벨, 저밀(截) 2.긁을(剝) 3.나눌(分) 4.십분지일(十分之一) 5.찢을(裂) 6.해로울(害) 7.끊다 8.나누다, 쪼개다 9.(영토를)나누어 주다 10.할거하다(割據), 차지하다 11.빼앗다 12.판단하다 13.파다, 파헤치다 14.재앙(災殃), 불행(不幸) 15.어찌.

【의존명사】 비율을 나타내는 단위. 전체를 열로 등분하여 그 몇을 나타내는 말.

*3~ 할인.

故大制不割.(28) 方而不割(58)

753 (함)含 :

*머금을 함;부수 口(입구, 3획) 획수 총7획;[hán] Contain

1.머금을(衛) 2.용납할(包容) 3.참을(忍) 4.품다 5.싸다, 담다, 넣다 6.초목(草木)이 꽃을 피우다 4.무궁주(無窮珠, 飯含: 염할 때 죽은 사람의 입속에 넣는 깨알처럼 작고 까만 구슬),

含德之厚(55)

754 (합)合 :

*합할 합, 쪽문 합{부를 갑};부수 口(입구, 3획) 획수 총6획;[hé,gě] Sum

1.합할(結合) 2.같을(同) 3.짝(配) 4.모일(會) 5.모둘(聚) 6.대답할(答) 7.맞다 8.싸우다 9.합(그릇) 10.적합하다(適合) 11.홉(양을 되는 단위) 12.쪽문(門) 13.협문(夾門) 14.마을 15.대궐(大闕) 16.여럿이 모여 하나가 되다 17.어긋남이 없다 18.성(姓).

*부를 갑;1.부들(呼) 2.화할(和) 3.홉(量名十龠)

【명사】 ① 〔수학〕 여럿을 한데 모은 수. 둘 이상의 수를 합해서 얻은 수치.

② 헤겔의 변증법에서 논리 전개의 세 단계의 하나. 종합.

③ 〔천문〕 행성(行星)과 태양이 황경(黃經)을 같이하게 됨. 또는 그런 상태.

【의존명사】 칼이나 창으로 싸울 때, 칼이나 창이 서로 마주치는 횟수를 세는 단위.

天地相合以降甘露(32) 未知牝牡之合而全作(55) 合抱之木(64)

755 (합)闔 : (간체자) 阖

*문짝 합;부수 門(문문, 8획) 획수 총18획;[hé] Door flap

1.문짝(門扇) 2.닫을(閉) 3.창합 문(閶闔天門) 4.문짝(門) 5.온통 6.전부의(全部) 7.숨 쉬다 8.거적(짚으로 쳐서 자리처럼 만든 물건), 뜸(짚, 띠, 부들 따위로 거적처럼 엮어 만든 물건) 9.어찌 ~아니하랴 10.통할하다(統轄: 모두 거느려 다스리다) 11.(문을)닫다 12.못하게 하다 13.간직하다 14.부합하다(符合: 들어맞듯 사물이나 현상이 서로 꼭 들어맞다) 15.같다.

天門開闔(10)

756 (항)抗 :

*막을 항;부수 扌(재방변, 3획) 획수 총7획;[kàng] Resist

1.막을(扞) 2.들(擧) 3.겨룰(敵) 4.항거할(拒) 5.높다 6.올리다, 승진시키다(昇進) 7.구하다(求) 8.두둔하다(斗頓) 9.감추다, 숨기다 10.(물을)건너다.

*큰 길 강;1.큰 길.

【접두사】일부 명사 앞에 붙어, '저항'의 뜻을 나타내는 말. *~암제 *~균 *~히스타민 故抗兵相加(69)

757 (해)孩 :

*어린아이 해;부수 子(아들자, 3획) 획수 총9획;[hái] Child

1.어린아이(今統稱幼童曰孩) 2.방글방글 웃을(小兒笑) 3.(마음이)어리다 4.달래다 5.어르다 6.사랑하다. 7.나이가 어리다.

如嬰兒之未孩.(20) 聖人皆孩之.(49)

758 (해)害 :

*해할 해{어느 할, 어찌 아니할 갈};부수 宀(갓머리, 3획) 획수 총10획;[hài] Harm

1.해할(傷, 禍) 2.방해할(妨) 3.죽일(殺) 4.거리끼다 5.시기하다(猜忌) 6.훼방하다(毁謗) 7.해(害) 8.재앙(災殃) 9.요새(要塞).

*어찌 할;1.어찌(何) 2.어느 3.막다 4.저지하다(沮止).

*어찌 ~ 아니할 갈;1.어찌 ~ 아니하다.

【명사】【~하다타동사】이롭지 못하거나 손상시킴. 또는 그런 것.

*~를 입다 *건강에 ~가 된다 *돌이킬 수 없는 ~를 끼치다.

往而不害(35) 不可得而害(56) 處前而民不害.(66) 或利或害(73) 利而不害(81)

759 (해)海 :

*바다 해;부수 氵(삼수변, 3획) 획수 총10획;[hǎi] Sea

1.바다(滄海, 百川朝宗) 2.세계(世界) 3.많을(多) 4.넓을(廣) 5.바닷물 6.많이 모인 곳 6.널리 7.물산(物産)이 풍부(豐富)한 모양 8.크게 9.어둡다.

【접미사】'바다'의 뜻. *다도~ *지중~.

澹兮其若海(20) 猶川谷之於江海.(32) 江海所以能爲百谷王者(66)

760 (해)解 :

*풀 해{벗을 개};부수 角(뿔각, 7획) 획수 총13획;[jiě,jiè,xiè] Untie, Interpret

1.풀(釋) 2.쪼갤, 빠갤(判) 3.풀릴(緩) 4.깨우쳐 줄(曉) 5.괘 이름(卦名) 6.흩어질(物自散) 7.통달하다(通達) 8.가르다, 분할하다(分割), 떼어내다 9.떨어지다, 빠지다 10.벗기다 11.녹이다 12.화

해하다(和解) 13.그치다 14.(문서로)보고하다(報告) 15.압송하다(押送) 16.기원하다(祈願) 17.
(세월을)보내다 18.게으르다, 게을리하다 19.우연(偶然)히 만나다 20.주해(註解), 주석(註釋)
21.구실, 변명(辨明), 핑계 22.관청(官廳), 관아(官衙) 23.향거(鄕擧) 24.괘(卦)의 이름 25.게(蟹)
26.해태(獬豸: 시비와 선악을 판단하여 안다고 하는 상상의 동물) 27.문체(文體)의 이름 28.마
디.
*벗을 개;1.벗을(脫) 2.풀(釋) 3.헤칠(散) 4.발신할(解額發).
【명사】① 방정식이나 부등식을 성립시키는 미지수의 값, 미분 방정식을 만족시키는 함수(函
數). ② 주어진 문제의 답.
③ 한문 문체의 하나. 의혹이나 비난에 답함을 목적으로 한 것.
解其紛(4) 善結無繩約而不可解(27) 解其紛(56)

761 (행)行 :
*다닐 행{항오 항};부수 行(다닐행, 6획) 획수 총6;[xíng,háng] Go, Perform
1.다닐(步) 2.갈(往) 3.길 귀신(路神) 4.오행(運) 5.그릇 얄궂거릴(行瓽器不牢) 6.길(道路) 7.쓸
(用) 8.행서(行書, 書體) 9.순행할(巡行) 10.행실(身之所行) 11.운반할(運) 12.행하다(行) 13.쓰
이다 14.보다, 관찰하다(觀察) 15.유행하다(流行) 16.돌다, 순시하다(巡視) 17.늘다, 뻗다 18.장
사지내다(葬事) 19.시집가다(嫁) 20.고행(苦行), 계행(戒行) 21.여행(旅行), 여장(旅裝) 22.행직
(行職: 품계는 높으나 직위는 낮은 벼슬을 통틀어 이르는 말) 23.시체(詩體, 詩名)의 이름 24.
일 25.장차(將次), 바야흐로 26.먼저, 무엇보다도
*항오 항;1.항오(列) 2.시장(市長) 3.항렬(等輩) 4.군셀(行行剛强) 5.줄, 대열(隊列) 6.깃죽 7.순
서(順序), 차례(次例) 8.같은 또래 9.직업(職業) 10.점포(店鋪) 11.의지(意志)가 굳센 모양 12.
늘어서다 13.조잡하다(粗雜).
行不言之敎.(2) 難得之貨令人行妨.(12) 跨者不行.(24) 日餘食贅行.(24) 周行而不殆(25) 終日
行(26) 善行無轍迹(27) 故物或行或隨(29) 强行者有志.(33) 勤而行之(41) 是以聖人不行而知
(47) 陸行不遇兕虎(50) 行於大道(53) 尊行可以加人(62) 千理之行(64) 是謂行無行(69) 甚易行
(70) 莫能行.(70) 莫能行.(78)

762 (향)鄕 : (간지) 鄕(간체자) 鄕
*시골 향;부수 阝(우부방, 3획) 획수 총13획;[xiāng] One's native place
1.시골(五州百家之內) 2.고향(生地) 3.향(周代行政區劃名) 4.곳, 지구(地區) 5.접대(接待) 6.향
음주례(鄕飮酒禮)의 준말 7.메아리, 울림, 음향(音響) 8.추세(趨勢), 경향(傾向) 9.만약(萬若)
10.장차(將次), 막 11.지난번 12.향하다(向) 13.치우치다, 편애하다(偏愛) 14.누리다 15.성(姓).
①고대(古代) 중국(中國)이나 신라(新羅)·고려(高麗)의 부곡(部曲)의 하나
②중국(中國)의 주대
修於鄕(54) 以鄕觀鄕(54)

763 (허)虛 : (간자) 虚

*빌 허;부수 虍(범호엄, 6획) 획수 총12획;[xū] Empty

1.빌, 헛될(空) 2.다할(罄) 3.버금자리(次) 4.약할(弱) 5.거짓말(虛言) 6.하늘(天空) 7.터(古城) 8.별 이름(宿名, 二十八宿之一) 9.공허하다(空虛) 10.없다 11.살다, 거주하다(居住) 12.구멍 13.틈, 빈틈 14.무념무상(無念無想) 15.마음 16.폐허(廢墟) 17.위치, 방위(方位) 18.큰 언덕,

【명사】① 허점. *~를 찌르다〔노리다〕.

② 〔철학〕실(實)에 반대되는 개념《유(有)의 반대인 무(無)와는 성격이 약간 다름》.

虛其心(3) 虛而不屈(5) 致虛極(16) 豈虛言哉!(22) 倉甚虛.(53)

764 (허)歔 :

*한숨 쉴 허, 흐느낄 허;부수 欠(하품흠, 4획) 획수 총15획;[xū] Snot

1.한숨 쉴(歔欷抽息) 2.흑흑 흐느껴 울(泣歔) 3.코로 숨 내쉴(鼻出氣) 4.두려워하다,

或歔或吹(29)

765 (헐)歇 :

*쉴 헐{개 이름 갈, 사람 이름 알};부수 欠(하품흠, 4획) 획수 총13획;[xiē] Rest, Stop

1.쉴(休息) 2.나른할(氣泄無餘) 3.다할(竭) 4.으슥할(幽邃貌) 5.스러질(消散) 6.흩어질(消散) 7.개의 종류(犬種) 7.쌀, 헐할(不貴) 8.그치다 9.마르다 10.머무르다 11.휴업하다 12.높은 모양 13.없다 14.비다,

*개의 이름 갈;1.개 이름(犬名)

*사람의 이름 알;1.사람 이름(人名)

將恐歇.(39)

766 (현)玄 :

*검을 현;부수 玄(검을현, 5획) 획수 총5획;[xuán] Black, Heaven

1.검을(黑) 2.검붉을(黑赤色) 3.하늘(天地) 4.아득할(幽遠) 5.고요할(淸靜) 6.현묘할(理之妙) 7.현손(曾孫之子) 8.같다 9.아찔하다, 얼떨떨하다 10.짙다 11.크다 12.통달하다(通達) 13.북쪽 14.빛나다 15.매달리다, 걸리다 16.태고(太古)의 혼돈(混沌・渾沌)한 때 17.음력(陰曆) 9월 18.부처의 가르침 19.도교(道敎). 20.성(姓).

同謂之玄(1) 玄之又玄(1) 是謂玄牝(6) 玄牝之門(6) 滌除玄覽(10) 是謂玄德.(10) 微妙玄通(15) 是謂玄德.(51), 是謂玄同(56) 是謂玄德.(65) 玄德(65)

767 (현)見 :

*뵈올 현{볼 견};부수 見(볼견, 7획) 획수 총7획;[jiàn,xiàn] See,

1.뵙다 2.나타나다 3.드러나다 4.보이다 5.소개하다(紹介) 6.만나다 7.현재 8.지금,

*볼 견;1.볼(視) 2.만나볼(會見) 3.당할(當) 4.견해(見解) 5.생각해 보다 6.돌이켜 보다 7.변별하다 8.마음에 터득하다 9.보는 바 10.소견 11.생각.
不自見故明(22) 自見者不明(24) 不自見(72) 其不欲見賢.(77)

768 (현)賢 : (간체자) 贤
*어질 현;부수 貝(조개패, 7획) 획수 총15획;[xián] Wise, Sage
1.어질 이, 어질(有德行) 2.좋을(善) 3.나을(勝) 4.구멍(大穿孔) 5.현명하다(賢明) 6.두텁다 7.존경하다(尊敬) 8.넉넉하다, 가멸다(재산이 넉넉하고 많다) 9.지치다, 애쓰다 10.어진 사람 11.어려운 사람을 구제(救濟)하는 일 12.남을 높여 이르는 말 13.재지와 덕행이 뛰어난 사람,
不尙賢(3) 是賢於貴生.(75) 其不欲見賢耶.(77)

769 (협)狹 : (간자) 狭(간체자) 狭
*좁을 협;부수 犭(개사슴록변, 3획) 획수 총10획;[xiá] Narrow
1.좁을(隘) 2.좁아지다 3.조그마하다, 자질구레하다 4.경시하다(輕視) 5.다가오다 6.급하다(急) 7.촉박하다(促迫) 8.소리가 급한 일.
無狹其所居(72)

770 (형)亨 :
*형통할 형{삶을 팽, 드릴 향};부수 亠(돼지해머리, 2획) 획수 총7획;[hēng,héng] Go well
1.형통할(通) 2.남을(餘) 3.통달하다(通達) 4.(제사)올리다 5.제사(祭祀).
*삶을 팽;1.삶을(煮, 烹).
*드릴 향;1.드릴(獻) 2.(음식을)올리다.
如亨太牢(20)

771 (형)形 :
*형상 형, 모양 형;부수 彡(터럭삼, 3획) 획수 총7획;[xíng] Form
1.형상(體) 2.형상할(象) 3.나타날(現) 4.형편(形勢) 5.모양, 꼴 6.얼굴 7.몸, 육체(肉體) 8.그릇 9.모범(模範) 10.이치(理致), 도리(道理) 11.거푸집 12.나타나다, 드러나다 13.바르다.
【명사】 ① '형상(形狀)'의 준말. ② 〔언어학〕'활용형'의 준말.
【접미사】 도형의 모양을 일컫는 말 *타원~ *오각~.
大象無形(41) 物形之(51)

772 (형)荊 :
*굴싸리 형, 가시나무 형, 모형나무 형;부수 艸(초두머리, 4획) 획수 총10획;[jīng] Thorn
1.굴싸리, 광대싸리(楚) 2.꽃 이름(花名紫荊) 3.산 이름(山名) 4.가시(荊棘) 5.내(荊妻) 6.성(姓)

7.땅이름(地名) 8.곤장(刑杖) 9.모형나무, 인삼목(人蔘木),
荊棘生焉(30)

773 (혜)兮 :
*어조사 혜;부수 八(여덟팔, 2획) 획수 총4획;[xī] Refrain
1.말 멈춤(語有所稽) 2.노래 후렴(歌辭) 3.어조사(語助辭) 4.감탄사(感歎詞).
淵兮(4) 湛兮(4) 猶兮(15) 儼兮(15) 渙兮(15) 敦兮(15) 曠兮(15) 混兮(15) 悠兮(17) 荒兮(20)
我獨泊兮(20) 儽儽兮(20) 沌沌兮!(20) 澹兮其若海(20) 飂兮若無止.(20) 惚兮恍兮(21) 恍兮惚
兮(21) 寂兮寥兮(25) 大道氾兮(34) 禍兮(58) 福兮(58)

774 (혜)慧 :
*총명할 혜, 슬기로울 혜;부수 心(마음심, 4획) 획수 총15획;[huì] Sagacity
1.총명할, 슬기로울(智) 2.밝을(明) 3.영리할(儇敏) 4.똑똑할(姸黠) 5.요요할(了) 6.지혜(才智) 7.
교활하다(狡猾), 간교하다(奸巧) 8.상쾌하다(爽快), 시원스럽다 9.깨달음.
【명사】〔불교〕사리를 밝게 분별하는 지혜.
智慧出(18)

775 (호)戶 : (간지) 戶
*집 호, 지게 호;부수 戶(지게호, 4획) 획수 총4획;[hù] Door
1.지게(室口) 2.백성의 집(編戶民居) 3.집의 출입구(出入口) 4.머무를(留) 5.구멍 6.방 7.사람 8.
주량(柱梁: 기둥과 대들보) 9.막다, 지키다 10.주관하다(主管) 11.외짝 문 12.구덩이, 굴
【명사】 호적상(戶籍上)의 집.
【의존명사】 집의 수를 세는 단위. *50 ~가량 되는 마을.
鑿戶牖以爲室(11) 不出戶(47)

776 (호)乎 :
*어조사 호;부수 丿(삐침별, 1획) 획수 총5획;[hū] Exclamatory
1.어조사(語助辭-형용의 힘을 강하게 하기 위하여 붙이는 토) 2.~인가?, ~느냐?, ~지?(疑問詞)
3.~에, ~를,~보다(于, 於) 4.그런가(感歎詞-감탄의 뜻을 표할 때 씀) 5.뜻이 없는 토 5.아!, ~
라!(歎詞-탄식의 뜻을 나타낼 때 씀) 6.부사형 어미.
其猶橐籥乎!(5) 能無離乎!(10) 能嬰兒乎!(10) 能無知乎!(10) 能爲雌乎!(10) 而況於人乎!(23)
淡乎其無味.(35) 非乎.(39)

777 (호)好 :
*좋을 호;부수 女(계집녀, 3획) 획수 총6획;[hǎo,hào] Good, Like
1.좋을(善) 2.아름다울(美) 3.좋아할(相善) 4.친할(親善) 5.사랑할(愛) 6.구슬 구멍(碧孔) 7.사귈

(交) 8.심할(甚) 9.곧잘, 자주, 걸핏하면 10.옳다, 마땅하다 11.아름답다 12.성(姓).
【접두사】 일부 명사 앞에 붙어, '좋은'의 뜻을 나타냄. *~경기 *~시절.
其事好還.(30) 而民好徑.(53) 我好靜而民自正(57)

778 (호)虎 :

*범 호;부수 虍(범호엄, 6획) 획수 총8획;[hū] Tiger
1.범(猛獸山獸之君) 2.용맹스럽다(勇猛) 3.용맹함의 비유 4.사납고 모짊의 비유 5.虎口 치다.
陸行不遇兕虎(50) 虎無所措其爪(50)

779 (호)毫 :

*터럭 호;부수 毛(터럭모, 4획) 획수 총11획;[háo] Long hair
1.긴 털 끝(長銳毛) 2.호(數名, 十絲 - 무게나 길이의 단위(單位). 곧 이의 1/10에 해당(該當) 함) 3.붓(筆) 4.조금(少) 5.가늘(細) 6.터럭(몸에 난 길고 굵은 털), 털 7.가는 털, 잔 털 8.붓의 촉,
【명사】 붓의 털끝.
【수사】 【관형사】 소수(小數)의 단위의 하나. 이(釐)의 10분의 1,
사(絲)의 10배. 곧, 10⁻³.
生於毫末(64)

780 (호)號 : (간지) 号(간체자) 号

*이름 호, 부르짖을 호;부수 虍(범호엄, 6획) 획수 총13획;[hào,háo] Shout, Call
1.부르짖을(大呼) 2.엉엉 울(大哭) 3.닭 울(鷄鳴) 4.오호 활(烏號弓名) 5.이름 6.부호(符號) 7.명령(命令) 8.차례(次例) 9.번호(番號) 10.부르짖다 11.일컫다 12.고하다(告),
【명사】 ①본명이나 자(字) 이외에 쓰는 이름. 당호 별호 *~로 부르다 *~를 짓다.
② (주로 '호가 나다'의 구성으로 쓰여) 세상에 널리 드러난 이름.
*욕심 많기로 ~가 난 사람.
【의존명사】 ① 차례나 순서를 나타내는 말. *107동 702~실 *201~ 병실.
② 같은 번지의 집들이 여럿이 있을 경우에, 일정하게 순서를 매기어 쓰는 말.
*35번지 3~.
③ 신문이나 잡지 등 간행물의 발행 순서·발행월·발행 계절·종별 등을 나타내는 말. *일월 ~
④ 〔인쇄〕 활자의 크기를 나타내는 말《숫자가 커질수록 활자가 작아짐》.
*5~ 활자.
⑤ 〔미술〕 그림의 화포(畫布)의 크기를 나타내는 말《숫자가 커질수록 화포가 커짐》.
終日號而不嗄(55)

781 (혹)或 :

*혹 혹{나라 역};부수 戈(창과, 4획) 획수 총8획;[huò] or
1.혹, 아마(未定辭, 或: 그렇지 아니하면, 혹시(或是: 그러할 리는 없지만 만일에) 2.의심 낼(疑) 3.괴이할(怪) 4.어떤 사람이(誰人) 5.있을(有) 6.또 7.어떤 경우(境遇)에는 8.어떤 것 9.있다 10.미혹하다(迷惑=惑) 11.언제나.
*나라 역;1.나라(域).
【부사】① '혹시(或是)'의 준말. *~ 그가 범인일지도 모른다 *~ 도와 드릴 일은 없는지요.
② '간혹(間或)'의 준말. *~ 그런 경우도 있겠지요.
或不盈.(4) 似或存.(4) 物或惡之(24) 故物或行或隨(29) 或歔或吹(29) 或强或羸(29) 或挫或隳(29) 物或惡之(31) 故物或損之而益(42) 或益之而損.(42) 故或下以取(61) 或下而取(61) 或利或害(73)

782 (혹)惑 :
*미혹할 혹;부수 心(마음심, 4획) 획수 총12획;[huò] Bewitch
1.미혹할(迷) 2.의심 낼(疑) 3.현란할(眩亂) 4.헤맬(無定處) 5.미혹(迷惑), 의혹(疑惑), 현혹(眩惑) 6.번뇌(煩惱) 7.정신이 헷갈리게 하다.
多則惑.(22)

783 (혼)昏 :
*어두울 혼{힘쓸 민};부수 日(날일, 4획) 획수 총8획;[hūn] Dusk, Twilight
1.날 저물(日冥) 2.어두울(闇) 3.어지러울(亂) 4.어려서 죽을(夭死) 5.장가들다(婚) 6.어리석다 7.눈이 흐리다 8.현혹되다(眩惑), 미혹되다(迷惑) 9.혼란하다(混亂) 10.경멸하다(輕蔑) 11.해질녘 12.문지기(門: 드나드는 문을 지키는 사람) 13.밤(夜).
*힘쓸 민;1.힘쓰다 2.애쓰다.
國家昏亂(18) 我獨昏昏.(20) 國家滋昏(57)

784 (혼)混 :
*섞을 혼{오랑캐 곤};부수 氵(삼수변, 3획) 획수 총11획;[hùn,hún] Mix
1.섞일(雜) 2.덩어리 질(混沌氣未分) 3.흐릴(濁) 4.합하다(合) 5.맞추다 6.가장하다(假裝) 7.마구 8.남을 속이다 9.그럭저럭 살아가다 10.되는대로 살아가다 11.분별없이(分別) 12. 되는대로 13.아무렇게나 14.함부로.
*오랑캐 곤;1.오랑캐(西戎名混夷).
故混而爲一.(14) 混兮(15) 有物混成(25)

785 (혼)渾 : (간체자) 浑
*흐릴 혼, 뒤섞일 혼;부수 氵(삼수변, 3획) 획수 총12획;[hún] Confused
1.흐릴(濁) 2.오랑캐(戎名吐谷渾) 3.섞일(雜) 4.온후할(厚) 5.멍청하다 6.무지하다(無知) 7.거의

8.속이다 9.기만하다(欺瞞) 10.온통, 전부(全部) 11.함부로 12.꾸밈없는 13.순수한 14.천연의
15.물소리 16.물이 어지러이 흐르는 소리 17.합수(合水)하다
爲天下渾其心.(49)

786 (홀)惚 :
*황홀할 홀;부수 忄(심방변, 3획) 획수 총11획;[hū] Ecstatic
1.황홀할(恍惚微妙不測貌) 2.망창할(心志惘惘-마음을 빼앗겨 멍한 모양) 3.흐릿하다,
4.확실(確實)하게 보이지 않는 모양,
是謂惚恍.(14) 惟恍惟惚.(21) 惚兮恍兮(21) 恍兮惚兮(21)

787 (화)化 :
*될 화{잘못 와};부수 匕(비수비, 2획) 획수 총4획;[huà,huā] Change, Turn
1.될, 화할(造化) 2.변화할(變) 3.본받을(敎) 4.무역(貿易) 5.마술(魔法) 6.죽을(死) 7.가르치다
8.저절로 생길(自生) 9.교화하다(敎化), 감화시키다(感化) 10.없애다, 제거하다(除去) 11.태어나
다 12.습속(習俗), 풍속(風俗) 13.죽음 14.다름 15.성(姓).
*잘못 와;1.잘못하다.
　【명사】천지자연이 만물을 생육(生育)하는 작용.
萬物將自化.(37) 化而欲作(37) 我無爲而民自化(57)

788 (화)和 :
*화할 화;부수 口(입구, 3획) 획수 총8획;[hé,huó,huò] Peaceful
1.화할(諧) 2.순할(順) 3.합할(合) 4.방울(鈴) 5.알맞을(過不及) 6.세 피리(小笙) 7.곡조(調) 8.사
이좋을(睦) 9.화답할(聲相應) 10.섞을(調味) 11.더할(加) 12.본받을(見習) 13.화해하다(和解) 14.
줄(與) 15.같다 16.허가하다(許可) 17.모이다 18.양념하다 19.나라의 이름(일본) 20.합계 21.악
기(樂器)의 한 가지 22.성(姓).
　【명사】① 서로 뜻이 맞아 사이 좋은 상태. ②〔수학〕'합(合)'의 구용어.
③〔음악〕아악에 쓰는 관악기(管樂器). 모양이 생황과 같이 생기고, 13개의 관(管)으로 되
었음.
音聲相和(2)　和其光(4)　六親不和(18)　沖氣以爲和.(42)　和之至也.(55)　知和曰常(55)　和其光
(56)　和大怨(79)

789 (화)貨 : (간체자) 货
*재화 화;부수 貝(조개패, 7획) 획수 총11획;[huò] Goods, Cargo
1.재물(財) 2.선물할(賂) 3.팔(以物售人) 4.물건(貨物) 5.돈, 화폐(貨幣) 6.재물로 여기다 7. 뇌
물(賂物) 8.사들이다 9.물품,

不貴難得之貨(3)　難得之貨令人行妨(12)　身與貨孰多(44)　財貨有餘(53)　不貴難得之貨(64)

790 (화)華 : (간체자) 華
*빛날 화, 꽃 화;부수 艹(초두머리, 4획) 획수 총11획;[huá,huà] Brilliant
1.빛날(榮, 色) 2.찬란하다(燦爛) 3.사치하다(奢侈) 4.번성하다(蕃盛) 5.머리 세다 6.꽃 7.때 8.
광채(光彩) 9.세월(歲月) 10.시간(時間) 11.산(山)의 이름 12.중국(中國) 13.성(姓).
道之華而愚之始.(38)　不居其華(38)

791 (화)禍 : (간체자), 禍
*재앙 화;보일 礻(보일시변, 4획) 획수 총12획;[huò] Calamity
1.재앙, 재화(災害, 災禍) 2.앙화(殃) 3.사고(事故) 4.허물 5.죄(罪) 6.해치다(害) 7.불행,
【명사】 모든 재앙과 액화. *~를 부르다 *~를 입다 *~를 자초하다.
○ [속담][禍가 福(이) 된다]
禍莫大於不知足(46)　禍兮(58)　禍之所伏(58)　禍莫大於輕敵(69)

792 (확)攫 :
*움킬 확{움킬 국};부수 扌(재방변, 3획) 획수 총23획;[jué] Snatch
1.움킬(以爪撲取-놓치지 않도록 힘 있게 잡다) 2.후리칠(撲) 3.가로채다 4.빼앗다 5.당기다 6.
급히 빼앗아 움키다.
註 : 확과 국, 음은 다르나 뜻은 같음
攫鳥不搏.(55)

793 (환)患 :
*근심 환;부수 心(마음심, 4획) 획수 총11획;[huàn] Anxiety, ill
1.근심, 근심할(憂) 2.재앙(禍) 3.병들(疾) 4.어려울(難) 5.괴로울(苦) 6.병(病), 질병(疾病) 7.미
위하다,
貴大患若身.(13)　吾所以有大患者(13)　吾有何患!(13)

794 (환)渙 :
*찬란할 환, 흩어질 환{물 이름 회};부수 氵(삼수변, 3획) 획수 총12획;[huàn] brilliant
1.찬란한(燦爛, 文章貌) 2.물 출렁출렁할(水盛貌) 3.풀어질(散釋) 4.괘 이름(卦名) 5.흩어지다
6.풀리다 7.빛나다 8.호령(號令)을 발포하다(發布) 9.물이 많고 세찬 모양 10.어질다.
*물 이름 회;1.물 이름
渙兮(15)

795 (환)還 : (간체자) 还

*돌아올 환{돌 선};부수 辶(책받침, 3획) 획수 총16획;[hái,huán] Return

1.돌아올(反) 2.돌릴(繞) 3.돌아갈(退歸) 4.돌려보낼(償) 5.돌아볼(顧) 6.돌아보다 7.물러나다 8.(눈동자를)굴리다 9.갚다 10.빠르다 11.다시 12.또 13.도리어.

*돌 선;1.돌(周還, 轉, 旋) 2.가벼울(便捷) 3.빠를(速) 4.물이 돌며 흐르다 5.원을 그리다 6.굴곡(屈曲)을 이루다 7.굽다 8.돌아오다 9.둥글다 10.두르다 11.구슬, 옥 12.오줌, 소변 13.행동거지(行動擧止: 몸을 움직여 하는 모든 짓) 14.도리어, 오히려 15.빨리, 갑자기 16.조금,

其事好還.(30)

796 (활)活 :

*살 활{물 콸콸 흐를 괄};부수 氵(삼수변, 3획) 획수 총9획;[huó] Live, Active

1.살, 살릴(生) 2.활발할(盛動) 3.올가미(活細子) 4.생존하다(生存) 5.태어나다 6.생기가 있다 7.응용하다(應用) 8.생활(生活) 9.생계(生計),

*물 콸콸 흐를 괄;1.물 콸콸 흐를(水流聲).

勇於不敢則活.(73)

797 (황)況 :

*상황 황, 하물며 황;부수 氵(삼수변, 3획) 획수 총8획;[kuàng] Much, more

1.하물며(矧) 2.비유할(譬) 3.이에(玆) 4.불어날(益) 5.찾아올(臨訪) 6.줄(賜) 7.모양(樣) 8.찬물(寒水) 9.상황(狀況), 정황(情況) 10.형편(形便) 11.모양 12.종소리의 형용(形容) 13.곧 14.하물며, 더군다나, 게다가 15.더욱, 더욱 더 16.때마침, 우연히(偶然) 17.이에 18.멍하다 19.견주다(어떠한 차이가 있는지 알기 위하여 서로 대어 보다) 20.비유하다(比喩) 21.추측하다(推測) 22.주다, 하사하다(下賜),

而況於人乎!(23)

798 (황)恍 :

*황홀할 황{용맹스러운 모양 광};부수 忄(심방변, 3획) 획수 총9획;[huǎng] Vague, Dim

1.황홀할(不明恍惚) 2.어두울(昏) 3.흐리멍덩할(不明) 4.형체가 없는 모양 5.어슴푸레한 모양, *용맹스러운 모양 광;1.용맹(勇猛)스러운 모양

是謂惚恍.(14) 惟恍惟惚.(21) 惚兮恍兮(21) 恍兮惚兮(21)

799 (황)荒 :

*거칠 황{공허할 강};부수 艹(초두머리, 4획) 획수 총10획;[huāng] Coarse, Rough

1.거칠(蕪) 2.폐할(廢) 3.클(大) 4.흉년들(四穀不升饑也) 5.오랑캐 땅(荒服蠻夷) 6.빠질(耽) 7.멀(遠) 8.덮다 9.멸망시키다(滅亡) 10.차지하다 11.넓히다 12.흐릿하다, 모호하다(模糊) 13.황폐하

다(荒廢), 황당무계하다(荒唐無稽) 14.(주색에)빠지다 15.모자라다 16.어둡다, 어리석다 17.묵은 농경지(農耕地) 18.변방(邊方: 중심지에서 멀리 떨어진 가장자리 지역),
*공허할 강;1.공허하다(空虛) 2.삭막하다(索莫).
荒兮(20)

800 (회)恢 :
*넓을 회;부수 忄(심방변, 3획) 획수 총9획;[huī] Wide
1.넓을(志大) 2.넓힐(拓) 3.광대하다(廣大) 4.크다 5.갖추다 6.돌이키다 7.회복하다(回復) 8.원래로 돌아가다.
天網恢恢(73)

801 (회)懷 : (간자) 懷 (간체자) 怀
*생각할 회, 품을 회;부수 忄(심방변, 3획) 획수 총19획;[huái] Think
1.생각할(念思) 2.품을(藏) 3.돌아갈(歸) 4.올(來) 5.편안할(安) 6.서러울(傷) 7.사사(私) 8.쌀(包) 9.가슴(懷抱胸臆) 10.위로할(慰) 11.가질(持) 12.성(姓) 13.임신하다(妊娠) 14.따르다 15.둘러싸다 16.길들이다, 따르게 하다 17.이르다(어떤 장소나 시간에 닿다), 다다르다 18.마음 19.기분(氣分) 20.정(情).
是以聖人被褐懷玉.(70)

802 (효)孝 :
*효도 효;부수 子(아들자, 3획) 획수 총7획;[xiào] Filial, Piety
1.효도(善事父母) 2.상복 입을(喪服) 3.제사(祭祀) 4.맏, 맏자식 5.본받다 6.보모(保姆).
【명사】 부모를 잘 섬기는 일. ↔불효
有孝慈(18) 民復孝慈(19)

803 (후)厚 :
*두터울 후;부수 厂(민엄호, 2획) 획수 총9획;[hòu] Thick
1.두터울(不薄) 2.무거울(重) 3.클(大) 4.무르녹을(醲) 5.친절할(厚情) 6.많을(多) 7.두껍다 8.짙다 9.진하다(津), 맛있다 10.지극하다(至極) 11.정성(精誠)스레 대하다(對) 12.친하다(親) 13.우대하다(優待) 14.늘리다, 증가시키다(增加) 15.낫다, 훌륭하다 16.부(富).
是以大丈夫處其厚(38) 多藏必厚亡.(44) 以其生生之厚.(50) 含德之厚(55) 以其上求生之厚(75)

804 (후)侯 :
*과녁 후{어조사 혜};부수 亻(사람인변, 2획) 획수 총9획;[hóu,hòu] marquis
1.벼슬 이름(五爵第二位-侯爵) 2.과녁(射布) 3.영주(領主) 4.아름다울(美) 5.어조사(語助辭) 6.

임금(君) 7.王城에서 떨어져 있는 오백리 땅 8.오직 9.어찌 10.성(姓)의 하나 11.조그만 나라
*어조사 혜;1.어조사(語助辭).
　【명사】 '후작(侯爵)'의 준말.
侯王若能守之(32)　侯王若能守之(37)　是以侯王自謂孤,寡,不穀(39)　侯王得一以爲天下貞.(39)
侯王無以貴高(39)

805 (후)後 : (간체자) 后
*뒤 후;부수 彳(두인변, 3획) 획수 총9획;[hòu] Rear, Late
1.뒤(前之對) 2.늦을(遲) 3.아들(嗣) 4.뒤질(後之) 5.시대가 지날(經) 6.곁 7.딸림 8.아랫사람 9.
뒤떨어지다 10.늦다 11.뒤로 미루다 12.임금 13.왕후(王后), 후비(后妃) 14.신령(神靈).
　【명사】① 뒤. 나중. 또는 그 다음. *죽은 ~ 알려지다. ↔전(前).
② '추후(追後)'의 준말. *~에 연락하마.
前後相隨.(2)　隨之不見其後(14)　大軍之後(30)　故失道而後德(38)　失德而後仁(38)　失仁而後義
(38)　失義而後禮(38)　然後乃至大順(65)　必以身後之.(66)　舍後且先(67)

806 (훼)虺 :
*살무사 훼{고달플 회}: 부수 虫(벌레훼, 6획) 획수 총9획;[huǐ,huī] Big serpent
1. 살무사(살무삿과의 뱀) 2. 큰 뱀 3. 우렛소리(=천둥소리), 천둥소리(천둥이 칠 때 나는 소
리) 4. 성(姓)의 하나 5.이무기(蛇虺) 6.도마뱀 7.작은 뱀 소리(虺虺小蛇聲)
고달플 회: 1.(말이)고달프다 2.말의 병(病).
蜂蠆虺蛇不螫(55)

807 (휘)諱 : (간체자) 讳
*숨길 휘, 꺼릴 휘;부수 言(말씀언, 7획) 획수 총16획;[huì] Shun
1.숨길, 휘할(隱) 2.꺼릴(忌) 3.피할(避) 4.휘(生命死諱) 5.싫어하다 6.두려워하다 7.제삿날 8.휘
(높은 사람의 이름) 9.죽은 사람의 이름.
　【명사】 돌아간 높은 어른의 생전(生前)의 이름. *휘자(諱字).
天下多忌諱(57)

808 (휴)隳 :
*무너뜨릴 휴{떨어질 타};부수 阝(좌부변, 3획) 획수 총18획;[huī] Crumble
1.무너질(壞) 2.무너뜨리다, 훼손하다(毀損) 3.황폐해지다(荒弊), 버려지다 4.(실어)보내다.
*떨어질 타;1.떨어지다 2.떨어뜨리다 3.낙하하다(落下) 4.빠지다, 탈락하다(脫落) 5.게으르다.
或挫或隳(29)

809 (흉)凶 :

*흉할 흉;부수 凵(위튼입구몸, 2획) 획수 총4획;[xiōng] Evil

1.흉할(惡) 2.사나울(惡) 3.두려울(恐) 4.소동할(懼聲-두려워하다) 5.해치다(害), 사람을 죽이다 6.부정하다(不貞), 사악하다(邪惡) 7.앞일이 언짢다 8.운수가 나쁘다 9.시비(是非)를 벌이다 10. 흉년(凶年), 기근(饑饉) 11.요절(夭折: 나이가 젊을 때 죽음) 12.재앙(災殃), 재난(災難).

妄作凶.(16) 必有凶年.(30) 凶事尙右.(31)

810 (흑)黑 : (간지) 黑

*검을 흑;부수 黑(검을흑, 12획) 획수 총12획;[hēi] Black, Dark

1.검을(北方陰色, 晦) 2.검은 사마귀(黑子, 驪) 3.캄캄할(暗黑) 4.그를, 잘못(是非黑白) 5.나쁘 다 6.거메지다, 거멓게 되다 7.사리에 어둡다 8.고약하다, 사악하다(邪惡) 9.모함하다(謀陷) 10. 흑색 11.횡령하다, 착복하다(着服) 12.저녁, 밤 13.은밀한(隱密) 14.보이지 않는 15.비밀(祕密) 의 16.돼지 17.양(羊: 솟과의 동물). 18.눈이 어두워지다.

【명사】 ① '흑색'의 준말. ② '흑지'의 준말. *~을 잡다 *~을 쥐다. ↔백(白).

守其黑(28)

811 (흡)歙 :

*들이쉴 흡{협}, 줄일 흡{협};부수 欠(하품흠, 4획) 획수 총16획;[xī,shè] Breathe in

1.숨 들이쉴(歙氣) 2.코찡찡이, 코 막힐(縮鼻) 3.거두다 4.줄어들다 5.맞다.

註 : 흡과 협의 뜻은 동일함.

將欲歙之(36) 聖人在天下歙歙(49)

812 (흥)興 : (간체자) 興

*일 흥{피 바를 흔};부수 臼(절구구변, 7획) 획수 총16획;[xīng,xing] Rise,Prosperous

1.일, 일어날(起) 2.지을(作) 3.성할(盛) 4.일으킬(擧) 5.거두어 모을(軍興徵聚) 6.기쁠(悅) 7.감 동할(感物而發) 8.흥치(興況意思) 9.시작하다(始作) 10.흥겹다 11.성공하다(成功) 12.다스릴 13.등용하다(登用) 14.징발하다(徵發) 15.느끼다 16.유행하다(流行) 17.흥미(興味) 18.취미 19. 시(詩)의 한 체(體) 20.혹시(或是: 그러할 리는 없지만 만일에) 21.어조사(語助辭).

*피 바를 흔;1.(희생의)피를 바르다 2.다툴 기미, 실마리.

【명사】 마음이 즐겁고 좋아서 일어나는 정서. *~이 깨지다 *~을 돋우다.

♣ 흥에 띄다 【관용구】 흥에 겨워서 마음이 들뜨다.

必固興之.(36)

813 (희)希 :

*바랄 희{칡베 치};부수 巾(수건건, 3획) 획수 총7획;[xī] Rare, Hope

1.바랄(望) 2.드물(罕) 3.적을(寡) 4.동경하다(憧憬) 5.사모하다(思慕) 6.성기다(사이가 뜨다).
*칡베 치: 1.칡베.
名曰希.(14) 希言自然.(23) 大音希聲(41) 天下希及之(43) 知我者希(70) 希有不傷其手矣.(74)

814 (희)熙 :

*빛날 희{사람 이름 희};부수 灬(연화발, 4획) 획수 총14획;[xī] Bright
1.빛날(光) 2.일어날(興) 3.넓을(廣) 4.화할(和) 5.기뻐할(嬉) 6.말리다(햇볕에)쬐다 7.놀다 8.복
(禧) 9.탄식(歎息)하는 소리,
*사람의 이름 이;1.사람 이름
衆人熙熙(20)

815 (힐)詰 : (간체자) 诘

*물을 힐;부수 言(말씀언, 7획) 획수 총13획;[jié,jí] Reproach
1.물을(問) 2.꾸짖을(責讓) 3.다스릴(治) 4.삼가 할(謹) 5.밝는 아침(明旦) 6.따지다 7.금지하다 8.
못하게 하다 9.경계하다(警戒) 10.벌하다(罰) 11.죄주다 12.굽다 13.조사하다(調査).
不可致詰(14)